MATLAB을 활용한

선형제어시스템의 설계 및 실습

채창현 지음

카오스북
CHAOS BOOK

저자 소개

채창현 ccnyun@kumoh.ac.kr

1998년~현재 금오공과대학교 전자공학부 교수

1997년 미국 U.C Davis대학 방문교수

2006년 미국 Penn State 대학 방문교수

MATLAB을 활용한 선형제어시스템의 설계 및 실습

발행일	2013년 01월 07일
저자	채창현
발행인	오성준
발행처	카오스북
주소	경기도 파주시 문발동 507-9번지
전화	031-949-2765
팩스	031-949-2766
등록번호	제406-2012-000111호
웹사이트	www.chaosbook.co.kr
ISBN	978-89-98338-20-6 93560
정가	25,000원

지난 30년 동안 몇 가지 교재를 사용하여 제어공학을 강의했지만, 어떤 책도 설계분야에서는 항상 부족한 면이 있지 않았나하는 의구심을 갖고 있었다. 마침 우리대학에서 공학교육인증을 위한 설계교과목으로 「제어시스템의 설계」를 신설하여, 지난 몇 년 동안 교내외에서 수행했던 MATLAB/Simulink 특강의 내용을 정리하게 되었다. MATLAB은 과학용 또는 공학용 수치 계산과 이의 시각화를 위한 행렬기반의 대화형 프로그램이다. MATLAB과 Simulink를 사용하면 제어시스템의 설계에 필요한 복잡한 계산문제를 C와 같은 프로그래밍 언어를 사용하는 것에 비해 훨씬 간단하고, 적은 시간에 작성할 수 있다. 제어공학을 배우는 학생들에게 MATLAB과 Simulink를 학습하여 다양한 예제에 대해 모의실험을 실습한다면, 간접적으로라도 제어시스템의 해석과 설계를 이해할 수 있을 것이다.

이 책은 학부 수준의 선형시불변(LTI: Linear Time Invariant) 단입력-단출력(SISO) 연속값(Continuous) 제어시스템으로 한정됐음을 미리 밝혀둔다. 독자들이 미리 알아두어야 할 사항은 제어시스템의 설계에 정답은 없다는 것이다. 폐루프 제어시스템이 안정하고 설계사양을 만족한다면 시행착오에 의한 제어기의 설계라도 무방하다. 또한, 동일한 제어대상을 사용하더라도 설계사양의 조건이나 제어기의 종류에 따라 다양한 제어기법이 존재하므로, 한 가지 설계기법으로 설계사양을 만족하지 못하더라도 다른 설계기법을 사용하여 설계사양을 만족시킬 수 있을 것이다. 따라서 이 책에서 제안한 설계방법은 초기 설계의 원형(prototype)으로, 산업현장의 수많은 비선형적인 요구에 적합한 제어기를 설계하기 위해서는 부족하다 할 수 있을 것이나, 학부수준에서 선형 제어시스템을 이해하고 설계하는 정도로는 충분하다고 생각된다.

제어공학을 배우는 학부 3, 4학년 또는 대학원생들이 MATLAB과 Simulink의 기초, 이를 활용한 선형제어시스템의 설계를 학습하는데 조금이라도 도움이 되기를 진심으로 바라며, 이 책을 집필하도록 제안하고 기꺼이 감수를 도와준 Conwell의 대표이사 남성우 박사, 오랜 시간을 소비하며 교정에 힘써준 임종욱·박재홍군에게 심심한 감사의 뜻을 전한다. 그리고 교재를 완성하는데 물심양면으로 도와준 아내를 비롯한 많은 사람들에게 진심으로 감사드린다.

2012년 9월

저자

CONTENTS

CONTENTS

CONTENTS

CONTENTS

CHAPTER

1

MATLAB의 개요

MATLAB이란 행렬(MATrix)과 실험실(LABoratory)이란 단어가 결합된 말이다. 물리계의 모든 시스템은 벡터로 표현되는 전달함수(transfer function) 또는 벡터와 행렬로 표현되는 동적방정식(dynamic equation)으로 기술할 수 있다. 따라서 MATLAB은 전달함수 또는 동적방정식으로 표현되는 시스템의 해석(analysis)과 설계(design)에 적합하도록 특화된 프로그램이다. MATLAB은 C언어나 FORTRAN 언어에 비해 문법이 쉽고, 벡터 또는 행렬의 직접 연산이 가능하므로 프로그램을 작성하는데 걸리는 시간이 단축될 뿐만 아니라 파일의 크기도 작아지는 장점이 있다. 또한 데이터 조작 등 사용자 인터페이스가 용이하고 우수한 그래픽 기능을 제공하고 있으므로 공학뿐만 아니라 다양한 학문분야에서 MATLAB의 사용이 빠르게 증가하는 추세이다.

MATLAB 저작권자인 Mathworks사는 많은 함수(function)를 내장한 다양한 도구상자(toolbox)를 제공하고 있다. 제어분야에 주로 사용되는 도구상자는 제어시스템(control system), 신호처리(signal processing), 강인(robust) 제어시스템, 인식(system identification), 최적화(system optimization), 신경회로망(neural network), 퍼지제어(fuzzy control) 등이 있으며, 그밖에도 다양한 도구상자들이 m-파일로 프로그래밍 되어 있으므로 이들을 잘 활용하면 원하는 프로그램을 작성하는데 많은 도움이 된다.

특히 MATLAB이 지원하는 그래픽 기능은 매우 우수하다. 간단한 명령어를 사용하여 2차원뿐만 아니라 매우 다양한 3차원 그래프를 쉽게 도시할 수 있으므로 그래프를 이용한 제어시스템의 해석과 설계에 매우 유용하다.

1.1 MATLAB의 실행

1.1.1 MATLAB의 실행과 종료

PC에서 MATLAB 아이콘을 더블 클릭하면 그림 1.1과 같은 기본화면이 생성되고, **'quit'** 또는 **'exit'**을 입력하거나 MATLAB 윈도우 우상단의 ☒을 클릭하여 종료할 수 있다.

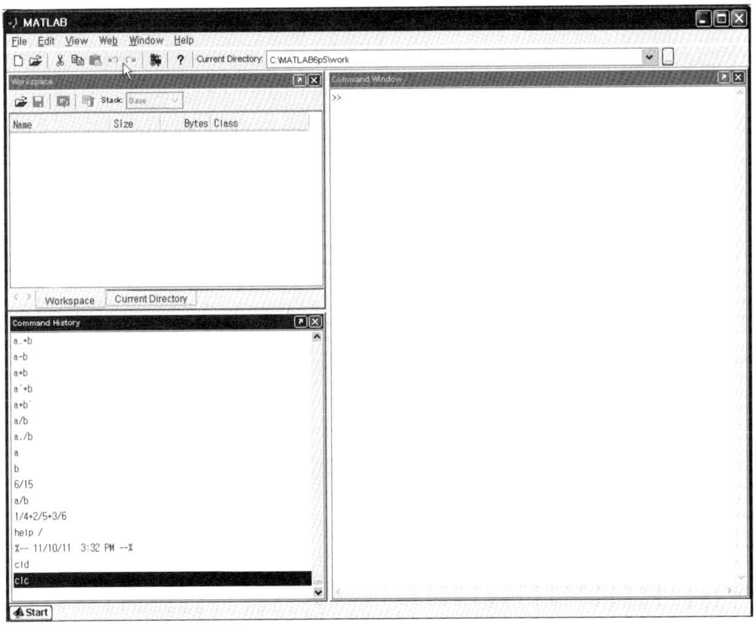

〈그림 1.1〉 MATLAB의 기본화면

MATLAB 명령어를 실행하는 도중에도 단축키 '**Ctrl-C**' 또는 '**Ctrl-Break**'키를 입력하면 실행이 중지된다.

MATLAB의 기본화면은 명령어창(Command Window), 작업공간창(Workspace) 또는 현재디렉토리창(Current Dirctory), 명령어기록창(Command History)으로 구성된다. 명령어창은 MATLAB의 메인 창으로 명령어창에 입력된 명령어 또는 m-파일을 수행하여 얻은 연산 결과를 출력하며, 프로그램에 오류가 발생하면 에러 메시지를 표시한다. 작업공간창은 사용했거나 현재 사용 중인 변수의 목록이 표시되고, 현재디렉토리창에는 현재 디렉토리에 존재하는 m-파일의 목록이 표시된다. 또한 명령어기록창에는 사용했거나 현재 사용 중인 명령어나 연산 등이 사용된 시간을 기록하고 있다. MATLAB 기본화면의 오른쪽 상단 화면은 중간에 위치하는 작업공간창의 단추를 클릭하면 작업공간창으로, 현재디렉토리창의 단추를 누르면 현재디렉토리창으로 변환된다.

메뉴바에는 **File**, **Edit**, **View**, **Web**, **Window**, **Help** 등의 메뉴가 있다. **File** 메뉴에는 파일의 생성(New), 열기(Open), 데이터 불러오기(Import Data), 저장(Save), 경로 설정(Set Path), 기본 설정(Preference), 용시 설정(Page Setup), 그리고 프린트 등의 파일에

관한 작업과 관련된다. 한편 **Edit** 메뉴에는 m-파일의 편집에 관한 작업, **View** 메뉴에는 기본화면의 조정에 관한 작업, Web 메뉴에는 MATLAB의 저작권자인 the MathWorks와의 Web Site 연결, **Help** 메뉴는 MATLAB의 사용 등에 관한 도움을 얻을 수 있다.

MATLAB 프로그램을 실행시키려면 실행할 m-파일이 현 디렉토리에 있어야 하므로 경로 설정은 매우 중요하다. File 메뉴에서 Set Path를 클릭하면 그림 1.2와 같이 현재 설정되어 있는 경로를 보여준다. 경로를 새로 설정하려면 **Add Folder**를 클릭한 후 저장할 파일이 존재하는 디렉토리를 선택하고 확인 버튼을 누르면 새로운 경로가 생성된다.

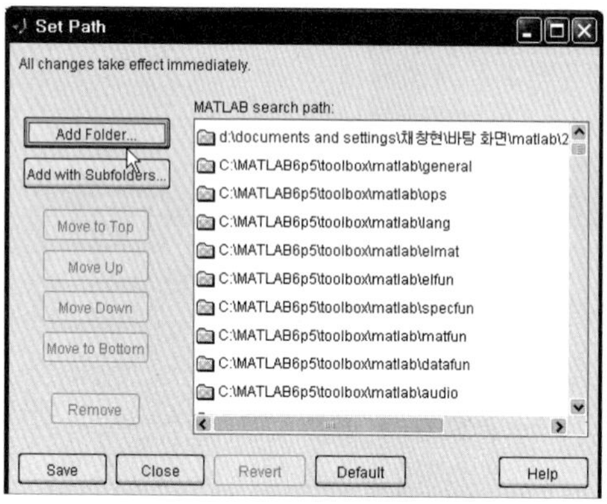

〈그림 1.2〉 MATLAB의 경로 설정

MATLAB은 DOS 또는 Unix 체제의 기본 명령어도 지원하므로 명령어 **ls**(list)나 **dir**(directory)를 사용하여 사용 중인 디렉토리에 있는 파일들을 조사할 수 있다. 또한 **cd**(change directory)를 사용하여 원하는 디렉토리로 변경할 수 있다. MATLAB에서 주로 사용되는 DOS 또는 Unix의 기본 명령어는 표 1.1과 같다.

〈표 1.1〉 DOS 또는 Unix의 기본 명령어

명령어	내용	명령어	내용
cd	작업 디렉토리로 변경	delete	파일 삭제
dir, ls	디렉토리 목록	diary	작업내용 저장
getenv	환경변수 획득	pwd	현재 작업 디렉토리 표시
!	명령어 실행		

1.1.2 Help 메뉴 사용하기

MATLAB의 프로그래밍은 다양한 명령어를 사용하여 작성된다. 따라서 모든 명령어의 기본구조와 사용법을 모두 암기하기는 어려운 일이다. 명령어의 기본구조와 사용법에 자신이 없는 경우에 사용하는 명령어가 **help**이다. **help**의 사용은 단순히 명령어창에서 '≫ help topicname'을 입력하면 된다.

그림 1.3은 행렬식(determinant)을 '≫ help det'로 찾아본 예이다. 보다 상세한 도움이 필요한 경우에는 그림 1.3과 같이 메뉴화면의 Help에서 MATLAB Help 단추를 이용한다.

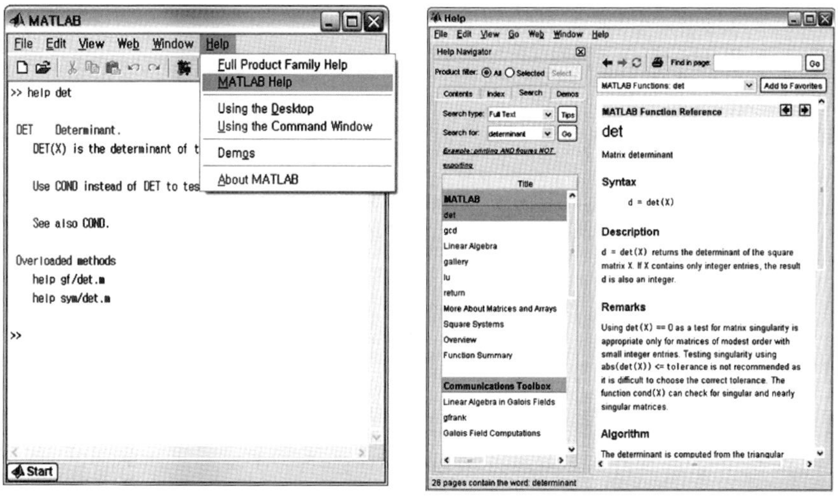

〈그림 1.3〉 MATLAB에서 help의 사용 예

1.2 MATLAB의 명령어와 연산자

MATLAB 프로그램을 작성하기 위해서는 먼저 MATLAB의 기본 명령어와 특수기호 및 각종 연산자, 그리고 수학함수 등에 대한 학습이 필요하다. 이 절의 1.2.1에서 기본 명령어, 1.2.2에서 특수기호와 연산자, 그리고 1.2.3에서 수학함수에 대해 소개하고 1.2.4에서 m-파일의 작성과 관리에 대해 소개한다.

1.2.1 MATLAB의 기본 명령어

MATLAB의 기본 명령어는 작업환경에 관한 것으로 주로 사용하는 기본 명령어는 표 1.2와 같다. 이외에도 특정분야에서 사용되는 많은 명령어들이 있으므로, 보다 자세한 정보를 원하면 '**help**' 명령어, 온라인 도움말 또는 MATLAB Reference Guide를 참고하기 바란다.

clc는 Clear Command window, 즉 현재 명령어창의 모든 내용을 지우고 초기화하는 명령어이다. **clf**는 Clear current Figure로 화면에 있는 모든 그림을 지우라는 명령어로 **close all** 명령어와 동일하다. **clear**는 사용한 변수 또는 연산이 많은 경우 기억(memory) 용량을 크게 하기 위해 사용되며, 새로운 프로그램을 실행할 때 이전에 사용한 변수로 인해 계산이 잘못될 수 있으므로 메모리에 있는 변수 또는 함수를 지우기 위해 사용된다. **clc**나 **clear**를 사용하면 모든 변수들이 지워지기 때문에 주의해야 한다. 일부 변수만을 지우기 위해서는 '≫ `clear filename`'을 사용한다.

<표 1.2> MATLAB의 기본 명령어 목록

clc	명령창의 초기화	lookfor	도움말 입력을 통한 키워드 탐색
clf	화면에 있는 모든 그림 지우기	path	설정되어 있는 경로 표시
clear	메모리 내의 변수 및 함수 삭제	quit	MATLAB 종료
close	그림 닫기	save	디스크에 작업환경 변수들 저장
demo	데모 프로그램 실행	version	MATLAB의 버전 표시
diary	화면에 존재하는 데이터 저장	what	디스크에 있는 M-파일 목록
format	출력 형식 설정	whatsnew	툴박스의 ReadMe 파일 읽기
help	도움말	which	함수 및 파일의 위치 탐색
home	커서를 화면의 맨 위로 위치	who	현재 변수들의 목록
info	The MathWorks에 관한 정보	whos	현재 변수들의 목록(자세한 내용)
load	외부 기억장치의 데이터 읽음	why	간단한 농담 대답

demo 명령어를 실행하면 help 화면이 생성되며, help 화면에 등재되어 있는 MATLAB, Simulink, 그리고 도구상자 등의 다양한 demo뿐만 아니라 기본적인 이론도 함께 참고할 수 있다.

명령어창에서 사용한 모든 변수명과 데이터는 작업공간창과 명령어 기록창에 자동으로 저장된다. 그러나 특정 변수의 데이터를 현재 디렉토리에 저장하고 싶을 때에는 **diary** 명어를 사용한다. '≫ diary variablename.data'를 입력하면 지정한 변수명의 데이터가 현재 사용 중인 디렉토리에 **vaiablename.data**로 저장된다. **diary off**를 사용하여 **diary** 명령어의 실행을 종료한다. **save** 명령어는 특정 변수를 파일로 저장하는데 사용된다. '≫ save A' 또는 '≫ save filename A'를 입력하면, 특정변수 **A**의 데이터가 현재 디렉토리에 **matlab.mat** 또는 **filename.mat**로 저장된다. **load** 명령어를 사용하여 저장된 데이터와 파일을 다시 사용할 수 있다. '≫ load A'를 입력하면 작업공간창에 지정된 변수명 A의 데이터가 표시된다.

일반적으로 MATLAB의 모든 계산은 배정도(double precision)의 5자릿수로 표시된다. 그러나 **format long**, **format short e**, **format long e**를 사용하면 15자리까지 표현할 수 있으며, 디폴트(default)로 환원하기 위해서는 **format short**을 사용한다. format 명령어에 대한 보기는 그림 1.4를 참고하기 바란다.

사용빈도가 가장 높은 명령어인 **help 명령어**는 **help 명령어(함수)명**의 형태로 사용되는데 사용하고자 하는 명령어의 기본구조나 사용법을 확실히 모르는 경우에 사용한다. 이

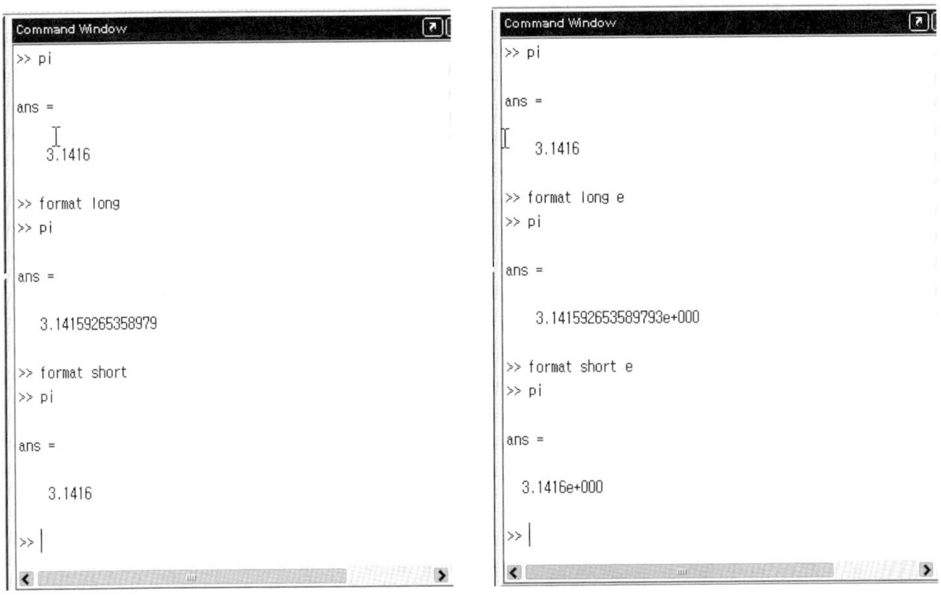

〈그림 1.4〉 출력형식명령어 format의 사용 예

때 명령어명 또는 함수명이 정확해야 하며, 틀리게 입력하는 경우 'commandname not found'라는 에러 메시지가 나온다. **help** 명령어보다 일반적인 도움이 필요할 때 **lookfor** 명령어를 사용한다. **lookfor** 명령어는 찾고자 하는 명령어와 관련이 있는 모든 명령어를 단순히 나열한다.

home 명령어는 단순히 커서를 명령어창 화면의 제일 위로 배치하는 역할을 수행하며, **clc** 또는 **clear** 명령어와는 다르게 변수들을 지우지는 않는다.

infor 명령어는 MATLAB의 저작권자인 MathWorks에 대한 정보를 명령어창에 보여주며, **whatsnew** 명령어는 MathWorks사에서 새로 출시한 자료 등에 대한 모든 정보를 알려준다.

print 명령어는 화면상의 그림을 직접 프린트하거나 파일로 저장하는 기능을 수행한다. 명령어창에 '≫ print'를 입력하거나, 그래프의 메뉴바에서 프린트 아이콘을 클릭하면 프린트가 실행된다. '≫ print filename'을 사용하면 .ps(postscript) 파일로 저장이 되며, '≫ print filename -deps'를 사용하면 .eps(ecapsulated postscript) 파일로 저장이 된다. 이 밖에 다른 형태의 문서파일로 저장을 원하는 경우에는 '≫ help print'를 사용하여 참고하기 바란다.

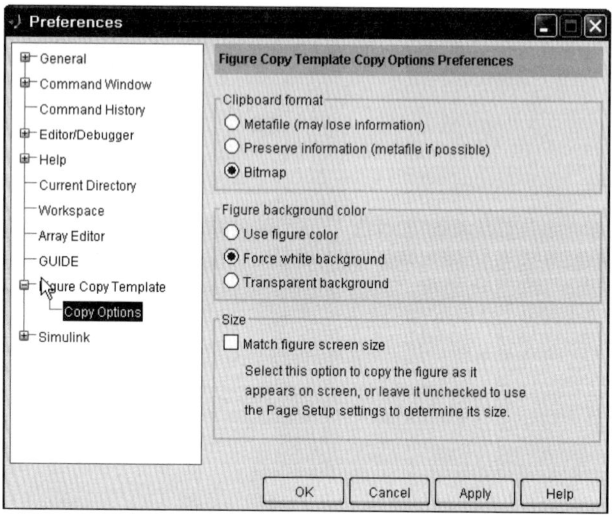

〈그림 1.5〉 그래프의 Preference 화면

그래프에서 직접 문서를 복사하는 방법도 있다. 생성된 그래프의 **Edit** 메뉴를 선택하고 **Copy Figure** 단추를 클릭하면 그래프가 복사되므로 문서의 필요한 부분에 복사할 수 있다. 또한 **Edit** 메뉴에서 **Copy Options** 단추를 클릭하면 그림 1.5와 같은 참고(Preferences) 화면이 나타나고 용도에 맞게 옵션을 선택하여 사용할 수 있다. 그림 1.5에서 **Bitmap**과 **Force white background** 옵션을 선택하면 그림 1.6과 같은 테두리가 없는 그래프를 문서에 복사할 수 있다.

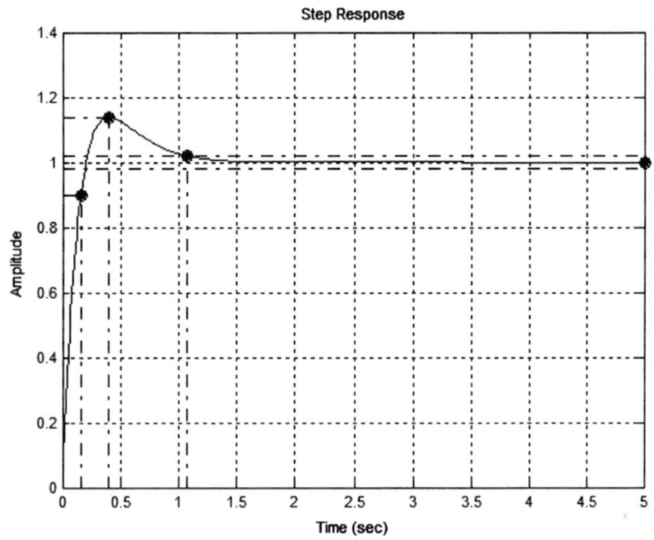

〈그림 1.6〉 흰색 배경을 사용한 그래프

quit 명령어는 MATLAB의 종료, **save** 명령어는 작업공간창의 변수를 지정된 파일명으로 저장하게 해 주며, **version** 명령어는 사용하고 있는 MATLAB의 버전을 알려준다.

what 명령어는 현 디렉토리에 존재하는 모든 m파일을 알려준다. **who** 명령어는 MATLAB 상에서 지금 사용하고 있는 변수명을 알고자 할 때, **whos** 명령어는 변수들의 크기와 변수의 형태 등을 알고 싶을 때 사용한다. who와 whos 명령어에 대한 차이를 그림 1.7에서 알게 될 것이다.

마지막으로 **which** 명령어는 함수 또는 파일명과 함께 사용하며, 함수 또는 파일의 경로를 알려주고, **why** 명령어는 그림 1.8과 같이 간단한 농담(joke)을 명령어창에 표시한다.

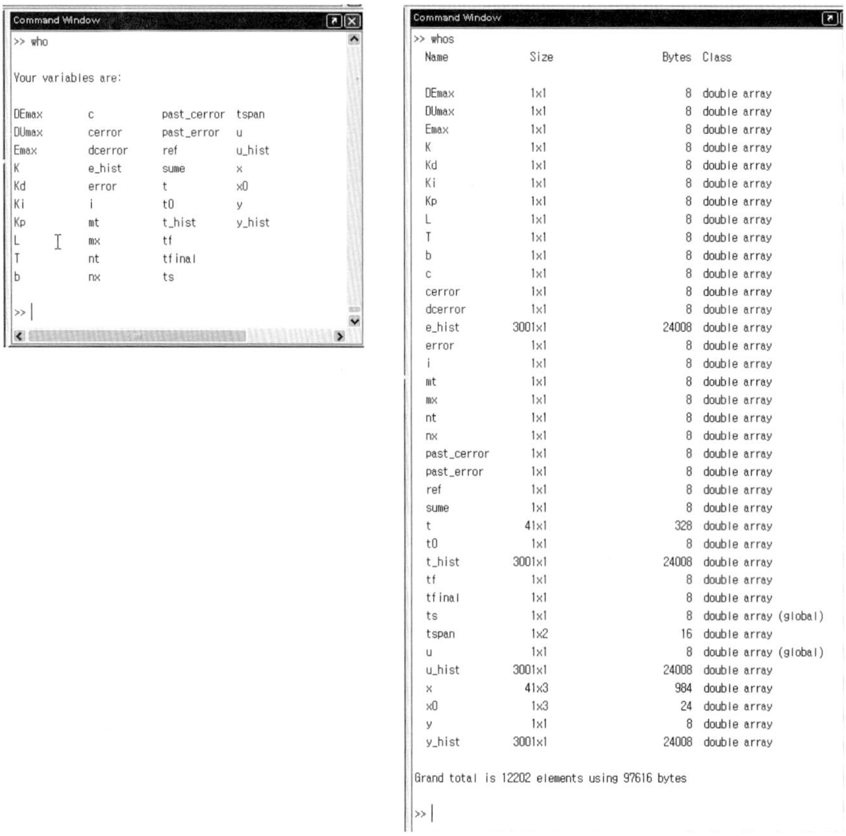

```
Command Window
>> who

Your variables are:

DEmax       c           past_cerror  tspan
DUmax       cerror      past_error   u
Emax        dcerror     ref          u_hist
K           e_hist      sume         x
Kd          error       t            x0
Ki          i           t0           y
Kp          mt          t_hist       y_hist
L           mx          tf
T           nt          tfinal
b           nx          ts

>>
```

```
Command Window
>> whos
  Name              Size                    Bytes  Class

  DEmax             1x1                         8  double array
  DUmax             1x1                         8  double array
  Emax              1x1                         8  double array
  K                 1x1                         8  double array
  Kd                1x1                         8  double array
  Ki                1x1                         8  double array
  Kp                1x1                         8  double array
  L                 1x1                         8  double array
  T                 1x1                         8  double array
  b                 1x1                         8  double array
  c                 1x1                         8  double array
  cerror            1x1                         8  double array
  dcerror           1x1                         8  double array
  e_hist         3001x1                     24008  double array
  error             1x1                         8  double array
  i                 1x1                         8  double array
  mt                1x1                         8  double array
  mx                1x1                         8  double array
  nt                1x1                         8  double array
  nx                1x1                         8  double array
  past_cerror       1x1                         8  double array
  past_error        1x1                         8  double array
  ref               1x1                         8  double array
  sume              1x1                         8  double array
  t                41x1                       328  double array
  t0                1x1                         8  double array
  t_hist         3001x1                     24008  double array
  tf                1x1                         8  double array
  tfinal            1x1                         8  double array
  ts                1x1                         8  double array (global)
  tspan             1x2                        16  double array
  u                 1x1                         8  double array (global)
  u_hist         3001x1                     24008  double array
  x                41x3                       984  double array
  x0                1x3                        24  double array
  y                 1x1                         8  double array
  y_hist         3001x1                     24008  double array

Grand total is 12202 elements using 97616 bytes

>>
```

〈그림 1.7〉 who와 whos 명령어

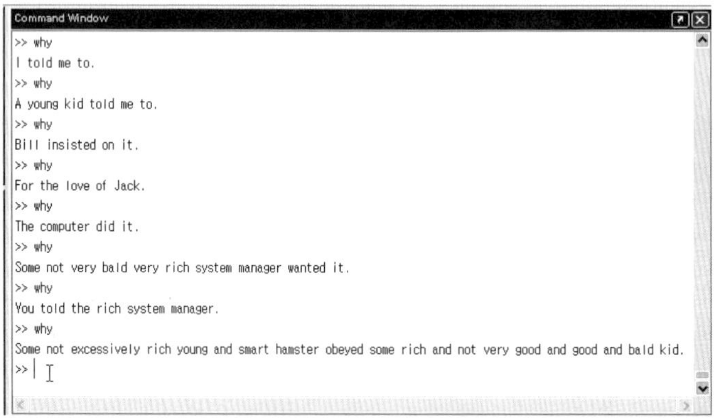

```
Command Window
>> why
I told me to.
>> why
A young kid told me to.
>> why
Bill insisted on it.
>> why
For the love of Jack.
>> why
The computer did it.
>> why
Some not very bald very rich system manager wanted it.
>> why
You told the rich system manager.
>> why
Some not excessively rich young and smart hamster obeyed some rich and not very good and good and bald kid.
>>
```

〈그림 1.8〉 why 명령어

1.2.2 MATLAB의 특수기호와 지정변수

MATLAB에서 사용하는 특수기호는 표 1.3과 같다.

〈표 1.3〉 MATLAB의 특수기호

기호	설명	기호	설명
≫	MATLAB 프롬프트	[]	벡터(행렬) 표시
!	DOS 또는 Unix 운영체제 시작	()	벡터(행렬)의 원소, 명령어 또는 function 문의 변수
'	전치(transpose), x' 또는 A'	;	벡터(행렬)의 행 구분, 또는 출력 방지
'--'	문자열, xlabel('time[sec]')	:	벡터의 증분에 사용
%	주석(comment)에 사용	···	긴 수식이나 문장의 계속
,	벡터 또는 행렬 원소의 구분		

그림 1.9는 특수기호의 일부를 사용하여 작성한 프로그램의 예이다. 그림 1.9에서 1행은 %로 시작된 주석으로 내용은 사용자가 임의로 작성하면 된다.

3행에서 **clf**는 현 화면에 있는 모든 그림을 지우라는 명령어이고, **clear all**은 모든 변수들을 지우라는 명령어로, 새로운 프로그램을 실행할 때 이전에 사용한 변수로 인해 계산이 잘못될 수 있으므로 메모리에 있는 변수 또는 함수를 지우기 위해 사용된다.

5행에서 **t=[0:0.01:5];**는 0에서 0.01[초]씩 증가하여 5[초]까지, 즉 1 × 501 차원의 시간벡터 **t**를 만든다. 5행에서 명령어창에 출력이 나타나는 것을 방지하기 위해 기호(;)가 사용되었다.

6행은 1× 1차원의 벡터 **num**과 1× 3차원의 벡터 **den**을 만든 후, 두 변수 **num**과 **den**을 사용하여 전달함수 **sys**를 정의하라는 구문으로 명령어 **tf**에 관련된 변수를 사용하기 위해 소괄호와 기호(,)를 사용하여 입력하였다. 6행에서 벡터와 행렬의 입력을 위해 중괄호([ ])를 사용하여 분자 2와 분모 s^2+2s+2의 계수를 입력하였다. 벡터 또는 행렬의 원소는 기호(,)로 구분하거나(예 : [1, 2, 2]), 한 칸 띄기(blank)로 구분하고(예 : [1 2 2]) 행렬의 행의 구별(예 : A=[1 2;3 4])은 기호(;)를 사용한다. 명령어 **tf**에 사용되는 변수는 소괄호와 기호(,)를 사용하여 입력한다. 여기서 **num**은 분자(numerator), **den**은 분모(denominator)를 의미한다.

7행과 8행은 기호(;)를 사용하지 않았으므로 명령어창에 연산의 결과가 나타난다. 따라서 7행은 기호(')을 사용하여 **den**에 대한 전치벡터, 즉 1×3차원의 열벡터 [1 2 2]'를, 8행에서는 벡터 **den**의 두 번째 원소인 2가 명령어창에 출력된다.

9행에서는 **figure(1)**을 사용하여 10행의 단위계단응답 **step**의 그래프를 화면에 도시하였다.

10행은 두 개의 변수인 전달함수 **sys**와 시간벡터 **t**를 사용하여 단위계단응답 **step**을 구하는 문장으로 **step**의 출력인 y와 t를 벡터로 저장하기 위해 [y, t]를 사용한다. 출력 y만을 저장하려면 **y=step(sys, t)**로 한다.

11행은 10행에서 구한 단위계단응답을 도시하기 위해 **plot**을 사용한 문장으로, **grid**를 사용하면 응답의 해석이 용이하도록 격자무늬가 추가된다. 12행의 **figure(2)**은 13행의 두 번째 그래프를 화면에 도시하기 위한 문장이다. 13행을 사용하여 단위계단응답을 그리고, 그래프에서 오른쪽 마우스를 클릭하여 선택사항에 있는 **Characteristics**을 누르면 그림 1.10과 같이 단위계단응답의 특성을 손쉽게 알 수 있는 장점이 있다.

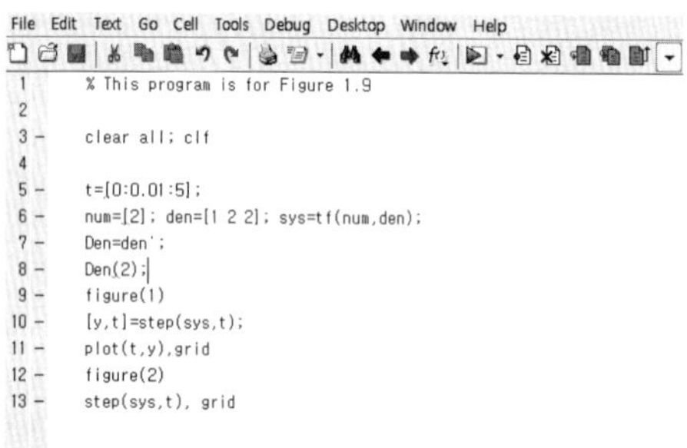

<그림 1.9> 특수기호를 설명하기 위한 프로그램

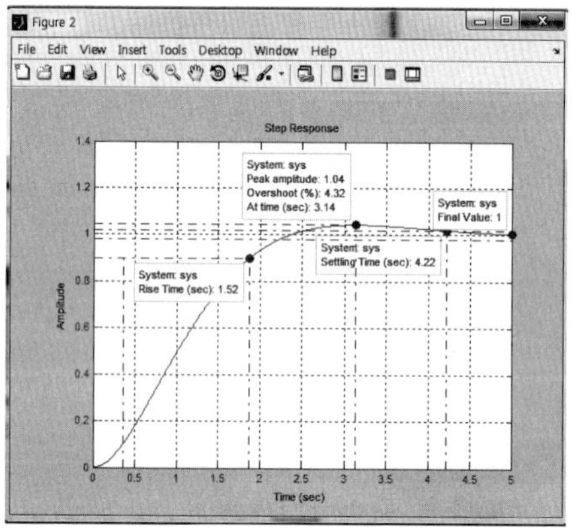

<그림 1.10> Step 명령어만 사용한 경우

MATLAB에서는 미리 지정해 놓은 지정변수들이 있으므로 변수의 선정에 주의해야 한다. 표 1.4에 MATLAB의 지정변수를 요약하였다.

〈표 1.4〉 MATLAB의 지정변수

i, j	허수, $\sqrt{-1}$	NaN	숫자가 아님, Not-a-Number
Inf	무한대, ∞	ans	임시지정변수, answer
pi	원주율, π	eps	수렴정도의 허용오차 10^{-16}

1.2.3 MATLAB의 연산자

MATLAB의 산술연산자는 일반적인 산술연산자와 동일하다. 그러나 벡터 또는 행렬에서 원소끼리의 계산에는 수식기호 앞에 (.)을 사용해야 한다. 산술연산자에 관한 예제는 벡터와 행렬의 표현과 연산에서 자세하게 설명한다.

〈표 1.5〉 MATLAB의 산술연산자

+	더하기	.+	원소끼리 더하기
−	빼기	.−	원소끼리 빼기
*	곱하기	.*	원소끼리 곱하기
/	나누기	./	원소끼리 나누기
^	거듭제곱	.^	원소의 거듭제곱

MATLAB의 관계연산자와 논리연산자도 표 1.6과 같이 일반 수학에서 사용하는 동일한 연산자를 사용하며, 관계연산자와 논리연산자에 관한 예제는 프로그램 제어문에서 자세하게 설명한다.

〈표 1.6〉 MATLAB의 관계연산자와 논리연산자

==	항등	>=	보다 크거나 같음
~=	같지 않음	&	and
<	보다 작음	|	or
<=	보다 작거나 같음	~	not
>	보다 큼		

그밖에도 집합연산자, 비트연산자 등 다양한 연산자가 있으며 자세한 내용은 help를 사용하여 참고하기 바란다.

1.3 MATLAB의 m-파일

본 절에서는 MATLAB의 프로그램인 m-파일에 대해 학습한다. 1.3.1절에서는 m-파일과 함수에 대한 소개하고 간단한 예를 들어 설명하였다. 1.3.2절에서는 m-파일의 편집 방법에 대해 설명하고, 1.3.3절에서는 텍스트 문자열의 입력에 대해 소개하였다.

1.3.1 m-파일과 함수(function)

MATLAB 프로그램의 기본구조는 **출력변수=명령어(또는 연산)**;이다. 기본 화면의 명령어창에 나타난 프롬프트(prompt, ≫)에 프로그램을 입력하고 enter키를 치면 실행된다. 출력변수를 사용하지 않는 경우에는 임의의 출력변수인 'ans'가 디폴트(default)로 지정되어 사용된다. 기호(;)를 사용하면 화면에 불필요한 연산결과를 나타나는 것을 방지하며, 사용하지 않으면 연산결과를 바로 명령어창에서 확인할 수 있다. 프로그램에서 사용된 모든 변수는 작업공간에 저장되므로 작업공간창에서 확인할 수 있다. 출력변수를 포함한 모든 변수를 사용할 때 주의해야 할 점은 MATLAB은 소문자와 대문자는 다른 변수로 인식한다는 점이다.

MATLAB 프로그래밍의 방법은 두 가지로 첫 번째 방법은 명령어창에 명령어를 한 줄씩 입력하여 순차적으로 실행하는 인터프리터(interpreter) 방식이고, 두 번째 방법은 모든 명령어를 새 파일에 입력하여 한꺼번에 실행하는 스크립트(script) 방식이다. 첫 번째 방법인 인터프리터 방식은 실행결과를 바로 확인할 수 있다는 장점이 있으나, 용량이 큰 프로그램을 작성하고 실행하기에는 번거롭다는 단점이 있다. 반면, 두 번째 방법인 스크립트 방식은 작성된 프로그램을 'filename.m'으로 저장하여 한꺼번에 실행하는 것으로 매번 명령어를 입력하는 것보다 저장이나 디버깅 등에 유리한 장점이 있어 간단한 연산을 제외하고는 주로 이용되는 효과적인 방법이다.

MATLAB에서 작성한 모든 스크립트 파일은 '.m'으로, 데이터 파일은 '.data'로, diary 또는 save를 사용하여 저장된 파일은 '.mat'로 저장된다. 일련의 수식과 연산을 포함하여 사용자가 작성한 메인(main) 프로그램의 모든 변수들은 전역(global)변수이므로 명령어창의 같은 이름을 갖는 변수의 값보다 우선된다. 파일명을 정할 때 주의해야 할 점은 (.), (,)

또는 (-) 등의 특수기호는 사용할 수 없다는 점이다. 예를 들어 'ex1.1' 또는 'ex1-1' 등은 사용할 수 없고, 특수기호 없이 사용하거나 'ex1_1'로 입력해야 한다.

m-파일의 특수한 형태로 함수(function)가 있다. 함수는 FORTRAN의 Subroutine이나 C 언어의 Function과 같은 기능을 가지며, 내장(build-in)함수와 사용자정의(user-defined) 함수로 구분된다. 내장함수의 내용은 확인할 수 없으며, 사용자정의 함수는 명령어창에 'type functionname'을 입력하면 프로그램의 내용을 확인할 수 있다.

사용자정의 함수에서 주의해야 할 점은 함수에 사용하는 변수들은 기본적으로 지역(local) 변수로 함수 내에서만 정의되고 사용된다는 점이다. 따라서 특정 변수의 값을 메인 프로그램과 동일하게 사용하기 위해서는 입력변수로 사용하거나, global 선언을 해야 한다.

함수의 간단한 예로 그림 1.11과 같은 사용자정의 함수인 **'stat'** 함수를 살펴보자. **'stat'** 함수는 내장함수인 **'sum'**과 **'sqrt'**를 이용하여 평균값과 표준편차를 계산하는 사용자정의 함수이다.

함수명은 같은 이름의 파일명으로 메인 프로그램과 같은 디렉토리에 존재해야 한다. 즉 함수명 **'stat'**은 파일명 'stat.m'으로 저장해야 한다는 점에 주의해야 한다.

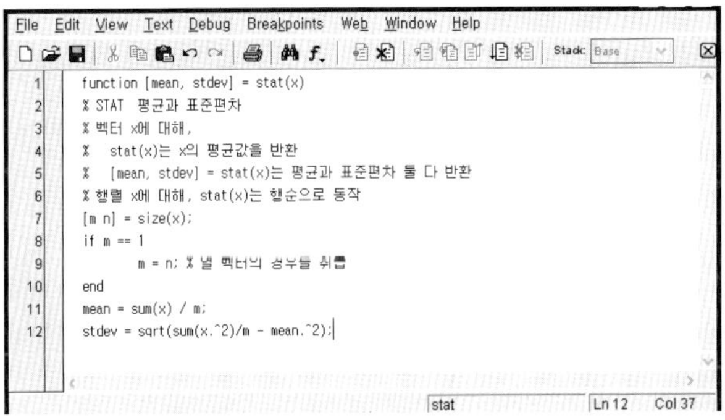

〈그림 1.11〉 간단한 함수의 예

첫째 줄은 함수명 **stat**, 입력변수 x, 출력변수 **mean**과 **stdev**들을 선언한 행이다. 함수파일 안의 변수는 지역변수이므로, 메인 프로그램에서 출력변수를 **mean**과 **stdev**가 아닌 다른 변수명으로 사용할 수 있다. 여기서 x는 벡터 또는 행렬이며, **mean**과 **stdev**는 스칼라이다.

〈그림 1.11〉은 효율적인 MATLAB 프로그래밍의 특징을 잘 나타내고 있다. 예를 들어, x.^2는 변수 x의 원소에 대한 제곱 행렬이 되고, **sum**은 벡터이며, **sqrt**는 스칼라이다. 그리고 sum(x)/m에서 기호(/)는 행렬과 스칼라 연산이다. 따라서 모든 연산이 벡터화 되어 루프를 사용할 필요가 없어지므로 FORTRAN이나 C언어에 비해 대단히 간소화 된다.

m-파일을 만들고 실행하는 순서를 요약하면 다음과 같다. 기본화면의 메뉴바에서 **File**을 마우스로 클릭하여 **New**를 클릭하면 'Untitled1'이라는 편집기능을 갖는 새로운 화면(텍스트 편집기)이 생성된다. 텍스트 편집기에 원하는 프로그램을 입력한 후 메뉴바에서 **File**과 **Save**를 클릭하여 원하는 'filename'만 입력하면 자동으로 'filename.m' 파일이 저장된다. 이때 파일이 저장될 디렉토리를 지정해야 한다. 저장을 한 후 **Debug**를 클릭하고 **Run**(또는 F5)를 클릭하면 'filename.m' 파일이 실행된다.

1.3.2 m-파일의 편집

m-파일의 편집은 화살표를 사용하여 쉽게 실행할 수 있다. 오타의 수정은 화살표와 삭제(**Delete** 또는 **Back space**)키를 이용한다. **Home**과 **End**키를 사용하면 커서가 파일의 시작과 끝으로 이동하다. 단축키인 **Ctrl-a**, **Ctrl-e**, **Ctrl-d** 그리고 **Ctrl-k**도 사용 가능하다.

MATLAB의 편집에서 편리한 특징 중에 하나는 위/아래 화살표 키를 이용해 이미 사용한 명령어들을 호출하는 것이다. 화살표 (↑)는 바로 전에 입력한 명령어부터 시작해서 한 번 누를 때마다 이전의 명령어들을 화면에 나타낸다. 화살표 (↓)는 화살표 (↑)를 몇 번 누른 후의 명령어를 역으로 찾을 때 사용된다. 사용된 명령어가 많은 경우에는 '**commandname** (↑)'을 사용하면 이전에 사용했던 명령어를 쉽게 찾을 수 있다.

1.3.3 m-파일의 저장과 관리

텍스트 편집기에서 작성한 스크립트 파일을 저장하는 방법은 텍스트 편집기의 **File** 메뉴에서 **Save** 단추를 클릭하여 원하는 파일 이름을 입력하고, **Save** 단추를 클릭하는 것이다. 저장된 파일 이름을 변경할 필요가 있으면 **Save as** 단추를 사용한다. 이때 반드시 파일을 저장할 디렉토리를 지정해야 한다.

저장한 m-파일을 편집하거나 실행하기 위해서는 기본화면이나 텍스트 편집기의 아이콘을 클릭한 후 m-파일이 저장된 디렉토리로 이동하여 원하는 m-파일을 클릭하고 열기를 선택하면, 텍스트 편집기에 선정된 m-파일이 PC화면에 생성된다.

대부분의 대형 컴퓨터나 워크스테이션 네트워크 시스템에서 MATLAB을 실행하는 동안, MATLAB을 종료하게 되면 MATLAB에 존재하던 모든 변수들이 사라지게 된다. 보관이 필요하거나 중요한 변수 또는 데이터들은 편집 작업이 진행되는 동안에도 수시로 **diary** 또는 **save** 명령어를 사용하여 저장을 하는 것이 현명한 일이다.

현재 작업 중인 디렉토리 안에 있는 m-파일들은 언제나 호출하여 편집이 가능하다. 그러나 m-파일을 실행하기 위해서는 경로 설정이 필요하다. 명령어 **path**는 현재 MATLAB 내에 포함된 디렉토리들의 경로를 검색하여 목록을 보여주며 검색경로에서 디렉토리를 추가하거나 삭제할 때에도 사용할 수 있다. 대부분의 대형 컴퓨터나 워크스테이션 네트워크 시스템에서도 사용자 **home** 디렉토리의 하위 디렉토리인 **matlab**에 저장된 개인 m-파일을 사용자가 작업하고 있는 어떠한 디렉토리에서도 MATLAB으로 호출할 수 있다.

1.4 m-파일 프로그래밍

본 절에서는 MATLAB의 프로그래밍에 필요한 문자열, 그리고 수식과 벡터 및 행렬의 표현에 대해 학습한다. 1.4.1에서는 텍스트 문자열의 입력에 대해 학습하고, 1.4.2에서는 삼각함수를 비롯한 수식의 표현과 연산에 대해 학습한다. 그리고 1.4.3에서는 벡터의 표현과 연산, 1.4.4에서는 행렬의 표현과 연산에 대해 학습한다.

1.4.1 텍스트 문자열의 입력

MATLAB에서 텍스트 문자열의 입력에는 단일 인용부호(' ')를 사용한다. 텍스트 문자열을 **disp**, **error** 또는 **input** 함수와 같이 사용하면 텍스트 문자열을 화면에 출력할 수 있다. 아래의 예를 참고해보자.

```
≫ s='This is a test'
≫ disp('this message is hereby displayed')
≫ error('Sorry, the matrix A must be symmetric')
≫ iter=input('Enter the number of iterations = ')
≫ xlabel('Time[sec]'), ylabel('Output'), title('Example 2-1')
```

첫 번째 문장에서는 'This is a test'라는 문자열이 변수 's'에 저장되고, 두 번째에서는 'this message is hereby displayed'라는 문자열이 화면에 나타난다. 세 번째 문장에서는 에러 함수가 에러메시지와 함께 화면에 나타난다. 네 번째 문장이 실행되면 명령어창의 프롬프트에 'Enter the number of iterations = '이라는 메시지가 나타나고 사용자가 데이터를 입력할 동안 실행이 잠시 중단된다. 필요한 데이터를 입력할 후 엔터키를 누르면 입력된 데이터가 변수 'iter'에 할당되어 실행이 다시 시작된다. 마지막으로 다섯 번째 문장은 그래프의 x축과 y축의 표제, 그리고 제목을 추가하는 명령어이다.

1.4.2 수식의 표현과 연산

MATLAB에서 사칙연산은 선형대수의 규칙대로 왼쪽에서 오른쪽으로 차례대로 하되, 괄호를 우선으로 하고 곱셈 또는 나눗셈, 덧셈 또는 뺄셈의 순으로 수행된다. 아래 몇 가지 예제를 통해 수학함수의 표현과 연산에 대해 학습해 보자.

실습예제 1.1

함수 $y=3(1-x)^2$에 대해 주어진 입력변수 x의 출력 y를 계산하는 프로그램을 작성해보자.

(1) $x=2$ (2) $x=1+2j$ (3) $x=[1\ 2\ 3]$

풀이

출력을 계산하기 위한 프로그램은 그림 1.12와 같다. 그림 1.12에서 $x=[1\ 2\ 3]$는 벡터이므로 거듭제곱을 실행할 때 반드시 원소끼리의 거듭제곱을 사용해야 한다. 거듭제곱에서 행렬의 차원이 일치해야 한다는 에러 메시지가 발생한 것을 알 수 있다. MATLAB에서 복소수는 $a+b*i$ 또는 $a+b*j$의 형식으로 입력한다. 여기서 a와 b는 스칼라이다.

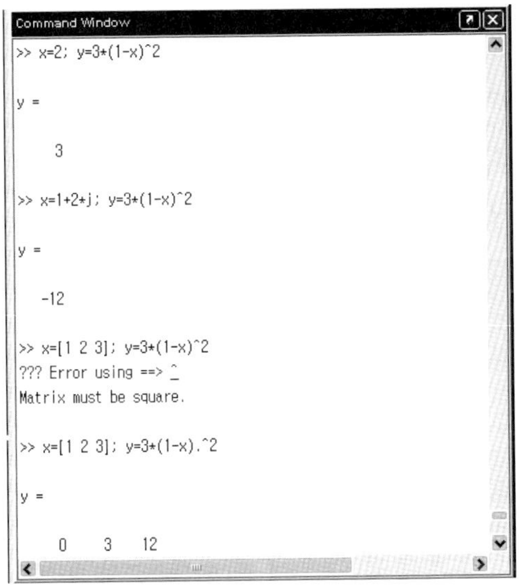

〈그림 1.12〉 실습예제 1.1의 연산 결과

MATLAB에서 사용되는 대부분의 수학함수는 내장함수이므로 'type functionname'으로 프로그램의 내용을 볼 수 없다. MATLAB에서 사용되는 수학함수를 기초함수와 삼각함수, 그리고 특수함수로 각각 표 1.7, 표 1.8, 그리고 표 1.9로 구분하여 설명하였다.

〈표 1.7〉 기초함수

abs(x)	절대값 또는 복소수의 크기	fix(x)	소수점 이하를 절사한 정수
angle(x)	복소수 행렬의 위상각	floor(x)	x보다 작거나 같은 정수
sqrt(x)	제곱근	ceil(x)	x보다 크거나 작은 정수
real(x)	실수 부분	sign(x)	부호 함수
imag(x)	허수 부분	rem(x)	나머지
conj(x)	공액 복소수	exp(x)	밑이 e인 지수함수
gcd(x)	최대공약수	log(x)	자연 로그함수
lcm(x)	최소공배수	log2(x)	밑수가 2인 로그함수
round(x)	x에 가장 가까운 정수	log10(x)	밑수가 10인 로그함수

모든 삼각함수의 값은 라디안(radian) 단위이므로 각도에서 라디안의 변환하는 경우에는 $[°] \times 180/\pi$, 라디안에서 각도로 변환해야 하는 경우에는 $[rad] \times \pi/180$을 곱해야 한다.

〈표 1.8〉 삼각함수

sin(x), asin(x), sinh(x), asinh(x)
cos(x), acos(x), cosh(x), acosh(x)
tan(x), atan(x), atan2(y,x), tanh(x), atanh(x)
cot(x), acot(x), coth(x), acoth(x)
sec(x), asec(x), sech(x), asech(x)
csc(x), acsc(x), csch(x), acsch(x)

〈표 1.9〉 특수함수

bessel(nu,w)	베셀 함수	erfinv(x)	역 오차 함수
beta(z,w)	베타 함수	ellipke(x)	완전 타원 적분
gamma(x)	감마 함수	ellipj(x,y)	자코비안 타원 적분
rat(x,tol)	유리수 근사화	expint(x)	지수 적분
rats(x,len)	유리수 출력	pow2(x)	2의 멱승
erf(x)	오차 함수		

실습예제 1.2

원점을 기준으로 복소수 $a=1+j$, $b=-1+j$, $c=-1-j$, $d=1-j$의 위상각을 명령어 *angle*(x), *atan* (*im*/*re*), 그리고 *atan2*(*im*,*re*)을 사용하여 구하고, 차이점을 학습해보자. 여기서 *re*는 복소수의 실수값, *im*은 허수값이다.

풀이

위상각을 구하기 위해 *angle*(x)*180/π, *atan*(*im*/*re*)*180/π, 또는 *atan2*(*im*, *re*)*180/π을 사용한다. 주어진 복소수는 각각 1, 2, 3, 4상한에 존재하므로 연산결과인 그림 1.13을 살펴보면 *angle*(x)*180/π와 *atan2*(*im*, *re*)*180/π의 결과가 정확하다. 따라서 *atan*(*im*/*re*)*180/π를 사용하는

경우에는 옳은 결과가 나오도록 보정이 필요하다. 예를 들어 복소수가 2상한의 값이면 180[°]를 더해 주어야 하고, 3상한의 값이면 180[°]를 빼주어야 한다.

결론적으로 $angle(x)*180/\pi$와 $atan(im/re)*180/\pi$은 $-\pi/2$에서 $\pi/2$ 사이의 값을, $atan2(im, re)*180/\pi$ 은 $-\pi$에서 π 사이의 값을 산출한다.

실습예제 1.3

$x=1+2i$와 $y=3+4*i$에 대해

(1) $x+y$, $x-y$, xy, x/y을 계산하고

(2) x와 y 사이의 크기를 구하는 프로그램을 작성해보자.

풀이

복소수의 크기는 $abs(x)$ 또는 $\sqrt{re^2+im^2}$ 을 사용하여 계산한다. 연산 결과는 그림 1.14와 같다.

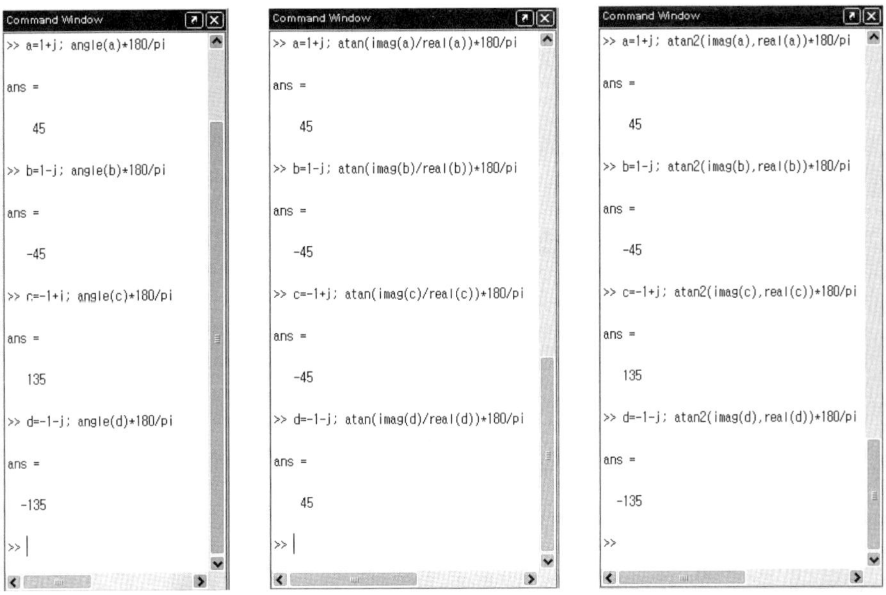

〈그림 1.13〉 실습예제 1.2의 연산 결과

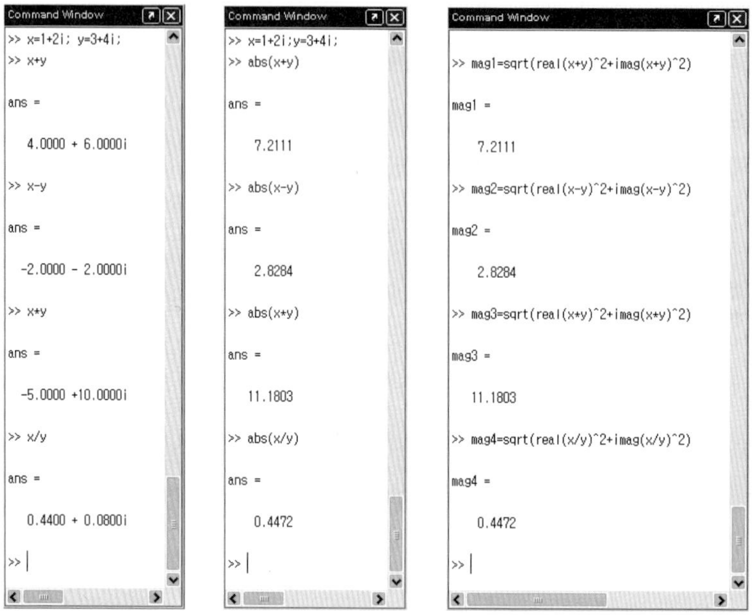

〈그림 1.14〉 실습예제 1.3의 연산 결과

1.4.3 벡터의 표현과 연산

선형 제어시스템은 유리함수(rational function)인 전달함수(transfer function)로 표현되며, 전달함수의 분모와 분자는 라플라스 연산자(Laplace operator) s의 다항식(polynomial equation)이다. MATLAB에서 다항식은 벡터를 이용하여 표현한다.

MATLAB에서 벡터는 중괄호를 사용하여 $a = [1\ 2\ 3]$; 또는 $a = [1,2,3]$;의 형태로 입력한다. 이 경우 벡터 a는 1×3 차원(dimension)의 행(raw) 벡터이다. 벡터의 원소는 실수, 복소수, 특수기호, 또는 계산식 등이 가능하다. 벡터의 원소는 소괄호를 사용하여 표현한다. 예를 들어, 벡터 a의 두 번째 원소는 $a(2)$로 표현하고, 두 번째와 세 번째 원소를 모두 표현하는 경우에는 $a(2:3)$이 사용된다.

벡터의 전치(transpose)는 기호(′)을 사용하며, a'는 3×1 차원의 열(column)벡터로 변환된다. 그러나 벡터의 원소가 복소수인 경우에 전치를 사용하면 공액복소수(complex conjugate)로 바뀌어 표현되므로 이를 방지하려면 **conj**(a')를 사용해야 한다.

벡터의 모든 원소를 사용자가 직접 입력하여 표현할 수 있으나, 벡터의 원소들이 일정한 규칙으로 나열되어 있는 경우에는 아래와 같이 기호(:)를 사용한 증분을 사용하거나, **linspace** 또는 **logspace** 사용하는 것이 편리하다.

```
≫ t=[t0:Δt:tf];
≫ t=linspace(n1,n2,n);
≫ w=logspace(n1,n2,n);
```

일반적으로 시간 벡터 t는 제어시스템의 모의실험에 사용한다. $t=[t_0:\Delta t:t_f]$;에서 t_0는 초기값 (일반적으로 0), t_f는 최종값, 그리고 Δt는 증가율이다. 증가율은 양 또는 음의 실수이며, 사용하지 않으면 디폴트로 1이 사용된다. 증가율이 매우 작은 값이면 정밀한 계산이 가능하나, 벡터의 차원이 증가하므로 계산시간이 크게 늘어나는 단점이 있다. $t=linspace(n_1,n_2,n)$;에서 n_1은 초기값, n_2는 최종값이고 n는 원소의 개수이며 사용하지 않으면 디폴트인 100이 사용된다. 또한 Bode 선도에서 주파수의 범위를 정의하는 데 사용하는 $w=\log space(n_1,n_2,n)$;는 초기값 n_1은 10^{n_1} (일반적으로 $n_1=-1$), 최종값 n_2는 10^{n_2} (일반적으로 $2\leq n_2\leq 4$), n은 원소의 개수이며 사용하지 않으면 디폴트인 50이 사용된다.

실습예제 1.4

(1) 0[초]부터 0.1[초]씩 증가하여 1[초]까지의 시간 벡터를 표현해보자.

(2) 10^{-1}[rad/sec]부터 10^{4}[rad/sec]까지의 주파수 벡터를 표현해보지.

풀이

시간벡터는 $t=[0:0.1:1]$; 또는 $t=linspace(0,1,11)$;로 표현한다. 이때 시간벡터는 11개로 분할한 1×11 차원의 행벡터이므로 $t=linspace(0,1,11)$;에서 원소의 개수를 11로 입력해야 한다는 사실에 주의해야 한다. 그리고 주파수벡터는 $w=\log space(-1,4,10)$;로 표현한다. 실제 Bode선도를 그릴 때는 n는 10이 아니라 100 이상의 큰 값(예를 들어 $(n_2-n_1)\times 100=500$)을 사용해야 정밀한 Bode선도를 구할 수 있다. 연산 결과는 그림 1.15와 같다.

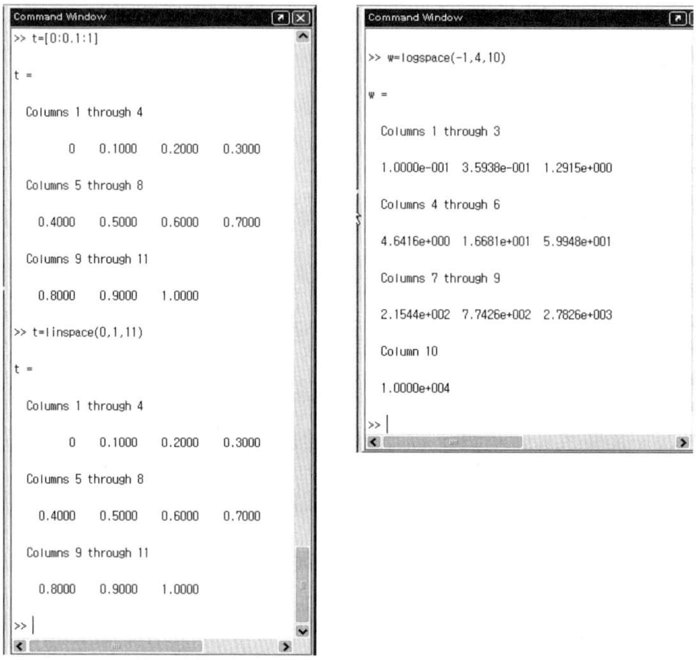

〈그림 1.15〉 실습예제 1.4의 연산 결과

그 이외에 벡터에 관한 명령어는 표 1.10과 같다. 다항식의 계수(coefficient)는 내림차 순(descending order)으로 벡터의 원소가 된다. 명령어 **zeros**는 변수의 초기조건을 주기 위해 사용되고, 명령어 **conv**는 다항식의 곱을 계산하는 데 사용되며, 명령어 **roots**는 다항식의 근을 찾는데 사용된다. 또한 명령어 length는 벡터 원소의 개수를 계산하는데 주로 for 또는 while을 사용하는 순환문의 루프에 사용된다.

〈표 1.10〉 벡터와 관련된 MATLAB의 함수

ones	모든 원소가 1인 벡터	zeros	모든 원소가 1인 벡터
conv	다항식의 곱	length	벡터 원소의 개수
roots	다항식의 근		

실습예제 1.5

(1) 명령어 ones를 사용하여 1×3 차원의 행벡터, 명령어 zeros를 사용하여 3×1 차원의 열벡터를 표시해보자.

(2) 다항식 $a = s^2 + s + 1$, $b = s + 1$, $c = s^2$을 곱한 다항식 abc를 표시하고, 다항식 abc의 근을 계산해보자.

(3) 시간벡터 $t =$[0:0.1:1];의 크기를 계산해보자.

풀이

(1) ones(1,3), zeros(3,1)

(2) a=[1,1,1]; b=[1,1]; c=[1,0,0]; abc=conv(a,conv(b,c)) 또는 abc=conv([1 1 1],conv([1 1],[1 0 0])), abc는 5차 다항식이 되므로 roots(abc)를 사용하면 5개의 근이 표시된다.

(3) $t =$[0:0.1:1];에 대해 length(t)를 사용하면 원소의 개수가 11개임을 알 수 있다. 연산 결과는 그림 1.16과 같다.

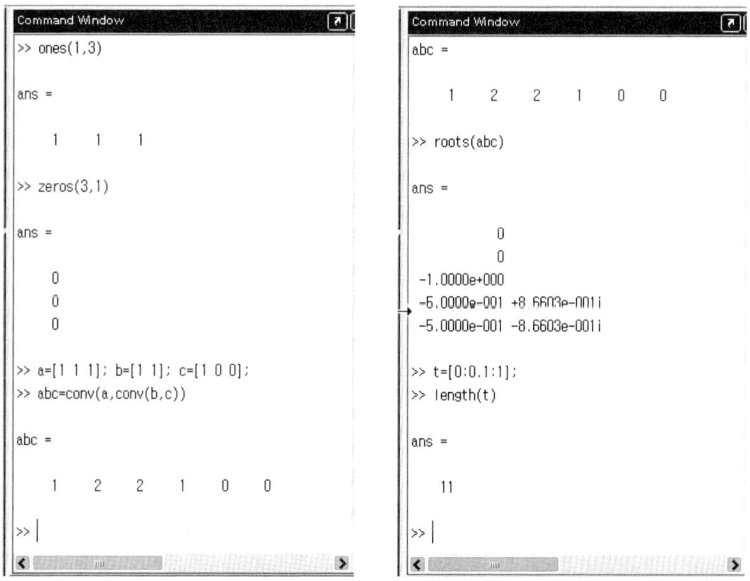

〈그림 1.16〉 실습예제 1.5 연산 결과

벡터의 연산에는 스칼라-벡터, 벡터-벡터, 그리고 벡터-행렬의 연산이 있다. 벡터의 연산에서 원소끼리의 연산을 수행할 경우에는 기호 (.)를 산술연산자를 함께 사용해야 한다. 벡터-벡터와 벡터-행렬 연산에서 가장 주의해야 할 점은 대상 벡터와 벡터 또는 벡터와 행렬의 차원(dimension)의 정합(matching)이다.

스칼라-벡터의 연산은 벡터의 스칼라 곱셈(나눗셈)만이 선형대수학(linear algebra)적으로 의미 있는 연산이다. 참고로 MATLAB에서 스칼라와 벡터의 덧셈과 뺄셈, 그리고 스칼라 나누기 벡터(스칼라/벡터)의 연산은 대수학적인 의미는 없으나, 실행은 가능하다. 특히 스칼라 나누기 벡터(스칼라/벡터) 연산은 원소끼리의 나눗셈이 되도록 반드시 (./)을 사용해야 한다.

실습예제 1.6

(1) 스칼라 $a = 2$와 벡터 $b = [1,\ 2,\ 3]$에 대해 $a*b,\ b*a,\ b/a,\ a/b$를 수행해보자.

(2) 복소수 스칼라 $c = 1 + 2*j$와 벡터 $b = [1,\ 2,\ 3]$에 대해 스칼라×벡터, 벡터×스칼라, 벡터/스칼라, 그리고 스칼라/벡터를 수행해보자.

풀이

스칼라를 벡터로 나누는 연산은 반드시 (./)을 사용하여 스칼라와 벡터의 원소간의 나눗셈으로 해야 한다. 연산의 결과는 그림 1.17과 같다.

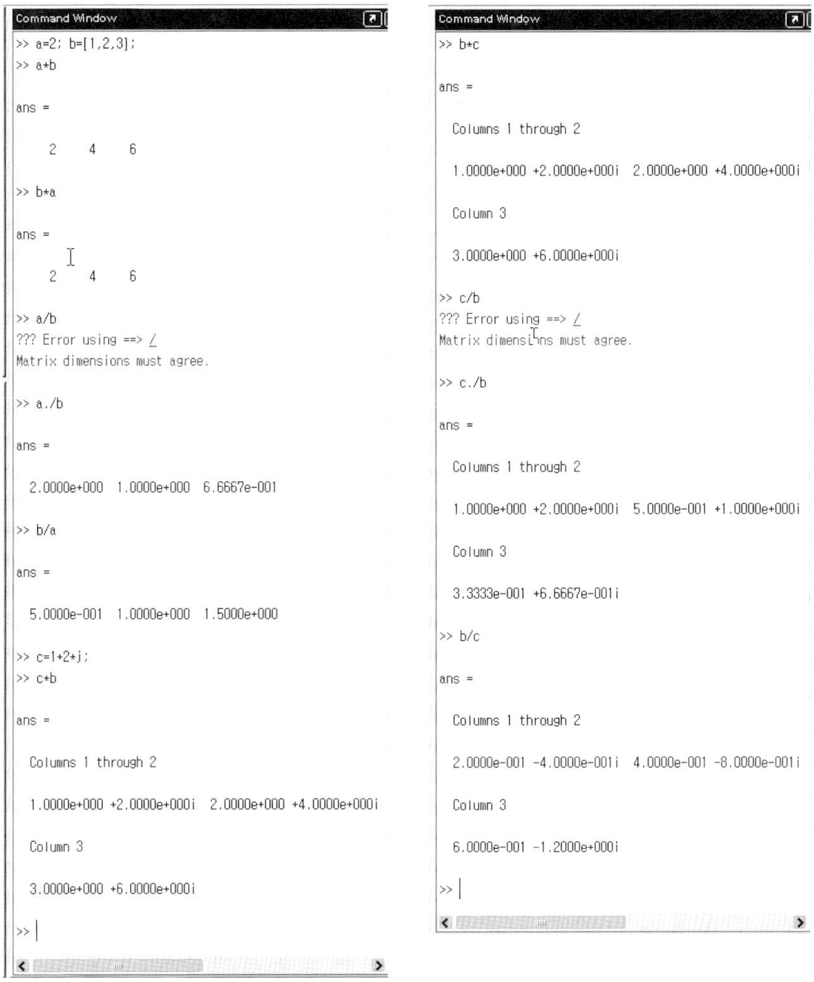

〈그림 1.17〉 실습예제 1.6의 연산 결과

선형대수학에서 벡터-벡터의 연산은 사칙연산이 모두 의미 있는 연산이다. 따라서 MATLAT에서도 사칙연산에 대한 고찰이 필요하다. 벡터-벡터 연산에서 덧셈과 뺄셈의 경우 차원이 같아야 연산이 가능하고, 곱셈의 경우에는 곱해지는 벡터의 차원이 정합이 성립해야 가능하다. 즉, 벡터와 벡터의 곱셈은 행렬 또는 두 벡터의 내적(dot product)이 된다. 나눗셈의 경우에는 차원이 같은 경우라도 산술연산자 (/)만을 사용하면 의미 없는 연산이 되며, 원소끼리의 나눗셈인 (./)를 사용해야 한다. 벡터-행렬의 연산은 1.4.4절 행렬의 표현과 연산에서 설명한다.

실습예제 1.7

(1) 벡터 $a=[1,2,3]$, $b=[a(2),\sqrt{2},\pi]$에 대해 $a+b$, $a-b$, $a'\times b$, $a\times b'$ 연산을 수행해보자.

(2) 복소수 벡터 $c=[1+j,\ 2+2j,\ 3+3j]$, $d=[4+4j,\ 5+5j,\ 6+6j]$에 대해 c', $conj(c')$, $c'\times d$, $conj(c')\times d$ 연산을 수행해 보자.

풀이

벡터와 벡터의 연산도 두 벡터의 차원이 정합(matching)되면 사칙연산이 모두 가능하다. 벡터와 벡터의 곱셈에서 $a'\times b$의 연산은 (3×1)×(1×3)=3×3의 행렬이 되고, $a\times b'$는 (1×3)×(3×1)=1×1인 스칼라가 된다. 그러나 벡터의 원소가 복소수인 경우에 전치를 사용하면 공액복소수로 바뀌어 연산의 결과가 달라지므로 이를 방지하려면 *conj*를 함께 사용해야 한다. 그림 1.18에 연산 결과를 표시하였다.

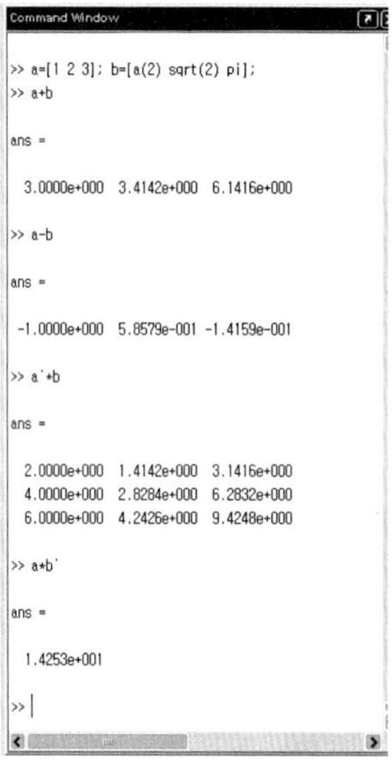

```
Command Window
>> a=[1 2 3]; b=[a(2) sqrt(2) pi];
>> a+b

ans =

  3.0000e+000  3.4142e+000  6.1416e+000

>> a-b

ans =

 -1.0000e+000  5.8579e-001 -1.4159e-001

>> a'*b

ans =

  2.0000e+000  1.4142e+000  3.1416e+000
  4.0000e+000  2.8284e+000  6.2832e+000
  6.0000e+000  4.2426e+000  9.4248e+000

>> a*b'

ans =

  1.4253e+001

>>
```

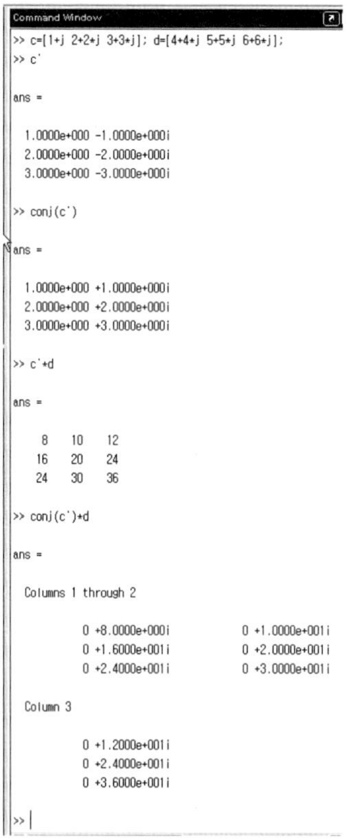

```
Command Window
>> c=[1+j 2+2*j 3+3*j]; d=[4+4*j 5+5*j 6+6*j];
>> c'

ans =

  1.0000e+000 -1.0000e+000i
  2.0000e+000 -2.0000e+000i
  3.0000e+000 -3.0000e+000i

>> conj(c')

ans =

  1.0000e+000 +1.0000e+000i
  2.0000e+000 +2.0000e+000i
  3.0000e+000 +3.0000e+000i

>> c'*d

ans =

     8    10    12
    16    20    24
    24    30    36

>> conj(c')*d

ans =

  Columns 1 through 2

          0 +8.0000e+000i            0 +1.0000e+001i
          0 +1.6000e+001i            0 +2.0000e+001i
          0 +2.4000e+001i            0 +3.0000e+001i

  Column 3

          0 +1.2000e+001i
          0 +2.4000e+001i
          0 +3.6000e+001i

>>
```

<그림 1.18> 실습예제 1.7의 연산 결과

실습예제 1.8

(1) 벡터 $a=[1,2,3]$, $b=[a(2),\ \sqrt{2},\ \pi]$에 대해 a/b, $a./b$, b/a, $b./a$ 연산을 수행해보자.

(2) 복소수 벡터 $c=[1+j,\ 2+2j,\ 3+3j]$, $d=[4+4j,\ 5+5j,\ 6+6j]$에 대해 c/d, $c./d$, d/c, $d./c$ 연산을 수행해보자.

풀이

주어진 문제에서 a/b, b/a 연산은 의미가 없는 연산이며, $a./b$, $b./a$연산은 원소간의 나눗셈이 수행되므로 옳은 연산이다. 마찬가지로 c/d, d/c 연산도 의미 없는 연산이며, $c./d$, $d./c$ 연산은 원소간의 나눗셈이 수행된다. 한편 벡터 c, d는 1×3 차원의 행벡터이므로 전치행렬 c', d'는 3×1 차원의 열벡터가 된다. $conj(c')$, $conj(d')$도 3×1 차원의 열벡터가 되므로, $conj(c')/d$ 또는 $conj(c')./d$의 연산을 실행하면 에러메시지가 발생한다.

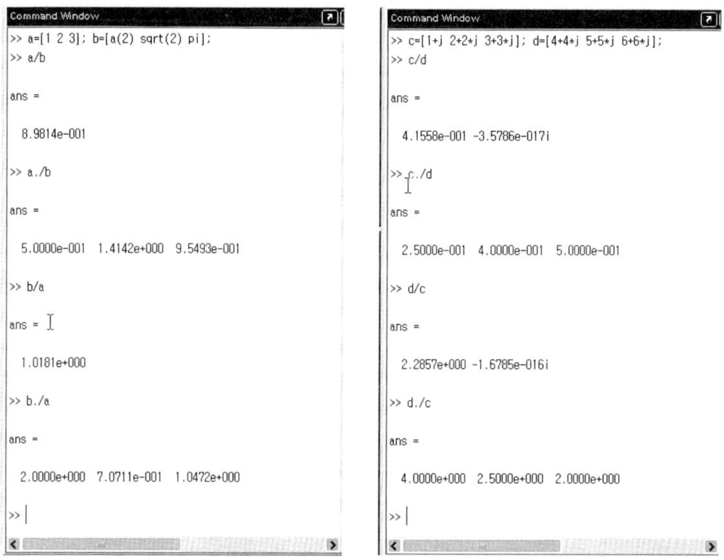

〈그림 1.19〉 실습예제 1.8의 연산 결과

그 외 벡터 또는 행렬과 관련하여 사용되는 MATLAB의 함수는 표 1.11과 같다. 명령어는 **all(x)**와 같은 형태이며, 표 1.11에서는 x가 벡터인 경우로 한정하여 설명하였다. x가 행렬인 경우는 **help**를 사용하여 참고하기 바란다.

〈표 1.11〉 벡터와 행렬에 관련된 MATLAB의 함수

all	모든 원소가 0이 아니면 참(1)	any	하나의 원소라도 0이 아니면 참(1)
max	원소 중 최대값	mean	원소의 평균
median	원소의 median	min	원소 중 최소값
prod	모든 원소의 곱	sort	원소를 작은 값부터 재배치
std	원소의 표준편차	sum	원소의 합

1.4.4 행렬의 표현과 연산

선형 제어시스템은 동적방정식(dynamic equation)으로도 표현할 수 있는데, 동적방정식은 1차 미분 연립방정식을 벡터와 행렬로 표현한 것이다.

MATLAB에서 모든 변수는 배정도(double-precision) 복소수(complex) 행렬로 표현된다. 복소수행렬은 실수 또는 복소수, 벡터 또는 행렬 모두를 표현할 수 있으므로 수식의 표현에 효율적이다.

MATLAB에서 행렬은 일반적으로 중괄호를 사용하여 표현하며, 행(raw)은 기호 (;)로 구분하거나 엔터키를 사용한다. 그 이외에 표 1.12와 같은 MATLAB의 내장 함수를 사용하여 행렬을 입력할 수도 있다.

〈표 1.12〉 행렬에 관한 MATLAB의 내장 함수

eye(n)	항등 정방행렬	diag(n)	대각 정방행렬
fliplr(A)	행렬에서 가운데 열 또는 열의 중앙을 중심으로 좌우 교환	flipud(A)	행렬에서 가운데 행 또는 행의 중앙을 중심으로 상하 교환
ones(n)	모든 원소가 1인 행렬	magic(n)	매직 정방행렬
rot90	행렬을 반시계 방향으로 90[°] 회전	rot90(A,k)	행렬을 반시계 방향으로 $90\times k$[°] 회전
rand	랜덤 행렬	tril	하위 삼각행렬
triu	상위 삼각행렬	zeros	모든 원소가 0인 행렬

표 1.12에서 **eye(n)**은 $n \times n$ 항등행렬을 생성한다. **ones(n)**는 모든 원소가 1인 $n \times n$ 행렬, **ones(m,n)**는 모든 원소가 1인 $m \times n$ 행렬, 또한 **ones(size(A))**는 행렬 A와 같은 차원의 1로 구성된 행렬을 생성한다. **zeros**는 **ones**와 똑같은 형식으로 사용 가능하며, 모든 원소가 0인 행렬을 생성한다. **rand(n)**은 0과 1 사이에서 균등분포를 가지는 랜덤 값을 원소로 가지는 $n \times n$ 정방행렬을 만들고, **rand(m,n)**은 $m \times n$ 행렬을 생성한다. **rand**는 사용할 때마다 다른 행렬이 되므로 주의해야 한다. **magic(n)**은 모든 행, 열, 그리고 대각의 합이 모두 같은 $n \times n$ 행렬을 생성한다.

행렬의 원소도 벡터의 경우와 마찬가지로 실수, 복소수, 특수기호, 또는 계산식 등이 모두 가능하다. 행렬의 원소는 소괄호를 사용하여 $\boldsymbol{A}(m,n)$으로 표현하며, 기호 (:)는 한 행 또는 한 열의 모든 원소를 나타내기 위해 사용한다.

실습예제 1.9

(1) 명령어 eye(2), ones(2), ones(2,2)

(2) 행렬 A=[1,2,3;4,5,6;7,8,9];에 대해 triu(A)와 tril(A)

(3) rand(3)를 두 번 반복해서 사용하고, magic(3)을 생성해보자.

풀이

rand 명령어는 실행할 때마다 다른 행렬이 발생한다. magic에 의해 생성된 행렬의 각 행과 열, 그리고 대각원소의 합은 모두 15로 동일하다. 연산 결과는 그림 1.20과 같다.

실습예제 1.10

행렬 $A=[1,2,3;4,5,6;7,8,9]$에 대해 $A(2,2)$, $A(1,1:2)$, $A(1:2,2)$, $A(1,:)$, $A(:,1)$, $A(1:2,2:3)$을 표현해보자.

풀이

$A(2,2)$는 1행 2열의 원소인 5를 의미한다. $A(1,1:2)$는 1행의 처음 두 열을, $A(1:2,2)$는 2열의 처음 두 행을 의미한다. $A(1,:)$은 1행의 모든 원소를, $A(:,1)$은 1열의 모든 원소를 의미한다. 마지막으로 $A(1:2,2:3)$는 1행과 2행의 2번째 열과 세 번째 열에 속하는 모든 원소를 의미한다. 연산 결과는 그림 1.21과 같다.

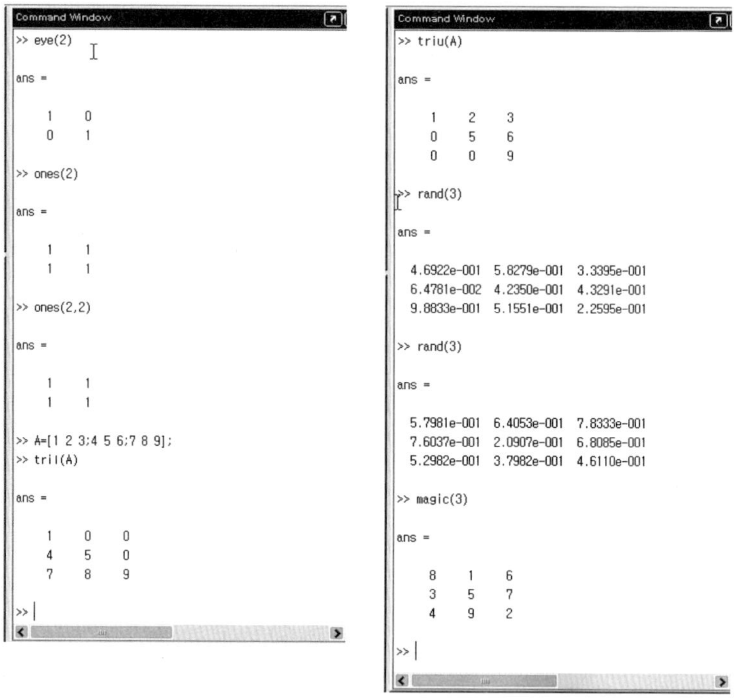

〈그림 1.20〉 실습예제 1.9의 연산 결과

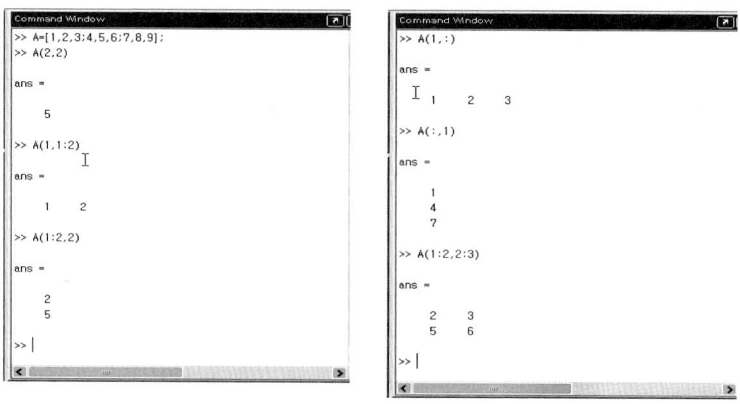

〈그림 1.21〉 실습예제 1.10의 연산 결과

행렬의 전치(transpose)도 기호(′)을 사용하다. 벡터의 경우처럼 행렬의 원소가 복소수인 경우에 전치를 사용하면 공액복소수(complex conjugate)로 바뀌어 표현되므로 이를 방지하려면 **conj(*A*′)**를 사용해야 한다.

실습예제 1.11

행렬 $A = [1+j,\ 2+2*j;\ 3+3*j,\ 4+4*j]$일 때 A'와 $conj(A')$의 차이를 확인해보자.

풀이

연산 결과는 그림 1.22와 같다.

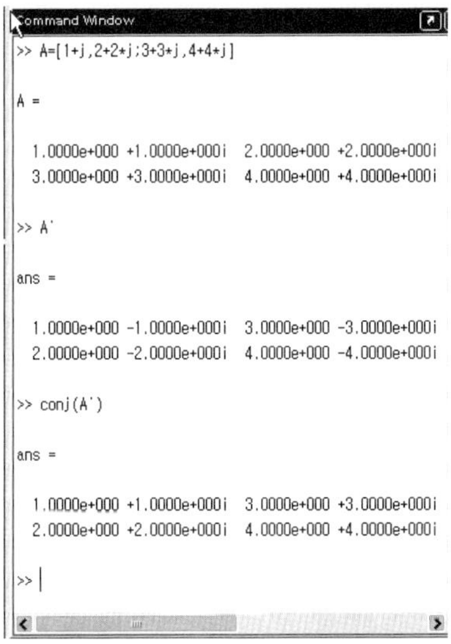

〈그림 1.22〉 실습예제 1.11의 연산 결과

행렬의 연산에는 스칼라-행렬, 벡터-행렬, 행렬-행렬의 연산이 있다. 행렬의 연산도 일반적으로 산술연산자를 사용하여 수행되며, 원소끼리의 연산을 수행할 경우에는 기호 (.)를 산술연산자를 함께 사용한다.

스칼라-행렬 연산은 행렬의 스칼라 곱셈과 나눗셈만이 선형대수학에서 의미가 있다.

MATLAB에서 행렬의 스칼라 곱셈은 교환법칙이 성립한다. 참고로 MATLAB에서 스칼라와 행렬의 덧셈과 뺄셈, 그리고 스칼라 나누기 행렬(스칼라/행렬)의 연산은 대수학적인 의미는 없으나, 실행은 가능하다. 특히 나눗셈의 경우 스칼라/행렬에서는 원소끼리의 연산이 되도록 반드시 (./)을 사용해야 한다.

실습예제 1.12

스칼라 $a = 2$이고 행렬 $A = [1,\ 2;\ 3,\ 4]$일 때

(1) 행렬의 스칼라 곱셈이 교환법칙이 성립함을 보이고,

(2) 행렬의 스칼라 나눗셈을 수행해보자.

풀이

그림 1.23의 연산 결과 $a \times A = A \times a$이므로 교환법칙이 성립된다. 행렬의 스칼라 나눗셈은 원소끼리의 연산인 $a./A$을 사용해야 한다.

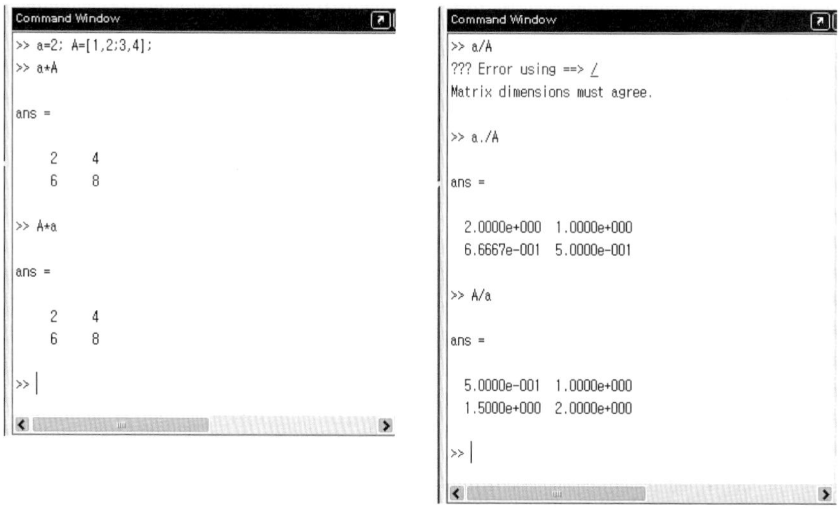

<그림 1.23> 실습예제 1.12의 연산 결과

실습예제 1.13

복소수 스칼라 $b = 1 + 2 * j$와 행렬 $A = [1,\ 2;\ 3,\ 4]$에 대해

(1) 행렬의 스칼라 곱셈이 교환법칙이 성립함을 보이고,

(2) 행렬의 스칼라 나눗셈을 수행해보자.

풀이

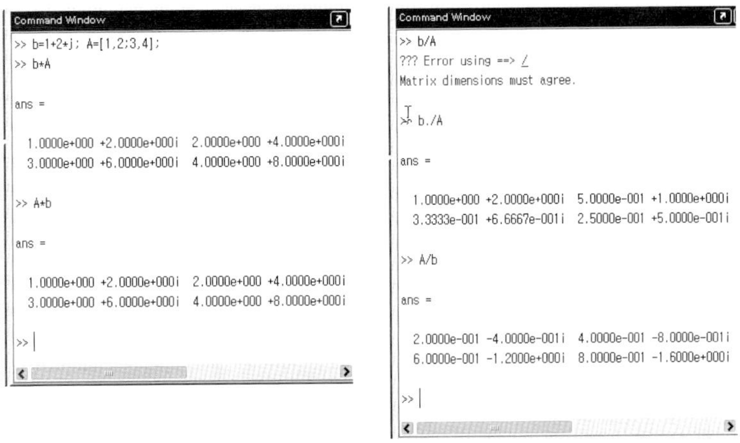

〈그림 1.24〉 실습예제 1.13의 연산 결과

선형대수학과 마찬가지로 MATLAB에서도 벡터-행렬의 연산은 덧셈과 뺄셈은 성립하지 않으며, 곱셈의 경우 차원이 정합되어야 한다. 나눗셈은 특별한 주의가 요구된다. 방정식 $\boldsymbol{Ax} = \boldsymbol{b}$에서 행렬 $\boldsymbol{A}$가 역행렬이 가능한 정방행렬이면, 해는 $x = \boldsymbol{A} \backslash \boldsymbol{b} = inv(\boldsymbol{A}) \times \boldsymbol{b}$이고 왼쪽 나누기 ($\diagdown$)로 수행된다. 여기서 $inv(\boldsymbol{A})$는 행렬 A의 역행렬이다. 한편 방정식 $\boldsymbol{xA} = \boldsymbol{b}$에서 해는 $x = b/A$이고 오른쪽 나누기 (/)로 수행된다. 따라서 $b/A = (A'/b')'$인 관계가 성립된다.

실습예제 1.14

벡터 $a=[1,2,3]$와 행렬 $A=[1,2,3;4,5,6;7,8,9]$에 대해 $a\times A$, $A\times a$, $A\times .a$, $a'\times A$, $a'.\times A$, 그리고 $A\times a'$를 수행해보자.

풀이

위의 연산에서 $a\times A$는 $(1\times 3)(3\times 3)$, $A\times a'$는 $(3\times 3)(3\times 1)$로 벡터와 행렬의 차원이 정합되므로 연산이 수행된다.

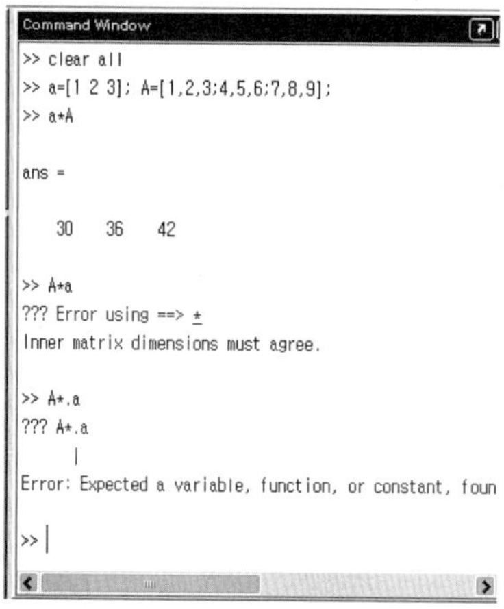

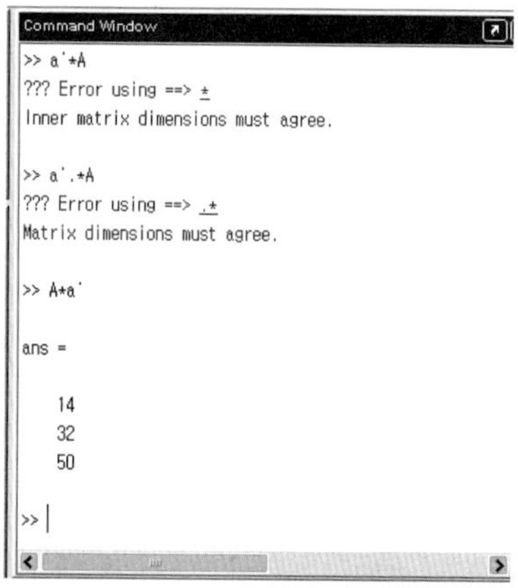

〈그림 1.25〉 실습예제 1.14의 연산 결과

실습예제 1.15

연립방정식 $5x_1+3x_2-3x_3=-1$, $3x_1+2x_2-2x_3=-10$, 그리고 $2x_1-x_2+2x_3=-8$에 대해 해 $x=[x_1,\ x_2,\ x_3]'$를 구해보자.

풀이

주어진 연립방정식은 $\begin{bmatrix} 5 & 3 & -3 \\ 3 & 2 & -2 \\ 2 & -1 & 2 \end{bmatrix}\begin{bmatrix} x_1 \\ x_2 \\ x_3 \end{bmatrix}=\begin{bmatrix} -1 \\ -10 \\ -8 \end{bmatrix}$로 표현되므로 $Ax=b$이다. 따라서 $x=A\backslash b$로 연산하거나 간단히 $x=inv(A)\times b$로 구할 수 있다.

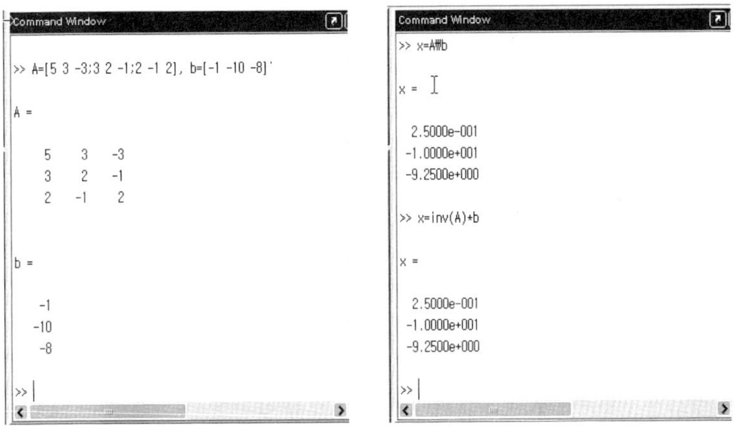

〈그림 1.26〉 실습예제 1.15의 연산 결과

선형대수학과 마찬가지로 MATLAB에서도 행렬-행렬의 연산은 덧셈과 뺄셈은 차원이 일치하면 수행되고, 곱셈의 경우에는 서로 전치관계가 성립해야 수행된다. 곱셈 연산에서 주의해야 할 점은 나눗셈의 경우 분모와 분자의 차원이 일치하고, 분모 행렬의 행렬식이 존재하면 수행된다.

실습예제 1.16

행렬 $A=[3\ 4\ 2;\ 6\ 0\ -1;\ -5,\ -2,\ 1]$와 $B=[0\ 1\ 0;\ 0\ 0\ 1;\ -2\ -3\ -5]$;에 대해

(1) $A+B$, $A-B$을 수행하고

(2) $A*B$, $B*A$, A/B, B/A을 수행해보자.

풀이

A, B는 각각 3×3 차원 행렬이므로 사칙연산이 가능하다. 또한 행렬 A의 행렬식 $\det(A)=12$이고, 행렬 B의 행렬식 $\det(B)=-2$으로 0이 아니므로, 역행렬이 존재하고, 따라서 행렬과 행렬의 나눗셈 연산이 가능하다. 연산결과는 그림 1.27과 같다.

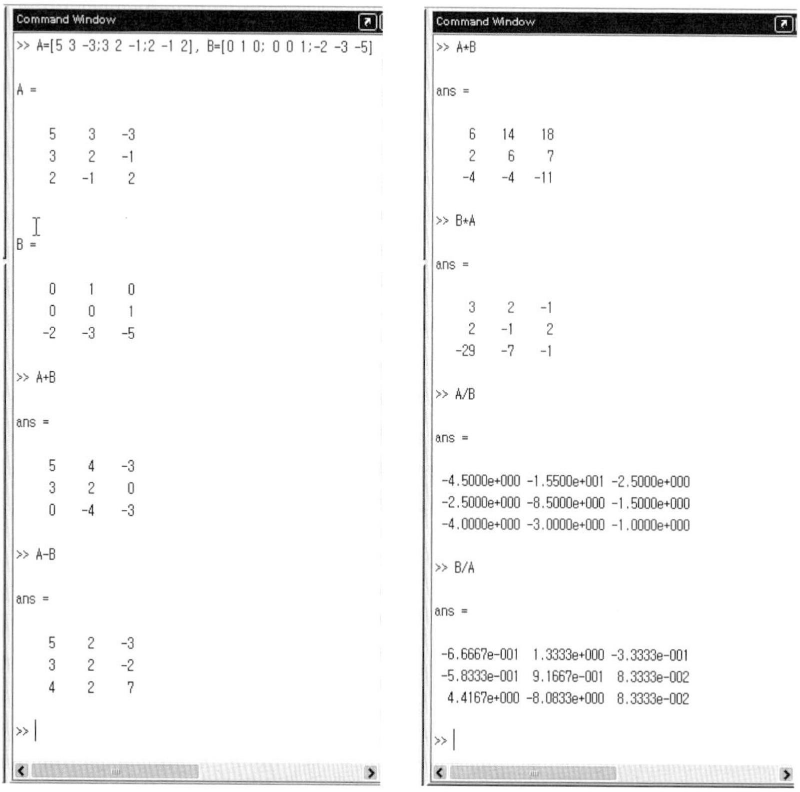

〈그림 1.27〉 실습예제 1.16의 연산 결과

그 외 행렬과 관련하여 사용되는 MATLAB의 함수는 표 1.13과 같다. 표 1.13에서 명령어 **det**는 행렬의 행렬식(determinant)을 구하는 명령어로 $n \times n$ 차원의 정방행렬 A의 행렬식인 $\det(A) \neq 0$이면 행렬 A의 역행렬이 존재한다. 행렬 A의 역행렬은 명령어 **inv**를 사용한다. 이때 행렬식 $\det(A) \neq 0$이면, 행렬 A를 정칙(non-singular)행렬이라 하고, 계수(rank)는 n이다. 한편 $\det(A) = 0$이면 행렬 A는 특이(singular)행렬이라 하고, 이때의 계수는 n보다 작은 수이다. 계수는 명령어 **rank**를 사용하여 구한다. 행렬 A의 계수가 n이면 행렬 A는 서로 독립(independent)인 n개의 행벡터 또는 열벡터를 가진다는 의미이고, 계수가 n보다 작으면 행렬 A의 n개의 행벡터 또는 열벡터는 종속(dependent)하다는 의미이다. 한편 명령어 **size**를 사용하면 행렬 A의 차원 $n \times n$이 구하는 명령어로 주의해야 한다.

〈표 1.13〉 행렬과 관련된 MATLAB의 함수

det	행렬식	eig	고유값과 고유벡터
expm	행렬지수, e^{At}	inv	역행렬
norm	노옴	rank	행렬의 계수
poly	행렬의 특성방정식	size	행렬의 차원

실습예제 1.17

행렬 $A=[1,\ 2,\ 3\,;4,\ 5,\ 6\,;7,\ 8,\ 9]$와 $B=[0\ 1\ 0\,;0\ 0\ 1\,;-2\ -3\ -5]$;의 역행렬을 구해보자.

풀이

행렬 A의 행렬식은 $det(A)=0$이므로 역행렬이 존재하지 않는다. 따라서 계수는 3이 아니다. 행렬 B의 행렬식은 $det(B) \neq 0$이므로 역행렬이 존재하고, 계수는 3이다.

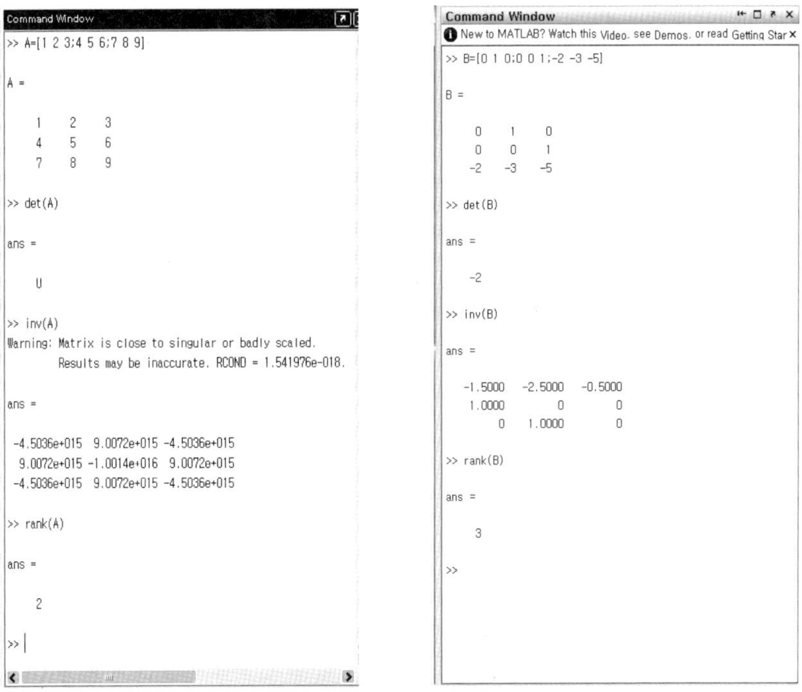

〈그림 1.28〉 실습예제 1.17의 연산 결과

어떤 행렬 A가 $n \times n$ 차원의 정방행렬이고 $Av_i = \lambda_i v_i,\ i = 1, 2, \cdots, n$을 만족하는 스칼라 λ_i가 존재하면, 0이 아닌 $n \times 1$ 차원의 벡터 v_i를 행렬 A의 고유벡터(eigenvalue)라 하고, λ_i를 고유벡터 v_i에 대응하는 고유값(eigenvalue)라 한다. 고유값은 행렬 A의 특성근(characteristic roots)이다. 고유벡터의 기하학적 의미는 두 벡터 Av와 v가 동일선상(colinear)에 존재한다는 의미이다. 즉, 벡터 Av는 벡터 v의 크기에 λ배의 크기를 갖고, 벡터 v와 같은 방향 또는 반대방향에 놓이게 된다. MATLAT에서 고유값과 고유벡터를 구하는 명령어 **eig**의 기본구조는 $[\boldsymbol{V}, \boldsymbol{D}] = eig(\boldsymbol{A})$로 고유값은 행렬 D의 대각원소에 표시되고, 각 고유값에 대응하는 고유벡터는 행렬 V의 열벡터이다.

실습예제 1.18

두 개의 행렬 $A = [-1,\ 2\ ;-2\ -1]$, $B = [0\ 1\ 0\ ;\ 0\ 0\ 1\ ;\ 0\ -2\ 3]$에 대해 고유값과 고유벡터을 $[V, D] = eig(A)$를 사용하여 구해보자.

풀이

행렬 A의 고유값은 $\lambda_{1,2}$ =-1±2j이고, 고유값에 해당하는 고유벡터는 각각$v_1 = [-0.70711j\ \ 0.70711]'$, $v_2 = [0.70711j\ \ \ 0.70711]'$이다. 마찬가지로 행렬 B의 고유값은 $\lambda_{1,2,3} = 0,\ 1,\ 2$이고 고유벡터는 $v_1 = [1\ 0\ 0]'$, $v_2 = [-0.57735\ -0.57735\ -0.57735]'$, $v_3 = [0.21822\ -0.43644\ -0.87287]'$이다.

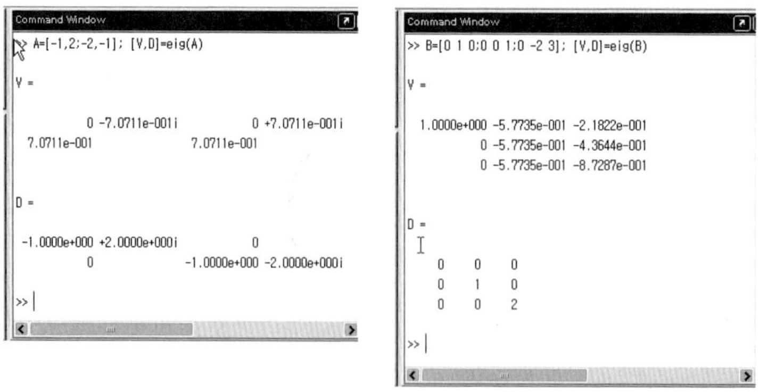

〈그림 1.29〉 예제 1.18의 연산 결과

마지막으로 명령어 **norm**은 벡터 또는 행렬에서 스칼라 크기를 부여하는데 사용한다. MATLAB에서는 n차 벡터 v에 대해 $norm(v,p)$를 사용한다. 여기서 p는 1, 2, 또는 ∞이다. 따라서 $\|v\|_1 = \sum_{i=1}^{n}(|v_i|)$, $\|v\|_2 = \sqrt{\sum_{i=1}^{n}(v_i^2)}$, 그리고 $\|v\|_\infty = \max(|v_i|)$와 같이 정의된다. 특히 $\|v\|_2$을 Euclidean 노옴이라 한다. 한편 $n \times m$ 행렬 A에서는 $\|A\|_1 = \max[\sum(abs(X))]$, $\|A\|_2 = \max[svd(A)]$, $\|A\|_\infty = \max[\sum(abs(A'))]$과 같이 정의된다. 즉, 행렬의 1-노옴은 최대 열벡터 절대값 원소의 합, 2-노옴은 최대 특이값, 그리고 ∞-노옴은 최대 행벡터 절대값 원소의 합으로 결정된다.

실습예제 1.19

벡터 $x = [2, -1, 3]$과 행렬 $A = [1, 2; 3\ 4]$에 대해 각종 노옴을 계산해보자.

풀이

벡터에서 1-노옴은 $\|x\|_1 = |2| + |-1| + |3| = 6$, 2-노옴은 $\|x\|_2 = \sqrt{4+1+9} = \sqrt{14}$, 그리고 무한대 노옴은 $\|x\|_\infty = \max(|2|, |-1|, |3|) = 3$이다. 한편 행렬에서 1-노옴은 $\|A\|_1 = \max[(|1|+|3|), (|2|+|4|)] = 6$, $\|A\|_2 = 5.465$, $\|A\|_\infty = \max[(|1|+|2|), (|3|+|4|)] = 7$이 된다.

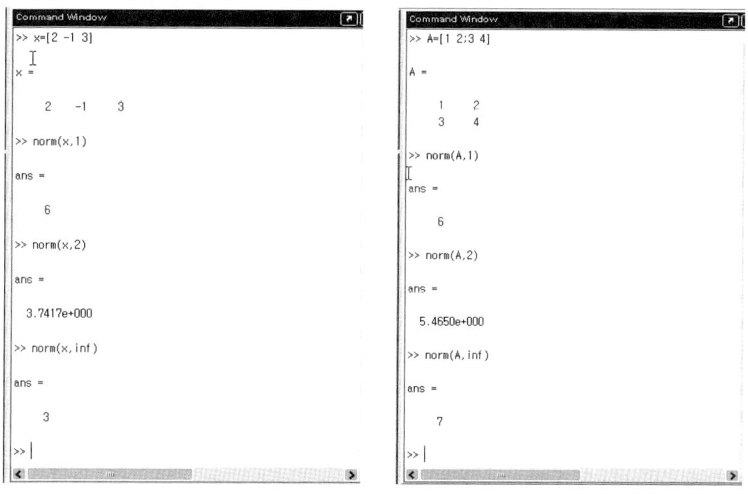

〈그림 1.30〉 실습예제 1.19의 연산 결과

1.5 조건문과 순환문

조건에 따라 다른 명령문을 실행하거나 루프(loop)를 사용한 반복적인 계산이 필요한 경우, 적절한 조건문 또는 순환문을 사용하는 것이 간편하고 효율적인 프로그래밍 방법이다. MATLAB에서도 **for-문**, **if-문**, **while-문**, 그리고 **switch-문**을 사용하여 조건문과 순환문을 작성한다.

1.5.1 조건문과 순환문

for-문은 어떤 수식 문장의 반복적인 실행을 원할 때 사용한다. **for-문**의 기본구조는 'for index, 명령문, end'이다.

MATLAB에서 **for-문**을 사용하면 연산의 소요시간이 크게 증가하는 것으로 알려져 있다. 따라서 효율적인 MATLAB 프로그램을 작성하기 위해서는 가능한 **for-문**의 사용을 자제하고, 변수의 선행 할당과 벡터화에 의한 프로그램이 되도록 노력해야 한다. MATLAB의 사용자 설명서(user guide)에 의하면 변수의 선행 할당은 메모리 용량을 감소하여 메모리를 보다 효과적으로 사용할 수 있다고 설명하고 있다.

또한 수식 문장에 벡터 또는 행렬 등의 array를 사용할 때 벡터 또는 행렬의 index는 항상 0인 아닌 자연수 1부터 시작한다는 점을 주의해야 한다.

실습예제 1.20

i가 1에서 10,000까지일 때 로그값 $a(i) = \log(i)$와 프로그램 연산의 소요시간을 계산해보자. 소요시간의 계산은 명령어 etime(t1,t0)를 사용한다. 이때 프로그램 연산의 소요시간은 사용하는 PC의 성능에 따라 약간 다르게 나타난다.

풀이

(1) 그림 1.31(a)와 같이 **for-문**만을 사용한 경우 소요시간은 0.969[초]이다.

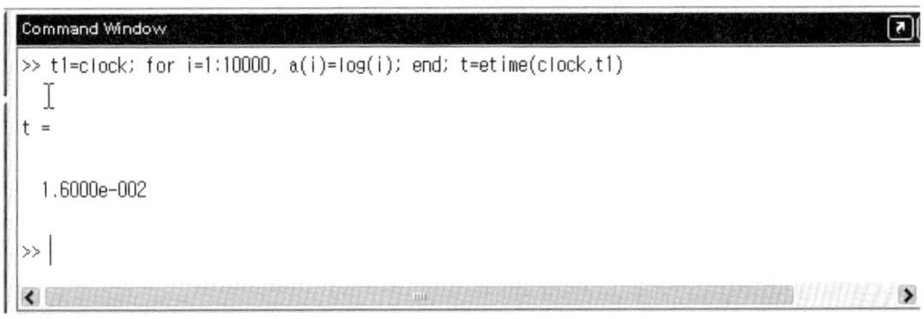

〈그림 1.31(a)〉 실습예제 1.20 풀이 1의 연산 결과

(2) 그림 1.31(b)는 변수 a, i의 선행 할당과 **for-문**을 사용하는 경우, 소요시간은 0.032[초]이다.

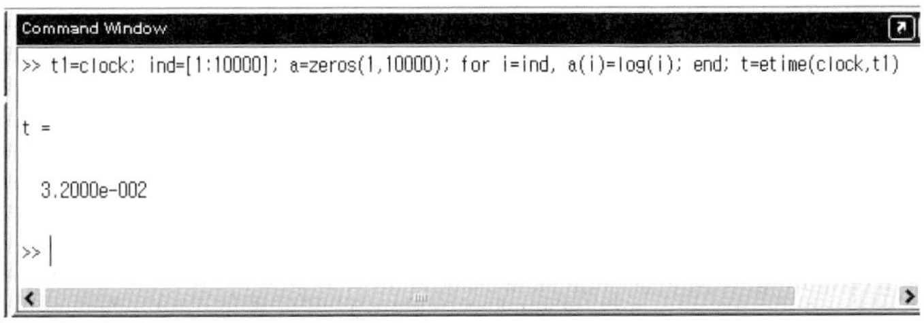

〈그림 1.31(b)〉 실습예제 1.20 풀이 2의 연산 결과

(3) 그림 1.31(c)는 **for-문**을 제거하고 MATLAB의 행렬 연산기능인 벡터화를 사용한 방법으로, 프로그램의 소요시간은 0.016[초]이다.

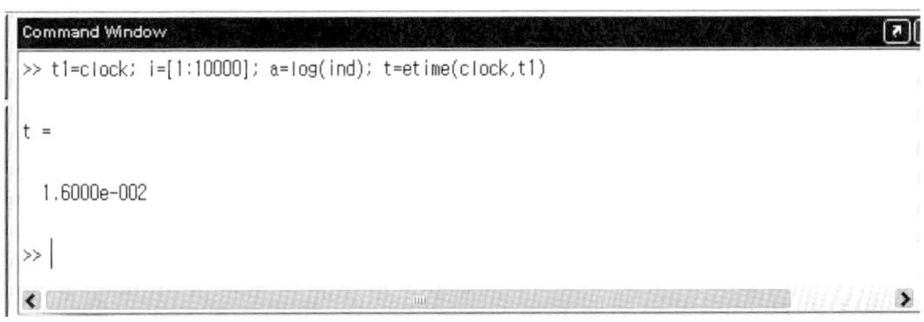

〈그림 1.31(c)〉 실습예제 1.20 풀이 3의 연산 결과

(4) 마지막으로 변수의 선행 할당과 벡터화를 사용한 방법으로, 프로그램의 소요시간은 0[초]로 허용한계치인 $eps < 10^{-16}$미만이다.

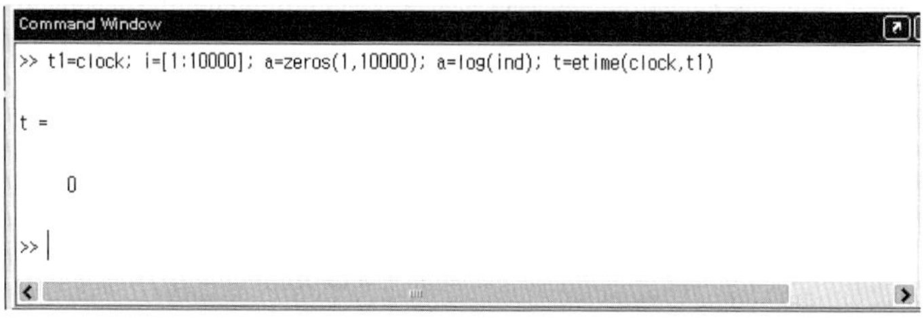

<그림 1.31(d)> 실습예제 1.20 풀이 4의 연산 결과

조건문은 **while-문** 또는 **if-문**을 사용한다. while-문의 기본구조는 'while 조건식, 명령문, end'의 구조로 수식 문장은 조건이 만족할 때까지 계속적으로 수행된다. **if-문**의 기본구조도 **while-문**과 마찬가지로 'if 조건식, 명령문, end'이다.

복합 조건문을 작성할 때에는 elseif, else를 사용한다. 'if 조건식 (1), 명령문 (2), elseif 조건식 (2), 명령문 (3), else, 명령문 (3), end'의 구조는 조건식 (1)이 참이면 명령문 (1)을 수행하고, 조건식 (2)가 참이면 명령문 (2)를 수행하고, 그렇지 않으면 명령문 (3)을 수행하라는 프로그램이다.

실습예제 1.21

$-2 \leq x \leq 2$ 일 때 함수 $y = \begin{cases} -1, & x < -1 \\ x, & -1 \leq x < 1 \\ 1, & 1 \leq x \end{cases}$ 을 만족하는 함수 y 를 도시하는 프로그램을 작성해보자.

풀이

프로그램과 연산 결과는 그림 1.32와 같다.

(1) 변수 x 는 −2에서 2까지 0.01씩 증가하는 벡터로 정의하였다.

(2) for 문에서 i는 1부터 벡터 x의 크기인 401번의 루프를 실행한다.

(3) if 문에서 함수 y가 변수 x의 401개 값을 저장할 수 있도록 $y(i)$로 정의되어야 한다.

(4) 결과를 도시하기 위해 plot을 사용하였다. plot의 두 변수 x, y의 크기가 일치해야 **plot**이 실행된다. **axis([xmin, xmax, ymin, ymax])**와 **grid**를 사용하여 그래프가 보기 좋도록 조정하였다.

```
clear all, close all
x=[-2:0.01:2];
for i=1:length(x),
i x(i) <= -1, y(i)=-1;
elseif x(i) <=1, y(i)=x(i);
elsey(i)=1;
end
end
plot(x,y), axis([-2 2 -1.2 1.2]), grid
```

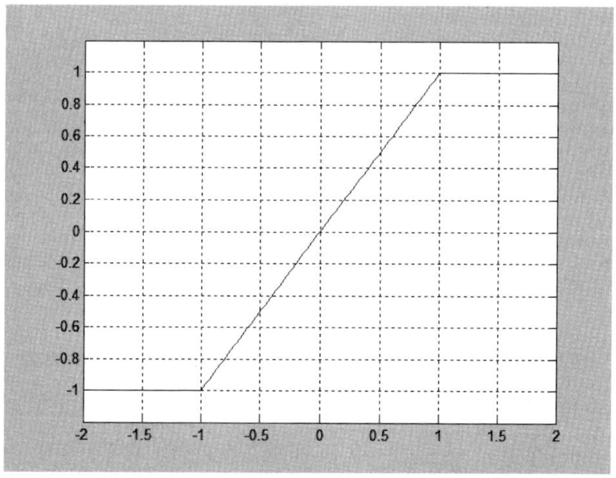

〈그림 1.32〉 실습예제 1.21의 연산 결과

실습예제 1.22

폐루프 전달함수 $T(s) = 300/(s^2 + 20s + 300)$ 에 대해 계단응답의 최종값 yss 와 정착시간 t_s 을 계산하고, 계단응답과 최종값의 $\pm 2[\%]$ 인 정착시간의 상하한을 도시하는 프로그램을 작성해보자.

풀이

프로그램과 연산 결과는 그림 1.33과 같다.

(1) 분자를 *nt*, 분모를 *dt*로 정의하고 MATLAB 명령어 ***tf***를 사용하여 전달함수 *syst*를 생성하였다.

(2) MATLAB 명령어 ***step***을 사용하여 계단응답을 생성한다. *step*에 사용하는 입력변수는 전달함수 *syst*와 시간벡터 t 이다. t 를 생략하면 MATLAB 내부의 디폴트가 사용되므로 원하는 그래프를 얻기 위해 사용하는 것이 권장된다. 시간의 최종값을 *finalt*, 그때의 응답(정상상태응답)을 *yss*로 계산한다.

(3) for 문을 사용하여 0초부터 2초까지 순환문을 수행한다.

(4) if 문을 사용하여 계단응답이 1.02보다 크거나 0.98보다 작을 때를 정착시간 *ts*으로 계산한다.

(5) 위에서 계산한 *yss*와 *ts*를 명령어창에 표시하고, 정상상태응답의 $\pm 2[\%]$ 를 각각 *ydown*, *yup*으로 정의한다. 이 때 시간벡터 t 와 크기를 맞추기 위해 MATLAB 명령어 $ones(n, 1)$ 을 사용한다. 여기서 n=*finalt*이다.

(6) 시간벡터 t 에 대해 세 가지 함수(*y*, *yup*, *ydown*)을 한 그래프에 도시한다.

```
clear all, close all, t=[0:0.01:2];
nt=300; dt=[1 20 300]; syst=tf(nt,dt);
y=step(syst,t); finalt=length(t); yss=y(finalt)
for i=1:finalt,
if y(i) > 1.02*yss, ts=t(i); elseif y(i) < 0.98*yss, ts=t(i); end
end
yss, ts, yup=1.02*ones(finalt,1)*yss; ydown=0.98*ones(finalt,1)*yss;
plot(t,y,t,ydown,'--',t,yup,'--')
xlabel('time[sec]'), ylabel('y(t)'), title('Step Response')
```

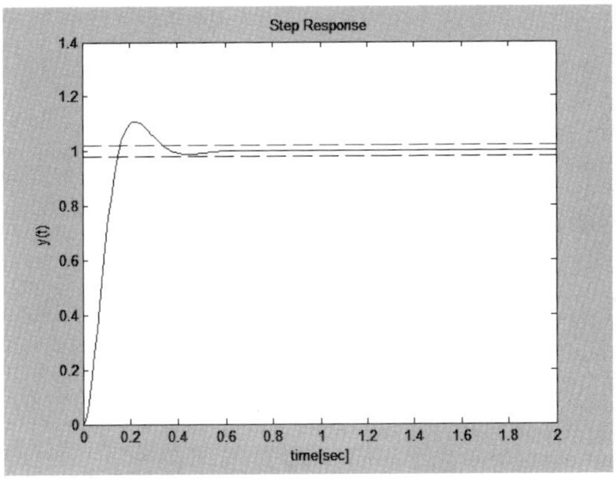

〈그림 1.33〉 실습예제 1.22의 연산 결과

실습예제 1.23

폐루프 전달함수 $T(s) = 300/(s^2 + 20s + 300)$에 대한 Bode 선도의 크기가 $-3[dB]$ 되는 주파수를 대역폭(bandwidth)라고 정의한다. Bode 선도를 도시하고 대역폭을 구하는 프로그램을 작성하고, Bode 선도에서 결과를 확인하라.

풀이

프로그램과 연산 결과는 그림 1.34와 같다.

(1) Bode 선도는 주파수 w의 대수눈금으로 표시된다. 대수눈금을 정의하기 위해 MATLAB 명령어 ***logspace***(−1, 3, 400)를 사용하는데 −1은 10^{-1}을 3은 10^{3}을 의미하며 400은 눈금의 수를 표시한다. 보다 정밀한 Bode 선도를 도시하려면 눈금의 수를 크게 하면 된다.

(2) Bode 선도의 그래프는 MATLAB 명령어 ***bode***에 의해 생성된다. ***bode***의 입력변수로 *syst* 대신 전달함수의 분자와 분모(*nt*, *dt*)를 사용해도 좋다. 주파수 w를 생략하면 MATLAB 내부의 디폴트가 사용되므로 원하는 그래프를 얻기 위해 사용하는 것이 권장된다. 주어진 전달함수의 크기와 위상은 각각 *mag*, *phase*로 ***bode***의 출력으로 구해진다. 구해진 ***mag***를 [dB]로 변환하기 위해 20 * log10(*mag*)를 사용한다. ***log*10**은 밑수가 10인 상용로그이다.

(3) 순환문(for 문)을 수행하기 전에 $index$를 1로 정의하고 조건문(if 문)에서 *magdB*가 −3[dB]보다 클 때에만 $index$를 증가하였다. $index$의 최종값에서 대역폭이 계산된다. 이 프로그램은 폐루프 제어시스템이 저역통과필터라는 사실을 알고 작성된 것이다. 즉, 저주파수에서 시스템의 크기는 일반적으로 대역폭보다 크기 때문에 아래와 같은 프로그램이 가능하다.

(4) 계산된 대역폭은 20.6914[rad/sec]이나, 그림 1.34에서는 정확한 포인트를 클릭할 수 없어 3.01[dB]일 때 20.4[rad/sec]로 표시되었다.

```
clear all, close all, w=logspace(-1,3,400);
nt=300; dt=[1 20 300]; syst=tf(nt,dt);
[mag,phase]=bode(syst,w); magdB=20*log10(mag);
index=1;
for i=1:length(w)-1
if magdB(i) >= -3,
index=index+1;
else,
index=index;
end
end
BW=w(index), bode(syst,w), grid
```

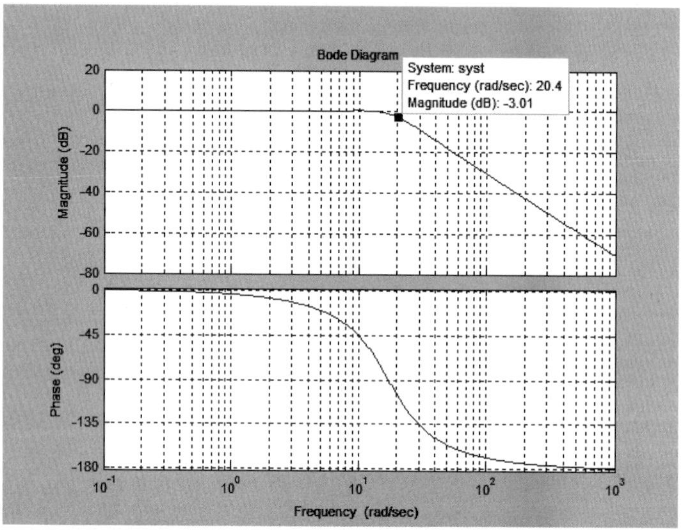

<그림 1.34> 실습예제 1.23의 연산 결과

조건문에서 조건식은 관계연산자와 논리연산자를 사용하여 정의된다. 관계연산자에서 동등 표현은 기호 (=)가 아닌 연산자 (==)를 사용한다는 사실에 유의해야 한다. 관계연산자가 스칼라에 적용될 때에는 그 관계가 참이냐 거짓이냐에 따라 스칼라 값 1 또는 0을 반환한다.

관계연산자가 같은 크기의 행렬에 적용될 때에는 서로 대응되는 각 요소 사이의 관계에 따라 0과 1로 된 결과 행렬을 반환한다. 행렬 사이의 관계는 관계 행렬의 모든 원소가 0이 아니면 while과 if 문에 의해 참으로 해석된다.

따라서 행렬 A와 행렬 B가 같을 때 수식 문장을 실행하고자 한다면 if A == B, 수식 문장, end이라고 입력해야 한다. 그러나 A와 B가 동일하지 않을 때 수식 문장을 실행하고자 한다면 if any(any(A ~= B)), 수식 문장, end 또는 if A == B, else, 수식 문장, end라고 입력해야 한다. if A ~= B, 수식 문장, end은 오직 A와 B의 상응하는 모든 각 원소들이 다를 때만 실행되기 때문이다.

실습예제 1.24

관계연산자와 논리연산자를 사용하여 아래 연산을 수행해보자.

(1) 3 < 5, 3 > 5, 3 == 5, 3 == 3

(2) a = rand(2), b = triu(a), a == b

풀이

연산 결과는 그림 1.35의 (a)와 (b)와 같다.

(1) 관계연산자와 논리연산자는 두 관계가 참이면 1, 아니면 0으로 판단한다.

(2) MATLAB 명령어 ***rand***(2)는 2×2 행렬의 random 값을 출력으로 생성한다. 또한 ***triu***는 upper triangle 행렬을 생성하는 명령어이다.

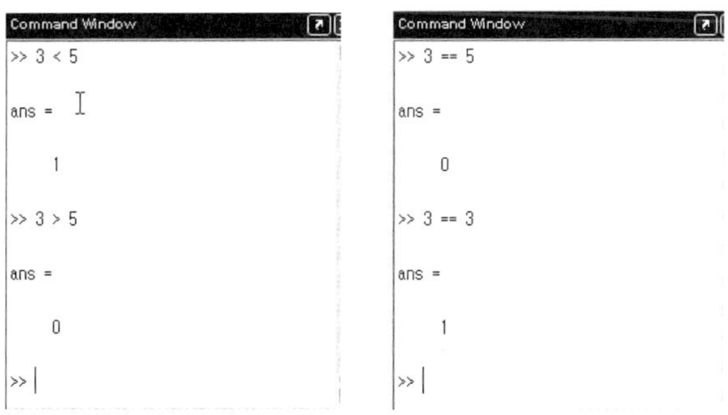

(a)

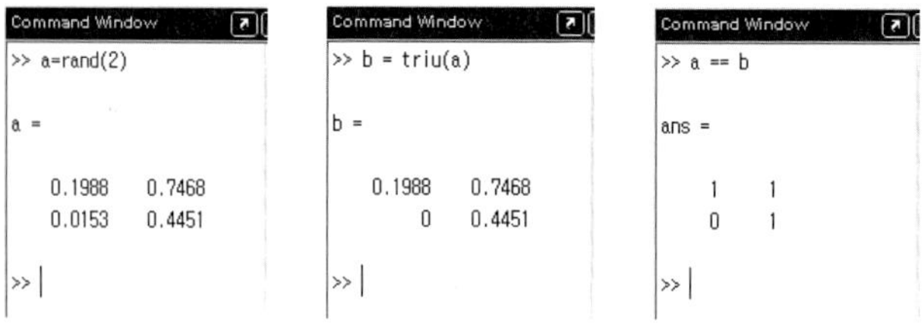

(b)

〈그림 1.35〉 실습예제 1.24의 연산 결과

마지막으로 switch-문은 조건의 값과 일치하는 'case-문'의 명령어만을 수행한다. switch-문의 구조는 'switch 조건식, case 0, 명령어문, case 1, 명령어문, otherwise, 명령어문, end'의 구조이다.

실습예제 1.25

짝수와 홀수를 판별하는 문장을 switch-문을 사용하여 작성해보자.

풀이

if-문은 입력이 실수인지 복소수인지를 판별하는 문장이고, 첫 번째 **elseif-문**은 정수인지 실수인지를 판별하는 문장이며, 두 번째 **elseif-문**은 음수인지 양수인지를 판별하는 문장이다. 즉, 양의 정수이면 짝수와 홀수를 판별하게 된다.

```
clear all, close all
x=3;
if x ~= abs(x), error('the input x is not real')
elseif x ~= fix(x), error('the input x is not integer')
elseif x < 0, error('the input x is not positive')
end
y=rem(x,2)
switch y
case 0, disp('the input x is even!')
otherwise, disp('the input x is odd!')
end
```

1.5.2 알고리듬의 효율성 비교

알고리듬의 효율성을 측정하는 방법은 두 가지로, 수행된 부동소수점 연산의 개수(flops)와 경과 시간(tic과 toc)이다. MATLAB의 함수 **flops**는 부동소수점 연산의 전체 계산의 수를 기록한다. 명령어 **flops(0)**는 flops를 0으로 초기화한다. 따라서 어떤 알고리듬이 수행되기 바로 전에 flops(0)를 입력하고, 수행된 바로 후에 flops를 입력하면 그 알고리듬에 대한 flop 카운트를 얻게 된다. 예를 들어, 가우시안 소거법을 이용하여 주어진 방정식 $Ax = b$를 풀기 위해 사용된 flops 수는 다음과 같이 입력하여 구할 수 있다.

```
>> flops(0), x = A\b; flops
```

경과시간은 초시계 타이머 **tic**과 **toc**으로 구할 수 있다. **tic**은 타이머를 작동시키고, **toc**은 경과 시간을 알려 준다. 예를 들어, 방정식 $Ax = b$을 풀기 위해 사용된 경과시간을 구하기 위한 프로그램은 다음과 같다.

```
>> tic, x = A\b; toc
```

그러나 듀얼 프로세서와 같은 시분할(time sharing) 컴퓨터를 사용하는 경우, MATLAB 프로그램만 수행하는 것이 아니므로 알고리듬의 효율성 측정은 신뢰할 만한 측정 수단이 되지 못할 수 있으니 주의하기 바란다.

1.6 그래프 그리기

MATLAB은 다양한 기능을 갖춘 그래프 기능을 보유하고 있으므로 사용자와 컴퓨터 사이의 상호작용(interaction)을 증진시킨다. 특히, 제어시스템의 해석과 설계에 필요한 각종 연산결과를 그래프로 즉시 확인할 수 있으므로 제어시스템 연구의 보조도구로 널리 사용되고 있다.

1.6.1 2차원 그래프

2차원 그래프를 도시하기 위해 보통 사용되는 명령어는 **plot**이다. **plot** 명령어는세 가지 방법으로 사용할 수 있다.

```
>> plot(y)
>> plot(t,y)
>> plot(t, y1 , t, y2 , …, t, yn)
```

첫 번째 경우는 x 축 벡터를 생략한 경우로 디폴트인 $x = [1\ 2\ 3 \cdots]$이 사용된 예이다. 만약 y 축 벡터가 복소수인 경우에는 실수를 x 축으로, 허수를 y 축으로 그린다. 두 번째의 경우가 가장 일반적인 형태로 사용자가 x 축 벡터 및 y 축 벡터 모두를 지정한 경우이다. 세 번째 경우는 하나의 x 축 벡터를 사용하여 여러 개의 y 축 벡터를 도시하기를 원하는 경우에 사용한다. **plot** 명령어를 사용할 때 가장 주의해야 할 점은 x 축 벡터와 y 축 벡터의 차원이 같지 않으면 에러가 발생한다는 것이다.

실습예제 1.26

원형 2차 시스템 $G(s) = \omega_n / (s^2 + 2\zeta\omega_n s + \omega_n^2)$ 에서 고유주파수가 $\omega_n = 2$ 로 일정할 때, 감쇠비 $\zeta = 0.6,\ 1,\ 1.4$ 의 변화에 따른 응답을 동일한 그래프에 도시해보자.

풀이

프로그램은 아래와 같고, 연산 결과는 그림 1.36과 같다.

(1) $\omega_n = 2$ 로 정의하고, 감쇠비를 $z = 0.6,\ 1.0,\ 1.4$ 로 각각 정의하였다.

(2) 분자를 $num = wn^2$, 분모를 감쇠비에 따라 각각 $d_1,\ d_2,\ d_3$ 으로 정의하였다.

(3) 시간벡터 t 를 정의하고 각각의 계단응답을 구한다.

(4) 각각의 계단응답을 하나의 그래프에 그리기 위해 ***plot(t, y_1, t, y_2, t, y_3)***을 사용하고, 첫 번째 그림은 디폴트인 실선, 두 번째 그림은 대시선(−−), 세 번째 그림은 점선(:)으로 구별하였다.

```
wn=2; z1=0.6; z2=1; z3=1.4;
num=wn^2; d1=[1 2*z1*wn wn^2]; d2=[1 2*z2*wn wn^2];
d3=[1 2*z3*wn wn^2]; t=[0:0.01:10];
y1=step(num, d1, t); y2=step(num, d2, t); y3=step(num, d3, t);
plot(t, y1, t, y2, '--', t, y3, ':'), grid
xlabel('t(sec)'), ylabel('Output y(t)'), title('Step Response')
legend('Underdamped', 'Critically damped', 'Overdamped')
```

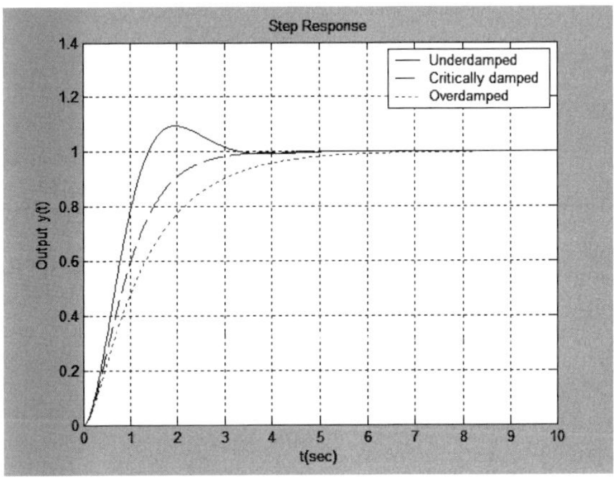

〈그림 1.36〉 실습예제 1.26의 연산 결과

주파수응답의 Bode 선도는 밑수가 10인 상용로그를 x 축으로 사용하는 대수크기 눈금의 주파수이고, y 축은 [dB]로 표시된 크기곡선과 [°]로 표시된 위상곡선이다. 따라서 주파수를 나타내기 위해 명령어 log*space*를 사용한다.

실습예제 1.27

제어대상 $G_p(s) = 1/s(s+2)$ 에 대해 Bode 선도를 도시해보자.

풀이

Bode 선도 x 축의 범위를 지정하기 위해 **logspace**를 사용한다. **logspace**의 첫 번째 요소인 −4는 10^{-4} [rad/sec]를 의미하고, 두 번째 요소인 3은 10^3 을 의미한다. 세 번째 요소는 시작 주파수와 마지막 주파수 사이를 700개의 점으로 그리라는 의미로 이 숫자가 클수록 그림은 매끄러워지나 계산 시간이 길어지는 단점이 있다.

전달함수 sysp를 정의한 후, **bode**를 사용하여 Bode 선도를 도시한다. **bode**의 첫 번째 요소는 전달함수이고, 두 번째 요소는 주파수로 사용하지 않아도 된다. 사용하지 않으면 디폴트 값이 사용되나 정확한 Bode 선도의 도시를 위해 사용하는 것이 권장된다.

```
w=logspace(-4,3,700);
num=[1]; den=[1 2 0]; sysp=tf(num,den); bode(sysp,w), grid
```

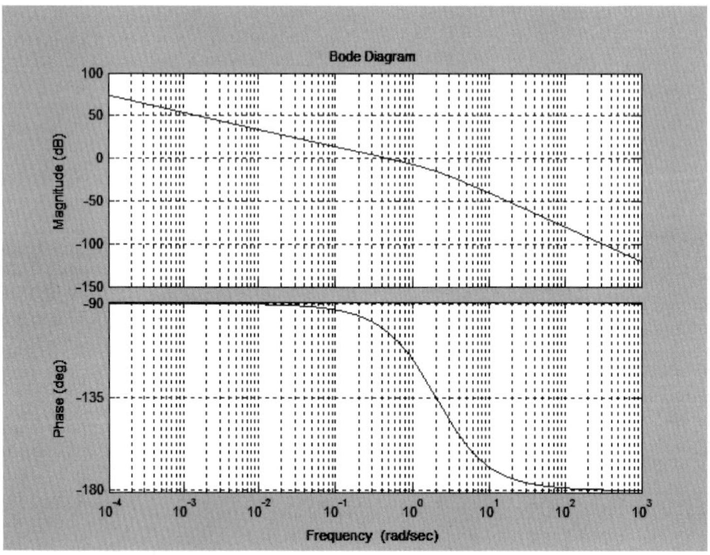

<그림 1.37> 실습예제 1.27의 연산 결과

x 축 또는 y 축만을 대수크기로 표시하기 위해서는 각각 **semilogx**와 **semilogy**를 사용하고, x 축과 y 축 모두를 대수크기로 표시하려면 **loglog** 명령어를 사용한다.

주파수응답의 또 다른 표현인 Nyquist 선도를 도시하기 위해 **polar** 또는 **nyquist** 명령어를 사용한다. 그러나 polar 명령어는 bode 명령어에 의해 계산된 크기와 위상값을 사용해야 하고, 특정 주파수에 대한 응답을 알기 어렵다는 단점이 있으므로 주로 nyquist 명령어가 사용된다.

```
>> w = logspace(-1, 3, 400); [mag, phase]=bode(sys, w);
   polar(θ*π/180, mag)
>> w = logspace(-1, 3, 400); nyquist(sys, w)
```

실습예제 1.28

실습예제 1.27에서 사용한 제어대상에 대한 Nyquist 선도를 도시해보자.

풀이

nyquist 명령어의 입력변수로 **sysp** 대신 **num, den**을 사용하여도 된다. 그림 1.38에 표시된 점선들은 일정 M 궤적이다.

일정 M궤적은 원점(이 때의 이득은 음의 무한대[dB])부터 원의 크기가 증가하다가 0[dB]일 때 $x = -0.5$ 인 직선이고, 원의 크기가 감소하다가 점 $(-1, 0)$ (이 때의 이득은 양의 무한대[dB])으로 수렴한다.

주어진 제어대상은 Nquist 선도가 점 $(-1, 0)$ 을 포함하지 않으므로 안정한 시스템이다.

```
w=logspace(-4,3,700);
num=[1]; den=[1 2 0]; sysp=tf(num,den); nyquist(sysp, w)
```

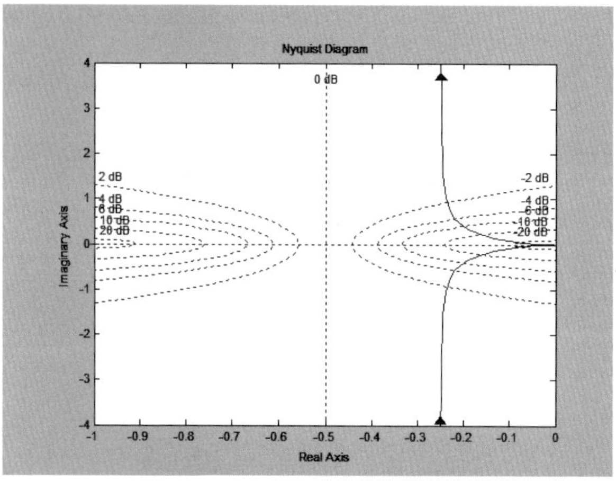

<그림 1.38> 실습예제 1.28의 연산 결과

실습예제 1.29

4엽 함수 $r = \cos(2\theta)$ 를 명령어 polar를 사용하여 도시해보자.

풀이

미분적분학에서 배우는 4엽 함수를 **polar**로 사용하여 도시한 결과는 그림 1.39와 같다.

```
theta=[pi/200:pi/200:2*pi]; r=cos(2*theta); polar(theta, r), grid
```

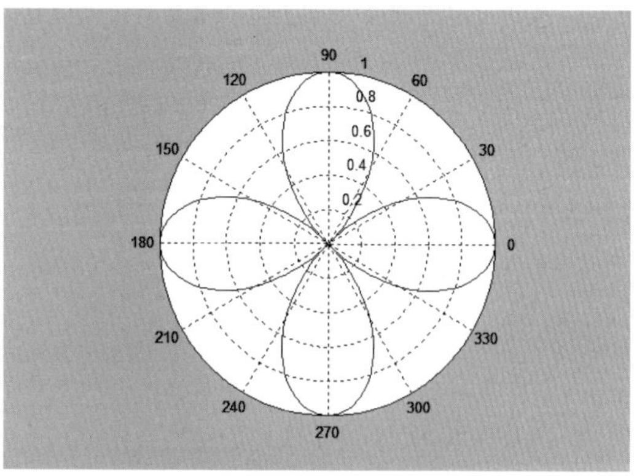

<그림 1.39> 실습예제 1.29의 연산 결과

그 이외에 표 1.14에 나타난 **bar**, **hist**, 그리고 **stairs** 등의 명령어는 **help**를 사용하여 참고하기 바란다.

〈표 1.14〉 그래프에 관한 MATLAB의 내장 함수

bar	막대그래프	compass	컴퍼스 그래프
feather	깃 그래프	fill	2차원 다각형 그래프
hist	히스토그램 그래프	loglog	x축과 y축 모두 log 그래프
plot	선형 그래프	polar	극좌표 그래프
semilogx	x축만 log 그래프	semilogy	y축만 log 그래프
rose	각 히스토그램 그래프	stairs	계단형 그래프

하나의 그래프에 여러 개의 그래프(선)를 그리기 위해 사용되는 방법은 두 가지가 있다. 첫 번째 방법은 **plot(t, y1, t, y2, t, y3)**을 사용하는 방법으로 이미 설명하였다. 또 다른 방법은 **hold**를 사용하는 것이다. 명령어 **hold on**은 현재 그래프 창을 고정시켜 다음 그래프들이 원그래프에 함께 그려지도록 하는 것이다. **hold off** 명령어를 사용하면 hold가 해제된다.

실습예제 1.30

제어대상 $G_p(s) = 100/(s^2 + 20\zeta s + 100)$에 대해 감쇠비 ζ가 0.2에서 0.8까지 0.2씩 증가할 때, 단위계단응답을 도시하고 감쇠비가 감소할 때의 효과를 고찰해보자.

풀이

hold on과 **hold off**를 사용하여 하나의 그래프에 네 가지의 그림을 도시하였다. 주어진 제어대상의 고유주파수는 $\omega_n = 10$으로 일정하다. 고유주파수가 일정할 때 감쇠비가 감쇠할수록 퍼센트 오버슈트는 감소하나, 상승시간은 증가한다.

네 개의 그림을 구별하기 위해 **gtext**를 사용하였다. **gtext**를 사용하면 그래프의 원하는 위치에 문자열을 넣을 수 있다.

```
clear all, close all, zeta=[0.2:0.2:0.8];
for i=1:length(zeta), num=[100]; den=[1 20*zeta(i) 100]; step(num,den);
hold on
end
hold off, gtext('zeta=0.2'), gtext('zeta=0.4')
gtext('zeta=0.6'), gtext('zeta=0.8')
```

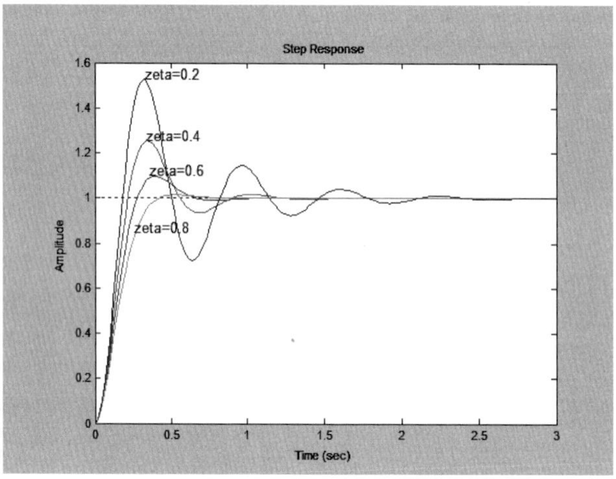

<그림 1.40> 실습예제 1.30의 연산 결과

한 개의 그래프에 여러 개의 그림(선)을 그릴 경우, 그래프를 서로 구별하기 위해 다양한 모양과 색을 사용할 수 있다. 이때 실선은 디폴트이므로 표시하지 않아도 된다.

<표 1.15> 그래프의 모양과 색에 관한 MATLAB의 함수

그래프의 모양		그래프의 색	
'–'	실선	b	파란색, blue
'––'	대시선	g	초록색, green
':'	점선	k	검정색, black
'+'	+ 선	r	빨간색, red
'–.'	대시 점선	w	흰색, white
'0'	동그라미선	y	노란색, yellow
'x'	x 선		
'*'	* 선		

표 1.15는 MATLAB에서 그래프를 구별하기 위해 사용되는 모양과 색에 관한 명령어이다. 아래의 두 번째 *plot* 에서 '*r*−−' 는 붉은 대시선을, '*b*:' 는 파란색의 점선으로 표시하라는 명령이다.

```
>> plot(t, y1, t, y2, '--', t, y3,':')
>> plot(t, y1, t, y2, 'r--', t, y3,'b:')
```

subplot 명령어는 하나의 화면을 여러 개로 나누는 명령어로 **plot**과 함께 사용해야 한다. 이 명령어는 **subplot(abc)**로 형태로 사용되는데 *a*는 행, *b*는 열, 그리고 *c*는 그래프의 순서를 의미한다. 예를 들어 **subplot(211)**와 **subplot(212)**는 화면을 상하 2개로 나누어 (211)은 첫 번째 화면, (212)는 두 번째 화면에 그래프를 나타낸다. 또 **subplot(22*)**은 화면을 2행 2열로 나누어 좌상, 우상, 좌하, 그리고 우하의 순으로 네 개의 그래프를 도시한다.

실습예제 1.31

실습예제 1.29에 대해 감쇠비에 따른 계단응답을 **subplo*t***을 사용하여 도시해보자.

풀이

네 개의 그래프를 도시해야 하므로 행열을 2×2로 결정하고 $z=0.2$의 결과를 좌상(221), $z=0.4$의 결과를 우상(222), $z=0.6$ 일 때의 결과를 좌상(223), 마지막으로 $z=0.8$ 일 때의 결과를 좌하(224)에 배치하였다.

step의 출력을 $y(:,i)$ 로 지정해야 한다는 사실에 주의하기 바란다. **step**의 출력은 시간벡터 t 의 함수이므로 감쇠비의 변화에 대해 출력을 계산하기 위해서는 $y(:,i)$ 로 지정을 해야 오류가 발생하지 않는다.

```
clear all, close all, t=[0:0.01:5]; zeta=[0.2:0.2:0.8];
for i=1:length(zeta),
num=[100]; den=[1 20*zeta(i) 100]; y(:,i)=step(num, den, t);
end
subplot(221), plot(t,y(:,1)), axis([0 5 0 2]), grid, title('z=0.2')
subplot(222), plot(t,y(:,2)), axis([0 5 0 2]), grid, title('z=0.4')
subplot(223), plot(t,y(:,3)), axis([0 5 0 2]), grid, title('z=0.6')
subplot(224), plot(t,y(:,4)), axis([0 5 0 2]), grid, title('z=0.8')
```

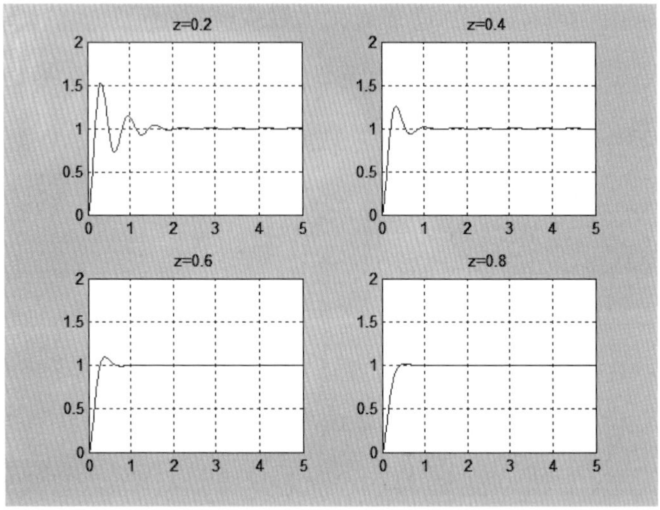

<그림 1.41> 실습예제 1.31의 연산 결과

그래프를 그리는 명령어를 실행하면 일반적으로 y축의 범위는 자동적으로 설정된다. 이때 화면에 나타난 그래프의 크기를 조정하고 싶거나 특정한 범위를 도시하고 싶을 때 **axis** 명령어를 사용하면 임의로 조정이 가능하다. 특히 근궤적이나 Nyquist 선도를 도시할 때는 **axis** 명령어를 사용할 필요가 많다. 그래프를 조작하는 명령어는 표 1.16과 같다.

<표 1.16> 그래프의 모양 조정에 사용되는 MATLAB의 내장 함수

함수	설명
axis([xmin, xmax, ymin, ymax])	크기를 x축과 y축의 최소값과 최대값으로
axis('square')	정사각형 그래프
axis('equal')	x축과 y축의 눈금 크기를 같게
axis('normal')	그래프를 디폴트 상태로 복원

마지막으로 표제 및 제목 등 그래프를 장식하기 위해 사용하는 명령어는 표 1.17과 같다. 표 1.17의 명령어는 반드시 그래프를 그린 후에 사용해야 한다.

〈표 1.17〉 표제 및 제목 등에 관한 MATLAB의 내장 함수

grid	그래프에 격자선 추가
gtext('text')	그래프에 마우스를 사용하여 'text' 추가
legend('text1', 'text2')	그래프의 상자 안에 그래프 순서대로 'text' 추가
text(xp, yp, 'text')	그래프의 좌하를 기준으로 (xp, yp)의 위치에 'text' 추가
title('text')	그래프 상단에 제목 추가
xlabel('text') ylabel('text') zlabel('text')	그래프의 x축, y축, z축에 표제 추가

MATLAB의 **print** 명령어 또는 메뉴바에서 **file**의 **print**를 클릭하면 설정된 프린터로 현재 화면의 그래프가 전송된다. **printopt** m파일을 사용하면 **print** 명령어에 사용되는 기본 설정을 변경할 수 있다.

또한, 프롬프트에서 ≫ **print** file_name을 사용하면 그래프를 지정한 파일명을 지정한 파일 형식으로 저장할 수 있다. 이때 파일의 형식으로 '**.ps**', '**.eps**', '**.jet**' 등을 사용한다. 예를 들어, PostScript가 기본 파일 형식이면 ≫ print nolja는 화면의 그래프를 nolja.ps라는 PostScript 파일로 저장한다.

마지막으로 명령어 **menu**, **questdlg**, 그리고 **msgbox**에 대해 학습해보자. 이들 명령어는 PC 화면에 대화용 버튼을 생성하여 사용자가 연산의 수행이나 결과를 조정할 수 있다.

실습예제 1.32

명령어 menu와 questdlg를 사용하여 sin 함수의 색(color)을 조정해보자.

풀이

menu('string', 'str1', 'str2', 'str3')에서 첫 번째 요소는 메뉴의 질문이고 나머지요소는 메뉴의 버튼이다. 또한 **questdlg('string', 'title', 'str1', 'str2', 'default')**에서 두 번째 요소는 box의 이름(title)이고, 첫 번째 요소는 box의 질문이며, 세 번째와 네 번째는 메뉴의 버튼이며 마지막 요소는 'default'로 프로그램의 실행을 끝내는 문자열(여기서는 'No')이다.

그림 1.42(a)는 **menu**에 의해 생성된 box이고, 그림 4.42(b)는 **questdlg**에 의해 생성된 box이다. 그림 1.42(c)와 (d)는 메뉴의 **red**와 **blue** 버튼을 실행한 결과이다.

```
clear all, close all
t=[0:0.01:10]; line_color=['r','b','g']; str='Yes';
while 1
if strcmp(str,'Yes')
s=menu('Choose a color', 'red','blue','green');
plot(t,sin(t),line_color(s)); grid
str=questdlg('Continue?','Option','Yes','No','No');
else, close all; break
end
end
```

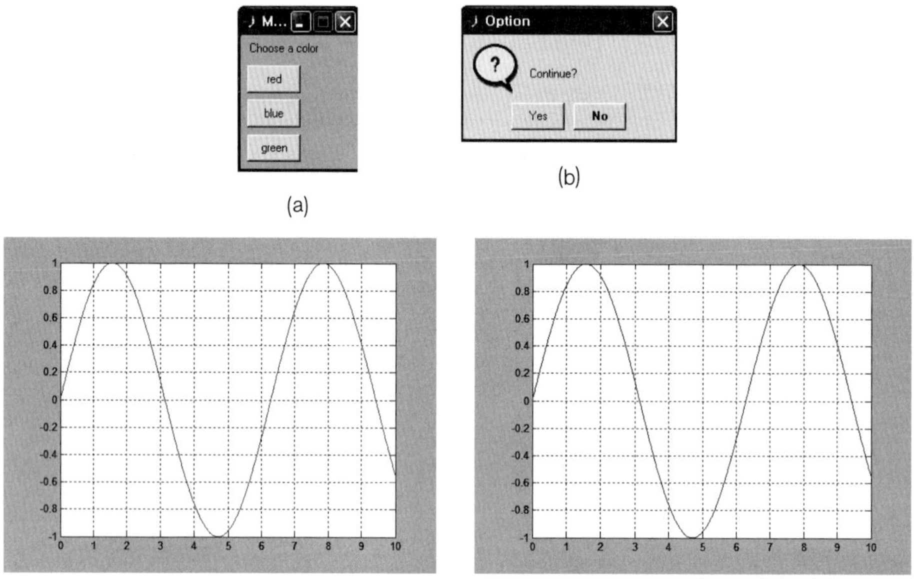

(a) (b) (c) (d)

〈그림 1.42〉 실습예제 1.32의 연산 결과

1.6.2 3차원 그래프

3차원 그래프를 그리기 위해 사용되는 대표적인 MATLAB 명령어는 선그래프를 그리기 위해 사용하는 **plot3**이 있으며, 면그래프를 그리기 위해 사용하는 **mesh**, **meshz**, **surf** 그리고 **waterfall** 등이 있다. 그리고 등고선을 그리기 위해 사용하는 **contour** 등이 있다.

3차원 면그래프를 그릴 때 **mesh**와 **meshz**를 사용하면 그물망의 속이 비어있는 면그래프가 되고, **surf**를 사용하면 그물망 속이 채워진 면그래프가 된다. **mesh**와 **meshz**의 차이는 축이 조정되는 것을 제외하고는 동일하다.

표제 또는 제목을 입력하는 방법은 2차원 그래프와 동일하다.

실습예제 1.33

$plot3$ 을 사용하여 바닥에서 20바퀴를 돌아 꼭지점에 도달하는 원추형 선그래프를 도시해 보자.

풀이

```
clear all, clf
turns=20*2*pi; theta=linspace(0,turns,4000);
x=cos(theta).*(turns-theta)./turns;
y=sin(theta).*(turns-theta)./turns;
z=theta./turns; plot3(x,y,z), grid
```

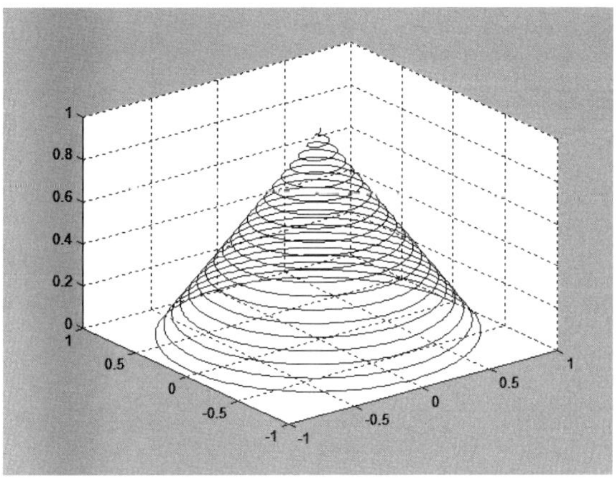

〈그림 1.43〉 실습예제 1.33의 연산 결과

실습예제 1.34

x 축과 y 축의 구간이 $[-2\ \ 2]$ 로 동일할 때, $z=\exp(-x^2-y^2)$ 의 면그래프를 $mesh$ 와 $surf$ 를 사용하여 도시해 보자.

풀이

mesh와 **surf**를 사용하기 전에 **meshgrid**를 사용해야 한다. **mesh**는 그물망 사이가 비어 있고, **surf**는 그물망 사이가 채워져 있다. 생성된 그래프의 메뉴바에서 를 클릭한 후 마우스를 움직이면 그래프의 애니메이션을 볼 수 있다.

```
clear all, clf
xx=[-2:0.1:2]; yy=xx; [x,y]=meshgrid(xx,yy); z=exp(-x.^2 - y.^2);
figure(1), mesh(z); figure(2), surf(z);
```

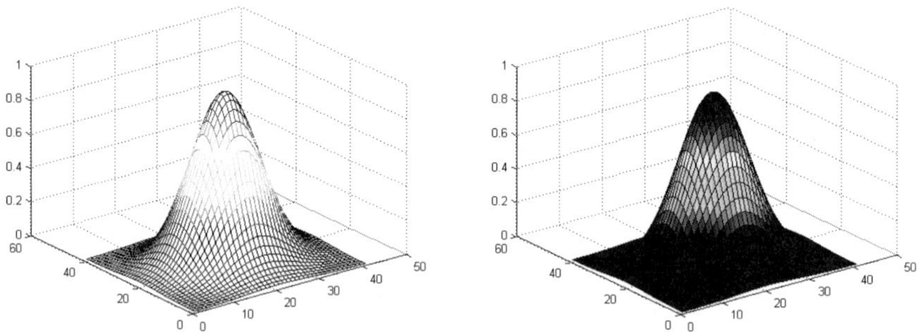

(a) (b)

〈그림 1.44〉 실습예제 1.34의 연산 결과

명령어 **peaks**는 Gaussian 분포에 의해 생성되는 함수로 면그래프의 특성을 설명하기 위해 주로 사용된다.

실습예제 1.35

명령어 *peaks*를 사용하여 세 개의 변수 x, y, z를 생성하고, *meshz*와 *waterfall*로 면그래프를 생성해보자.

풀이

peaks를 사용하면 몇 개의 봉우리와 골짜기가 생성된다. **meshz**는 **mesh**와 동일하게 속이 빈 그물망이 되고, **waterfall**은 y 축으로의 선이 생략되어 마치 물이 흐르는 것과 같은 면그래프가 생성된다.

보다 선명한 면그래프를 생성하기 위해 Edit/Figure Properties/Colormap에서 Jet를 lines로 변경하면 그림 1.45를 얻을 수 있다.

```
clear all, clf
[x,y,z]=peaks(30); figure(1), meshz(x,y,z), axis('tight')
figure(2), waterfall(x,y,z), axis tight, xlabel('x'),ylabel('y'),
zlabel('z')
```

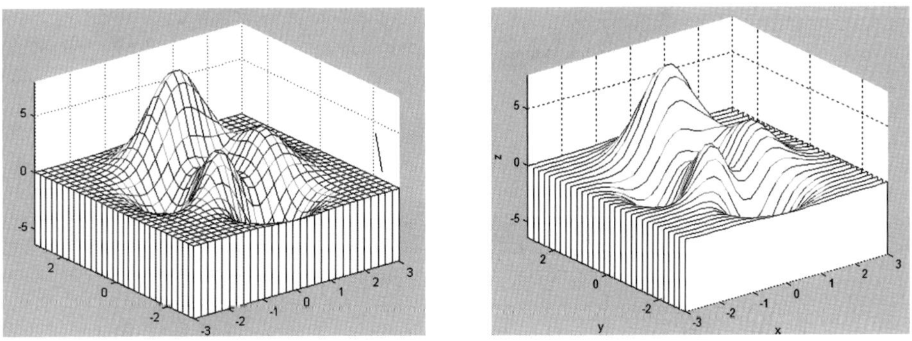

(a) (b)

<그림 1.45> 실습예제 1.35의 연산 결과

면그래프 그물망의 특징은 명령어 **shading**으로 설정하는데 디폴트, **interp**, 그리고 **flat** 등 세 가지로 ≫**shading interp**의 형태를 사용한다.

실습예제 1.36

면 그래프의 특징을 위에서 소개한 명령어와 **surfc**를 사용하여 구분해보자.

풀이

flat와 **interp**의 순으로 그물망이 녹아내린 것 같고, **surfc**를 사용하면 등고선이 생성된다.

```
clear all, clf, [x,y,z]=peaks(30); figure(1), surf(x,y,z), axis tight
figure(2), surf(x,y,z), shading interp, axis tight
figure(3), surf(x,y,z), shading flat, axis tight
figure(4), surfc(x,y,z), axis tight
```

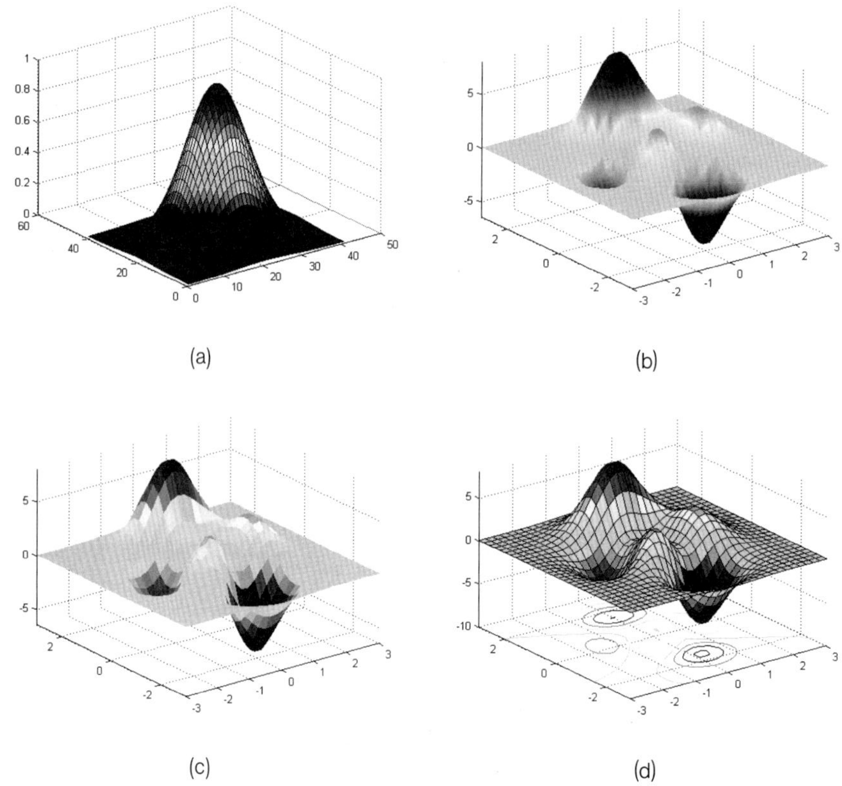

〈그림 1.46〉 실습예제 1.36의 연산 결과

실습예제 1.37

contour와 **contourf**를 사용하여 두 명령어의 차이를 구분해보자.

풀이

contourf를 사용하면 등고선의 내부가 색으로 채워진다. 또한 **colorbar**를 사용하면 지표면을 기준으로 입체의 높낮이를 참고할 수 있다.

```
clear all, clf, [x,y,z]=peaks(30);
figure(1), contour(x,y,z,10), colorbar, figure(2), contourf(x,y,z,10),
colorbar
```

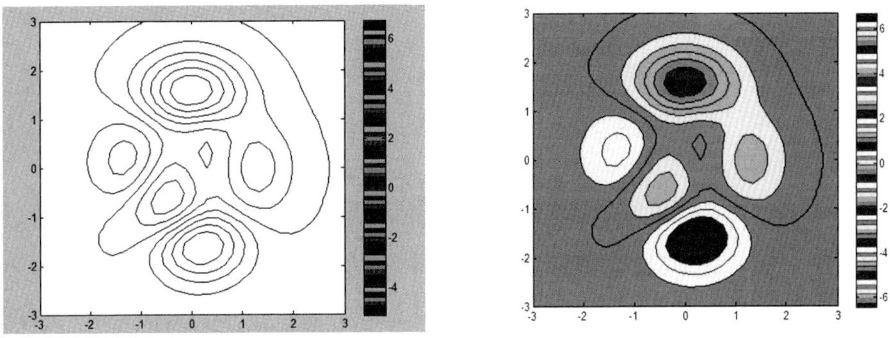

(a) (b)

<그림 1.47> 실습예제 1.37의 연산 결과

실습예제 1.38

표준화된 원형 2차계 폐루프 전달함수 $T(s)=1/(s^2+2\sigma s+1)$에 대해 σ의 변화에 따른 3차원 그래프를 MATLAB 명령어 **fliplr**과 **mesh**를 사용하여 도시해보자.

풀이

MATLAB 명령어 **fliplr**은 행렬을 왼쪽(l)에서 오른쪽(r)으로 확 던지라($flip$)는 명령어이다. σ의 변화(즉, 감쇠비 ζ)에 따라 출력 y는 행렬이므로 mesh와 함께 사용하면 그림 1.48과 같은 입체가 된다. σ가 0.1일 때 오버슈트가 크다가 σ가 증가할수록 오버슈트가 감소하는 것을 볼 수 있다 x

축의 단위는 10을 곱해서 표현되었다.

```
clear all, close all, t=[0:0.1:19.9]'; y=zeros(200,1); iter=1; num=1;
for sigma=1:-0.1:0.1,
den=[1 2*sigma 1]; y(:,iter)=step(num,den,t); iter=iter+1;
end
mesh(fliplr(y)), xlabel('sigma'), ylabel('time[sec]'), zlabel('y(t)')
```

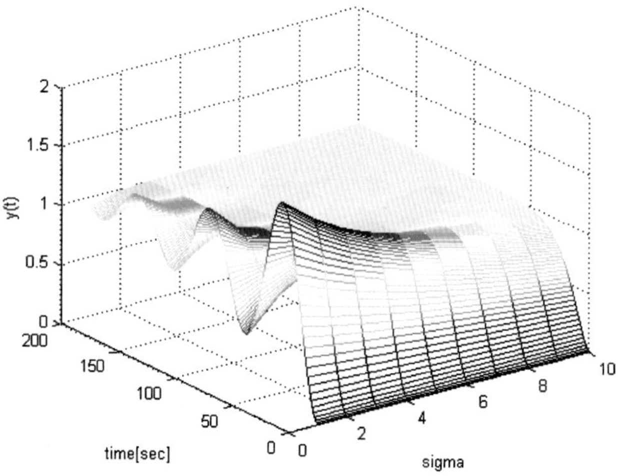

〈그림 1.48〉 실습예제 1.38의 연산 결과

실습예제 1.39

식 (1.1)로 주어지는 원형 2차 시스템의 폐루프 전달함수에 라플라스 연산자는 $s = \sigma + j\omega$ 를 대입하면 식 (1.2)와 같다.

$$G(s) = \frac{\omega_n^2}{(s^2 + 2\zeta\omega_n s + \omega_n^2)} \tag{1.1}$$

$$G(\sigma + j\omega) = \frac{\omega_n^2}{(\sigma^2 - \omega^2 + 2\zeta\omega_n + \omega_n^2) + j(2\sigma\omega + 2\zeta\omega\omega_n)} \tag{1.2}$$

식 (1.2)에 대해 $-3 \leqq \sigma \leqq 3$ 과 $-3 \leqq \omega \leqq 3$ 의 범위의 주파수응답을 **meshgrid**와 **mesh**를 함께 사용하여 표현해보자.

풀이

MATLAB 명령어 $[X, Y] = meshgrid\,(x\,,\,y)$는 3차원 그래프를 그리기 위한 입력벡터 x, y 를 행렬 X, Y로 변환하는 명령어로 *mesh* 와 함께 사용하면 3차원 그래프를 도시할 수 있다.

```
clear all, close all, w=linspace(-3,3,50); sigma=linspace(-3,3,50);
[W,S]=meshgrid(w,sigma);
re=S.^2-W.^2+S+1; im=2*S.*W+W; den=re+j*im;
z=W.^2./abs(den); mesh(z), axis([0,50,0,50,0 5])
xlabel('w[rad/sec]'), ylabel('sigma'), zlabel('|G|')
```

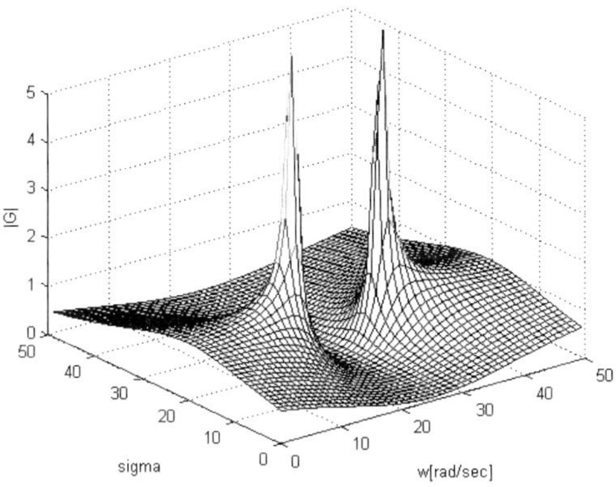

〈그림 1.49〉 실습예제 1.39의 연산 결과

표 1.18에 3차원 그래프에 사용되는 명령어를 정리하였다. 3차원 그래프에 관해 보다 자세한 내용은 MATLAB에 관한 전문서적을 참고하라.

〈표 1.18〉 3차원 그래프 관련 명령어

contour	등고선 그래프
contour3	3D 등고선 그래프
mesh	3D 그물 그래프
meshz	3D mesh w/ zero plane
plot3	선들과 점들로 그린 3D 그래프
surf	3D shaded surface
surfc	surface/contour 조합 그래프
waterfall	waterfall 그래프

실습문제

1-1 함수 $y=(1+2x)^2$에 대해 다음의 경우의 출력 y를 계산하는 프로그램을 작성하시오.

(1) $x=2$ (2) $x=1+2j$ (3) $x=[1\ 2\ 3]$

1-2 삼각형의 꼭지점이 $a=10i+2j-6k$이고, $b=-0.5i+4j-3k$일 때, 벡터간의 각도를 구하시오. 단, $a\cdot b=|a||b|\cos\theta$를 사용한다.

1-3 삼각형의 꼭지점이 $a=1+j,\ b=-1+j,\ c=-1-j$ 일 때, $\overline{ab},\ \overline{bc},\ \overline{ca}$ 를 구하시오.

1-4 $x=-1+2i$ 와 $y=3-j4$ 에 대해

(1) $x+y,\ x-y,\ xy,\ x/y$을 계산하고

(2) x와 y 사이의 각도와 크기를 구하는 프로그램을 작성하시오.

1-5 (1) 명령어 ones를 사용하여 3×1 차원의 열벡터, 명령어 zeros를 사용하여 1×3 차원의 행벡터를 표시하라.

(2) 다항식 $a=s^2+2s+3,\ b=2s+1,\ c=s^2$을 곱한 다항식 abc를 표시하고, 다항식 abc의 근을 계산하라.

1-6 (1) 스칼라 $a=2$와 벡터 $b=[1,\ -2,\ -3]$에 대해 $a*b,\ b*a,\ b/a,\ a/b$를 수행하라.

(2) 복소수 스칼라 $c=-1+j2$와 벡터 $b=[-1,\ -2,\ -3]$에 대해 스칼라×벡터, 벡터×스칼라, 벡터/스칼라, 그리고 스칼라/벡터를 수행하라.

1-7 (1) 벡터 $a=[2,\ 1,3\ ],\ b=[a(2),\ \sqrt{2}\ ,\ \pi]$에 대해 $a+b,\ a-b,\ a'\times b,\ a\times b'$ 연산을 수행하라.

(2) 복소수 벡터 $c=[-1+j,\ 2-2j,\ 3+j3],\ d=[4+j4,\ 5-j5,\ 6+j6]$에 대해 $c',\ conj(c'),\ c'\times d,\ conj(c')\times d$ 연산을 수행하라.

1-8 (1) 벡터 $a=[1,\ -2,\ 3]$, $b=[a(3), -\sqrt{2},\ \pi]$에 대해 a/b, $a./b$, b/a, $b./a$ 연산을 수행하라.

(2) 복소수 벡터 $c=[1-j,\ 2-j,\ 3+j]$, $d=[4-4j,\ 1-j,\ 6+j6]$에 대해 c/d, $c./d$, d/c, $d./c$ 연산을 수행하라.

1-9 (1) 명령어 eye(3), ones(3), ones(3,2)을 생성하라.

(2) 행렬 $A=[3,\ 2,\ 1\,;\ 4,\ 5,\ 6\,;\ 9,\ 0,\ 8]$ 에 대해 triu(A)와 tril(A)을 생성하라.

(3) magic(5)을 생성하라.

1-10 행렬 $A=[3,\ 2,\ 1\,;\ 4,\ 5,\ 6\,;\ 9,\ 0,\ 8]$ 에 대해 $A(2,2)$, $A(1,1:2)$, $A(1:2,2)$, $A(1,:)$, $A(:,1)$, $A(1:2,2:3)$을 표현하라.

1-11 행렬 $A=[3-j3,\ 2-j2;\ 1-j]$일 때 A'와 $conj(A')$의 차이를 확인하라.

1-12 스칼라 $a=5$이고 행렬 $A=[4,\ 3;\ 2,\ 1]$일 때

(1) 행렬의 스칼라 곱셈이 교환법칙이 성립함을 보이고,

(2) 행렬의 스칼라 나눗셈을 수행하라.

1-13 복소수 스칼라 $b=2+j$와 행렬 $A=[4,\ 3;\ 2,\ 1]$에 대해

(1) 행렬의 스칼라 곱셈이 교환법칙이 성립함을 보이고,

(2) 행렬의 스칼라 나눗셈을 수행하라.

1-14 벡터 $a=[1,2,3]$와 행렬 $A=[1,2,3;4,5,6;7,8,9]$에 대해 $a\times A$, $A\times a$, $A\times .a$, $a'\times A$, $a'.\times A$, 그리고 $A\times a'$를 수행하라.

1-15 연립방정식 $3x_1 + 2x_2 - 3x_3 = 0$, $x_1 + 2x_2 - 2x_3 = -10$, 그리고 $4x_1 - x_2 + x_3 = -8$의 해 $x = [x_1, x_2, x_3]'$를 구하시오.

1-16 행렬 $A = [3, 2, 1; 4, 5, 6; 9, 0, 8]$ 와 $B = [0\ 1\ 0; 0\ 0\ 1; -2\ -3\ -5]$;에 대해

(1) $A + B$, $A - B$을 수행하고

(2) $A*B$, $B*A$, A/B, B/A을 수행하라.

1-17 행렬 $A = [3, 2, 1; 4, 5, 6; 9, 0, 8]$ 와 $B = [0\ 1\ 0; 0\ 0\ 1; -2\ -3\ -5]$;의 역행렬을 구하시오.

1-18 두 개의 행렬 $A = [0, 1; -2\ -3]$, $B = [0\ 1\ 0; 0\ 0\ 1; -3\ -4\ -5]$에 대해 고유값과 고유벡터을 $[V, D] = eig(A)$를 사용하여 구하라.

1-19 시간벡터 $0 \leqq t \leqq 10$에 대해 크기가 ± 1이고, 주기 $T = 1.5$ 인 구형파를 구하는 프로그램을 작성하라.

1-20 관계연산자와 논리연산자를 사용하여 아래 연산을 수행하라.

(1) 5 < 10, 10 > 5, 5 == 5, 4 == 3

(2) a = rand(3), b = triu(a), a == b

CHAPTER

2

Simulink의 개요

2.1 Simulink 소개

Simulink는 동적 시스템(dynamic system)의 블록선도를 각종 아이콘 블록으로 모사하기 위해 MATLAB에서 확장된 프로그램이다. 모사된 Simulink 모델은 자동으로 MATLAB 코드를 사용한 동적 시스템의 모의실험(simulation)을 수행하므로 선형(linear)뿐만 아니라 비선형(nonlinear) 시스템에도 간편하게 적용할 수 있다는 장점이 있다.

Simulink는 모델을 정의하거나 이미 정해진 모델을 불러오는 것에 의해 시작된다. Simulink의 모델은 모델창(Block Diagram Windows)에서 마우스를 사용하여 구성되고 편집된다. Simulink를 숙련하면 모델창에서 모델을 생성하고 편집하는 데 익숙하게 된다. 구성된 모델은 Simulink의 메뉴에서 필요한 선택사양(options)을 선택한 후에 모의실험을 실행한다. 모의실험의 결과는 스코프(scope) 블록을 통해 간편하게 확인할 수 있다. 모의실험의 결과가 원하는 설계목적을 달성하였는지를 검토하여, 설계목적을 달성하지 못하였다면 모델을 수정하거나 재설계를 시도한다. 모의실험이 끝난 실험결과는 Matlab의 작업공간(workspace)에 저장하거나 명령어창(command window)에서 활용할 수 있다.

MathWorks(사)는 MATLAB의 도구함수(toolbox)와 비슷하게 Simulink에서 이용되는 다양한 블록셋(blockset)을 제공하고 있다. 블록셋은 전공분야에 필요한 Simulink 블록의 집합이다. MathWorks(사)가 개발하여 판매하는 블록셋의 목록에는 DSP Blockset, Fixed-Point Blockset, Nonlinear Control Design Blockset, Power System Blockset 등이 있으며, 매년 새로운 것이 개발되고 있다.

Simulink도 MATLAB과 마찬가지로 광범위한 온라인 도움말(help) 체계를 보유하고 있다. 도움말 파일들은 Netscape Navigator 3.0 혹은 MS Internet Explore 3.0과 같은 웹 검색장치를 활용할 수 있으며, Simulink 블록에 대한 자세한 온라인 문서들은 블록 검색창에 의하여 구할 수 있다. 또한 Simulation/Parameters의 대화상자에 있는 Help 버튼을 클릭하여 얻을 수도 있다.

Simulink 버전 6.5 이상에서 사용자 등록정보를 한글로 지정하면 Simulink에서 모델을 *.*mdl* 파일로 저장할 때 에러 메시지가 발생하므로 주의해야 한다. Simulink의 version은 MATLAB의 명령어창에서 ≫ ***ver***을 사용하여 확인할 수 있다.

2.2 Simulink의 시작과 검색화면

Simulink는 그림 2.1과 같은 MATLAB 기본화면의 메뉴 바에 있는 Simulink 실행 아이콘( )을 클릭하거나, MATLAB 명령어창에 ≫ ***simulink*** 를 입력하고 실행하면, 그림 2.2와 같은 Simulink 라이브러리(library) 검색화면(browser window)이 생성된다.

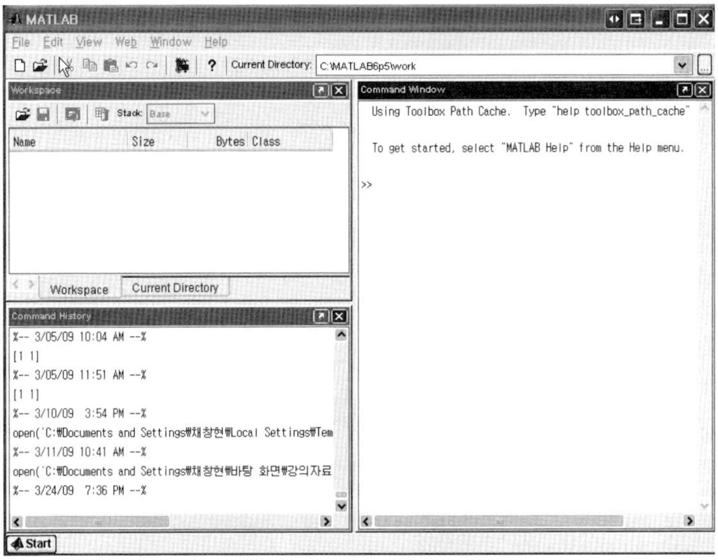

〈그림 2.1〉 MATLAB의 기본화면

Simulink 검색화면의 메뉴 바는 **File, Edit, View,** 그리고 **Help** 메뉴로 구성되어 있다. **File** 메뉴는 Simulink 모델의 생성, 저장, 열기 및 인쇄 등에 관한 작업을 담당한다. 새로운 Simulink 모델을 생성하려면 마우스로 **File** 메뉴를 클릭하고 **New** 단추를 클릭하거나(이하 **File/New** 단추), 아이콘을 클릭하면 **'Untitled'**라는 이름의 모델창이 생성된다.

모델이 완성되고 모의실험을 실행하기 위해서는 구성된 모델의 파일명을 저장해야 한다. **File/Save** 단추를 클릭하고 원하는 모델명을 입력하고 확인 단추를 클릭하면 자동으로 확장자(*.mdl*)를 첨가되어 작업공간에 저장된다. 저장된 모델명은 **Save As** 단추를 클릭하여 수정할 수 있다. 또한 **Open** 단추는 저장되어 있는 모델을 호출하기 위해 사용된다.

Simulink의 검색화면은 크게 세 개의 화면으로 구성된다. 검색화면의 아래 왼쪽 화면은

Simulink의 기본 라이브러리와 블록셋, 그리고 MATLAB의 도구상자(toolbox)로 구성되어 있으며, 각 라이브러리를 마우스로 두 번 클릭하면 아래 오른쪽 화면에 클릭한 라이브러리 안에 있는 여러 가지 용도의 아이콘 블록들이 알파벳 순으로 나타난다. 그리고 아이콘 블록을 클릭하면 블록이 가진 각종 정보를 위 화면에 표시한다. 위 화면을 표시하지 않으려면 **View/Block data tips option**을 클릭하여 설정할 수 있다.

기본 라이브러리는 **Continuous, Discontinuities, Discrete, Look-Up Tables, Math Operations, Model Verification, Model-Wide Utilities, Ports & Subsystems, Signal Attributes, Signal Routing, Sinks, Sources, User-Defined Functions** 등으로 구성되어 있다. 기본 라이브러리는 Simulink의 버전이 높을수록, 또 구입한 도구상자의 종류에 따라 다양하게 구성된다.

그림 2.2의 기본 라이브러리 중에서 **Sources** 라이브러리를 두 번 클릭하면, 그림 2.3과 같은 Sources 라이브러리의 아이콘 블록들을 볼 수 있다.

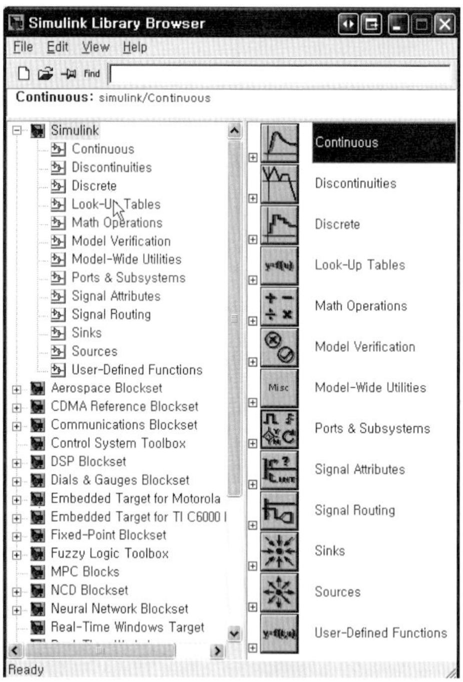

〈그림 2.2〉 Simulink 라이브러리 검색화면

그림 2.3의 Source 라이브러리는 *.*mdl* 모델의 입력으로 사용하는 다양한 형태의 신호원들이 내장된 입력 라이브러리이다. 제어시스템에서 주로 사용되는 각종 입력신호인 상수(Constant), 계단입력(Step), 경사입력(Ramp), 그리고 정현파(Sine Wave) 블록이 있다.

또 사용자가 정의하는 신호를 입력할 수 있는 **Signal Generator**, 펄스를 입력하는 **Pulse Generator**와 **Discrete Pulse Generator**가 있으며, 시간을 입력하는 **Clock**과 **Digital Clock** 블록이 있다. 또한 데이터를 파일에서 불러오는 **From File**, 작업환경에서 전송하는 **From Workspace** 블록도 있다.

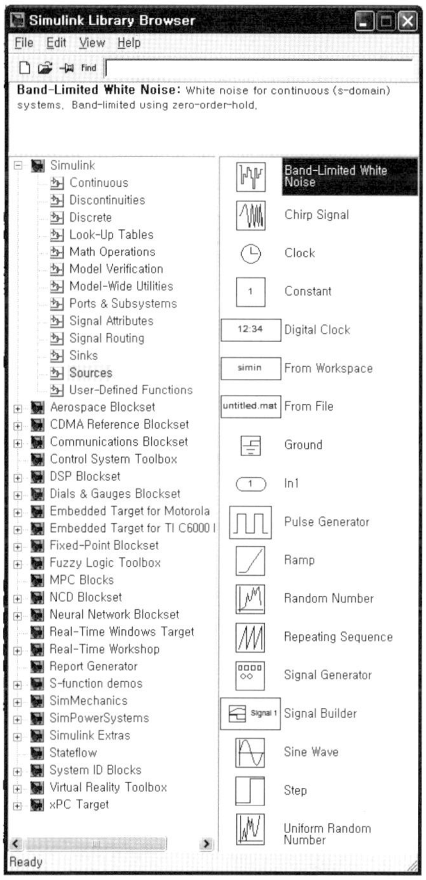

〈그림 2.3〉 Sources 라이브러리

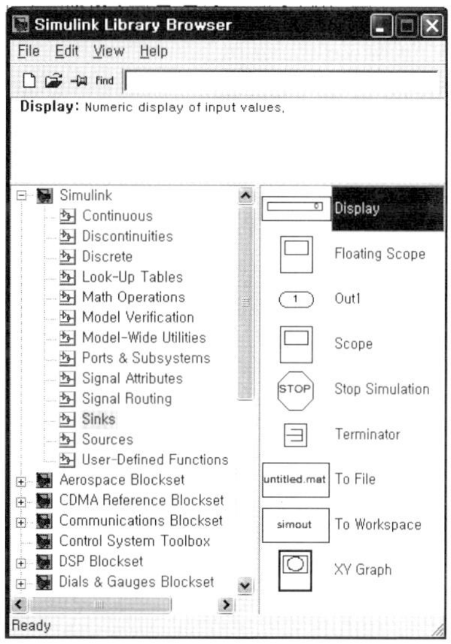

〈그림 2.4〉 Sink 라이브러리

그리고 신호처리에서 많이 사용되는 불규칙 입력신호인 **Random Number**, **Uniform Random Number**, 그리고 **Band-Limited White Noise** 블록도 있다.

일반적으로 Simulink에서 블록은 가상(virtual)과 비가상(non-virtual) 블록으로 구분된다. 비가상 블록은 모의실험 과정에서 능동적인 역할을 수행하는 블록인 반면, 가상 블록은 그렇지 못하다. 대표적인 가상 블록으로 **Sources/Ground**, **Sink/Terminator** 등이 있다. 또 조건에 따라 가상 혹은 비가상 블록으로 동작하는 조건 가상 블록이 있다. 예를 들어 부시스템의 입력 또는 출력 블록으로 사용하는 **Port and Subsystems/In1**과 **Port and Subsystems/Out1**인 경우에는 가상 블록이고, **Sources/In1** 또는 **Sink/Out1**인 경우에는 비가상 블록이 된다.

그림 2.4의 **Sink** 라이브러리는 **.mdl* 모델의 신호를 표시하는 출력 라이브러리이다. **Sink** 라이브러리의 **Scope**, **XY Graph**, **Display** 블록들을 사용하면 모델의 출력뿐만 아니라 Simulink 모델의 원하는 어떤 블록의 출력도 쉽게 볼 수 있는 장점이 있다. 그러나 **Scope** 블록은 그래프 크기의 조정, 표제를 비롯한 다양한 주석을 추가하지 못하는 단점이 있다. **To Workspace**, **To File** 블록을 사용하면 출력 데이터를 행렬이나 파일 형태로 저장할 수 있으며, MATLAB의 작업환경에서 원하는 그래프를 얻을 수 있다.

그림 2.5는 선형 시스템에서 사용하는 다양한 함수들이 내장된 **Continuous** 라이브러리이다. **Continuous** 라이브러리에는 신호의 비교와 합에 사용되는 **Sum** 블록,신호의 비례이득을 표시하는 **gain** 블록, 신호의 적분함수인 **integrator** 블록, 그리고 신호의 미분함수인 **Derivative** 블록이 있다.

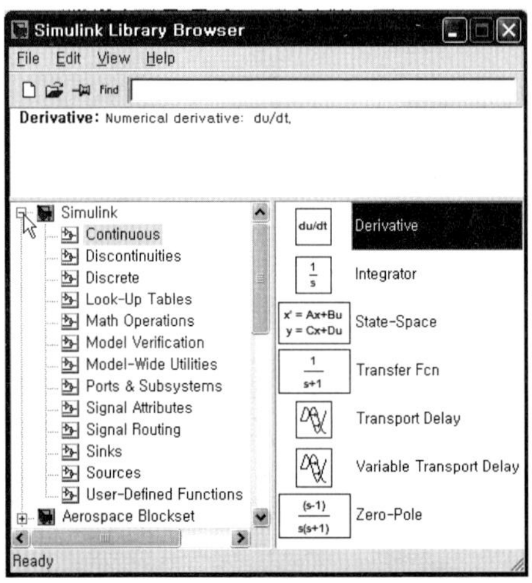

〈그림 2.5〉 Continuous 라이브러리

전달함수가 다항식으로 표현된 경우에 사용하는 **Transfer Fcn**, 전달함수의 분자와 분모가 극점과 영점으로 표현된 경우에는 **Zero-Pole** 블록을 사용한다. **Transfer Fcn** 블록에서는 다항식의 계수를 벡터의 원소로 입력하고, **Zero-Pole** 블록의 경우에는 전달함수의 이득, 극점과 영점의 값을 입력한다. 한편 시스템의 상태방정식의 표현은 **State-Space** 블록을 사용한다.

그림 2.6의 수학연산(Math Operations) 라이브러리에는 수식 계산에 사용되는 **Abs, Trigonometric Function, Math Function, Rounding Function, MinMax** 등의 블록과 관계식을 나타내는 **Combinational Logic, Logical Operator, Relational Operator** 등의 블록들이 있다.

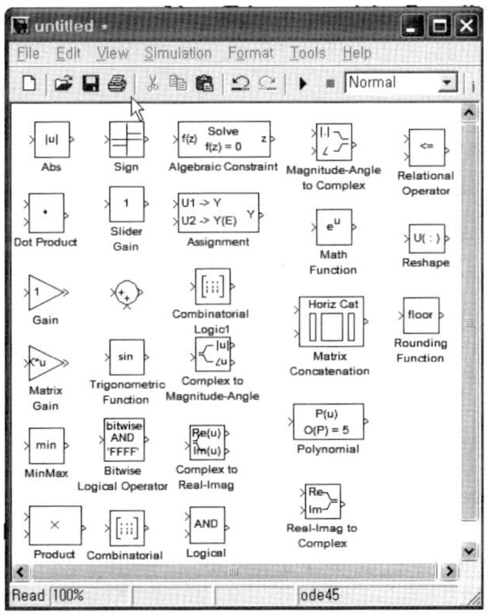

〈그림 2.6〉 Math Operations 라이브러리

또한 시스템의 비선형 특성을 모사하는 **Sign, Dead zone, Quantizer, Coulomb & Viscous Friction, Rate limiter, Look Up Table, Relay, Saturation, Switch, Transport Delay, Backlash** 등의 블록이 내장되어 있다. 특히, **Fcn, MATLAB Fcn,** 그리고 **S-Function** 블록은 다변수(multi-variable) 시스템이나 비선형 시스템의 모델링과 모의실험에 매우 유용하게 사용된다.

그림 2.7은 연결(**Signal Routing**) 라이브러리이다. 연결 라이브러리에는 연결되지 않은 블록의 입력과 출력에 사용하는 **Ground**와 **Terminator** 블록, 신호선의 교차를 방지하기

위해 사용하는 **Goto**와 **From** 블록, 신호처리에 사용되는 **Mux, DeMux, Switch, Selector, Manual Switch** 등의 블록이 있다.

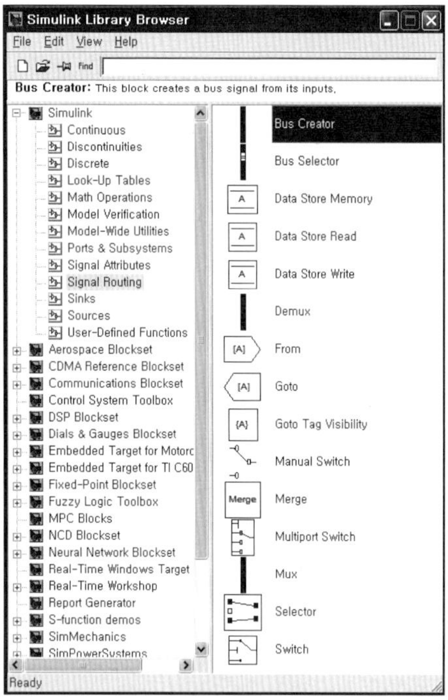

〈그림 2.7〉 Signal Routing 라이브러리

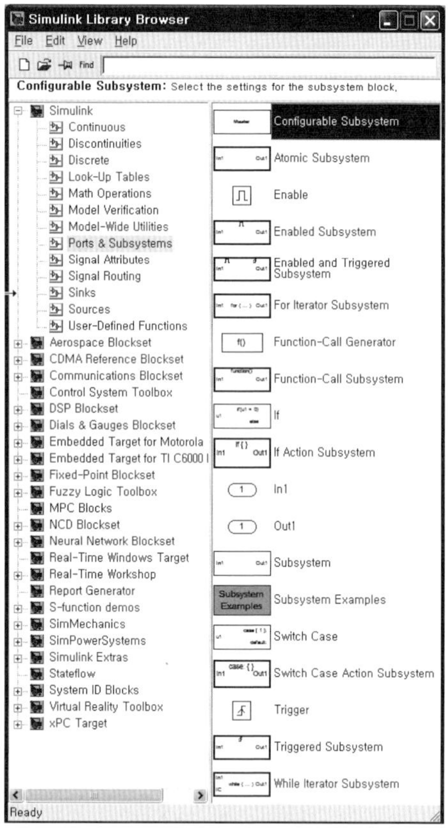

〈그림 2.8〉 Ports and Subsystems

그림 2.8에 보여준 **Ports and Subsystems** 라이브러리로 입출력 단자와 부시스템(Subsystem)과 관련된 라이브러리로, 모델의 특정한 부분 또는 기능을 하나의 작은 시스템으로 구성하는 **Subsystem**에 관한 다양한 블록, **subsystem**의 입력단자와 출력단자의 기능을 담당하는 **In1, Out1** 블록이 있다. 그 이외에도 부시스템의 기능을 조정하는 **Enable** 블록과 **Trigger** 블록 등이 있다.

위에서 설명한 라이브러리 이외에도 Simulink 검색화면에는 디지털 시스템의 표현에 사용되는 **Discrete** 라이브러리와 특별한 주제에 관련된 블록들의 모임인 Blockset, Toolbox 등이 있다.

2.3 Simulink 모델창의 메뉴

Simulink 검색화면의 메뉴 바에서 아이콘을 클릭하거나, **File/New**를 클릭하면 '**Untitled**'라는 이름의 모델창이 생성된다.

모델창의 메뉴 바는 **File**, **Edit**, **Simulation**, **Format**, 그리고 **Tools** 메뉴로 구분된다. **File** 메뉴는 Simulink 모델의 생성, 저장, 열기 및 인쇄 등에 관한 작업을 담당하는 메뉴로 새로운 Simulink 모델을 생성하려면 마우스로 **File** 메뉴를 클릭하고 **New** 단추를 클릭하거나(이하 **File/New** 단추), 아이콘을 클릭하면 '**Untitled**'라는 이름의 모델창이 생성된다.

모델이 완성되고 모의실험을 실행하기 위해서는 생성된 모델의 파일명을 저장해야 한다. **File/Save** 단추를 클릭하고 원하는 모델명을 입력하고 확인 단추를 클릭하면 자동으로 확장자(*.mdl*)를 첨가되어 작업공간에 저장된다. 저장된 모델명은 **Save As** 단추를 클릭하여 수정할 수 있다. 또한 **Open** 단추는 저장되어 있는 모델을 호출하기 위해 사용된다.

Edit 메뉴에는 모델의 삭제, 복사, 삽입 등의 단추가 있다. 표 2.1에 **Edit** 메뉴에서 수행되는 작업을 정리하였다.

〈표 2.1〉 Edit 메뉴를 사용하는 작업

작업	사용법
객체 지우기	객체 선택 후 Edit/Clear, 단축키 : Delete 키
모델창에 객체 복사하기	객체 선택 후 Edit/Copy, 단축키 : Ctrl-c
모델창에 객체 잘라놓기	객체 선택 후 Edit/Cut, 단축키 : Ctrl-x
모델창에 붙여넣기	Edit/Paste, 단축키 : Ctrl-v
신호 라벨의 전파	원하는 신호선에 〈 표시 후 Edit/Update Diagram 선택

Format 메뉴는 블록의 형태나 입출력 방향의 변경, 위치 변경, 이름달기 등 블록에 관한 작업을 수행할 수 있다. **Format** 메뉴에서 블록에 관해 수행되는 작업을 표 2.2에 정리하였다.

〈표 2.2〉 Format 메뉴를 사용하는 작업

작업	사용법
블록 복사하기	블록 선택 후 BDW으로 Drag & Drop
블록 180° 뒤집기	블록 선택 후 Format/Flip Block 선택, 단축키 : Ctrl-i
블록 90° 회전하기	블록 선택 후 Format/Rotate Block 선택, 단축키 : Ctrl-r
블록 크기 조정하기	블록 선택 후 핸들을 Drag
블록 음영 첨가하기	블록 선택 후 Format/Show Drop Shadow
블록 이름 편집하기	이름 클릭 후 Format/Font
블록 이름 숨기기	이름 선택 후 Format/Hide Name
블록 이름 이동하기	이름 선택 후 Drag & Drop

신호선에 관한 작업은 대부분 마우스를 사용하여 수행된다. 신호선 작업 방법을 표 2.3에 정리하였다. 신호는 블록을 연결하는 신호선을 통하여 이동하므로 신호선 연결에 많은 주의를 기울여야 한다.

신호선을 연결하기 위해서는 마우스를 입력 쪽 블록의 출력단자에서 클릭하고(이때 커서가 '+'로 변경됨) Ctrl 키를 누른 채로 연결할 블록의 블록을 클릭하거나, 입력 쪽 블록의 출력단자에서 클릭한 후 연결할 블록의 입력단자까지 drag하여 커서가 '╬'로 변경되면 마우스를 drop하면 된다.

〈표 2.3〉 신호선 작업

작업	사용법
신호선 그리기	출력단자에서 입력단자로 Drag & Drop
벡터 신호선 굵게 그리기	Format/Wide Vector Lines 선택
분절로 신호선 그리기	출력단자에서 분절점까지 Drag & Drop
각있는 신호선 그리기	출력단자에서 Shift-Drag
신호선 가지내기	가지시작점에서 Control-Drag
신호선 나누기	선 선택 후 Shift-Drag
신호선 이름 넣기	신호선 위에서 더블클릭하여 텍스트 입력
신호선 이름 이동	이름을 Drag하여 원하는 위치에 배치
신호선 이름 복사	이름을 Control-Drag하여 원하는 위치에 배치

연결 작업이 완료되면 두 블록은 끝부분에 화살표를 가진 신호선으로 연결될 것이다. 연결이 잘못되면 빨간색의 점선이 표시된다. 연결되어 있는 블록 사이에 새로운 블록을 연결하려면, 새로운 블록을 블록 사이의 신호선에 삽입하면 자동적으로 연결된다. Simulation 메뉴는 2.3절 모델의 생성과 모의실험에서 자세하게 다룬다.

2.4 모의실험(Simulation) 매개변수

생성된 Simulink 모델를 사용하여 원하는 모의실험을 실행하기 위해서는 매개변수의 설정이 반드시 필요하다. 매개변수 설정을 하기 위해서 모델창의 메뉴 바에서 **Simulation/Simulation Parameters**를 선택하면 그림 2.9와 같이 모의실험 매개변수 대화상자가 열린다. 매개변수 대화상자는 다섯 개의 탭으로 구성된다. 본 저서에서는 모의실험에 반드시 필요한 **Solver**, **Workspace I/O**, 그리고 **Diagnostics** 페이지만을 설명한다.

2.4.1 Solver(해법기)

그림 2.9는 매개변수 대화상자의 첫 번째 탭인 **Solver** 페이지이다. **Solver** 페이지는 크게 세 부분으로 나뉘어 있다. 먼저 **Simulation time**은 모의실험의 시작시간(**Start time**)과 종료시간(**Stop time**)의 입력을 위한 영역으로 사용자가 지정해야 한다. **Start time**의 디폴트는 0이고 **Stop time**의 디폴트는 10으로 지정되어 있다.

Solver의 옵션(**Options**) 영역은 크게 두 개로 미분방정식의 수치 적분 알고리즘인 **Solver**를 선택할 수 있는 영역과 적분간격을 조절하는 매개변수 설정을 위한 영역이 있다.

Solver는 두 그룹(**Variable-step, Fixed-step**)으로 구분되며, 각각의 범주에 대하여 몇 개의 적분 알고리즘이 존재한다. **Variable-step Solver**에는 최대 적분간격(**Max step size**), 최소 적분간격(**Min step size**), 초기 적분간격(**Initial step size**), 그리고 절대 및 상대 허용오차에 대한 옵션이 있다. **Fixed-step Solver**(ode1~ode5)는 시간간격만을 옵션으로 가지고 있다. **Solver**의 디폴트는 **Variable-step, ode45**이다. 참고로 Simulink에서 사용하는 **Solver**의 종류와 특징을 표 2.5에 정리하였다.

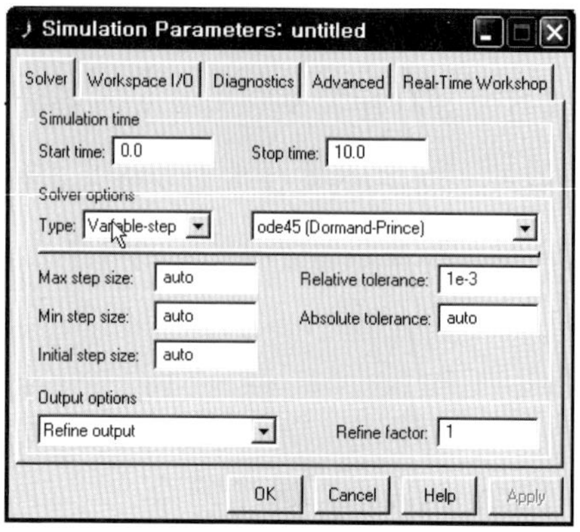

〈그림 2.9〉 모의실험 매개변수 대화상자

〈표 2.5〉 Simulink에서 사용하는 Solver의 종류와 특징

해법기 유형	특징
ode45	• 범용 Solver로 디폴트 Solver • Dormand-Prince 4/5차 Runge-Kutta 짝에 근거한 Solver
ode23	• Bogacki-Shampine 2/3차 Runge-Kutta 짝에 근거한 Solver • 경사가 급하지 않은 문제에 ode45보다 더 좋은 성능 • 일반적으로 같은 정밀도를 얻기 위해서 ode45보다 더 좁은 간격 요구
ode113	• 가변차수 Adams-Bashforth-Moulton Solver • 같은 정밀도에서 ode23이나 ode45보다 계산속도 빠름 • 불연속적인 점이 있는 시스템은 부적당
ode15S	• 경사가 급한 시스템을 풀기 위한 가변차수 다중간격 Solver • ode45에 의한 계산속도가 너무 느릴 경우 ode15S 시도
ode23S	• 경사가 급한 문제를 풀기 위한 불변차수 단일간격 Solver • ode15S와 비교하여 선택
Discrete	• Discrete 시스템용 Solver
ode5	• ode45의 고정간격 버전
ode4	• 고정간격 크기를 사용한 전통 4차 Runge-Kutta 방식의 Solver
ode3	• ode23의 고정간격 버전
ode2	• 고정간격 2차 Runge-Kutta 방법의 Solver
ode1	• 고정간격을 사용한 Euler 방법의 Solver

Variable-step 크기를 선택한 경우에 **Output** 옵션을 선택하여 출력 그래프를 보다 정밀하게 제어할 수 있다. **Fixed-step Solver**인 경우에는 Output 옵션은 적용되지 않는다. Output 옵션은 세 가지로 **Refine output**, **Produce additional output**, 그리고 **Produce specified output only**이다.

Refine output을 선택하여 **Refine factor**에 디폴트 값인 1보다 큰 정수로 입력하면 보다 정밀한 그래프를 출력할 수 있다. 예를 들어 **Refine factor**가 2인 경우, 각각의 적분 간격의 중간점이 출력궤도에 더해진다.

Produce additional output를 선택하여 **Output times**를 벡터로 입력하면 각각의 적분 간격에서의 끝점에 대한 해뿐만 아니라 출력의 어떤 시간에 대해서도 점을 추가할 수 있다. 예를 들어 만약 **Start time**이 0이고 **Stop time**이 100인 경우 출력을 10초 간격으로 삽입할 필요가 있다면 **Output times**를 [0:10:100]로 지정한다.

지정한 시간 점들에 대한 출력궤도를 구하고 싶다면 **Produce specified output only**를 선택한다. 예를 들어 매개변수의 변화에 대한 영향을 평가하기 위해서 몇 개의 궤도들을 비교하는 경우에 사용한다. **Produce specified output only**를 선택하면 **Output times**라는 추가 항목이 생기는데, 원하는 출력시간에 대한 벡터를 입력으로 한다.

2.4.2 Workspace I/O

그림 2.10은 매개변수 대화상자의 **Workspace I/O** 페이지이다. Workspace I/O 페이지는 **Load from workspace**, **Save to workspace**, **States**, 그리고 **Save options**으로 구성되어 있다.

Load from workspace 영역은 **Input**과 **Initial State** 체크상자로 구성된다. **Input** 상자는 MATLAB의 작업공간에서 Simulink로 입력되는 두 벡터의 변수명을 지정하는데 사용된다. 첫 번째 벡터(디폴트 t)는 시간의 열벡터이고, 두 번째 벡터(디폴트 u)는 시간 열벡터에 대응하는 입력 변수에 해당된다. 또한 **Initial State** 상자는 모델에서 사용될 초기조건의 변수명(디폴트 $xInitial$)을 지정한다. 초기화 벡터는 모델의 상태변수의 차원과 일치해야 하며, **Integrator** 블록 등과 같이 초기조건을 특별히 지정해야할 경우가 아니면 수정하지 않는다. **Load from workspace**에서 초기조건을 지정하면 **Integrator**의 대화상자에서 지정한 초기조건도 무시되니 주의해야 한다.

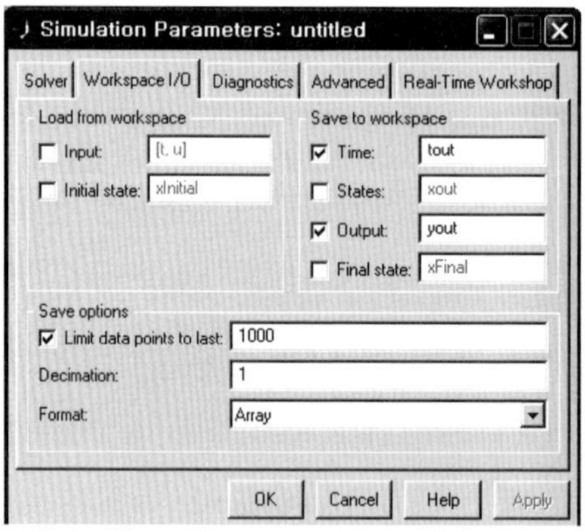

<그림 2.10> Workspace I/O 페이지

Save to workspace 영역은 **Time, States, Output,** 그리고 **Final State** 체크상자로 구분되어 있다. **Time**은 MATLAB의 작업공간에 저장될 시간의 변수명(디폴트 *tout*), **States**는 상태변수의 변수명(디폴트 *xout*), **Output**은 출력의 변수명(디폴트 *yout*)을 지정하는 상자이다. **Final state**에서 정의된 변수명(디폴트 *xFinal*)은 MATLAB 작업공간에서 상태벡터의 최종값으로 저장되며, **Load from workspace**에 의해 Simulink 모델의 초기값으로 사용된다.

Save options 영역은 **Save to workspace** 부분과 연계하여 동작한다. **Limit rows to last**는 지정된 수만큼의 점을 MATLAB 작업공간으로 보낸다. 예를 들어 **Limit rows to last**를 체크하고 기본값을 1000으로 설정하면 최대로 1000개의 점들이 MATLAB 작업공간으로 보내진다. **Decimation은 MATLAB 작업공간으로 보내지는 점들 사이의 간격을 설정한다. 만약** Decimation이 2이면 한 점씩 걸러서 작업공간으로 보낸다. **Decimation**은 반드시 정수로 설정되어야 한다.

2.4.3 Diagnostics

Diagnostics 페이지는 그림 2.11과 같다. **Diagnostics** 페이지에서는 **Configuration options**에 나타나는 다양한 오류에 대해 **Consistency**와 **Bounds checking**을 각각 3가지 (**none**, **warning**, **error**)로 선택할 수 있다.

이 절에서는 다양한 오류 중 가장 빈번하게 발생하는 오류에 대해 간단하게 설명한다. 오류에 대한 선택 사항은 각각 세 가지로 **none**, **warning**, 그리고 **error**이다. **none**을 선택하면 Simulink는 모의실험에서 발생하는 해당 오류를 무시하고 모의실험을 수행한다. **warning**(디폴트)을 선택하여도 모의실험이 수행되며, 해당 오류에 대해 경고 메시지를 내보낸다. 마지막으로 **error**를 선택할 경우, 해당 오류가 발생하면 모의실험이 중단되며 에러 메시지를 내보낸다.

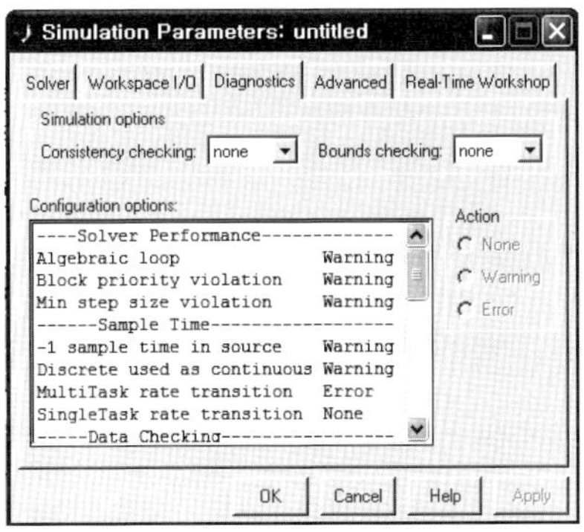

〈그림 2.11〉 Diagnostic 페이지

Algebraic loop는 블록의 입력이 출력에 의존일 때 발생하는 오류이다. 예를 들어 **Sum** 블록에서 블록의 출력이 입력으로 귀환된다면(즉, $output = input - output$인 경우) **Sum** 블록의 입력은 출력에 의존적이 되며, 이러한 경우 Simulink에 **Algebraic loop** 오류가 발생한다. **Algebraic loop**는 모의실험의 속도를 상당히 느리게 하고, 어떤 경우에는 모의실험이 실패하는 경우가 있으므로 문제이다. 대부분 **Algebraic loop**에 대한 Action은 **Warning**이 적당하다. 만약 이 오류가 발생했는데도 성능에 무리가 없다면 **None**으로 선정해도 좋다.

Min step size violation은 Solver에서 적분간격을 최소의 적분간격보다 적은 값으로 선정할 때 발생한다. 어떠한 **Variable-step Solver**라도 최소간격의 크기를 바꾸는 것은 불가능하다. 이 오류는 대체로 더 큰 적분간격을 사용하면 해결되므로, 고차원 **Solver**로 바꾸어 모의실험을 수행한다. 다른 방법은 **Solver** 페이지에서 절대 및 상대 허용오차를 늘리는 방안이 있다. 이 오류는 Simulink 연산의 정밀도와 관련이 있으므로 **Warning** 또는 **Error**로 설정되어야 한다.

Unconnected block input 오류는 사용하지 않는 입력이 블록에 있을 때 발생한다. 이 오류는 **Error** 또는 **Warning**으로 설정되어야 한다. 만약 의도적으로 블록의 입력을 연결하지 않은 것이라면, 연결 라이브러리에 있는 **Ground** 블록을 해당 입력에 연결하는 것이 좋다.

Unconnected block output 오류는 다른 블록의 입력에 연결되지 않은 출력이 있을 때 발생한다. 이 오류는 대개 무해한 것이므로 **Warning**이나 **Error**로 설정한다. 만약 의도적으로 발생한 오류라면, 사용하지 않는 출력을 연결 라이브러리의 **Terminator** 블록에 연결하는 것이 좋다.

Unconnected line은 신호선의 한쪽 끝이 블록에 연결되지 않은 경우에 발생한다. **Unconnected line** 오류는 **Error**로 설정하는 것이 좋다.

Consistency checking은 특수 제작된 블록에서 발생하는 프로그램 오류를 찾기 위한 디버깅 기능으로, 모의실험의 속도를 상당히 저하시키는 단점이 있다. 대부분Simulink에서 **Consistency checking**은 불필요한 기능이므로, **None**으로 선택한다.

Math Operations 라이브러리의 **Sign** 블록의 출력은 입력이 양수이면 1, 입력이 0이면 0, 입력이 음수이면 -1이므로, 0에서 불연속인 블록이다. 불연속 블록을 사용하는 경우, 때때로 불연속점 근처에서 급속하게 진동하는 chattering 현상이 발생한다. 만약 Variable-step Solver(ode45 등)를 선택하여 사용할 때, chattering 현상이 발생하면 Simulink는 **Sign** 블록의 입력이 0 근처에 오면 적분간격을 조절하여 정확한 시간에 변경시켜준다. 이러한 과정을 **Zero crossing detection**(영점교차탐지)라고 한다. **Advanced** 페이지에서 **Disable zero crossing detection**을 선택하면 영점교차탐지를 무력화할 수 있다. 이 방법은 모의실험의 속도를 상당히 향상시킬 수 있으나, 정확도에 문제가 발생할 수 있으므로 chattering 현상의 발생 여부를 판단하는 도구로만 사용하는 것이 바람직하며, chattering 현상이 발생한 지점을 찾아서 문제를 해결해야 한다.

위에서 설명한 이외에도 **Simulation Parameters** 대화상자에는 다양한 옵션이 존재하며, 자세한 사항은 고급 Simulink 사용법을 참고하기 바란다.

2.5 Simulink 모델의 구성과 실습

이 절에서는 선형 제어시스템의 해석과 설계에 필요한 Simulink 모델을 구성하는 방법과 실습을 수행한다. Simulink 모델을 생성하는 순서는 다음과 같다.

처음 순서로 **File/New** 단추를 클릭하여 'Untiltled'라는 새로운 모델창을 생성한다. 두 번째 단계로 검색화면의 **Source**-선형 또는 비선형-**Sink** 라이브러리를 차례로 방문하여 필요한 모델의 아이콘을 마우스로 Drag하여 모델창에 Drop한 후 정렬한다.

세 번째 단계로 정렬된 블록들을 연결한다. 블록을 연결하기 위해 블록의 출력단자(블록의 오른쪽 경계에 있는 '>')에 마우스를 클릭(Drag, 이때 커서가 십자선 모양으로 바뀜)하여 연결할 블록의 입력단자(블록의 왼쪽 경계에 있는 '〉')에서 놓으면(Drop) 연결된다. 신호선의 끝부분에 나타나는 화살표의 방향으로 신호가 전달된다.

네 번째 단계로 각 블록을 마우스로 두 번 클릭하여 블록의 대화상자를 생성한 후, 필요한 변수값을 입력한다. 블록의 대화상자에 대해서는 실습예제에서 자세하게 설명할 예정이다.

다섯 번째 단계로 **File/Save** 단추를 클릭하고 원하는 모델명을 입력하고, 저장할 디렉토리를 지정하고 확인 단추를 클릭하면 자동적으로 확장자(*.mdl*)가 첨가되어 저장된다. 모델명은 특수문자 또는 '–', '.' 기호를 사용해서는 모의실험이 수행되지 않는다. 영문자, 숫자, 또는 아래 바 '_' 기호는 사용해도 좋다. 파일의 저장은 모의실험이 모두 실행한 후에 하여도 좋다.

여섯 번째 단계로 **Simulation/Start**를(모델을 수정했으면 **Save and Run**) 클릭하여 모의실험을 실행한다. Simulink 모델은 시스템의 미분방정식을 전달함수 또는 동적 방정식으로 표현한 것이다. 모의실험을 수행하기 전에 **Simulation** 대화상자를 열어 모의실험 매개변수를 설정해야 한다. 필요한 경우 **Start time**과 **Stop time**만을 설정하고, **Solver**와 허용오차 등을 포함한 기타 옵션은 가급적 디폴트를 사용하는 것이 좋다.

일곱 번째 단계로 모의실험의 결과를 **Scope** 블록을 클릭하여 확인한다. **Scope** 블록의 쌍안경(Autoscale) 아이콘 을 클릭하면 더 좋은 파형의 그래프를 볼 수 있다. 확대경 아이콘 을 사용하면 전체 화면을 확대할 수 있으며, 필요한 경우 x축 확대경 과 y축 확대경 을 사용하여 필요한 부분만을 확대할 수 있다.

또는 **Scope**의 그래프에 마우스를 놓고 오른쪽 버튼을 클릭하면 나타나는 **Axes properties**를 클릭하여 Y축의 최대와 최소를 조정할 수 있다.

Scope 화면의 메뉴바에서 아이콘 을 클릭하면 그림 2.12(a)와 같은 스코프 특성(**Properties**) 대화상자가 나타난다. 스코프 특성 대화상자에는 두 개의 단추 **General**과 **Data history**가 있다. 디폴트인 **General** 단추에서 **Number of Axes**에 2를 입력하면 스코프 화면이 상하 2개의 화면으로 나뉘고, **floating scope**를 선택하면 Scope가 Floating Scope로 변한다. **Time range**는 Simulation의 **Stop time**과 일치시키는 것이 권장되나, 필요한 경우 조정할 수 있다. 또한, **Tick label** 옵션을 사용하여 나뉜 화면의 모든 x축에 표제를 입력할 수 있다. **Data history** 단추를 클릭하면 그림 2.12(b)와 같은 화면이 생성된다. **Limit data points to last**는 디폴트인 5000을 그대로 사용하는 것이 좋으며, **Save data to workspace**를 클릭하여 Simulink의 연산 결과를 작업공간창으로 전송할 수 있다. **Variable name**과 **Format**은 데이터를 작업공간창으로 전송할 때 변수명과 데이터의 Format을 지정해야 한다.

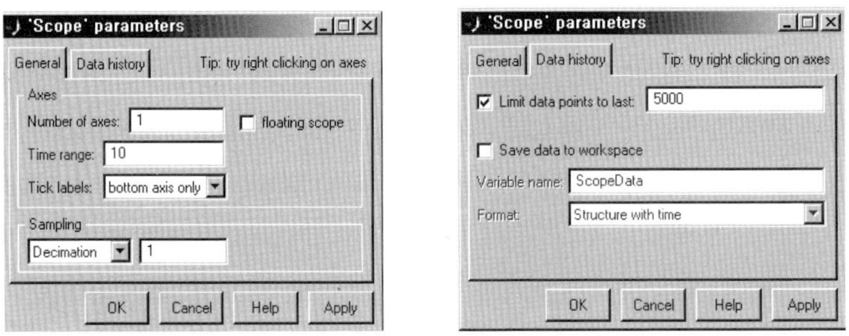

(a) (b)

〈그림 2.12〉 Scope 블록의 대화상자

여덟 번째 단계로 모의실험의 결과가 원하는 설계사양을 만족하는지를 검토하여, 설계사양을 달성하지 못하였다면 모델을 수정하거나 재설계를 시도한다.

실습예제 2.1

미분방정식 $\dot{x}= \sin(t),\ x(0)=0$에 대한 Simulink 모델을 생성하여 Sine Wave 블록, Integrator 블록, 그리고 Scope 블록의 사용법을 학습해보자.

풀이

Simulink의 라이브러리에서 빈 화면을 클릭하면 Untitled 창이 생성된다. 생성된 모델창에 **Source/Sine Wave** 블록, **Linear/Integrator** 블록, 그리고 **Sink/Scope** 블록을 마우스로 클릭하여 Untiltled 창에 Sine Wave–Integrator–Scope의 순서로 정렬하고, 블록들을 신호선으로 연결한다. 모델이 완성되면 마우스로 모델 전체를 클릭(모델 전체가 포함되도록 마우스를 클릭하여 드래그)한 후 **Format/Font**를 클릭하면 글자의 크기나 굵기를 조정할 수 있다.

새로 생성된 모델을 저장하기 위해 메뉴바에서 **File/Save**를 선택하고 ex2_1을 입력하면 그림 2.13(a)와 같은 ex2_1.mdl로 저장된다.

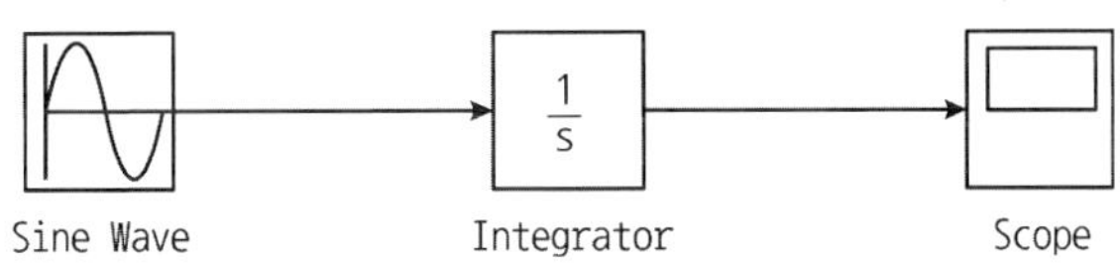

〈그림 2.13(a)〉 ex2.1.mdl의 블록선도

(1) Sine Wave 블록을 두 번 클릭하면 그림 2.13(b)와 같은 대화상자가 열린다. 대화상자의 Sine type에서 Sample based는 유한 이산신호(finite discrete signal)에 사용되는 것이므로 연속신호에 사용하는 Time based를 선택한다. 주어진 미분방정식에서 정현파의 크기가 1이므로 Amplitude에 1을 입력한다. Bias를 주면 출력이 발산하므로 0으로 두고, 주파수는 원하는 대로 설정해도 좋으나 여기서는 1로 선정하여 모의실험을 한다. Sample time은 Sine type을 Sample based으로 선택하였을 때 필요하다.

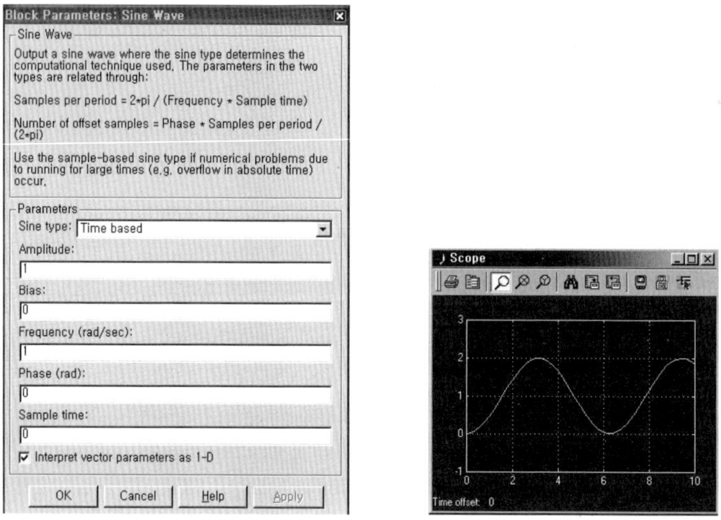

(b) (c)

<그림 2.13(b)> Sine 블록의 대화상자와 실습예제 2.1의 연산 결과

(2) 모델창의 **Simulation/Parameter** 메뉴를 클릭하면 그림 2.9와 같은 **Solver** 페이지가 나타난다. **Solver** 페이지에서 **Start time**을 0 (디폴트)로, **Stop time**을 10 (디폴트)로 설정하고 기타 선택사항은 수정하지 않는다. **Workspace I/O** 페이지와 **Diagnostics** 페이지도 디폴트를 사용한다. Parameter 입력이 끝나면 Untitled 창의 메뉴바에서 **Simulation/Start**를 선택하여 모의실험을 수행한다.

(3) 모의실험이 수행된 후 **Scope** 블록을 더블 클릭하면 **Scope** 창의 출력 그래프가 나타난다. **Scope**의 쌍안경 아이콘을 클릭하면 보기 좋은 파형을 관측할 수 있다.주어진 미분방정식의 해석적인 해는 $x(t) = 1 - \cos(t)$로 Simulink의 그래프가 올바르게 나왔다는 것을 알 수 있다.

실습예제 2.2

그림 2.14(a)와 같이 두 개의 Constant 블록에 의해 생성된 각각의 스칼라 신호가 Mux 블록과 Demux 블록을 통과할 때 어떻게 변화하는지 확인해보자.

풀이

신호라벨 전파(Signal Label Propagation)에 관한 예제로, 신호의 전파에 대한 디버깅(debugging)에도 유용하게 사용될 수 있다.

(1) **Source/Constant** 블록, **Linear/Mux, Linear/Demux**, 그리고 **Sink/Display**를 사용하여 그림 2.14(a)와 같은 모델을 완성한다.

(2) 모델의 메뉴바에서 **Format/Nonscalar lines**와 **Format/Signal dimensions**를 클릭하고, **Edit/ Update Diagram**을 클릭하면 그림 2.14(b)와 같이 **Mux**와 **Demux** 사이가 굵은 선으로 바뀌고 신호의 차수가 2로 표시된다.

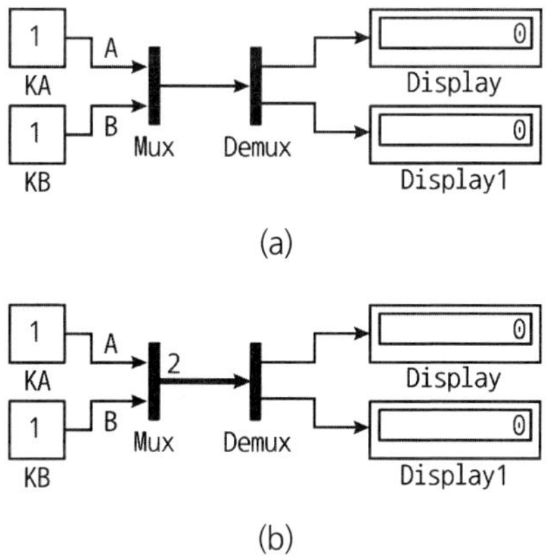

<그림 2.14> 실습예제 2.2의 연산 결과

실습예제 2.3

그림 2.15(a)와 같이 Signal Generator, Mux, 와 Gain을 이용한 모델을 생성하여, 크기 1의 구형파에 대한 출력을 확인해보자.

풀이

아래와 같은 순서로 구형파의 출력을 확인한다.

(1) **Source/Signal Generator, Mux, Math Operations/Gain, Scope**를 사용하여 모델을 완성하여 ex2_3.mdl로 저장한다.

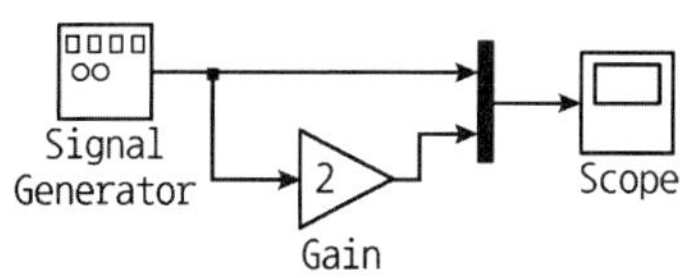

<그림 2.15(a)> ex2.3_mdl의 블록선도

(2) Signal generator를 더블 클릭하여 Wave form을 square(구형파)로 설정하고 Amplitude, Frequency와 Units는 디폴트를 그대로 사용한다.

(3) Gain을 더블 클릭하여 Gain을 2로 선정하고, Multiplication은 Element-wise (K.*u)를 그대로 사용한다.

(4) 모의실험을 수행한 후, Scope를 더블 클릭하여 쌍안경 아이콘을 사용하고, Axes properties 버튼에서 Y축의 최대와 최소를 조정하면 그림 2.15(b)와 같은 출력을 얻을 수 있다.

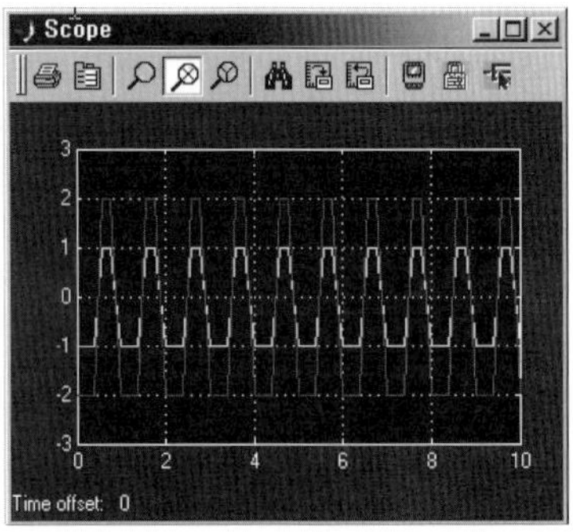

〈그림 2.15(b)〉 실습예제 2.3의 연산 결과

실습예제 2.4

그림 2.16(a)와 같은 PID 제어기의 Simulink 모델을 생성하고 크기 1을 갖는 정현파에 대한 출력을 고찰해보자.

풀이

모델의 생성과 연산의 결과는 아래와 같다.

(1) **Sine Wave, Gain, Continuous/Integrator, Continuous/Derivative, Scope**를 사용하여 모델을 생성한다.

(2) **Sine Wave**의 대화상자에 **Amplitude**를 1로 입력하고, 모든 **Gain**의 대화상자에 **Gain**을 1로 입력한다.

Integrator 블록 대화상자에 있는 모든 선택사항은 디폴트로 사용하는 것이 권장된다. **initial condition**은 필요에 따라 조정해야 하나, 여기서는 0으로 선택한다.

Integrator 블록의 **External reset** 버튼의 선택사항에서 **none**이 디폴트이고, 이 블록이 상승모서리(edge)에서 동작하면 rising, 하강모서리에서 동작하면 falling, 상승과 하강모서리에서 동작하면 either, 어느 수준이상에서 동작하면 level을 선택해야 한다.

Derivative 블록에는 대화상자가 없으나, 모의실험의 최초값은 0으로 나타난다.

(3) 두 주기의 출력을 보기 위해 **Simulation Parameters/Stop time**을 4*pi로 입력한 후 모의실험을 실행하면, 각 **Scope** 블록에는 그림 2.16(b)와 같은 출력이 생성된다.

(4) Scope 1의 출력은 입력인 **Sine Wave** 블록의 출력과 일치하며, Scope 2의 출력은 실습예제 2.1에서 구한 $x(t) = 1 - \cos(t)$이다. Scope 3의 출력은 sine wave의 미분인 cos wave로 그림 2.16(b)와 같다. 코사인 함수는 $0[^\circ]$일 때 1이어야 하나, 미분 블록의 초기조건이 0이므로 초기시간에 완전한 코사인 함수의 형태를 갖지 못한다는 것에 유의하라.

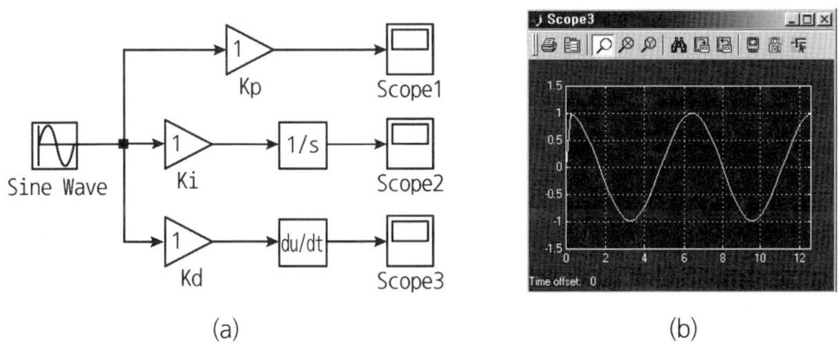

<그림 2.16> 실습예제 2.4의 모델과 연산 결과

실습예제 2.5

그림 2.17은 PID 제어기를 여러 가지 방법으로 구현해보고, 각 블록의 사용법에 대해 학습해보자. 여기서 주의해야 할 것은 PID 제어기는 그림 2.17(a)로 구현되고, 나머지 모델은 Simulink의 블록 사용법을 설명하기 위해 임의로 도입된 것이다.

풀이

그림 2.17에 제시된 Simulink 모델들에 대한 설명은 아래와 같다.

(1) 그림 2.17(a)는 병렬형 PID 제어기로 출력은 실습예제 2.4의 그림 2.16(b)와 같다.
그림 2.17(a)의 **Sum** 블록은 **Math operations/Sum** 블록의 대화상자에서 **Icon shape**를 **rectangular**로 선택하고, **List of signs**를 +++로 바꾼 것이다.

(2) 그림 2.17(b)는 그림 2.17(a)의 **Sum** 블록을 **Mux**로 교체한 것이므로 출력신호는 그림 2.18(b)와 같다. 그림 2.17(b)의 **Mux**는 대화상자에서 **Number of input**을 3으로 바꾼 것이다.

(3) 그림 2.17(c)는 **User-Defined Functions/Fcn** 블록을 사용하였다. **Fcn** 블록을 더블 클릭하면 대화상자에 $\sin(u(1)*\exp(2.3*(-u(2))))$ 라고 표현되어 있다. 여기서 $u(1)$, $u(2)$ 는 **Fcn** 블록의 입력이다. 따라서 그림 2.17(c)에서는 **Mux**의 출력이 3개 이므로 $u(1)+u(2)+u(3)$ 을 입력하면 **Sum** 블록을 대체할 수 있다.

Fcn 블록과 **Sybsystem** 블록은 Simulink 모델을 복잡한 제어시스템으로 확장하는데 매우 유용한 블록들이므로 많은 연습을 필요로 한다.

(4) 그림 2.17(d)는 Subsystem을 구성한 것이다. 제어시스템을 Simulink 모델로 구현하다 보면 모델이 복잡해지는 경향이 있다. 이럴 경우 의미있는 블록들(여기서는 PID 블록)의 집합을 Subsystem으로 구성하면 모델의 구조가 간단해지는 장점이 있다.

Subsystem을 구성하는 방법은 다음과 같다. 첫째, Subsystem으로 구성하고 싶은 모델들을 마우스로 클릭 & 드래그 한다. 둘째, 모델창의 **Edit/Create subsystem**을 클릭하면 그림 2.17(d)의 좌측 모델로 바뀐다. 셋째, Subsystem을 더블 클릭하면 그림 2.17(d)의 우측 모델이 화면에 나타난다. Subsystem의 입력단은 **In1**으로, 출력단은 **Out1**으로 자동적으로 변환되어 있는 것에 주목하라. Subsystem 블록에서 마우스의 오른쪽 버튼을 클릭하면 Subsystem에 대해 여러 가지를 지정할 수 있다. 그림 2.17(d)의 모의실험 결과는 그림 2.18(b)와 같다.

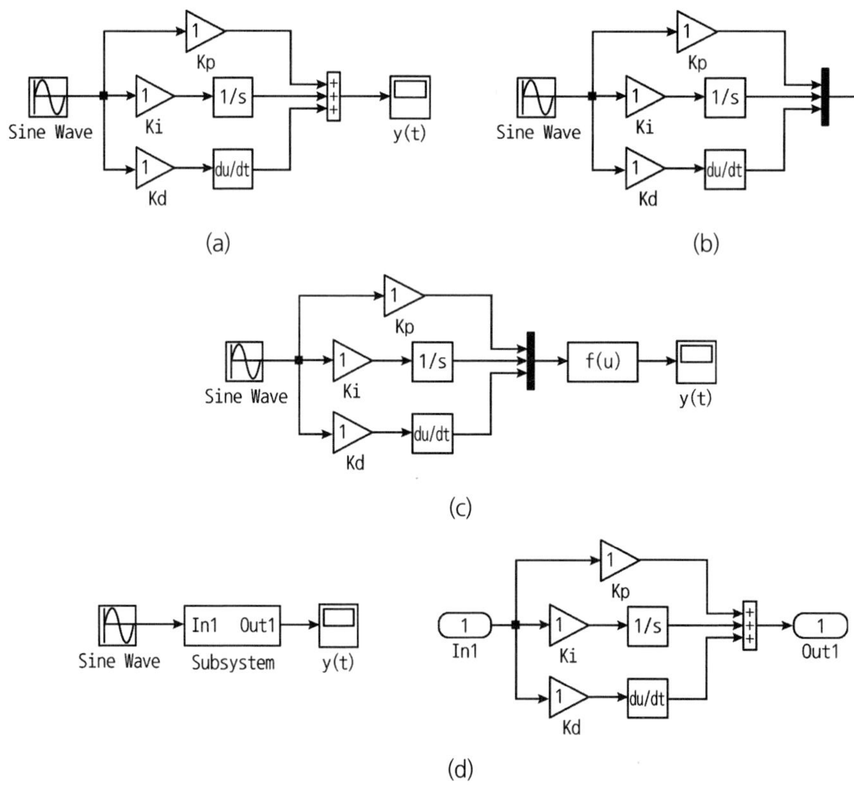

〈그림 2.17〉 실습예제 2.6의 Simulink 모델

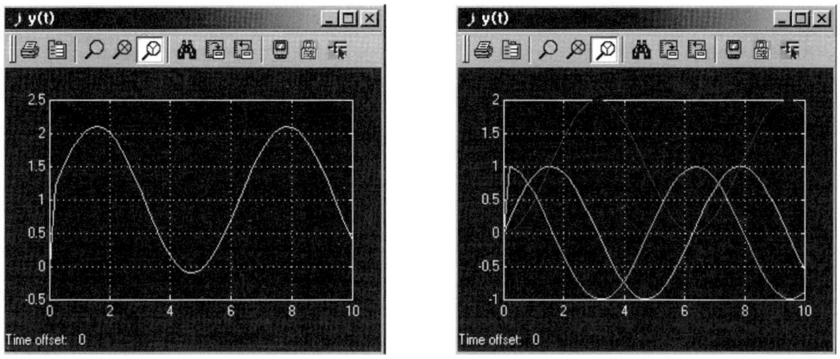

(a) (b)

〈그림 2.18〉 실습예제 2.6의 연산 결과

실습예제 2.6

그림 2.19는 PID 제어기 $G_c(s) = 112.69 + 105.57/s + 18.32s$ 와 제어대상 $G_p = 1/s(s+5)(s+10)$ 가 직렬 연결된 폐루프 시스템의 블록선도이다. 주어진 블록선도에 대해 모의실험을 수행해보자.

풀이

그림 2.19(a)는 Simulink 모델이고, 그림 2.19(b)는 Subsystem인 PID 제어기이다.

(1) **Step** 블록의 대화상자에서 **Step time**이 1일 때의 출력은 그림 2.20(a)이므로 **Step time**을 0으로 조정하면 출력은 그림 2.20 (b)와 같다.

(2) 그림 2.19(b)의 PID 제어기의 매개변수 K_p는 112.69로, K_i는 105.57로, 그리고K_d는 18.32로 입력한다.

(3) 제어대상의 분자는 $[1]$ 로, 분모는 $[1\ 15\ 50\ 0]$ 또는 $conv([1\ 0],conv([1\ 5],[1\ 10]))$ 로 입력한다.

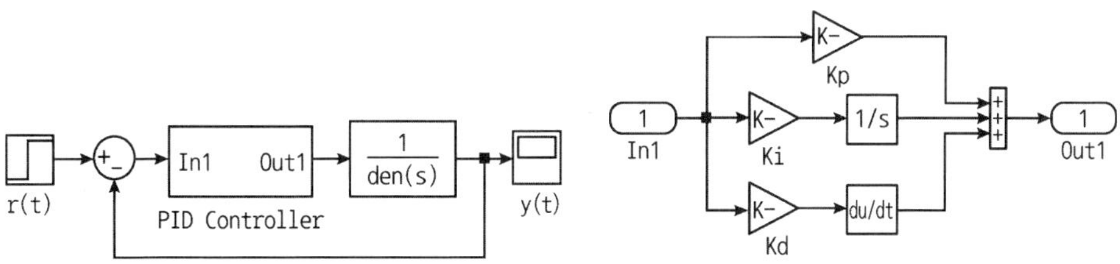

(a) (b)

〈그림 2.19〉 실습예제 2.6의 모델

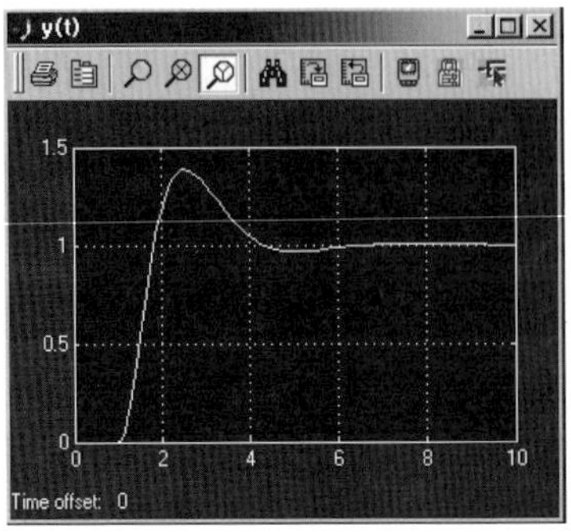

(a)

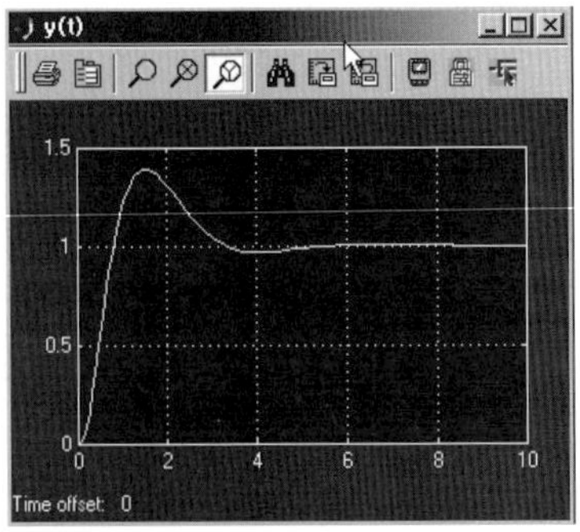

(b)

<그림 2.20> 실습예제 2.6의 연산 결과

실습예제 2.7

최적제어시스템에서 자주 사용되는 성능지수는 ISE, IAE, ITSE, 그리고 ITAE 등이다. 실습예제 2.6의 그림 2.19(a)로 주어진 Simulink 모델에 대해 각각의 성능지수를 Simulink 블록으로 표현하여 결과를 확인해보자.

풀이

(1) 오차제곱 적분(ISE)은 $\int_0^T e^2(t)\,dt$으로 정의되며, 제어시스템의 감쇠가 적당한 경우 최소가 되는 성능지수이다. **Math Operations/Math Function** 블록, **Integrator** 블록, 그리고 **Sink/Display** 블록으로 그림 2.21과 같은 Simulink 모델을 생성한다.

① **Math Function** 블록의 대화상자의 **Function** 버튼에는 다양한 수학적 Matlab 명령어가 있으므로 원하는 함수를 선택한다. 여기서는 square를 선택하였다.
Output signal type 버튼에는 선택사항으로 **auto/real/complex**이 있는데, **auto**를 선택하는 것이 가장 무난하다.

② **Display** 블록의 대화상자에서 **Format** 버튼에는 **short/long/short_e/long_e/bank** 등이 있는데, 디폴트인 **short**이 가장 무난하다. **Decimal**과 **Sample time** 버튼은 변경하지 않고 디폴트를 사용한다.

③ 모의실험 결과, 실습예제 2.6의 ISE는 0.5377이다.

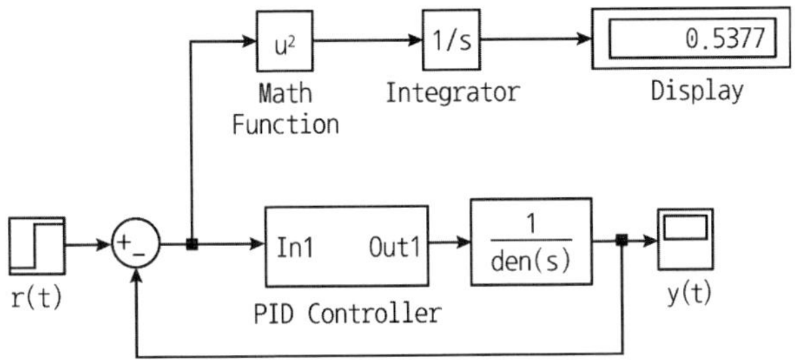

〈그림 2.21〉 ISE의 연산 결과

(2) 오차절대값 적분(IAE)은 $\int_0^T |e(t)|dt$으로 정의되며, 컴퓨터 시뮬레이션 연구에 유용한 성능 지수이다. IAE는 **Math Operations/Abs** 블록, **Integrator** 블록, 그리고 **Display** 블록을 사용하여 그림 2.22와 같이 구성한다. **Abs** 블록의 대화상자에는 **Saturate on integer overflow** 버튼과 **Enable zero crossing detection** 버튼이 있는데 체크된 상태로 사용한다. 모의실험 결과, 실습예제 2.6의 IAE는 1.079이다.

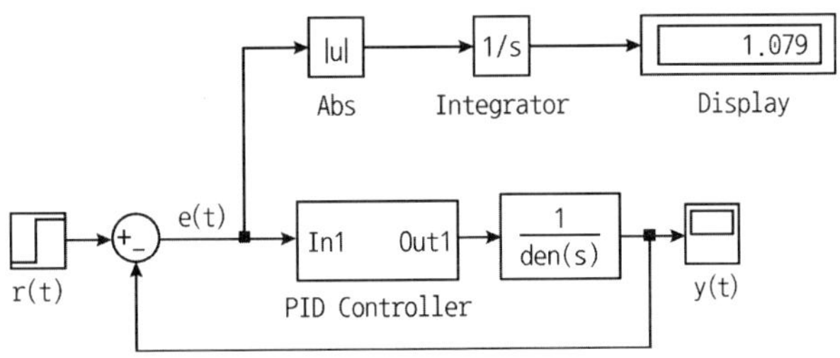

〈그림 2.22〉 IAE의 연산 결과

(3) 제곱오차 시간곱 적분(ITSE)은 $\int_0^T te^2(t)\,dt$로 정의된다. 그림 2.21에 **Source/Clock** 블록과 **Math Operations/Product** 블록을 추가하여 그림 2.23과 같은 Simulink 모델을 구성한다. **Clock** 블록의 대화상자에 있는 **Display time** 버튼을 클릭하면 **Clock**이 네모상자로 변하며 **Simulation Stop time**이 표시된다. **Decimation**은 디폴트인 10으로 사용하는 것을 권장한다. **Product** 블록에는 **Number of inputs** 버튼과 **Multiplication** 버튼이 있다. **Number of inputs** 버튼은 입력의 수에 맞춰 조정하고 **Multiplication** 버튼은 입력이 벡터 또는 행렬이 아닌 경우 **Element-wise(.*)** 즉, 입력원소간의 곱을 사용하면 된다. 모의실험 결과, 실습예제 2.6의 ITSE는 0.3597이다.

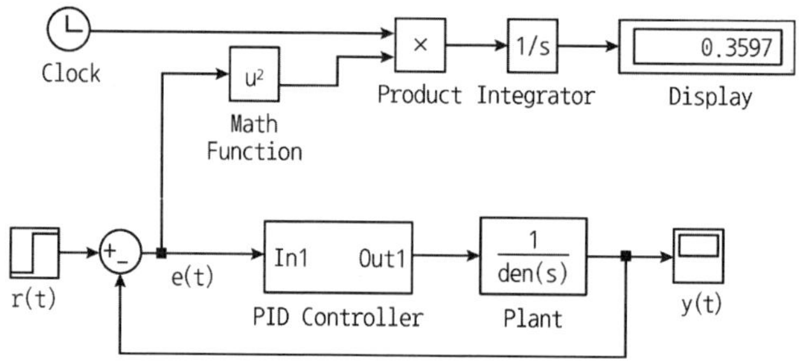

〈그림 2.23〉 ITSE의 연산 결과

(4) 절대오차 시간곱 적분(ITAE)은 $\int_0^T t|e(t)|dt$으로 정의되며, 선별도가 가장 높은 성능지수이다. 모의실험 결과, 실습예제 2.6의 ITAE는 1.342이다.

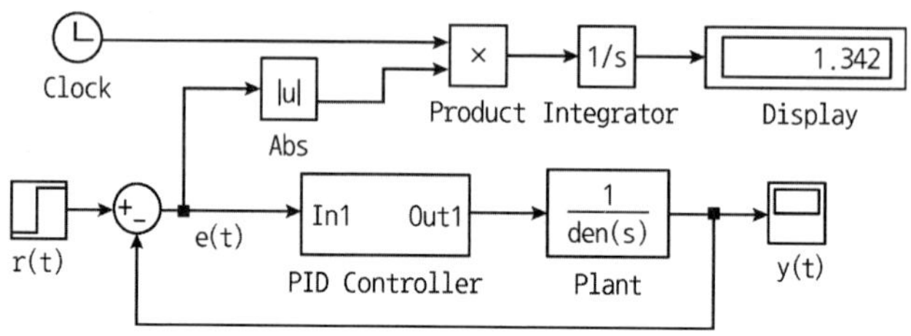

〈그림 2.24〉 ITAE의 연산 결과

실습예제 2.8

그림 2.25의 블록선도에서 톱니파(sawtooth wave)의 amplitude와 Frequency가 1일 때, Units을 주기와 각주파수로 선택하여 결과를 비교해보자.

풀이

Hertz(주기)로 수행하면 한 주기는 1초로 그림 2.26(a)와 같고, **rad/sec**(각주파수)로 수행하면 한 주기는 6.28초로 그림 2.26(b)와 같다.

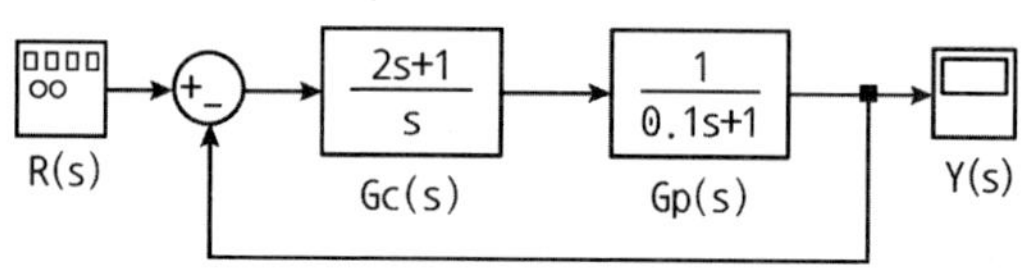

〈그림 2.25〉 실습예제 2.8의 Simulink 모델

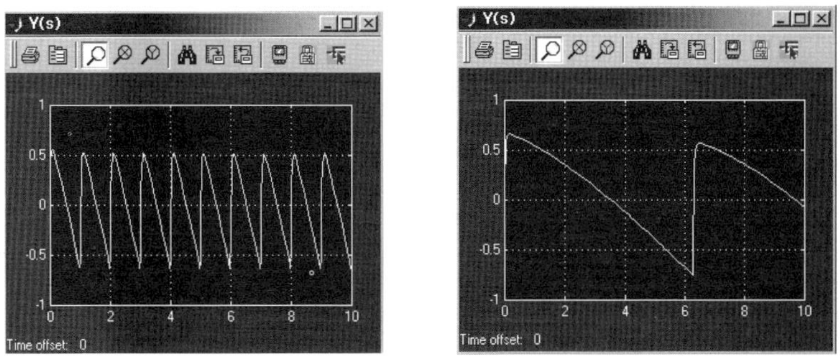

(a) (b)

〈그림 2.26〉 실습예제 2.8의 연산 결과

실습예제 2.9

그림 2.27의 Simulink 모델에서 Relay 블록과 To Workout 블록에 대해 학습해보자. 주어진 Simulink 모델은 Astrom과 Hagglund가 제안한 Relay를 이용한 PID 제어기의 동조에 사용하는 방법이다.

풀이

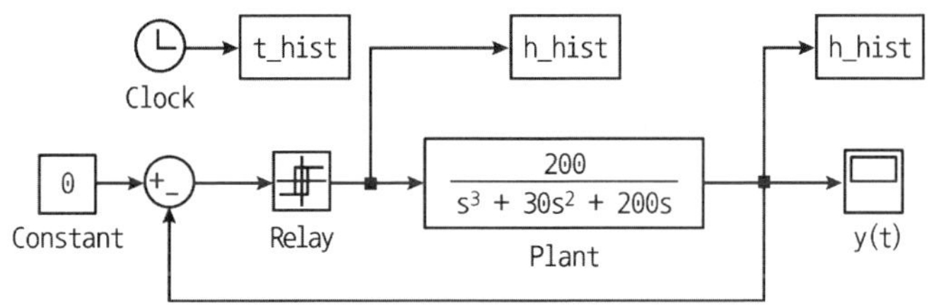

〈그림 2.27〉 실습예제 2.9의 Simulink 모델

Discontinuities/Relay 블록, **Sink/To Workout** 블록, 그리고 기타 블록들을 사용하여 그림 2.27의 Simulink 모델을 구성하자.

(1) **Relay** 블록의 대화상자에서 **Switch on point**와 **Switch off point**는 디폴트인 ***eps***를 사용한다. ***eps***는 MATLAB의 디폴트 허용오차로 10^{-16}이다.

Output when on과 **Output when off**는 각각 30과 −30으로 설정한다. 주어진 제어대상은 이득이 30일 때 임계안정하다.

(2) **To Workout** 블록 대화상자의 **Variable name**에 각각 t_hist, h_hist, 그리고 y_hist라고 입력을 하고, **Save format**을 Array로 설정한다. 나머지 버튼은 디폴트를 사용한다.
MATLAB의 명령어창에서 ≫`plot(t_hist, y_hist)`을 입력하고 클릭하면 그림 2.28 (a)와 같은 그래프가 도시되며, 모델의 출력인 그림 2.28(b)와 동일하다.

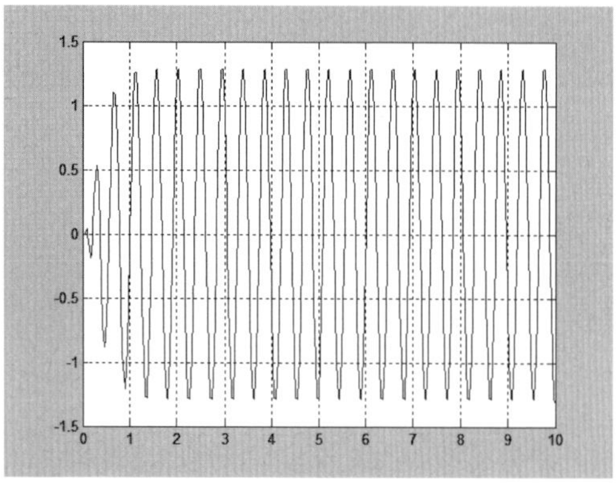

(a)

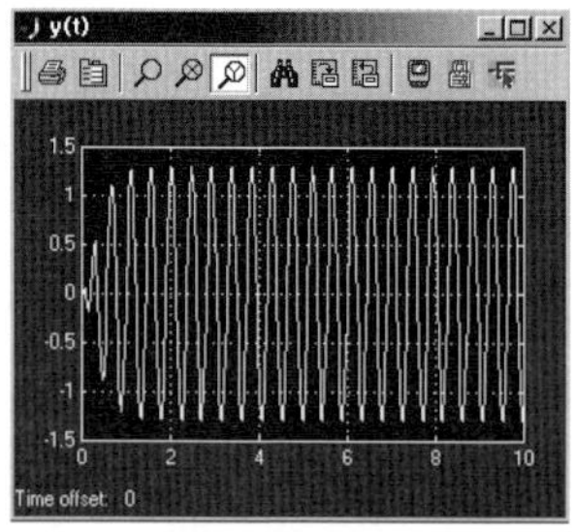

(b)

〈그림 2.28〉 실습예제 2.9의 연산 결과

실습예제 2.10

그림 2.29는 지연시간이 있는 제어대상의 블록선도로 Transport Delay 블록에 대해 학습해 보자. 여기서 지연시간이 있는 제어대상의 전달함수는 $G_p(s) = \dfrac{3.15}{(30s+1)}e^{-s}$ 으로 지연시간이 1[초]이다.

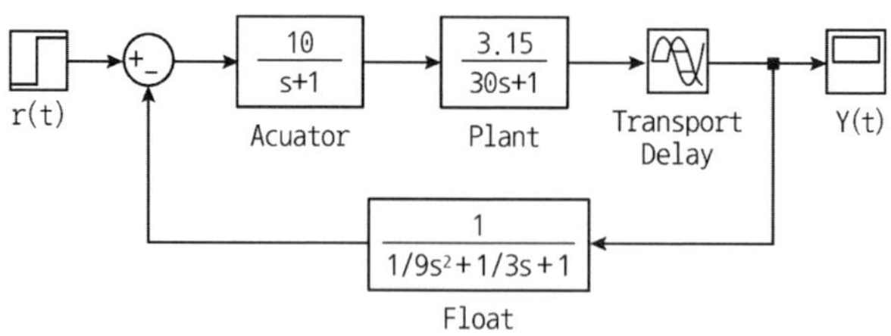

〈그림 2.29〉 실습예제 2.10의 Simulink 모델

풀이

Continuous/Transport Delay 블록과 기타 블록들을 사용하여 그림 2.29의 모델을 구성한다.

(1) Transport Delay 블록 대화상자에서 Time delay를 1로 입력(e^{-s} 에서 지수는 −1) 하고, Pade order는 2차 Pade 근사화의 식을 사용할 목적으로 2로 입력한다. Pade order가 클수록 Transport Delay는 e^{-s} 에 근사화 된다. 나머지 버튼은 디폴트를 사용한다.

(2) Float라고 이름 붙인 Transfer Fcn 블록을 클릭하고 마우스의 오른쪽 버튼을 누른 후 **Format/Flip block**을 클릭하면, Transfer Fcn 블록이 그림 2.29와 같이 입출력 방향이 전환된다.

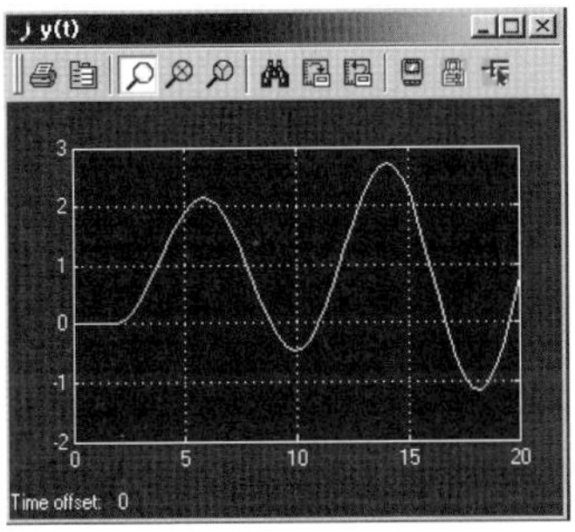

(a)

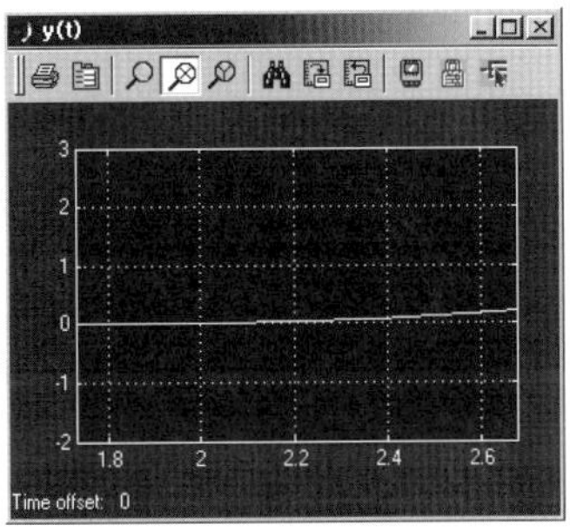

(b)

<그림 2.30> 실습예제 2.10의 연산 결과

(3) 모델의 구성을 완성한 후, Simulation/Stop time을 20으로 입력하고 모의실험을 한 결과는 그림 2.30(a)과 같다. 지연시간을 확인하기 위해 그림 2.30(a)에서 x 축 확대경을 클릭하고 출력이 시작되는 부분을 클릭 앤 드래그하면(필요하면 두세 번) 그림 2.30(b)와 같은 그래프를 볼 수 있다. 그림 2.30(b)에서 지연시간은 약 2.1[초]까지 발생하는 것을 알 수 있다. 주어진 제어 대상에 PD 제어기를 사용하면 안정한 출력을 얻을 수 있다.

실습예제 2.11

그림 2.31은 전기자제어방식 DC 모터에 대해 tachometer를 사용하여 폐루프 시스템을 구성한 블록선도이다.Simulation/Stop time을 0.1로 설정하고 아래의 물음에 대한 모의실험을 수행해보자.

(1) 외란과 잡음이 각각 $d(t) = 0$, $n(t) = 0$일 때 단위계단입력의 응답

(2) 기준입력과 잡음이 각각 $v(t) = 0$, $n(t) = 0$일 때 단위외란 $d(t) = 1$ 의 응답

(3) 외란이 $d(t) = 0$일 때 단위계단입력과 평균이 0이고 편차가 0.01일 때의 응답

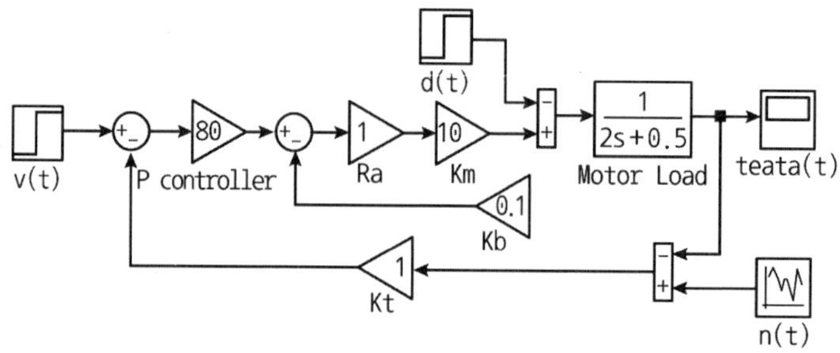

〈그림 2.31〉 전기자 제어 DC모터 속도제어시스템의 블록선도

풀이

(1) 외란과 잡음의 대화상자에 있는 모든 버튼의 값을 0으로 설정하고, 기준입력의 대화상자에서 Final value 버튼을 1로 하고 나머지 버튼의 값은 모두 0으로 설정한다. 모의실험을 수행한 결과는 그림 2.32(a)와 같다.

(2) 기준입력과 잡음의 대화상자에 있는 모든 버튼의 값을 0으로 설정하고, 외란의 대화상자에서 Final value 버튼을 1로 하고 나머지 버튼의 값은 모두 0으로 설정한다. 모의실험을 수행한 결과는 그림 2.32(b)와 같다.

(3) 외란의 대화상자에 있는 모든 버튼의 값을 0으로 설정하고, 기준입력의 대화상자에서 Final value 버튼을 1로 하고 나머지 버튼의 값은 모두 0으로 설정한다. 그리고 잡음의 대화상자에서 Mean을 0, Variance를 0.01로 설정하고 나머지 버튼은 0으로 한다. 모의실험을 수행한 결과는 그림 2.32(c)와 같다.

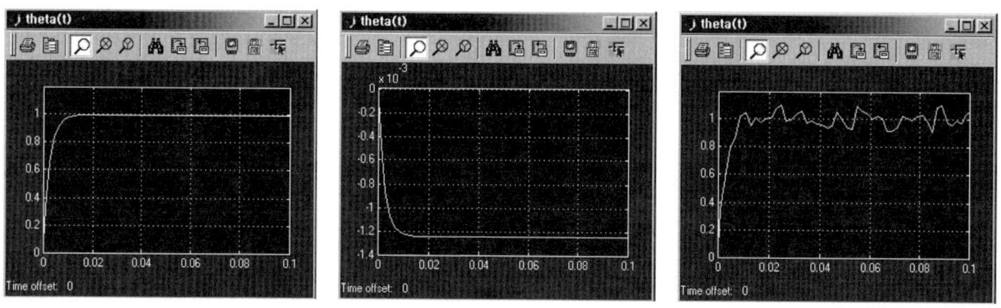

(a) (b) (c)

〈그림 2.32〉 실습예제 2.11의 연산 결과

실습예제 2.12

그림 2.33에서 제어대상이 $G_p(s) = 1/s$ 이고 PI 제어기가 $G_c(s) = 2 + 4/s$ 일 때, 적분누적현상에 대해 고찰해보자. 구동기(Saturation 블록)의 정격입력은 ± 1.0 이다.

풀이

Discontinuities/Saturation 블록과 기타 블록들을 사용하여 그림 2.33과 같은 Simulink 모델을 구성한다. Gain 블록의 이득을 각각 $K_p = 2$, $K_i = 4$ 으로 설정하고, Saturation 블록의 대화상자에서 Upper limit과 Lower limit 버튼의 입력을 각각 1, −1로 입력한다. 실제 구동기의 상하한 값은 모터의 정격입력으로 $\pm 15[V]$ 또는 모터의 종류에 따라 결정된다. T_t를 미분시간 $t_i = 1/4$에 비해 작게 선정해야 하므로 0.1로 선정하여 모의실험을 수행해보자.

(1) 적분누적방지기가 없는 경우 제어입력과 계단응답은 각각 그림 6.34(a)와 (b)와 같으며, 오버슈트는 50[%] 이상이고 제어입력의 최저값은 −0.5 이상이다.

(2) $T_t = 0.1$ 로 선정하였을 때 제어입력과 계단응답은 각각 그림 6.34(c)와 (d)와 같다. 오버슈트와 제어입력이 상당히 감소하는 것을 알 수 있다.
그림 2.33는 구동기(actuator)를 포화기(saturator)로 모사한 블록선도이다. 적분동작에서 발생하는 적분누적(integral wind-up) 현상을 방지하는 가장 쉬운 방법으로 구동기 전후 신호의 차이를 적분이득에 궤환하는 기법이 사용된다.

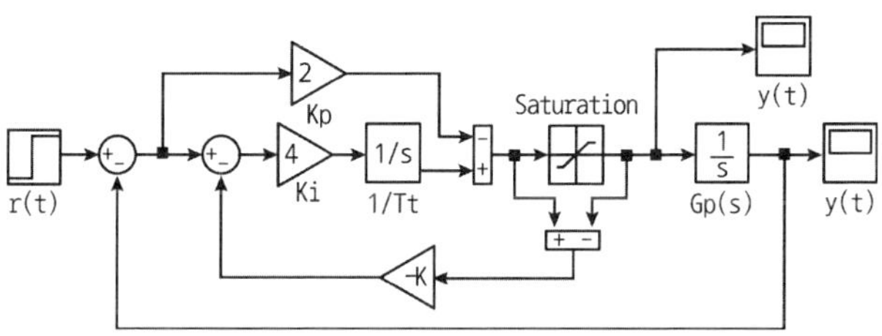

〈그림 2.33〉

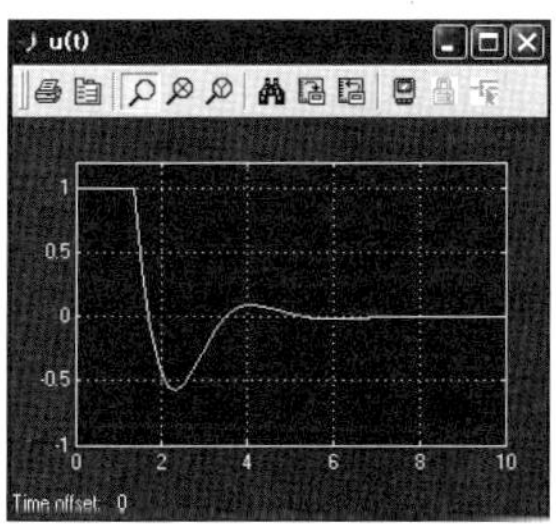

(a)

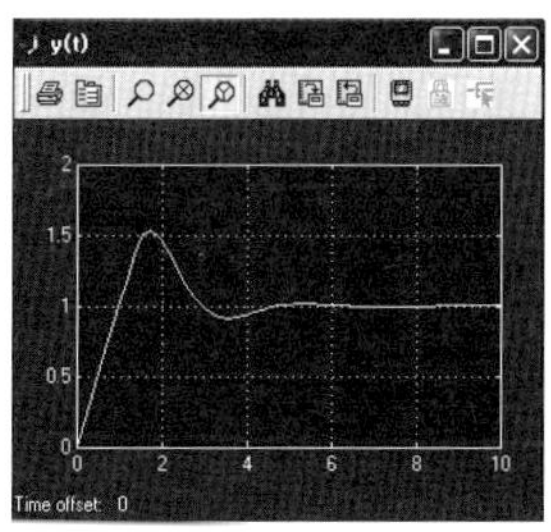

(b)

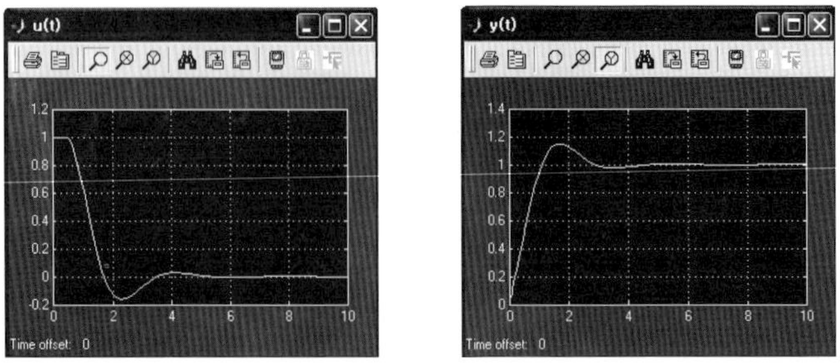

(c) (d)

〈그림 2.34〉 실습예제 2.12의 연산 결과

실습예제 2.13

그림 2.35의 Simulink 모델에서 MATLAB 명령어 $linmod$를 사용하여 동적방정식을 유도해보자.

풀이

$[A, B, C, D] = linmod('filename')$를 사용하여 동적방정식을 유도하는 순서는 아래와 같다.

(1) 그림 2.35의 Simulink 모델에 대해 모의실험을 실행하면, 계단응답은 그림 2.36 (a)와 같다.

(2) Simulink 모델에서 Step 블록을 In1으로, Scope 블록을 Out1으로 교체하고, Simulink 모델을 적당한 이름의 "$mymodel.mdl$" 파일로 저장한다.

(3) MATLAB 명령어창의 프롬프트에서 $[A, B, C, D] = linmode('mymodel')$을 입력한 후 실행하면 그림 2.36(c)와 같은 결과가 표시된다.

(4) 전달함수를 유도하기 위해 명령어창에서 [num,den]=ss2tf(A,B,C,D)를 입력하고 실행한 결과는 그림 2.36(d)와 같으며, step(num,den), grid를 실행하면 계단응답이 그림 2.36(b)와 같다.

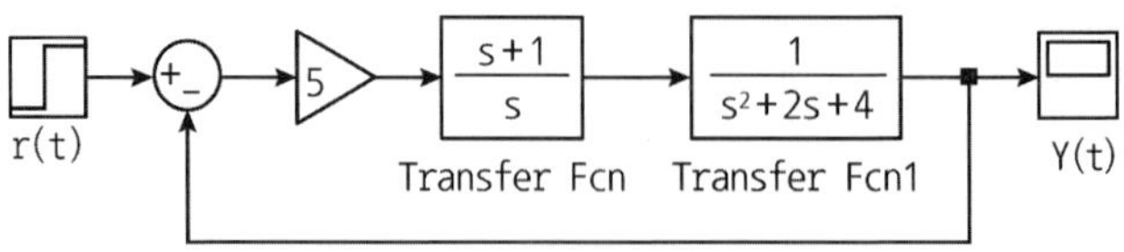

〈그림 2.35〉 실습예제 2.13의 Simulink 모델

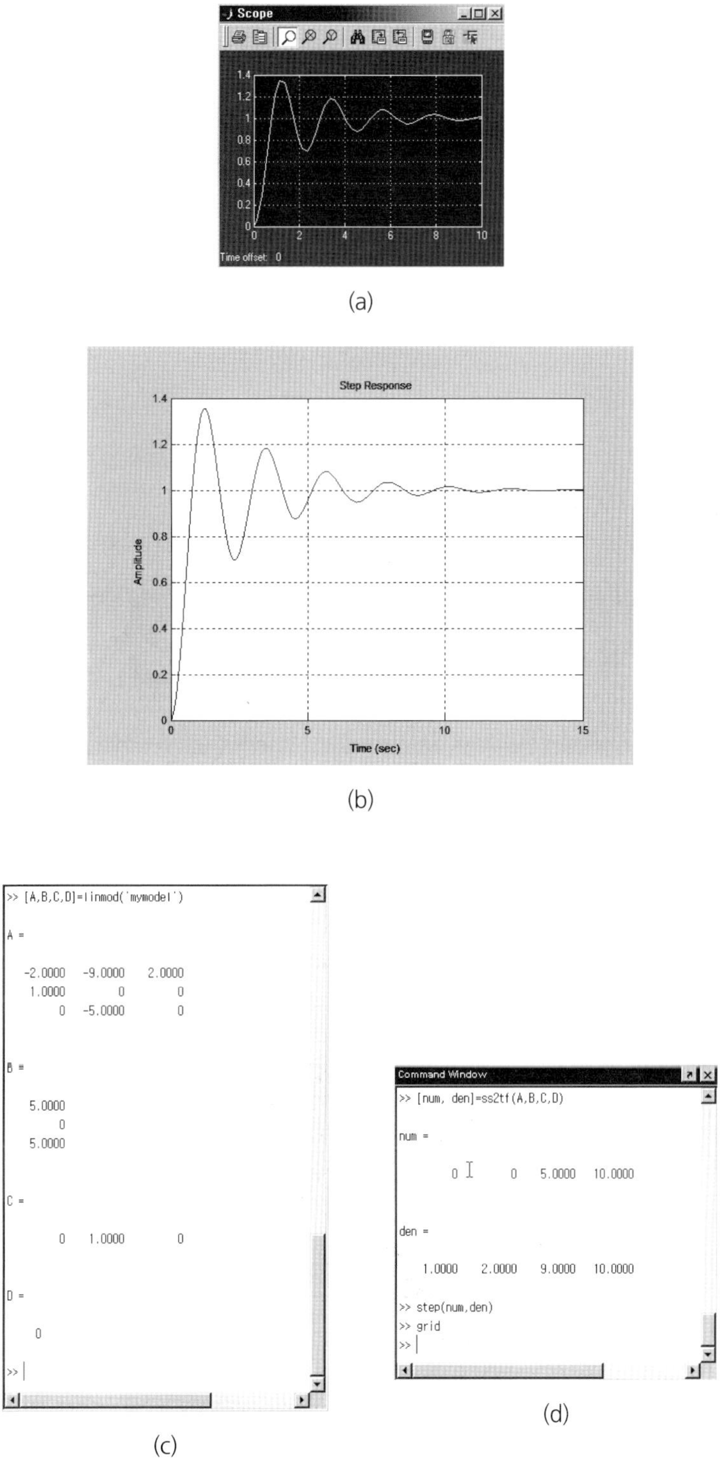

(a) (b) (c) (d)

<그림 2.36> 실습예제 2.13의 연산 결과

실습예제 2.14

식 (2.1)로 주어지는 상태방정식의 초기조건이 $x(0)=[1;2]$ 일 때 Simulink 모델을 구성해보자.

$$\dot{x}=\begin{bmatrix}-4 & -3\\ 1 & 0\end{bmatrix}x+\begin{bmatrix}1\\0\end{bmatrix}u \tag{2.1}$$

풀이

그림 2.33과 같이 구성된 Simulink 모델의 Scope에서 아이콘 을 클릭하고, General/Number of axes 버튼에 2를 입력하면 Scope에 입력단자가 두 개로 변한다. 또한 Tick labels에서 all를 선택한 후 OK를 클릭하면 Scope에 있는 그래프의 모든 x 축에 시간축이 생성된다.

Scope 화면의 각 입력단자에 도시하고자 하는 변수를 연결하고 모의실험을 수행한다. 그림 2.34에서 위의 그림이 x_1의 출력이고 아래 그림이 x_2의 상태궤적이다.

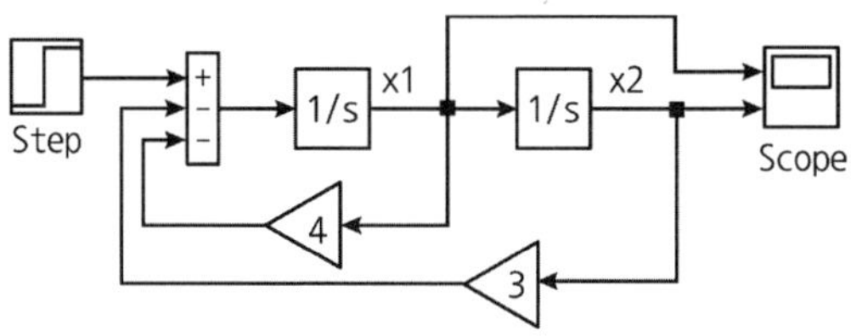

〈그림 2.37〉 실습예제 2.14의 Simulink 모델

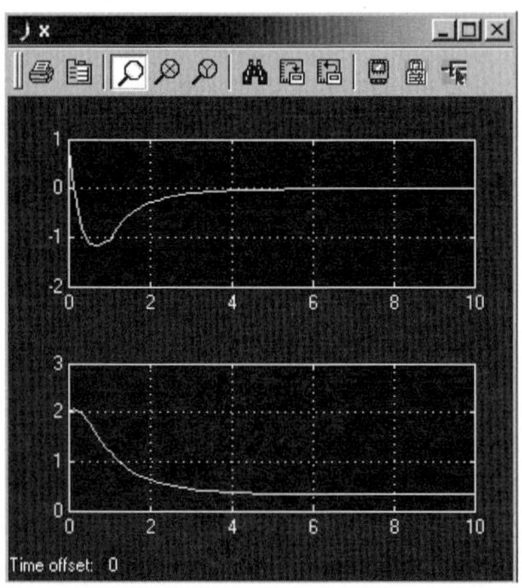

〈그림 2.38〉 실습예제 2.14의 연산 결과

실습예제 2.15

식 (2.2)로 주어지는 동적방정식에 대해 Simulink 모델을 구성하고, 아래 물음을 수행해보자.

$$\dot{x} = \begin{bmatrix} -4 & -3 \\ 1 & 0 \end{bmatrix} x + \begin{bmatrix} 0 \\ 1 \end{bmatrix} u \tag{2.2.a}$$

$$y = [\,0 \;\; 1\,]\,x \tag{2.2.b}$$

(1) 상태변수의 초기조건이 $x(0) = [\,0\,;\,0\,]$ 일 때, Simulink 모델의 계단응답을 도시하라.

(2) 계단입력 $r(t) = 0$ 이고 상태변수의 초기조건이 $x(0) = [\,1\,;\,-1\,]$ 일 때, 초기조건에 의한 Simulink 모델의 상태궤적을 도시하라.

풀이

Continuous/State-Space 블록과 기타 블록을 사용하여 그림 2.35와 같은 Simulink 모델을 구성하고, 각 경우에 대해 아래와 같이 매개변수를 입력한다.

(1) **Continuous/State-Space** 블록의 대화상자에 $A = [-4,\,-3\,;\,1,\,0]$, $B = [\,0,\,1]'$, $C = [0,\,1]$, 그리고 $D = [0]$ 으로 입력한다. 대화상자의 initial condition에는 $[0,\,0]'$을 입력하고 모의실험을 수행한 결과는 그림 2.40(a)와 같다.

(2) $A = [-4,\,-3\,;\,1,\,0]$와 $B = [\,0,\,1]'$는 위의 경우와 동일하나, 초기조건에 의한 상태궤적을 도시하기 위해서 $C = eye(2)$, 그리고 $D = [0,\,0]'$ 을 입력해야 한다. 식 (2.2)가 2차 시스템이므로 $eye(2)$ 를 사용하였다는 것에 유의하라. $C = eye(2)$와 $D = [0,\,0]'$ 로 정의하면 D를 입력으로 C는 각 상태변수를 그대로 출력으로 생성하게 된다.

대화상자의 initial condition에는 $[1,\,-1]'$을 입력하고 모의실험을 수행한 결과는 그림 2.40(b)와 같다.

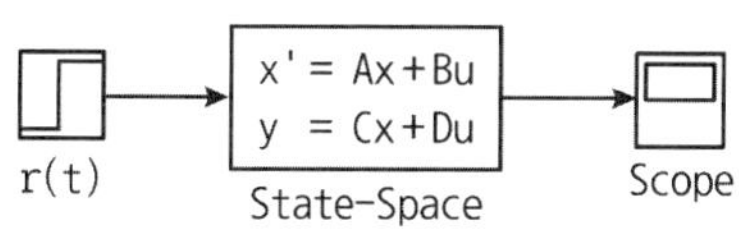

〈그림 2.39〉 실습예제 2.15의 Simulink 모델

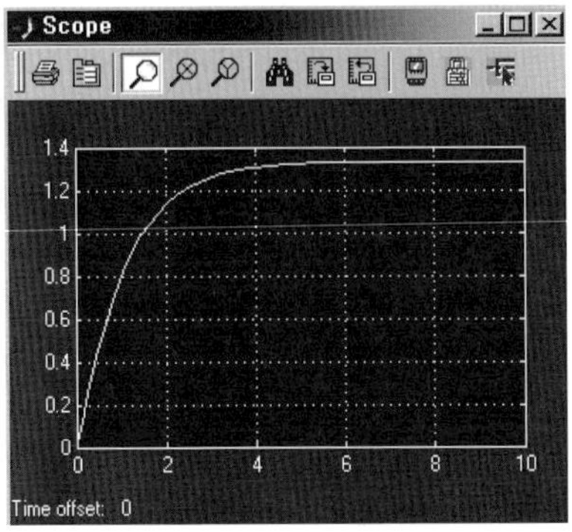

(a)

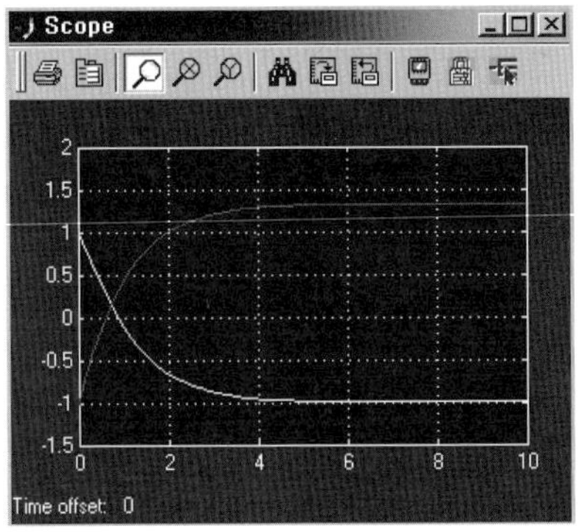

(b)

<그림 2.40> 실습예제 2.15의 연산 결과

실습예제 2.16

식 (2.3)으로 주어진 동적시스템에서 상태변수의 초기조건이 $x(0) = [1 - 1]$ 일 때 상태궤환 이득 $K = [-59.8 \quad -8]$ 을 사용한 모의실험을 Simulink 모델로 실행하라.

$$\dot{x} = \begin{bmatrix} 0 & 1 \\ 19.6 & 0 \end{bmatrix} x + \begin{bmatrix} 0 \\ -2 \end{bmatrix} u, \; y(t) = [\,1 \;\; 0\,]\, x(t) \tag{2.3}$$

풀이

세 가지 방식의 Simulink 모델을 구성해보자.

(1) 첫 번째 방법은 그림 7.1(a)와 같이 **Math Operations/Matrix Gain** 블록을 사용한다.

① $r(t)$ 로 표현된 **Step** 블록에서 Step time을 0, Intial value를 0, Final value를 1, 그리고 Sample time을 0으로 설정한다.

② **State-Space** 블록에 행렬 A는 $[0, 1\,; 9.8/0.5, 0]$, 벡터 B는 $[0\,; -2]$, 벡터 C는 $eye(2)$, 그리고 D는 $[0\,; 0]$, Initial Conditions에는 $[1; -1]$을 입력한다.

③ **Matrix Gain** 블록은 벡터 또는 행렬의 연산을 수행할 수 있다. 이 예제에서는 블록의 입력 u가 벡터이므로, Matrix Gain 블록의 Multiplication 버튼은 Matrix(K*u)(u vector)을 선택해야 한다. Matrix Gain 블록의 Gain 버튼에는 상태궤환 이득인 $[-59.8, -8]$을 입력한다.

④ 모델창의 **Simulation/Stop time**을 1.0으로 수정한 후 Start를 클릭하거나, 메뉴바에서 ▶를 클릭한다.

⑤ Sink/Scope 블록을 클릭, 쌍안경 를 클릭, 화면에 마우스를 대고 오른쪽 버튼을 클릭, Axes properties를 클릭하여 Y-min을 −5로 Y-max를 2로 입력하면 그림 7.1(b)와 같은 화면이 생성된다.

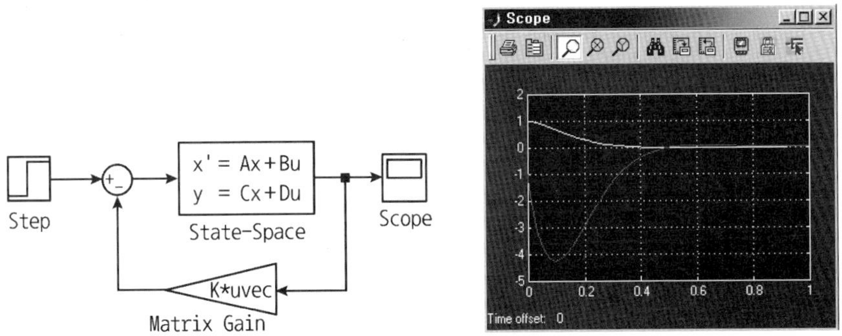

(a) (b)

(2) 두 번째 방법에서는 **User-Defined Functions/Fcn**을 사용한다.

① 첫 번째 방법과 ①항, ②항, ④항, 그리고 ⑤항은 동일하다.

② **Fcn** 블록은 벡터 또는 행렬의 연산을 수행할 수 없으므로, 블록의 대화상자에 −59.8*u(1)− 8*u(2)라고 벡터 K와 Fcn의 입력 벡터 u의 원소별로 연산을 수행해야 한다. 모의실험 결과는 그림 7.1(b)와 동일하다.

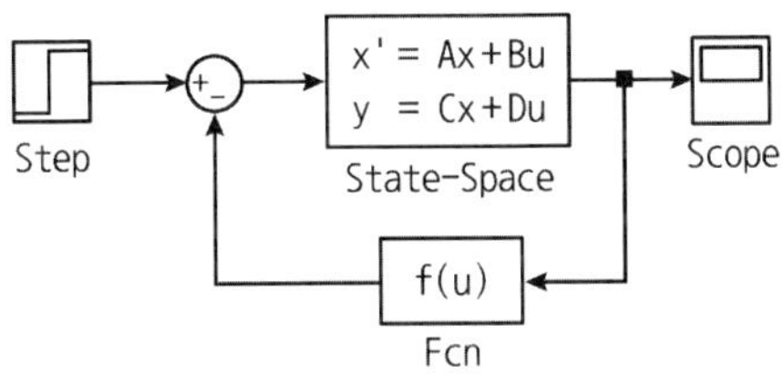

(c)

(3) 세 번째 방법은 User-Defined Functions/MATLAB Fcn을 사용하는 방법이다.

① 첫 번째 방법과 ①항, ②항, ④항, 그리고 ⑤항은 동일하다.

② **MATLAB Fcn** 블록은 벡터 또는 행렬의 연산을 수행할 수 있다.을 사용하는 방법은 두 가지이다. 첫 번째 방법은 MATLAB function 버튼에 $[-59.8, -8]*u$을 입력하고 Output dimensions 버튼은 1로 수정하여 모의실험을 실행하면 그림 7.1(b)와 같은 결과를 얻을 수 있다.

두 번째 방법은 MATLAB function 버튼에 함수명 SFCon을 입력하고, function SFCon을 아래와 같이 프로그래밍하여 Simulink 모델에 존재하는 같은 디렉토리에 저장한 후, Output dimensions 버튼은 1로 수정하여 모의실험을 실행하면 그림 7.1(b)와 같은 결과를 얻을 수 있다. 함수 SFCon을 살펴보면, 상태궤환 이득을 직접 입력하지 않고 명령어 acker에 의해 계산한 것을 알 수 있다. 즉, MATLAB Fcn은 Simulink 모델에서 복잡한 연산을 수행해야 할 필요가 있을 때 사용한다.

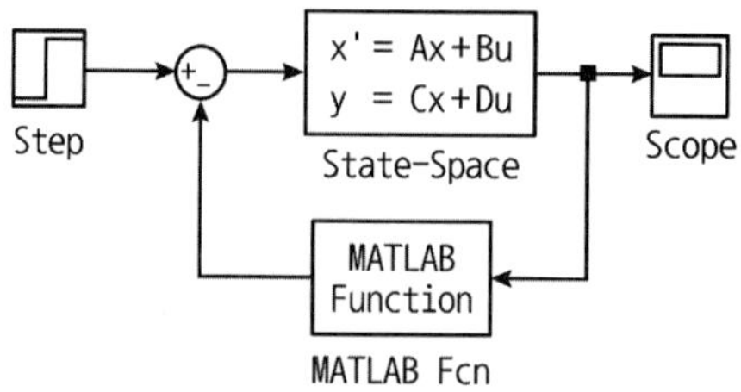


```
function y=SFCon(u)
A=[0 1;19.6 0]; B=[0;-2]; s=[1 16 100]; P=roots(s); K=acker(A,B,P);
y=K*u;
```

(d)

〈그림 2.41〉 실습예제 2.16의 연산 결과

실습예제 2.17

동적방정식 (2.4)로 주어진 동적방정식에 대해 초기조건 $x0=[1;-1;0]$와 상태궤환 이득 $K=[6\ 14\ 44]$를 갖는 Simulink 모델을 구성하고, 모의실험을 시행해보자.

$$\dot{x}(t)=\begin{bmatrix}-6 & -11 & -6\\ 1 & 0 & 0\\ 0 & 1 & 0\end{bmatrix}x(t)+\begin{bmatrix}1\\0\\0\end{bmatrix}u(t) \tag{2.4.a}$$

$$y(t)=[0\ 0\ 6]x(t) \tag{2.4.b}$$

풀이

식 (2.4)를 사용하여 Simulink 모델을 그림 2.42(a)와 같이 구성하였다. 그림 2.42(b)는 그리 2.42(a)의 subsystem인 $dotx = Ax + bu$ 이다.

그림 2.43에서 상태궤환에 의해 초기조건과 출력이 모두 0으로 수렴함을 알 수 있다.

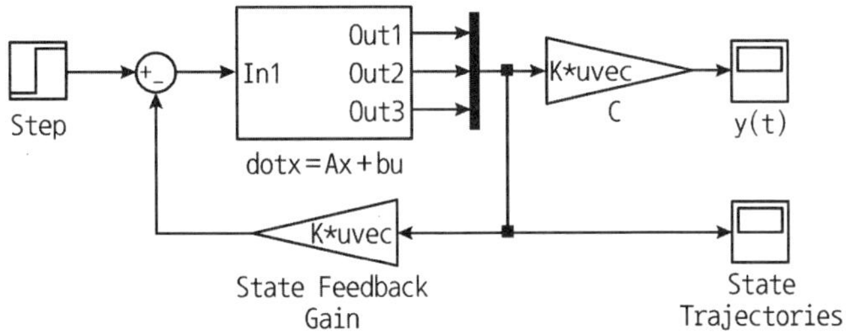

(a)

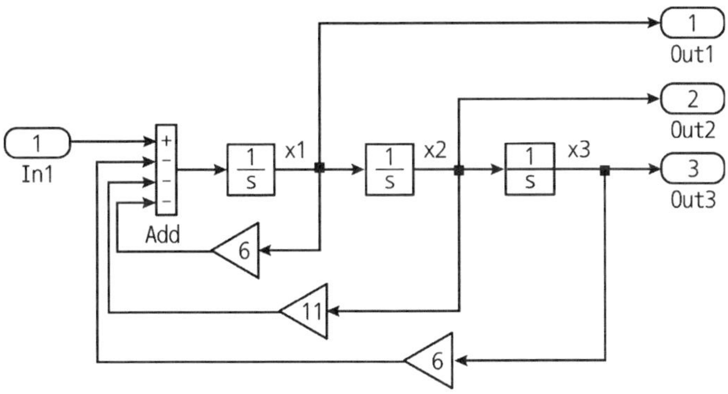

(b)

〈그림 2.42〉 실습예제 2.17의 Simulink 모델

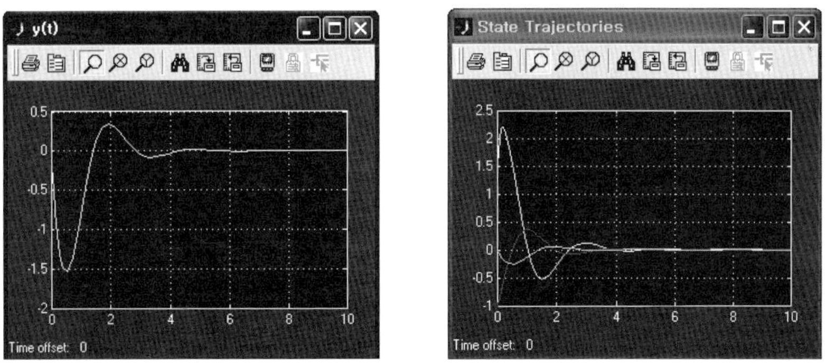

〈그림 2.43〉 실습예제 2.17의 연산 결과

실습예제 2.18

함수 $y = ax + b$ 의 부시스템을 마스크 블록(Masked subsystem)으로 구성해보자. 여기서 a 는 기울기(slope), b 는 y 축 절편(intercept), 그리고 x 와 y 는 각각 변수이다.

풀이

마스크 블록은 사용자가 작성한 부시스템을 Simulink 라이브러리 검색화면에 있는 모든 블록과 동일하게 사용하기 위해 작성한다. 라이브러리의 블록이나 마스크 블록은 블록에 마우스를 대고 오른쪽 버튼을 클릭하면 매개변수 대화상자가 생성된다. 또한 사용자가 작성한 마스크 블록에 마우스를 대고 오른쪽 버튼을 클릭한 후 Look under mask 버튼을 클릭하면 마스크 블록의 내부를 볼 수 있다.

(1) 먼저 Sources/Repeating Sequence 블록, Sources/Constant 블록과 기타 블록을 사용하여 그림 2.44(a)와 같은 Simulink 모델을 구성한다.

(2) 그림 2.44(a)에서 Gain, Sum, 그리고 Constant 블록을 한꺼번에 마우스로 클릭한 후, Edit/Create subsystem를 클릭하면 그림 2.44(b)의 부시스템이 구성할 수 있다. Repeating Sequence 블록의 모든 대화상자는 디폴트로 사용하였다.

(3) 그림 2.44(b)에서 부시스템에 마우스를 대고 마우스의 오른쪽 버튼을 클릭한 후, Edit Mask 버튼을 클릭하면 그림 2.44(c)와 같은 Mask editor 화면이 생성된다. 그림 2.44(c)의 Frame 버튼은 아이콘 Frame의 유무, Transparency 버튼은 아이콘의 역할이 무엇인지를 보이게 할 것인지의 여부, Rotation 버튼은 아이콘의 회전여부, 그리고 Units 블록은 아이콘의 크기를 Autoscale/ Pixels/Normalized로 선택할 것을 묻는다.
Drawing commands 버튼은 아이콘의 모양을 작성하는 곳으로 예시버튼을 누르면 사용할 수 있는 명령어를 제공한다. 그림 2.44(b)는 `≫plot([0, 1], [0, a]+[a<0])`를 입력하여 작성한 아이콘으로 여기서 a 는 $slope$ 를 의미하는 변수로 사용자가 정의한 것이다. plot의 첫 원소인 $[0\ 1]$ 을 $[0\ 2]$, $[0\ 3]$, $[0\ 4]$ 등으로 변화시켜 보라.

(4) 그림 2.44(c)에서 Parameters 버튼을 클릭하면 그림 2.44(d)의 Parameters 대화상자가 생성된다. 그림 2.44(d)에서 를 클릭하면 Prompt 버튼이 깜박거린다. Prompt 화면에 slope라고 입력한 후, 마우스를 Variable 버튼으로 옮기고 a 를 입력한다. 변수 b에 대해서도 동일한 작업을 수행한 후, Initialization 버튼을 클릭하면 그림 2.44(e)의 Initialization 대화상자가 생성된다.

(5) Initialization 대화상자의 Dialogue Variables 버튼에 그림 2.44(e)와 같이 변수를 입력한다. 이때 Parameters 버튼에서 입력한 동일한 변수를 사용해야 한다.

(6) 그림 2.44(f)는 Documentation의 대화상자로 사용자가 정의한 Masked 부시스템에 대한 설명을 적절하게 입력한 후, Apply 버튼 또는 OK 버튼을 클릭한다.

(7) Simulink 모델창에서 부시스템을 클릭하여 slope와 intercept 버튼에 각각 2를 입력하고 모의실험을 실행한 결과는 그림 2.44(g)와 (h)와 같다. 그림 2.44(g)는 입력 $r(t)$은 주기가 2이고 진폭이 0~1.8정도 주기를 갖는 파형이다. 한편, 그림 2.44(h)는 출력 $y(t)$으로 주기에는 변함이 없으나 진폭이 2~5.6 정도로 진폭의 크기가 입력의 2배, 진폭의 최저값이 2가 되었다.

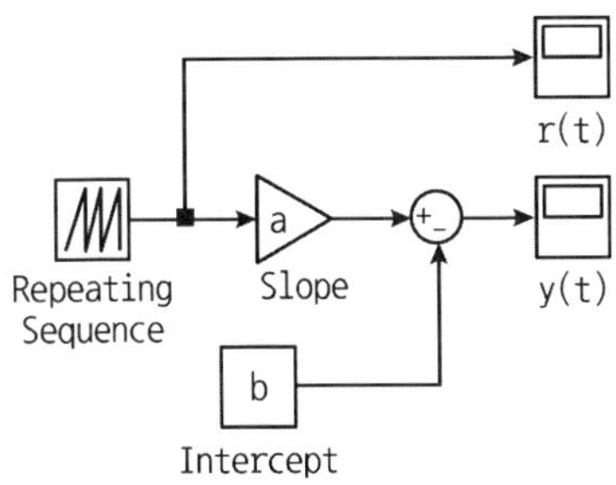

(a)

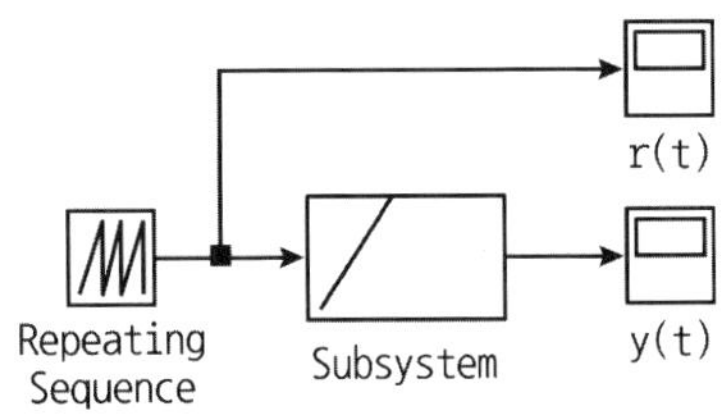

(b)

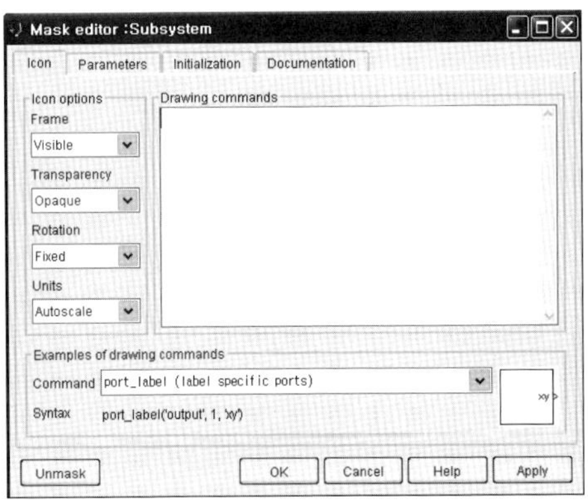

(c)

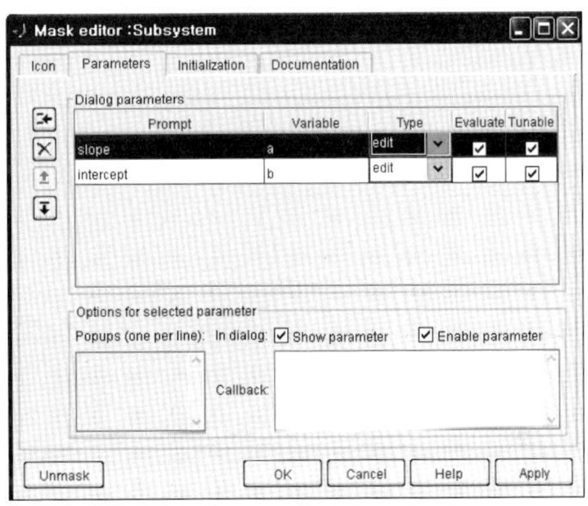

(d)

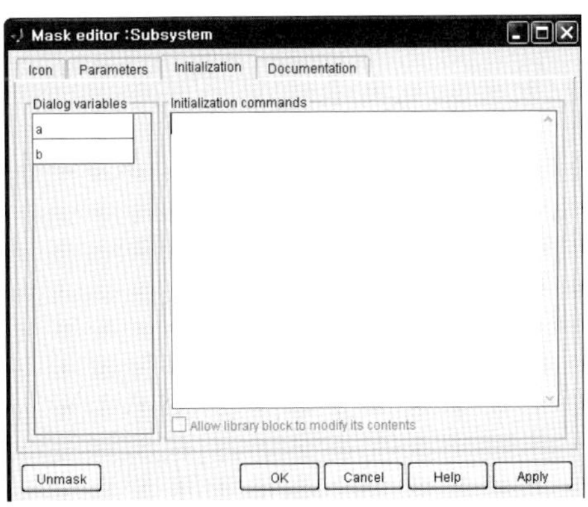

(e)

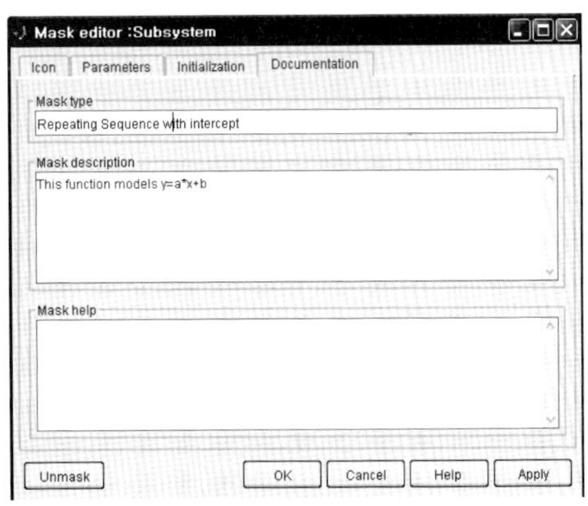

(f)

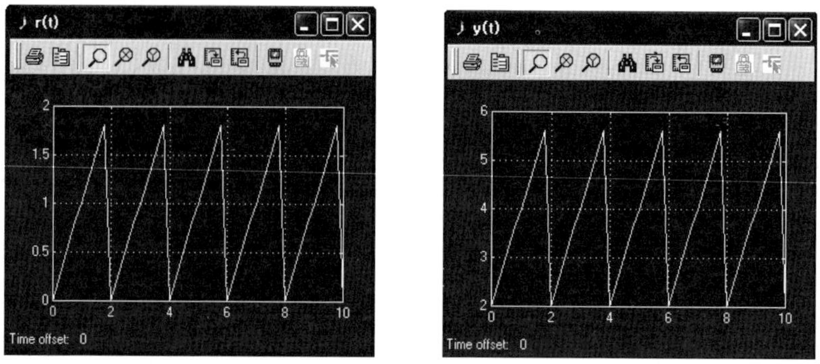

(g) (h)

<그림 2.44> 실습예제 2.18의 연산 결과

2-1 미분방정식 $\ddot{\theta}+g\sin(\theta)/l=T_c/(ml^2)$에서 모든 초기조건이 0일 때,Simulink 모델을 생성하여 단위계단입력에 대한 모의실험을 수행하시오. 여기서 g는 중력가속도로 $9.8[m/\sec^2]$ 이고, $m=1[kg]$, $l=1[m]$ 이고, T_c는 입력[토오크]이다.

2-2 그림 2p.1로 주어진 계자제어방식의 DC모터에 대해 Simulink 모델을 생성하고 물음에 답하라. 1마력 이하 DC모터의 정격은 표 2p.1과 같다.

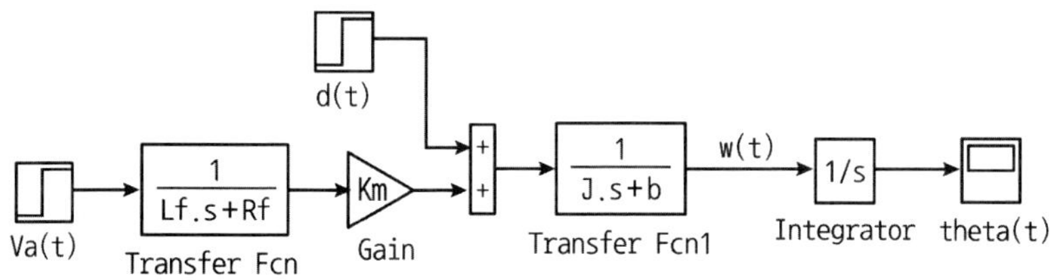

〈그림 2p.1〉 계자제어방식 DC모터의 블록선도

〈표 2p.1〉 1마력 이하 DC모터의 정격

$K_m = K_b$	50×10^{-3}[N · m/A]	J	10^{-3}[N · m · s^2/rad]
$\tau_f = L_f/R_f$	1[ms]	$\tau_L = J/b$	100[ms]
최대출력	1/4[hp], 187[w]	R_f	1[Ω]

(1) 개루프 시스템의 단위계단응답을 구하라.

(2) 단위외란에 대한 응답을 구하라.

(3) 루프 시스템의 단위계단응답을 구하라.

(4) 기준입력이 모두 0일 때, 단위외란에 대한 응답을 구하라.

2-3 그림 2p.2로 주어진 전기자제어방식의 DC모터에 대해 Simulink 모델을 생성하고 물음에 답하라.

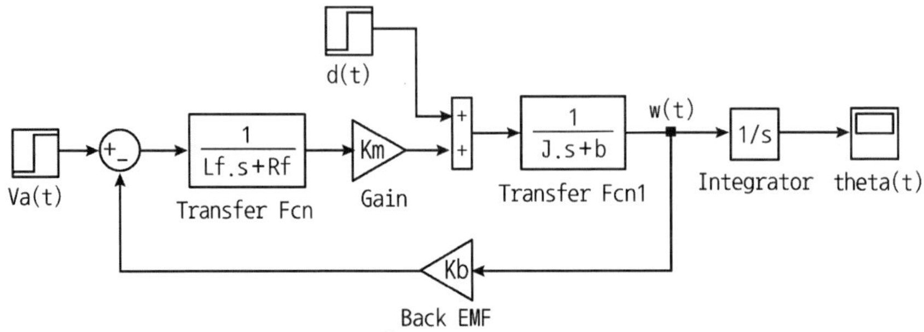

〈그림 2p.2〉 전기자제어방식 DC모터의 블록선도

(1) 개루프 시스템의 단위계단응답을 구하라.

(2) 단위외란에 대한 응답을 구하라.

(3) 폐루프 시스템의 단위계단응답을 구하라.

(4) 기준입력이 모두 0일 때, 단위외란에 대한 응답을 구하라.

2-4 진상보상기 $G_c(s) = 10(s+1)/(s+10)$를 실습문제 2.3의 폐루프 시스템에 직렬 연결한 경우에 대한 Simulink 모델을 구성하고, 물음에 답하라.

(1) 단위계단응답을 구하라.

(2) 기준입력이 모두 0일 때, 단위외란에 의한 응답을 구하라.

2-5 진상보상기 $G_c(s) = 10(s+1)/(s+10)$를 실습문제 2.4의 폐루프 시스템에 직렬 연결한 경우에 대한 Simulink 모델을 구성하고, 물음에 답하라.

(1) 단위계단응답을 구하라.

(2) 기준입력이 모두 0일 때, 단위외란에 의한 응답을 구하라.

2-6 지상보상기 $G_c(s) = (s+0.1)/10(s+0.01)$를 실습문제 2.3의 폐루프 시스템에 직렬 연결한 경우에 대한 Simulink 모델을 구성하고, 물음에 답하라.

(1) 단위계단응답을 구하라.

(2) 기준입력이 모두 0일 때, 단위외란에 의한 응답을 구하라.

2-7 지상보상기 $G_c(s) = (s+0.1)/10(s+0.01)$를 실습문제 2.4의 폐루프 시스템에 직렬 연결한 경우에 대한 Simulink 모델을 구성하고, 물음에 답하라.

(1) 단위계단응답을 구하라.

(2) 기준입력이 모두 0일 때, 단위외란에 의한 응답을 구하라.

2-8 PI 제어기 $G_c(s) = 10 + 20/s$를 실습문제 2.3의 폐루프 시스템에 직렬 연결한 경우에 대한 Simulink 모델을 구성하고, 물음에 답하라.

(1) 단위계단응답을 구하라.

(2) 기준입력이 모두 0일 때, 단위외란에 의한 응답을 구하라.

2-9 PI 제어기 $G_c(s) = 10 + 20/s$를 실습문제 2.4의 폐루프 시스템에 직렬 연결한 경우에 대한 Simulink 모델을 구성하고, 물음에 답하라.

(1) 단위계단응답을 구하라.

(2) 기준입력이 모두 0일 때, 단위외란에 의한 응답을 구하라.

CHAPTER

3

선형 제어시스템 개론

3.1 서론(Introduction)

제어공학은 "프로세스(process) 또는 기계 등의 출력을 목표치와 일치하게 하기 위하여 출력을 검출하고 목표치와 비교하여 그에 대응한 정정동작을 자동적으로 수행하는 일 (일본전기학회, 1960년대)"이라고 정의되거나 "시간의 진행에 따라 원하는 시스템의 응답을 제공하는 구성요소들 사이의 신호연결 (Enyclopedia of Science and Technology, 6판, McGraw-Hill, 1987년)"로 정의된다.

제어시스템의 효시는 James Watt가 1769년 증기엔진의 속도를 제어하기 위해 개발한 플라이볼 속도조정기 (flyball governor)인 것으로 알려져 있다 [1]. Watt의 플라이볼 속도조정기는 증기엔진의 속도를 제어하기 위해 기계적 궤환(feedback)을 처음으로 사용하였다. 이후 전기적 궤환 증폭기를 사용한 전화시스템이 개발되어 제어시스템에 대한 관심이 고조되었으며, 2차 세계대전 중에는 궤환 제어기술이 기계시스템으로 급속도로 확장되었다.

제어시스템은 현대의 문명과 기술의 진보에 매우 중요한 역할을 담당하고 있으며, 제품의 자동조립라인 및 품질제어, 우주과학 및 항공 산업, 컴퓨터 제어, 수송계통, 전력계통, 로봇 공학 등 산업의 모든 분야에 적용되고 있으며, 재고관리, 경제 및 사회 등의 문제도 자동제어이론으로 접근할 수 있다.

제어시스템은 여러 가지로 분류할 수 있다. 예를 들면 제어대상에 따라 선형(linear) 또는 비선형(non-linear)으로 분류한다. 엄밀히 말하면 모든 물리계는 비선형시스템이므로 실제로 선형시스템은 존재하지 않으나, 비선형 시스템의 동작 범위(operating range)를 선형 특성(중첩의 원리)의 범위로 제한하는 선형 근사화(linear approximation)를 거쳐 선형 시스템으로 사용한다. 제어시스템의 매개변수가 상수이면 시불변(time-invariant) 시스템이고 시간에 따라 변화하는 함수이면 시변(time varying) 시스템으로 분류된다. 제어시스템에 사용되는 신호의 형태에 따라 연속치(continuous)와 이산치(discrete) 시스템으로 분류하기도 한다. 또한 제어시스템의 입출력 변수의 수에 따라 단일 입출력(SISO : Single Input Single Output)시스템과 다변수(multi-variable) 시스템으로 분류되며, 제어되는 출력변수에 의해 위치제어시스템과 속도제어시스템으로 분류하기도 한다. 본 저서에서는 제어대상을 선형 시불변 단일 입출력 연속치 시스템으로 한정하여 이에 대한 해석과 설계를 수행할 것이다.

시스템의 해석과 제어기의 설계를 수행하기 위해서는 시스템의 수학적 모델(mathematical model)이 필요하다. 일반적으로 제어대상은 전기뿐만 아니라 기계, 화학공정 등 광범위한 시스템을 포함하고 있으므로 제어대상에서 수학적 모델을 구하는 일은 어려운 일이다.

본 저서에서는 모델링과 선형 근사화(linear approximation) 부분은 생략하고, 제어대상이 이미 고차 상미분방정식 (partial differential equation)으로 표현되었다고 가정한다.

3.2 선형 제어시스템의 표현법(Representation)

고차 상미분방정식의 해(solution)을 구하기 위한 제어시스템은 전달함수(transfer function) 표현법 또는 상태변수(state variable) 표현법으로 나타낼 수 있다. 전달함수 표현법은 입출력(input-output) 표현법이라고도 하며 주로 고전제어이론의 해석 및 설계에 사용된다. 상태변수 표현법은 상태방정식(state equation)과 출력방정식(output equation)으로 이루어진 동적 방정식(dynamic equation)으로 현대제어이론에서 주로 사용되고 있다. 그러나 컴퓨터와 MATLAB 등 제어언어의 발달로 현대제어에서도 전달함수 표현법이 자주 이용되고 있다. 본 절에서는 3.2.1에서 입출력 표현법인 전달함수, 그리고 3.2.2에서는 상태변수 표현법인 동적 방정식에 대해 학습한다.

3.2.1 입출력 표현법(Input-Output Representation) : 전달함수

수학적 모델링에 의해 구해지는 대부분의 선형시스템은 고차의 선형 상미분방정식(linear partial differential equation)으로 표현된다. 라플라스 변환(Laplace transformation)은 고차 미분방정식의 해를 구하는 수학적 도구의 하나로 미분방정식의 완전해를 한 번의 연산으로 구할 수 있는 장점이 있다. n-차 미분방정식에 대해 모든 초기조건을 0으로 가정하고 라플라스 변환(Laplace transformation)을 적용하면, 제어대상의 입-출력 관계를 나타내는 n-차의 전달함수가 유도된다. 전달함수는 선형 시불변 시스템에서만 정의되고, 시스템의 입출력간의 관계만을 기술하므로 시스템의 내부구조나 내부상태에 관한 정보는 알 수가 없다는 단점이 있다.

라플라스변환의 정의는 식 (3.1)과 같다.

$$F(s) \equiv \mathcal{L}\{f(t)\} \equiv \int_0^{\infty} f(t)e^{-st}dt \tag{3.1}$$

여기서, 복소변수 $s = \sigma + j\omega$는 라플라스 연산자(Laplace operator)라고 한다. 식 (3.1)의 정의를 일방적(one-sided) 라플라스 변환이라 하며, 식 (3.1)이 존재할 수렴조건은 $\int_0^{\infty} | f(t) | e^{-\sigma_1 t}dt < \infty$ 이다.

만약 $f(t)$의 크기가 모든 양의 t에 대하여 $|f(t)| < Me^{\alpha t}$인 경우, $\sigma_1 > \alpha$이면 적분은 수렴하므로 수렴구간은 $\infty > \sigma_1 > \alpha$ (여기서 σ_1을 절대수렴의 가로좌표)이다. 따라서 물리적으로 가능한 신호 또는 선형 제어시스템은 항상 라플라스 변환이 존재한다. 일방적 라플라스 변환을 사용하는 이유는 출력은 입력보다 먼저 발생하지 않으므로 입력이 인가되는 시간을 $t = 0$으로 하면 출력은 그 이후에 계산되기 때문이다. 이러한 제어시스템을 인과적(causal)이라 하며, 물리적으로 실현가능한 시스템임을 의미한다.

전달함수는 모든 초기조건이 0일 때 입력의 라플라스 변환에 대한 출력의 라플라스 변환의 비로 정의하거나, 단위 임펄스응답(impulse response)의 라플라스 변환으로 정의한다. 즉, 중근이 없다고 가정하였을 때의 전달함수는 식 (3.2)로 주어진다.

$$G(s) = \frac{Y(s)}{U(s)}\Big|_{\text{초기조건}=0} = K\frac{(s-z_1)(s-z_2)\cdots(s-z_m)}{(s-p_1)(s-p_2)\cdots(s-p_n)} \tag{3.2}$$

식 (3.2)에서 p_i는 제어대상의 극점(pole), z_j는 영점(zero)이라 한다. 식 (1)에 대해 만약 $\lim_{s\to\infty} G(s) = 0$이 성립하면 전달함수 $G(s)$는 참진(strictly proper)함수라고 말한다. 전달

함수가 참진 함수이면 $n > m$이며, n개의 유한 극점과 m개의 유한 영점, 그리고 $(n-m)$개의 무한 영점을 갖는 n차 시스템이다. 또한, $\lim_{s\to\infty} G(s) =$ 상수 $< \infty$ 이면 전달함수는 진(proper)함수라고 하며, 입-출력 변수의 개수는 모두 n, 즉 $n=m$이다. 이때 전달함수는 n개의 유한 극점과 유한 영점을 가지며, 위에서 구해진 상수를 전향경로이득(feedforward gain)으로 갖는다. 일반적으로 제어시스템의 전달함수는 참진 함수이거나 진 함수이다. 한편 분자의 차수가 분모의 차수보다 큰 경우, 즉 $n < m$인 전달함수는 improper하다고 하며, 물리적으로 실현 불가능한 시스템이다.

전달함수 $G(s)$의 분모와 분자 사이에 공통근이 없을 때 (즉, 극점-영점 상쇄가 없을 때), 전달함수는 서로소(coprime)라고 한다. 적절하게 모델링된 대부분의 물리계는 참진 함수이고 서로소인 전달함수로 표현된다.

식 (3.2)로 주어지는 전달함수에서 분모다항식을 0으로 놓아 얻어지는 방정식을 특성방정식 (characteristic equation)이라 하며, 특성방정식의 해는 극점과 같다. 제어시스템은 극점의 위치에 따라 제어시스템의 안정도가 좌우한다.

예를 들어 식 (3.3)로 주어지는 2차 미분방정식을 고려하자.

$$\ddot{y} + 3\dot{y} + 2y = u(t) \tag{3.3}$$

식 (3.3)에 대한 전달함수는 $G(s) = \dfrac{Y(s)}{R(s)} = \dfrac{1}{(s^2+3s+2)}$이다. 이 전달함수는 참진 함수이며 특성방정식은 $s^2+3s+2=0$인 2차 다항식이고, 특성방정식의 해는 $s=-1, -2$이다. 또한 극점이 음의 실수값(즉, s평면의 좌측에 존재)이므로 안정한 시스템이다.

역 라플라스 변환(inverse Laplace transformation)의 정의는 식 (3.4)과 같다.

$$f(t) = \mathcal{L}^{-1}\{F(s)\} = \frac{1}{2\pi j}\int_{\sigma - j\infty}^{\sigma + j\infty} F(s)e^{st}ds \tag{3.4}$$

식 (3.4)을 직접 적분에 이용하기에는 계산상의 어려움이 있으므로 라플라스 변환에 의해 구해진 전달함수를 부분분수로 전개한 후 라플라스 변환표를 이용하여 역 라플라스 변환을 구하는 방법을 사용한다.

실습예제 3.1

전달함수 $G(s)=1/(s^2+4s+3)$에 대해 물음에 답하라.

(1) 전달함수의 표현,

(2) 특성방정식의 근,

(3) 극점으로부터 특성전달함수 유도,

(4) 전달함수를 명령어창에 표시,

(5) 전달함수의 부분분수 전개,

(6) 전달함수에서 극점과 영점의 공통인자를 소거하여 최저 차수의 모델을 유도하라.

풀이

실습예제 3.1에서는 전달함수의 입력방법, 다항식의 근을 구하는 명령어 **roots**, 근을 사용한 다항식을 구하는 명령어 **poly**(polynomial), 전달함수를 명령어창에 표현하는 명령어 **printsys**와 **sys**, 전달함수의 부분분수 전개에 사용되는 명령어 **residue**, 그리고 전달함수의 공통인자를 소거하는 명령어 **minreal**에 대해 학습한다. 풀이에서는 명령어창에 결과가 표시되도록 (;)을 사용하지 않았으며, 연산 결과는 그림 3.1과 같다.

(1) 라플라스 연산자 s의 다항식으로 표현되는 전달함수는 MATLAB에서는 벡터로 표현된다. 벡터의 첫 번째 원소는 다항식의 최고차 계수이며, 내림차 순(descending order)으로 입력한다. 따라서 분자(numerator)는 num=1; 또는 num=[1];로, 분모(denominator)는 den=[1 4 3]; 또는 [1,4,3];으로 표현한다. 변수는 임의로 설정할 수 있다. 마지막으로 전달함수는 명령어 **tf**(transfer function)를 사용한다.

(2) 특성방정식은 전달함수의 분모이다. 따라서 다항식의 근을 계산하기 위해 명령어 **roots(den)**을 사용한다.

(3) 명령어 **poly(r)** 또는 **poly([-1,-3])**을 사용하면 근으로부터 특성방정식을 유도할 수 있다. 다른 방법으로 명령어 **conv**를 사용하여 den=conv([1,1],[1,3])을 사용하여도 된다. 이때

$[1, 1] = s+1 = 0$, $[1, 3] = s+3 = 0$을 의미하며, -1, -3은 각각 특성방정식의 근(극점)이다. convolution은 다항식의 곱에 사용되는 명령이다.

```
num=1; den=[1 4 3]; r=roots(den), den=poly(r), printsys(num,den)
sys=tf(num,den), [r,p,k]=residue(num,den), [n,d]=minreal(num,den)
```

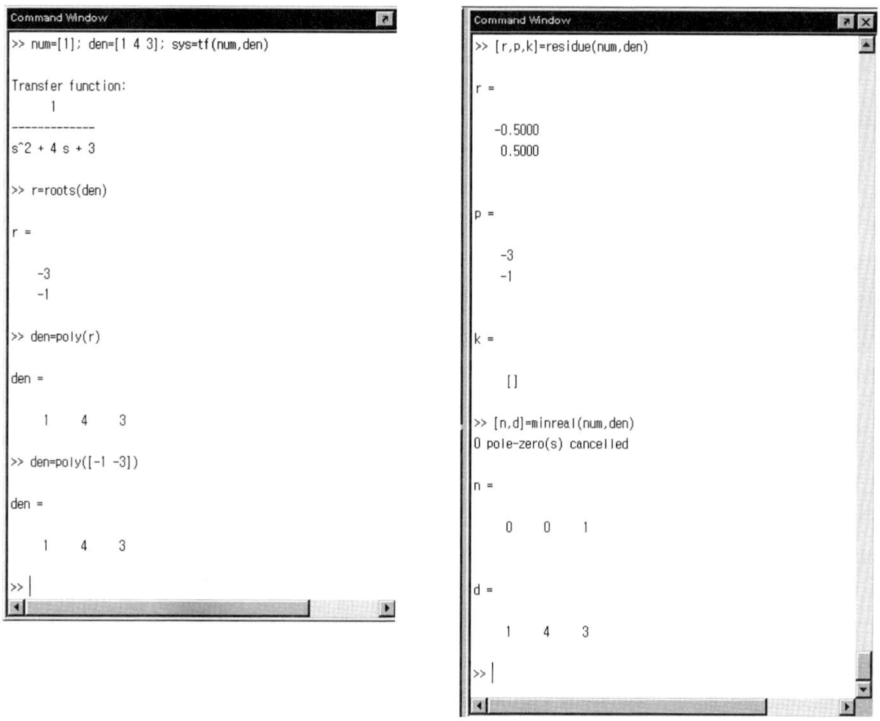

〈그림 3.1〉 실습예제 3.1의 연산 결과

(4) 전달함수를 명령어창에 표현하기 위해 **printsys(num,den)**을 사용하거나 **sys=tf(num,den)**을 사용한다.

(5) 전달함수의 부분분수 전개를 위해 **[r,p,k]=residue(sys)**를 사용한다. 여기서 r은 부분분수의 분자(residues), p는 극점, 그리고 k는 전향경로 이득으로 주어진 전달함수에서는 0이다.

(6) 전달함수의 극점과 영점을 소거하기 위해 명령어 **[n,d]=minreal(num,den)** 또는 **[n,d]=minreal(sys, tol)**을 사용한다. 주어진 예제에서는 소거되는 영점과 극점이 없으므로 0 pole-zero cancellation이라는 결과가 나온다. 여기서 tol(erance)은 허용오차로 명령어의 입력변수로 사용하지 않으면 디폴트인 sqrt(eps)가 사용된다. eps는 2.2204e-016의 값이다. 연산 결과인 전달함수의 분자는 n에, 분모는 d에 저장된다.

실습예제 3.2

$G_1(s)=1/(s^2+4s+3)$와 $G_2(s)=(s+3)/(s^2+3s+2)$에 대해 물음에 답하라.

(1) 영점(z), 극점(p), 그리고 이득(k)을 구하고,

(2) 앞에서 구한 극점, 영점과 이득을 사용하여 전달함수의 분자(num)와 분모(den)를 구하라.

풀이

실습 예제 3.2에서는 명령어 **tf2zp**(transfer function to zero-pole)와 **zp2tf** (zero-pole to transfer function)에 대해 학습한다.

(1) **[z,p,k]=tf2zp(num,den)**를 사용하면 전달함수를 영점(z), 극점(p), 그리고 이득(k)으로 표현한 $G(s)=k\dfrac{(s-z_1)(s-z_2)\cdots(s-z_m)}{(s-p_1)(s-p_2)\cdots(s-p_n)}$가 구해진다. 전달함수 $G_1(s)$는 영점이 없으므로 연산 결과 z는 empty matrix : 0-by-1으로 표현된다.

(2) **[num,den]=zp2tf(z,p,k)**을 사용하면 전달함수의 분자와 분자의 계수가 내림차순으로 표현된다.

```
n1=[1]; d2=[1 4 3]; n2=[1 3]; d2=[1 3 2];
[z1,p1,k1]=tf2zp(n1,d1), [num1,den1]=zp2tf(z1,p1,k1)
[z2,p2,k2]=tf2zp(n2,d2), [num2,den2]=zp2tf(z2,p2,k2)
```

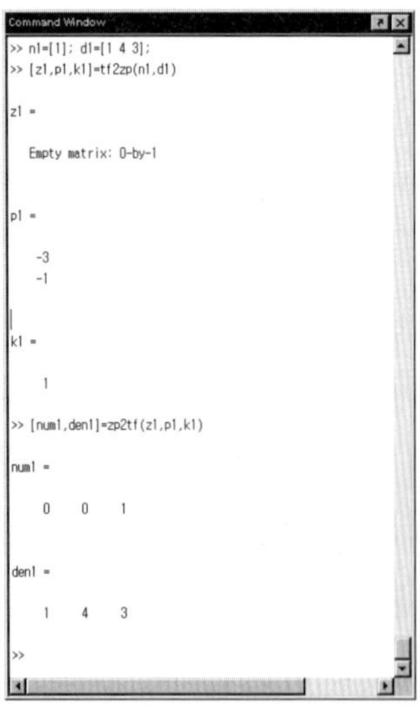

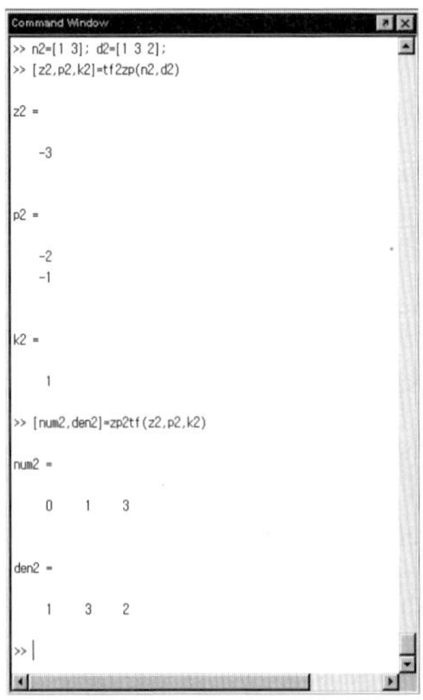

〈그림 3.2〉 실습예제 3.2의 연산 결과

실습예제 3.3

두 개의 전달함수 $G_1(s) = 2/s(s+2)^2$, $G_2(s) = (2s+1)/(s+1)^3$ 를 부분분수로 전개하여 표현하라.

풀이

MATLAB 명령어 **residue**는 서로 상이한 실근 또는 중복 실근에는 적용가능하나, 복소근에는 사용할 수 없다.

(1) 연산 결과는 $G_1(s) = 2/s(s+2)^2 = -0.5/(s+2) - 1/(s+2)^2 + 0.5/s$ 이다.

(2) $G_2(s) = (2s+1)/(s+1)^3 = 0/(s+1) + 2/(s+1)^2 - 1/(s+1)^3$ 이다.

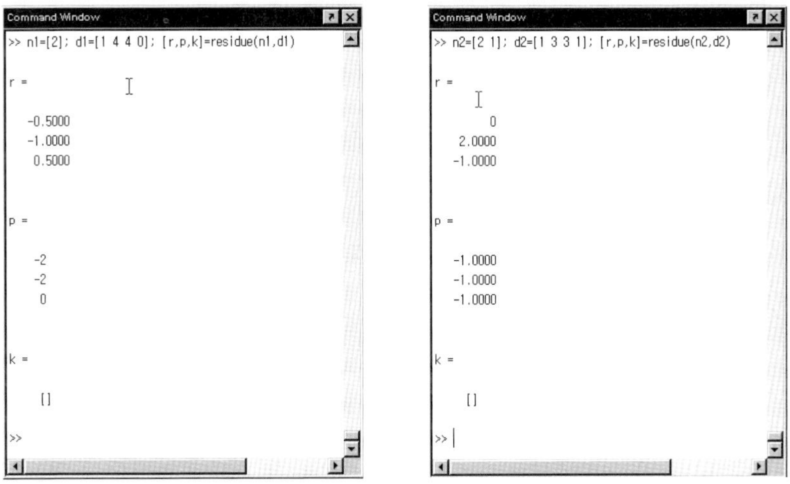

(a) (b)

〈그림 3.3〉 실습예제 3.3의 연산 결과

3.2.2 상태변수 표현법(State Variable Representation)

제어시스템의 또 다른 표현법은 상태변수 표현법이다. 제어대상의 수학적 모델인 하나의 n 차 미분방정식에 n 개의 상태변수를 지정하면 n개의 1차 미분방정식을 유도할 수 있다. n개의 1차 미분방정식을 행렬과 벡터로 표현하면 식 (3.5)와 같다. 식 (3.5)는 단일 입력 단일 출력(SISO : Single Input Single Output) 선형 시불변 시스템의 동적방정식이다.

$$\dot{x}(t) = Ax(t) + Bu(t) \tag{3.5.a}$$

$$y(t) = cx(t) + du(t) \tag{3.5.b}$$

여기서, A는 $n \times n$ 차의 정방행렬로 시스템 행렬, x는 $n \times 1$차의 상태변수 벡터, b는 $n \times 1$차의 입력 벡터, c는 $1 \times n$의 출력 벡터, d는 스칼라로 전향경로 이득(feedforward gain)이라 한다.

식 (3.5.a)는 상태(미분)방정식, (3.5.b)는 출력방정식, 식 (3.5) 모두를 동적방정식이라 부른다. 상태변수는 동적방정식에서 상태변수의 현재 상태와 입력이 주어지면 시스템의 미래 상태와 출력을 유일하게 결정하는 최소개의 변수의 집합으로 정의된다. 따라서 동적방정식을 사용한 모의실험에서는 상태변수의 초기값과 입력을 미리 정해주어야 한다. 상태변수 표현법인 동적방정식은 n개의 연립 1차 방정식이므로 개념적으로 이해하기 쉽고, 컴퓨터 해를 구하기 용이하다. 또한 다변수(multi-variable) 시스템으로 확장이 용이하며, 시변 및 비선형 시스템에 적용이 가능하다는 이점이 있어 현대제어에서 주로 이용되고 있다.

미분방정식에서 동적방정식을 유도하는데 주의해야 할 점은, 상태변수의 선정에 따라 다른 형태의 동적방정식이 유도된다는 점이다. 예를 들어 제어대상이 식 (3.6)으로 주어진다고 가정하자.

$$\ddot{y} + 3\dot{y} + 2y = u(t) \tag{3.6}$$

식 (3.6)에 대해 상태변수를 $x_1 = y,\ x_2 = \dot{y}$으로 정의하면, 식 (3.7)과 같은 동적방정식이 유도된다.

$$\dot{x} = \begin{bmatrix} 0 & 1 \\ -2 & -3 \end{bmatrix} x + \begin{bmatrix} 0 \\ 1 \end{bmatrix} u$$

$$y = [1 \ \ 0]\, x + [0]\, u \tag{3.7}$$

그러나, 식 (3.6)에 대해 상태변수를 $x_2 = y,\ x_1 = \dot{y}$으로 정의하면 식 (3.8)과 같은 동태방정식이 유도됨을 알 수 있다.

$$\dot{x} = \begin{bmatrix} -3 & -2 \\ 1 & 0 \end{bmatrix} x + \begin{bmatrix} 1 \\ 0 \end{bmatrix} u$$

$$y = [\,0 \;\; 1\,]\,x + [\,0\,]\,u \tag{3.8}$$

또한 상태변수를 $x_1 = y$, $x_2 = \dot{y} + 3y$로 정의하면 식 (3.9)와 같다.

$$\dot{x} = \begin{bmatrix} -3 & 1 \\ -2 & 0 \end{bmatrix} x + \begin{bmatrix} 0 \\ 1 \end{bmatrix} u$$

$$y = [\,1 \;\; 0\,]\,x + [\,0\,]\,u \tag{3.9}$$

식 (3.7) ~ 식 (3.9)는 식 (3.6)으로 주어진 동일한 미분방정식에서 유도되었으므로 전달함수 또는 특성방정식은 동일해야 한다. 동일한 미분방정식에서 유도된 동적방정식은 서로 상사변환(similarity transformation)의 관계가 성립한다.

SISO 선형 시불변 시스템의 동적방정식을 다변수(MIMO : Multi Input Multi Output) 선형 시불변 시스템으로 확장하면 식 (3.10)과 같다.

$$\dot{x}(t) = Ax(t) + Bu(t) \tag{3.10.a}$$

$$y(t) = Cx(t) + Du(t) \tag{3.10.b}$$

식 (3.10)으로 주어지는 동적방정식에 라플라스 변환을 적용하면 식 (3.11)과 같은 전달함수를 유도할 수 있다.

$$G(s) = \frac{Y(s)}{R(s)} = [C(sI - A)^{-1}B + D] = \frac{C[adj(sI - A)]B + |sI - A|D}{|sI - A|} \tag{3.11}$$

식 (3.11)의 분모 $|sI - A|$를 특성방정식(characteristic equation), 특성방정식의 근을 고유값(eigenvalue)이라 하며, 고유값에 따라 식 (3.12)와 같은 고유벡터(eigenvector) v가 정해진다.

$$(\lambda I - A)v = 0 \tag{3.12}$$

실습예제 3.4

식 (3.7)의 동적 방정식에 대해 물음에 답하라.

(1) 상태변수 표현법

(2) 전달함수

(3) 극점

(4) 고유값과 고유벡터

(5) 식 (3.8)에 대해 전달함수를 구하여 식 (3.7)과 비교하라.

풀이

극점은 특성방정식의 근에서 구해지는데 동적방정식에서 직접 특성방정식을 구하는 MATLAB 명령어는 없다. 따라서 명령어 **ss2tf**를 사용하여 전달함수를 구한 후 특성방정식의 근은 전달함수의 분모에서 구한다.

(1) 행렬의 입력은 행의 구분에 기호 (;)을 사용한다는 것을 제외하고는 벡터의 경우와 같다. 따라서 A1=[0 1;−2 −3]; 또는 A1=[0,1;−2,−3];을 사용한다.

(2) 동적방정식에서 전달함수를 구하기 위해 명령어 **[num,den]=ss2tf(A,B,C,D);**를 사용한다. 반대로 전달함수에서 동적방정식을 구하기 위해서는 **[A,B,C,D]=tf2ss(num,den)**을 사용한다.

(3) 구해진 전달함수에 명령어 **roots**를 사용한다.

(4) 고유값과 고유벡터를 구하기 위해 **[V,D]=eig(A)**를 사용한다. 여기서 D의 대각요소에 나타나는 것이 고유값이며, 각 고유값에 따른 고유벡터는 V의 열벡터로 구해진다.

(5) 식 (3.7)의 전달함수와 식 (3.8)의 전달함수는 일치한다. 따라서 두 개의 동적방정식은 서로 상사관계에 있다.

```
A1=[0,1;-2,-3]; b1=[0;1]; c1=[1,0]; d1=0;
[num1,den1]=ss2tf(A1,b1,c1,d1)
pole1=roots(den1), [V1,D1]=eig(A1)
```

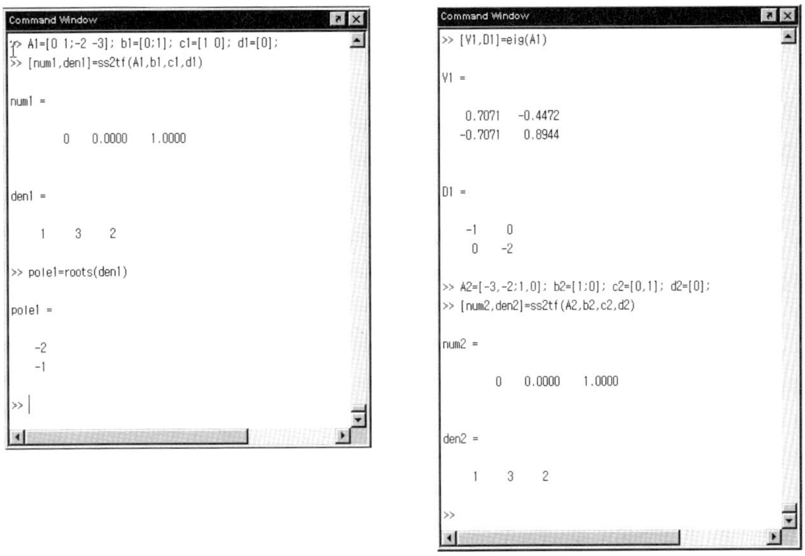

〈그림 3.4〉 실습예제 3.4의 연산 결과

식 (3.5.a)의 상태방정식에서 제어입력 $u(t)$가 0일 때, 즉 선형 제차방정식(homogeneous equation) $\dot{x}= Ax$의 해 $\Phi(t)$를 상태천이행렬(State Transition Matrix)이라 한다. 상태천이행렬 $\Phi(t)$는 식 (3.5.a)의 라플라스 변환 $X(s)$를 역라플라스 변환하여 구해지며, 식 (3.13)으로 주어진다.

$$\Phi(t) = \mathcal{L}^{-1}[(sI-A)^{-1}] \tag{3.13}$$

상태천이행렬은 시스템의 자유응답으로 오직 초기조건에 의해 여기(exciting)되는 응답이다. 상태천이행렬은 오직 행렬 A에만 의존하므로 MATLAB에서는 식 (3.14)를 이용하여 계산한다.

$$\Phi(t) \equiv e^{At} = I + At + \frac{1}{2!}(At)^2 + \cdots + \frac{1}{k!}(At)^k + \cdots \tag{3.14}$$

초기조건에 의한 응답을 구하는 방법은 MATLAB에서는 **lsim**이나 **initial**을 사용하고, 또는 Simulink를 이용하는 방법이 있다. MATLAB 프로그램은 실습예제 3.5에서 살펴보고, Simulink를 이용하는 방법은 실습예제 3.6에서 학습한다.

실습예제 3.5

행렬 $A=[0\ \ -2;\ 1\ \ -3]$에 대해 1) 상태천이행렬과 2) 0.2[초]가 경과한 후의 상태천이행렬을 구하시오.

풀이

(1) 상태천이행렬을 구하는 MATLAB 명령어는 **expm(A)**이다.

(2) Δt[초]가 경과한 후의 상태천이행렬은 $A\times\Delta t$에 **expm**을 적용한다.

```
A=[0,-2;1,-3]; Phi1=expm(A), Phi2=expm(A*0.2)
```

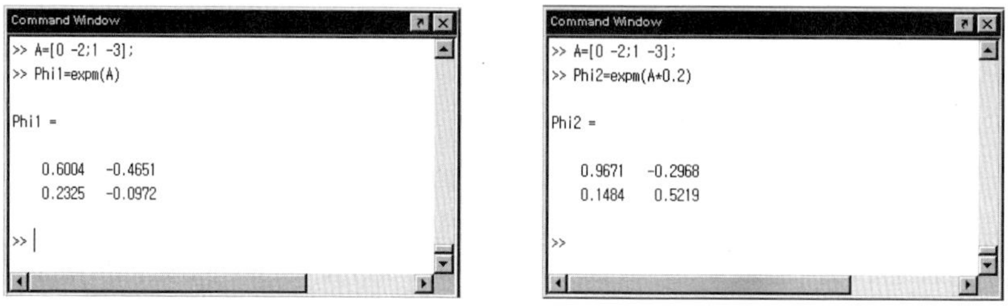

<그림 3.5> 실습예제 3.5의 연산 결과

실습예제 3.6

제어대상 $G(s)=1/(s+1)(s+3)$에 대해 입력이 $u(t)=0$ 일 때 초기조건 $[x_1(0),\ x_2(0)]'=[1,\ 2]'$에 의한 상태궤적 $[x_1(t),\ x_2(t)]'$ 을 도시하시오.

풀이

초기조건이 주어졌으므로 동적시스템으로 모의실험을 수행해야 한다. 또한 제어입력 $u(t)$ 가 0이므로 [y,t,x]=**lsim**(sys,u,t,x0) 또는 [y,t,x]=**initial**(sys,x0,t)를 사용한다.

(1) **lsim**의 입력변수 u는 제어입력, t는 시간, 그리고 x0는 초기조건이다. **lsim**의 출력변수에서 t는 생략해도 좋으며, 필요에 따라 x도 생략한다. 구해진 동적방정식은 $A=[-4,\ -3;\ 1,\ 0]$; $b=[1;\ 0]$; $c=[0,\ 1]$; $d=0$이다. 여기서 **lsim**은 선형 모의실험(linear simulation)을 의미한다.

```
clear all, close all
num=[1]; den=conv([1,1],[1,3]); [A,B,C,D]=tf2ss(num,den)
t=[0:0.01:10]; u=0*t; x0=[1 2]; [y,x]=lsim(A,B,C,D,u,t,x0);
plot(t,x(:,1),t,x(:,2),'-'), grid
title('Step Response of Ex3.5'), legend('x1(t)','x2(t)')
xlabel('time [sec]'), ylabel('states response')
```

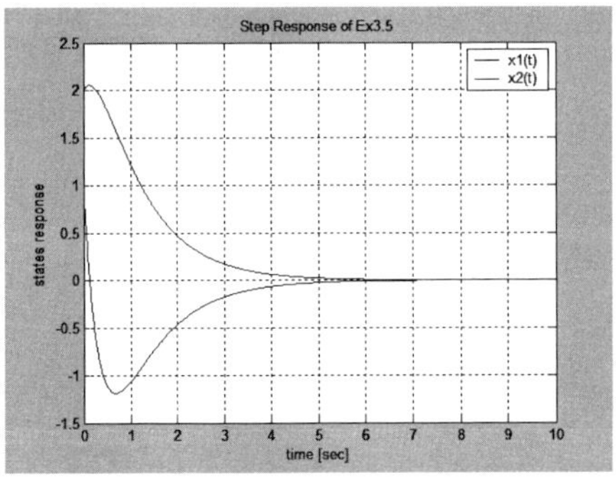

(a)

(2) [y,t,x]=initial(sys,x0,t)를 사용한다. 그림 3.6과 같은 연산 결과를 얻는다.

```
clear all, close all
t=[0:0.01:10]; x0=[1;2]; num=1; den=conv([1 1],[1 3]);
[A,B,C,D]=tf2ss(num,den); sys=ss(A,B,C,D);
[y,T,x]=initial(sys,x0,t); plot(t,x(:,1), t,x(:,2),':'), grid
xlabel('times[sec]'), ylabel('x(t)'), title('State Trajectories')
gtext('x(1)'), gtext('x(2)')
```

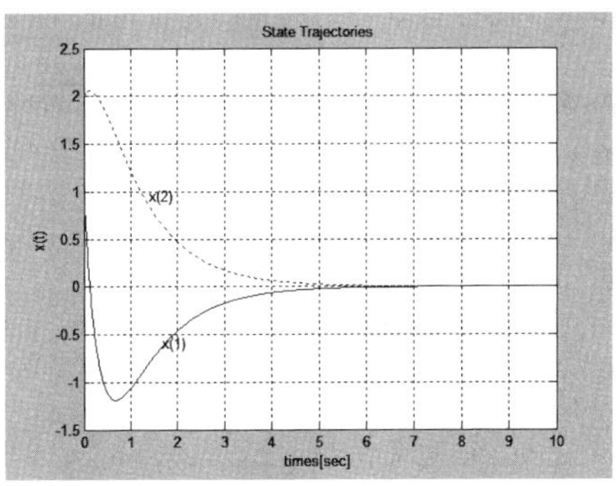

(b)

<그림 3.6> 실습예제 3.6의 연산결과

실습예제 3.7

실습예제 3.6에서 구해진 동적방정식을 Simulink 모델로 작성하고 같은 초기조건에서 모의실험을 수행하라.

풀이

(1) 구해진 동적방정식은 $A=[-4, -3; 1, 0]$; $b=[1; 0]$; $c=[0, 1]$; $d=0$이므로 $\dot{x}_1(t)=-4x_1(t)-3x_2(t)+u$, $\dot{x}_2(t)=x_1(t)$, $y(t)=x_2(t)$에 대한 Simulink 모델로 그림 3.7(a)와 같이 생성한다.

① **Constant** 블록을 더블 클릭하여 생성된 대화상자의 **Constant value**에 0을 입력한다.
② **Integrator** 블록의 대화상자에 **Initial condition**에 각각 1과 2를 입력한다.
③ **Gain** 블록의 **Gain**에 각각 4와 3을 입력한다.
④ **Sum** 블록의 **Icon shape**를 **rectangular**로 선택하고, **List of signs**에 '+−−'를 입력한다.
⑤ 모델창의 메뉴 바에서 **Simulation/Start(Ctrl+T)** 또는 ▶를 클릭하여 모의실험을 실행한다.
⑥ 각 **Scope**를 더블 클릭하여 쌍안경창을 클릭한다.

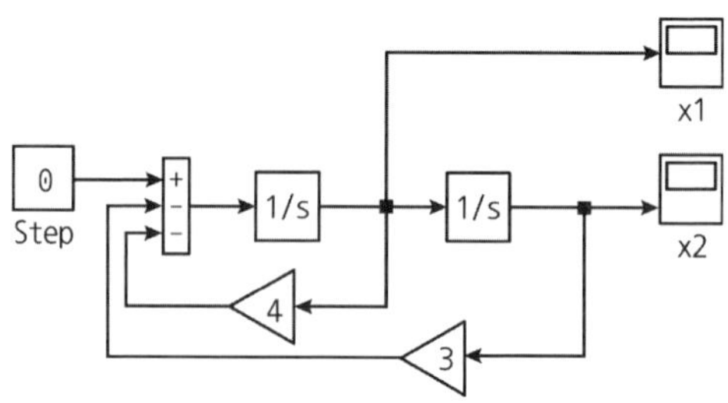

(a)

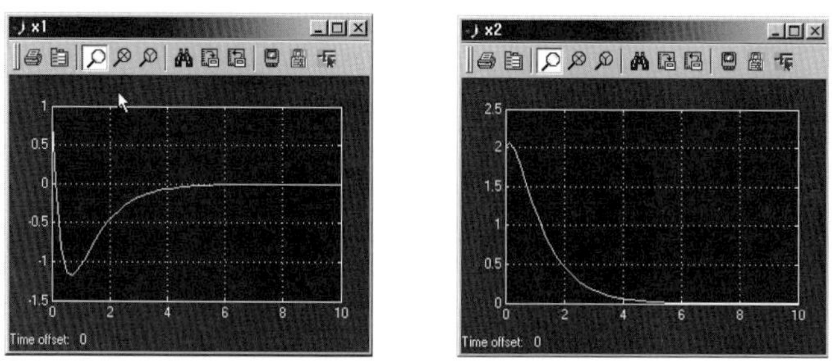

(b)

〈그림 3.7〉 실습예제 3.7 풀이의 모델과 스코프 화면

(2) 동적방정식은 $A=[-4,\ -3;1,\ 0];\ b=[1;\ 0];\ c=[0,\ 1];\ d=0$에 대해 그림 3.8(a)와 같은 Simulink 모델을 생성한다.

① $r(t)$ 로 표현된 **Sources/Step** 블록의 대화상자를 열어 **Step time**을 0, **Intial value**를 0, **Final value**를 0, 그리고 **Sample time**을 0으로 설정한다.

② **Continuous/State-Space** 블록의 대화상자를 열어 행렬 A는 $[-4, -3\,;1, 0]$, 벡터 B는 $[1\,;0]$, 벡터 C는 $eye(2)$, 그리고 D는 $[0\,;0]$을 입력한다.

③ **Simulation/Run** 또는 ▶를 클릭하여 모의실험을 수행하면, 그림 3.8(b)와 같은 결과가 나온다.

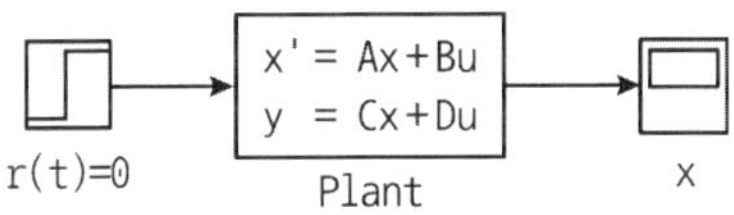

(a)

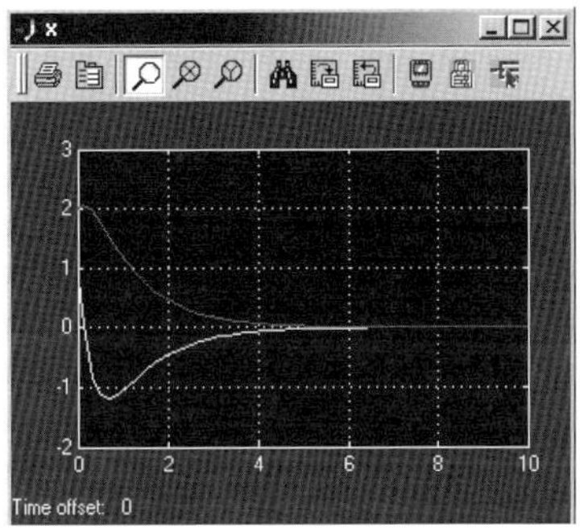

(b)

〈그림 3.8〉 실습예제 3.7 풀이III의 모델과 스코프 화면

식 (3.5.a)에 제어입력이 인가될 때, 즉 선형 비제차(non-homogeneous) 방정식의 해를 상태천이방정식이라 하며 식 (3.15)로 주어진다. 상태천이방정식을 출력방정식에 대입하면 시스템의 출력은 식 (3.16)과 같다.

$$x(t) = e^{At}x(0) + \int_0^t e^{A(t-\tau)}Bu(\tau)\,d\tau \tag{3.15}$$

$$y(t) = C\Phi(t)\,x(0) + \int_0^t C\Phi(t-\tau)\,B\,u(\tau)\,d\tau + Du(t) \tag{3.16}$$

실습예제 3.8

실습예제 3.6에 대해 단위계단입력 $u(t)$가 인가될 때, 상태궤적$[x_1(t),\ x_2(t)]'$ 을 도시하시오.

풀이

단위계단입력 $u(t)$는 시간 t 와 같은 차원이어야 한다. 따라서 시간 t 의 크기는 length(t)로 구할 수 있으므로 **u=ones(1,length(t))**로 입력해야 한다. 나머지는 실습예제 3.6과 같다. 단위계단입력에 대한 출력 $x_2(t)$ 의 정상상태 값은 최종값 정리 $x_2(\infty)=\lim_{s\to 0} s\frac{1}{s(s+1)(s+3)}=\frac{1}{3}$에 의해 1/3이다.

```
clear all, close all
num=[1]; den=conv([1,1],[1,3]); [A,B,C,D]=tf2ss(num,den)
t=[0:0.01:10]; u=ones(1,length(t));
x0=[1 2]; [y,x]=lsim(A,B,C,D,u,t,x0);
plot(t,x(:,1),t,x(:,2),'-'), grid
title('Step Response of Ex3.8'), legend('x1(t)','x2(t)')
xlabel('time [sec]'), ylabel('states response')
```

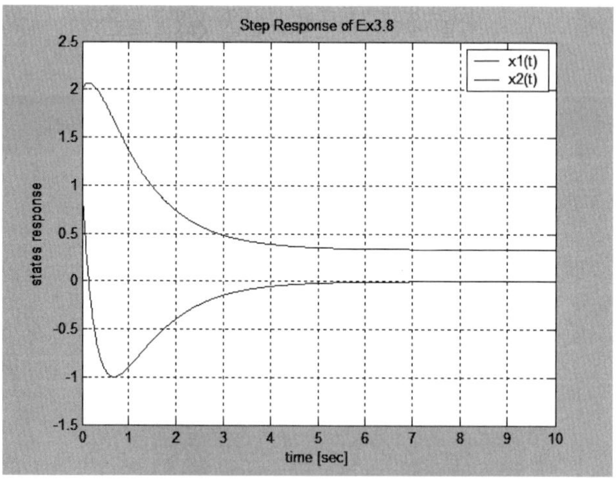

<그림 3.9> 실습예제 3.8의 연산결과

실습예제 3.9

실습예제 3.7에 단위계단입력 $u(t)$이 인가될 때, Simulink 모델로 작성하고 같은 초기조건에서 모의실험을 수행하라.

풀이

실습예제 3.7의 모델의 **Constant** 블록을 **Step** 블록으로 교체하고, **Scope** 하나를 제거한다.

(1) **Step** 블록의 대화상자 **Parameter**가 **Step time 1**, **Initial value 0**, **Final value 1**, **Sample time 0**으로 설정되었는지 확인한다.

(2) **Scope**를 더블 클릭하여 메뉴 바의 아이콘을 클릭하면, **General** 화면이 생성된다. **General** 화면에서 **Number of axes**에 2를 입력하고 **Tick labels**에서 all를 선택한 후 OK를 클릭하면 **Scope**의 입력단자가 두 개로 변한다. **Scope** 화면의 각 입력단자에 도시하고자 하는 변수를 연결하고 모의실험을 수행한다.

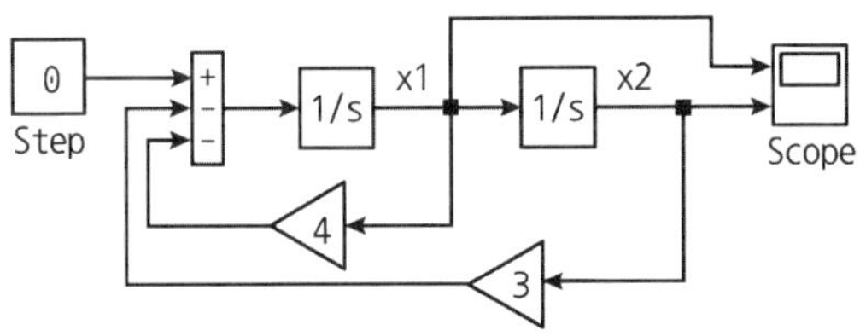

(a)

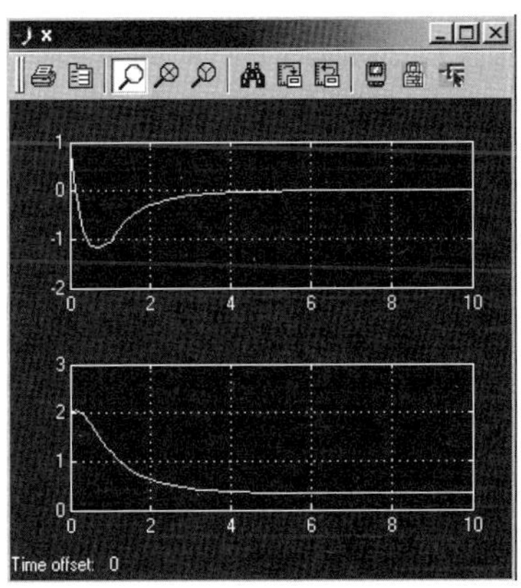

(b)

〈그림 3.10〉 실습예제 3.9의 모델과 스코프 화면

3.3 궤환(Feedback) 제어시스템

개루프 시스템은 궤환이 없이 입력신호에 대해 직접 출력을 발생하는 시스템이므로 제어 대상이 모델이 정확하고 매개변수의 변화와 외란이 존재하지 않을 때 만족할만한 제어 성능을 보인다.

그러나 대부분의 제어시스템에는 항상 잡음이나 외란 또는 매개변수의 변동이 존재하고 있으므로, 폐루프를 도입하여 제어성능(control performance)을 개선하는 것이 일반적이다. 이러한 시스템을 폐루프(closed-loop) 제어시스템 또는 궤환(feedback) 제어시스템이라고 한다. 폐루프 제어시스템은 폐루프를 구성하기 위한 측정 장치(encoder, tachometer 등), 비교 회로(전위차계, 차동증폭기 등), 또는 측정 잡음(noise)을 제거하기 위한 필터(filter) 등이 필요하므로 개루프 제어시스템에 비해 구조가 복잡해지고 비용이 증가한다. 특히 정확한 출력을 측정하기 위해 고성능 센서를 사용할수록 비용은 더욱 증가한다. 또한 궤환을 사용하면 이득이 감소하고, 반드시 안정도를 고려해야 하는 단점이 있다.

이와 같은 단점에도 불구하고 폐루프 제어시스템을 사용하는 이유는 매개변수 변화에 대한 감도와 외란의 감소, 그리고 과도 응답과 정상상태 응답의 개선 등 비용에 비해 제어 성능이 좋아진다는 장점이 있기 때문이다.

3.3.1 궤환 제어시스템의 민감도와 상보 민감도

그림 3.11은 외란과 잡음을 포함한 궤환 제어시스템의 블록선도이다.

그림 3.11에서 $KG(s)$ 는 전향경로 전달함수, 개루프 전달함수 또는 궤환비(return ratio)라고 정의한다. 귀환비의 개념은 그림 3.11의 블록선도를 임의의 위치에서 루프를 끊어 단위 입력을 인가하면 끊어진 반대쪽의 신호는 $-KG(s)$이므로, 인가 신호와 귀환 신호의 차인 궤환비 $1-[-KG(s)]=1+KG(s)$로 구해지기 때문이다. 따라서 Bode선도의 크기곡선은 귀환 양의 정량적인 척도로 귀환비를 사용하고 있다.

궤환 제어시스템에 인가되는 입력은 세 가지로 각각 기준입력 $r(t)$, 외란 $d(t)$, 그리고 잡음 $n(t)$이다. 적절하게 설계된 궤환 제어시스템은 오차가 작아야 하며, 외란과 잡음 입

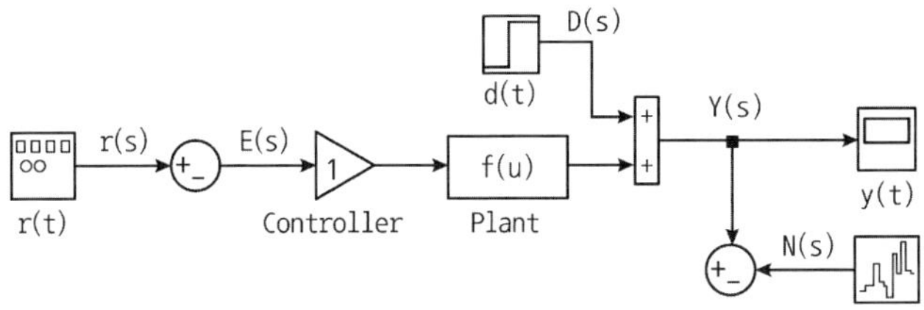

〈그림 3.11〉 궤환 제어시스템의 블록선도

력에 강인(robust)한 특성을 가져야 한다. 여기서 외란은 비행물체에 작용하는 돌풍이나 전동기의 부하 등 시스템에 작용하는 실제 외란과 제어대상이나 구동기의 모델링에서 고려되지 않은 비선형성 또는 알려지지 않은 시스템의 불확실성(uncertainty)을 모두 포함한다. 그리고 잡음의 종류는 전원에서 유입되는 잡음, 시스템 내부에서 발생하는 잡음, 그리고 센서에 의한 측정 오차 등으로 구분할 수 있다.

그림 3.11에서 폐루프 제어시스템의 출력은 식 (3.17)과 같다.

$$Y(s)=\frac{KG(s)}{1+KG(s)}R(s)+\frac{1}{1+KG(s)}D(s)-\frac{KG(s)}{1+KG(s)}N(s) \tag{3.17}$$

식 (3.17)을 이용하여 오차신호를 구하면 식 (3.18)과 같고, 제어입력은 식 (3.19)와 같다.

$$\begin{aligned} E(s) \equiv R(s)-Y(s) &= \frac{1}{1+KG(s)}R(s)-\frac{1}{1+KG(s)}D(s) \\ &\quad +\frac{KG(s)}{1+KG(s)}N(s) \end{aligned} \tag{3.18}$$

$$U(s)=KE(s)=\frac{K}{1+KG(s)}[R(s)-D(s)-N(s)] \tag{3.19}$$

그림 3.11에서 궤환차(2012년 9월 4일)는 $J(s)=1+KG(s)$로 정의된다. 또한 민감도(sensitivity)는 식 (3.20)으로, 상보 민감도(complementary sensitivity)는 식 (3.21)로 정의된다. 따라서 모든 주파수에 대해 $S(s)+T(s)=1$가 성립한다.

$$S(s)=\frac{1}{1+KG(s)}=\frac{1}{J(s)} \tag{3.20}$$

$$T(s) = \frac{KG(s)}{1+KG(s)} \tag{3.21}$$

출력, 오차신호 및 제어입력을 민감도와 상보민감도로 표현하면 식 (3.22)~식 (3.24)과 같다.

$$Y(s) = S(s)D(s) + T(s)[R(s) - N(s)] \tag{3.22}$$

$$E(s) = S(s)[R(s) - D(s)] + T(s)N(s) \tag{3.23}$$

$$U(s) = KS(s)[R(s) - D(s) - N(s)] \tag{3.24}$$

위에서 정의한 민감도와 상보 민감도를 사용하여 폐루프 시스템의 외란제거 및 추적성능을 검토하면 다음과 같다.

첫째, 외란제거성능을 좋게 하기 위해서는 민감도를 감소해야하므로 루프 이득을 크게 해야 한다. 둘째, 추적성능을 좋게 하기 위해서는 오차신호를 감소해야 하므로 상보민감도를 감소해야 하고, 따라서 루프이득을 크게 해야 한다. 셋째, 잡음제거성능을 좋게 하기 위해서는 폐루프 이득을 감소해야 하므로 상보 민감도를 크게 해야 한다.

이상을 검토해 보면, 잡음제거의 요구조건은 추적성능 및 외란제거의 요구조건과 상충한다는 것을 알 수 있다. 따라서 궤환 제어시스템은 저주파수 영역에서는 외란 제거 및 추적성능을 좋게 위해 루프이득이 커야 하며, 중간 주파수 영역에서는 안정도 여유조건을 만족시키도록 루프이득을 조절해야 한다. 즉, 이 영역에서 Bode 크기곡선의 기울기는 −20[dB/dec]이여야 한다. 마지막으로 고주파수 영역에서는 고주파 잡음 제거를 위하여

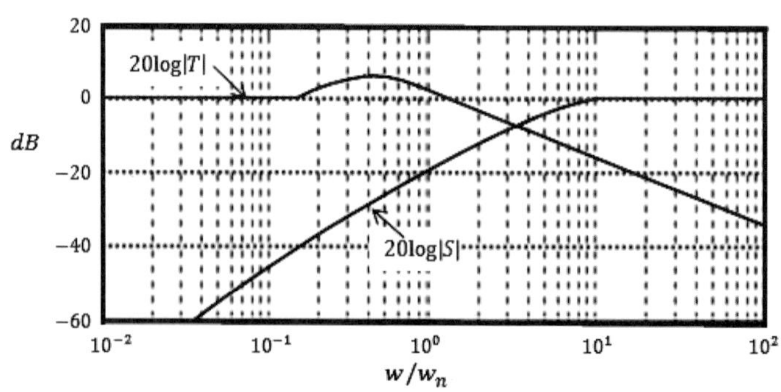

〈그림 3.12〉 민감도함수와 상보 민감도함수의 바람직한 유형

루프이득을 작게 해야 한다.

그림 3.12는 민감도 함수 및 상보 민감도 함수의 바람직한 유형을 도시한 것으로, 민감도는 저주파수에서는 작아야 하며 고주파수에서는 0[dB]가 되어야 한다. 한편, 상보민감도는 민감도의 반대이다.

3.3.2 폐루프 전달함수의 유도

앞 절에서 제어시스템을 포함하는 동적 시스템은 전달함수 또는 동적 방정식으로 표현된다는 사실을 알았다. 이들 전달함수나 동적 방정식은 입력변수와 출력변수의 관계를 나타내는 부시스템(subsystem)이다. 또한 궤환 제어시스템의 성능 개선을 위하여 도입되는 제어기(controller), 센서 및 구동기 등도 모두 부시스템으로 표현할 수 있다. 궤환 제어시스템은 이들 부시스템의 상호 관계를 방향성을 갖는 신호흐름선도나 블록선도를 사용하여 표현하고 있다.

그림 3.13은 궤환 제어시스템에서 주로 사용되는 여러 가지 보상 형태를 보여주고 있다. 그림 3.13에서 (a)는 직렬(series) 보상, (b)는 궤환(feedback) 보상, 그리고 (c)는 입력(input) 보상이라고 한다. 부시스템을 연결하여 전체 궤환 시스템의 전달함수나 동적방정식을 유도하기 위해서는 MATLAB 명령어 **series, paralle,** 또는 **feedback**이 사용된다.

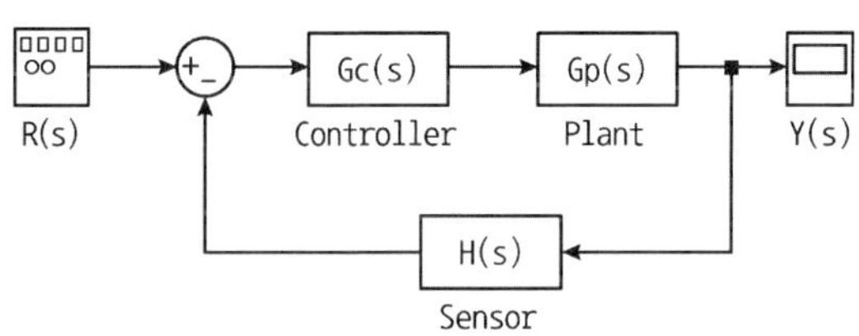

(a)

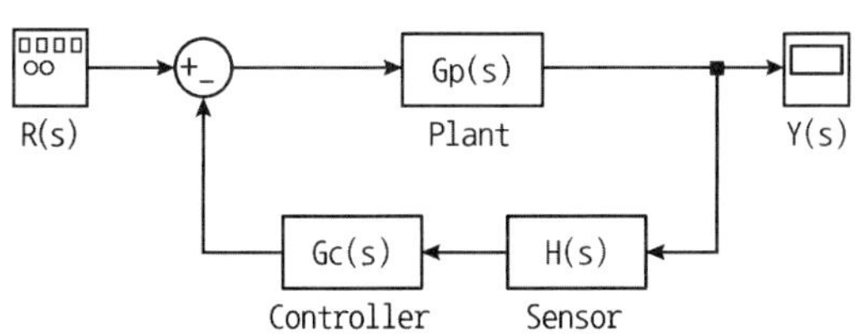

(b)

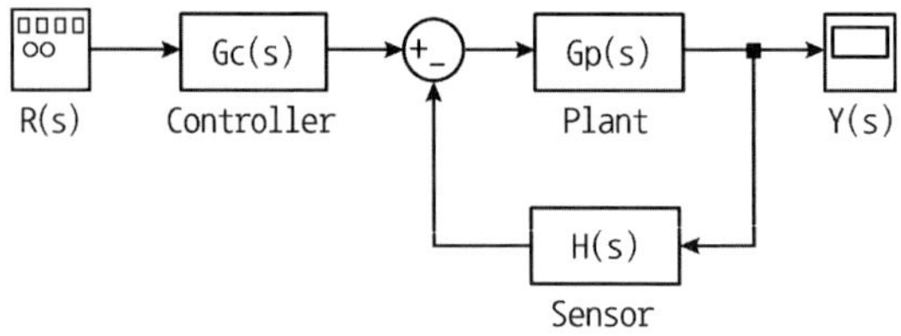

(c)

〈그림 3.13〉 제어시스템의 보상 형태

실습예제 3.10

그림 3.14로 주어지는 제어시스템의 폐루프 전달함수를 구하시오.

풀이

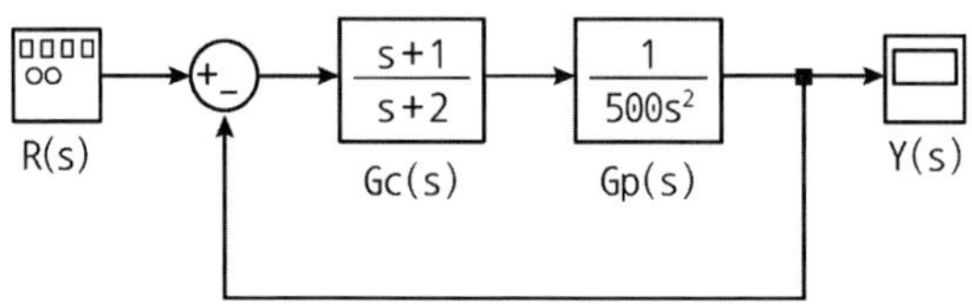

〈그림 3.14〉 실습예제 3.10의 블록선도

그림 3.14는 직렬 보상이다. 폐루프 전달함수를 구하기 위해 **series**와 **feedback**을 사용해야 한다. **feedback**의 두 번째 요소는 시스템의 전달함수이어야 하나, 여기서는 부시스템이 단위이득이므로 [1]을 입력한다. 그리고 세 번째 요소는 −1은 디폴트로, 사용할 경우 부(negative)궤환을 의미하는 −1을 입력해야 한다.

```
numc=[1 1]; denc=[1 2]; sysc=tf(numc,denc);
nump=[1]; denp=500*[1 0 0]; sysp=tf(nump,denp);
sysg=series(sysc,sysp); 또는 [numg,deng]=series(numc,denc,denp,denp);
sysT=feedback(sysg,[1],-1); 또는 sysT=feedback(sysg,[1]);
```

실습예제 3.11

그림 3.15로 주어진 제어시스템의 폐루프 전달함수를 구하시오.

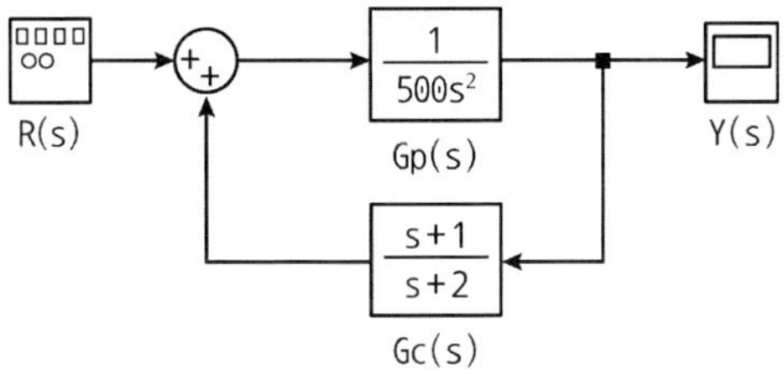

〈그림 3.15〉 실습예제 3.11의 블록선도

풀이

그림 3.15는 궤환 보상이다. 폐루프 전달함수를 구하기 위해 feedback 명령어를 사용한다.

```
numc=[1 1]; denc=[1 2]; sysc=tf(numc,denc);
nump=[1]; denp=500*[1 0 0]; sysp=tf(nump,denp);
sysT=feedback(sysp,sysc);
```

실습예제 3.12

아래의 시스템 A를 제어기, B를 제어대상이라고 가정할 때 물음에 답하라.

시스템 A : $\dot{x} = \begin{bmatrix} 0 & 1 \\ -2 & -3 \end{bmatrix} x + \begin{bmatrix} 0 \\ 1 \end{bmatrix} u,\ y = [1\ \ 0]\,x + [0]\,u$

시스템 B : $\dot{x} = \begin{bmatrix} -2 & 0 \\ 0 & -1 \end{bmatrix} x + \begin{bmatrix} 3 \\ 1 \end{bmatrix} u,\ y = [1\ \ 0]\,x + [0]\,u$

(1) 시스템 A와 시스템 B가 직렬 연결되었을 때, 동적방정식을 유도하라.

(2) 위에서 유도한 동적방정식의 폐루프 동적방정식을 유도하라.

풀이

전달함수와 마찬가지로 명령어 **series**, **feedback**, 또는 **parallel**를 사용한다.

```
Command Window
>> A1=[0 1; -2 -3];B1=[0;1];C1=[1 0];D1=0;
>> A2=[-2 0;0 -1];B2=[3;1];C2=[1 0];D2=0;
>> [As,Bs,Cs,Ds]=series(A1,B1,C1,D1,A2,B2,C2,D2)

As =

    -2     0     3     0
     0    -1     1     0
     0     0     0     1
     0     0    -2    -3


Bs =

     0
     0
     0
     1


Cs =

     1     0     0     0


Ds =

     0

>>
```

```
Command Window
>> [At,Bt,Ct,Dt]=feedback(As,Bs,Cs,Ds,1,1,1,1)

At =

    -2     0     3     0     0
     0    -1     1     0     0
     0     0     0     1     0
    -1     0    -2    -3    -1
     1     0     0     0     1


Bt =

     0
     0
     0
     1
     0


Ct =

     1     0     0     0     0


Dt =

     0

>>
```

〈그림 3.16〉 실습예제 3.12의 연산 결과

3.3.3 외란과 잡음

외란(disturbance)이란 원하지 않는 신호로 시스템의 제어 성능에 많은 영향이 미친다. 외란신호는 비행물체에 작용하는 돌풍이나 전동기의 부하 등 시스템에 작용하는 실제 외란과 제어대상이나 구동기의 모델링에서 고려되지 않은 비선형성 또는 알려지지 않은 시스템의 불확실성(uncertainty)을 모두 포함한다. 외란을 효과적으로 해결하기 위해 슬라이딩모드제어 또는 H_∞ 등과 같은 고급 제어이론을 사용해야 하나, 선형 제어시스템에서는 궤환을 사용하여 어느 정도 감소할 수 있다.

잡음신호는 전원에서 유입되는 잡음, 시스템 내부에서 발생하는 잡음, 그리고 센서에 의한 측정 오차 등으로 구분할 수 있다. 전원에서 유입되는 저주파 잡음은 차폐 또는 전원분리 등의 방법을 사용하여 해결하고 있으며, 센서에 의한 측정 오차와 같은 고주파 잡음

은 저역통과 필터를 사용하거나 고가의 센서를 사용하여 해결할 수 있다. 그러나 시스템 내부에서 발생하는 잡음은 차폐를 제외하고는 마땅히 해결할 방법이 없으므로 궤환을 사용하여 저감하는 것이 최선의 방법이다.

3.3.1절에서 검토한 바와 같이, 잡음제거의 요구조건은 추적성능 및 외란제거의 요구조건과 상충하는 것으로 알려져 있다. 따라서 궤환 제어시스템의 설계 원리는 저주파수 영역에서는 외란 제거 및 추적성능을 좋게 하기 위해 루프이득을 크게, 중간 주파수 영역에서는 안정도 여유조건을 만족시키도록 루프이득을 조절해야 한다. 즉, 이 영역에서 Bode 크기곡선의 기울기는 −20[dB/dec]이여야 한다. 마지막으로 고주파수 영역에서는 고주파 잡음의 제거를 위하여 루프이득을 작게 해야 한다.

실습예제 3.13

전기자제어 DC 모터의 속도 제어시스템이다. 개루프 시스템과 폐루프 시스템에 대한 외란 응답의 크기를 구하라.

(1) 궤환이 없는 개루프 시스템의 블록선도는 그림 3.17(a)와 같다. 여기서 전기자회로의 인덕턴스 L_a 는 아주 작은 값이므로 무시하였다. 기준입력이 0일 때, 단위계단 외란에 대한 응답을 구하라.

(2) 비례제어기와 tachometer를 사용한 폐루프 시스템의 블록선도는 그림 3.17(b)와 같다. 기준입력이 0일 때, 단위계단 외란에 대한 응답을 구하라. 이때 제어기의 이득은 80으로 선정하였으며, tachometer의 이득은 출력과 기준입력과의 정확한 비교를 위하여 1로 하였다.

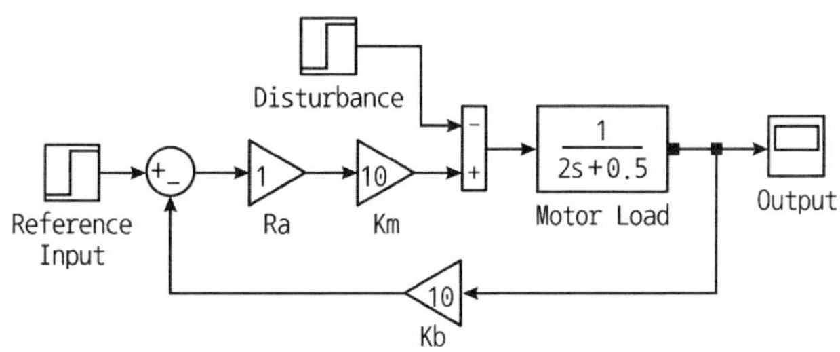

(a)

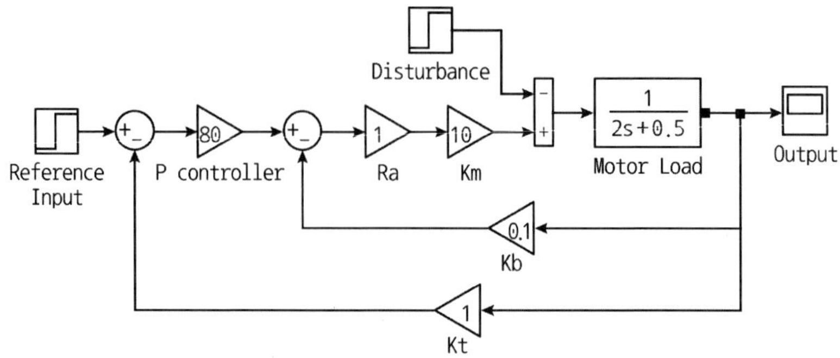

(b)

<그림 3.17> DC 모터 속도제어시스템의 블록선도

풀이

모의실험에서 외란에서 출력까지를 하나의 시스템, 그리고 역기전력 상수, 모터의 전기자 코일, 그리고 모터상수를 하나의 시스템으로 정의하고 명령어 **feedback**을 사용하였다.

(1) 그림 3.18(a)의 개루프 시스템에서 전달함수 $Y(s)/D(s)$는 외란에서 출력까지의 전향경로가 분자이고, 역기전력 상수를 포함한 폐루프가 분모가 된다. 따라서전향경로개루프 시스템의 단위계단 외란에 대한 응답의 크기는 0.6647이다.

```
n1=[1]; d1=[2, 0.5]; sys1=tf(n1, d1);n2=[10*0.1/1]; d2=[1]; sys2=tf(n2, d2);
sys_o=-feedback(sys1, sys2); [yo, t]=step(sys_o); plot(t, yo), grid
title('Disturbance Step Response of Open-Loop System')
xlabel('Time[sec]'), ylabel('\omega_o')
ess_o=yo(length(t)), legend(['\ess=', num2str(ess_o)])
```

(2) 한편, 그림 3.18(b)의 폐루프 시스템에서전달함수 $Y(s)/D(s)$는 분자는 동일하고, 분모에 역기전력 상수의 내부루프에 tachometer 상수의 외부루프가 추가되므로 위상 반전이 발생하지 않는다면 외란이 감소할 것으로 기대된다. 폐루프 시스템의 단위계단 외란에 대한 응답의 크기는 0.0098232로 개루프 시스템에 비해 크게 감소한다는 것을 확인하였다.

```
n1=[1]; d1=[2, 0.5]; sys1=tf(n1, d1); %d1=[J, b]
n2=[80*1]; d2=[1]; sys2=tf(n2, d2); %n2=[Ka*Kt];
n3=[0.1]; d3=[1]; sys3=tf(n3, d3); %n3=[Kb]
n4=[10/1]; d4=[1]; sys4=tf(n4, d4); %n4=[Km/Ra]
```

```
sysa=parallel(sys2, sys3);sysb=series(sysa, sys4);
sys_c=-feedback(sys1, sysb); [yc, t]=step(sys_c); plot(t, yc), grid
title('Disturbance Step Response of Closed-Loop System')
xlabel('Time[sec]'), ylabel('\omega_o')
ess_c=yc(length(t)), legend(['\ess=', num2str(ess_c)])
```

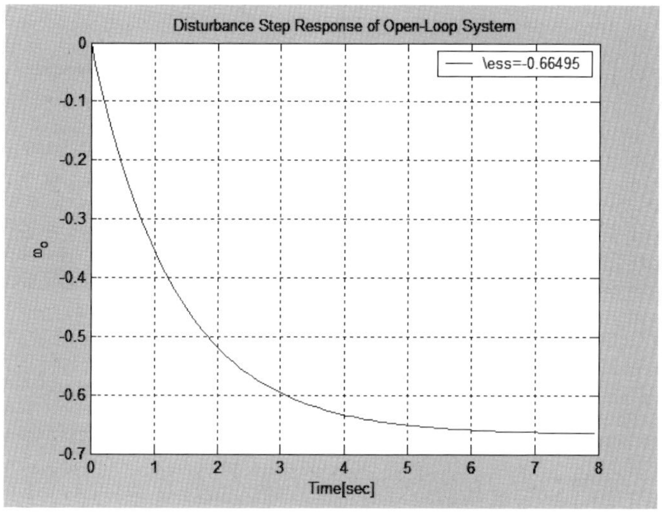

(a)

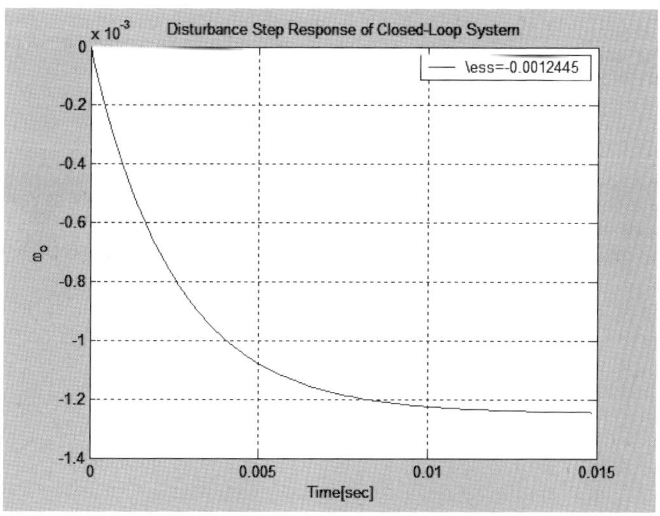

(b)

〈그림 3.18〉 실습예제 3.13의 연산 결과

실습예제 3.14

그림 3.19는 DC 모터의 위치 제어시스템을 Simulink 모델로 표현한 것이다. 사용된 DC 모터는 계자제어방식이다.

(1) Simulink 모델을 사용하여 단위계단입력이 0일 때, 단위계단 외란에 대한 응답을 구하라.

(2) Simulink 모델을 사용하여 단위계단 입력과 단위계단 외란이 동시에 인가될 때의 응답을 구하라.

풀이

Reference Input 블록과 **Disturbance** 블록을 더블 클릭하여 **Step time**을 각각 0으로 설정한다. **Reference Input** 블록에서 **Final value**를 0으로 하면 단위계단 입력이 0이 된다. 입력의 크기가 1인 외란이 궤환시스템에 의해 2.5×10^{-3} 의 크기로 감소된다. 따라서 단위계단 입력과 외란이 동시에 인가되어도 궤환시스템의 응답은 외란의 영향을 거의 받지 않는다.

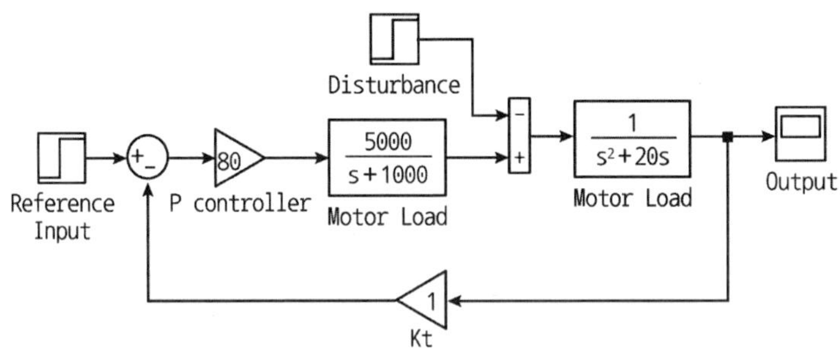

〈그림 3.19〉 실습예제 3.14의 Simulink 모델

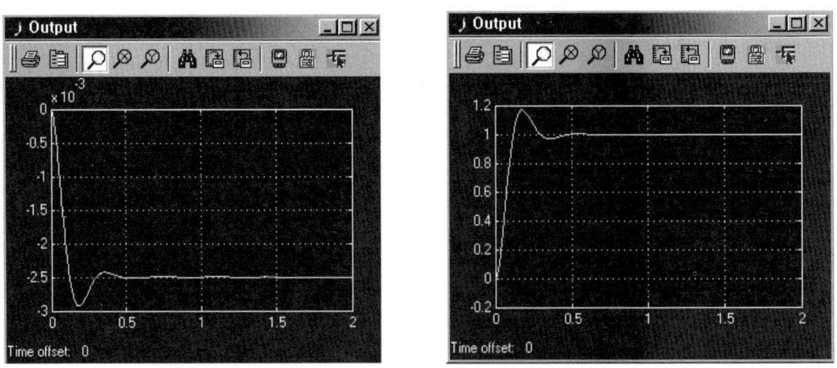

(a) (b)

〈그림 3.20〉 실습예제 3.14의 연산 결과

실습예제 3.15

그림 3.21의 Simulink 모델에 측정 잡음으로 크기 0.05를 갖는 백색잡음이 인가된다고 가정하자. 비례제어기의 이득이 50일 때, 단위계단응답을 구해 보아라.

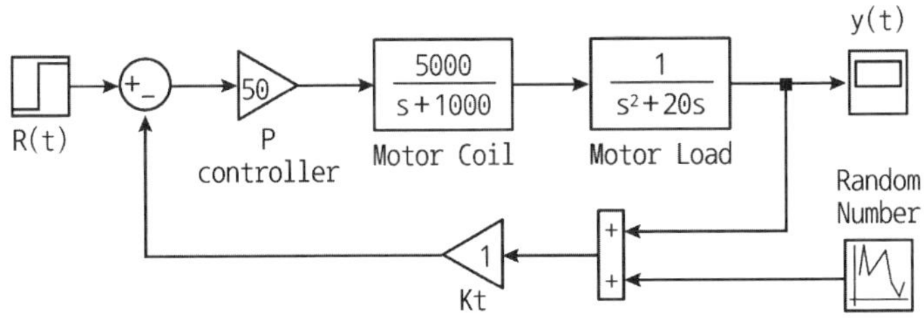

〈그림 3.21〉 실습예제 3.15의 Simulink 모델

풀이

Random Number 블록의 대화상자에서 **Mean**과 **Variance**를 모두 0으로 설정한 경우의 연산 결과는 그림 3.22 (a)와 같고, **Mean**을 0으로 **Variance**를 0.05로 설정한 결과는 그림 3.22 (b)와 같다.

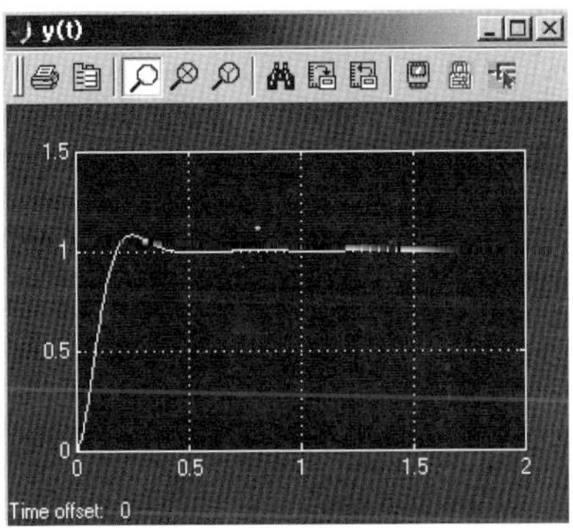

(a)

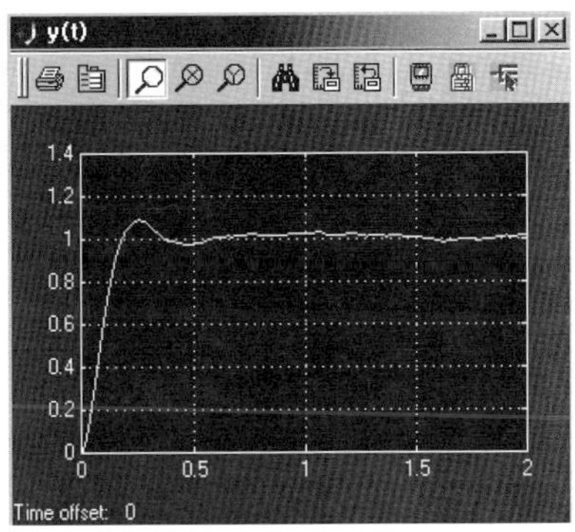

(b)

〈그림 3.22〉 실습예제 3.15의 연산 결과

3.4 제어시스템의 시간응답

3.4.1 임펄스 응답(the Impulse Response)

식 (3.25)로 주어지는 선형 시불변 시스템의 영상태(zero state) 시간응답(즉, 모든 초기조건이 0)은 상승(convolution) 적분을 이용하면 식 (3.25)와 같이 구할 수 있다.

$$Y(s) = H(s)X(s) \tag{3.25}$$

여기서 $H(s)$는 시스템의 전달함수이고, $X(s)$는 임의의 입력에 대한 라플라스변환이다. 또한 출력 $Y(s)$ 는 식 (3.26)의 라플라스 변환이다.

$$y(t) = \int_{-\infty}^{\infty} h(\tau)\, x(t-\tau)\, d\tau = \int_{-\infty}^{\infty} x(\tau)\, h(t-\tau)\, d\tau \tag{3.26}$$

시스템의 입력이 임펄스함수 $\delta(t)$이면 임펄스함수의 라플라스변환은 $X(s) = 1$이므로 식 (3.25)의 라플라스 변환은 식 (3.27)과 같다.

$$y(t) = h(t) \tag{3.27}$$

따라서, 선형 시불변 시스템의 전달함수는 임펄스응답의 라플라스변환이다.

3.4.2 과도응답(The Transient Response)

선형시스템의 과도응답이란 입력이 인가된 직후에 발생하여 시간이 경과함에 따라 사라지는 응답으로, 초기조건에 의한 응답이다. 과도응답은 특성방정식의 근(극점)의 위치에 따라 응답의 형태가 결정된다.

식 (3.28)은 저주파 이득을 1로 정규화(normalize)한 1차 시스템의 전달함수이다.

$$G(s) = \frac{a}{(s+a)} \tag{3.28}$$

1차 시스템의 단위계단응답은 $y(t) = (1 - e^{-at})u(t)$로, 오버슈트가 없는 지수함수적인 특성을 보인다. 이때 시정수 $\tau = 1/a$ 는 극점의 역수이다. 대역폭이란 시스템의 크기가 DC값($\omega = 0$일 때의 이득)의 $1/\sqrt{2}$ (즉, -3[dB]일 때)배 만큼 감소할 때의 주파수로 정의된다. $G(j\omega) = \frac{1}{(1+j(\omega/a))}$ 에서 $\omega/a = 1$일 때 크기는 $|G(j\omega)| = 1/2$ 이 되므로 1차 시스템의 대역폭(bandwidth) $\omega_B = |a|$, 즉 극점의 크기 $|a|$와 같다.

일반적으로 대역폭이 커지면 상승시간이 짧아지고, 대역폭이 작아지면 상승시간이 길어진다. 즉, 극점이 원점에서 멀어질수록(즉, 대역폭이 증가할수록), 시정수가 감소하므로 단위계단응답이 계단입력에 도달하는 시간(응답속도)이 짧아진다. 따라서 대역폭과 응답속도는 반비례의 관계가 성립한다. 매우 빠른 응답을 얻으려면 큰 대역폭이 되도록 극점의 값을 크게(즉, 극점의 위치를 원점에서 멀리 배치)하면 되는데, 이 경우 시스템에 유입되는 주파수의 범위가 증가하므로 고주파 성분인 잡음에 매우 민감하게 된다.

1차 시스템에 대한 상승시간(rise time)의 근사식은 $t_r = 2.2/a = 2.2\tau$ 로 주어지며, 뒤짐시간(delay time)의 근사식은 $t_d = 0.69/a = 0.69\tau$으로 알려져 있다.

제어대상 $G_p(s) = \frac{\omega^2}{s(s+2\zeta\omega_n)}$ 에 대한 단위이득(unit gain feedback) 궤환 폐루프 전달함수는 식 (3.29)로 유도된다. 식 (3.29)를 원형 2차 시스템(prototype 2nd order system)이라 한다.

$$G(s) = \frac{\omega_n}{s^2 + 2\zeta\omega_n s + \omega_n^2} \tag{3.29}$$

식 (3.29)에서 분모 $s^2 + 2\zeta\omega_n s + \omega_n^2 = 0$는 2차 시스템의 과도응답 특성을 나타내는 특성방정식 (characteristic equation)이며, 특성방정식의 근을 극점이라 한다. 원형 2차 시스템의 특성방정식은 s에 관한 2차 다항식이므로 극점은 네 가지 경우, 즉 서로 상이한 두 개의 실근, 크기가 같은 두 개의 실근(실중근), 두 개의 허수근, 그리고 공액 복소근이 된다.

극점이 공액 복소근일 경우, 근은 $s_{1,2} = -\zeta\omega_n \pm j\omega_n\sqrt{1-\zeta^2}$ 이다. s 평면의 2상한에 존재하는 근 s_1에서 원점까지 직선을 그렸다고 가정하자. 음의 실수축과 직선 사이의 각도를 θ라 할 때 $\zeta = \cos(\theta)$를 감쇠비(damping ratio 또는 제동비), 원점에서 극점까지의 거리인 ω_n을 고유주파수(natural frequency)로 정의한다.

극점의 종류에 따른 감쇠비의 크기와 과도응답의 형태를 조사해 보자. 특성방정식의 근인 극점이 서로 다른 두 개의 실근인 경우, 감쇠비는 $\zeta > 1$이고 과도(overdamped) 감쇠라고 부른다. 예를 들어 제어대상이 $G_p(s) = 1/(s+1)(s+2)$인 경우의 과도응답은 $y(t) = e^{-t} - e^{-2t}, \quad t \geq 0$이므로 지수함수적으로 감소한다.

실습예제 3.16

$G_1(s) = 1/(s+1)(s+2)$와 $G_2(s) = 1/(s-1)(s-2)$에 대해 제어입력 $u(t) = 0$ 이고, 초기조건이 $x(0) = [1, -1]'$ 일 때의 응답을 MATLAB 명령어 **initial**을 사용하여 그래프로 도시하라.

풀이

제어입력 $u(t) = 0$ 이고, 초기조건 $x(0) = [1, -1]'$ 의한 응답이므로 전달함수에서 동적방정식을 유도한 후 과도응답을 구하면 된다. 실습 예제 3.6과 3.7을 참고하여 모의실험을 수행한다.

(1) $G_1(s)$의 근은 모두 음의 실수축에 존재하므로 과도응답은 식 (3.30)과 같이 지수함수적으로 감소하는 안정한(stable) 시스템이다.
$G_1(s)$의 동적방정식은 $A = [-3, -2; 1, \quad 0]$; $b = [1; 0]$; $c = [0, 1]$; $d = 0$로 구해지며, Simulink의 연산 결과는 그림 3.23(a)이다.

(2) $G_2(s)$의 근은 모두 양의 실수축에 존재한다. 과도응답은 $y(t) = 2e^t - e^{2t}$ 이 되고, 지수함수적으로 증가하여 발산하므로 불안정(unstable)한 시스템이 된다. $G_2(s)$의 동적방정식은 $A = [3, -2; 1, \ 0]$; $b = [1; 0]$; $c = [0, 1]$; $d = 0$로 구해지며, 연산 결과는 그림 3.23(b)와 같다. 특성방정식의 근이 s 평면의 우반면에 존재하면 그 근의 응답은 발산하게 됨을 알 수 있다.

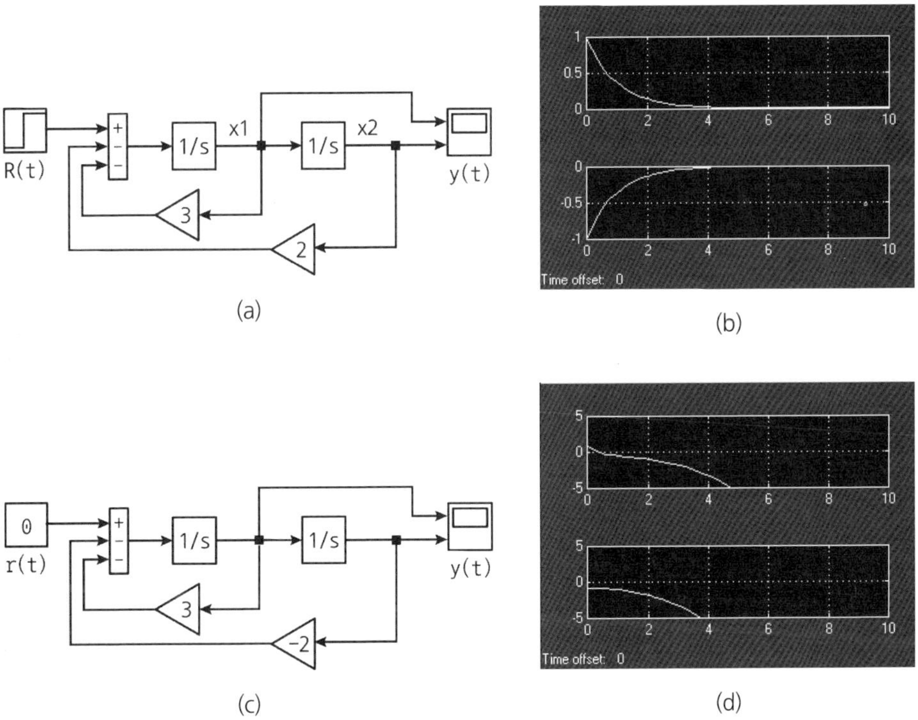

〈그림 3.23〉 실습 예제 3.16의 연산 결과

실중근인 경우, $\zeta=1$ 이 되고 임계(critically) 감쇠라 정의한다. 예를 들어 제어대상이 $G_p(s)=1/(s+a)^2$ 인 경우 과도응답은 $y(t)=te^{-t/a},\quad t\geq 0$ 으로 구해진다. 이 응답은 지수함수에 시간이 곱해지므로, 시간이 지날수록 더욱 빠르게 지수함수적으로 감소하는 특징이 있다.

실습예제 3.17

$G_3(s)=1/(s+1)^2$ 과 $G_4(s)=1/(s-1)^2$ 에 대해 제어입력 $u(t)=0$ 이고, 초기 조건이 $x(0)=[1,\ -1]'$ 일 때의 응답을 Simulink를 사용하여 그래프로 도시하라.

풀이

$G_3(s)$ 의 동적방정식은 $A=[-2\ -1;1,\quad 0];\ b=[1;\ 0];\ c=[0,\ 1];\ d=0$으로 구해 지며, Simulink의 연산 결과는 그림 3.24(a)이다.

$G_2(s)$ 의 동적방정식은 $A=[2,-1;1,\ 0];\ b=[1;\ 0];\ c=[0,\ 1];\ d=0$으로 구해지며, 연산 결과는 그림 3.24(b)와 같다. 극점이 s평면의 우반면에 존재하면 과도응답은 발산하게 됨을 알 수 있다.

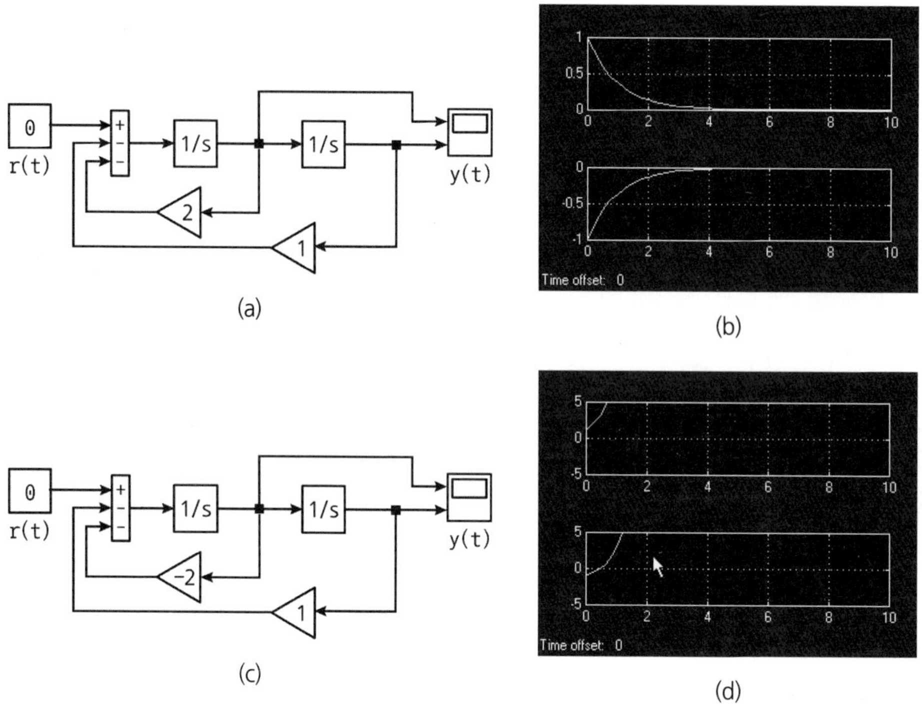

<그림 3.24> 실습 예제 3.17의 연산 결과

극점이 두 개의 허수로 주어지는 경우, 감쇠비 $\zeta=0$이며 비(undamped) 감쇠하고 부른다. 예를 들어 $G_p(s)=1/(s^2+a^2)$인 경우 과도응답은 $y(t)=\sin(at),\quad t\geq 0$ 으로 구해진다. 이 응답은 정현파이므로 끊임없이 진동하는 특징이 있다.

실습예제 3.18

$G_5(s)=1/(s^2+1^2)$ 에 대해 제어입력 $u(t)=0$ 이고, 초기조건이 $x(0)=[1,-1]'$ 일 때의 응답을 Simulink를 사용하여 그래프로 도시하라.

풀이

$G_5(s)$ 의 동적방정식은 $A=[0-1;1,\quad 0]$; $b=[1;\ 0]$; $c=[0,\ 1]$; $d=0$으로 구해지며, Simulink의 연산 결과는 그림 3.25와 같다.

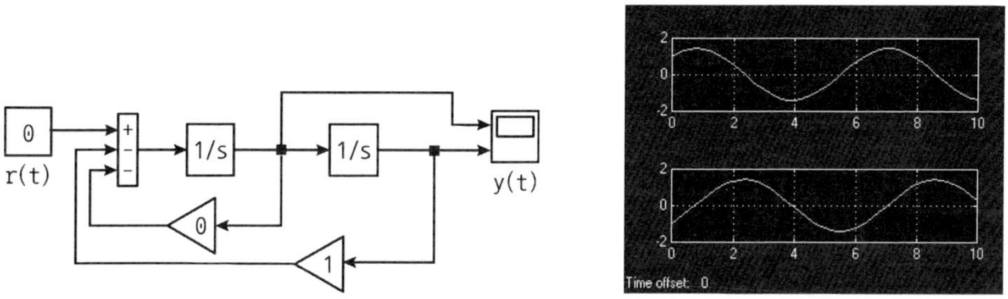

(a) (b)

〈그림 3.25〉 실습 예제 3.18의 연산 결과

극점이 공액 복소근일 경우의 감쇠비의 크기는 $0<\zeta<1$이며 과소 감쇠 또는 부족(under-damped) 감쇠라 부른다. 부족 감쇠인 경우에 2차 시스템의 과도응답은 식 (3.30)과 같으므로 지수함수적으로 감소하는 정현파의 특성을 갖는다.

$$y(t)=\frac{\omega_n}{\sqrt{1-\zeta^2}}e^{-\zeta\omega_n t}\sin[\omega_n\sqrt{(1-\zeta^2)}\ t] \tag{3.30}$$

실습예제 3.19

$G_6(s)=5/(s^2+s+5)$에 대해 제어입력 $u(t)=0$이고, 초기조건이 $x(0)=[1,\ -1]'$ 일 때의 응답을 Simulink를 사용하여 그래프로 도시하라.

풀이

$G_6(s)$ 의 동적방정식은 $A=[-1-2;1\ \ 0]$; $b=[1;\ 0]$; $c=[0\ \ 2]$; $d=0$으로 구해지며, Simulink의 연산 결과는 그림 3.26으로 주어진다.

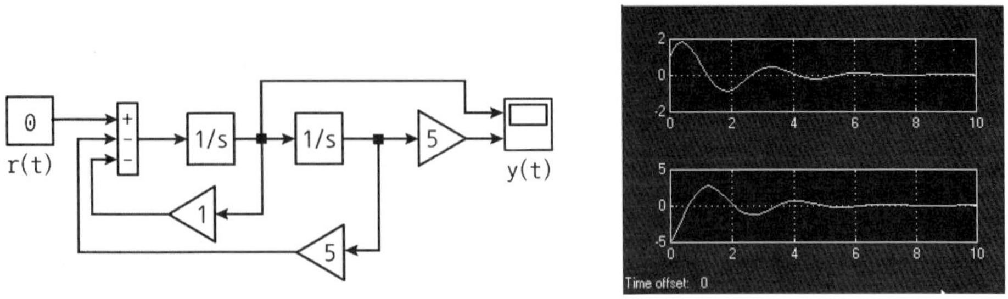

(a) (b)

〈그림 3.26〉 실습 예제 3.19의 연산 결과

극점이 공액 복소근인 경우 단위계단응답은 식 (3.31)과 같이 주어진다.

$$\begin{aligned} y(t) &= 1 - \frac{1}{\sqrt{1-\zeta^2}} e^{-\zeta\omega_n t} \sin\left[\omega_n \sqrt{(1-\zeta^2)}\, t + \theta\right] \\ &= 1 - \frac{1}{\sqrt{(1-\zeta^2)}} e^{-t/\tau} \cos\left[\omega_d t - \psi_d\right] \end{aligned} \tag{3.31}$$

여기서, $\theta = \cos^{-1}\zeta$, $|\sigma| = \zeta\omega_n$, $\tau = 1/|\sigma| = 1/(\zeta\omega_n)$, $\omega_d = \omega_n\sqrt{1-\zeta^2}$ 이다.

식 (3.31)의 단위계단응답에서 제어시스템의 설계 사양(design specification)으로 사용하는 세 가지 중요한 공식이 유도된다. 첫 번째 공식은 응답이 첨두값의 10%에서 90%까지 도달하는데 걸리는 상승시간이다. 상승시간(rising time)의 근사식은 $t_r \simeq (0.6 + 2.16\zeta)/\omega_n$, $(0.3 \le \zeta \le 0.8)$로 주어진다. 두 번째 공식은 퍼센트 오버슈트(overshoot)로 퍼센트 오버슈트(PO)의 근사식은 $100\exp(-\zeta\pi/\sqrt{1-\zeta^2})$ 으로 감쇠비이다. 마지막으로 최종치의 ±2% 이내에 도착하는 정착시간(settling time)은 $t_s = 4\tau = 4/\sigma = 4/(\zeta\omega_n)$을 사용한다.

그림 3.27은 s 평면에 일정 ω_n 궤적, 일정 ζ 궤적, 일정 σ 궤적, 그리고 일정 ω 궤적을 도시한 것이다.

그림 3.27(a)는 일정 ω_n 궤적이다. 근 s 가 일정 ω_n을 따라 반시계 방향으로(즉, 허수축으로) ζ가 감소한다. ω_n이 일정하고 ζ가 감소하면 오버슈트 및 정착시간은 증가하며, 정착시간은 감소한다.

그림 3.27(b)는 일정 $\zeta(=\cos\theta)$ 궤적이다. 근 s가 일정 ζ을 따라 원점에서 멀어지면 ω_n이 증가한다. ζ가 일정하고 ω_n이 증가하면 상승시간과 정착시간은 감소한다. 그러나 ζ가 일

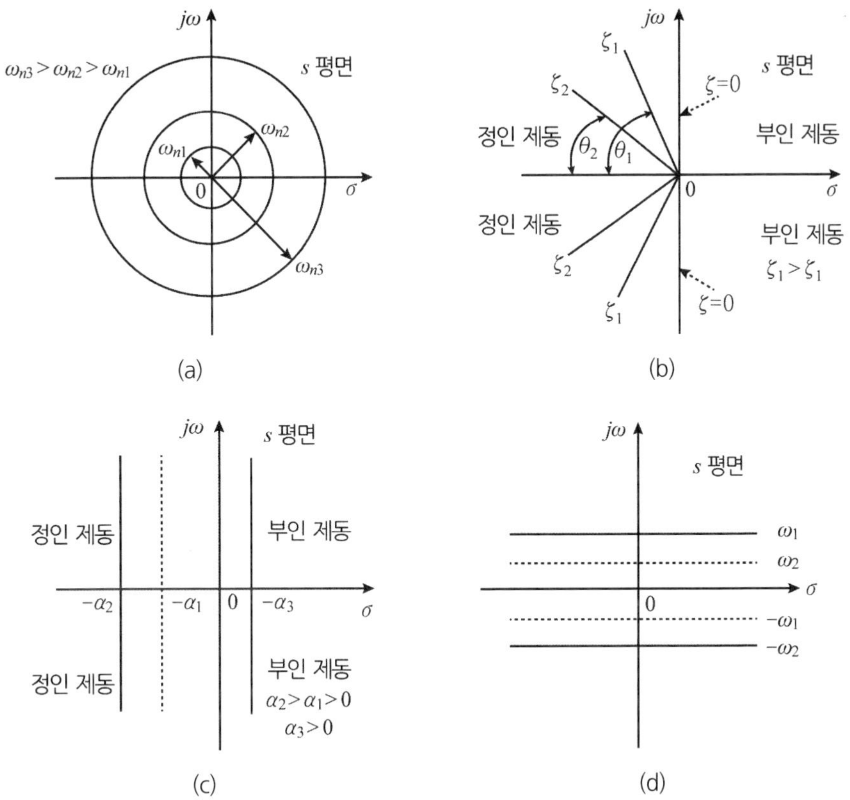

<그림 3.27> (a) 일정 ω_n 궤적 (b) 일정 ζ 궤적 (c) 일정 σ 궤적 (d) 일정 ω 궤적

정한 값이므로 퍼센트 오버슈트는 불변이다.

그림 3.27(c)는 일정 $\sigma(=\zeta\omega_n)$ 궤적으로 일정 제동인자 궤적이라고도 한다. 근의 허수값을 일정하게 유지하면서 근이 원점에서 멀어질수록(즉, 좌측으로 수평 이동) ζ와 ω_n이 모두 증가하므로 σ가 증가한다. 시정수 τ는 제동인자 σ의 역수이므로 제동인자가 증가하면 시정수가 작아지므로 응답속도가 빨라지게 된다. ζ가 증가하므로 퍼센트 오버슈트는 감소하고, ζ와 ω_n이 모두 증가하므로 정착시간도 크게 감소한다.

그림 3.27(d)는 일정 $\omega\left(=\omega_n\sqrt{1-\zeta^2}\right)$ 궤적이다. 근의 실수부를 일정하게 유지하고 원점에서 멀어질수록(즉, 위로 수직 이동), ζ은 감소하고 ω_n은 증가한다. ζ가 감소할수록 퍼센트 오버슈트는 증가한다. ζ은 감소하고 ω_n은 증가할수록 상승시간은 크게 감소한다.

실습예제 3.20

제어대상 $G_p(s) = \dfrac{\omega^2}{s(s+2\zeta\omega_n)}$ 에 대해 설계 사양이 다음과 같을 때 원하는 우세 복소근을 계산하고 s 평면에 도시하시오.

설계사양 : ① 퍼센트 오버슈트 $po \leq 10[\%]$, ② 정착시간 $t_s \leq [\mathrm{sec}]$

풀이

설계 사양이 원하는 영역을 도시하기 위해 명령어 **sgrid**를 사용하였다.

(1) $\zeta = \sqrt{\ln(po/100)^2/(\pi^2 + \ln(po/100)^2)} = 0.5912$, $\omega_n = 4/(\zeta \times t_s) = 1.3532$ 이므로 원하는 우세 복소근은 $s_{1,2} = -\zeta\omega_n \pm j\omega_n\sqrt{1-\zeta^2} = -0.8 \pm j1.0915$ 이 된다.

(2) 근궤적을 그리기 위해 원형 2차 시스템의 제어대상 $G_p(s) = \dfrac{\omega_n^2}{s(s+2\zeta\omega_n)}$ 을 사용하였다. 명령어 **sgrid(zeta, wn)**는 근궤적 명령어 **rlocus**와 함께 사용해야 한다.

```
po=10; ts=5; x=(log(po/100))^2; zeta=abs(sqrt(x/(pi^2+x)));
wn=4/(zeta*ts); sigma=zeta*wn; s1=-sigma+j*wn*sqrt(1-zeta^2)
ng=[wn^2]; dg=[1 2*zeta*wn 0]; sysg=tf(ng, dg); rlocus(sysg);
sgrid(zeta,wn); axis([-2 0.1 -2 2])
```

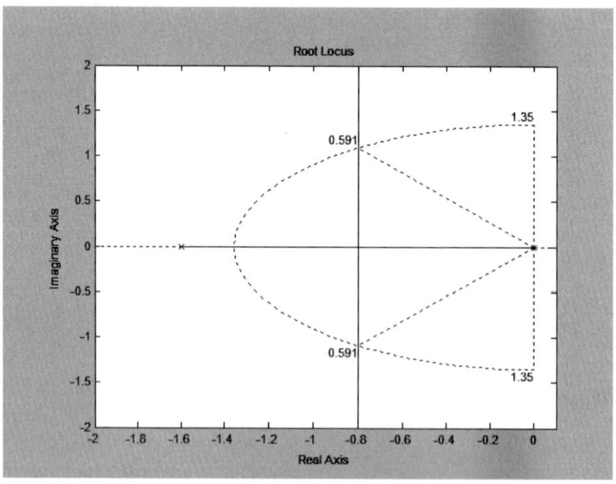

〈그림 3.28〉 실습예제 3.20의 연산 결과

실습예제 3.21

원형 2차 시스템 $G(s) = \dfrac{\omega_n}{s^2 + 2\zeta\omega_n s + \omega_n^2}$ 에서 고유주파수가 $\omega_n = 2$로 일정할 때, 감쇠비 $\zeta = 0.6,\ 1,\ 1.4$의 변화에 따른 응답을 동일한 그래프에 도시하시오.

풀이

감쇠비가 $\zeta = 0.6$일 때는 부족 감쇠, $\zeta = 1$일 때는 임계 감쇠, 그리고 $\zeta = 1.4$일 때는 과도 감쇠이다.

```
wn=2; z1=0.6; z2=1; z3=1.4;
num=wn^2; d1=[1 2*z1*wn wn^2]; d2=[1 2*z2*wn wn^2];
d3=[1 2*z3*wn wn^2]; t=[0:0.01:10];
y1=step(num, d1, t); y2=step(num, d2, t); y3=step(num, d3, t);
plot(t, y1, t, y2, '--', t, y3, ':'), grid
xlabel('t(sec)'), ylabel('Output y(t)'), title('Step Response')
legend('Underdamped', 'Critically damped', 'Overdamped')
```

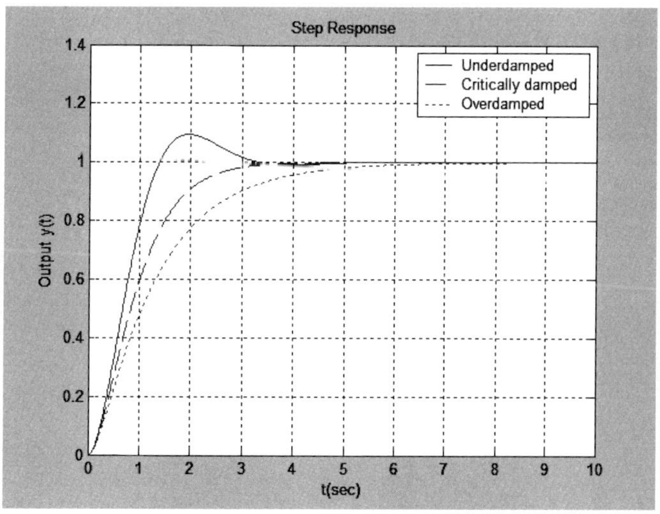

〈그림 3.29〉 실습예제 3.21의 연산 결과

3.3.4 고차 시스템의 과도응답

앞 절에서 논의한 퍼센트 오버슈트, 상승시간 또는 정착시간 등의 근사식은 원형 2차 시스템에만 적용이 가능하다. 그러나 3차 이상의 고차 시스템에서 우세근 실수값보다 10배 이상 원점에서 멀리 위치한 극점이나 영점은 우세근의 원리(the principle of dominant pole)를 적용하여 제거할 수 있다. 고차 시스템의 우세근이 복소근인 경우, 원형 2차 시스템에서 정의한 설계 사양을 근사적으로 적용할 수 있으며, 이때 고차 시스템의 감쇠비나 고유주파수를 각각 상대적(relative) 감쇠비, 상대적 고유주파수라고 한다.

3차 이상의 고차 시스템은 우세근의 원리에 의해 저차 시스템으로 간략화 할 수 있다. 시스템을 간략화 할 때에는 원래 시스템과 간략화 시스템의 정상상태응답(steady-state response)은 반드시 일치해야 하고, 모든 주파수 영역에서 Bode의 크기곡선이 가급적 일치해야 한다는 간략화 원칙을 준수해야 한다. 일반적으로 간략화 저차 모델은 원래의 시스템에 비해 감쇠비가 작아지는 경향이 있다. 따라서 상승시간은 조금 짧아지고 퍼센트 오버슈트는 약간 증가하는 것으로 알려져 있다.

가장 간단한 모델 간략화(model reduction) 방법은 비우세극(insignificant pole)을 제거하는 것이다. 예를 들어, 식 (3.32)로 주어진 제어대상에서 극점 $s=-30$ 은 비우세근으로 우세근인 $s=-2$ 보다 10배 이상 원점에서 멀리 떨어져 있으므로 제거할 수 있다. 간략화 방법은 식 (3.33)과 같다.

$$G_1(s)=\frac{60}{s(s+2)(s+30)} \tag{3.32}$$

$$G_2(s)=\frac{60}{s(s+2)(s+30)}=\frac{60}{30s(s+2)(s/30+1)}=\frac{2}{s(s+2)} \tag{3.33}$$

실습예제 3.22

식 (3.32)와 식 (3.33)에 대해 물음에 답하시오.

(1) 각각의 전달함수에 대해 단위계단응답을 구하고, 상승시간, 퍼센트 오버슈트, 정상상태 응답과 정착시간을 그래프에 표시하라.

(2) 각각의 전달함수에 대해 Bode 선도를 그리고, 크기곡선의 일치 여부를 판별하시오.

풀이

명령어 **step(sys,t)**과 **Bode(sys,w)**를 사용한다.

(1) **step(sys,t)**를 사용하면 단위계단응답에 상승시간, 퍼센트 오버슈트, 정상상태 응답과 정착시간을 그래프에 표시할 수 있다.
그림 3.30(a)는 원래의 전달함수의 식 (3.32)에 대한 특성으로 상승시간은 1.47[초], 퍼센트 오버슈트는 5.3[%], 정착시간은 4.28[초], 그리고 정상상태 응답은 1이다. 반면에 그림 3.30(b)는 간략화 전달함수의 식 (3.33)에 대한 특성으로 상승시간이 1.82[초], 오버슈트가 4.32[%], 정착시간은 4.22[초], 정상상태 응답은 1이다.

(2) 그려진 Bode 선도에 마우스를 갖다 놓고 오른쪽 버튼을 클릭하면 시스템의 특성(Characteristic)을 그래프에 표시할 수 있다.
그림 3.30(c)와 3.30(d)에 도시된 Bode 선도는 Characteristic/Stability(Minimum crossing) 버튼을 클릭한 결과이다.
Bode 선도의 크기곡선을 살펴보면 주파수 10^{-1} [rad/sec]에서의 이득은 19.9[dB]이고, 주파수 10^{3}[rad/sec]에서의 이득은 −144[dB]로 식 (3.32)와 식 (3.33)이 일치함을 알 수 있다. 즉, 주파수 응답의 크기곡선이 일치하므로 간략화 전달함수가 원래의 전달함수에서 적절히 간략화 되었다는 것을 알 수 있다. 그러나 위상곡선에서는 원래의 전달함수의 식 (3.32)는 3차이므로 −270[deg]로 수렴하고, 간략화 전달함수의 식 (3.33)은 2차이므로 −180[deg]로 수렴한다.
그림 3.30(c)에서 이득교차점 주파수는 0.91[rad/sec], 위상여유는 63.8[deg], 위상교차점 주파수는 7.75[rad/sce], 이득여유는 30.1[dB]로 폐루프가 안정하다는 것을 판별할 수 있다. 반면에 그림 3.30(d)는 간략화 전달함수의 식 (3.33)에 대한 Bode 선도로 이득교차점 주파수 0.91[rad/sec]에서 위상여유가 65.5[deg]이다. 그러나 위상교차점 주파수와 이득여유를 확인할 수 없다. 위상교차점 주파수와 이득여유를 확인하려면 명령어 **margin**을 사용해야 한다.

```
clear all, close all
t=[0:0.01:10]; w=logspace(-1,3,400);
n1=[60]; d1=conv([1 0],conv([1 2],[1 30])); sys1=tf(n1,d1);
n2=[2]; d2=conv([1 0],[1 2]); sys2=tf(n2,d2);
sysT1=feedback(sys1,1); sysT2=feedback(sys2,1);
figure(1), step(sysT1,t), grid, figure(2), step(sysT2,t), grid
figure(3), bode(sys1,w), grid, figure(4), bode(sys2,w), grid
```

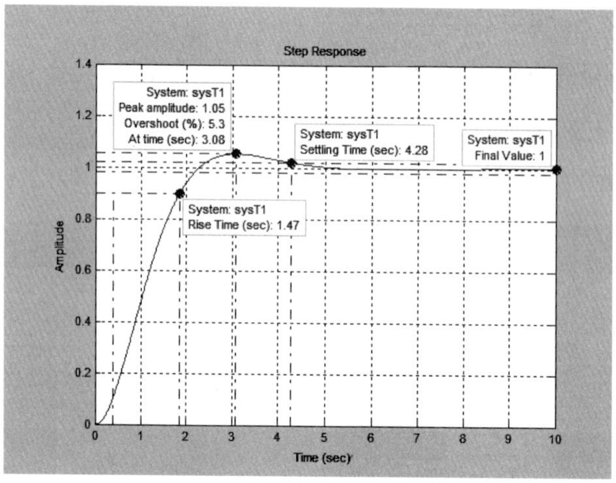

(a)

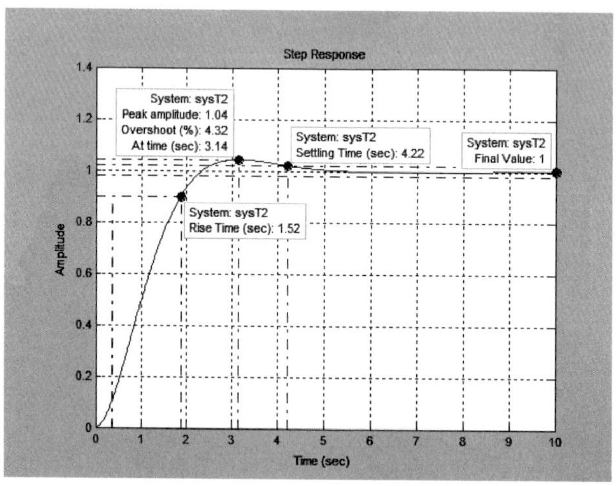

(b)

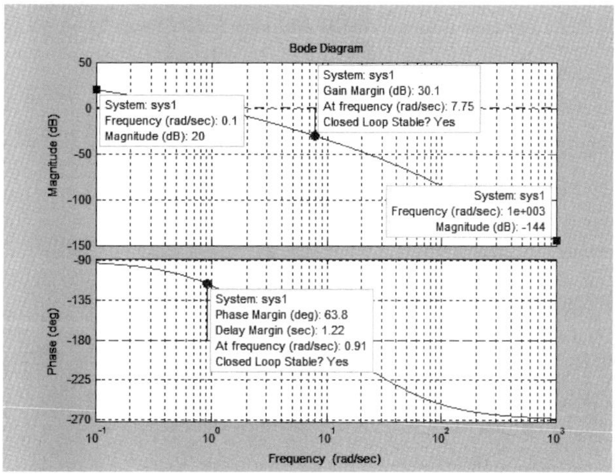

(c)

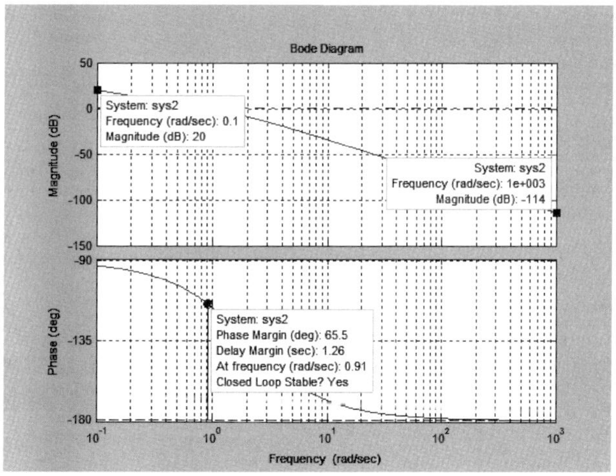

(d)

〈그림 3.30〉 실습예제 3.22의 연산 결과

모델 간략화의 다른 방법으로 저차의 전달함수의 주파수특성을 원래 시스템의 전달함수의 주파수특성과 가능한 가깝게 일치시키려는 대수적 방법, 원래 시스템의 우세근을 저차 모델에서 그대로 유지시키기 위해 분자를 근사화하여 유도하는 방법, 그리고 Routh 근사화에 대한 유한 순환 알고리즘을 이용하는 방법 등이 있다.

3.5 시험신호(test signal)와 정상상태 응답(The Steady-State Response)

제어시스템의 해석과 설계를 수행하다 보면, 제어성능을 판별할 수 있는 평가함수(performance criteria)와 시험신호(test signal)를 정의해야 할 필요가 있다. 제어시스템의 평가함수(performance criteria)로 3.3절에서 시스템의 시간응답에서 정의된 퍼센트 오버슈트, 상승시간, 정착시간 등과 주파수응답에서 정의할 대역폭, 이득여유, 위상여유, 공진주파수, 그리고 첨두공진값 등이 있다. 또한 대표적인 시험신호로는 계단입력(step input), 경사입력(ramp input), 그리고 가속도(acceleration) 입력이 있다. 선형시스템에서 실제 제어시스템에 유입되는 모든 신호들은 이들 신호들의 중첩으로 해석할 수 있다. 예를 들어 정현파(sin wave) 신호는 무수한 계단입력들의 합으로 표현된다.

식 (3.34)로 주어지는 단위계단 입력 $u(t)$는 기준입력의 순간적 변화에 대한 제어시스템의 속응성을 해석하는데 중요한 역할을 수행한다. 예를 들어 단위계단 입력은 전기회로의 전원 스위치를 순간적으로 on한 것으로 해석할 수 있다. 단위계단 입력의 라플라스 변환은 $U(s) = 1/s$이다.

$$u(t) = \begin{cases} 1, & t \geq 0 \\ 0, & t < 0 \end{cases} \tag{3.34}$$

식 (3.35)로 표현되는 경사입력은 시간 $t=0$ 이후에 일정한 기울기 k를 갖는 시간함수로 정의된다. 경사입력은 선형적으로 변하는 신호에 시스템이 어떻게 동작하는지를 검사하는 신호이다. 예를 들어 직류 모터에 경사입력이 인가되면 직류모터는 일정한 회전속도로 움직인다. 경사입력에 대한 라플라스변환은 $R(s) = 1/s^2$ 이다.

$$r(t) = k\,t\,u(t) \tag{3.35}$$

식 (3.36)으로 표현되는 가속도입력(또는 포물선입력)은 시간 $t=0$ 이후에 기울기가 변화하는 시간함수로 정의된다. 가속도입력은 비선형적으로 변하는 신호에 시스템이 어떻게 동작하는지를 검사하는 신호이다. 예를 들어 직류 모터에 가속도입력이 인가되면 모터의 속도는 증가하거나 감소한다. 식 (3.36)의 가속도입력에 대한 라플라스 변환은 $R(s) = 1/s^3$이다.

$$r(t) = kt^2/2 \tag{3.36}$$

실습예제 3.23

(1) 그림 3.30(a)에서 제어대상은 $G(s) = 1/(\tau s + 1) = 1/(0.1s + 1)$, 제어기는 PI 제어기로 $G_c(s) = K_p + K_i/s = 2 + 1/s$ 이다.
궤환시스템에 $V_1 = [0 : 0.1 : 2]'$ 시간에는 기울기 1, $V_2 = [2 : -0.1 : -2]'$ 시간에는 기울기 -1, 그리고 $V_3 = [-2 : 0.1 : 0]'$ 시간에서는 기울기 1을 갖는 삼각파 경사입력이 인가될 때 시간응답을 도시하시오.

(2) 그림 3.30(a)의 신호발생기(Function Generator) 블록을 더블 클릭하여 생성된 대화상자에서 Wave form을 sawtooth(톱니파), amplitude를 1, Frequency를 1, Units을 Hertz로 선택한 결과와 Units을 rad/sec로 선택한 결과를 도시하라.

풀이

(1) v1과 v3의 크기는 각각 21×1이고, v2는 41×1 이므로 시간 t의 크기를 83×1으로 선정해야 한다. 따라서 t=[0:0.1:8.2]로 모의실험을 수행한다. ylabel에서 '₩theta'를 사용하여 그래프에 'θ '로 표기한 것에 주의하라. 연산 결과는 그림 3.31(b)와 같다.

(2) Hertz로 수행한 연산 결과는 그림 3.32(a)와 같고, rad/sec로 수행한 연산은 그림 3.32(b)와 같다.

```
t=[0:0.1:8.2]; nc=[1 2]; dc=[1 0]; sysc=tf(nc, dc);
ng=[1]; dg=[0.1 1]; sysg=tf(ng, dg);
syscg=series(sysc, sysg); sys=feedback(syscg, [1]);
v1=[0:0.1:2]'; v2=[2:-0.1:-2]'; v3=[-2:0.1:0]'; u=[v1;v2;v3];
[y,t]=lsim(sys,u,t); plot(t,y,t,u,'--'), grid
xlabel('Time[sec]'), ylabel('\theta[rad]'), axis([0 8.2 -2.5 2.5])
```

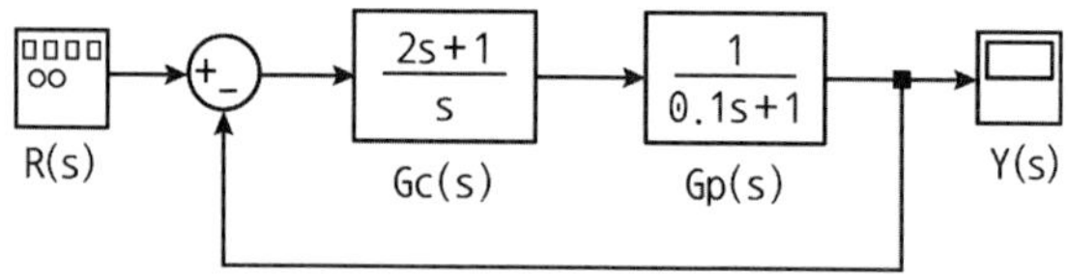

(a)

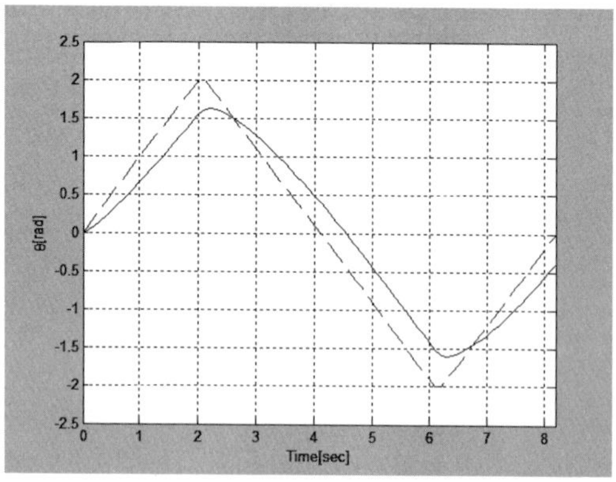

(b)

〈그림 3.31〉 실습예제 3.23의 블록선도와 (1)의 연산 결과

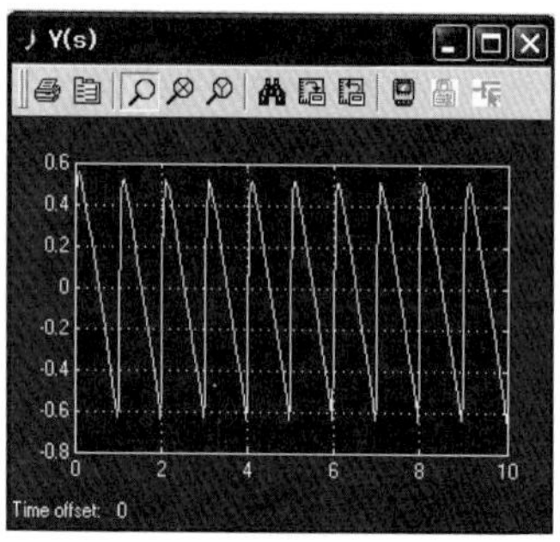

(a)

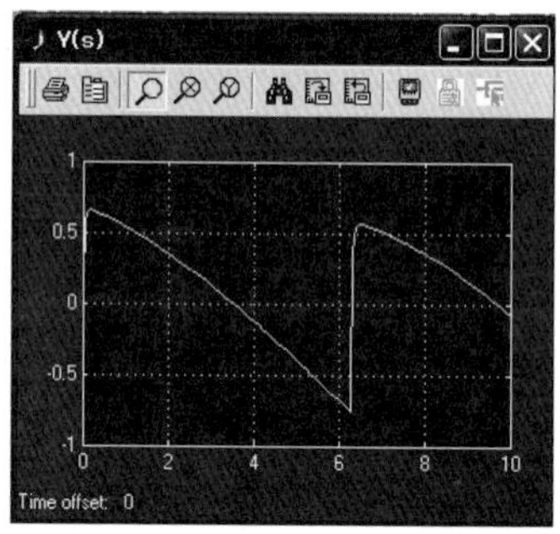

(b)

〈그림 3.32〉 실습예제 3.23 2)의 연산 결과

정상상태 응답은 안정한 시스템에 기준입력이 인가된 후 오랜 시간이 경과한 후의 응답으로 정의된다. 정상상태 응답은 불안정한 시스템에서는 정의되지 않는 신호로 출력 $Y(s)$에 대해 라플라스의 최종값 정리(final value theorem)를 사용하여 구한다.

안정한 시스템의 정상상태 응답은 가능한 입력신호와 일치하는 신호가 되어야 한다. 입력신호와 정상상태응답의 차이를 정상상태 오차(steady-state error)라 한다. 일반적으로 정상상태 오차는 오차신호 $E(s)$에 라플라스의 최종값 정리를 사용하여 구한다. 그러나 단위이득 궤환시스템에서는 간편하게 오차상수(error constant)를 이용하여 정상상태오차를 구할 수 있다.

궤환 루프에 $H(s) \neq 1$인 전달함수가 존재하는 그림 3.33의 궤환 제어시스템에서 정상상태 오차를 구하면 식 (3.37)과 같다.

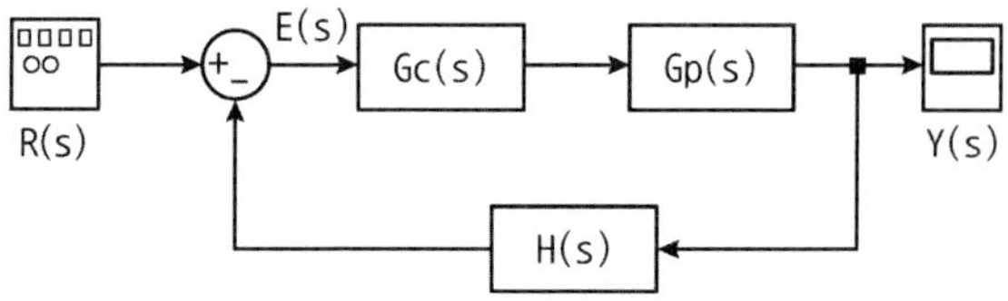

〈그림 3.33〉 궤환 제어시스템

$$E(s) = R(s) - H(s)Y(s) = R(s) - H(s)\frac{G_c(s)G_p(s)}{1+G_cG_p(s)H(s)}R(s)$$

$$= [1 - \frac{G_c(s)G_p(s)H(s)}{1+G_c(s)G_p(s)H(s)}]R(s) = \frac{1}{1+G_c(s)G_p(s)H(s)}R(s) \quad (3.37)$$

$$e(\infty) = \lim_{t\to\infty} e(t) = \lim_{s\to 0} sE(s) \quad (3.38)$$

그림 3.34는 단위이득 궤환 제어시스템의 블록선도이다. 단위이득 궤환 제어시스템의 경우에는 오차상수를 이용하여 정상상태오차를 구할 수 있다.

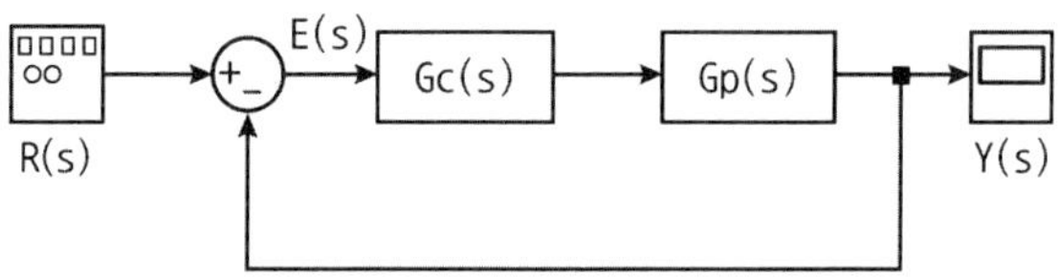

〈그림 3.34〉 단위이득 궤환 제어시스템의 블록선도

오차상수에는 계단입력에 사용하는 위치(position) 오차상수, 경사입력에 사용하는 속도(velocity) 오차상수, 그리고 가속도 입력에 사용하는 가속도(acceleration) 오차상수가 있으며, 각각 식 (3.39), (3.40), (3.41)로 정의된다.

$$\text{위치오차상수}: K_p = \lim_{s\to 0} G(s) \tag{3.39}$$

$$\text{속도오차상수}: K_v = \lim_{s\to 0} s\,G(s) \tag{3.40}$$

$$\text{가속도오차상수}: K_a = \lim_{s\to 0} s^2 G(s) \tag{3.41}$$

정상상태오차는 제어대상의 형(type)과 기준입력에 따라 오차상수를 사용하여 다르게 정의된다. 제어대상의 형은 그림 3.34에서 루프 전달함수 $G_c(s)\,G_p(s)$에서 정의된다. 루프 전달함수가 식 (3.42)으로 표현되었을 때, N이 형번호이다.

$$G_c(s)\,G_p(s) = \frac{K(s+z_1)(s+z_2)\cdots(s+z_m)}{s^N(s+p_1)(s+p_2)\cdots(s+p_n)} \tag{3.42}$$

입력의 크기 또는 기울기가 1인 경우 기준입력과 형번호에 따른 정상상태 오차를 표 3.1에 정리하였다.

〈표 3.1〉 단위이득 궤환 제어시스템의 정상상태 오차

종류 \ 형	0형	1형	2형
계단입력	$1/(1+K_p)$	0	0
경사입력	∞	$1/K_v$	0
가속도입력	∞	∞	$1/K_a$

표 3.1은 선형 제어시스템의 설계에 매우 중요한 기준이 되므로 확실한 이해가 필요하다. 예를 들어 제어대상이 0형일 때, 계단입력에 대한 정상상태 오차를 0으로 하기 위해서 필요한 제어기는 PI 또는 PID 제어기이다. 이 제어기들은 1형 이므로 제어기와 제어대상이 직렬 연결되었을 때 루프이득이 1형으로 변하게 된다.

실습예제 3.24

제어대상 $G_p(s) = 1/(s+0.5)(s+2)$과 직렬 연결된 제어기 G_c가 단위이득 궤환시스템을 구성하고 있다. 단위계단입력을 인가하였을 때 물음에 답하라.

(1) P 제어기 $G_c(s) = 0.8$을 사용할 때 정상상태 오차를 구하라.

(2) PI 제어기 $G_c(s) = 2.08 + 1.56/s$을 사용할 때 정상상태 오차를 구하라.

풀이

위치 오차상수가 $K_p = \lim_{s \to 0} \frac{0.8}{(s+0.5)(s+2)} = 0.8$ 이므로 비례제어기를 사용하는 경우 정상상태 오차는 $ess = 1/(1+0.8) = 0.5556$이 되고, 비례-미분제어기를 사용하면 1형이 되므로 정상상태 오차는 0이 된다. 그림 3.35의 그래프에 나타난 첨두치응답은 1.11, 첨두치시간은 0.22[초], 상승시간은 0.104[초], 퍼센트 오버슈트는 10.8[%], 정착시간은 0.34[초], 그리고 정상상태 응답은 1이다.

```
t=[0:0.01:10]; np=[1]; dp=conv([1 0.5],[1 2]); sysp=tf(np, dp);
nc2=[2.08 1.56]; dc2=[1 0]; sysc2=tf(nc2,dc2);
sys1=feedback(0.8*sysp, [1]);
syspc2=series(sysc2, sysp); sys2=feedback(syspc2, [1]);
y1=step(sys1,t); y2=step(sys2,t); plot(t,y1,t,y2,'--'), grid
xlabel('Time[sec]'), ylabel('y(t)')
```

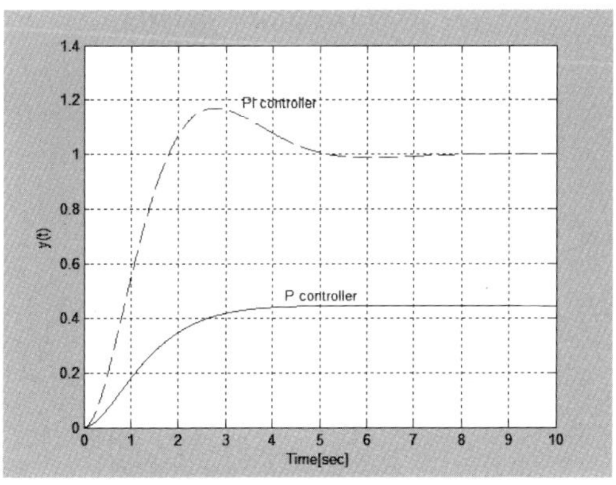

〈그림 3.35〉 실습 예제 3.24의 연산 결과

실습예제 3.25

제어대상 $G(s)=300/(s^2+20s)$의 단위이득 궤환시스템에 대해 다음의 단계를 하나의 프로그램으로 완성하시오.

(1) 폐루프 전달함수(sysall)의 단위계단응답 도시

(2) 첨두치응답(mp), 첨두치시간(tp)를 구하는 프로그램 작성

(3) while 문을 사용하여 출력이 정상상태 응답(yss)의 10%에 도달하는 시간(tr1)과 90%에 도달하는 시간(tr2)을 계산하여, 상승시간(tr=tr2−tr1) 계산

(4) 모의실험의 최종시간(finalt)에 발생하는 정상상태 응답(yss) 계산

(5) 첨두응답값(mp)와 정상상태 응답(yss)를 사용하여 퍼센트 오버슈트(pos) 계산

(6) for 문과 if 문을 동시에 사용하여 정착시간(ts) 계산

(7) 계단명령어 step

풀이

아래에 보여준 MATLAB 코드를 사용한 연산결과는 그림 3.36과 같다. MATLAB 연산 결과는 첨두치응답은 1.1084, 첨두치시간은 23[초], 상승시간은 0.11[초], 퍼센트 오버슈트는 10.8377[%], 정착시간은 0.34[초], 그리고 정상상태 응답은 1이다. 특히 MATLAB 연산 결과에 나타난 첨두치시간은 시간 벡터의 23번째 원소임을 알려주는 것이므로 시간의 증가율 0.01이 곱해져야 올바른 값이 된다.

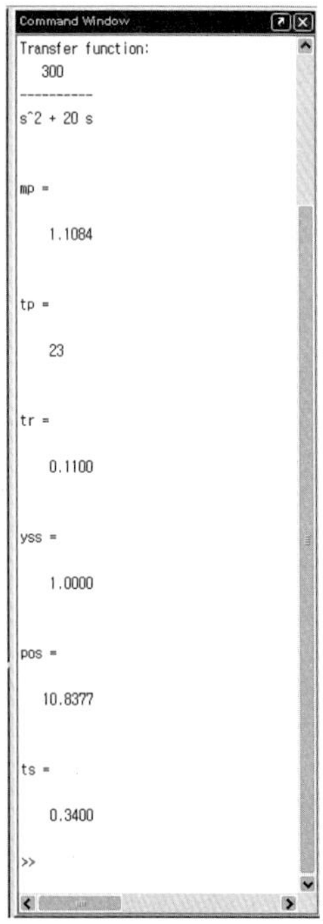

(a)

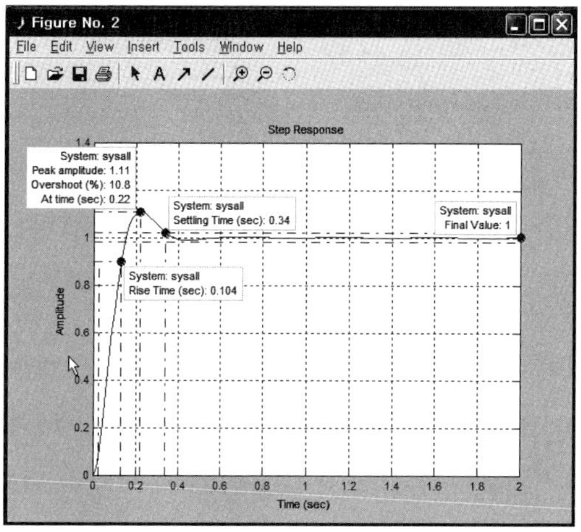

(b)

<그림 3.36> 실습예제 3.25의 연산 결과

```
clear all, close all, t=[0:0.01:2];
% step 1
ng=300; dg=[1 20 0]; sysgc=tf(ng,dg)
sysall=feedback(sysgc,1,-1); y=step(sysall,t);
figure(1), plot(t,y), grid
% step 2
[mp,tp]=max(y)
% step 3
i=1; j=1;
while y(i) <= 0.1, i=i+1; end;
tr1=t(i);
while y(j) <= 0.9, j=j+1; end;
tr2=t(j); tr=tr2-tr1
% step 4
finalt=length(t); yss=y(finalt)
% step 5
pos=100*(mp-yss)/yss
% step 6
for i=1:finalt,
    if y(i) > 1.02*yss, ts=t(i);
    elseif y(i) < 0.98*yss, ts=t(i);
    end
end
ts
figure(2), step(sysall,t), grid
```

3.6 선형시스템의 안정도(Stability)

제어시스템의 안정도는 제어기를 설계하는 과정에서 우선적으로 고려해야 할 가장 중요한 문제이다. 제어시스템이 불안정하다면 제어 성능의 개선은 있을 수 없다.

제어시스템의 안정도 판별법은 시스템의 안정도 여부만을 판별하는 절대안정도 판별법과 안정도뿐만 아니라 안정성의 크기까지 판별하는 상대안정도 판별법으로 구분된다. 절대안정도를 판별하는 방법으로 Routh-Hurwitz 판별법이 있으며, 상대안정도 판별법에는 Bode 선도, Nyquist 선도, 그리고 Nichols 선도 등이 사용된다.

선형 시불변 제어시스템의 안정도는 BIBO(Bounded Input Bounded Output) 안정도로 조사된다. 선형 시불변 시스템에 한정된 크기의 입력이 인가될 때 응답이 발산하지 않고 한정된 크기이면, 시스템은 BIBO 안정(stable) 또는 단순히 안정하다고 말한다.

이 절에서는 BIBO 안정도, 영입력 안정도 및 점근 안정도에 대해 간략하게 고찰한다. 이들 안정도는 모두 특성방정식의 근의 위치로 판정된다. 마지막으로 특성방정식의 대수적인 해를 구하지 않고도 BIBO 안정도를 판별하는 Routh-Hurwitz 안정도 판별법을 다룬다. 상대안정도 판별법인 Bode 선도, Nyquist 선도, 그리고 Nichols 선도는 다음 장에서 학습한다.

3.6.1 BIBO 안정도

선형 시불변 시스템에서 크기가 유한인 입력에 대해 시스템의 출력의 크기가 유한이면 BIBO(Bounded Input Bounded Output) 안정하다고 정의한다.

선형 시불변 시스템의 응답은 임의의 입력 $u(t)$에 대해 식 (3.40)과 같은 상승적분(convo-lution integral)으로 구해진다.

$$y(t) = \int_0^\infty u(t-\tau)\, g(\tau)\, d\tau \tag{3.43}$$

여기서 $g(t)$는 선형 시불변 시스템의 임펄스 응답이다.

식 (3.43)의 양변에서 절대값을 취하고 입력의 크기가 $|u(t)| \leq M < \infty$로 유한이라고 가정하면 식 (3.43)은 식 (3.44)로 표현할 수 있다.

$$|y(t)| = |\int_0^\infty u(t-\tau)g(\tau)d\tau| \leq M|\int_0^\infty g(\tau)d\tau| \leq M\int_0^\infty |g(\tau)|d\tau \tag{3.44}$$

식 (3.44)에서 응답의 크기가 한정되려면 식 (3.45)의 관계식이 성립해야 한다.

$$\int_0^\infty |g(\tau)|d\tau < N < \infty \tag{3.45}$$

선형 시불변 시스템이 BIBO 안정하려면 특성방정식의 모든 근이 열린 좌반면에 존재해야 한다는 것을 증명하자.

$g(t)$는 선형 시불변 시스템의 임펄스 응답이므로 라플라스 변환의 정의에 의해 식 (3.46)과 같이 주어진다.

$$G(s) = \int_0^\infty g(t)e^{-st}dt \tag{3.46}$$

여기서 $s = \sigma + j\omega$는 라플라스 연산자이다.

식 (3.46)의 양변에 절대값을 취하면 식 (3.47)과 같다.

$$|G(s)| = |\int_0^\infty g(t)e^{-st}dt| \leq \int_0^\infty |g(t)||e^{-\sigma t}|dt \tag{3.47}$$

s를 s 평면의 우반면 또는 허수축에 존재하는 $G(s)$의 극점이라고 가정하면 $G(s) = \infty$이고, $\sigma \geq 0$이므로 $|e^{-\sigma t}| \leq M = 1$이 성립한다. 따라서 식 (3.47)은 다음의 식 (3.48)과 같은 부등식이 성립한다.

$$\infty \le \int_0^\infty |g(t)||e^{-\sigma t}|\,dt \le \int_0^\infty M|g(t)|\,dt = \int_0^\infty |g(t)|\,dt \tag{3.48}$$

따라서 식 (3.48)과 식 (3.45)는 서로 모순이므로, 특성방정식의 근 중 하나라도 s 평면의 우반면이거나 허수축에 존재하면 BIBO 안정하지 못하다.

결론적으로 선형 시불변 시스템에서 특성방정식의 근의 실수부가 음수이면 BIBO 안정하고, 근의 실수부가 0이면 임계 안정(critically stable)하다고 하며, 근의 실수부가 양수이면 불안정(unstable)하다고 정의한다.

그러나, 특성방정식의 근을 의도적으로 원점 또는 허수축에 배치한 시스템은 위의 정의를 예외로 간주하여 안정한 시스템으로 인정한다. 예를 들어 제어대상이 적분기이거나 또는 dc 모터에서 위치제어계인 경우 $s=0$에 근을 가지나 안정한 시스템으로 간주하고, 발진기로 설계된 시스템이라면 특성방정식은 허수축에 공액 복소근을 갖게 되는데 이런 시스템도 안정한 것으로 간주한다.

3.6.2 영(zero) 입력 안정도

선형 시불변 시스템에 대해 기준입력이 0일 때, 시스템의 안정도는 오직 초기조건에 의한 영입력 안정도이다. 영입력 안정도는 유한 크기의 초기조건에 대해 유한 크기의 응답이어야 하고, 응답이 시간이 무한대로 접근함에 따라 응답의 크기가 평형상태(equilibrium state, 일반적으로 0)에 접근해야 한다고 정의된다. 시간이 무한대로 접근함에 따라 응답의 크기가 0이 되는 것을 점근 안정(asymptotically stable)하다고 한다. 따라서 초기조건을 입력이라 가정하면 BIBO 안정해야 하고, 점근 안정하면 영입력 안정하다고 정의한다. 영입력 안정도도 BIBO 안정하다는 측면에서 특성방정식의 모든 근이 s 평면의 열린 좌반면에 위치해야 한다.

선형 시불변 시스템의 초기조건에 의한 영입력 안정도는 앞 절에서 실행한 실습 예제 3.12 ~ 3.15에서 확인하였다.

3.6.3 Routh-Hurwitz 안정도 판별법

특성방정식의 대수적인 해를 구하지 않고도 BIBO 안정도를 점검하는 방법으로 Routh-Hurwitz 안정도 판별법이 있다. Routh-Hurwitz 안정도 판별법은 선형 시불변 시스템의 안정 여부만 판별할 수 있는 절대안정도 판별법이다.

특성방정식의 모든 계수가 0이 아닌 실수이고 같은 부호이면 Hurwitz 조건을 만족한다고 말한다. Hurwitz 조건은 선형 시불변 시스템이 BIBO 안정하기 위한 필요조건이다. 따라서 Hurwitz 조건을 만족하지 않으면 Routh-Hurwitz 판별을 수행하지 않고도 불안정하다고 판정할 수 있다. 반면에 Routh-Hurwitz 판별법은 선형 시불변 시스템이 BIBO 안정하기 위한 필요충분조건이다.

Routh-Hurwitz 판별을 수행하기 위해서는 특성방정식의 계수를 사용하여 Routh 배열(array)를 작성한 다음, Routh 배열의 첫 열(column)에서 부호의 변화가 없으면 그 시스템은 BIBO 안정하다고 말한다. 만약 배열의 첫 열에서 부호가 바뀌면, 부호 변화의 회수가 불안정한 근의 개수가 된다.

Routh-Hurwitz 판별법은 선형 시불변 시스템의 BIBO 안정도를 조사하는데 이용되기도 하지만, 근궤적 기법에서 근궤적이 허수축과 만나는 점을 계산하는데 이용된다. 근궤적이 허수축과 만나는 점이 제어시스템이 불안정해지는 임계안정한 값이므로 제어기의 이득을 선택할 때 허수축에서 멀게 선택하는 것이 좋다. MATLAB에서는 명령어 **roots** 또는 **eig**를 사용하여 특성방정식의 근을 직접 계산한다.

실습예제 3.26

제어대상 $G(s) = 300/(s^2 + 20s)$의 단위이득 궤환 제어시스템의 안정도를 판별하라.

풀이

폐루프 전달함수를 구한 후, 전달함수의 분모에 명령어 roots를 적용한다. 연산 결과, 특성방정식의 근이 $s = -10 + j14.1421$이므로 시스템은 안정하다.

실습예제 3.27

식 (3.49)로 주어진 동적시스템에 대해 안정도를 판별하시오.

$$\dot{x}(t)=\begin{bmatrix}0 & 1 & 0\\ 0 & 0 & 1\\ -2 & -1 & -5\end{bmatrix}x(t)+\begin{bmatrix}0\\0\\1\end{bmatrix}u(t) \tag{3.49}$$

풀이

시스템 행렬 A 을 입력한 후 eig(A)를 적용한다.

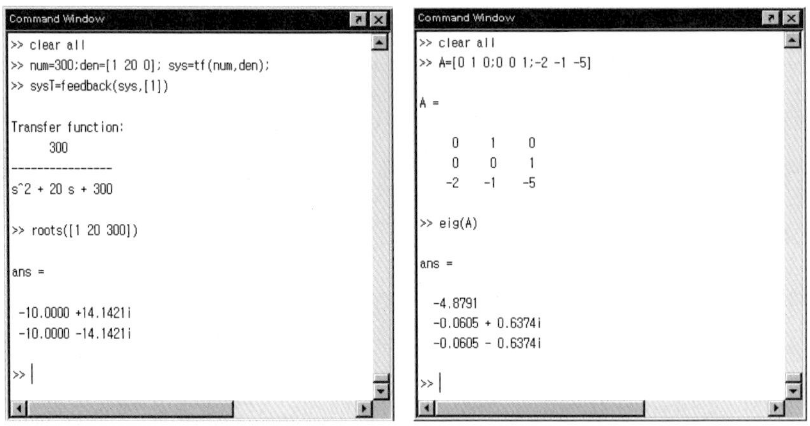

(a) (b)

<그림 3.37> 실습 예제 3.27의 연산 결과

3-1 전달함수 $G(s)=(s+3)/(s^2+3s+2)$에 대해 MATLAB을 사용하여

(1) 특성방정식의 근,

(2) 극점으로부터 특성전달함수 유도, 3) 전달함수를 부분분수로 전개하라.

3-2 제어대상이 $G_p(s)=\omega_n^2/s(s+2\zeta\omega_n)$에 대해 고유주파수 $\omega_n=1$이다. 감쇠비가 $\zeta=0.1,\ 0.3,\ 0.5,\ 0.7,\ 0.9$로 변화할 때, 단위계단에 대한 폐루프 응답을 MATLAB을 사용하여 구하고, 하나의 그래프에 도시하라.

3-3 전기자 제어방식 DC모터의 전달함수는 $\dfrac{\dot{\theta}(s)}{V(s)}=\dfrac{K}{(Js+b)(Ls+R)+K^2}$ 이다. DC 모터의 정격 매개변수가 표 3p.1로 주어질 때, MATLAB을 이용하여 아래의 질문에 답하라.

〈표 3p.1〉 그림 3p.1의 매개변수

Moment of Inertia of the Rotor(J)	0.01$[kg\cdot m^2/\sec^2]$
Damping Ratio of the Mechanical System(b)	0.1$[Nms]$
Electromotive Force Constant($K=K_e=K_t$)	0.01$[Nm/Amp]$
Electric Resistance(R)	1$[\Omega]$
Electric Inductance(L)	0.5$[H]$
Input : Source Voltage	$[V]$
Output : Position of Shaft	$[\theta]$

(1) 특성방정식의 근을 유도하고, 극점으로부터 특성방정식을 유도해보라.

(2) 전달함수에 대해 부분분수를 유도해보라

(3) 단위계단입력에 대한 응답을 도시하고 오버슈트, 정착시간, 그리고 정상상태값을 확인해보라.

(4) 전달함수를 사용한 Simulink 모델을 구성하고, 계단응답을 구해보라.

(5) 동적방정식을 유도하고, 고유값과 고유벡터를 구해보라.

(6) 동적방정식에 대해 기준입력이 0이고 초기조건이 $[1;-1]$ 일 때, 초기조건에 의한 응답을 initial과 lsim을 사용하여 도시해보라.

(7) 동적방정식을 사용한 Simulink 모델을 구성하고, 초기조건이 0일 때 단위계단입력에 대한 응답을 Scope 블록에서 확인해보라.

(8) 동적방정식의 Simulink 모델에서 6)의 초기조건을 사용한 응답을 Scope 블록에 표시하라.

3-4 실습예제 3.1에 대해 단위이득을 갖는 폐루프 시스템을 구성하고, 물음에 답하라.

(1) 폐루프 특성방정식의 근을 유도하고, 극점으로부터 특성방정식을 유도해보라.

(2) 단위계단입력에 대한 응답을 도시하고 오버슈트, 정착시간, 그리고 정상상태값을 확인하고, 개루프 시스템의 응답과 비교해보라.

(3) 전달함수를 사용한 Simulink 모델을 구성하고, 단위계단응답을 확인하라.

(4) 동적방정식에 대해 기준입력이 0이고 초기조건이 $[1;-1]$ 일 때, 초기조건에 의한 응답을 initial과 lsim을 사용하여 도시해보라.

(5) 동적방정식의 Simulink 모델을 구성하고, 초기조건이 0일 때 단위계단입력에 대한 응답을 Scope 블록에서 확인해보라.

(6) 동적방정식의 Simulink 모델에서 6)의 초기조건을 사용한 응답을 Scope 블록에 표시하라.

3-5 제어기와 제어대상의 전달함수가 각각 아래와 같을 때 물음에 답하라.

$$G_c(s) = K(s+50)/(s+200),\ G_p = 41.67/(s^2+16.7s+83.3)$$

(1) 제어기와 제어대상이 직렬 연결되어 있을 때 단위이득을 갖는 폐루프 전달함수를 구해보라.

(2) 제어기의 이득이 $K = 1,\ 5,\ 10$ 일 때 단위계단응답을 구해보라.

3-6 실습문제 3.3에 대해 비례제어기 K가 종속 연결되었다. 다음 물음에 답하시오.

(1) 단위계단입력에 대한 응답을 도시하고 오버슈트, 정착시간, 그리고 정상상태값을 확인해보라.

(2) 전달함수를 사용한 Simulink 모델을 구성하고, 계단응답을 구해보라.

(3) 동적방정식을 유도하고, 기준입력이 0이고 초기조건이 $[1; -1]$ 일 때, 초기조건에 의한 응답을 initial과 lsim을 사용하여 도시해보라.

(4) 동적방정식을 사용한 Simulink 모델을 구성하여 초기조건이 0일 때 단위계단입력에 대한 응답을 Scope 블록에서 확인해보라.

3-7 아래의 시스템 A를 제어기, B를 제어대상이라고 가정할 때 물음에 답하라.

시스템 A : $\dot{x} = \begin{bmatrix} -2 & 0 \\ 0 & -1 \end{bmatrix} x + \begin{bmatrix} 3 \\ 1 \end{bmatrix} u,\ y = [1\ \ 0]\,x + [0]\,u$

시스템 B : $\dot{x} = \begin{bmatrix} 0 & 1 \\ -2 & -3 \end{bmatrix} x + \begin{bmatrix} 0 \\ 1 \end{bmatrix} u,\ y = [1\ \ 0]\,x + [0]\,u$

(1) 시스템 A와 시스템 B가 직렬 연결되었을 때, 동적방정식을 유도하라.

(2) 시스템 A와 시스템 B가 궤환 연결되었을 때, 동적방정식을 유도하라.

3-8 제어대상 $G_p(s) = \dfrac{\omega^2}{s(s+2\zeta\omega_n)}$ 에 대해 설계 사양이 다음과 같을 때 물음에 답하라.

설계사양 : 계단입력에 대한 ① 오버슈트 $po \le 5[\%]$, ② 정착시간 $t_s \le 4[\mathrm{sec}]$

(1) 원하는 복소근을 계산하고, pzmap을 사용하여 s 평면에 도시하라.

(2) 단위이득을 갖는 폐루프 전달함수를 유도하여 설계사양에 의한 단위계단응답을 도시하라.

3-9 제어대상 $G_p(s) = 300/(s^2 + 20s)$의 단위이득 궤환 제어시스템의 안정도를 roots를 사용하여 판별해보라.

3-10 폐루프 특성방정식 $q(s) = s^4 + 8s^3 + 17s^2 + (K+10)s + aK = 0$에 대해 매개변수 a와 K가 각각 $a = [0.1 : 0.01 : 3]$, $K = [20 : 1 : 120]$의 범위에서 변화할 때, 매개변수 a와 K의 안정한 범위를 도시하는 프로그램을 작성해보라.

CHAPTER

4

선형시스템의 해석 기법

선형시스템의 설계 방법은 해석 기법에 따라 크게 달라진다. 시간 영역에서는 근궤적 기법이 사용되고 있으며, 주파수 영역에서는 Bode 선도, Nyquist 선도 또는 Nichols 선도 등의 주파수응답 기법이 사용되고 있다.

이 장에서는 4.1절에서 근궤적 기법을 학습하고, 4.2절에서는 주파수응답 기법에 대해 학습한다.

4.1 근궤적(root locus) 기법

근궤적 기법은 1948년 Evans에 의해 도입되었다. 근궤적이란 특성방정식에 포함되어 있는 매개변수 K의 변화에 따른 근의 궤적을 특성방정식의 크기조건과 위상조건을 만족하도록 s 평면에 도시한 것이다. 이 중 $0 \leq K < \infty$ 구간의 궤적을 근궤적, $-\infty < K \leq 0$ 구간의 궤적을 대응 근궤적(complementary root locus)이라 하며 전 구간의 궤적을 완전 근궤적이라 한다. 그러나 근궤적에서 사용하는 매개변수 K는 일반적으로 제어기의 이득이므로 $0 \leq K < \infty$의 구간이 물리적인 의미가 있다. 매개변수가 2개 이상일 때의 근궤적을 근 칸투어(root contour)라고 한다.

그림 4.1의 궤환 제어시스템의 폐루프 전달함수는 식 (4.1)과 같다.

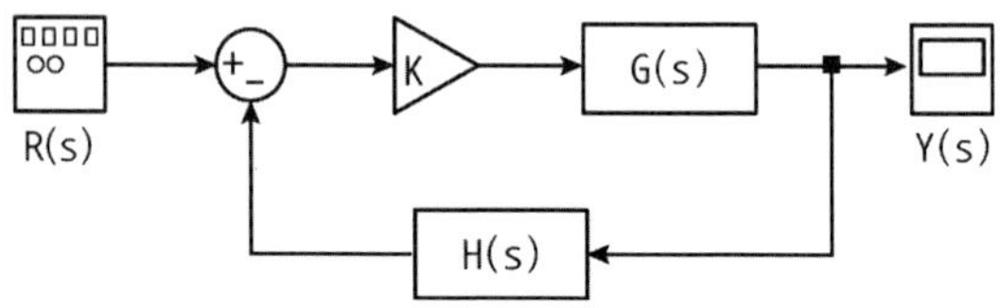

〈그림 4.1〉 궤환 제어시스템

$$T(s) \equiv \frac{Y(s)}{R(s)} = \frac{KG(s)}{1+KG(s)H(s)} \equiv \frac{p(s)}{q(s)} \tag{4.1}$$

식 (4.1)의 특성방정식은 $q(s)=1+KG(s)H(s)=0$이다. 특성방정식을 복소수로 표현하면 $KG(s)H(s)=-1+j0$이 되고, 크기와 위상을 갖는 극좌표로 표현하면

$|KG(s)H(s)|\angle KG(s)H(s) = -1 + j0$이 된다. 따라서 크기 조건은 식 (4.2)와 같고, 위상 조건은 식 (4.3)과 같다.

$$|KG(s)H(s)| = 1 \tag{4.2}$$

$$\angle KG(s) = (2i+1) \times \pi, \ \ i = 0, \ \pm 1, \ \pm 2, \ \ldots \tag{4.3}$$

예를 들어 식 (4.4)로 주어진 특성방정식에 대한 근궤적이 도시되었다고 가정하였을 때, 근궤적 상의 임의의 점 $s = s_1$에 대한 K 의 크기와 그 점에서의 위상을 구해보자.

$$q(s) = 1 + KG(s)H(s) = 1 + \frac{K}{s(s+2)} \tag{4.4}$$

임의의 점 $s = s_1$에서의 크기 조건은 $\left|\frac{K}{s(s+2)}\right|_{s=s_1} = \frac{K}{|s_1||s_1+2|} = 1$이므로 $K = |s_1||s_1+2|$이다. 이때 $|s_1|$ 은 원점(극점 $s=0$)에서 s_1 까지의 벡터의 크기이고, $|s_1+2|$ 는 극점 $s=-2$에서 s_1 까지의 벡터의 크기이다. 또한 임의의 점 $s = s_1$의 위상은 $\angle \frac{K}{s(s+2)}\Big|_{s=s_1} = -\angle s_1 - \angle (s_1+2)$이다. 여기서 $\angle s_1$은 x 축을 기준으로 반시계 방향으로 원점에서 s_1 까지의 벡터가 이루는 각도이고 $\angle (s_1+2)$는 극점 $s=-2$ 에서 점 s_1 까지의 벡터가 이루는 각도이다.

근궤적 기법을 일반화하기 위해 특성방정식이 식 (4.5)의 형태로 주어졌다고 가정하자.

$$q(s) = 1 + KG(s)H(s) = 1 + L(s) = 0 \tag{4.5}$$

루프전달함수 $L(s)$ 가 $L(s) = \frac{K(s+z_1)(s+z_2)\ldots(s+z_m)}{(s+p_1)(s+p_2)\ldots(s+p_n)}$ 으로 주어진다면, 크기 조건은 식 (4.6)과 같으며, 위상 조건은 식 (4.7)과 같다.

$$|L(s)| = \frac{K|s+z_1||s+z_2|\ldots}{|s+p_1||s+p_2|\ldots} = 1 \tag{4.6}$$

$$\angle L(s) = \angle(s+z_1) + \angle(s+z_2) \ldots - \angle(s+p_1) - \angle(s+p_2) - \ldots$$
$$= (2i+1)\times\pi,\ i=0,\ \pm 1,\ \pm 2,\ \ldots \tag{4.7}$$

근궤적을 특성방정식의 크기조건과 위상조건을 만족하도록 s 평면에 도시해 보면, 모든 근궤적은 실수축에 대해 대칭이다. 근궤적은 극점($K=0$인 점)에서 시작해서 영점($K=\infty$ 인 점)에서 끝난다. 따라서 시스템의 차수(즉, 특성방정식의 차수)인 n 개의 근궤적이 존재한다. 일반적으로 제어시스템에서 영점의 개수는 극점의 개수보다 부족하므로, 근궤적을 완성하기 위해서는 부족한 수만큼 무한대에 영점이 존재한다고 가정한다. 실수축 상의 어느 구간의 오른쪽에 위치하는 극점과 영점의 개수가 홀수이면, 그 구간의 오른쪽에 위치하는 극점과 영점의 위상은 모두 0[°]이므로 그 구간에 위치하는 점은 위상 조건에 의해 근궤적의 구간이 된다.

대부분의 근궤적은 실수축을 따라 진행하거나 점근선으로 수렴한다. 이때 점근선의 각도 θ와 점근선이 실수축과 만나는 점 σ는 각각 식 (4.8)과 식 (4.9)에 의해 계산된다. 극점과 영점의 차(즉, $n-m$)가 3 이상이면 근궤적이 허수축을 지나게 된다. 근궤적과 허수축과의 교차점은 Routh-Hurwitz 안정도 판별법을 사용하여 계산하며, 이때 계산되는 K 의 크기가 제어기 이득의 상한이 된다.

$$\theta = \frac{(2i+1)\times\pi}{|n-m|},\ \ i=0, \pm 1, \pm 2, \ldots \tag{4.8}$$

$$\sigma = \frac{\sum(\text{극점의 실수부}) - \sum(\text{영점의 실수부})}{|n-m|} \tag{4.9}$$

실수축에서 두 개의 근궤적이 반대 방향으로 진행하다 한 점에서 서로 만나면 그 점에서 이탈하여 점근선으로 접근한다. 두 근이 실수축에서 멀어지는 점을 이탈점(breakaway point)이라 하며, 이탈점은 루프전달함수 $L(s)$ 또는 특성방정식에서 유도된 $K(s)$의 방정식을 라플라스 연산자인 s에 대해 미분하여 구한다. 즉, $dK(s)/ds = dL(s)/ds = 0$ 을 사용한다.

근궤적에 극점이 추가되면 추가되는 극점이 원점에 가까워질수록 점근선 각도와 교차점의 크기가 감소하므로 근궤적이 오른쪽으로 밀리는 경향이 발생하여 상대안정도가 감소하게 된다. 즉, 제어대상이 2차 시스템인 경우에는 근궤적이 허수축과 교차하게 되고, 3차 이상의 시스템에서는 점근선의 각도가 작아져서 교차점이 낮아지게 된다. 따라서 제어기 이득의 크기가 제한을 받게 된다. 근궤적에 영점이 추가되면 극점 추가와 반대 현상이 발생한다.

시간지연(delay time) e^{-sT} 의 Pade 1차 근사식은 $e^{-sT} \cong (2/T-s)/(2/T+s)$로 구해진다. 예를 들어 $e^{-0.1s} \cong (-s+20)/(s+20)$이 된다. 이와 같이 영점이 s 평면의 우반면에 존재하는 시스템을 비최소 위상시스템(non-minimum phase system)이라고 한다. 따라서 시간지연이 있는 시스템의 특성방정식은 식 (4.10)으로 변한다.

$$1-KG(s)H(s)=0 \tag{4.10}$$

식 (4.10)을 식 (4.5)와 비교해 보면 크기조건은 동일하나, 위상조건이 $\angle KG(s)H(s) = 0^\circ$ or 360°으로 변화하게 된다. 따라서 실수축 상의 어느 한 구간에서 오른쪽에 존재하는 극점의 개수와 영점의 개수의 합이 짝수이면 그 구간이 근궤적 구간이 된다.

근궤적 기법을 이용한 제어기의 설계 절차는 아래와 같다.

① 설계사양을 사용하여 폐루프 시스템의 원하는 극점(또는 영점) $s=s_1$을 결정한다.

② 제어대상의 극 · 영점 map을 s 평면에 도시한다.

③ 근궤적의 위상 조건을 사용하여 제어기의 영점(또는 극점)의 위치를 결정한다.

④ 크기 조건을 사용하여 제어기의 이득을 계산한 후 모의실험을 실행한다.

⑤ 설계사양을 만족하지 않으면, 제어기의 극점 또는 영점을 조정하여 재설계를 수행한다.

근궤적을 이용하여 제어기를 설계할 때, 근궤적이 설계사양이 원하는 영역에 포함되지 않는 경우가 종종 발생한다. 이런 경우에 설계된 제어기는 결국 설계사양을 만족하지 못한다. 따라서 근궤적이 원하는 영역에 포함되지 않으면, 설계를 중단해야 한다. s 평면에 설계사양이 원하는 영역을 도시하는 방법을 실습예제 4.3과 실습예제 4.5에서 학습하기 바란다.

실습예제 4.1

$q(s) = 1 + \dfrac{K}{s^3 + 3s^2 + 2s}$ 에 대해 물음에 답하라.

(1) 근궤적을 도시하고, 명령어 sgrid(zeta, wn)를 사용하여 고유주파수 $\omega_n = 0.5$이 일정할 때, ζ가 0.5에서 0.1씩 증가해서 0.8까지의 원하는 영역을 도시하라.

(2) 명령어 rlocus를 사용하여 이득 $K = [1\ \ 2]$일 때 특성방정식의 근을 구하라.

풀이

근궤적 기법에서 사용하는 기본적인 MATLAB 명령어에 대해 연습한다.

(1) **rlocus(sys)** 또는 **rlocus(num,den)**을 사용하여 근궤적을 도시한다. 근궤적을 도시한 후 **sgrid (zeta, wn)**를 사용하면, 도시된 근궤적에 지정된 고유주파수를 반경으로 하는 원과 지정된 감쇠비를 갖는 점선이 추가된다.

(2) **rlocus(sys,K)**는 이득을 갖는 벡터로 지정하면, 각 이득에 해당하는 폐루프 극점을 연산 결과로 나타낸다. 이 예제의 차수는 3차이므로 세 개의 근이 구해진다.

```
num=1; den=[1 3 2 0]; rlocus(num, den)
sgrid([0.5 :0.1 :0.8], 0.5), axis([-2.5 1 -0.8 0.8])
[clpoles,k]=rlocus(num,den,[1 2])
```

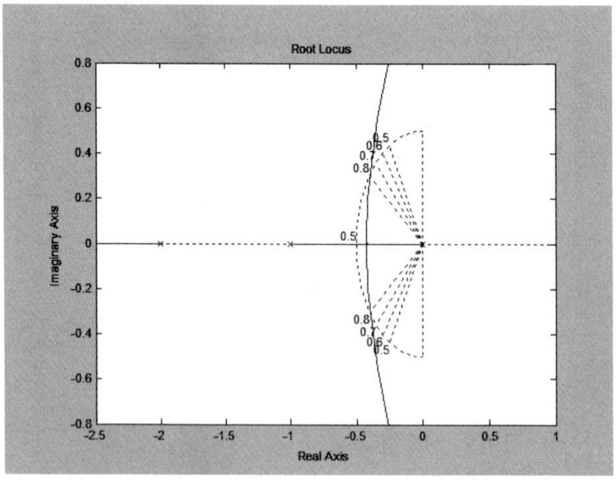

(a)

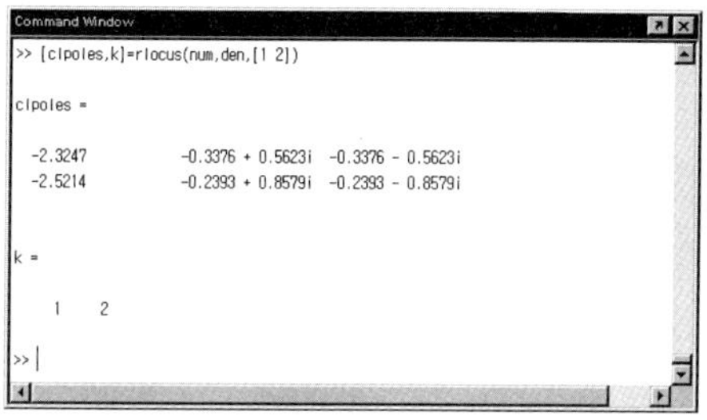

(b)

〈그림 4.2〉 실습예제 4.1의 연산 결과

실습예제 4.2

루프이득 $G(s)H(s) = K/s(s+2)(s+4)^2$을 갖는 시스템의 근궤적을 도시하시오.

풀이

루프이득의 분모를 명령어 **conv**를 이용하여 입력한다. 근궤적이 도시된 후, 그래프의 근궤적에 마우스의 커서를 놓고 클릭하면 커서가 손가락 모양으로 바뀌면서 그림과 같이 폐루프 시스템의 시간 응답 특성을 알 수 있는 대화상자가 나타난다. 여러 개의 대화상자를 표시할 수 있으므로 필요한 퍼센트 오버슈트와 감쇠비를 선택할 수 있도록 연습해 보자.

```
ng=[1]; dg=conv([1 0], conv([1 2], conv([1 4], [1 4])));
rlocus(ng, dg), axis([-10 5 -8 8])
```

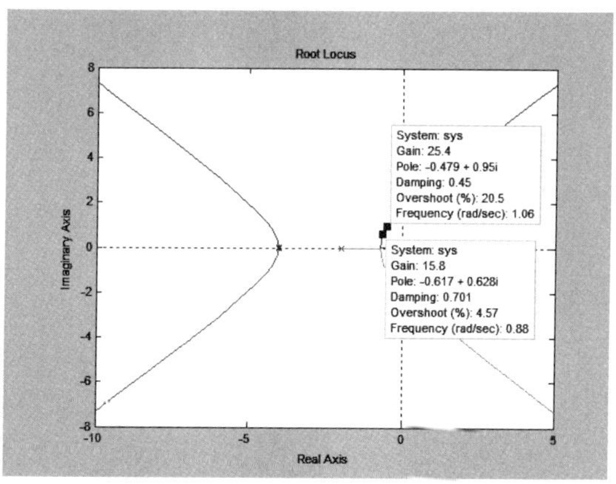

〈그림 4.3〉 실습예제 4.2의 결과

실습예제 4.3

$G(s)H(s)=\dfrac{K(s+1)}{s(s-1)(s+4)}$ 에 대해 물음에 답하라.

(1) 근궤적을 도시하고 커서를 이용하여 퍼센트 오버슈트가 최소가 되는 감쇠비를 찾으시오.

(2) 설계사양으로 감쇠비는 $\zeta=0.2$이고 고유주파수가 $\omega_n=3$일 때 s 평면에 설계사양이 원하는 영역을 도시하라.

풀이

(1) 이 예제는 불안정한 시스템으로 근궤적이 극점에서 출발하여 허수축을 지난 후에 안정한 시스템이 된다. 근궤적에서 $K=15.8$일 때 $\zeta=0.218$, $\omega_n=3.09$로 오버슈트는 49.6[%]이다. 이때가 주어진 제어대상에 대한 최소 오버슈트이다.

```
num=[1 1]; den=conv([1 0],conv([1 -1],[1 4]));
rlocus(num,den), axis([-3 2 -10 10])
```

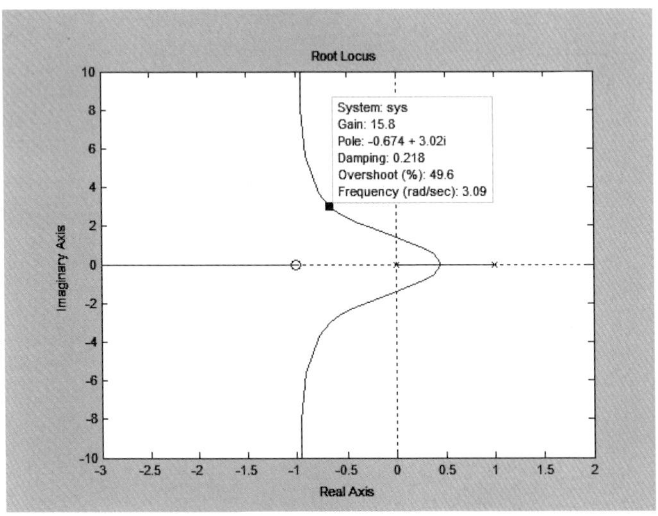

(a)

(2) 근궤적을 그린 후에 **axis**로 근궤적의 범위를 지정한다. **hold on**을 사용하여 근궤적에 원하는 영역을 그린다. 변수 x 와 y 를 사용하여 감쇠비가 원하는 점선을 생성하고, 변수 $x = xc$ 와 c 를 사용하여 반경 $\zeta\omega_n$의 원을 점선으로 생성한다. 변수 x의 시작은 **axis**의 **xmin**은 −3이다. s 평면에 원하는 영역을 도시한 후 **rlocfind**를 사용하여 구해진 제어기의 이득은 K=15.3574이며, 그 때의 근궤적 상의 근은 s =-1.6803, -0.6599 ± j2.9503이다.

```
clear all, close all
num=[1 1]; den=conv([1 0], conv([1 -1],[1 4]));
rlocus(num,den), axis([-3 2 -10 10])
hold on, zeta=0.2; wn=3; x=[-3:0.1:-zeta*wn]; y=-(sqrt(1-zeta^2)/zeta)*x;
xc=[-3:0.1:-zeta*wn]; c=sqrt(wn^2-xc.^2);
plot(x, y, ':',x, -y, ':', xc, c, ':', xc, -c, ':'), hold off
[K, poles]=rlocfind(num,den)
```

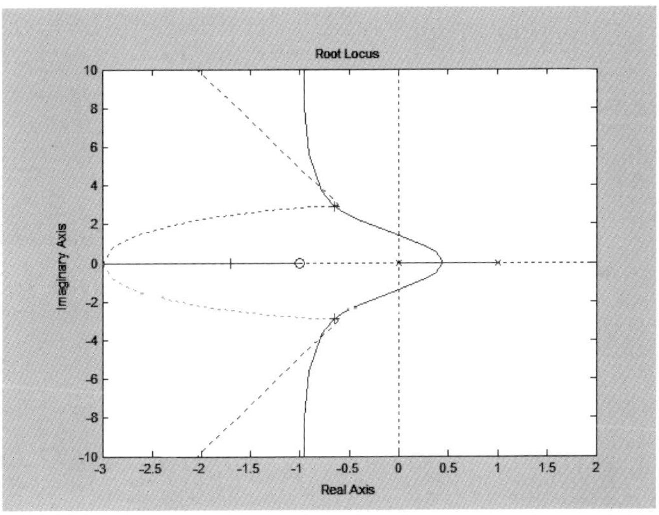

(b)

〈그림 4.4〉 실습예제 4.3의 결과

실습예제 4.4

루프이득 $G(s)H(s) = e^{-0.1s}/(s+1)$을 갖는 시스템의 근궤적을 도시하시오.

풀이

이 예제는 공정제어시스템의 예이다. 지연시간(delay time) e^{-sT}의 Pade 1차 근사는 $e^{-sT} \cong (2/T-s)/(2/T+s)$로 MATLAB 명령어 [nd,dd]=pade(T,n)을 사용하여 구할 수 있다. 여기서 n은 근사화 차수로 정수값으로 큰 값일수록 정밀한 근사식이 된다. Pade 1차 근사식을 사용하면 $e^{-0.1s} \cong (-s+20)/(s+20)$ 이 된다.

지연시간이 있는 시스템의 근궤적이므로 실수축 상의 근궤적 구간이 극점의 개수와 영점의 개수의 합이 짝수인 부분으로 변한다는 사실에 주의해야 한다. 실제로 그림 4.5의 근궤적을 살펴보면 제어대상의 극점 $s=-1$과 지연시간에 의한 극점은 $s=-20$으로 안정한 근이나, 지연시간에 의한 영점은 $s=20$으로 비최소 위상시스템이 된다. 따라서 $s=-1$과 $s=-20$에서 출발한 근궤적이 $s=-8.34$에서 이탈하여 $s=49.7$에서 만나, 하나는 지연시간의 영점으로 하나는 무한대로 발산하게 된다.

```
[nd,dd]=pade(0.1,1); ng=[1]; dg=[1 1];
num=conv(nd,ng); den=conv(dd,dg); rlocus(num,den), axis([-20 60 -30 30])
```

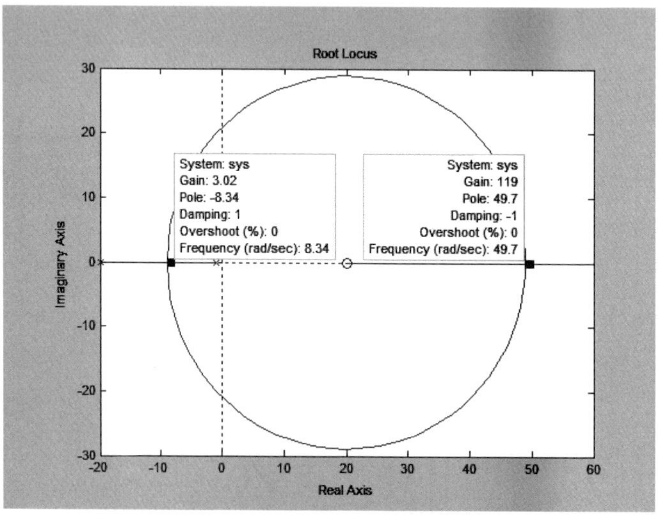

〈그림 4.5〉 실습예제 4.4의 연산 결과

실습예제 4.5

그림 4.6(a)의 블록선도는 위치 제어시스템이다. 정확한 위치제어를 위해 tachometer를 사용하여 내부 궤환을 설치하였다. 아래의 설계사양을 만족하도록 시스템 이득 K_1과 tachometer 이득 K_2를 결정하라.

설계사양 : ① 경사입력에 대한 정상상태 오차는 입력 크기의 35[%] 이내
② 우세근의 감쇠비가 0.707 이상
③ 최종값의 2[%] 이내로의 시스템의 정착시간은 3[초] 이내

풀이

그림 4.6(a)의 폐루프 전달함수는 $T(s)=K_1/(s^2+2s+K_1K_2s+K_1)$이다. 따라서 특성방정식이 설계사양 ①을 만족하기 위해 $s^2+2s+\beta s+\alpha=0$ 이 되고, 결정해야 할 매개변수가 두 개이므로 근 칸투어로 설계해야 한다. 여기서 $\beta=K_1K_2$ 이고 $\alpha=K_1$ 이다.

속도오차상수 $K_v=\sum_{s\to 0} s\dfrac{K_1}{s^2+(2+K_1K_2)s}=\dfrac{K_1}{2+K_1K_2}$이므로, 설계사양 ①을 만족하기 위해 $ess=1/K_v=\dfrac{2+K_1K_2}{K_1}<0.3$ 의 부등식이 성립한다. $\zeta=0.707$이므로 설계사양 ③ $t_s=4/(\zeta\,\omega_n)<3$에 의해 $\sigma=\zeta\times\omega_n>4/3$, $\omega_n>1.8859$ 이다.

설계 순서는 다음과 같다.

(1) 먼저 $\beta=0$ 로 가정하면, 특성방정식은 $s^2+2s+\beta s+\alpha=s^2+2s+\alpha=0$ 이 되므로 특성방정식 $1+\alpha/(s^2+2s)=0$ 의 근궤석을 도시한다.

(2) 도시된 근궤적에서 마우스를 움직여 $\alpha=20$으로 선정한다. α가 선정되면 특성방정식은 $1+\beta s/(s^2+2s+\alpha)=0$ 이 된다. α가 반드시 20일 필요는 없으므로 다양한 선택이 가능하다. 그러나 α는 새로운 특성방정식의 근을 결정하는 매개변수이므로 α가 너무 작은 값이 되면 $\zeta=0.707$의 조건을 만족하기 어렵게 된다.

(3) $1+\beta s/(s^2+2s+\alpha)=0$에 대한 근궤적을 도시하고, 설계사양 ②와 ③이 만족하도록 β 를 선정한다.
s 평면에 설계사양이 원하는 영역을 도시하기 위해 MATLAB 명령어 $sgrid(\zeta, wn)$와 $sigrid(\zeta{*}\omega_n)$ 을 사용하였다. $sgrd(\zeta, wn)$ 는 감쇠비를 만족하는 반원을 도시하는데 사용되고, $sigrid(\zeta{*}\omega_n)$ 는 원하는 근의 실수값을 도시하는데 사용된다.

$sgrid(\zeta, wn)$ 에서 ω_n 을 써야 원칙이나 근궤적과 감쇠비의 직선이 만날 수 있도록 $2.5*wn$ 을 사용하였다. 이때 선택된 $\beta = 4.3383$ 이다.

(4) 선정된 α 와 β 를 사용하여 설계사양 ①이 만족하는지를 검토하고, 만족하지 않으면 α 또는 β 중 하나를 적절히 조절한다.

```
clear all, close all
% step 1(beta=0)
ng1=[1]; dg1=[1 2 0]; sys1=tf(ng1, dg1);
figure(1), rlocus(ng1, dg1), axis([-3 0 -5 5])
% step 2
alpha=20; ng2=[1 0]; dg2=[1 2 alpha]; sys2=tf(ng2, dg2);
figure(2), rlocus(ng2, dg2), axis([-6 2 -5 5])
zeta=0.707, ts=3; wn=4/(zeta*ts); sigma=zeta*wn;
sgrid(zeta, 2.5*wn), sigrid(sigma), beta=rlocfind(sys2)
num=[alpha]; den=[1 2+beta alpha]; sys=tf(num, den);
t=[0:0.01:10]; u=t;
[y, t]=lsim(sys, u, t); figure(3), plot(t, y, t, u, '--'), grid
```

```
function[ ]=sigrid(sig)
% SIGRID generate s-plane grid lines
error(nargchk(1,1,nargin)); hold on
% Plot sigma line
limits=axis, mx=limits(1,4); mn=limits(1,3); stz=abs(mx)+abs(mn); st=stz/50;
im=mn:st:mx; lim=length(im);
for i=1:lim, re(i) = -sig; end
re(:); plot(re, im, '.'), hold off
return
```

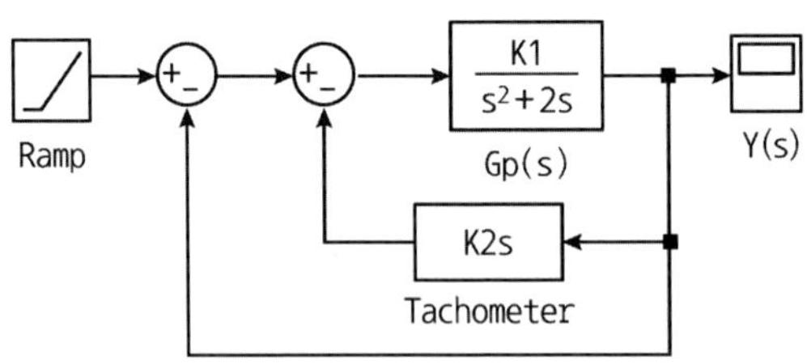

(a)

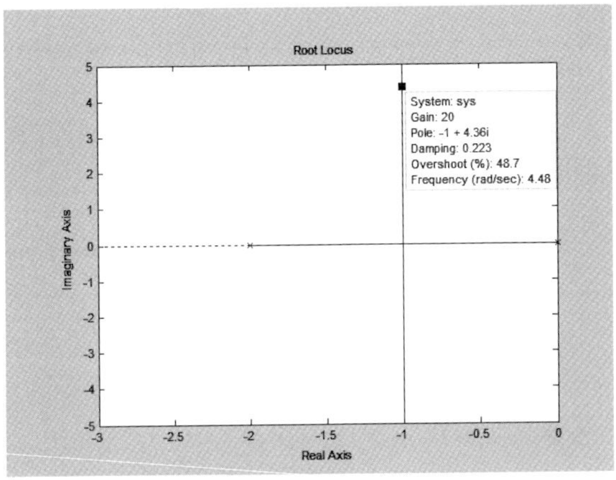

(b)

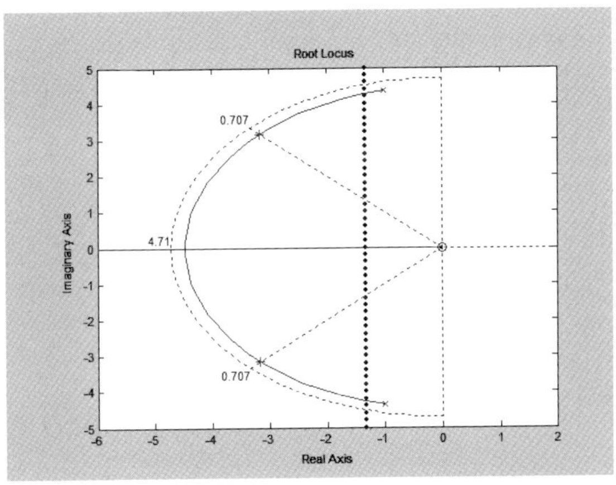

(c)

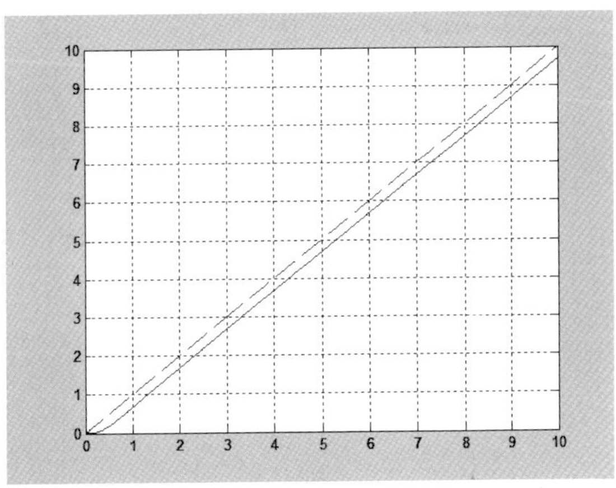

(d)

〈그림 4.6〉 실습예제 4.5의 연산 결과

실습예제 4.6

제어대상 $G(s)=1/(s+1)(s+2)$의 근궤적을 도시하고, $(s+3)$이 영점 그리고 극점으로 추가될 때의 효과를 비교하시오.

풀이

주어진 제어대상의 점근선의 각도는 90[°]이고 실수축과 만나는 점과 이탈점이 똑같은 −1이다. $(s+3)$이 영점으로 추가되면 $n-m=1$이 되어 점근선의 각도는 0[°]이 된다. 이탈점은 −1.28이다. 따라서 영점이 추가되면 근궤적이 전반적으로 왼쪽으로 이동하게 되어 상대안정도가 증가하게 된다. 반대로 극점이 추가되면 $n-m=3$이 되고 점근선의 각도는 $\pm 60, -180$[°]가 되고 실수축과 만나는 점도 −2가 되며, 이탈점은 −0.785이 된다. 즉, 극점이 추가되면 근궤적이 전반적으로 오른쪽으로 이동하여 상대안정도가 감소한다.

```
n1=[1]; d1=conv([1 0], [1 2]); rlocus(n1,d1), hold on
n2=[1 3]; d2=conv([1 0], [1 2]); rlocus(n2,d2), hold on
n3=[1]; d3=conv([1 0],conv([1 2], [1 3])); rlocus(n3,d3), hold off
```

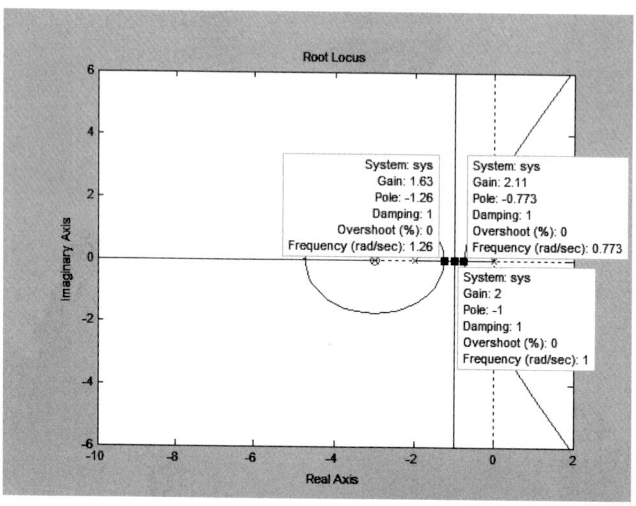

〈그림 4.7〉 실습예제 4.6의 결과

실습예제 4.7

제어대상 $G_p(s) = \frac{1}{s^2}$에 진상보상기 $G_c(s) = \frac{6(s+2)}{(s+12)}$가 직렬 연결되었다. 근궤적을 도시하고 진상보상기의 영향을 고찰하라.

풀이

제어대상의 근궤적은 원점에서 허수축의 상하로 진행하는 근궤적이다. 진상보상기가 연결되면 보상기의 영점($s=-2$)이 극점($s=-12$)보다 원점에 가까우므로 영점의 영향이 크게 나타나게 된다. 따라서 근궤적이 왼쪽으로 밀리는 경향이 있다.

제어대상은 불안정한 시스템($\zeta=0$)이다. 따라서 진상보상기를 연결하여 일정한 값 이하의 감쇠비를 갖도록 보상되었다. 여기서 일정한 값이란 그림 4.8에서 살펴보면 원점에서 근궤적까지 직선을 그을 때 가질 수 있는 최대 ζ (이 예제의 경우는 0.724)가 존재한다는 의미이다. 진상보상기의 영점($s=-2$)을 원점으로 이동하면서 ζ의 크기를 조사해 보라. 일반적으로 진상보상기를 사용하면 상승시간은 짧아지고 오버슈트는 증가한다.

```
ng=[1]; dg=[1 0 0]; sysg=tf(ng,dg); rlocus(sysg), hold on
nc=6*[1 2]; dc=[1 12];sysc=tf(nc,dc); sys=series(sysc,sysg);
rlocus(sys), hold off
```

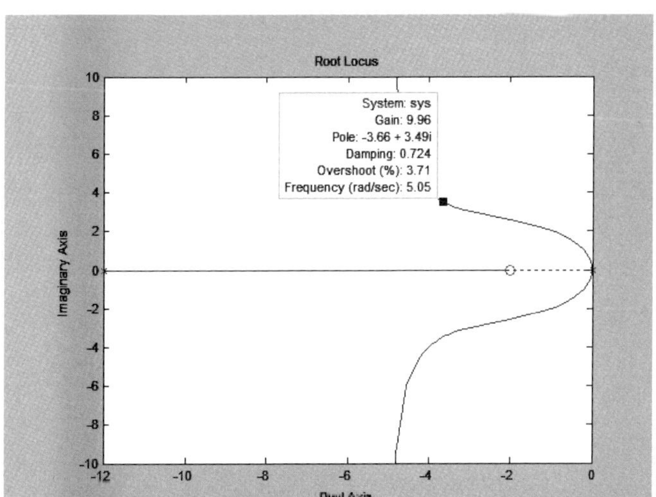

〈그림 4.8〉 실습예제 4.7의 결과

실습예제 4.8

제어대상 $G_p(s) = \dfrac{1}{s(s+2)}$ 에 지상보상기 $G_c(s) = \dfrac{(s+0.15)}{10(s+0.015)}$ 가 직렬 연결되었다. 근궤적을 도시하고 지상보상기의 영향을 고찰하라.

풀이

제어대상의 근궤적은 두 개의 극점(원점, $s=-2$)에서 서로 마주 보고 출발하여 이탈점 $s=-1$에서 상하로 진행한다. 제어대상에 지상보상기가 직렬 연결되면 두 개의 극점(원점, 보상기 극점 $s=-0.015$)에서 마주 보고 출발한 근궤적이 $s=-0.00768$에서 이탈한 후 x 축을 대칭으로 하는 원운동을 하다가, $s=-0.326$에서 합체하여 하나는 제어기의 영점($s=-0.15$)으로 또 하나는 x 축의 음의 방향으로 진행하다가 제어대상의 극점($s=-2$)과 $s=-0.898$ 에서 서로 이탈하여 상하로 진행한다. 따라서 지상보상기를 직렬 연결하면 지상보상기의 극점의 영향이 크게 나타나므로 제어대상의 근궤적이 오른쪽으로 밀리는 경향이 발생한다.

이 예제에서 근 궤적의 어느 부분을 선택하여도 $\zeta = 0.311$ 이상이다. 일반적으로 지상보상기를 사용하면 상승시간이 증가하고 퍼센트 오버슈트는 감소한다.

```
ng=[1]; dg=[1 2 0]; sysg=tf(ng,dg); rlocus(sysg), hold on
nc=[1 0.15]; dc=10*[1 0.015];sysc=tf(nc,dc); sys=series(sysc,sysg);
rlocus(sys), hold off
```

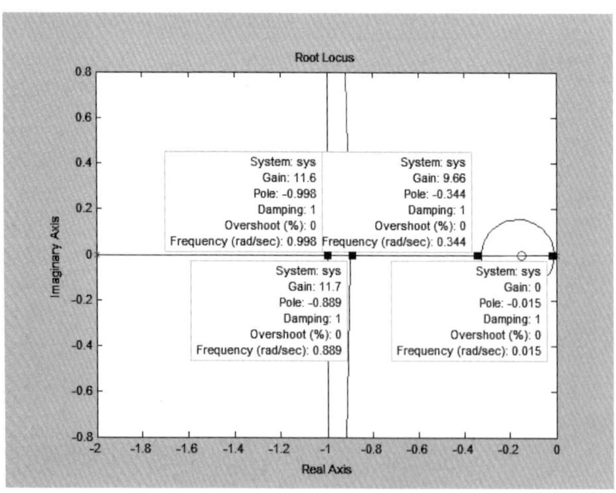

<그림 4.9> 실습예제 4.8의 결과

실습예제 4.9

$G_p(s) = \dfrac{1}{(2s+1)(0.5s+1)}$에 PI 제어기 $G_c(s) = \dfrac{2.08(s+0.75)}{s}$가 직렬 연결되었다. 근궤적을 도시하고 PI 제어기의 영향을 고찰하라.

풀이

PI제어기의 영점은 $s=-0.75$이고 극점은 원점이다. 따라서 PI 제어기는 제어기의 극점을 0에 둔 지상보상기의 특별한 형태이다. PI제어기를 도입하는 이유는 형을 하나 증가하여 계단입력에 대한 정상상태오차를 0으로 하기 위한 것이다.

이 예제에서 근궤적의 어떤 부분을 선택하여도 $\zeta = 0.806$보다 크다.

```
ng=[1]; dg=conv([2 1],[0.1 1]); sysg=tf(ng,dg); rlocus(sysg), hold on
nc=2.08*[1 0.75]; dc=[1 0];sysc=tf(nc,dc); sys=series(sysc,sysg);
rlocus(sys), hold off
```

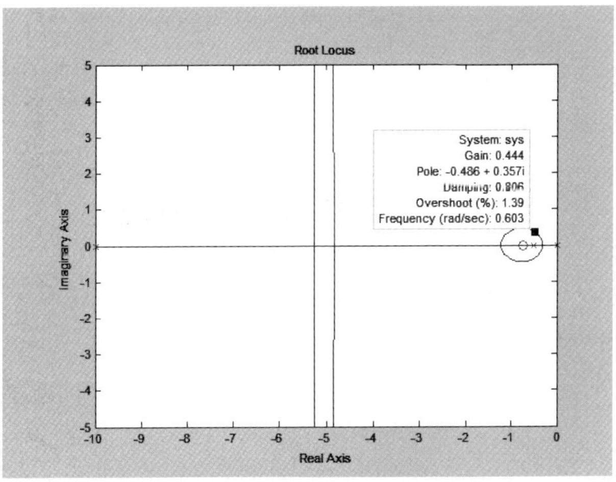

〈그림 4.10〉 실습예제 4.9의 결과

실습예제 4.10

제어대상 $G_p(s) = \frac{1}{s^2}$에 PD 제어기 $G_c(s) = 10(s+2.66)$가 직렬 연결되었다. 근궤적을 도시하고 PD 제어기의 영향을 고찰하라.

풀이

PD 제어기는 제어대상에 영점을 추가한 것이다. 그림 4.11의 근궤적을 살펴보면 제어대상의 원점에서 출발한 두 개의 근궤적이 PD 제어기의 영점 $(s+2.66)$이 추가되면서 s의 좌반면으로 이동하는 효과가 발생하였다.

```
nc=10*[1 2.66]; dc=[1]; ng=[1]; dg=[1 0 0];
num=conv(nc, ng); den=conv(dc, dg);
sys=tf(num, den); rlocus(sys), axis([-6 0 -3 3])
```

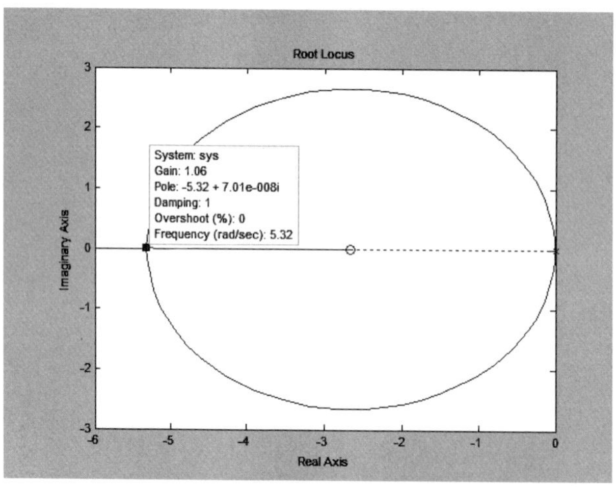

<그림 4.11> 실습예제 4.10의 결과

실습예제 4.11

$G_p(s) = \dfrac{1}{(s+2)(s+3)}$에 PID $G_c(s) = \dfrac{K(s^2+6s+10)}{s}$가 직렬 연결되었다.

(1) 근궤적을 도시하라.

(2) 근궤적에서 퍼센트 오버슈트가 2[%] 일 때의 PID 제어기의 이득 K를 구하라.

(3) 단위이득 궤환 제어시스템에서 단위계단응답을 구하라.

풀이

$G_c(s) = K_p + \dfrac{K_i}{s} + K_d s = \dfrac{K_d(s^2+as+b)}{s} = \dfrac{K_d(s+z)(s+\hat{z})}{s}$ 이다.

이때 $z=-3+j$ 이고, $\hat{z}=-3-j$ 이다.

(1) PID 제어기 설계 방법 중의 하나로 PID 제어기의 복소영점을 제어대상의 우세근보다 멀리 s의 좌반면에 배치한다. 설계사양이 만족하지 않으면 조금씩 더 멀리 배치하여 적절한 값을 선정한다. 제어기의 원점에 있는 극점과 제어대상의 우세근에서 출발한 근궤적이 제어기의 영점으로 수렴할 때 생성되는 근궤적에서 설계사양에 맞는 근을 제어기의 미분이득 K_d로 선정한다. 따라서 비례이득은 $K_p = a \times K_d$ 이고, 적분이득은 $K_i = b \times K_d$ 이 된다.

(2) 그림 4.12(a)의 근궤적에서 퍼센트 오버슈트가 2[%]일 때의 이득을 $K_d = 3.71$로 선택하였다.

(3) 이득을 명령어창에 입력하면 그림 4.12(b)의 계단응답이 생성된다. 이때 퍼센트 오버슈트가 5.67[%]로 약간 증가하였다.

```
t=[0:0.01:10]; ng=[1]; dg=conv([1 2],[1 3]); sysg=tf(ng,dg);
nc=[1 6 10]; dc=[1 0]; sysc=tf(nc,dc); sys=series(sysc,sysg);
figure(1), rlocus(sys), K=input('Kd='), sysall=feedback(K*sys, [1]);
figure(2), step(sysall,t), grid
```

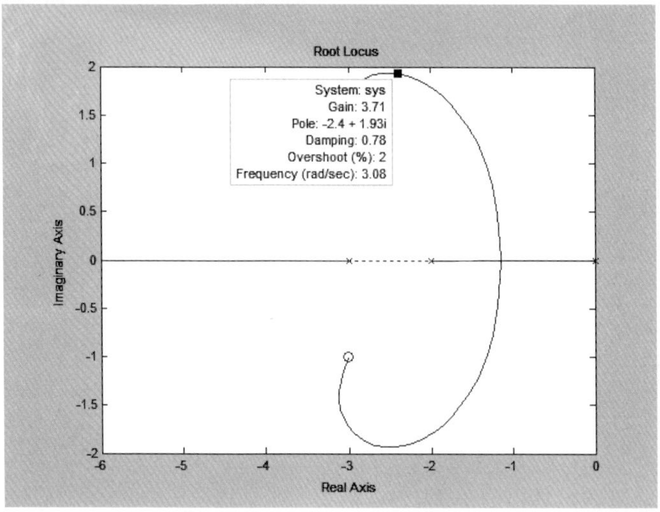

(a)

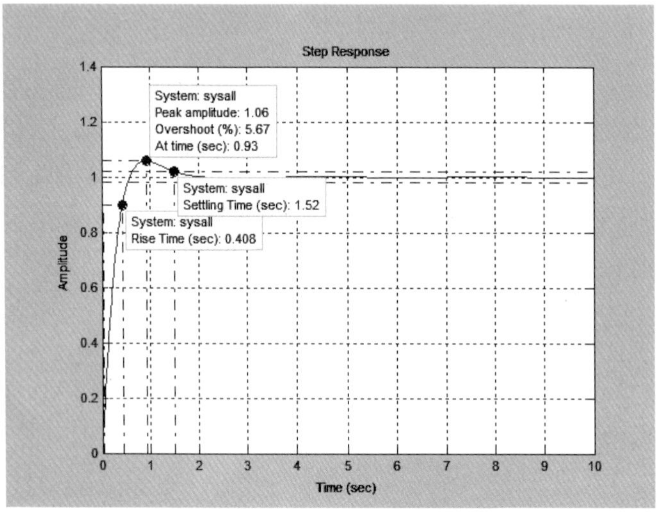

(b)

〈그림 4.12〉 실습예제 4.11의 결과

4.2 주파수응답(frequency response) 기법

주파수응답이란 안정한 선형시스템에 정현파 입력신호가 인가될 때 발생하는 시스템의 정상상태응답으로 정의된다. 안정한 시스템에 정현파 신호가 인가되면 선형시스템의 출력신호나 시스템 내부의 모든 신호들은 정상상태에서 정현파가 되고, 출력신호 또는 시스템 내부의 모든 신호들은 입력파형과 단지 크기와 위상만 다를 뿐이다.

주파수응답은 선형시스템에만 적용 가능하다는 단점이 있으나, 최근 컴퓨터와 알고리즘의 발달로 인해 단일입출력 시스템뿐만 아니라 다변수 시스템에 대한 주파수응답의 해석 및 설계에 자주 활용되고 있다.

일반적으로 간단한 신호발생기와 오실로스코프를 사용하여 주파수응답을 쉽고 정확하게 측정할 수 있다. 따라서 복잡한 수학적 모델링을 거치지 않아도 시스템의 전달함수를 유도할 수 있다는 장점이 있다.

또한, 주파수응답 기법은 Bode 선도, Nquist 선도 또는 Nichols 선도와 같은 도해적 방법을 사용하여 특성방정식의 근을 직접 계산하지 않고도 폐루프 시스템의 공칭안정도(nominal stability) 및 상대안정도(relative stability)를 조사할 수 있다는 장점이 있다.

그리고 주파수응답에 의해 시스템의 시간응답을 직접적으로 알 수는 없으나, 주파수응답과 시간응답의 상호관계를 근사식으로 표현할 수 있으므로 주파수응답 기법에 의해 설계된 제어시스템의 시간응답을 예측할 수 있다.

이 절에서는 주파수응답의 해석 및 설계에 자주 사용하는 Bode 선도에 대해 학습하고 주파수응답에 의한 설계에 사용되는 시간응답과의 관계식을 알아본다. 또한 Nyquist 선도와 폐루프 시스템의 공칭안정도 및 상대안정도에 대해 학습하고, 마지막으로 Nichols 선도를 간단하게 소개한다.

4.2.1 주파수 전달함수

선형시스템의 전달함수의 식 (4.11)에 정현파 입력신호 $u(t) = A\sin(\omega t)$이 인가되면, 출력신호의 정상상태응답은 정현파 신호로 식 (4.13)과 같이 크기는 입력신호의 크기 A와 전달함수의 크기 $|T(j\omega)|$의 곱으로 되며, 위상은 입력신호의 위상 ϕ과 전달함수의 위상 ωt의 합이 된다.

$$G(s)| = \frac{Y(s)}{R(s)}| = |T(j\omega)| \angle (\omega t) \tag{4.11}$$

$$R(s) = \frac{A\omega}{s^2 + \omega^2} = A \angle (\phi) \tag{4.12}$$

$$Y(s) = T(s)R(s) = A|T(j\omega)| \angle (\omega t + \phi) \tag{4.13}$$

주파수 전달함수 $G(j\omega)$는 주파수응답의 정의에 의해 유도된다. 즉, 안정한 선형시스템에 정현파 입력신호가 인가되면 정상상태응답은 정현파이므로 선형시스템의 시간영역 전달함수 $G(s)$의 라플라스 연산자 s에서 과도성분인 $\sigma = -\zeta \times \omega_n$는 사라지고, 정상상태 성분인 $j\omega = j\omega_n\sqrt{(1-\zeta^2)}$ 만 남는다. 따라서 s 대신에 $j\omega$를 대입한 $G(j\omega)$가 주파수 전달함수가 된다.

주파수 전달함수 $G(j\omega)$는 식 (4.14)의 복소수로 표현할 수 있다.

$$G(j\omega) = G(s)|_{s=j\omega} = Re[G(j\omega)] + jIm[G(j\omega)] = |G(j\omega)| \angle G(j\omega) \tag{4.14}$$

여기서 $|G(j\omega)| = \sqrt{(Re(G(j\omega))^2 + (Im(G(j\omega))^2}$ 이고, $\angle G(j\omega) = \tan^{-1}\frac{Im(G(j\omega)}{Re(G(j\omega)}$ 이다.

식 (4.14)의 실수부와 허수부의 크기를 직접 극좌표 평면에 도시한 것이 Nyquist 선도(또는 극좌표 선도)이고, 주파수 전달함수의 크기와 위상을 각각 주파수 ω의 함수로 도시하면 Bode 선도가 된다.

4.2.2 Bode 선도

Bode 선도는 주파수 전달함수 $G(j\omega)$의 크기와 주파수 ω와의 관계인 크기곡선, 그리고 위상과 주파수 ω와의 관계인 위상곡선으로 구성된다. 일반적으로 x 축은 주파수를 대수 눈금이고, y 축의 눈금은 크기[dB]와 위상[°]이다. 여기서 데시벨은 어떤 물리량 z 에 상용대수를 취하여 20을 곱한 값으로 $20 \times \log_{10}(z)$을 의미한다.

주파수응답이 식 (4.15)로 주어진다고 가정하자.

$$G(j\omega) = \frac{K(1 + j\omega T_z)}{j\omega(1 + j\omega T_p)[1 + j(2\zeta\omega/\omega_n) + (j\omega/\omega_n)^2]} e^{-j\omega T_d} \tag{4.15}$$

크기곡선을 그리기 위해 식 (4.15)의 양변을 $20 \times \log_{10}$를 취하면 크기[dB]는 식 (4.16)과 같으며, 위상곡선을 그리기 위해 식 (4.15)의 양변의 위상(°)을 구하면 식 (4.17)과 같다.

$$\begin{aligned} |G(j\omega)|_{dB} &= 20\log_{10}|G(j\omega)| \\ &= 20\log_{10}|K| + 20\log_{10}|1 + j\omega T_z| - 20\log_{10}|1 + j\omega T_p| \\ &\quad - 20\log_{10}|1 + (2\zeta/\omega_n)j\omega - (\omega/\omega_n)^2| \end{aligned} \tag{4.16}$$

$$\begin{aligned} \angle G(j\omega) &= \angle K + \angle(1 + j\omega T_z) - \angle(j\omega) - \angle(1 + j\omega T_p) \\ &\quad - \angle[1 + (2\zeta/\omega_n)j\omega + (\omega/\omega_n)^2] - \omega T_d \end{aligned} \tag{4.17}$$

식 (4.16)과 식 (4.17)을 살펴보면, Bode 선도의 크기와 위상을 구하는 관계식은 모두 주파수 전달함수인 유리함수가 합과 차의 대수방정식으로 변환되었다는 것을 알 수 있다.

따라서 Bode 선도의 작도는 수작업이 용이하며, 극점 또는 영점 추가의 영향도 쉽게 파악할 수 있는 장점이 있다. 또한 상용대수좌표를 사용하여 도시하므로 광범위한 주파수 범위에서 시스템의 특성을 쉽게 확인할 수 있다는 장점이 있다. 마지막으로 Bode 선도를 이용하여 오차상수와 궤환 제어시스템의 정상상태 오차를 예측할 수 있다. 예를 들어, 비보상 시스템의 Bode 선도의 크기곡선에서 주파수가 0에 가까운 저주파 영역에서 기울기가 0(수평)이면 0형 시스템의 Bode 선도이므로 이때의 크기가 $20\log_{10}K_p$와 같다. 마찬가지로 저주파 영역에서 Bode 선도의 크기곡선의 기울기가 -20[dB/decade]이면 1형 시스템의 Bode 선도이므로 0[dB]과 만나는 점의 크기가 $20\log_{10}K_v$가 된다.

마지막으로 저주파 영역에서 기울기가 -40[dB/decade]이면 2형 시스템의 Bode 선도이므로 0[dB]과 만나는 점의 크기가 $20\log_{10}\sqrt{K_a}$ 가 된다.

이득-대역폭의 곱의 고찰을 통해 개루프 시스템과 단위이득 궤환시스템의 관계를 살펴보자. 1차 시스템이 식 (4.18)로 주어질 때 단위이득 궤환시스템의 폐루프 전달함수는 식 (4.19)와 같다.

$$KG(s) = \frac{Ka}{(s+a)} \tag{4.18}$$

$$T(s) = \frac{KG(s)}{1+KG(s)} = \frac{Ka}{s+a(1+K)} \tag{4.19}$$

식 (4.18)의 개루프 시스템에서 이득은 K이고, 대역폭은 $\omega_B = a$이다. 따라서 이득-대역폭의 곱 Ka가 된다. 한편, 식 (4.19)에서 이득은 $K/(1+K)$이고, 대역폭은 $\omega_B = a(1+K)$이므로 이득-대역폭의 곱 Ka로 구해진다. 즉, 1차 시스템인 경우 이득-대역폭은 Ka는 동일하나, 폐루프 시스템의 이득은 개루프 시스템에 비해 감소하고, 폐루프 시스템의 대역폭은 개루프 시스템에 비해 증가한다는 사실을 알 수 있다. 대역폭이 증가하면 응답속도가 빨라진다. 응답속도가 빨라진다는 사실은 개루프 시스템의 시정수는 $\tau = 1/a$이고, 폐루프 시스템의 시정수는 $\tau = 1/a(1+K)$이라는 관계에서도 확인할 수 있다.

2차 시스템의 개루프 전달함수와 폐루프 전달함수를 각각 식 (4.20), 식 (4.21)이라고 가정하자.

$$KG(s) = \frac{K\omega_n^2}{s^2 + 2\zeta\omega_n s + \omega_n^2} \tag{4.20}$$

$$T(s) = \frac{K\omega_n^2}{s^2 + 2\zeta\omega_n s + (K+1)\omega_n^2} = \frac{K\omega_n^2}{s^2 + 2\zeta_{cl}\omega_{ncl} s + \omega_{ncl}^2} \tag{4.21}$$

식 (4.20)으로 주어지는 개루프 시스템의 이득은 K이며, $K=1$이라 가정하면 대역폭 $\omega_B \simeq \omega_n$이 된다. 따라서 이득-대역폭의 곱은 $K\omega_n$이다. 한편, 식 (4.21)의 폐루프 시스템에서 고유주파수는 $\omega_{ncl} = \omega_n \sqrt{K+1}$이며, 감쇠비는 $\zeta_{cl} = \zeta/\sqrt{K+1}$이고, 이득-대역폭의 곱은 $\omega_{Bcl} = \omega_n K/\sqrt{K+1}$이 된다. 즉, 2차 시스템의 경우 이득-대역폭의 곱은 일정하지 않다. 그러나 일반적으로 개루프 이득이 폐루프보다 크며, 개루프의 대역폭이 폐루프 시스템보다 작다. 따라서 개루프 보드선도에서 예측할 수 있는 폐루프 시스템의 정보는 큰 값의 K 에 대해 폐루프 시스템의 대역폭 $\omega_{Bcl} \simeq \omega_n \sqrt{K}$이므로 폐루프 시스템의 응답속도가 개루프 시스템의 응답속도보다 빨라진다. 또한, 폐루프 시스템의 감쇠비는 $\zeta_{cl} = \zeta/\sqrt{K} \simeq \sin(\Phi_{pm}/2)$이 되므로 개루프 시스템보다 퍼센트 오버슈트가 커진다. 여기서 $\zeta_{cl} = \zeta/\sqrt{K} \simeq \sin(\Phi_{pm}/2)$의 관계식은 위상여유 $\Phi_{pm} = 2\sin^{-1}(1/(2|T(j\omega_{gc})|)$에 $\omega_{Bcl} \simeq \omega_n \sqrt{K}$을 대입하면 $\Phi_{pm} = 2\sin^{-1}(\zeta_{cl})$ 에서 유도된다.

따라서 원형 2차계의 위상여유 Φ_{pm}와 감쇠율 ζ의 관계는 식 (4.22)와 같이 구해진다.

$$\Phi_{pm} = \tan^{-1}\left(2\zeta\left[\frac{1}{(4\zeta^4+1)^{1/2}-2\zeta^2}\right]^{1/2}\right) \tag{4.22}$$

식 (4.22)는 근사화에 의해 $\zeta = 0.01\Phi_{pm}$ $(\zeta \leq 0.707)$이 되며, 주파수응답의 설계에서 설계사양으로 자주 활용된다.

실습예제 4.12

1차 시스템 $G(s) = 1/(s+1)$의 Bode 선도를 도시하시오.

풀이

MATLAB 명령어 bode(sys) 또는 bode(num,den)를 사용한다. 도시된 Bode 선도에 마우스의 커서를 놓고 클릭하면 커서가 손가락 모양으로 바뀌면서 대화상자가 나타난다. 여러 개의 대화상자를 표시할 수 있으므로 필요한 크기와 위상을 선택할 수 있도록 연습해 보자. 주파수 전달함수는 $G(j\omega) = 1/(1+j\omega)$이다.

(1) 그림 4.13의 크기곡선을 살펴보면, 1차 시스템의 크기곡선은 처음에는 수평선(저주파수역 점근선)이었다가 어느 점에서 −20[dB/decade]의 기울기(고주파수 점근선)를 가진다. 여기서 decade는 상용대수의 단위인 10^1이란 의미이다. 따라서 1차 시스템의 크기곡선은 decade당 −20[dB]로 감소하고 있다. 두 점근선의 교차점을 절점주파수(corner frequency) ω_c라고 정의한다. 절점주파수는 전달함수의 분모(즉, 극점)의 허수부를 1로 해서 구해지며, 이 예제에서 절점주파수는 $\omega_c = 1$ [rad/sec]이다. 절점주파수에서 점근선과 실제 곡선은 약 3[dB]의 차이가 있다. 크기곡선의 −3[dB] 되는 주파수를 대역폭(band width) ω_B 라고 정의하며, 주파수응답의 크기가 dc이득(즉, $\omega = 0$)의 0.707로 감소하는 주파수이다. 이 예제에서 대역폭은 절점주파수와 같은 $\omega_B = 1$ [rad/sec]이다.

(2) 그림 4.13의 위상곡선의 근사식은 0[°]에서 시작해서 절점주파수의 한 decade 전까지 수평이다. 절점주파수의 한 decade전부터 −45[°/decade]의 기울기로 감소하다가 절점주파수에서 −45[°]이고, 절점주파수의 한 decade 위에서 −90[°]로 끝난다. 따라서 1차 시스템의 위상곡선은 −45[°/decade]의 기울기를 가진다.

```
num=[1]; den=[1 1]; sys=tf(num,den); bode(sys), grid
```

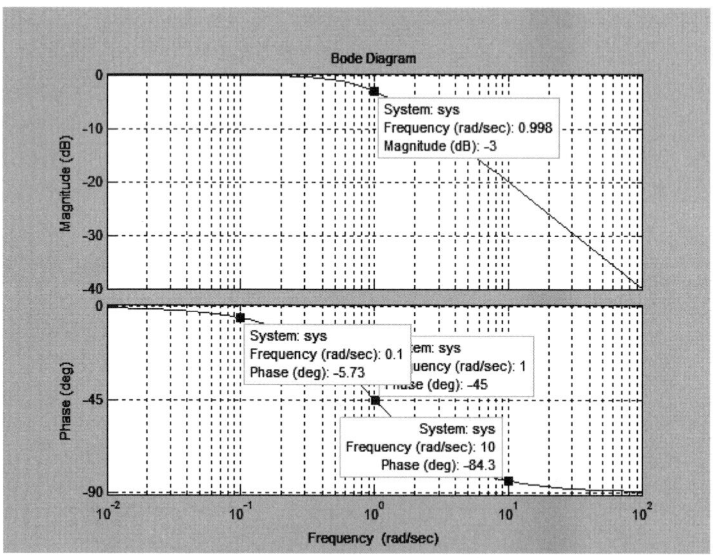

〈그림 4.13〉 실습예제 4.12의 연산 결과

실습예제 4.13

제어대상 $G(s) = (s+10)$의 Bode 선도를 도시하시오.

풀이

PD 제어기와 같이 단일 영점을 갖는 제어대상으로 주파수 전달함수는 $G(j\omega) = 10(1 + j0.1\omega)$이다. Bode 선도는 그림 4.14과 같으며, 단일 극점을 갖는 Bode 선도와 x 축 대칭을 이룬다. 크기곡선은 20[dB]에서 시작하여 절점주파수 $\omega_c = 10$ [rad/sec]에서 기울기 20[dB/decade]를 가진다. 위상곡선은 절점주파수 한 decade 전에서 0[°]으로 시작해서 절점주파수에서 45[°]을 가지며 한 decade 위에서 90[°]로 끝난다.

```
num=[1 10]; den=[1]; sys=tf(num,den); bode(sys), grid
```

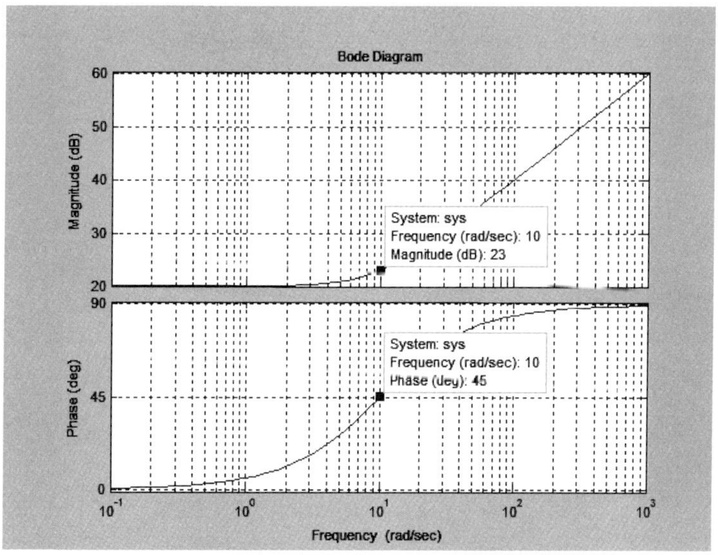

〈그림 4.14〉 실습예제 4.13의 연산 결과

실습예제 4.14

2차 시스템 $G(s) = 1/s(s+10)$의 Bode 선도를 도시하시오.

풀이

이 시스템의 주파수 전달함수는 $G(j\omega) = 0.1/s(1+j0.1\omega)$이다.

(1) 그림 4.15에서 크기곡선은 제어대상이 원점에 하나의 근을 가지고 있으므로 처음에는 −20[dB/ decade]의 기울기로 감소하다가 절점주파수 $\omega_c = 10$ [rad/sec]에서 −40[dB/ decade]의 기울기로 감소한다. 절점주파수에서 점근선과의 오차는 −6[dB]이고, 대역폭은 6.39[rad/sec]이다.

(2) 그림 4.15에서 위상곡선의 근사식은 −90[°]에서 시작해서 절점주파수의 한 decade 전까지 수평이었다가 절점주파수에서 −135[°]이고, 절점주파수의 한 decade 위에서 −180[°]로 끝난다. 이 예제의 위상곡선은 −45[°/decade]의 기울기를 가진다. 실습 예제 4.6과 비교해보면, 위상곡선은 −45[°/decade]의 동일한 기울기를 가지나, 원점에 있는 근 때문에 위상곡선이 전체적으로 90[°] 아래로 이동하였다. 따라서 극점(원점에 있는 극점이나 유한극점 모두)이 증가하면, 위상곡선은 증가한 극점의 수만큼 90[°]씩 아래로 이동할 것이다.

```
num=[1]; den=[1 10 0]; sys=tf(num,den); bode(sys), grid
```

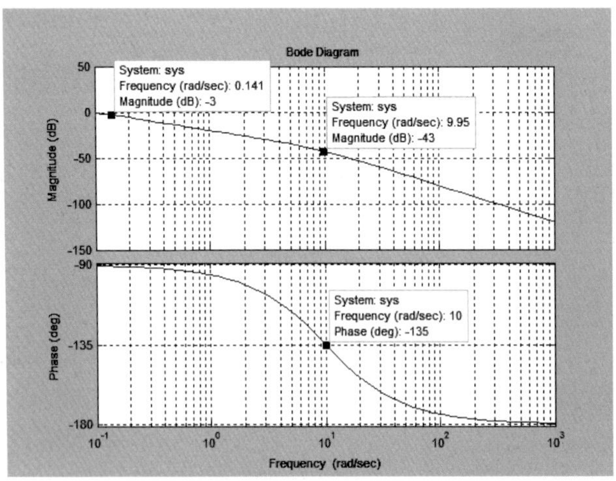

〈그림 4.15〉 실습예제 4.14의 연산 결과

실습예제 4.15

제어대상 $G(s) = 100/(s^2 + 20s + 100)$의 Bode 선도를 도시하라.

풀이

이 시스템의 주파수 전달함수는 $G(j\omega) = 1/(1 + j0.2\omega + (j0.1\omega)^2)$로, 감쇠비 $\zeta = 1$이고 고유주파수 $\omega_n = 10$이다.

(1) 그림 4.16에서 크기곡선은 처음에는 0[dB/decade]로 수평이다가 절점주파수 $\omega_c = 10$ [rad/sec]에서 −40[dB/decade]의 기울기로 감소한다. 이 예제의 대역폭은 0.141[rad/sec]이고, 주파수 10^0 [rad/sec]일 때의 크기는 −20[dB]이다.

(2) 그림 4.16에서 위상곡선의 근사식은 처음에는 0[°]로 절점주파수 한 decade 위까지 수평이다가 절점주파수 $\omega_c = 10$[rad/sec]에서 −90[°]이고, 절점주파수의 한 decade 위에서 −180[°]로 끝난다.

```
num=[100]; den=[1 20 100]; sys=tf(num,den); bode(sys), grid
```

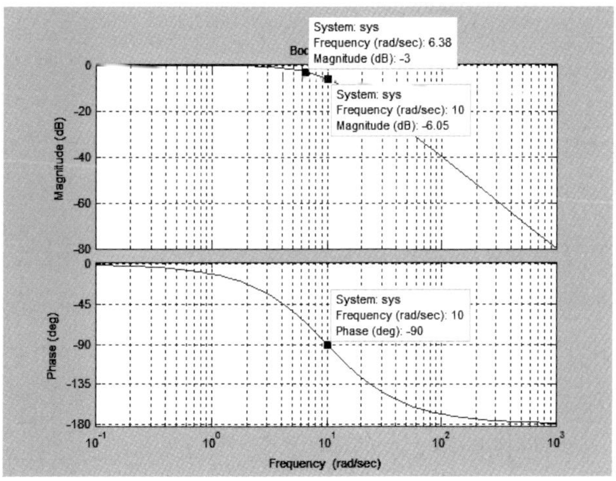

〈그림 4.16〉 실습예제 4.15의 연산 결과

실습예제 4.16

제어대상 $G(s) = 100/(s^2 + 20\zeta s + 100)$에 대해 ζ를 0.1에서 0.1씩 증가하여 0.8까지 변화할 때의 Bode 선도를 도시하라.

풀이

이 시스템의 주파수 전달함수는 $G(j\omega) = 1/(1 + j0.2\zeta\omega + (j0.1\omega)^2)$이다.

(1) 그림 4.17에서 크기곡선은 실습 예제 4.8과 같이 처음에는 0[dB/decade]로 수평이다가 절점주파수 $\omega_c = 10$ [rad/sec]에서 −40[dB/decade]의 기울기로 감소한다. 그러나 ζ가 1에서 작아질수록 절점주파수 근방에서 공진이 크게 발생한다는 것을 알 수 있다. 공진의 최대값을 첨두공진값(resonance peak value, 또는 공진최대값) M_r 라 정의하고, 첨두공진값이 발생하는 주파수를 공진주파수(resonance frequency) ω_r 이라고 정의한다. 주파수응답의 특성인 첨두공진값, 공진주파수 그리고 대역폭과 시간응답의 특성인 원형 2차 시스템의 감쇠비와 고유주파수의 다음의 식으로 주어지는 근사적인 관계가 있다.

$$M_r = \frac{1}{2\zeta\sqrt{(1-\zeta^2)}}, \quad (0 \le \zeta \le 0.707) \tag{4.23}$$

$$\omega_r = \omega_n\sqrt{(1-2\zeta^2)}, \quad (0 \le \zeta \le 0.707) \tag{4.24}$$

$$\omega_B = \omega_n(-1.2\zeta + 1.85), \quad (0.3 \le \zeta \le 0.8) \tag{4.25}$$

식 (4.23)에서 첨두공진값이 커지면 감쇠비가 작아지므로 퍼센트 오버슈트가 증가할 것으로 예상된다. 제어기의 설계에서 권장되는 첨두공진값의 범위는 1.1~1.5이다.

(2) 그림 4.17에서 위상곡선은 실습 예제 4.15의 위상곡선($\zeta = 1$)과 특성은 동일하나, ζ 가 작아질수록 절점주파수 근방으로 수렴하는 것을 알 수 있다.

```
clear all, close all, zeta=[0.1:0.1:0.8]; w=logspace(-1,3,400);
for i=1:length(zeta)-1,
num=[100]; den=[1 20*zeta(i) 100]; bode(num,den,w); hold on
end, hold off, grid
```

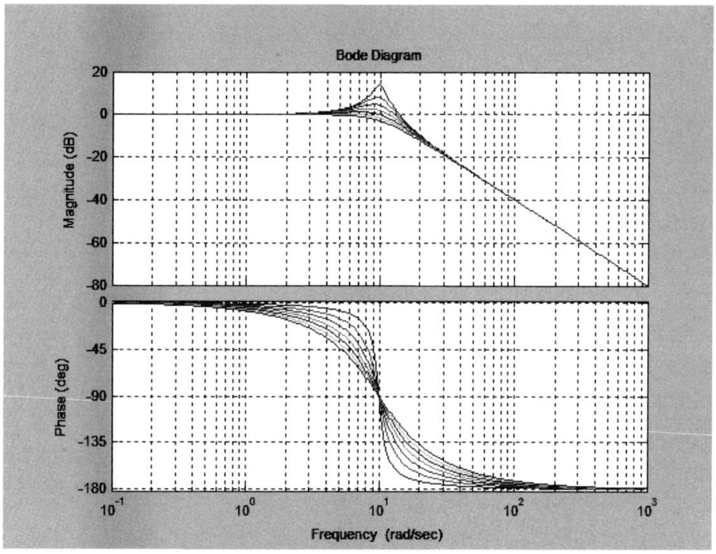

<그림 4.17> 실습예제 4.16의 연산 결과

실습예제 4.17

제어대상 $G(s) = 1/(s+1)$와 $G(s) = e^{-0.1s}/(s+1)$의 Bode 선도를 도시하고 지연시간(delay time) 요소의 효과를 비교하시오.

풀이

Euler 공식을 사용하면 지연시간은 $e^{-j\omega T} = 1\angle(-\omega T)$이다. 따라서 크기곡선은 변함이 없고, 위상곡선은 주파수가 증가할수록 급격히 감소한다. 그림 4.18에서 살펴보면, 1차 시스템의 위상곡선은 −90[°]에서 끝나지만 지연시간이 있으면 −270[°]에서 끝난다는 것을 알 수 있다.

```
w=logspace(-2,3,500);
num1=[1]; den1=[1 1]; sys1=tf(num1,den1); bode(sys1,w), hold on
[nd,dd]=pade(0.1,1); sysd=tf(nd,dd); sys2=series(sysd,sys1);
bode(sys2,w), hold off, grid, legend('no delay time', 'with delay time')
```

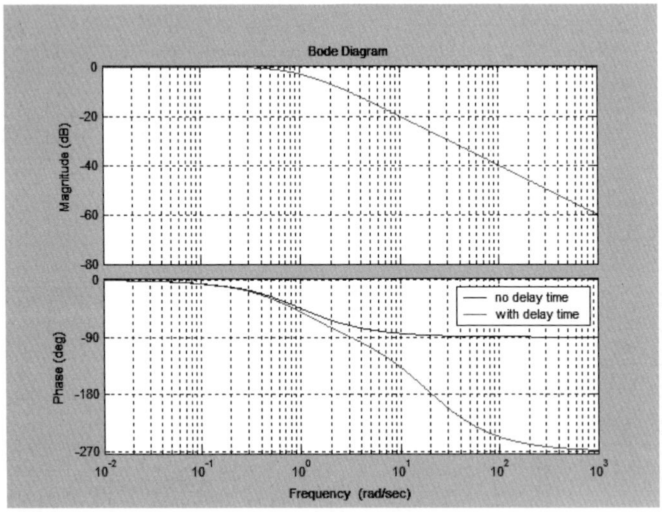

〈그림 4.18〉 실습예제 4.17의 연산 결과

실습예제 4.18

제어대상 $G_p(s) = \frac{1}{s^2}$에 진상보상기 $G_c(s) = \frac{6(s+2)}{(s+12)}$가 직렬 연결되었다.

(1) 비보상계의 Bode 선도를 도시하고, 대역폭을 Bode 선도를 표시하라.

(2) 보상계의 Bode 선도를 도시하고, 대역폭과 진상보상기에 의해 추가 보상된 위상의 최대값을 Bode 선도에 표시하라.

풀이

진상보상기는 영점의 위치가 극점보다 원점에 가까운 보상기이므로 비보상계에 위상을 추가하는 효과가 있다. 따라서 대역폭이 증가하고 대역폭이 증가하면 궤환 제어시스템에 유입되는 주파수의 범위가 넓어지므로 상승시간이 감소하고 퍼센트 오버슈트가 증가하는 효과가 있다.

(1) 비보상계(제어대상)의 위상곡선은 −180[°]로 일정하다. 따라서 위상여유는 0[°]이다. 또한 비보상계의 대역폭은 1.19[rad/sec]이다.

(2) 진상보상기에서 영점의 절점주파수는 2[rad/sec]이고, 극점의 절점주파수는 12[rad/sec]이다. 진상보상기에 의해 추가된 최대 위상은 46[°](=180[°]−134[°])이고 대역폭은 1.29[rad/sec]로 0.1[rad/sec] 증가하였다.

```
w=logspace(-1,3,400);
nump=[1]; denp=[1 0 0]; sysp=tf(nump,denp); bode(sysp,w), grid
```

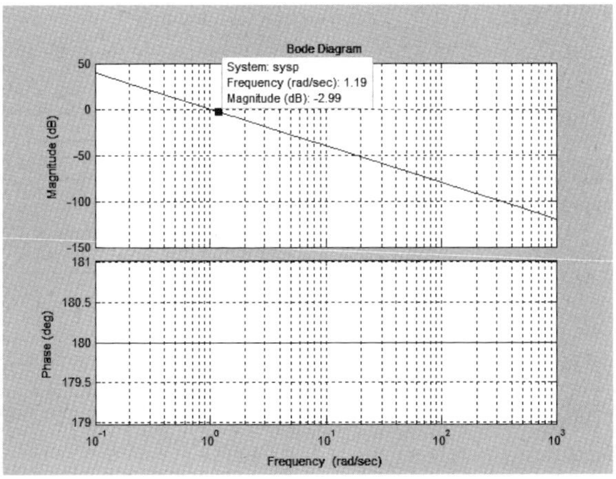

(a)

```
w=logspace(-1,3,400);
nump=[1]; denp=[1 0 0]; sysp=tf(nump,denp);
numc=6*[1 2]; denc=[1 12]; sysc=tf(numc,denc);
syscp=series(sysc,sysp); bode(syscp,w), grid
```

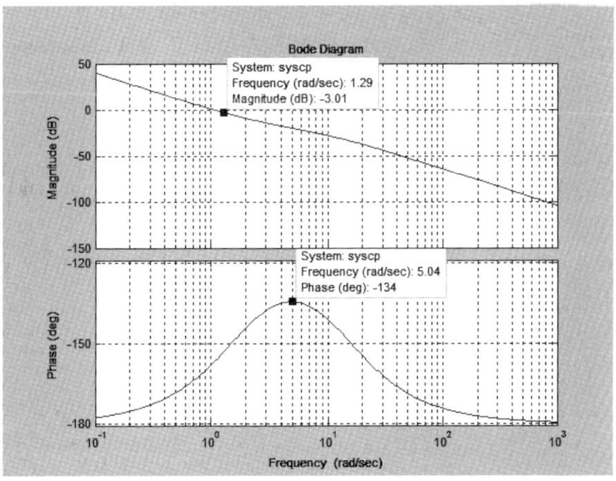

(b)

〈그림 4.19〉 실습예제 4.18의 연산 결과

실습예제 4.19

제어대상 $G_p(s) = \dfrac{1}{s(s+2)}$에 지상보상기 $G_c(s) = \dfrac{(s+0.15)}{10(s+0.015)}$가 직렬 연결되었다.

(1) 비보상계의 Bode 선도를 도시하고, 대역폭을 Bode 선도를 표시하라.

(2) 보상계의 Bode 선도를 도시하고, 대역폭과 지상보상기에 의해 감소 보상된 위상의 최대값을 Bode 선도에 표시하라.

풀이

지상보상기의 설계원리는 원점에 가깝게 극점과 영점을 배치하되, 극점과 영점도 아주 가깝게 배치하는 것이다. 지상보상기는 오차상수를 크게 하여 제동을 개선하는 것이 목적이다. 즉, 감쇠비를 크게 하는 것이 목적이므로 퍼센트 오버슈트를 감소하고 상승시간은 증가하는 효과가 있다.

(1) 비보상계(제어대상)의 이득곡선에서 0[dB]인 주파수(이득교차주파수)는 0.486 [rad/sec]이고 그 주파수에서의 위상의 크기는 −104[°]이므로 위상여유는 76[°]이다. 또한 비보상계의 대역폭은 0.671[rad/sec]이다.

(2) 주어진 지상보상기에서 극점의 절점주파수는 0.015[rad/sec]이고, 영점의 절점주파수는 0.15[rad/sec]이다. 두 개의 절점주파수의 차이가 미세하여 크기곡선의 변화는 거의 나타나지 않는다. 극점의 절점주파수에 대한 영점의 절점주파수의 비는 10으로, 이 값은 지상보상기의 이득 $\alpha = 10$이다. 지상보상기에서 이득 α의 크기는 100보다 작은 값이어야 한다. 그러나 영점과 극점이 원점에 가까운 곳에 위치하므로 위상곡선의 낮은 주파수 범위에서의 변화는 심하게 나타난다. 지상보상기에 의해 감소된 최대 위상은 54.6[°](=146[°]−91.4[°])이고 대역폭은 0.115[rad/sec]로 0.556[rad/sec] 감소하였다.

```
w=logspace(-4,3,700);
nump=[1]; denp=[1 2 0]; sysp=tf(nump,denp); bode(sysp,w), grid
```

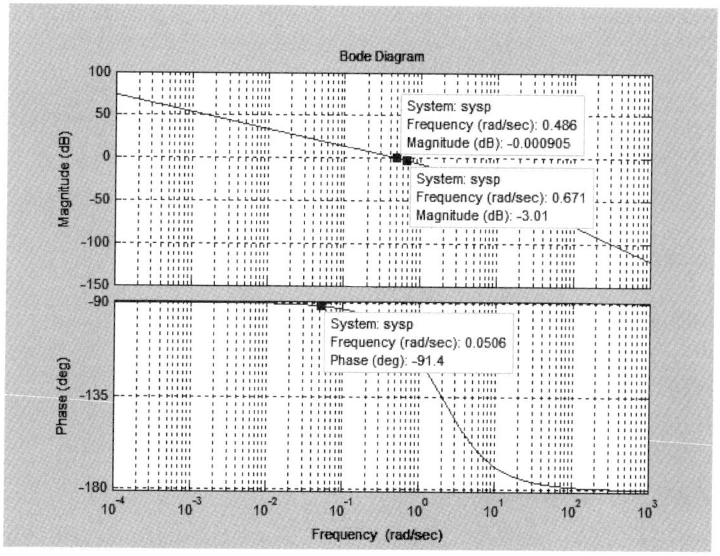

(a)

```
w=logspace(-4,3,700); nump=[1]; denp=[1 2 0]; sysp=tf(nump,denp);
numc=[1 0.15]; denc=10*[1 0.015]; sysc=tf(numc,denc);
syscp=series(sysc,sysp); bode(syscp,w), grid
```

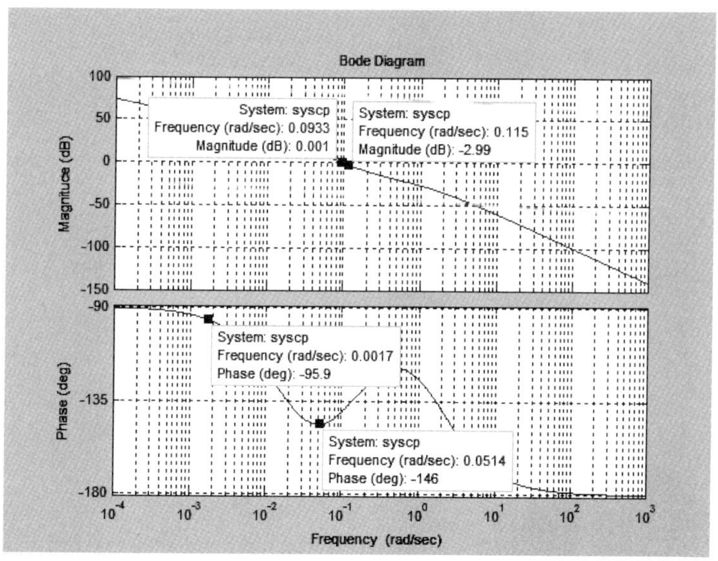

(b)

〈그림 4.20〉 실습예제 4.19의 연산 결과

실습예제 4.20

제어대상 $G(s) = \dfrac{2500(s+10)}{s(s+2)(s^2+30s+2500)}$에 대해 물음에 답하시오.

(1) Bode 선도를 그리고, 이득여유(gm), 위상여유(pm), 이득교차점주파수(wg), 그리고 위상교차점주파수(wp)의 크기를 표시하시오.

(2) Bode 선도의 크기곡선을 도시하시오.(위상곡선 제외)

풀이

MATLAB 명령어 margin과 semilogx에 대해 학습한다.

(1) MATLAB 명령어 margin(sys) 또는 margin(num,den)을 사용한다. 그리고 이득여유, 위상여유, 이득교차점주파수와 위상교차점 주파수의 크기를 따로 사용하고자 할 때에는 [gm, pm, wg, wp]= margin(sys)을 사용한다. 이 예제에서 이득여유는 위상교차점주파수 47.5[rad/sec]에서 28.6[dB]이다. 또한, 위상여유는 이득교차주파수 2.94[rad/sec]에서 48.6[°]이다.

(2) 위상곡선 없이 크기곡선만을 따로 표시하기 위해 semilogx(w, 20*log10(mag))를 사용한다. 이때 semilogx는 반드시 [mag,phase,w]=bode(sys)와 함께 사용해야 한다.

```
w=logspace(-1,3,400); num=2500*[1 10]; den=conv([1 2 0],[1 30 2500]);
sys=tf(num,den); figure(1), bode(sys,w), margin(sys)
[mag,phase,w]=bode(num,den,w); figure(2), semilogx(w,20*log10(mag)), grid
xlabel('Frequency[rad/sec]'), ylabel('20*log(mag)[dB]')
```

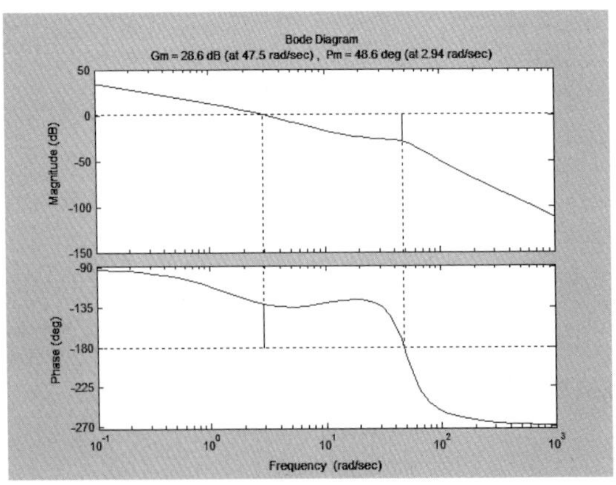

(a)

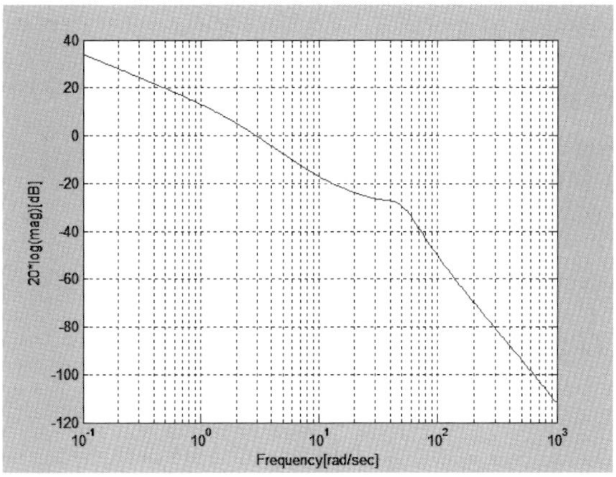

(b)

〈그림 4.21〉 실습예제 4.20의 연산 결과

4.2.3 Nyquist 선도와 상대안정도

Nyquist 선도는 식 (4.26)로 표현된 주파수 전달함수의 복소벡터 $|G(j\omega)|\angle G(j\omega)$를 극좌표 평면에 도시한 것이다.

$$G(j\omega) = Re[G(j\omega)] + jIm[G(j\omega)] = |G(j\omega)|\angle G(j\omega) \tag{4.26}$$

여기서 $|G(j\omega)| = \sqrt{(Re(G(j\omega))^2 + (Im(G(j\omega))^2}$ 이고, $\angle G(j\omega) = \tan^{-1}\dfrac{Im(G(j\omega)}{Re(G(j\omega)}$ 이다.

일반적으로 완전한 Nyquist 선도는 ω가 $-\infty$에서 ∞까지 변할 때까지의 선도이므로 복잡한 편이다. 실제 회로에서 주파수 ω는 양의 상수이므로 안정도 판별을 위한 수작업의 경우 간략 Nyquist 선도를 사용한다. 간략 Nyquist 선도의 원리는 완전 Nyquist 선도가 실수축에 대칭인 원리를 이용한 것이다. 즉, 복소벡터로 주어진 주파수 전달함수에 대해 ω가 0, ∞, 그리고 실수축과의 교차점을 각각 계산하여 안정도 판별법에 적용한다.

한편, Nyquist는 Cauchy가 제안한 편각의 원리(The Principle of Argument)를 응용하여 Nyquist 안정도 판별법을 유도하였다.

Cauchy는 편각의 원리를 이용하여 s 평면의 궤적 Γ_s이 s의 유리함수 $F(s)$의 극점 및 영점을 통과하지 않으면서 z개의 영점과 p개의 극점을 둘러싸고 시계방향으로 회전한다면, 극좌표 평면에서의 궤적 Γ_F는 시계방향으로 $N = z - p$의 수 만큼 극좌표 평면의 원점을 둘러싼다는 것을 입증하였다.

편각의 원리를 일반화하면 Nyquist 안정도 판별법을 유도할 수 있다. 선형 제어시스템의 특성방정식을 식 (4.27)과 같이 정의하자.

$$q(s) = F(s) = 1 + L(s) = 1 + \frac{N(s)}{D(s)} = \frac{D(s) + N(s)}{D(s)} = 0 \tag{4.27}$$

식 (4.27)을 살펴보면, $F(s)$의 극점은 $1 + L(s)$의 극점이고 $L(s)$ 의 극점이다. 한편 $F(s)$의 영점은 $1 + L(s)$의 영점이며, 특성방정식의 근(극점)이다.

Nyquist 안정도 판별법은 불안정 영역인 s 평면의 우반면(원점 포함)에 Nyquist 경로를 정의하고 Nyquist 경로에 대응하는 극좌표 선도를 도시한 것으로 $(-1, j0)$ 점을 포함하는 횟수 $N = z - p$를 결정한다. 여기서, N는 $L(s)$ 선도에 의해 이루어진 $(-1, j0)$ 점의 포함 횟수, z는 Nyquist 경로 내에 존재하는 $1 + L(s)$의 영점의 수, p는 Nyquist 경로 내에 존재하는 $1 + L(s)$의 극점의 수로 $L(s)$의 극점의 수이다. 폐루프 시스템이 안정하려면 특성방정식의 해인 극점이 s 평면의 우반면(원점 포함)에 존재하지 않아야 한다. 따라서 $z = 0$이 되고 $N = -p$이 성립한다. 즉, 폐루프 시스템이 안정하려면 Nyquist 선도는 $L(s)$의 불안정한 극점의 수만큼 반시계 방향으로 $(-1, j0)$ 점을 둘러싸야 한다.

결론적으로 Nyquist 안정도 판별법은 선형 제어시스템이 안정하려면 극좌표 평면에서 Nyquist 선도가 $(-1, j0)$ 점을 둘러싸지 않아야 한다.

일반적으로 Nyquist 안정도 판별법은 비최소 위상시스템(non-minimum phase system)에는 적용할 수 없다. Nyquist 안정도 판별법을 비최소 위상시스템에 적용하기 위해서는 참고문헌[Kuo, 9장]을 참고하기 바란다.

대부분의 제어대상은 모델링 과정에서 동작점(operating point)을 제한하여 선형 근사화를 수행하며, 운용 과정에서도 외란 및 잡음 등의 인가로 불확실성이 증가한다. 따라서 수학적 모델인 제어대상에서 충분히 안정도를 고려한 설계를 시행했더라도 실제 제어시스템이 안정하다는 보장을 하지 못한다. 선형 제어시스템에서 불확실성을 보상하는 가장 일반적인 방법은 제어시스템이 적절한 이득여유 또는 위상여유를 갖도록 하는 방법이다.

이득여유(gain margin)란 폐루프 시스템이 불안정하게 되기 전까지 루프에 추가할 수 있는 이득의 양으로 정의된다. Nyquist 선도가 음의 실수축(위상각이 −180[°])과 만나는 점을 위상교차점(phase crossover point)이라 하고, 그 점에서의 주파수 ω_p를 위상교차주파수(phase crossover frequency)라 정의한다. 이때, ω_p에서의 실수부 크기의 역수 $1/d = 1/|GH(j\omega_p)|$ 또는 $-20\log_{10}|G(j\omega_p)$ [dB]을 이득여유로 정의한다. 예를 들어 임의의 이득 K을 갖는 루프이득의 Nyquist 선도에서 구해진 이득여유가 4(또는 12[dB])이면, 이득이 $4K$일 때 이 시스템은 임계 안정하다.

위상여유(phase margin)는 폐루프계가 불안정하게 될 때까지 루프에 추가할 수 있는 위상지연의 총량이다. $|GH(j\omega)| = 1$인 단위원과 Nyquist 선도가 만나는 점을 이득교차점(gain crossover point)이라 정의하고, 그 점의 주파수 ω_g를 이득교차점주파수(gain crossover frequency)이다. 이때 위상여유는 $\Phi_{pm} = \angle(j\omega_g) - 180°$로 구해진다.

Nyquist 선도에서 이득여유 및 위상여유는 그림 4.22와 같이 정의된다. 그림 4.22에서 이득여유는 Nyquist 선도가 음의 실수축과 만나는 점이 $(-1, 0)$ 보다 작으면 정(+)으로 거리의 역수이며, 위상여유는 Nyquist 선도가 단위원과 만나는 점까지의 각도로 아래쪽을 정(+)의 방향으로 선정한나.

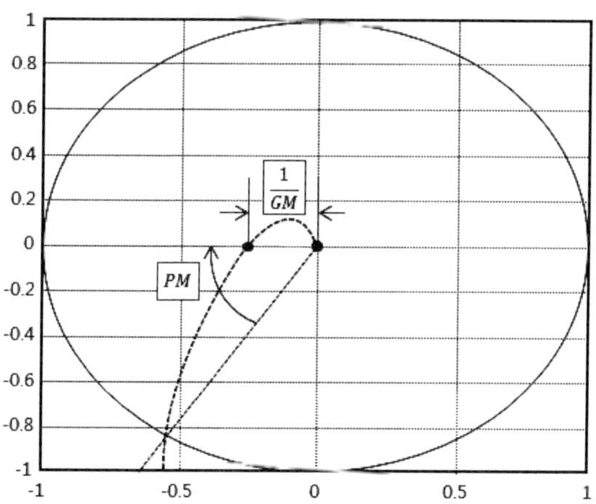

〈그림 4.22〉 Nyquist 선도에서의 이득여유와 위상여유

Bode 선도에서 이득여유와 위상여유는 그림 4.23과 같이 정의된다. 그림 4.23에서 이득여유는 위상교차주파수(위상곡선에서 위상이 −180[°]인 주파수)에서 0[dB]부터 아래쪽을 정(+)의 방향으로 선정하며, 위상여유는 이득교차주파수(이득곡선에서 이득이 0[dB]인 주파수)에서 −180[°]부터 위쪽을 정(+)의 방향으로 선정한다.

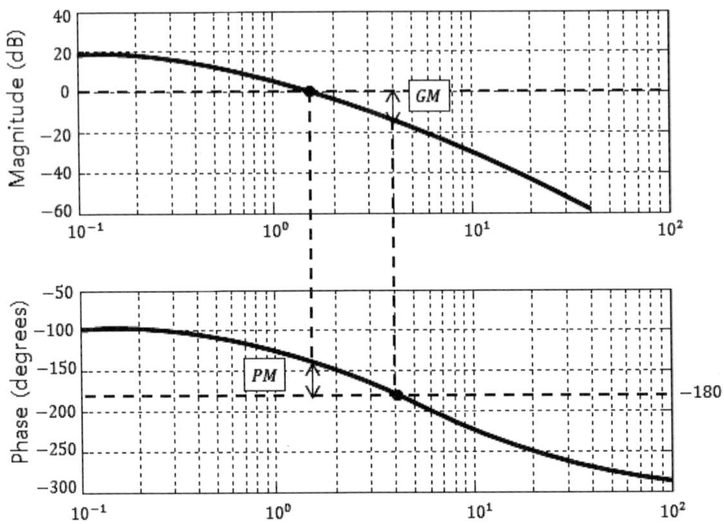

〈그림 4.23〉 Bode 선도에서의 이득여유와 위상여유

일반적으로 선형 제어시스템을 설계할 때 권장되는 이득여유는 2~10의 범위이고, 위상여유는 30~60[°]이다. 또한 실제 시스템의 안정도를 보장하기 위해 보상된 폐루프 시스템의 이득교차주파수가 기울기가 −20[dB/decade]인 크기곡선에 위치할 수 있도록 제어기를 설계해야 한다.

실습예제 4.21

제어대상 $G_1(s)=1/(s+1)$, $G_2(s)=1/s(s+1)$, $G_3(s)=1/s^2(s+1)$의 Nyquist 선도를 도시하시오.

풀이

$G_1(s)$는 0형 1차 시스템이므로 Nyquist 선도가 0[°], $s=1$에서 출발하여 원점을 −90[°] 방향으로 진입한 후, x축과 대칭으로 출발점으로 진행하여 하나의 원을 그린다. $G_2(s)$는 1형 2차 시스템이므로 −90[°], $-\infty$에서 시작해서 원점을 −180[°] 방향으로 진입한 후, 나머지는 x축과 대칭이다. 마지막으로 $G_3(s)$는 2형 3차 시스템이므로 −180[°], $-\infty$에서 시작해서 원점을 −270[°] 방향에서 진입한 후, 나머지는 x축과 대칭이다. 따라서 $G_1(s)$과 $G_2(s)$는 $(-1, j0)$ 점을 포함하지 않으므로 안정한 시스템이고 $G_3(s)$은 $(-1, j0)$ 점을 포함하므로 불안정한 시스템이다.

```
n1=[1]; d1=[1 1]; nyquist(n1,d1), hold on
n2=[1]; d2=conv([1 0], [1 1]); nyquist(n2,d2), hold on
n3=[1]; d3=conv([1 0],conv([1 0], [1 1])); nyquist(n3,d3), hold off
axis([-2 2 -2 2]); legend('2 type', '1 type', '0 type'), grid
```

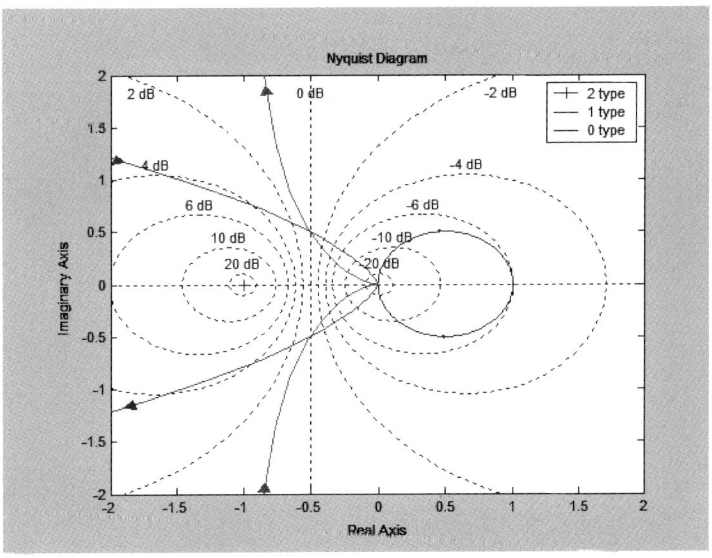

〈그림 4.24〉 실습예세 4.21의 연산 결과

실습예제 4.22

$G_1(s) = \dfrac{1}{(s^2+1.2s+1)}$, $G_2(s) = \dfrac{1}{s}G_1(s)$, $G_3(s) = \dfrac{1}{s^2}G_1(s)$의 Nyquist 선도를 도시하시오.

풀이

$G_1(s)$는 0형 2차 시스템이므로 Nyquist 선도가 0[°], $s=1$에서 출발하여 원점을 −180[°] 방향으로 진입한 후, x축과 대칭으로 출발점으로 진행하여 하나의 원을 그린다. $G_2(s)$는 1형 3차 시스템이므로 −90[°], $-\infty$에서 시작해서 원점을 −270[°] 방향으로 진입한 후, 나머지는 x축과 대칭이다. 마지막으로 $G_3(s)$는 2형 4차 시스템이므로 −180[°], $-\infty$에서 시작해서 원점을 0[°] 방향에서 진입한 후, 나머지는 x축과 대칭이다. 따라서 $G_1(s)$과 $G_2(s)$는 $(-1, j0)$ 점을 포함하지 않으므로 안정한 시스템이고 $G_3(s)$은 $(-1, j0)$ 점을 포함하므로 불안정한 시스템이다. $G_2(s)$는 이득이 증가하면 불안정할 가능성이 있다.

```
n1=[1]; d1=[1 1.2 1]; nyquist(n1,d1), hold on
n2=[1]; d2=conv([1 0], [1 1.2 1]); nyquist(n2,d2), hold on
n3=[1]; d3=conv([1 0],conv([1 0], [1 1.2 1])); nyquist(n3,d3), hold off
axis([-2 2 -2 2]); legend('2 type', '1 type', '0 type'), grid
```

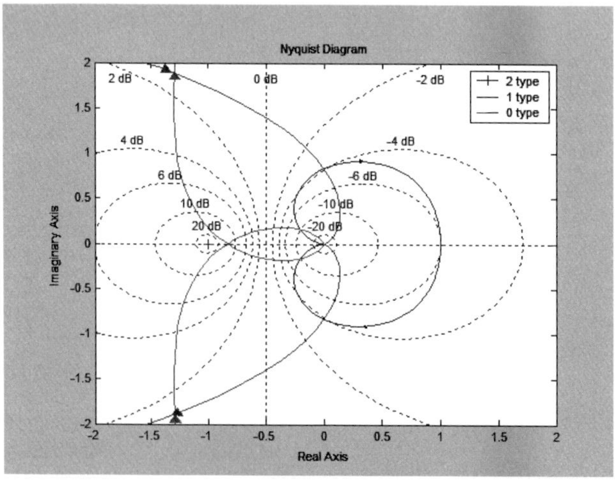

〈그림 4.25〉 실습예제 4.22의 연산 결과

실습예제 4.23

$G_1(s) = \dfrac{(s+1)}{(s+2)}$, $G_2(s) = \dfrac{1}{(s+3)} G_1(s)$, $G_2(s) = \dfrac{1}{(s+3)(s+4)} G_1(s)$의 Nyquist 선도를 도시하시오.

풀이

$G_1(s)$는 0형 1차 시스템으로 진상보상기이다. $G_1(s)$의 Nyquist 선도는 0[°], $s=1$에서 출발하여 $s=0.5$점을 −180[°] 방향으로 진입한 후, x축과 대칭으로 출발점으로 진행하여 하나의 원을 그린다. $G_2(s)$는 0형 2차 시스템이므로 $s=1/6$, 0[°]점에서 시작해서 원점을 −90[°] 방향으로 진입한 후, 나머지는 x축과 대칭이다. 마지막으로 $G_3(s)$는 0형 3차 시스템이므로 $s=1/24$, 0[°]점을 출발해서 원점을 −180[°] 방향에서 진입한 후, 나머지는 x축과 대칭이다. 따라서 $G_1(s)$, $G_2(s)$, $G_3(s)$ 모두 $(-1, j\,0)$ 점을 포함하지 않으므로 안정한 시스템이다.

```
n1=[1 1]; d1=[1 2]; nyquist(n1,d1), hold on
n2=[1 1]; d2=conv([1 2], [1 3]); nyquist(n2,d2), hold on
n3=[1 1]; d3=conv([1 2],conv([1 2], [1 3])); nyquist(n3,d3), hold off
axis([-2 2 -2 2]); legend('2 type', '1 type', '0 type'), grid
```

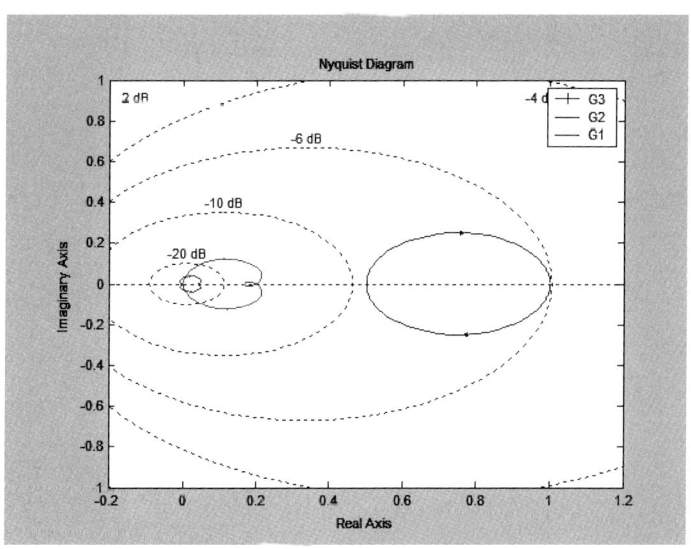

〈그림 4.26〉 실습예제 4.23의 연산 결과

실습예제 4.24

제어대상 $G_p(s) = 1/s^2$은 불안정한 시스템이다. 제어대상에 진상보상기 $G_c(s) = \dfrac{6(s+2)}{(s+12)}$를 직렬 연결한 보상 시스템의 Nyquist 안정도를 판별하라.

풀이

$G_c(s)G_p(s)$는 2형 3차 시스템이다. $G_c(s)G_p(s)$의 Nyquist 선도는 −180[°], $-\infty$에서 출발하여 원점을 −180[°] 방향으로 진입한 후, 나머지는 x축과 대칭이다. 따라서 $G_c(s)G_p(s)$의 Nyquist 선도는 $(-1, j0)$ 점을 포함하지 않으므로 안정한 시스템이다.

```
num=6*[1 2]; den=[1 12 0 0]; nyquist(num,den), axis([-3 0.5 -1 1]); grid
```

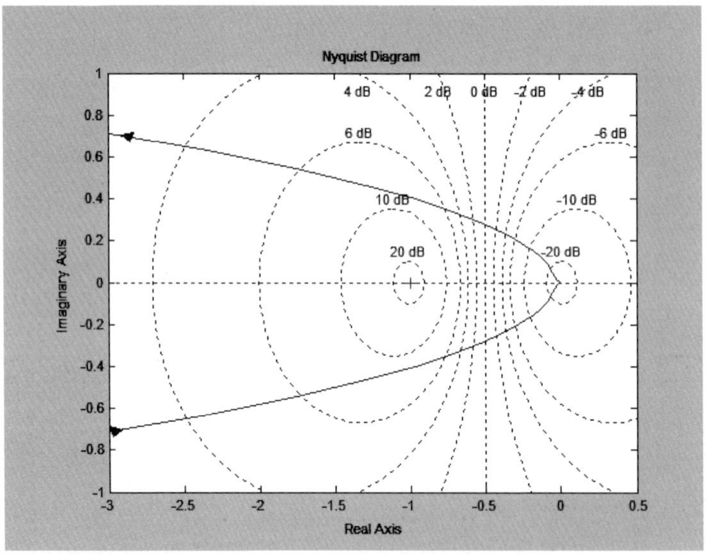

〈그림 4.27〉 실습예제 4.24의 결과

실습예제 4.25

제어대상 $G_p(s) = \dfrac{1}{s(s+2)}$에 지상보상기 $G_c(s) = \dfrac{(s+0.15)}{10(s+0.015)}$가 직렬 연결되었다. Nyquist 선도를 도시하여 안정도를 판별하라.

풀이

$G_c(s)G_p(s)$는 1형 3차 시스템이다. $G_c(s)G_p(s)$축의 Nyquist 선도는 −90[°], $-\infty$에서 출발하여 원점을 −180[°] 방향으로 진입한 후, 나머지는 x축과 대칭이다. 따라서 $G_c(s)G_p(s)$의 Nyquist 선도는 $(-1, j0)$ 점을 포함하지 않으므로 안정한 시스템이다.

```
nc=[1 0.15]; dc=10*[1 0.015]; sysc=tf(nc,dc);
np=[1]; dp=[1 2 0]; sysp=tf(np,dp); sys=series(sysc,sysp);
nyquist(sys), axis([-3 0.5 -1 1]); grid
```

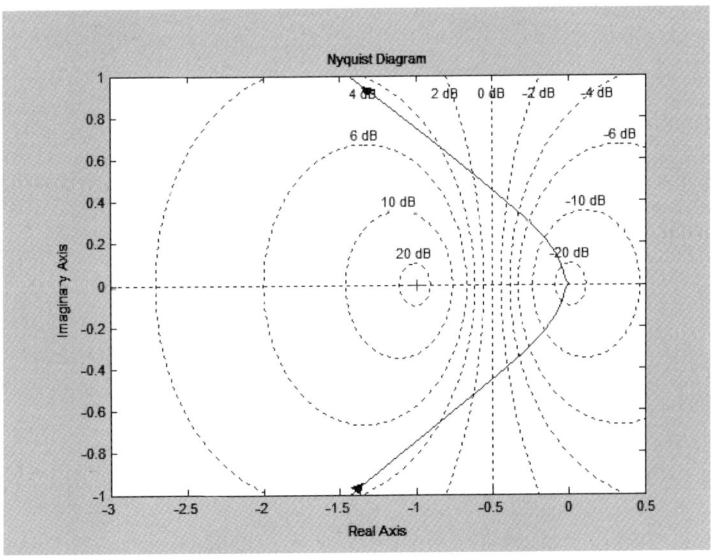

〈그림 4.28〉 실습예제 4.25의 연산 결과

실습예제 4.26

$G(s)=1/(s^3+s^2+0.2s+1)$에 대한 Nyquist 선도와 Polar 선도를 도시하라.

풀이

MATLAB 명령어 polar는 반드시 bode 또는 nyquist 뒤에 사용해야 한다.

```
w=logspace(-1, 3, 400);
num=1; den=[1 1 0.2 1]; [mag, phase]=bode(num, den, w);
figure(1), polar((pi/180)*phase, mag); grid, title('Polar plot of G(s)')
figure(2), nyquist(num, den); grid, title('Total Nyquist plot of G(s)')
figure(3), [re,im,w]=nyquist(num,den,w); plot(re, im); grid
title('Polar plot of G(s)')
```

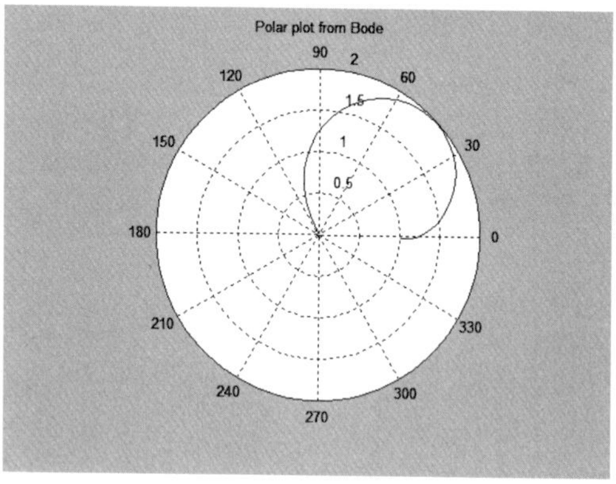

(a)

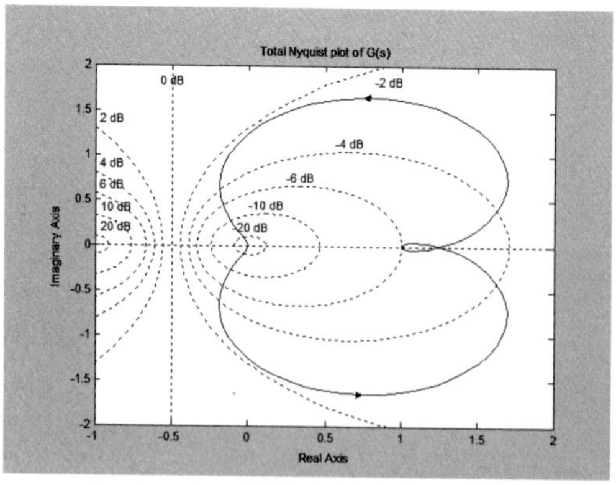

(b)

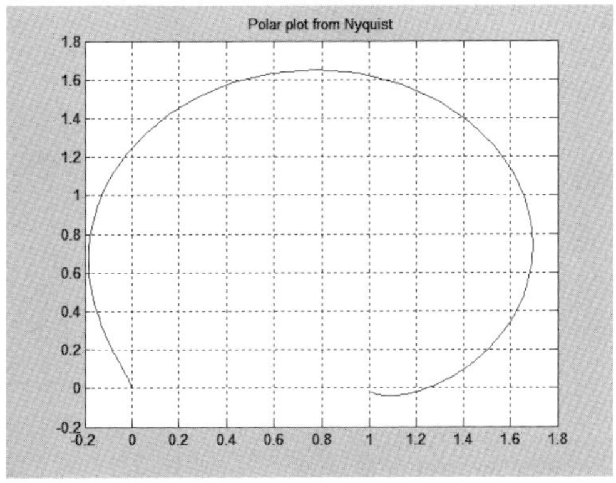

(c)

〈그림 4.29〉 실습예제 4.26의 연산 결과

4.2.4 Nichols 선도

Bode 선도의 크기곡선과 위상곡선에서 공통변수인 주파수 ω를 제거하면 위상에 대한 대수크기의 함수를 도시할 수 있다. Nichols 선도는 x축을 위상[°], y 축을 대수크기[dB]로 하는 대수크기-위상 선도에 앞에서 구한 위상-대수크기 함수를 일정 크기(M)궤적과 일정 위상(N)궤적을 함께 도시한 그래프이다. Nichols 선도에서 일정 M궤적은 중심(−180[°], 0[dB])인 원이다. 대수크기가 양의 큰 값일수록 원의 중심에 가깝고 대수크기가 작아질수록 타원으로 변하다가 0[dB]이 되면 수직선이 된다. 또한 0[dB]에서 음의 값이 커질수록 원의 중심 밑에서 수평선이 된다. 한편, 일정 N궤적은 0[°]일 때 중심에서 위쪽인 수직선이고, 위상이 양으로 증가할수록 반시간방향으로 회전하는 방사선이 되고, 위상이 음으로 증가할수록 시계방향으로 회전하는 방사선이 되며 −180[°]이면 원의 중심에서 아래쪽인 수직선이 된다.

Nichols 선도는 폐루프 시스템의 상대안정도뿐만 아니라 이득과 위상 추가의 영향도 쉽게 알 수 있다는 장점이 있어, 선형 제어시스템의 해석과 설계에 자주 이용된다.

실습예제 4.27

제어대상 $G(s) = \dfrac{K(s+2)}{(s+1)(s^2+2s+4)}$ 에서 이득이 $K = [4.4,\ 10,\ 20]$일 때 Nichols 선도를 도시하시오.

풀이

MATLAB 명령어 nichols(sys,w)를 사용하며, 이득이 증가할수록 그래프가 위쪽으로 이동한다.

```
w=logspace(-1,3,400); K=[4.4 10 20];
num=[1 2]; den=conv([1 1],[1 2 4]); sys=tf(num,den);
hold off, clf
for i=1:length(K), nichols(K(i)*sys,w), ngrid, hold on
end
xlabel('Phase[Deg]'), ylabel('20*log(mag)[dB]')
```

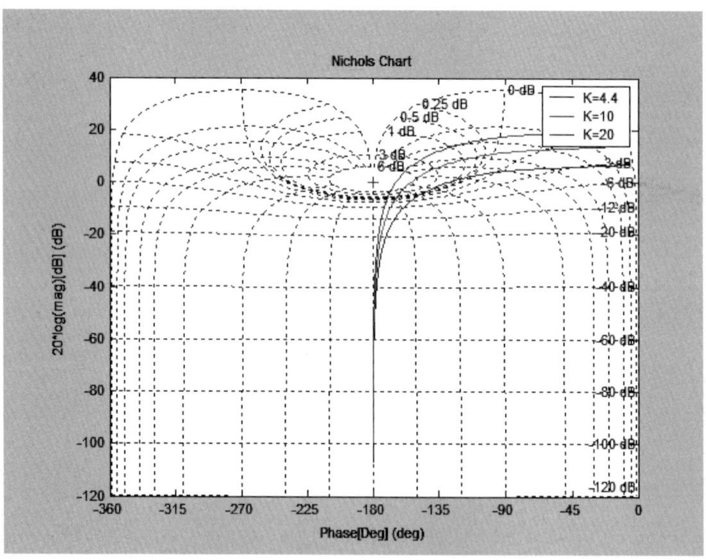

〈그림 4.30〉 실습예제 4.27의 연산 결과

4-1 실습문제 3.3에서 구한 개루프 전달함수에 대해 물음에 답하라.

(1) 근궤적을 도시하라.

(2) 비례제어기 $G_c(s) = 100$ 를 직렬연결할 때, Bode선도와 Nyquist선도를 도시하라.

(3) Bode선도 또는 Nyquist선도에서 이득여유와 위상여유를 구해보라.

4-2 $q(s) = 1 + \dfrac{K}{s^3 + 3s^2 + 2s}$ 에 대해 물음에 답하라.

(1) 근궤적을 도시하라.

(2) 근궤적에서 마우스를 사용하여 이탈점과 허수축과의 교차점에서 이득의 크기와 그때의 근을 구해보라.

(3) 계단입력에 대한 오버슈트 $po \le 5[\%]$ 와 정착시간 $t_s \le 4[\text{sec}]$ 을 만족하는 영역을 근궤적에 도시하라.

(4) 위에서 도시한 원하는 설계영역에서 이득을 선택하여 단위계단입력에 대한 응답을 도시하라.

(5) Bode 선도를 도시하라.

(6) Bode 선도에서 마우스를 사용하여 이득교차주파수, 위상교차주파수, 이득여유, 위상여유, 그리고 대역폭을 확인해보라.

(7) (3)의 설계사양을 만족하는 주파수와 그때의 이득의 크기를 구해보라.

4-3 루프전달함수 $G(s)H(s) = K(s+1)/s(s-1)(s+4)$ 에 대해 물음에 답하라.

(1) 근궤적을 도시하라.

(2) 근궤적에서 마우스를 사용하여 이탈점과 허수축과의 교차점에서 이득의 크기와 그때의 근을 구해보라.

(3) Bode 선도를 도시하라.

(4) Bode 선도에서 마우스를 사용하여 이득교차주파수, 위상교차주파수, 이득여유, 위상여유, 그리고 대역폭을 확인해보라.

4-4 최소위상 시스템인 $G_1(s) = (s+1)/(s+10)$과 비최소 위상 시스템인 $G_2(s) = (s-1)/(s+10)$의 차이점을 Bode 선도의 이득곡선과 위상곡선에서 각각 비교하라.

4-5 루프전달함수 $G(s)H(s) = e^{-0.1s}/(s+1)$에 대해 물음에 답하라.

(1) 근궤적을 도시하라.

(2) 근궤적에서 마우스를 사용하여 이탈점과 허수축과의 교차점에서 이득의 크기와 그때의 근을 구해보라.

(3) Bode 선도를 도시하라.

(4) Bode 선도에서 마우스를 사용하여 이득교차주파수, 위상교차주파수, 이득여유, 위상여유, 그리고 대역폭을 확인해보라.

4-6 제어대상 $G_p(s) = 1/(s^2+5s+6)$에 대해 제어기를 직렬 연결하여 단위 부궤환 시스템을 구성하였다. 설계사양이 퍼센트 오버슈트 $po \le 10[\%]$와 정착시간 $t_s \le 10[\text{sec}]$일 때 물음에 답하라.

(1) 비례제어기 $G_c(s) = K$가 직렬 연결되었을 때, 근궤적 기법을 사용하여 설계사양을 만족하는 제어기를 설계하고, 단위계단응답을 구하라.

(2) 적분제어기 $G_c(s) = K/s$일 때 위의 과정을 반복하라.

(3) PI 제어기 $G_c(s) = K(1+1/s)$일 때 위의 과정을 반복하라.

4-7 단위 부궤환 시스템에서 제어대상이 $G(s) = K/s(0.02s+1)(0.2s+1)$일 때 물음에 답하라.

(1) 단위경사입력에 대한 정상상태오차가 10[%]가 되도록 이득 K를 선택하라.

(2) 선택된 이득을 사용하여 Bode 선도를 도시하고, 위상여유와 이득여유를 구해보라.

4-8 단위 부궤환 시스템에서 제어대상이 $G_c(s) = 1/s(s+2\zeta)$에서 매개변수가 $0 < \zeta < 1$로 변화할 때 물음에 답하라.

(1) 매개변수 ζ에 따른 Bode 선도를 하나의 그래프에 도시하라.

(2) Bode 선도의 크기곡선에서 매개변수 ζ의 변화와 첨두공진값과의 관계를 추론해보라.

(3) Bode 선도의 위상곡선에서 매개변수 ζ의 변화와 위상곡선의 기울기와의 관계를 추론해보라.

(4) Bode 선도의 크기곡선에서 매개변수 ζ의 변화와 대역폭과의 관계를 추론해보라.

CHAPTER

5

진 · 지상 보상기의 설계

제어시스템이 설계목적을 달성하기 위해서는 무엇보다도 안정해야 하며 매개변수의 변화, 외란 또는 잡음에도 견실(robust)해야 한다. 또한 설계자가 원하는 시간 영역 또는 주파수 영역상의 설계사양을 만족해야 한다. 앞 장에서는 편의를 위하여 단순히 비례제어기(증폭기) K 만을 사용한 궤환 제어시스템에 대해 설명하였다. 그러나 단순히 비례제어기만 사용하면 설계자가 요구하는 다양한 설계목적을 달성하기 어렵다. 예를 들어 0형 제어대상에 대해 계단입력에 대한 정상상태오차가 0인 설계사양이 주어졌다면 비례제어기로는 설계목적을 달성할 수 없다.

제어시스템이 안정하고 견실하며 설계사양을 만족하도록 제어시스템에 도입되는 회로를 제어기(controller or compensator)라고 부른다. 대부분의 제어기는 제어대상의 앞에 위치하는 직렬(series or cascade) 보상의 형태로 사용되거나 궤환 루프에 놓이는 궤환보상의 형태를 사용하고 있다. 이 장에서는 진상보상기와 지상 보상기의 설계에 대해 학습한다. 보상기라는 말은 Bode 선도의 위상곡선에서 필요한 위상을 보상(보충)한다는 의미로 사용되었다.

5.1 진 · 지상 보상회로

영점이 극점보다 원점에 가까운 보상기를 진상보상기(lead compensator)라고 한다. 진상보상기의 Bode 선도를 도시하면 그림 5.1과 같다. 그림 5.1에서 Bode 선도의 위상곡선은 영점의 절점주파수보다 한 decade 전에서 45[$^\circ$ $/decade$]의 기울기로 상승하다가 극점의 절점주파수보다 한 decade 전에서 최대값을 가지며, 이때부터 감소하기 시작하여 극점의 절점주파수보다 한 decade 후까지 감소하여 수평이 된다. 따라서 진상보상기를 사용하면 제어대상에 위상이 더해진다. 즉, 영점이 극점보다 원점에 가까우면 진상보상기가 된다.

지상보상기(lag compensator)는 진상보상기와 반대로 극점이 영점보다 원점에 가깝게 배치되어 제어대상의 위상을 감소시킨다. 진상보상기와 지상보상기는 모두 0형이므로 루프전달함수의 형을 증가시킬 수 없다는 단점이 있다. 루프전달함수의 형을 증가하려면 PI제어기 또는 PID 제어기를 사용해야 한다.

진상보상기와 지상보상기의 전달함수는 모두 식 (5.1)로 표현할 수 있다.

$$G_c(s) = \frac{K(s+z)}{(s+p)} \tag{5.1}$$

5.1.1 진상 보상회로(phase-lead network)

진상 보상회로의 영점은 극점보다 원점에 가깝게 위치한다. 따라서 $\alpha > 1$이라고 가정할 때 극점은 $p = 1/\tau$ 이므로, 영점을 $z = 1/\alpha\tau$으로 표현할 수 있고 $\alpha = p/z$이 된다. 극점과 영점의 관계를 식 (5.1)에 대입하면 진상 보상회로의 전달함수는 식 (5.2)로 표현된다.

$$G_c(s) = \frac{K(s+z)}{(s+p)} = \frac{K(s+1/\alpha\tau)}{(s+1/\tau)} = \frac{K\alpha(1+\alpha\tau s)}{(1+\tau s)} = \frac{K_1(1+\alpha\tau s)}{(1+\tau s)} \tag{5.2}$$

여기서 $K_1 = K\alpha$는 전향경로이득으로 보상기의 이득이다.

식 (5.2)의 진상 보상회로의 Bode 선도를 도시할 때 최대 진상이 발생하는 주파수를 ω_m라 하자. 최대 진상은 내수(log)주파수 척도에서 수행되는 극점과 영점 주파수의 산술적 평균의 식으로 식 (5.3)의 연산 결과, 극점과 영점의 기하학적 평균값인 식 (5.4)로 표현된나.

$$\log_{10}\omega_m = \frac{1}{2}[\log_{10}(1/\alpha\tau) + \log_{10}(1/\tau)] = \frac{1}{2}\log_{10}(1/\alpha\tau^2) \tag{5.3}$$

$$\omega_m = \sqrt{zp} = \sqrt{(1/\alpha\tau)(1/\tau)} = 1/(\tau\sqrt{\alpha}) \tag{5.4}$$

식 (5.2)의 주파수 전달함수에서 구한 위상은 식 (5.5)이므로, 식 (5.4)를 대입하여 피타고라스의 정리를 이용하면 식 (5.6)과 같다.

식 (5.6)에서 $\sin\Phi_m = (\alpha-1)/(\alpha+1)$의 관계가 구해지며, 식 (5.7)로 표현된다. 따라서 진상 보상회로를 사용하면 ω_m에서 $\frac{1}{2}20\log_{10}\alpha = 10\log_{10}\alpha\,[dB]$의 이득을 추가할 수

있게 된다.

$$\Phi(\omega) = \tan^{-1}\alpha\omega\tau - \tan^{-1}\omega\tau \tag{5.5}$$

$$\tan\Phi_m|_{\omega_m = 1/(\tau\sqrt{\alpha})} = \frac{\alpha - 1}{2\sqrt{\alpha}} \tag{5.6}$$

$$\alpha = \frac{1+\sin\Phi_m}{1-\sin\Phi_m} \tag{5.7}$$

실습예제 5.1

진상보상기 $G_c(s) = \dfrac{10(s+1)}{(s+10)}$에 대해 물음에 답하라.

(1) 진상보상기의 극점과 영점의 크기를 구하고, 이득 α를 계산하라.

(2) 최대진상이 발생하는 주파수 ω_m과 그 때의 이득[dB], 위상[°]을 계산하라.

(3) 진상보상기의 Bode 선도를 도시하고 ω_m과 그 때의 이득[dB]과 위상[°]을 확인하라.

풀이

물음에 대한 답은 다음과 같다.

(1) 극점은 $p = 1/\tau = -10$이고 $z = 1/(\alpha\,\tau) = -1$이다. 따라서 $\alpha = p/z = 10$이다.

(2) 최대 진상이 발생하는 주파수는 $\omega_m = \sqrt{zp} = \sqrt{10} = 3.162[rad/\sec]$이다. 그때의 위상은 $atan((\alpha-1)/(2*\sqrt{\alpha}))*180/\pi = 54.9[^\circ]$이고, 이득은 $10\log_{10}\alpha[dB] = 10[dB]$이다.

(3) 그림 5.1에서 ω_m 을 정확하게 3.162로 클릭할 수 없어서 3.18[rad/sec]로 표현하였다.

```
w=logspace(-1, 3, 400); ng=10*[1 1]; dg=[1 10]; sysg=tf(ng,dg);
bode(sysg), grid
```

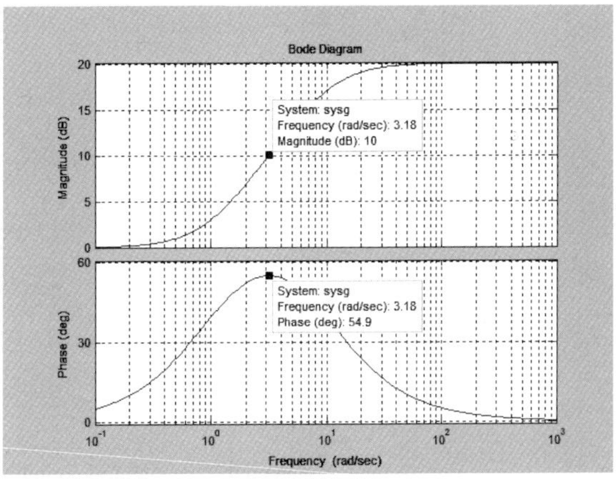

〈그림 5.1〉 실습 예제 5.1의 Bode 선도

진상 보상회로에서 $\tan(\Phi_m) = (\alpha - 1)/(2\sqrt{\alpha})$의 관계이므로 α를 크게 하여도 위상각 Φ_m은 최대 90°까지만 증가한다. 이론적으로 진상 보상회로를 사용하여 얻을 수 있는 최대 위상각은 약 90°이나, 실제 전기회로로 구현하기 위해서 α 값은 제한되어야 한다. 일반적으로 진상보상기가 보상할 수 있는 최대 위상은 70°로 알려져 있다. 더 큰 위상보상이 필요한 경우, 필요한 위상의 1/2 이상을 보상하는 진상 보상회로 두 개를 직렬로 구성한 2단 진상보상기를 사용한다.

진상보상기의 회로도는 그림 5.2와 같이 저항 R과 커패시터 C로 구성된다.

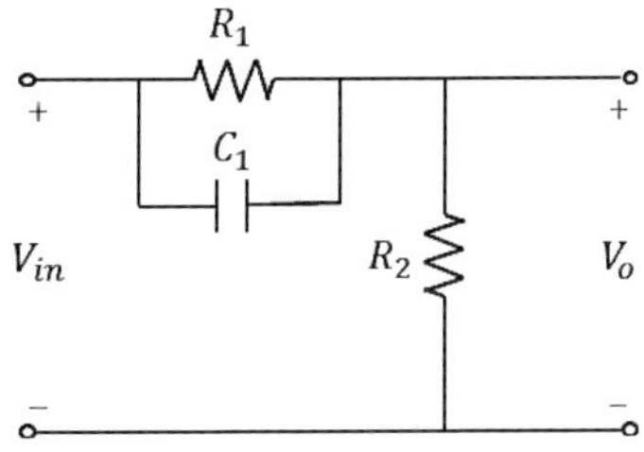

〈그림 5.2〉 진상보상기의 회로도

그림 5.2에서 전달함수를 구하면 식 (5.8)과 같다.

$$G_c(s) = \frac{V_2(s)}{V_1(s)} = \frac{R_2}{R_2 + R_1 \| (1/Cs)} = \frac{(1+\alpha\tau s)}{\alpha(1+\tau s)} \tag{5.8}$$

여기서 $\alpha = (R_1 + R_2)/R_2 > 1$이고, 시상수 $\tau = R_1 R_2 C/(R_1 + R_2)$이다.

진상 보상회로를 사용한 직렬 보상은 진상 보상회로의 영점이 극점보다 원점에 가깝게 위치하기 때문에 상대적으로 제어대상에 영점이 추가되는 효과가 발생한다. 따라서 진상보상기를 사용하면 폐루프 시스템의 근궤적은 s 평면의 좌반면으로 밀리는 현상이 발생하여 보상 시스템의 상대안정도가 증가한다. 또한, Bode 선도에서는 $20\log_{10}\alpha\,[dB]$의 이득이 추가되어 이득교차주파수와 대역폭이 증가한다. 대역폭이 증가하면 위상여유와 상승시간이 감소하는 장점이 있으나 외란이나 잡음에 민감해지는 단점이 발생한다.

일반적으로 진상보상기의 영점은 상승시간을 개선하기 위하여 원점 가까이 배치해야 하나, 영점을 원점에 너무 가깝게 배치하면 보상기의 영점이 폐루프 전달함수의 영점이 되는 경향이 있으므로 퍼센트 오버슈트가 증가하게 될 것이다. 한편, 보상기의 극점을 원점에서 멀리 배치하면 퍼센트 오버슈트가 감소하게 된다. 그러나 너무 멀리 배치하면 오히려 상승시간이 증가하게 된다.

진상보상기는 상대안정도를 증진할 필요가 있는 시스템이나 상승시간이 긴 시스템에 적용하면 좋은 효과를 기대할 수 있다. 그러나 제동이 아주 작은(즉, ζ가 작은) 시스템이나 잡음이 많은 시스템인 경우, 퍼센트 오버슈트가 더욱 증가하거나 더 높은 주파수의 잡음이 유입되어 폐루프 시스템의 불안정이 증가하게 되므로 비효과적이다.

실습예제 5.2

제어대상 $G_p(s) = \dfrac{40}{s(s+2)}$ 과 진상보상기 $G_c(s) = \dfrac{3(s+4.8)}{(s+14.4)}$ 를 사용한 단위이득 폐루프 시스템에 대해 물음에 답하라.

(1) 비보상 시스템과 보상 시스템의 근궤적을 도시하여 상대안정도가 증가하는 것을 고찰하라.

(2) 비보상 시스템과 보상 시스템의 Bode 선도를 도시하여 이득교차점주파수와 대역폭이 증가하는 것을 고찰하라.

(3) 비보상 시스템과 보상 시스템의 단위계단응답을 도시하여 오버슈트와 상승시간을 고찰하라.

풀이

물음에 대한 답은 다음과 같다.

(1) 그림 5.3(a)에 비보상과 보상 시스템의 근궤적을 도시하였다. 그림 5.3(a)에서 비보상 시스템의 점근선은 ±90[°]이고, 실수축과의 교차점과 이탈점은 각각 −1이다. 반면, 보상 시스템의 경우 점근선의 각도는 ±90[°]이고, 점근선이 실수축과 만나는 점은 −5.8이다. 또한 보상 시스템의 이탈점은 −1.16이다. 따라서 진상보상기를 사용하면 근궤적 전체가 s 평면의 좌반면으로 밀리는 현상이 발생하여 상대안정도가 증가한다는 것을 확인할 수 있다.

(2) 그림 5.3(b)에 비보상과 보상 시스템의 Bode 선도를 도시하였다. 그림에서 비보상 시스템의 대역폭은 7.39[rad/sec]이고 보상 시스템의 대역폭은 약 10.4 [rad/sec]이다. 따라서 진상보상기를 추가하면 대역폭이 증가한다는 것을 확인할 수 있다. 한편 이득교차주파수가 증가하여 위상여유가 증가하는 것을 확인할 수 있다.

(3) 단위계단응답은 그림 5.3(c)와 같다. 그림에서 비보상 시스템의 경우 오버슈트는 60.5[%], 상승시간은 0.184[초]이다. 진상보상기를 사용하여 오버슈트가 28.8[%], 상승시간이 0.143[초]로 개선되었다. 오버슈트가 감소한 원인은 그림 5.3(a)의 근궤적에서 알 수 있는 것과 같이 근궤적 전체가 s 평면의 좌반면으로 밀리는 현상이 발생하여 이득이 어느 정도 증가하여도 감쇠비가 큰 상태로 유지되기 때문이다. 따라서 대역폭이 증가하더라도 이득이 상당히 증가하지 않는다면 오버슈트는 감소한다.

```
t=[0:0.01:10]; w=logspace(-1, 3, 400); ng=40; dg=[1 2 0]; sysg=tf(ng,dg);
nc=3*[1 4.8]; dc=[1 14.4]; sysc=tf(nc,dc); syscg=series(sysc,sysg);
sys1=feedback(sysg,[1]); sys2=feedback(syscg,[1])
figure(1), rlocus(sysg), hold on, rlocus(syscg), hold off
figure(2), bode(sysg), grid, hold on, bode(syscg), hold off
figure(3), step(sys1,t), grid, hold on, step(sys2,t), hold off
```

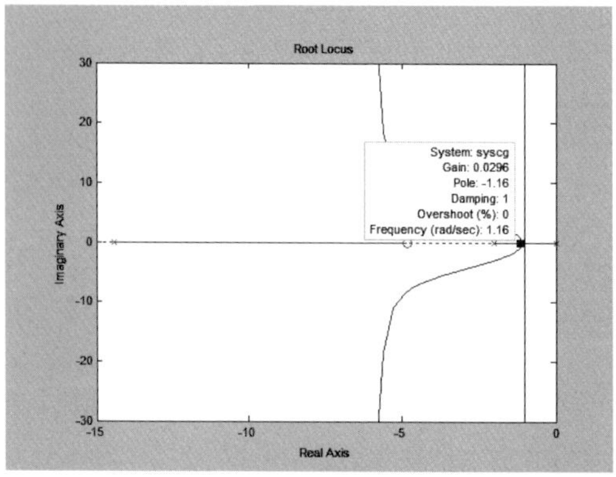

(a)

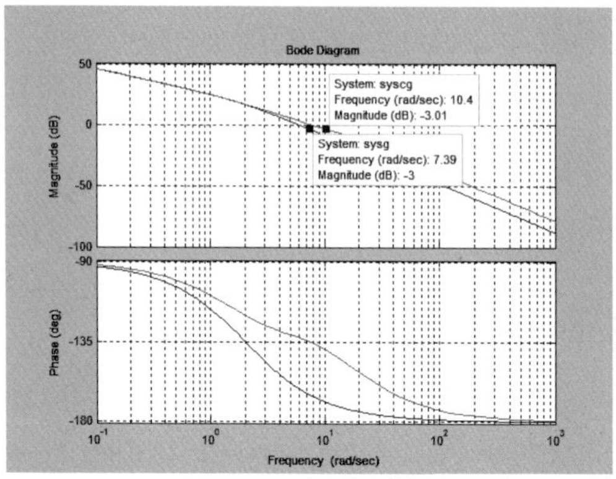

(b)

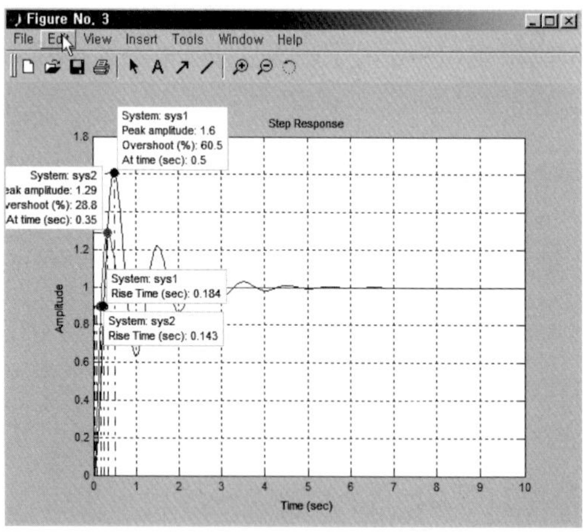

(c)

〈그림 5.3〉 실습예제 5.2의 연산 결과

5.1.2 지상 보상회로(phase-lag network)

지상 보상회로에서는 극점이 영점보다 원점에 가깝게 위치한다. 따라서 $\beta < 1$이라고 가정할 때 극점은 $p = 1/\tau$이므로 영점을 $z = 1/\beta\tau$로 표현해야 하며, $\beta = p/z$이다. 극점과 영점의 관계를 식 (5.1)에 대입하면 지상 보상회로의 전달함수는 식 (5.9)로 표현된다.

$$G_c(s) = \frac{K(s+z)}{(s+p)} = \frac{K(s+1/\beta\tau)}{(s+1/\tau)} = \frac{K\beta(1+\beta\tau s)}{(1+\tau s)} = \frac{K_1(1+\beta s)}{(1+\tau s)} \tag{5.9}$$

여기서 $K_1 = K\beta = K/\alpha$로 전향경로이득으로 $\alpha > 1$임을 유의해야 한다. 식 (5.9)의 지상 보상회로에 의해 Bode 선도의 위상곡선에서 최대 지상이 발생하는 주파수 ω_m은 진상 보상회로의 경우와 같은 식 (5.4)이며, ω_m에서 감소하는 이득도 $\frac{1}{2}20\log_{10}\alpha = 10\log_{10}\alpha\,[dB]$이다.

실습예제 5.3

지상보상기 $G_c(s) = \frac{(s+1)}{10(s+0.1)}$에 대해 물음에 답하라.

(1) 극점과 영점의 크기를 구하고, α를 계산하라.

(2) ω_m과 그 때의 이득[dB]과 위상[°]을 계산하라.

(3) Bode 선도를 도시하고 ω_m과 그 때의 이득[dB]과 위상[°]을 확인하라.

풀이

물음에 대한 답은 다음과 같다.

(1) 극점은 $p = 1/\alpha\tau = -0.1$이고 $z = 1/\tau = -1$이다. 따라서 $\alpha = z/p = 10$이다.

(2) 최대 지상이 발생하는 주파수 $\omega_m = \sqrt{zp} = \sqrt{0.1} = 0.316[rad/\sec]$이다. 그때의 위상은 $-54.9[°]$이고, 이득은 $-10[dB]$이다.

(3) 그림 5.4에서 정확한 ω_m을 클릭할 수 없어 0.313[rad/sec]로 표현하였다.

```
w=logspace(-1, 3, 400); ng=[1 1]; dg=10*[1 0.1]; sysg=tf(ng,dg);
bode(sysg), grid
```

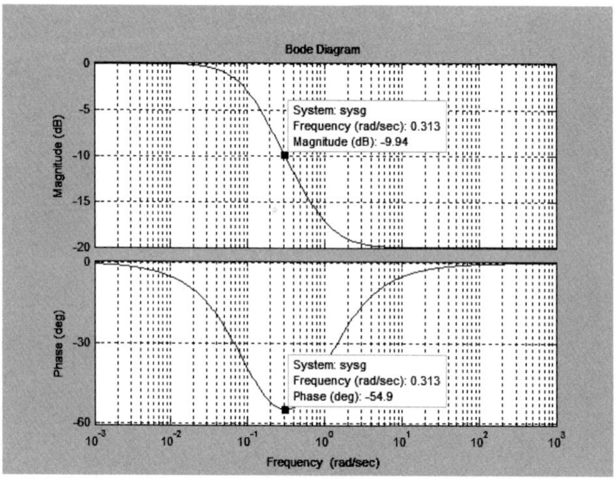

〈그림 5.4〉 실습예제 5.3의 Bode 선도

지상보상기의 회로도는 그림 5.5와 같다. 그림 5.5에서 전달함수를 구하면 식 (5.10)과 같다.

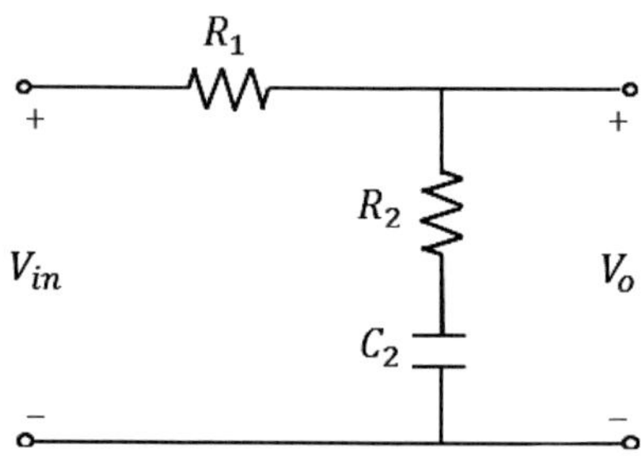

〈그림 5.5〉 지상보상기의 회로도

$$G_c(s) = \frac{V_2(s)}{V_1(s)} = \frac{R_2 + 1/Cs}{R_1 + R_2 + 1/Cs} = \frac{R_2CS + 1}{(R_1 + R_2)Cs + 1}$$

$$= \frac{1 + \beta\tau s}{1 + \tau s} = \frac{\beta(s + 1/\beta\tau)}{(s + 1/\tau)} = \frac{1}{\alpha}\frac{s + z}{s + p} \tag{5.10}$$

여기서 $\tau = (R_1R_2)C$, $\alpha = \dfrac{(R_1 + R_2)}{R_2} > 1$, $z = \dfrac{\alpha}{\tau}$, $p = \dfrac{1}{\tau}$이다.

큰 값의 α를 사용하면 저항이나 커패시터의 값들이 엄청나게 커지게 되므로 일반적으로 지상보상기에서 α 값은 약 100 정도로 제한된다. 예를 들어, $z = 0.1$이고 $\alpha = 100$일 때 $C = 10[\mu F]$이면 $R_1 = 1[M\Omega]$이 되고, $R_2 = 99[M\Omega]$이 된다.

지상보상기를 사용한 직렬 보상은 지상 보상회로의 극점이 영점보다 원점에 가깝게 위치하기 때문에 제어대상에 극점이 추가되는 효과가 발생한다. 일반적으로 제어대상에 극점이 추가되면 폐루프 시스템의 근궤적은 s 평면의 우반면으로 밀리는 현상이 발생하여 상대안정도가 감소한다. 따라서 지상보상기는 2형 이상의 계통에 사용할 수 없다.

또한, Bode 선도에서는 $20\log_{10}\alpha[dB]$의 이득이 감소되어 저주파수 영역에서 크기곡선의 기울기가 감소하게 되므로 폐루프 시스템의 대역폭은 감소하게 된다. 대역폭이 감소하면 상승시간과 정착시간이 길어진다.

일반적으로 지상보상기의 극점과 영점을 아주 작은 값으로 선정한다. 지상보상기의 극점과 영점을 아주 작은 값으로 선정하면 위상의 감소와 이득의 감소가 아주 낮은 주파수에서 발생하므로 폐루프 시스템에서 대역폭의 감소가 최소가 된다.

따라서 지상 보상회로는 감쇠를 개선(즉, ζ를 크게)하거나, 정상상태 오차상수를 증가시키기 위해 사용된다.

실습예제 5.4

제어대상 $G_p(s) = \dfrac{40}{s(s+2)}$과 지상 보상기 $G_c(s) = \dfrac{(s+0.1)}{8(s+0.0125)}$를 사용한 단위이득 폐루프 시스템에 대해 물음에 답하라.

(1) 비보상 시스템과 보상 시스템의 근궤적을 도시하여 상대안정도가 감소하는 것을 고찰하라.

(2) 비보상 시스템과 보상 시스템의 Bode 선도를 도시하여 이득교차점주파수와 대역폭이 감소하는 것을 고찰하라.

(3) 비보상 시스템과 보상 시스템의 단위계단응답을 도시하여 오버슈트와 상승시간을 고찰하라.

풀이

물음에 대한 답은 다음과 같다.

(1) 그림 5.6(a)에 비보상과 보상 시스템의 근궤적을 도시하였다. 그림에서 비보상 시스템의 점근선은 ±90[°]이고, 실수축과의 교차점과 이탈점은 각각 −1이다. 반면, 보상 시스템의 근궤적은 제어대상의 극점인 원점과 보상기의 극점에서 출발한 근궤적이 −0.00645에서 이탈하였다가 −0.205에서 만나서 하나는 보상기의 영점으로 수렴하고, 다른 하나는 제어대상의 극점인 −2에서 출발한 근궤적과 −0.945에서 출발하여 점근선으로 수렴한다. 이 경우 점근선의 각도는 ±90[°]이고, 점근선이 실수축과 만나는 점은 −0.945이다. 따라서 지상보상기를 사용하면 근궤적의 이탈점을 포함한 근궤적 전체가 s 평면의 우반면으로 밀리는 현상이 발생하여 상대안정도가 감소한다는 것을 확인할 수 있다.

(2) 그림 5.6(b)에 비보상과 보상 시스템의 Bode 선도를 도시하였다. 그림에서 비보상 시스템의 대역폭은 7.39[rad/sec]이고 보상 시스템의 대역폭은 약 2.31 [rad/sec]이다. 따라서 지상보상기를 추가하면 대역폭이 감소한다는 것을 확인할 수 있다. 그러나 이득교차주파수가 감소하여 위상여유가 증가하는 것을 알 수 있다.

(3) 비보상 시스템과 보상 시스템의 단위계단응답은 그림 5.6(c)와 같다. 그림에서 비보상 시스템의 경우 퍼센트 오버슈트는 60.5[%], 상승시간은 0.184[초]이고 보상 시스템의 퍼센트 오버슈트는 26.0[%]이고 상승시간은 0.666[초]이다. 따라서 지상보상기를 사용하면 퍼센트 오버슈트가 감소하고 상승시간이 증가하는 것을 확인할 수 있다.

```
t=[0:0.01:10]; w=logspace(-3, 3, 800); ng=40; dg=[1 2 0]; sysg=tf(ng,dg);
nc=[1 0.1]; dc=8*[1 0.0125]; sysc=tf(nc,dc); syscg=series(sysc,sysg);
sys1=feedback(sysg,[1]); sys2=feedback(syscg,[1])
figure(1), rlocus(sysg), hold on, rlocus(syscg), hold off
figure(2), bode(sysg), grid, hold on, bode(syscg), hold off
figure(3), step(sys1,t), grid, hold on, step(sys2,t), hold off
```

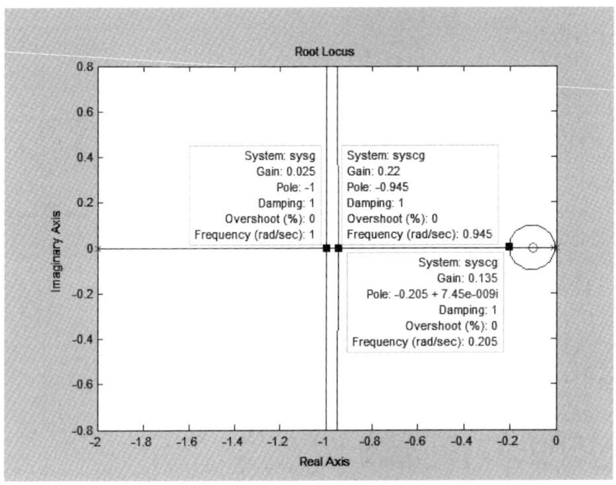

(a)

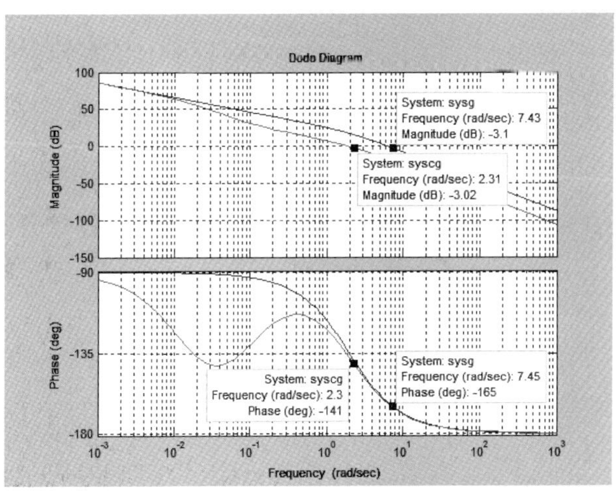

(b)

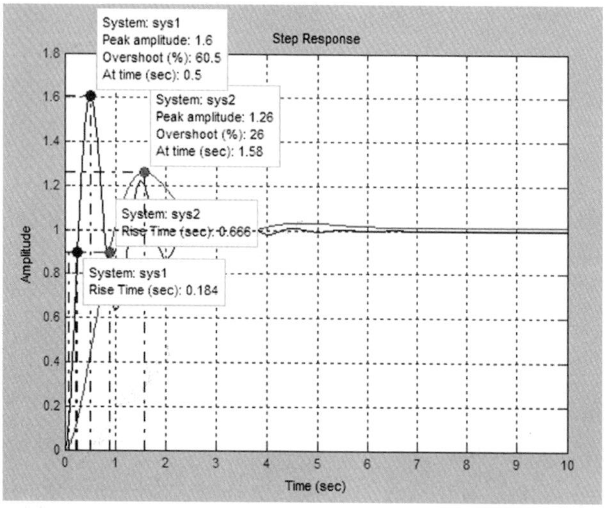

(c)

〈그림 5.6〉 실습예제 5.4의 연산 결과

5.2 진상보상기의 설계

앞 절에서 진상보상기를 사용한 직렬 보상은 폐루프 시스템의 상대안정도를 증진시키고, 대역폭이 증가하고 상승시간은 감소하게 된다는 사실을 확인하였다. 따라서 상대안정도를 증진할 필요가 있는 시스템이나 상승시간이 긴 시스템에 진상 보상회로를 적용하면 좋은 효과를 기대할 수 있으나, 제동이 아주 작은 시스템이나 잡음이 많은 시스템인 경우 퍼센트 오버슈트가 더욱 증가하거나 더 높은 주파수의 잡음이 유입되어 폐루프 시스템의 불안정이 증가하게 된다는 사실도 학습하였다.

이 절에서는 근궤적 기법과 Bode 선도를 사용하여 진상보상기를 설계해 보자.

5.2.1 근궤적 기법에 의한 진상보상기의 설계

근궤적 기법에 의한 진상보상기의 설계원리는 보상기의 영점을 원점에 가깝게 배치하고, 보상기의 극점은 원하는 우세근의 각도조건에 맞게 배치한 후 설계사양이 원하는 우세근에서 크기조건에 맞는 보상기의 이득을 결정하는 것이다. 그러나 영점을 원점에 너무 가깝게 배치하면 폐루프 전달함수의 영점이 되어 퍼센트 오버슈트가 크게 증가하게 되고, 극점을 너무 멀게 배치하면 상승시간과 정착시간이 증가하게 되므로 유의해야 한다. 설계원리에 적합한 설계 절차는 다음과 같다.

① 설계사양이 원하는 우세근 $q = -\zeta\omega_n \pm j\omega_n\sqrt{1-\zeta^2}$을 계산한다.

② s 평면에 비보상계의 근궤적을 도시한 후, 진상보상기의 영점을 원하는 우세근 바로 밑에 $z = \zeta\omega_n$으로 설정한다. 또는 영점을 제어대상 비우세근(원점에서 두 번째 멀리있는 극점)의 왼쪽 가까이에 배치한다.

③ 원하는 우세근의 위치에서 각도조건(=$(2k+1)\times 180°$)을 만족하도록 극점 p의 위치를 계산한다.

④ 원하는 우세근의 위치에서 보상기의 이득 K를 계산한다.

⑤ 계산된 극점 p의 위치가 원하는 우세근 위치에 포함되어 있지 않으면 재설계를 수행한다.

⑥ 모의실험을 수행하여 설계사양을 검토한다.

설계사양 중 퍼센트 오버슈트를 만족하지 못하면, 폐루프 시스템의 앞 단에 전치필터(pre-filter) $G_f(s) = z/(s+z)$를 직렬 연결하여 폐루프 전달함수에 나타난 보상기의 영점을 상쇄할 수 있다. 여기서 z는 보상기의 영점이다. 퍼센트 오버슈트가 커진 이유는 보상기의 영점이 원점에 너무 가깝게 배치되어 폐루프 전달함수에 보상기의 영점이 나타나기 때문이다. 전치필터를 사용하면 폐루프 시스템이 복잡해지고 비용이 추가된다는 단점이 있다.

그러나 설계사양 중 정상상태오차 $e_{ss} = 0$을 만족하지 못하면, 다음 장에서 학습할 PID 제어기 또는 내부모델설계 등을 사용하여 전면적인 재설계를 수행해야 한다. 그 이유는 진상보상기 또는 지상보상기는 0형이므로 정상상태오차를 개선할 수 없기 때문이다.

전체적으로 설계사양이 만족하지 않으면 보상기의 영점을 재선정하여 재설계를 수행하거나, 2단 진상보상기 또는 진 · 지상보상기를 사용해야 한다.

실습예제 5.5

루프전달함수 $GH(s)= K/s^2$ 에 대해 정착시간이 $t_s \leq 4[\text{sec}]$, 퍼센트 오버슈트가 $35[\%]$ 이하가 되도록 근궤적 기법에 의한 진상보상기를 설계하라.

풀이

설계 절차는 다음과 같다.

(1) Step 1에서 계산된 우세근은 $q=-1\pm j2.9925$이다. 여기서는 여유분을 고려하여 원하는 우세근을 $q=-1+2j$로 설정하였다.

(2) Step 2에서 우세근의 실수값과 허수값을 저장하고, Step 3에서 제어대상을 입력하였다.

(3) Step 4에서 우세근과 원점사이의 각도(116.5651°)를 구하여 Step 5에서 보상기 극점의 각도(36.8699°)를 계산하였다. 또는 theta1=angle(dp−gp(1))*180/pi로 계산하기도 한다. 계산된 비보상계의 근궤적을 도시한 후 보상기의 영점을 $z=\zeta\omega_n=1$에 놓는다.

(4) Step 6에서 보상기의 극점 $p=-3.6667$을 계산한다.

(5) Step 7에서 계산된 보상기의 이득은 $K=8.333$이다. 또는 disz=abs(dp−z) 로 계산하기도 한다.

(6) Step 8에서 계산된 제어기 $G_c(s)=8.333(s+1)/(s+3.6667)$이다. 이 때의 폐루프 전달함수는 $T(s)=8.333(s+1)/(s^3+3.667s^2+8.333s+8.333)$이다.

(7) Step 9에서 폐루프 시스템의 근궤적을 도시하고, Step 10에서 단위계단응답를 도시하였다. 모의실험 결과 퍼센트 오버슈트는 46.2[%]이고 정착시간은 $t_s=3.73$[sec]이다. 따라서 퍼센트 오버슈트가 설계사양을 만족하지 않는다. 퍼센트 오버슈트가 큰 이유는 보상기의 영점이 폐루프 전달함수에 나타나기 때문이다.

(8) Step 11에서 전치필터를 사용하여 퍼센트 오버슈트가 감소하였다. 모의실험 결과 퍼센트 오버슈트는 6.14[%]이고 정착시간은 $t_s=3.83$[sec]이다. 따라서 설계사양이 모두 만족한다. 연산결과는 그림 5.7과 같다.

```
clear all, close all
% step 1
ts=4; pos=35/100;
zeta=abs(sqrt(log(pos)^2/(pi^2+log(pos)^2))); wn=4/(ts*zeta);
d_p=-zeta*wn+j*wn*sqrt(1-zeta^2), dp=-1+j*2;
% step 2
z=real(dp), im=imag(dp)
% step 3
ng=[1]; dg=[1 0 0]; sysg=tf(ng,dg), gp=roots(dg)
% step 4
dpgp1=z-gp(1), theta1=180*atan2(im,dpgp1)/pi
dpgp2=z-gp(2), theta2=180*atan2(im,dpgp2)/pi
% step 5
thetax=180+90-(theta1+theta2)
% step 6
x=im/tan(abs(thetax)*pi/180), p=-x+z
% step 7
disz=sqrt((real(dp)-real(z))^2+(imag(dp)-imag(z))^2)
disp1=sqrt((real(dp)-real(p))^2+(imag(dp)-imag(p))^2)
disp2=sqrt((real(dp)-real(gp(1)))^2+(imag(dp)-imag(gp(1)))^2)
disp3=sqrt((real(dp)-real(gp(2)))^2+(imag(dp)-imag(gp(2)))^2)
K=(disp1*disp2*disp3)/disz
% step 8
nc=K*[1 -z], dc=[1 -p], sysc=tf(nc,dc)
sysgc=series(sysc, sysg), sysall=feedback(sysgc,1,-1)
% step 9
figure(1), rlocus(sysgc)
% step 10
figure(2), t=[0:0.01:10]; step(sysall, t), grid
xlabel('time[sec]'), ylabel('output'), title('step response')
% step 11
nf=[-z]; df=[1 -z]; sysf=tf(nf,df), sysT=series(sysf,sysall)
figure(3), step(sysT, t), grid
xlabel('time[sec]'), ylabel('output'), title('step response with prefilter')
```

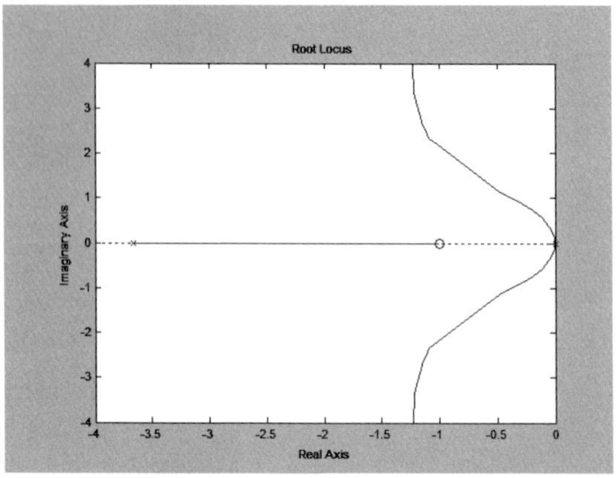

(a)

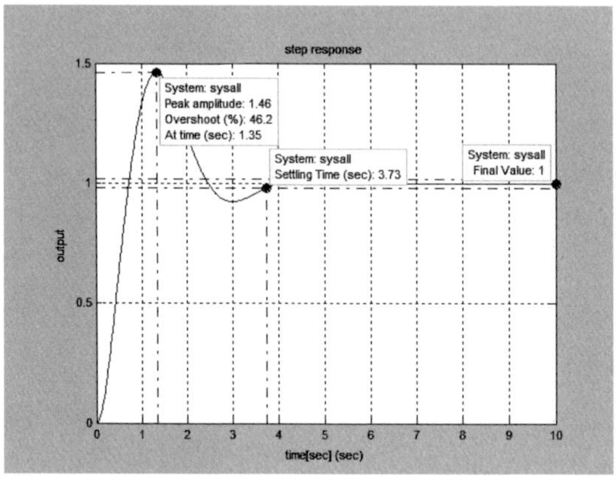

(b)

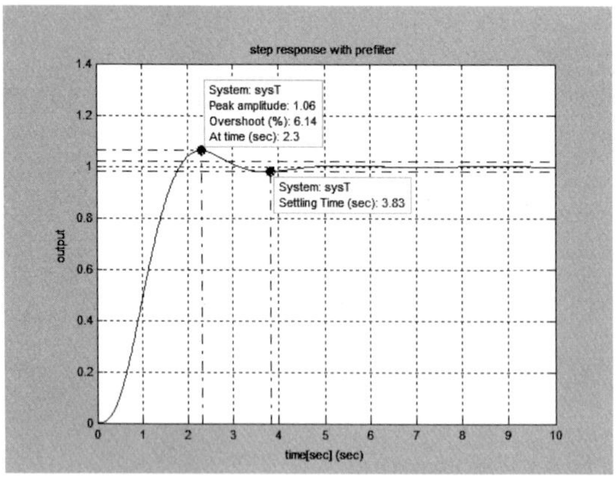

(c)

〈그림 5.7〉 실습 예제 5.5의 연산 결과

실습예제 5.6

$GH(s) = K/s(s+2)$에 대해 설계사양 $\zeta = 0.45$, $K_v = 20$을 만족하도록 근궤적 기법에 의한 진상보상기를 설계하라.

풀이

설계 절차는 다음과 같다.

(1) 속도오차상수 $K_v = \lim_{s \to 0} s\,G_p(s) = K/2 = 20$이므로 비보상계의 이득은 $K = 40$이 되고, 폐루프 전달함수는 $T(s) = 40/(s^2 + 2s + 40)$이다. 특성방정식의 근은 $s = -1 \pm j6.25$이다. 따라서 감쇠비는 $\zeta = 0.16$, 고유주파수는 $\omega_n = \sqrt{40} = 6.3$이므로 비보상계의 정착시간은 $t_s = 4/\zeta\omega_n = 3.96[\text{sec}]$이 된다.

(2) 보상계의 정착시간을 작게 하기 위해 $t_s = 1[\text{sec}]$로 선정하면 고유주파수는 $\omega_n = 8.8889$이 되어 $q = -4 \pm j\,7.938$가 된다. 계산상의 편의와 여유분을 고려하여 원하는 우세근은 $q = -4 \pm j\,8$로 선정한다.

(3) 보상기의 영점을 $z = -4$로 선정하여 근궤적의 각도조건을 계산한 결과 $\theta_p = 50°$이고, 보상기 극점의 위치는 $p = -10.6$이다. 근궤적의 각도조건을 계산하는 function DegRoot를 작성하여 수행하였다.

(4) 근궤적의 이득은 $K = 9 \times 8.25 \times 10.4/8 = 96.5$이다. 설계사양이 원하는 영역을 표시하기 위해 11행~13행을 사용하였다. 또한 MATLAB 명령어 rlocfind(sys,d_P)를 사용하면 원하는 근의 위치 d_P에서 근궤적의 이득이 자동으로 생성된다.

(5) 따라서 $G_cG_p(s) = 96.5(s+4)/s(s+2)(s+10.6)$이 되고, $K_v = 18.2$로 설계사양을 만족하지 못한다.

(6) 속도오차상수를 만족하기 위해 고유주파수를 $\omega_n = 10$으로 증가하여 재설계를 수행한다. 재설계 결과 $G_c(s) = 125.5476(s+4.5)/(s+12.6496)$이 되고, 이때의 속도오차상수는 $K_v = 22.3313$으로 설계사양을 만족한다. 이때의 계단응답은 그림 5.8(b)와 같다.

```
clear all, close all
t=[0:0.01:10]; zeta=0.45; ts=1; wn=4/(ts*zeta);
d_p1=-zeta*wn+j*wn*sqrt(1-zeta^2)
d_p=input('design_pole=') %q=-4+j8
ng=[1]; dg=[1 2 0]; sysg=tf(ng, dg);
pg=roots(dg), z=real(d_p); im=imag(d_p);
alltheta=DegRoot(d_p, pg), thetax=180+90-alltheta;
x=imag(d_p1)/tan(abs(thetax)*pi/180), p=-x+real(d_p)
nc=[1 -z]; dc=[1 -p]; sysc=tf(nc, dc); sysgc=series(sysc, sysg);
figure(1), rlocus(sysgc), sgrid(zeta, wn), axis([-12 0 -10 10])
hold on, x=[-5:0.1:0]; y=-(sqrt(1-zeta^2)/zeta)*x;
c=-zeta*wn; xc=[-10:0.1:10];
plot(x, y, ':', x, -y, ':', c, xc, ':'), hold off
[K, clpoles]=rlocfind(sysgc, d_p), sys=feedback(K*sysgc, [1]);
figure(2), step(sys, t), grid
```

```
function alltheta=DegRoot(d_p, pg)
% Calculate the Degree of the Root Locus

alltheta=0; n=length(pg);
for i=1:n
theta(i)=angle(d_p-pg(i))*180/pi;
alltheta=alltheta+theta(i);
end
```

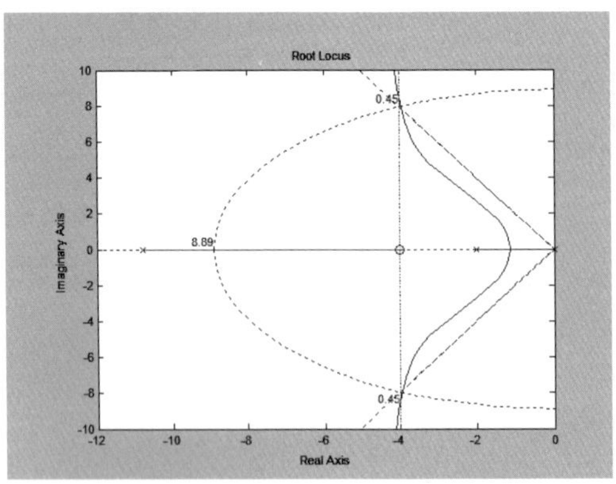

(a)

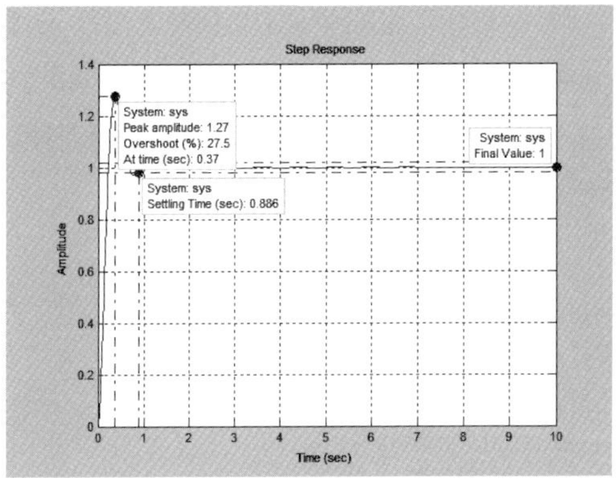

(b)

〈그림 5.8〉 실습예제 5.6의 연산 결과

실습예제 5.7

제어대상 $G_p(s) = 2500K/s(s+25)$에 대해 아래의 설계사양을 만족하도록 근궤적 기법에 의한 진상보상기를 설계하라.

설계사양 : ① $K_v \geqq 100$, ② 퍼센트 오버슈트 5[%] 이하, ③ $t_s \leqq 0.02$

풀이

속도오차상수 $K_v \geqq 100$를 만족하기 위한 이득은 $K \geqq 1$이어야 한다.

(1) 오버슈트와 정착시간 조건을 만족하는 $\zeta \geqq 0.6901$, $\omega_n \geqq 289.8102$이다. 근궤적 기법에 의해 설계된 진상보상기는 $G_c(s) = 278.8399(s+200)/(s+2035)$이 된다. 그림 5.9(a)의 근궤적에서 설계사양이 원하는 영역에서 선택한 이득은 $K = 278.8399$이므로 속도오차상수의 조건을 만족한다. 모의실험을 수행한 결과, 그림 5.9(b)와 같이 오버슈트는 23.0[%], 정착시간은 0.0174[초], 그리고 속도오차상수는 $K_v = 2740.4$로 퍼센트 오버슈트의 설계사양을 만족하지 못한다. 이와 같은 원인은 진상보상기의 영점 $s = -200$이 원점에서 너무 멀리 위치하기 때문에 진상보상기의 이득이 너무 커져서 발생한 것이다.

(2) 오버슈트나 정착시간의 설계사양에 여유가 없는 편이므로 진상보상기의 영점을 임의로 조정하는 방법으로 재설계를 수행해보자.

진상보상기의 영점을 제어대상의 우세근인 $s = -25$ 근처로 이동할 수록 진상보상기의 이득을 작게 선정할 수 있다. 진상보상기의 영점을 $z = -28$로 선정하여 근궤적을 도시하면 그림

5.9(c)와 같다. 그림 5.9(c)와 같이 설계영역 내에 포함된 근궤적 상의 한 점을 클릭하면 $G_c(s) = 31.9582(s+28)/(s+525)$이 되고 오버슈트는 1.29[%], 정착시간은 0.0162[초], 그리고 속도오차상수는 $K_v = 170.4437$이므로 모든 설계사양을 만족한다. 여기서 $K_v = (2500*31.9582*28)/(525*25) = 170.4437$이다.

```
clear all, close all
t=[0:0.001:0.2]; ts=0.02; pos=5/100;
zeta=abs(sqrt(log(pos)^2/(pi^2+log(pos)^2))), wn=4/(ts*zeta)
d_p=-zeta*wn+j*wn*sqrt(1-zeta^2)
ng=[2500]; dg=[1 25 0]; sysg=tf(ng, dg); pg=pole(sysg)
alltheta=DegRoot(d_p, pg), z=real(d_p); thetax=180+90-alltheta;
x=imag(d_p)/tan(abs(thetax)*pi/180), p=-x+real(d_p)
nc=[1 -z]; dc=[1 -p]; sysc=tf(nc, dc), sysgc=series(sysc, sysg)
figure(1), rlocus(sysgc), axis([-500, 0 -500 500])
hold on, x=[-500:0.1:0]; y=-(sqrt(1-zeta^2)/zeta)*x;
c=-zeta*wn; xc=[-500:0.1:500]; plot(x, y, ':', x, -y, ':', c, xc, ':'),
hold off
K=rlocfind(sysgc, d_p), sys=feedback(K*sysgc, [1]);
figure(2), step(sys, t), grid
% Redesign
z=-28; thetaz=atan2(imag(d_p),(z-real(d_p)))*180/pi;
thetax=180+thetaz-alltheta; x=imag(d_p)/tan(abs(thetax)*pi/180)
p=-x+real(d_p), nc=[1 -z]; dc=[1 -p]; sysc=tf(nc, dc)
sysgc=series(sysc, sysg), figure(3), rlocus(sysgc), axis([-350, 0 -400 400])
hold on, x=[-350:0.1:0]; y=-(sqrt(1-zeta^2)/zeta)*x;
c=-zeta*wn; xc=[-400:0.1:400]; plot(x, y, ':', x, -y, ':', c, xc, ':'),
hold off
K=rlocfind(sysgc), sys=feedback(K*sysgc, [1]);
figure(4), step(sys, t), grid
```

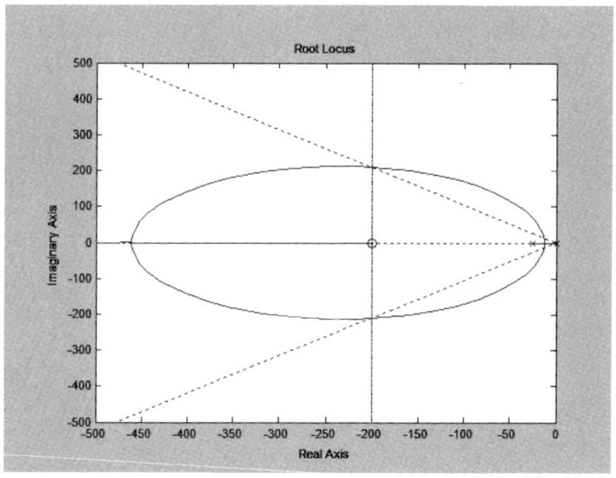
Root Locus
Imaginary Axis
Real Axis

(a)

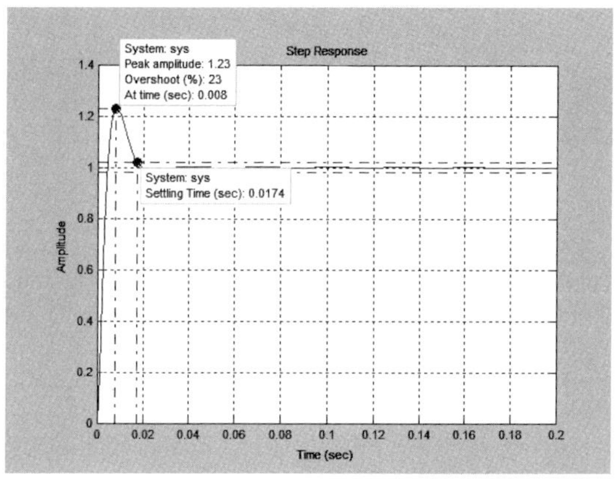
Step Response
System: sys
Peak amplitude: 1.23
Overshoot (%): 23
At time (sec): 0.008
System: sys
Settling Time (sec): 0.0174
Amplitude
Time (sec)

(b)

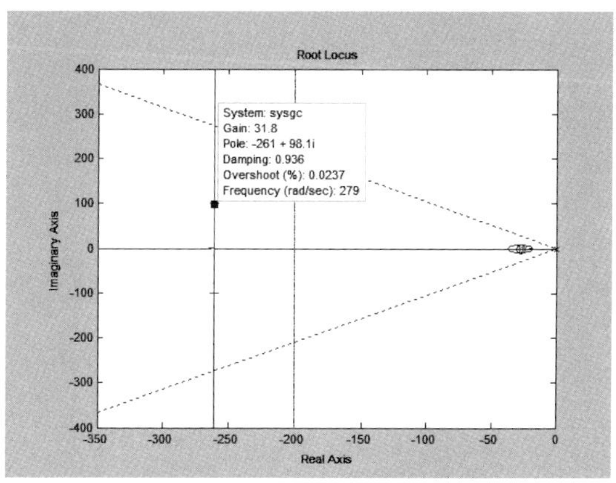
Root Locus
System: sysgc
Gain: 31.8
Pole: -261 + 98.1i
Damping: 0.936
Overshoot (%): 0.0237
Frequency (rad/sec): 279
Imaginary Axis
Real Axis

(c)

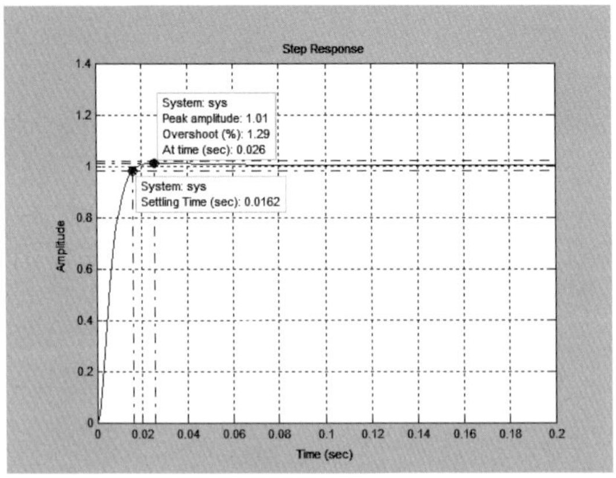

(d)

〈그림 5.9〉 실습예제 5.7의 연산 결과

5.2.2 Bode 선도에 의한 진상보상기의 설계

Bode 선도에 의한 진상보상기의 설계 원리는 폐루프 시스템이 설계사양인 이득여유와 위상여유를 만족하도록 최대진상이 발생하는 주파수 ω_m이 폐루프 시스템의 새로운 이득교차주파수 $\omega_g{}'$가 되도록 보상기의 극점과 영점을 배치하는 것이다. 이득교차주파수 $\omega_g{}'$가 Bode 선도의 크기선도에서 -20[dB/decade]의 기울기에 위치할 때 폐루프 시스템은 안정하다. 설계원리에 적합한 설계 절차는 아래와 같다.

① 정상상태오차 또는 오차상수를 만족하도록 이득을 선정하여 비보상계의 Bode 선도를 도시하여 비보상계의 위상여유 $\Phi_{m\text{비보상}}$를 구한다.

② 보상해야 할 위상여유는 $\Phi_m = 100\zeta - \Phi_{m\text{비보상계}}$으로 적절한 여유분을 더해준다.

③ 보상기의 이득 $\alpha = (1+\sin\Phi_m)/(1-\sin\Phi_m)$을 계산한다.

④ 보상계 크기곡선에서 $-20\log_{10}\alpha[dB]/2$되는 주파수를 ω_m으로 설정한다.

⑤ 극점 $p = \omega_m\sqrt{\alpha}$과 영점 $z = p/\alpha$에 의한 제어기 $G_c(s) = K(s+z)/(s+p)$를 완성한다.

⑥ 설계사양을 검토한 후 만족하지 않으면, 위상여유를 증가하여 재설계한다.

실습예제 5.8

$G(s) = K/s^2$ 에 대해 설계사양 $t_s \leq 4[\sec]$, $\zeta \geq 0.45$을 만족하도록 Bode 선도에 의한 진상보상기를 설계하라.

풀이

설계 절차는 다음과 같다.

(1) 비보상계 Bode 선도를 도시하기 위해 비보상계의 이득 K를 결정해야 한다. 그러나 설계사양으로 오차상수가 주어지지 않았으므로 폐루프 전달함수에서 이득 K를 결정한다. 폐루프 전달함수는 $T(s) = K/(s^2+K)$이므로 $K = \omega_n^2 = 4.93$이다. 여기에서는 여유분을 고려하여 $K = 10$으로 선정하였다.

(2) $K = 10$일 때의 비보상 Bode 선도에서 위상여유는 $\Phi_{pm} = 0°$이다. 따라서 보상해야 할 위상여유는 설계사양에 의한 위상여유 $\Phi_{pm} = 100 \times 0.45 = 45°$와 같다.

(3) 보상기의 이득 α=(1 + sin45°)/(1-sin45°) = 5.8이나, 여유분을 고려하여 $\alpha = 6$으로 선정한다.

(4) 따라서 감쇠이득은 $(-20\log_{10}6)/2 = -7.78[dB]$이 되고, 비보상계의 크기곡선에서 −7.78[dB]되는 주파수를 찾으면 새로운 이득교차주파수는 $\omega_m = 4.95[rad/\sec]$이다.

(5) $p = \omega_m\sqrt{\alpha} = 12.0$, $z = p/\alpha = 2.0$이므로 $G_c(s) = \dfrac{6(s+2)}{(s+12)}$이 된다. 따라서 루프이득의 전달함수는 $GG_c(s) = \dfrac{6(s+2)}{(s+12)}\dfrac{10}{s^2} = \dfrac{60(s+2)}{s^2(s+12)}$이다. 모의실험 결과 퍼센트 오버슈트는 32.9[%], 정착시간은 1.27[초]로 설계사양을 만족한다.

참고로, $K = \omega_n^2 = 4.93$로 모의실험을 실행하여도 설계사양을 만족한다.

```
t=[0:0.01:10]; w=logspace(-1, 2, 400);
ts=4; zeta=0.45; wn=4/(ts*zeta); K=wn^2, ng=input('desired_K= '); % K=10;
dg=[1 0 0]; sysg=tf(ng, dg); figure(1), bode(sysg, w); grid
[Gm0, Pm0, wgc0, wpc0]=margin(sysg); margin(sysg), grid
d_pm=pi*(zeta/0.01-Pm0)/180; alpha=(1+sin(d_pm))/(1-sin(d_pm))
d_alpha=input('desired_alpha=') % alpha=6
d_mag=-20*log10(d_alpha)/2
wm=input('new_wg=') % wg=4.95(d_mag=-7.78[dB])
p=wm*sqrt(d_alpha); z=p/d_alpha; nc=d_alpha*[1 z]; dc=[1 p]; sysc=tf(nc, dc);
```

```
sysgc=series(sysc, sysg); figure(2), bode(sysgc, w); grid
[GmC, PmC, wgcC, wpcC]=margin(sysgc); margin(sysgc),
grid, sys=feedback(sysgc, [1]); figure(3), step(sys, t); grid,
title('Step Response')
```

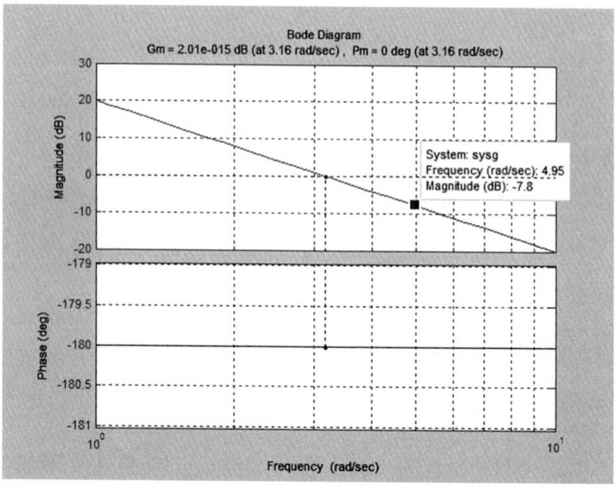

(a)

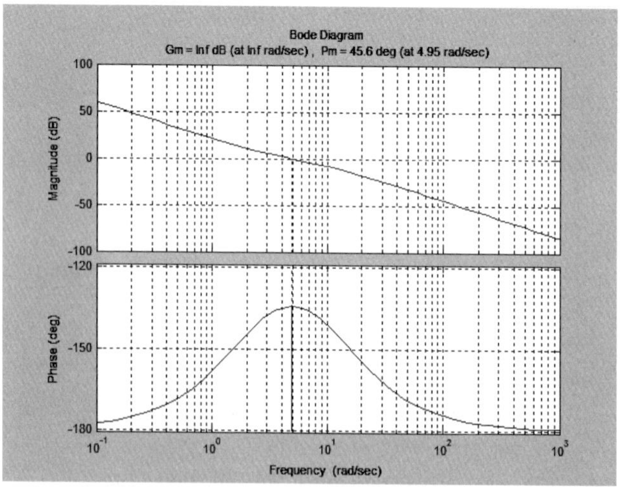

(b)

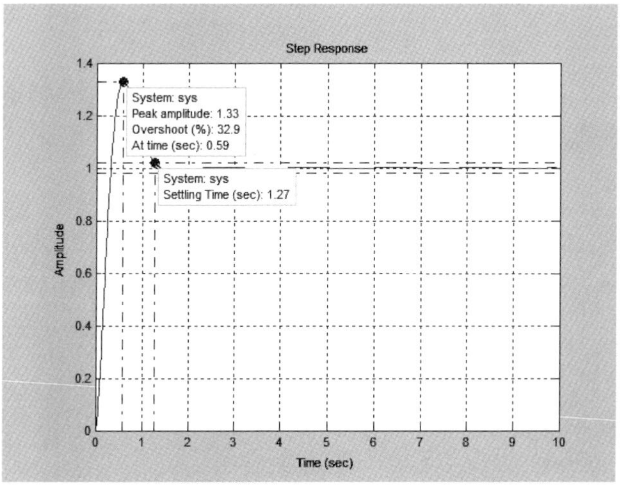

(c)

〈그림 5.10〉 실습 예제 5.8의 연산 결과

실습예제 5.9

$GH(s) = K/s(s+2)$에 대해 설계사양 $\zeta = 0.45$, $K_v = 20$을 만족하도록 Bode선도에 의한 진상보상기를 설계하라.

풀이

설계 절차는 다음과 같다.

(1) 먼저 비보상계의 Bode 선도를 도시하기 위해 비보상계의 이득 K를 결정한다.
$K_v = \lim_{s \to 0} s\,GH(s) = K/2 = 1/e_{ss} = 20$이므로 $K = 40$이다. 비보상계의 Bode 선도에서 이득 교차점주파수는 4.25[rad/sec]이고 위상여유는 25[°]이다.

(2) 따라서 보상에 필요한 위상여유는 20[°]가 된다.

(3) 보상기의 이득 $\alpha = 2.03$이나 여유분을 고려하여 $\alpha = 3$으로 선정하였다.

(4) 따라서 필요한 감쇠 이득은 -4.8[dB]가 되고, 비보상 Bode 선도 그림 5.10(a)에서 그 때의 주파수는 $\omega_m = 5.8$[rad/sec]이다.

(5) 위에서 구한 값을 사용하면 보상기 극점은 $p = 9.92$, 영점은 $z = 3.31$이다.

(6) $G_c(s)=\dfrac{3(s+3.31)}{(s+9.92)}$ 이고, 루프 전달함수는 $GG_c(s)=\dfrac{120(s+3.31)}{s(s+2)(s+9.92)}$ 이다. 모의실험 결과 그림 5.10(b)와 (c)에서 살펴본 바와 같이 폐루프 시스템의 위상여유는 $\Phi=49.3[^\circ]$, 퍼센트 오버슈트는 21.2[%], 그리고 정착시간은 0.871[초]로 설계사양을 만족한다. 또한, 속도오차상수는 $K_v=120*3.31/(2*9.92)=20.0202$로 만족한다.

(7) 만약 보상기 이득을 $\alpha=5$로 증가시켜 재설계를 수행하면, 폐루프 시스템의 위상여유는 $\Phi=58.5[^\circ]$로 증가하지만 속도오차상수가 $K_v=12$로 감소하여, 설계사양을 만족하지 못한다. 한편 $\alpha=2$로 감소시키면, 위상여유 $\Phi=40.8[^\circ]$가 되어 역시 설계사양을 만족하지 못한다.

```
clear all, close all
t=[0:0.01:10]; w=logspace(-1, 2, 400); ess=0.05; Kv=1/ess;
ng=[Kv]; dg=conv([1 0], [1 2]); sysg=tf(ng, dg);
figure(1), bode(sysg, w); grid
[Gm0, Pm0, wgc0, wpc0]=margin(sysg);
d_pm=pi*(45-Pm0)/180; alpha=(1+sin(d_pm))/(1-sin(d_pm))
d_alpha=input('desired_alpha=') % alpha=3
d_mag=-20*log10(d_alpha)/2, wm=input('new_wg=')
% wg=5.8(d_mag=-4.8[dB])
p=wm*sqrt(d_alpha); z=p/d_alpha;
nc=d_alpha*[1 z]; dc=[1 p]; sysc=tf(nc, dc); % 제어기
sysgc=series(sysc, sysg); figure(2), bode(sysgc,w);
margin(sysgc); grid, sys=feedback(sysgc, [1]);
figure(3), step(sys, t); grid, title('Step Response')
```

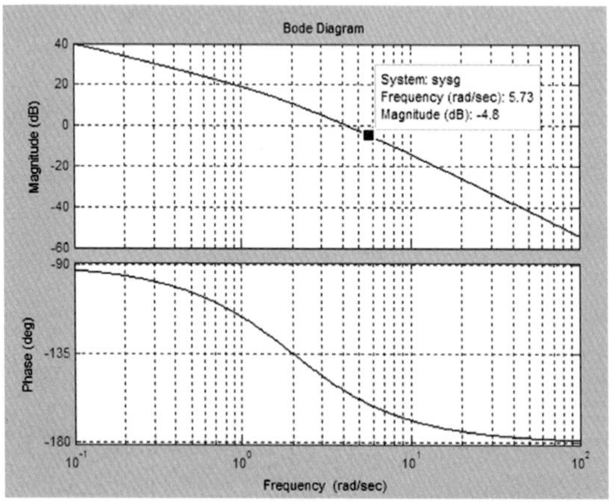

(a)

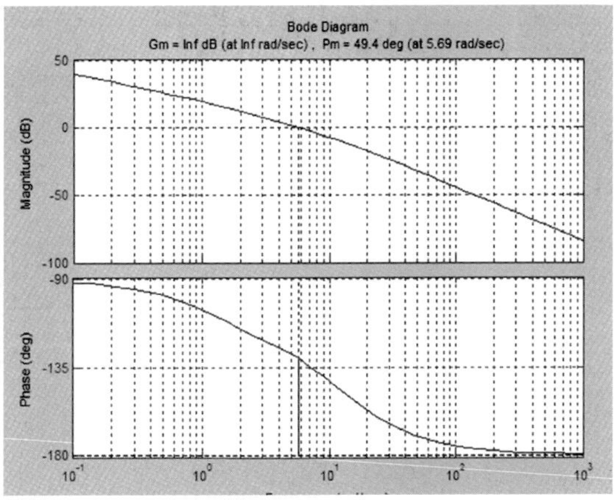

(b)

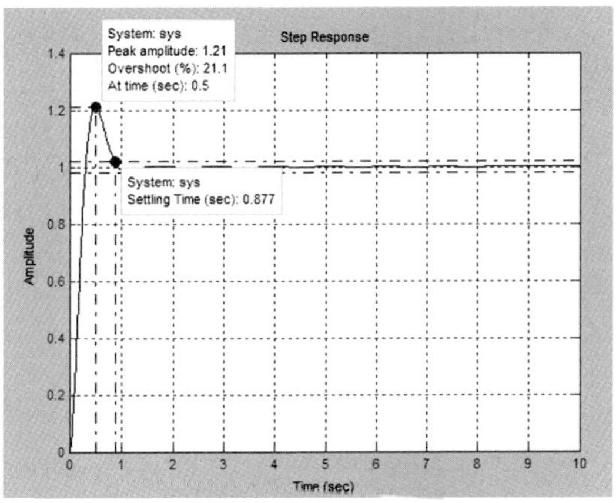

(c)

〈그림 5.11〉 실습예제 5.9의 연산 결과

실습예제 5.10

제어대상 $G_p(s) = 2500K/s(s+25)$에 대해 Bode 선도에 의한 진상보상기를 설계하라.

설계사양 : ① $K_v \geqq 100$, ② 퍼센트 오버슈트 5[%] 이하, ③ $t_s \leqq 0.02$

풀이

속도오차상수를 만족하는 이득은 $K=1$이다. $K=1$일 때의 비보상계 Bode 선도에서 비보상계의 위상여유는 $\Phi_{m비보상}$ =28[°]으로 진상보상기가 보상해야 할 위상여유는 41[°]가 된다. 보상기의 이득은 $\alpha=4.8119$, 감쇠는 $-6.823[dB]$으로 비보상계의 크기곡선에서 구해진 주파수는 $w_g{}'=71.9[rad/\sec]$이다. 진상보상기의 전달함수는 $G_c(s)=5.544(s+31.67)/(s+175.6)$이 된다. 모의실험 결과 퍼센트 오버슈트는 10.2[%], 정착시간은 0.07[초], 그리고 속도오차상수는 $K_v=99.98$로 설계사양을 거의 만족한다.

퍼센트 오버슈트를 만족하기 위해 $\zeta=0.72$로 증가(즉, 위상여유를 증가)하여 재설계를 수행하면 진상보상기가 보상해야 할 위상여유는 44[°]가 된다. 보상기의 이득은 $\alpha=5.5435$, 감쇠는 $-7.43[dB]$으로 비보상계의 크기곡선에서 구해진 주파수는 $w_g{}'=74.6[rad/\sec]$이다. 진상보상기의 전달함수는 $G_c(s)=4.812(s+32.77)/(s+157.7)$이 된다. 모의실험 결과 정착시간은 0.06[초], 그리고 속도오차상수는 $K_v=99.99$로 설계사양을 거의 만족한다. 오버슈트는 10.2[%]에서 8.28[%]로 감소하였으나 설계사양은 만족하지 못한다.

```
t=[0:0.001:2]; w=logspace(-1, 3, 400);
ts=0.02; pos=5/100; zeta=abs(sqrt(log(pos)^2/(pi^2+log(pos)^2)))
k=1; ng=2500*[k]; dg=[1 25 0]; sysg=tf(ng, dg);
figure(1), bode(sysg, w); grid
[gm0, pm0, wgc0, wpc0]=margin(sysg); margin(sysg), grid
d_pm=pi*(zeta/0.01-pm0)/180,
alpha=(1+sin(d_pm))/(1-sin(d_pm)), d_mag=-20*log10(alpha)/2
wm=input('new_wg=') % wg= 71.9[rad/sec] when d_mag=-6.823[dB]
p=wm*sqrt(alpha); z=p/alpha; nc=alpha*[1 z]; dc=[1 p]; sysc=tf(nc, dc)
sysgc=series(sysc, sysg); figure(2), bode(sysgc, w); grid
[gmC, pmC, wgcC, wpcC]=margin(sysgc); margin(sysgc), grid,
sys=feedback(sysgc,[1]);
figure(3), step(sys, t); grid, title('Step Response')
%redesign
zeta=0.72; d_pm=pi*(zeta/0.01-pm0)/180,
alpha=(1+sin(d_pm))/(1-sin(d_pm)), d_mag=-20*log10(alpha)/2
wm=input('new_wg=') % wg= 74.6[rad/sec] when d_mag=-7.43[dB]
p=wm*sqrt(alpha); z=p/alpha; nc=alpha*[1 z]; dc=[1 p]; sysc=tf(nc, dc)
sysgc=series(sysc, sysg); figure(4), bode(sysgc, w); grid
[gmC, pmC, wgcC, wpcC]=margin(sysgc); margin(sysgc), grid,
sys=feedback(sysgc,[1]);
figure(5), step(sys, t); grid, title('Step Response')
```

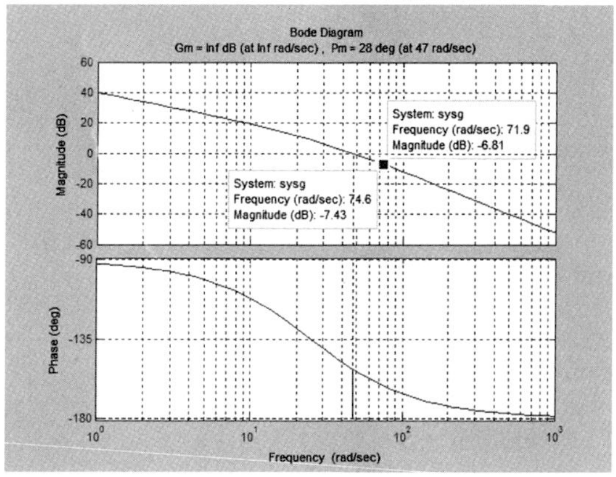
Bode Diagram
Gm = Inf dB (at Inf rad/sec) , Pm = 28 deg (at 47 rad/sec)
System: sysg
Frequency (rad/sec): 71.9
Magnitude (dB): -6.81
System: sysg
Frequency (rad/sec): 74.6
Magnitude (dB): -7.43
Magnitude (dB)
Phase (deg)
Frequency (rad/sec)

(a)

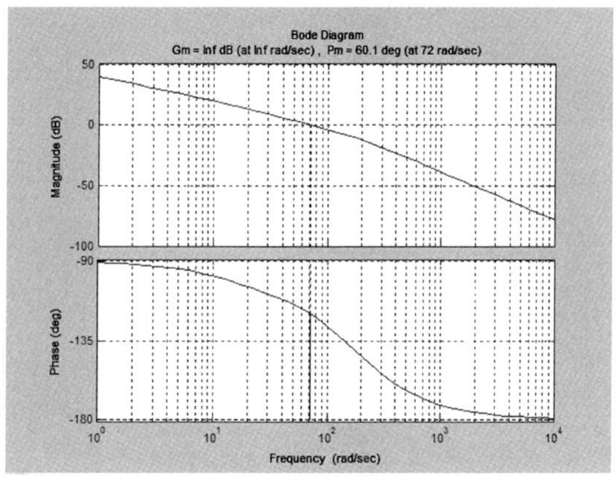
Bode Diagram
Gm = Inf dB (at Inf rad/sec) , Pm = 60.1 deg (at 72 rad/sec)
Magnitude (dB)
Phase (deg)
Frequency (rad/sec)

(b)

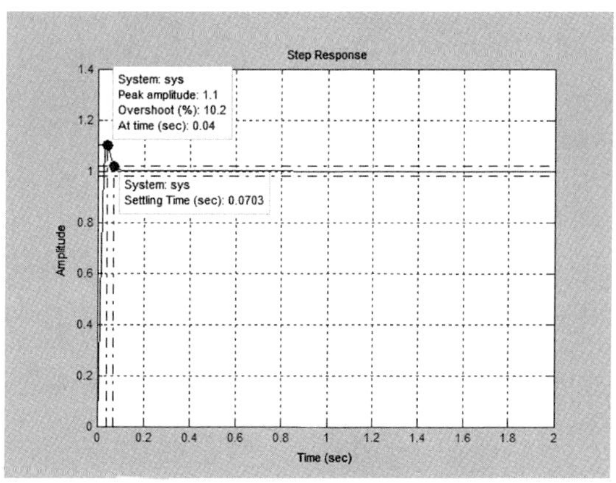
Step Response
System: sys
Peak amplitude: 1.1
Overshoot (%): 10.2
At time (sec): 0.04
System: sys
Settling Time (sec): 0.0703
Amplitude
Time (sec)

(c)

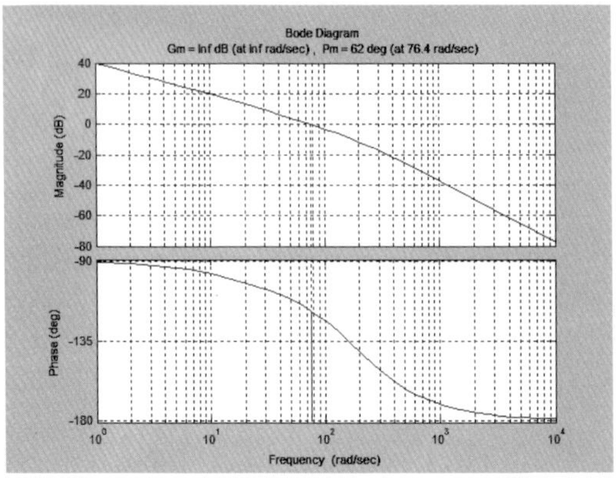

(d)

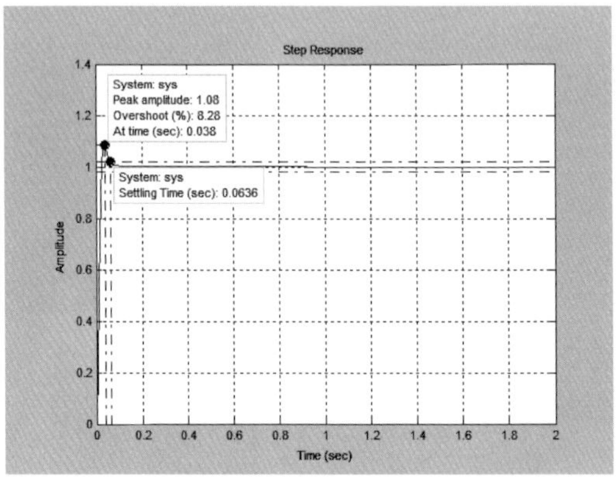

(e)

〈그림 5.12〉 실습 예제 5.10의 연산 결과

5.3 지상보상기의 설계

5.1절에서 지상보상기의 극점과 영점을 아주 작은 값으로 선정한다는 사실을 학습하였다. 지상보상기의 극점과 영점을 아주 작은 값으로 선정하면 위상의 감소와 이득의 감소가 아주 낮은 주파수에서 발생하므로 폐루프 시스템에서 대역폭의 감소가 최소가 된다. 또한 지상 보상기는 1형 이하의 계통에 대해 감쇠를 개선하거나(즉, 감쇠비를 작게) 정상 상태 오차상수를 증가시키기 위해 사용된다는 사실도 학습하였다. 이 절에서는 근궤적 기법과 Bode 선도에 의한 지상보상기의 설계방법에 대해 학습한다.

5.3.1 근궤적 기법에 의한 지상보상기의 설계

근궤적 기법에 의한 지상보상기의 설계원리는 제어대상의 복소우세근 보다 원점에 가깝게 지상보상기의 극점과 영점을 원점-극점-영점의 순으로 배치하는 것이다. 일반적으로 지상보상기의 설계사양은 속도오차상수 K_v로 주어진다. 보상기의 영점을 $z=-1$이라 가정하고, 보상기 극점은 설계사양에 의한 제어기의 이득 α로 나눈 값으로 설정한다. 근궤적 기법에 의한 지상보상기의 설계절차는 아래와 같다.

① 제어대상의 근궤적을 도시한 후, 설계사양에 의해 적당한 우세극을 설정하여 비보상 시스템의 속도오차상수 K_v를 계산한다.

② 설계사양인 보상 시스템의 속도오차상수 K_v와 비보상 시스템의 속도오차상수를 사용하여 보상기의 이득 $\alpha = K_{v\text{보상}}/K_{v\text{비보상}}$을 계산한다.

③ 보상기의 영점을 $z=-1$이라 가정하고, 극점을 $p=z/\alpha$에서 계산한다.

④ 설계사양을 검토하고 만족하지 않으면 보상기의 이득을 증가시키거나 보상기의 영점을 작은값으로 가정하여 재설계한다.

실습예제 5.11

$GH(s) = K/s(s+2)$에 대해 $\zeta = 0.45$, 경사입력에 대한 속도오차상수가 $K_{v\ \text{보상}} = 20$이 되도록 근궤적 기법에 의한 지상보상기를 설계하라.

풀이

설계절차는 다음과 같다.

(1) 비보상계의 근궤적에서 $\zeta = 0.45$일 때의 극점을 구하면 $s=-1\pm j2$이고, 그 때의 이득은 $K_{\text{비보상}} = 5$이다. 따라서 비보상계의 오차상수는 $K_{v\ \text{비보상}} = 2.5$가 된다.즉, $K_{v\ \text{비보상}} = \lim_{s\to 0} s\,GH(s) = K_{\text{비보상}}/2 = 2.5$이다. 또한 보상 시스템의 오차상수가 20이므로 이득은 $K_{\text{보상}} = 40$이다. 즉, $K_{v\ \text{보상}} = 20 = \lim_{s\to 0} s\,GH(s) = K_{\text{보상}}/2$이므로 보상기의 이득은 $\alpha =$

$K_{v\ \text{보상}}/K_{v\ \text{비보상}} = 20/2.5 = 8$이 된다.

(2) 보상기의 영점을 $z=-1$이라 가정하면, 극점은 $p=-0.125$이 되고 루프전달함수는 $G_c(s)G_p(s) = \dfrac{5(s+1)}{s(s+2)(s+0.125)}$이 된다. 설계된 지상보상기를 사용하여 모의실험을 수행한 결과 오버슈트가 $60.8[\%]$로 설계사양을 만족하지 못한다.

(3) 재설계를 수행하기 위해 α 를 증가시켜도 설계사양을 만족하지 못한다. 따라서, $z=-0.1$로 가정하면, $p=-0.0125$이 되고, $G_cG_p = \dfrac{5(s+0.1)}{s(s+2)(s+0.0125)}$이다. 모의실험 결과, 퍼센트 오버슈트는 26.0[%]로 설계사양을 만족한다.

```
clear all, close all
t=[0:0.01:10]; zeta=0.45; Kv_c=20;
ng=[1]; dg=conv([1 0], [1 2]); sysg=tf(ng, dg);
figure(1), rlocus(sysg), sgrid(zeta, 3), axis([-3 1 -3 3])
[K, open_poles]=rlocfind(sysg), d_K=input('d_K=') % d_K=5
ess=2; Kv_uc=d_K/ess; alpha=Kv_c/Kv_uc, sysg=tf(d_K*ng, dg);
z=1; p=z/alpha; nc=[1 z]; dc=[1 p]; sysc=tf(nc, dc)
sysgc=series(sysc, sysg), sys=feedback(sysgc, [1]), figure(2), step(sys, t);
grid
%redesign
z=0.1; p=z/alpha; nc=[1 z]; dc=[1 p]; sysc=tf(nc, dc)
sysgc=series(sysc, sysg), sys=feedback(sysgc, [1]), figure(3),
step(sys, t); grid
```

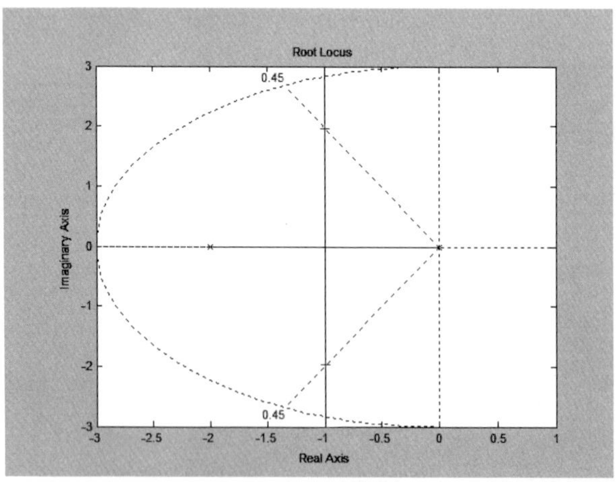

(a)

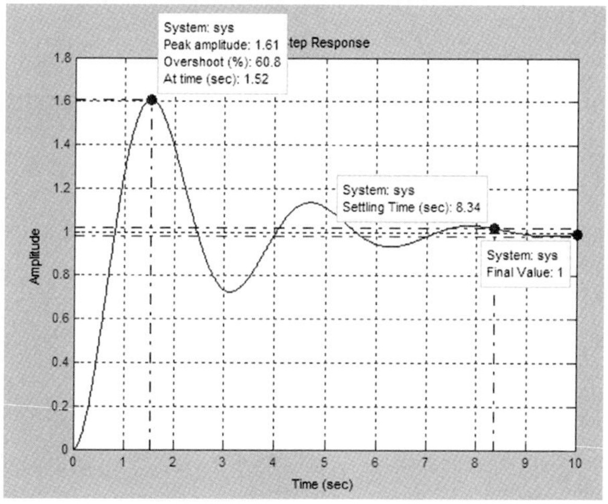

(b)

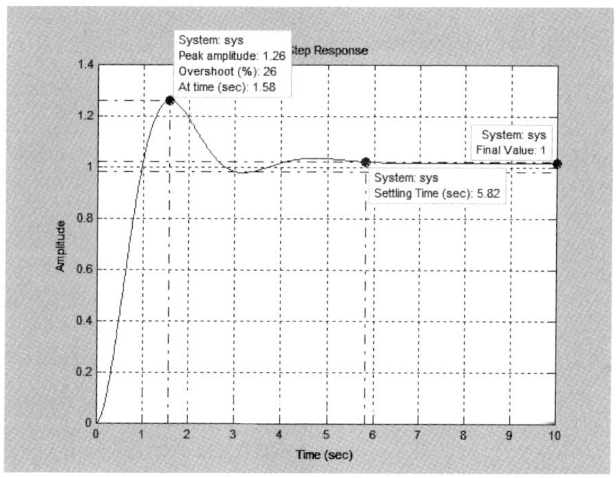

(c)

〈그림 5.13〉 실습예제 5.11의 연산 결과

실습예제 5.12

$GH(s)= K/s(s+10)^2$에 대해 경사입력에 대한 속도오차상수가 $K_{v보상}= 20$이고, 감쇠비가 $\zeta= 0.707$가 되도록 근궤적 기법에 의한 지상보상기를 설계하라.

풀이

설계절차는 다음과 같다.

(1) 비보상계의 근궤적에서 속도오차상수 $K_{v보상}= 20$에 대한 보상 시스템의 이득은 $K_{보상}= 2000$이 된다. 따라서 루프전달함수는 $GH(s)= 2000/s(s+10)^2$이므로 폐루프 특성방정식은 $q(s) = s^3+20s^2+100s+2000= 0$이 되고 폐루프 극점은 $s= -20, \pm j10$이다. 즉, $K_{보상}= 2000$일 때 임계 안정한 시스템으로 진상보상을 적용하기 어려운 예제이다.

(2) 그림 5.14(a)의 비보상계의 근궤적에서 $\zeta= 0.707$일 때의 이득은 $K_{비보상} = 236.46$이다. 따라서 보상기의 이득은 $\alpha = K_{보상}/K_{비보상} = 8.458$이 된다.

(3) 보상기 영점을 $z=-0.1$로 선정하면 $G_c(s) = (s+0.1)/8.458(s+0.0118)$이 되고, $G_c(s)\,G_p(s) = \dfrac{(s+0.1)}{8.458(s+0.0118)}\dfrac{2000}{s(s+10)^2}$이 된다. 모의실험을 수행한 결과는 그림 5.14(b)로 퍼센트 오버슈트는 7.28[%]로 $\zeta= 0.64$이므로 설계사양을 만족하지 않는다.

(4) 퍼센트 오버슈트를 감소하기 위해 보상기의 영점을 $z=-0.01$로 원점에 가깝게 배치하면 $G_c(s) = (s+0.01)/8.458(s+0.0012)$이 되어 모의실험 결과, 그림 5.14(c)와 같이 퍼센트 오버슈트는 3.98[%]가 되어 $\zeta= 0.7162$로 설계사양을 모두 만족한다. 특히 정착시간은 1.58[초]로 그림 5.14(b)의 경우에 비해 크게 감소한다.

```
clear all, close all, t=[0:0.01:10]; zeta=0.707; Kv_c=20;
ng=[1]; dg=conv([1 0], conv([1 10],[1 10])); sysg=tf(ng, dg);
figure(1), rlocus(sysg), sgrid(zeta, 5), axis([-15 1 -15 15])
[K, open_poles]=rlocfind(sysg), ess=100; K_c=Kv_c*ess;
alpha=K_c/K, sysg=tf(K*ng, dg); z=0.1; p=z/alpha;
nc=[1 z]; dc=[1 p]; sysc=tf(nc, dc); sysgc=series(sysc, sysg)
sys=feedback(sysgc, [1]), figure(2), step(sys, t); grid
z1=0.01; p1=z1/alpha; nc1=[1 z1]; dc1=[1 p1]; sysc1=tf(nc1, dc1);
sysgc1=series(sysc1, sysg), sys1=feedback(sysgc1, [1])
figure(3), step(sys1, t); grid
```

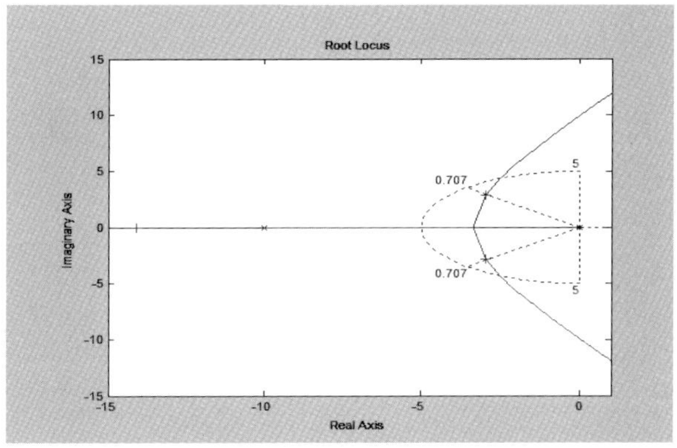

(a)

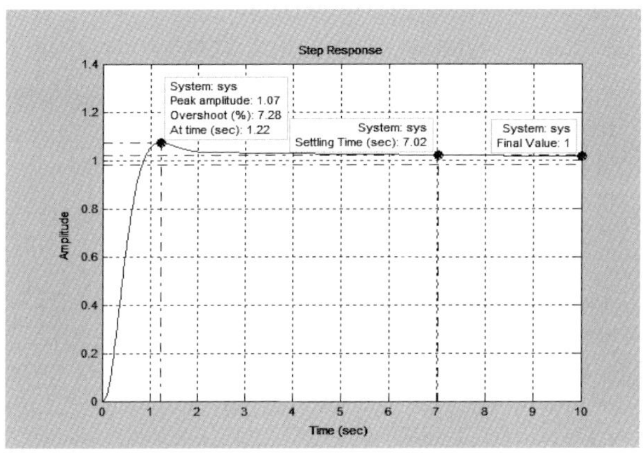

(b)

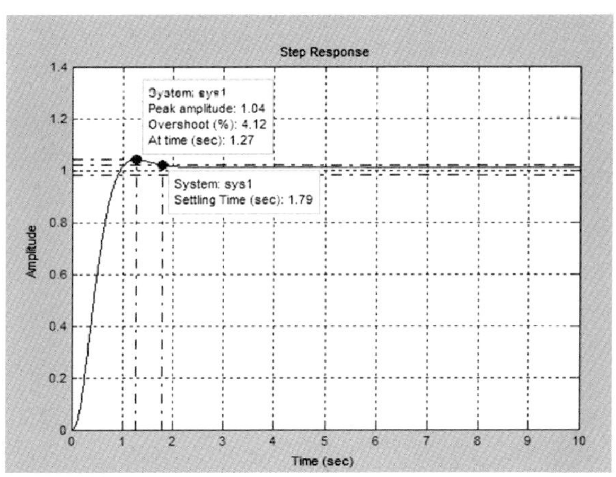

(c)

〈그림 5.14〉 실습예제 5.12의 연산 결과

실습예제 5.13

제어대상 $G_p(s) = 2500K/s(s+25)$에 대해 아래의 설계사양을 만족하도록 근궤적 기법에 의한 지상보상기를 설계하라.

설계사양 : ① $K_v \geqq 100$, ② 퍼센트 오버슈트 5[%] 이하, ③ $t_s \leqq 0.5$,
④ 대역폭 $<$ 50[rad/sec]

풀이

6행의 $e_{ss} = \lim_{s \to 0} sG_p(s) = 100$로 구해진다. 설계에서 구해진 제어기는 $G_c(s) = (s+0.1)/315.8(s+0.00032)$로 퍼센트 오버슈트는 2.74[%], 정착시간은 0.408[초], 속도오차상수는 $K_v = 3133.5$, 그리고 대역폭은 $dB = 12.7[rad/\sec]$으로 모든 설계사양을 만족한다. 지상보상기의 극점과 영점이 매우 작아서 그림 5.15(a)에서 구분하기 어렵다.

```
t=[0:0.001:2]; ts=0.02; pos=5/100; K_vc=100;
zeta=abs(sqrt(log(pos)^2/(pi^2+log(pos)^2))), wn=4/(ts*zeta)
d_p=-zeta*wn+j*wn*sqrt(1-zeta^2), ng=[2500]; dg=[1 25 0];
sysg=tf(ng, dg);
figure(1), rlocus(sysg), sgrid(zeta, wn), K=rlocfind(sysg, d_p)
ess=100; K_vuc=K/ess; alpha=K_vc/K_vuc, sysg=tf(K*ng, dg);
z=0.1; p=z/alpha; nc=[1 z]; dc=alpha*[1 p]; sysc=tf(nc, dc)
sysgc=series(sysc, sysg), sys=feedback(sysgc, [1]), figure(2), step(sys, t);
grid
w=logspace(-4,2,6000); [mag,phase]=bode(sysgc,w); magdB=20*log10(mag);
index=1;
for i=1:length(w)-1
if magdB(i) >= -3, index=index+1; else, index=index; end
end
BW=w(index), figure(3), bode(sysgc,w); margin(sysgc), grid
```

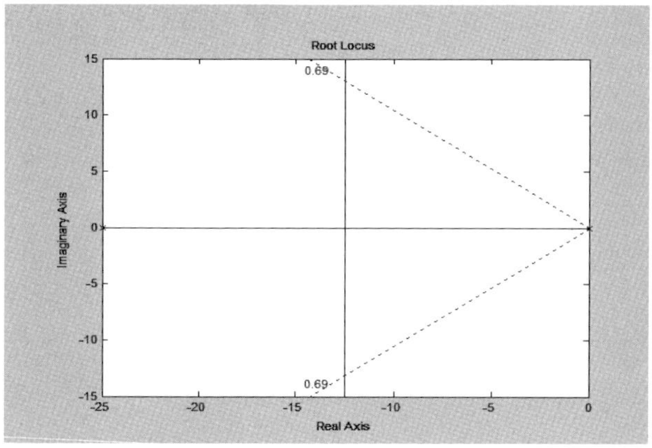

(a)

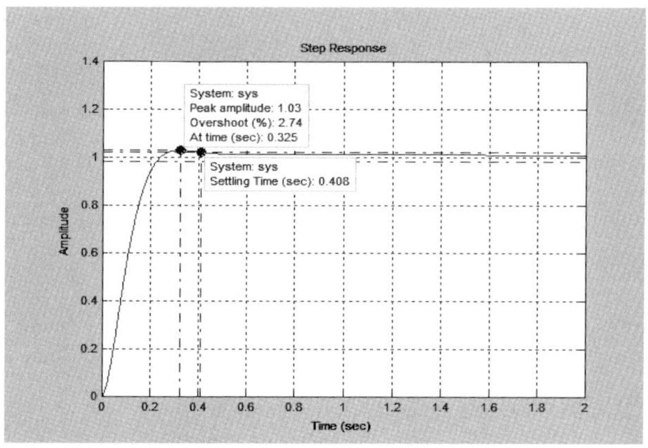

(b)

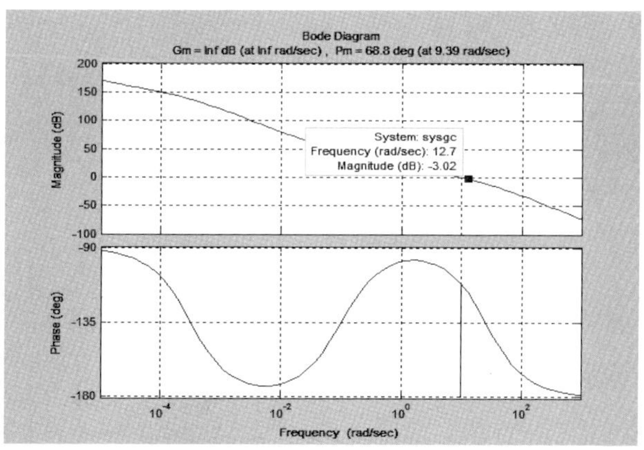

(c)

〈그림 5.15〉 실습예제 5.13의 연산 결과

실습예제 5.14

$GH(s) = K/s^2$에 대해 정착시간이 4[초] 이하, 퍼센트 오버슈트가 35[%] 이하가 되도록 근궤적 기법에 의한 지상보상기를 설계하라.

풀이

제어대상이 2형이므로 지상보상기를 적용하기 어려운 예제이다. 근궤적 기법에 의한 설계를 수행하여 지상보상기의 설계를 못하는 이유를 파악해 보자.

풀이) 설계절차는 다음과 같다.

(1) 설계사양에 의해 감쇠비는 $\zeta = 0.32$이고, 고유주파수는 $\omega_n = 3.125$이다. 따라서 원하는 우세근은 $q = -\zeta\omega_n \pm j\,\omega_n\sqrt{1-\zeta^2} = -1 \pm j2.1$이다. 여유분을 고려하여 $q(s) = -1 \pm j2$로 선정하였다.

(2) 비보상계의 근궤적을 도시하고, 보상기의 극점을 $p = 0.1$로 가정하면 근궤적의 각도조건 θ_z-114°-2×116.6°=-180°에서 구해지는 보상기 영점의 각도가 θ_z=166.4°이 된다. 따라서 보상기의 영점이 s 평면의 우반면에 존재하게 되고, 그 때의 위치는 $x = -8.27$이 된다. 따라서 지상제어기룰 설계할 수 없다.

5.3.2 Bode 선도를 이용한 지상보상기의 설계

Bode 선도를 이용한 지상보상기의 설계원리는 극점과 영점을 비보상 시스템의 가장 작은 극점보다 매우 작은 크기로 설정하여 보상 시스템의 이득교차주파수가 감소시키고, 감소된 이득교차주파수에서 원하는 위상여유를 확보하는 것이다. 설계원리에 적합한 설계절차는 아래와 같다.

① 설계사양 ζ를 만족하는 위상여유를 근사식 $\Phi_{pm} = 100\zeta$에 의해 계산한다.

② 비보상계 위상곡선에서 여유분을 포함한 필요한 위상여유를 만족하는 새로운 이득교차주파수 ω_g'를 설정한다.

③ 새로운 이득교차주파수 ω_g'을 사용하여 비보상계 크기곡선에서 보상에 필요한 감쇠 $|G(j\omega_g')|[dB]$를 결정하고, 보상기의 이득 α를 $|G(j\omega_g')|[dB] = 20\log10(\alpha)$

로 계산한다.

④ 보상기의 영점을 $z = \omega_g'/10$, 극점을 $p = z/\alpha$로 계산한다.

⑤ 설계사양 검토 후 불만족하면, 위상여유를 증가하여 위 과정을 반복한다.

실습예제 5.15

$GH(s) = K/s(s+2)$에 대해 속도오차상수를 $K_v = 20$, 위상여유가 $\Phi_{pm} = 45°$가 되도록 Bode 선도에 의한 지상보상기를 설계하라.

풀이

설계절차는 다음과 같다.

(1) 설계사양에 의해 $K_v = \lim_{s \to 0} sG(s) = K/2 = 20$이므로 보상계의 이득 $K = 40$이다.

(2) 설계사양의 위상여유에 여유분 5°를 포함하여 설계에 필요한 위상여유를 50°도 설정한다.

(3) $K = 40$일 때의 비보상계의 Bode 선도를 도시하고, 위상여유 50°(즉, -130°)일 때의 주파수를 새로운 이득교차주파수 $\omega_g' = 1.66$로 결정한다. 이때 필요한 감쇠는 $19.3[dB]$이다. 따라서 보상기의 이득은 $20[dB] = 20\log_{10}\alpha$에서 $\alpha = 9.226$이다.

(4) 보상기의 영점을 $z = 1.66/10 = 0.166$, 극점은 $p = z/\alpha = 0.018$이다.

(5) 따라서 루프진달함수는 $G_c(s)G_p(s) = \dfrac{(40s + 6.64)}{(9.226s^3 + 18.62s^2 + 0.332s)}$이고, 모의실험 결과 폐루프 시스템의 위상여유는 75.2°로 설계사양을 만족한다.

```
t=[0:0.01:10]; w=logspace(-1, 2, 400); ess=2; Kv_c=20; K_uc=Kv_c*ess;
ng=[K_uc]; dg=conv([1 0], [1 2]); sysg=tf(ng, dg);
figure(1), bode(sysg, w); [Gm0, Pm0, wgc0, wpc0]=margin(sysg);
margin(sysg), grid, wg=input('wg= '); % wg=1.66
db=input('db= '); % db=19.3[dB]
alpha=10^(db/20); z=wg/10; p=z/alpha; nc=[1 z]; dc=alpha*[1 p];
sysc=tf(nc, dc); sysgc=series(sysc, sysg), sys=feedback(sysgc, [1]);
figure(2), bode(sys, w), margin(sys); grid, figure(3), step(sys, t); grid
```

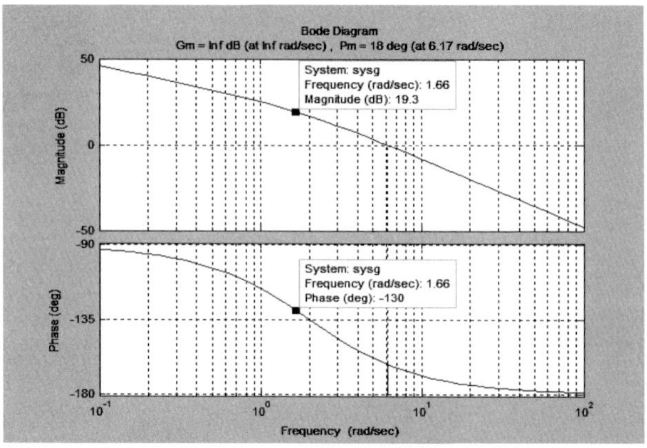

(a)

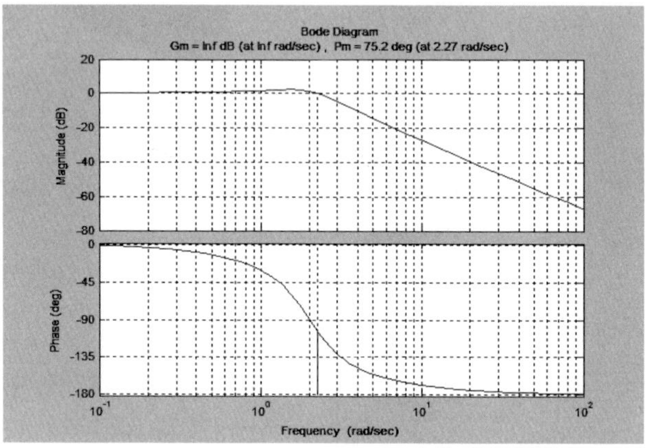

(b)

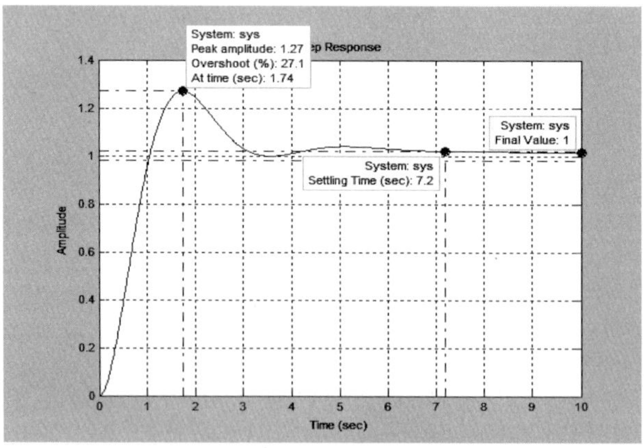

(c)

〈그림 5.16〉 실습예제 5.15의 연산 결과

실습예제 5.16

$GH(s)= K/s(s+10)^2$에 대해 경사입력에 대한 $K_{v\ 보상}= 20$, 감쇠비 $\zeta= 0.707$이 되도록 Bode 선도에 의한 지상보상기를 설계하라.

풀이

설계절차는 다음과 같다.

(1) $K_v= \lim_{s\to 0} sG(s)= K/100= 20$이므로 보상계의 이득은 $K= 2000$이다.

(2) 설계사양 $\zeta= 0.707$이므로 설계에 필요한 위상여유는 70°이다.

(3) $K= 2000$일 때의 비보상계의 Bode 선도를 도시하고, 위상여유 70°(즉, -110°)일 때의 주파수를 새로운 이득교차주파수 $\omega_g{}'= 1.75$로 결정한다. 이때 필요한 감쇠는 $20.9[dB]$이다. 따라서 보상기의 이득은 $20[dB]= 20\log_{10}\alpha$에서 $\alpha= 11.09$이다.

(4) 보상기의 영점은 $z= 1.75/10= 0.175$, 극점은 $p= z/\alpha= 0.0158$이다.

(5) $G_c(s)G_p(s)= (2000s+350)/(10.09s^4+222s^3+1113s^2+17.5s)$이 되고, 모의실험 결과 폐루프 시스템의 위상여유는 그림 5.17(b)에서 보는 바와 같이 136.0°로 설계사양을 만족한다. 그림 5.17(c)에서 보는 바와 같이 오버슈트는 8.24[%]이고 정착시간은 9.16[초]이다. $\zeta= 0.707$인 경우 오버슈트는 4.59[%]가 되어야 하므로 설계사양을 만족하지 않는다.

(6) 재설계를 위하여 $z=\omega_g{}'/20$으로 조절하면 그림 5.17(d)에서 보는 바와 같이 오버슈트가 4.47[%]로 감소하여 설계사양인 오버슈트 4.59[%]를 만족한다.

```
t=[0:0.01:10]; w=logspace(-1, 2, 400); Kv_c=20; zeta=0.707;
ess=100; K_uc=Kv_c*ess;
ng=[K_uc]; dg=conv([1 0], conv([1 10], [1 10]));
sysg=tf(ng, dg); figure(1), bode(sysg, w); grid,
[Gm0, Pm0, wgc0, wpc0]=margin(sysg); d_pm=100*zeta;
wg=input('wg= '); % wg=1.75
db=input('db= '); % db=20.9
alpha=10^(db/20); z=wg/10; p=z/alpha; nc=[1 z];
dc=alpha*[1 p]; sysc=tf(nc, dc);
sysgc=series(sysc, sysg); sys=feedback(sysgc, [1]);
figure(2), bode(sys, w), margin(sys); grid
figure(3), step(sys, t); grid
%redesign
```

```
z=wg/20; p=z/alpha; nc=[1 z];
dc=alpha*[1 p]; sysc=tf(nc, dc);
sysgc=series(sysc, sysg); sys=feedback(sysgc, [1]);
figure(4),step(sys, t); grid
```

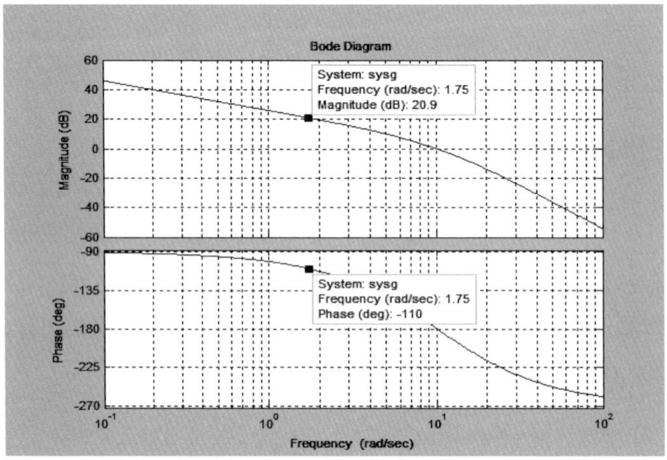

(a)

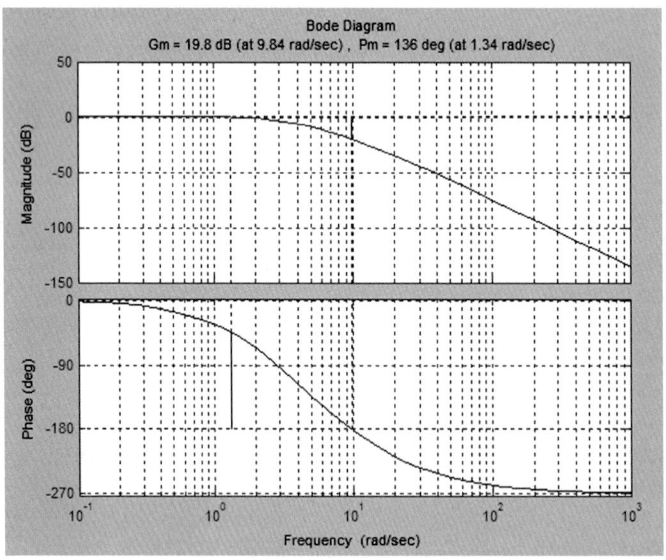

(b)

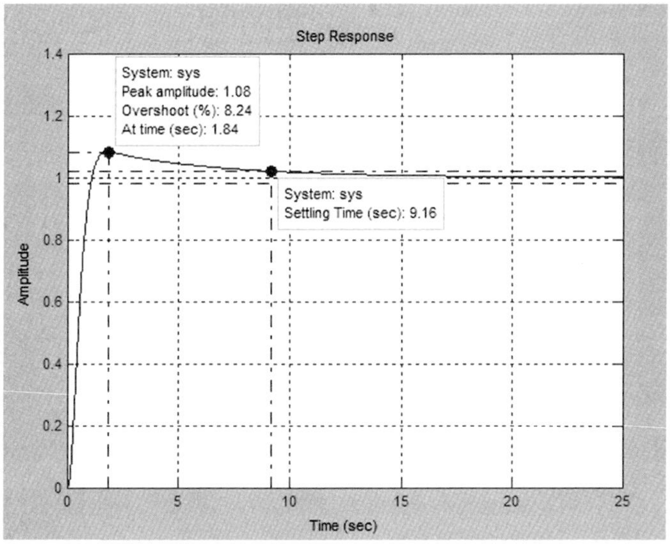

(c)

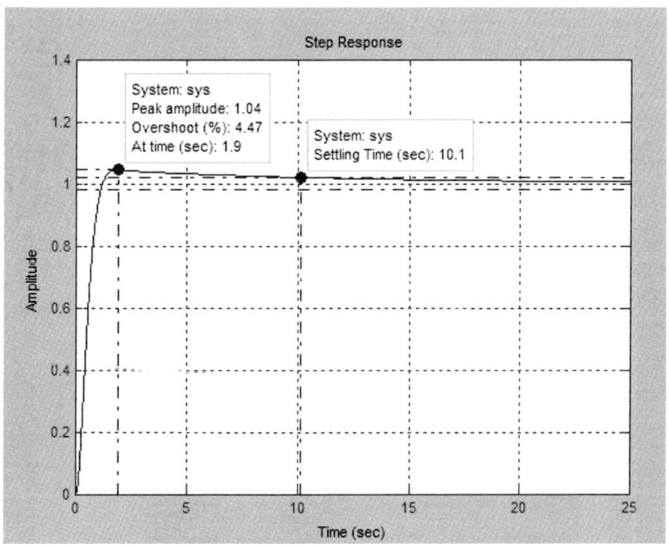

(d)

〈그림 5.17〉 실습예제 5.16의 연산 결과

실습예제 5.17

제어대상 $G_p(s) = 2500K/s(s+25)$에 대해 아래의 설계사양을 만족하도록 Bode 선도에 의한 지상보상기를 설계하라.

설계사양 : ① $K_v \geqq 100$, ② 퍼센트 오버슈트 5[%] 이하, ③ $t_s \leqq 0.5$,

④ 대역폭 <50[rad/sec]

풀이

연산 결과 제어기의 전달함수는 $G_c(s) = (s+0.9612)/9.71(s+0.099)$로 퍼센트 오버슈트는 9.81[%], 정착시간은 1.61[초], 속도오차상수는 $K_v = 99.99$, 그리고 대역폭은 $dB = 12.9674$ $[rad/\sec]$이므로 설계사양을 만족하지 못한다. 지상보상기의 영점을 $wg/10 = 0.9612$에서 $wg/50 = 0.1922$로 원점에 가깝게 배치하여 재설계를 실행하면 $G_c(s) = (s+0.1922)/9.71(s+0.0198)$으로 모의실험 결과 그림 5.18(c)와 같이 퍼센트 오버슈트는 3.67[%], 정착시간은 0.468[초], 속도오차상수는 $K_v = 99.97$, 그리고 대역폭은 $dB = 12.9375[rad/\sec]$로 설계사양을 모두 만족한다.

```
clear all, close all
t=[0:0.001:2]; w=logspace(-4,2,6000);
ts=0.02; pos=5/100; Kv_c=100;
zeta=abs(sqrt(log(pos)^2/(pi^2+log(pos)^2)))
ng=[2500]; dg=[1 25 0]; sysg=tf(ng, dg);
ess=100; K_uc=Kv_c/ess; ng=2500*[K_uc]; dg=[1 25 0];
sysg=tf(ng, dg);[mag0,phase0]=bode(sysg, w);
[gm0, pm0, wgc0, wpc0]=margin(sysg);
d_pm=100*zeta; dpm=-180+d_pm; mag0dB=20*log10(mag0);
index=1;
for i=1:length(w)-1,
if phase0(i) >= dpm, index=index+1; else, index=index; end
end
wg=w(index), db=mag0dB(index)
figure(1), bode(sysg,w); margin(sysg), grid
alpha=10^(db/20), z=wg/50; p=z/alpha;
nc=[1 z]; dc=alpha*[1 p]; sysc=tf(nc, dc), sysgc=series(sysc, sysg)
figure(2), bode(sysgc, w), margin(sysgc); grid
w=logspace(-4,2,6000); [mag,phase]=bode(sysgc,w); magdB=20*log10(mag);
jindex=1;
```

```
for i=1:length(w)-1,
for i=1:length(w)-1,
if magdB(i) >= -3, jindex=jindex+1; else, jindex=jindex; end
end
BW=w(jindex)
sys=feedback(sysgc, [1]), figure(3), step(sys, t); grid
```

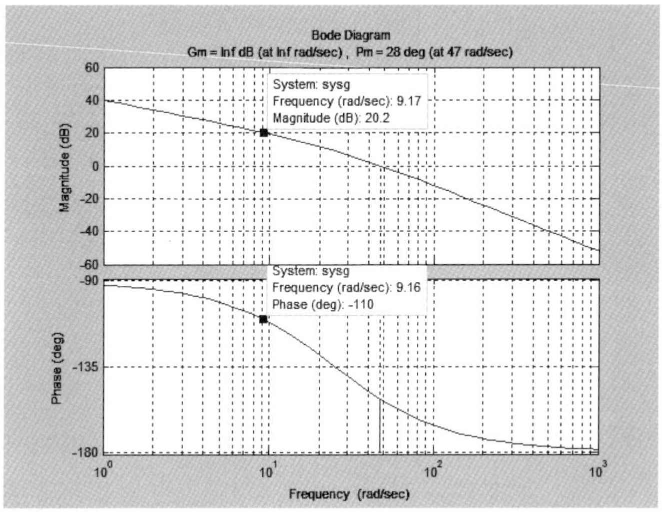

(a)

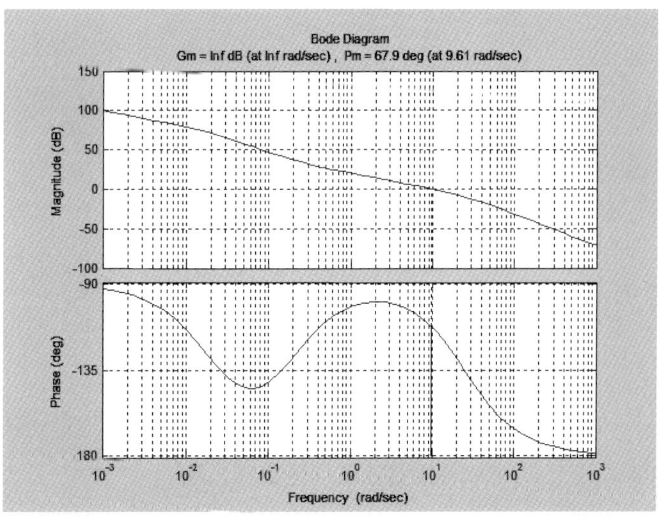

(b)

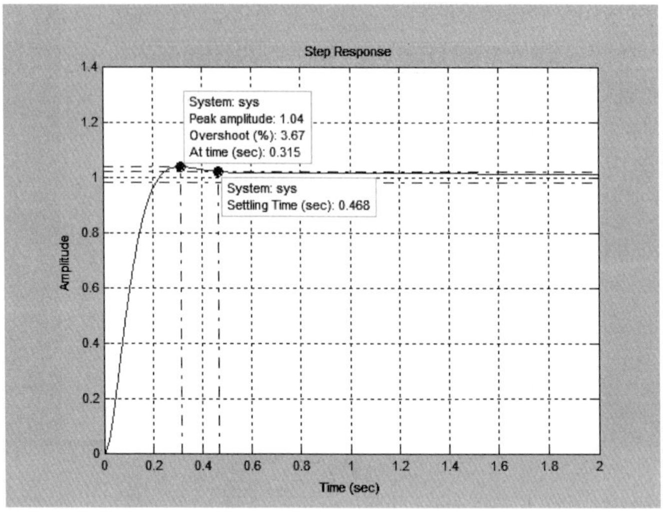

(c)

〈그림 5.18〉 실습예제 5.17의 연산 결과

5.4 진 · 지상보상기의 설계

앞 절에서 진상보상기는 일반적으로 폐루프 시스템의 상승시간과 제동을 개선하나 고유주파수를 증가시키고, 지상보상기는 제동을 개선하나 상승시간과 정착시간이 길어진다고 학습하였다. 이 절에서는 두 보상기의 장점만을 이용하는 진 · 지상 보상기에 대해 학습한다.

진 · 지상보상기의 전달함수는 식 (5.11)로 주어진다.

$$G_c(s) = G_{c1}(s)G_{c2}(s) = \frac{(1+a_1T_1s)}{(1+T_1s)}\frac{(1+a_2T_2s)}{(1+T_2s)} \tag{5.11}$$

여기서 a_1, a_2는 보상기의 이득으로 1보다 크면 진상이고, 작으면 지상이다. 각 보상기의 이득은 전향경로이득 K에 포함되었다고 가정한다.

진 · 지상보상기의 설계원리는 진상보상기의 설계는 상승시간의 감소와 대역폭 증가에 사용하고, 지상보상기의 설계는 주로 제동 개선에 사용한다는 것이다. 앞 절에서 각 보상기의 설계에 대해 학습하였으므로 실습 예제를 통해 진·지상보상기를 설계해보자.

실습예제 5.18

$GH(s) = K/s(s+5)(s+10)$에 대해 아래 설계 사양을 만족하는 제어기를 설계하라.

설계사양 : ① 속도오차상수 $K_v = 10$,

② 정착시간 $t_s \leq 3[\mathrm{sec}]$

③ 퍼센트 오버슈트 10[%] 이하

풀이

비례제어기, 진상보상기, 지상보상기, 그리고 진·지상보상기에 대해 근궤적 기법과 Bode 선도를 이용하여 설계해보자.

(1) 근궤적 기법에 의한 설계

① 비례제어기의 설계

속도오차상수에 의한 비례제어기의 설계를 수행하자.

속도오차상수 $K_v = \lim_{s \to 0} s \dfrac{K}{s(s+5)(s+10)} = \dfrac{K}{50} = 10$을 사용하면 비례제어기의 이득은 $K=500$이다. 모의실험 결과, 퍼센트 오버슈트는 70.0[%], 정착시간은 7.51[초]로 설계 사양을 만족하지 않는다.

```
t=[0:0.01:10]; K=500;
ng=[K]; dg=conv([1 0], conv([1 5], [1 10])); sysg=tf(ng,dg);
sys=feedback(sysg,[1]); figure(1), step(sys,t); grid
xlabel('Time[sec]'), ylabel('y(t)'),
title('Response using Proportional Gain')
```

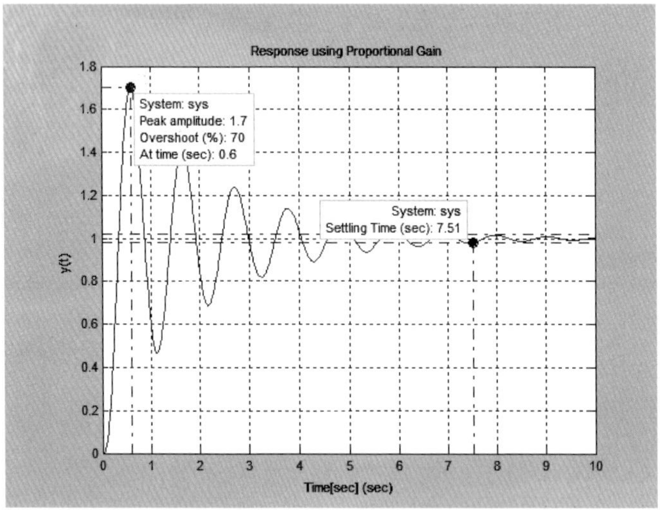

<그림 5.19> 비례제어기를 사용한 계단응답

다른 방법으로 퍼센트 오버슈트와 정착시간을 이용하여 비례제어기를 설계해 보자. 감쇠비는 $\zeta=0.5912$, 고유주파수는 $\omega_n=2.2555$이므로 원하는 근은 $q=-1.333+1.8192j$으로 계산된다. 연산결과, 비례제어기의 이득을 근궤적에서 제어대상의 극점까지의 거리의 곱으로 계산한 결과 $K=81.754$로 퍼센트 오버슈트는 4.21[%], 정착시간은 2.3[초]로 설계사양을 만족한다. 그러나 $K_v=81.754/50=1.6351$이 되어 설계사양을 만족하지 않는다.

```
ts=3; pos=10/100;
zeta=abs(sqrt(log(pos)^2/(pi^2+log(pos)^2))); wn=4/(ts*zeta);
dp=-zeta*wn+j*wn*sqrt(1-zeta^2), re=real(dp); im=imag(dp);
dg=conv([1 0],conv([1 5],[1 10])); gp=roots(dg)

for i=1:length(gp),
disp(i)=sqrt((real(dp)-real(gp(i)))^2+(imag(dp)^2));
end

K=disp(1)*disp(2)*disp(3), ng=K; sysgc=tf(ng,dg);
sys=feedback(sysgc,1,-1)
figure(2), t=[0:0.01:10]; step(sys, t), grid
xlabel('time[sec]'), ylabel('output'), title('Step Response using P gain')
```

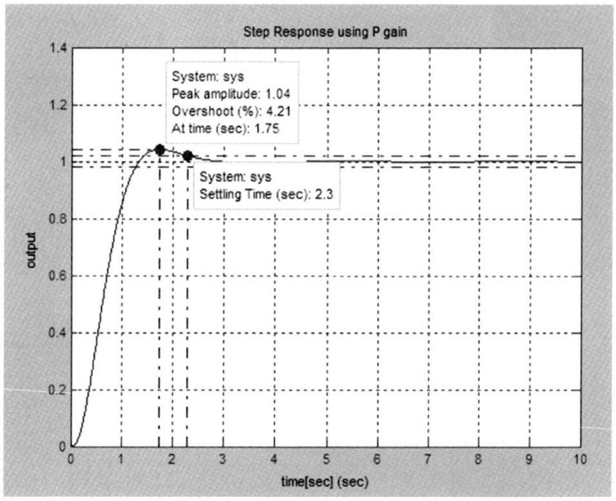

〈그림 5.20〉 비례제어기를 사용한 계단응답

② 진상보상기의 설계

설계사양인 퍼센트 오버슈트와 정착시간을 사용하면 원하는 근의 위치는 $q=-1.333+1.8192j$가 된다. 원하는 근의 실수값으로 보상기의 영점 $z=-1.333$을 배치하고, 근궤적의 조건에 의해 극점을 계산하면 $p=-0.8282$이 된다. 즉, 영점이 극점보다 원점에서 멀리 위치하게 되므로 지상보상기가 되었다. 이런 일이 발생한 원인은 원하는 근에서 극점(극점 3개)까지의 각도의 합이 164.48[°]로 근궤적의 각도조건에서 보상기의 극점이 둔각인 105.52[°]가 되기 때문이다.

진상보상기를 설계하기 위해 영점을 원하는 근의 실수부보다 멀리 배치해보자.

$z=-4$로 선정하면 $G_c(s)=343.65(s+4)/(s+9.349)$인 진상보상기가 되었다. 설계된 진상보상기를 사용할 경우 $K_v=1.6933$로 설계시양을 만족하지 않는다. 모의실험 결과 그림 5.21과 같이 오버슈트는 5.04[%]이고 정착시간은 1.17[초]이다.

```
t=[0:0.01:10]; ts=3; pos=10/100;
zeta=abs(sqrt(log(pos)^2/(pi^2+log(pos)^2))), wn=4/(ts*zeta)
dp=-zeta*wn+j*wn*sqrt(1-zeta^2), re=real(dp); im=imag(dp);
ng=[1]; dg=conv([1 0],conv([1 5],[1 10]));
sysg=tf(ng,dg); gp=roots(dg), alltheta=DegRoot(dp, gp);
% z=re, thetax=180+90-alltheta
z=-4; thetaz=atan2(im,(z-re))*180/pi; thetax=180+thetaz-alltheta;
x=im/tan(abs(thetax)*pi/180); p=-x+z;
nc=[1 -z]; dc=[1 -p]; sysc=tf(nc, dc), sysgc=series(sysc, sysg);
```

```
figure(1), rlocus(sysgc), axis([-11 0 -10 10])
sgrid(zeta, 2.5*wn), sigrid(zeta*wn), [K, clpoles]=rlocfind(sysgc)
sys=feedback(K*sysgc, [1]); figure(2), step(sys, t), grid
xlabel('time[sec]'), ylabel('output')
title('Step Response using Lead Compensator')
```

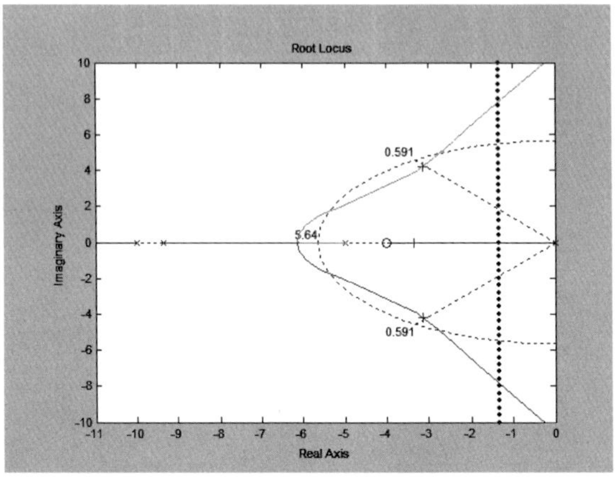

(a)

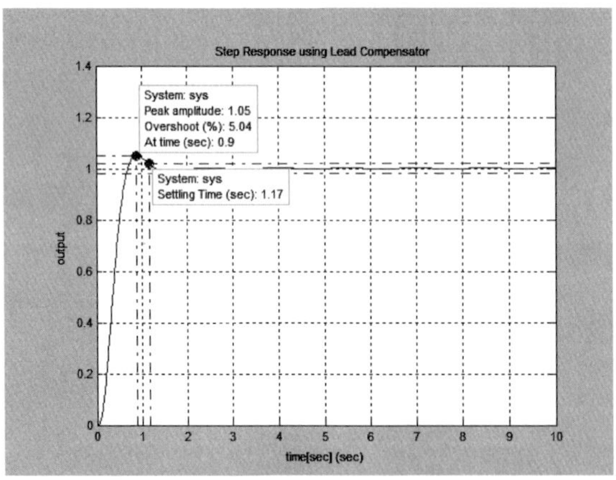

(b)

〈그림 5.21〉 진상보상기에 의한 계단응답

③ 지상보상기의 설계

그림 5.18(a)에서 비보상계의 근궤적에서 원하는 설계사양에 맞는 근을 선택하면 $K_{비보상} = 102.98$(rlocfind의 결과이므로 선택할 때마다 약간 미소한 변화가 있음)이다. 따라서 속도오차상수는 $K_{v\,비보상} = \lim_{s\to 0} sG(s) = 2.06$이 된다. 따라서 보상기의 이득은 $\alpha = K_{v\,보상}/K_{v\,비보상} = 4.86$이 되고 보상기의 영점을 $z = -0.1$로 가정하면 극점은 $p = z/\alpha = -0.1/4.86 = -0.021$이 된다. 모의실험 결과 퍼센트 오버슈트는 13.1[%]이고, 정착시간은 7.58[초]로 두 가지 모두 설계사양을 만족하지 못한다.

계산상의 편의를 위해 비보상계의 이득을 $K_{비보상} = 100$으로 하고, 보상기의 이득을 $\alpha = 10$으로 증가하여 재설계를 수행하여도 퍼센트 오버슈트는 13.7[%]이고, 정착시간은 8.68[초]로 설계사양을 만족하지 못한다.

```
t=[0:0.01:10]; ts=3; pos=10/100;
zeta=abs(sqrt(log(pos)^2/(pi^2+log(pos)^2))), wn=4/(ts*zeta)
ng=[1]; dg=conv([1 0],conv([1 5],[1 10])); sysg=tf(ng,dg);
figure(1), rlocus(sysg), axis([-12 1 -5 5])
sgrid(zeta,1.5*wn), sigrid(zeta*wn)
[K_uc, open_poles]=rlocfind(sysg), Kv_uc=K_uc/50
% Kv_uc=input('K_uc=')/50 % K_uc=100
Kv_c=10; alpha=Kv_c/Kv_uc
% alpha=input('alpha= ') % alpha=10
sysg=tf(K_uc*ng, dg);
z=0.1; p=z/alpha; nc=[1 z]; dc=[1 p]; sysc=tf(nc, dc)
sysgc=series(sysc, sysg); sys=feedback(sysgc, [1])
figure(2), step(sys, t); grid
```

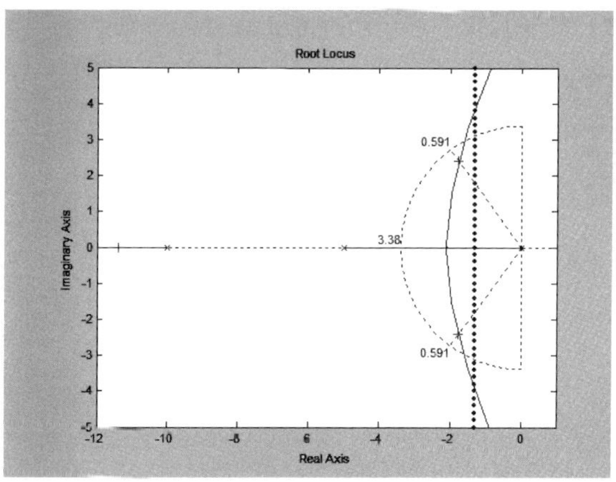

(a)

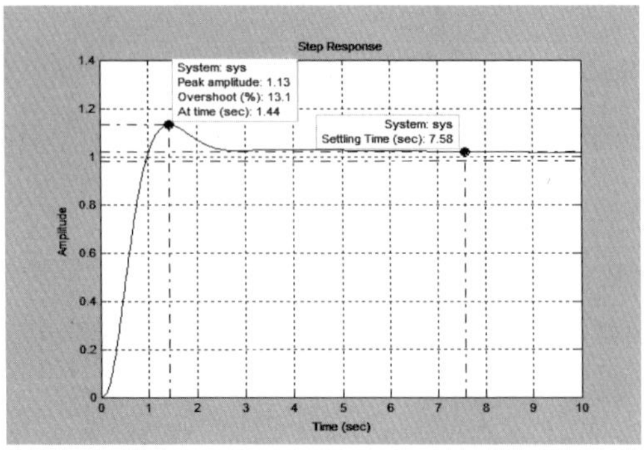

(b)

<그림 5.22> 지상보상기의 연산 결과

④ 진 · 지상보상기의 설계

위에서 설계한 진상보상기 중에서 $G_c(s) = 343.65(s+4)/(s+9.349)$을 사용할 때 모의실험 결과는 속도오차상수가 $K_v = 2.94$로 설계사양을 만족하지 않았다.

따라서 $K_v = 29.4$가 되도록 지상보상기의 이득을 $\alpha = 10$으로 선정하자. 지상보상기의 영점을 $z = -0.1$로 선정하면 그림 5.23(a)와 같이 오버슈트는 8.19[%], 정착시간은 5.01[초]로 설계사양을 만족하지 못한다. $z = -0.05$로 선정하면 그림 5.23(b)와 같이 오버슈트는 6.69[%], 정착시간은 1.29[초]로 모든 설계사양을 만족한다.

```
t=[0:0.01:10]; ng=[1]; dg=[1 15 50 0]; sysg=tf(ng, dg);
nc1=343.65*[1 4]; dc1=[1 9.349]; sysc1=tf(nc1, dc1);
nc2=[1 0.05]; dc2=[1 0.005]; % nc2=[1 0.1];dc2=[1 0.01];
sysc2=tf(nc2, dc2); sysc=series(sysc1,sysc2); sys=series(sysc,sysg)
sysall=feedback(sys,[1],-1); step(sysall, t); grid, title('Step Response')
```

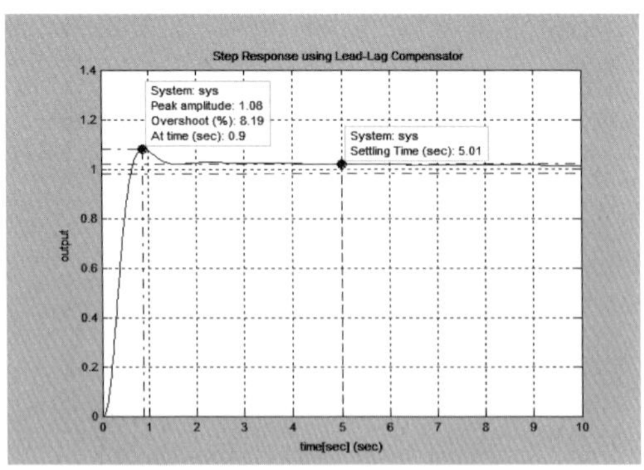

(a)

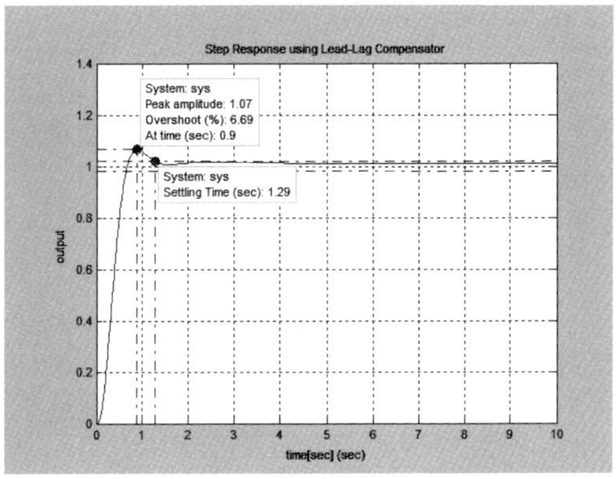

(b)

<그림 5.23> 진 · 지상보상기의 연산 결과

(2) Bode 선도에 의한 설계

① 진상보상기의 설계

비례제어기는 설계사양을 만족하지 않으므로 진상보상기의 설계를 수행하자. 속도오차상수에 의한 비보상계의 이득을 $K=500$으로 선정한다. 또한, 퍼센트 오버슈트에 대한 보상계의 감쇠비는 $\zeta=0.5912$이므로 보상계의 위상여유는 59.12°가 되어야 한다. $K=500$일 때 비보상계의 위상여유는 11.4° 이므로 보상해야 할 위상여유는 47.6851°이다. 여유분을 고려하여 보상해야 할 위상여유를 50°로 선정하면, 이득은 $\alpha=$(1 + sin50°)/(1-sin50°)=7.5486이 된다. 따라서 비보상계의 크기곡선에서 $-20\log(7.5486)/2=-8.7787[dB]$되는 주파수를 찾으면 $\omega_m=9.37$(커서로 클릭해서 부정확) 이므로 제어기는 $C_c(s)=7.5486(s+3.4097)/(s+25.74)$이다. 모의실험 결과 오버슈트 33.6[%], 정착시간 1.27[초], $K_v=(7.5486\times500\times3.4097)/(50\times25.74)=10$로 설계사양을 만족하지 못한다.

퍼센트 오버슈트를 감소하려고 위상여유를 감소하여 재설계를 수행해야 하나, 위상여유를 감소하면 속도오차상수를 만족하지 못하므로 진상보상기로는 설계사양을 만족하지 못한다.

```
t=[0:0.01:10]; w=logspace(-1, 2, 400); ts=3; pos=10/100;
zeta=abs(sqrt(log(pos)^2/(pi^2+log(pos)^2))), wn=4/(ts*zeta);
K=500; ng=[K]; dg=[1 15 50 0]; sysg=tf(ng, dg); figure(1),
bode(sysg, w);
[gm0, pm0, wgc0, wpc0]=margin(sysg); margin(sysg), grid
d_pm=(100*zeta-pm0), d_pm=input('d_pm=') % d_pm=50
pm=d_pm*pi/180; alpha=(1+sin(pm))/(1-sin(pm)),
d_mag=-20*log10(alpha)/2, wm=input('new_wg=') % wg=9.37 when
```

```
d_mag=-8.78[dB]
p=wm*sqrt(alpha); z=p/alpha; nc=alpha*[1 z], dc=[1 p]
sysc=tf(nc, dc), sysgc=series(sysc, sysg), sys=feedback(sysgc, [1]);
figure(2), bode(sysgc, w); margin(sysgc), grid
figure(3), step(sys, t); grid, title('Step Response')
```

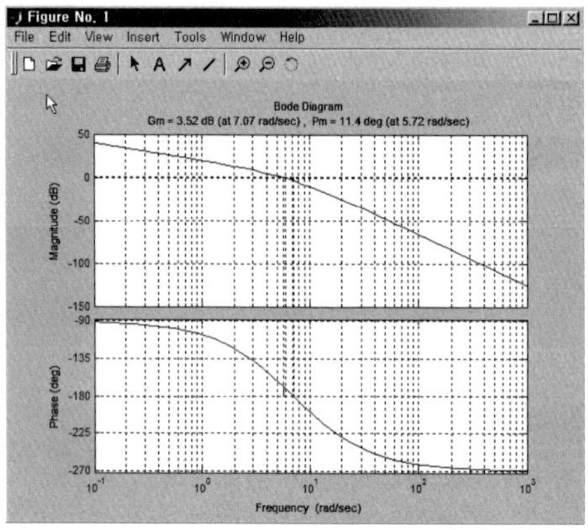

(a)

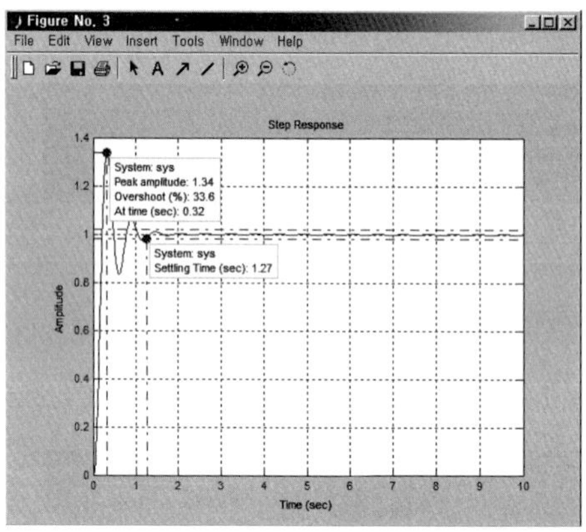

(b)

〈그림 5.24〉 진상보상기의 연산 결과

② 지상제어기의 설계

속도오차상수에 의한 비보상계의 이득은 $K = 500$이고, 퍼센트 오버슈트에 대한 보상계의 감쇠비는 $\zeta = 0.5912$이므로 보상계의 위상여유는 59.12°가 되어야 한다. $K = 500$일 때 비보상계의 Bode 선도의 위상곡선에서 위상여유 -121°일 때의 주파수를 새로운 이득교차주파수 $\omega_g{}' = 1.87$로 결정한다. 이때 필요한 감쇠는 $13.8[dB]$이다. 따라서 보상기의 이득은 $13.8 = 20\log_{10}\alpha$에서 $\alpha = 4.8978$이다. 따라서 루프전달함수는 $G_c(s)\,G_p(s) = \dfrac{(500s+93.5)}{(4.8955s^4+73.65s^3+247.7s^2+9.35s)}$이 되고, 모의실험 결과 폐루프 시스템의 위상여유는 93.3°로 설계사양을 만족한다. 그러나 퍼센트 오버슈트는 16.7[%]이고, 정착시간은 7.46[초]로 설계사양을 만족하지 않는다.

```
t=[0:0.01:10]; w=logspace(-1, 3, 400);
K_uc=500; ng=[K_uc]; dg=[1 15 50 0]; sysg=tf(ng, dg);
figure(1), bode(sysg, w); grid, [gm0, pm0, wgc0, wpc0]=margin(sysg);
wg=input('wg= '); % wg=1.87
db=input('db= '); % db=13.8
alpha=10^(db/20), z=wg/10; p=z/alpha; nc=[1 z]; dc=alpha*[1 p];
sysc=tf(nc, dc); sysgc=series(sysc, sysg), sys=feedback(sysgc, [1]);
figure(2), bode(sys, w), margin(sys); grid, figure(3), step(sys, t); grid
```

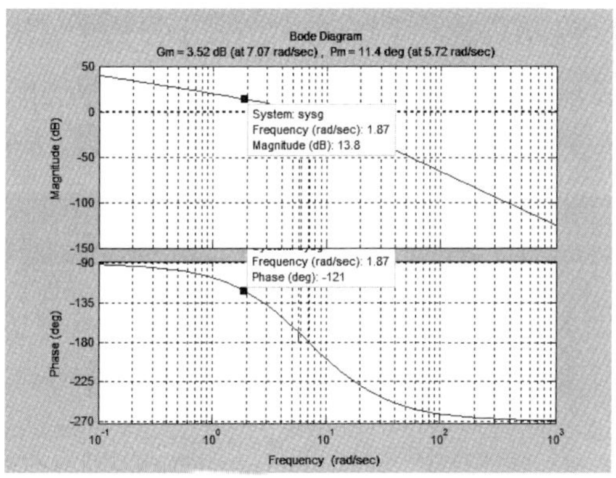

(a)

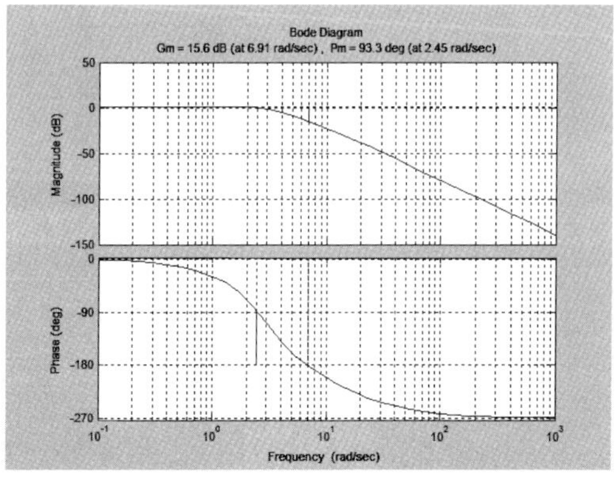

(b)

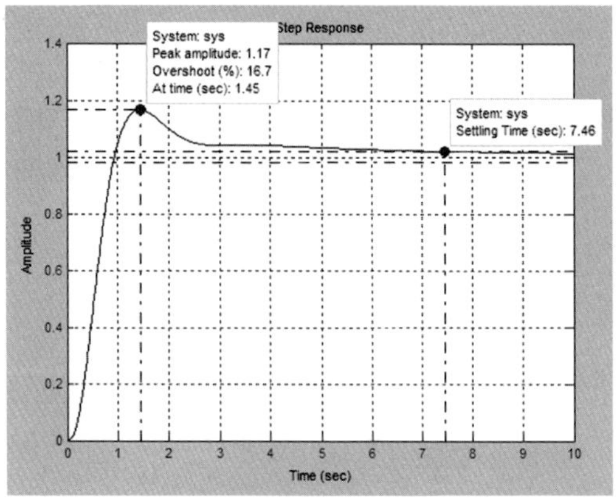

(c)

〈그림 5.25〉 지상보상기의 연산 결과

③ 진·지상보상기의 설계

앞에서 설계한 진상보상기는 47.6851°를 보상하여 보상계의 퍼센트 오버슈트가 33.6[%], 정착시간은 1.27[초], 그리고 속도오차상수가 $K_v = 10$으로 퍼센트 오버슈트가 만족하지 못하였다. 뒷단에 지상보상기를 사용할 것이기 때문에 진상보상기가 보상할 위상여유를 증가하는 것이 바람직하다. 따라서 진상보상기에서 보상해야 할 위상여유를 65.0로 설정한다. 그림 5.26(a)에서 같이 감쇠해야 할 이득은 -13.1[dB]이고, 이때의 주파수 $\omega_m = 11.6$이 새로운 이득교차주파수이다. 따라서 진상보상기의 전달함수는 $G_c(s) = 20.35(s+2.571)/(s+52.32)$이 된다.

지상보상기가 보상해야 할 위상여유는 -120.88°이므로 그림 5.26(b)와 같이 진상보상기와 제어대상이 종속 연결된 시스템의 위상곡선에서 -121°일 때의 주파수인 $\omega_g{}' = 7.62$가 새로운 이득교차주파수가 된다. 이때 필요한 감쇠는 4.92[dB]이다. 설계된 지상보상기의 이득은 $\alpha = 1.762$이고 $G_c(s) = (s+0.762)/1.762(s+0.433)$이다.

그림 5.26(c)는 진·지상보상기를 사용한 경우의 단위계단응답이다. 그림 5.26(c)에서 퍼센트 오버슈트는 10.2[%], 정착시간은 0.775[초], 그리고 속도오차상수는 $K_v = (500 \times 20.35 \times 2.571 \times 0.762)/(50 \times 52.32 \times 1.762 \times 0.433) = 9.99$로 모든 설계사양을 거의 만족한다. 재설계를 위해 진상보상기의 위상여유를 조금 더 증가해도 된다.

```
t=[0:0.01:10]; w=logspace(-1, 3, 400); ts=3; pos=10/100;
zeta=abs(sqrt(log(pos)^2/(pi^2+log(pos)^2))), wn=4/(ts*zeta);
% Step 1 Design of Lead Compensator
K=500; ng=[K]; dg=[1 15 50 0]; sysg=tf(ng, dg);
figure(1), bode(sysg, w); grid
```

```
[gm0, pm0, wgc0, wpc0]=margin(sysg); margin(sysg), grid
d_pm=(100*zeta-pm0), d_pm=65; pm=d_pm*pi/180;
alpha1=(1+sin(pm))/(1-sin(pm)), d_mag=-20*log10(alpha1)/2
wm=input('new_wg=') % wg=11.6
p1=wm*sqrt(alpha1); z1=p1/alpha1; nc1=alpha1*[1 z1], dc1=[1 p1]
sysc1=tf(nc1, dc1), sys1=series(sysc1, sysg)
syslead=feedback(sys1, [1]);
figure(2), bode(sys1, w); margin(sys1), grid
% Step 2 Design of Lag Compensator
wg=input('wg= '); % wg=7.62
db=input('db= '); % db=4.92
alpha2=10^(db/20), z2=wg/10; p2=z2/alpha2;
nc2=[1 z2]; dc2=alpha2*[1 p2]; sysc2=tf(nc2, dc2)
sys2=series(sysc2, sys1), sysall=feedback(sys2, [1]);
figure(3), bode(sys2, w), margin(sys2); grid
figure(4), step(sysall, t); grid
```

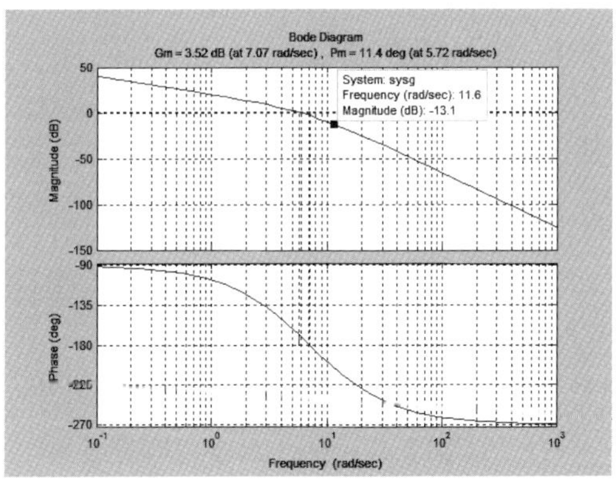

(a)

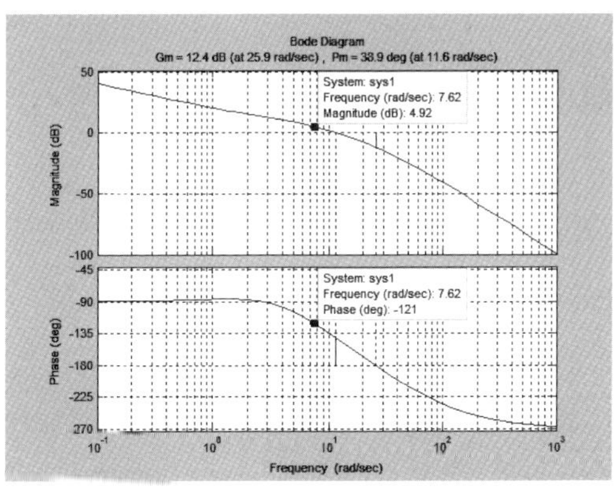

(b)

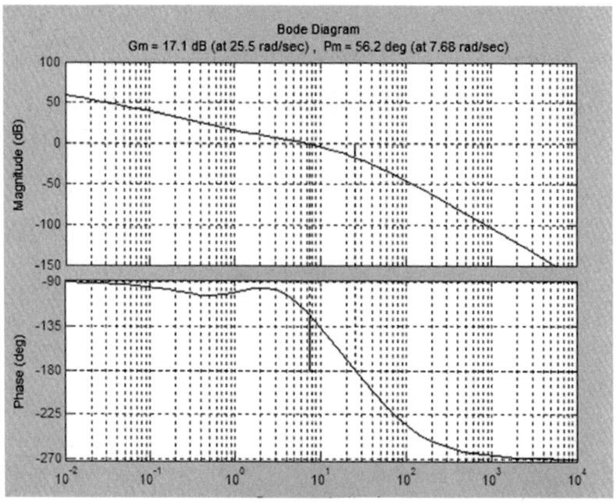

(c)

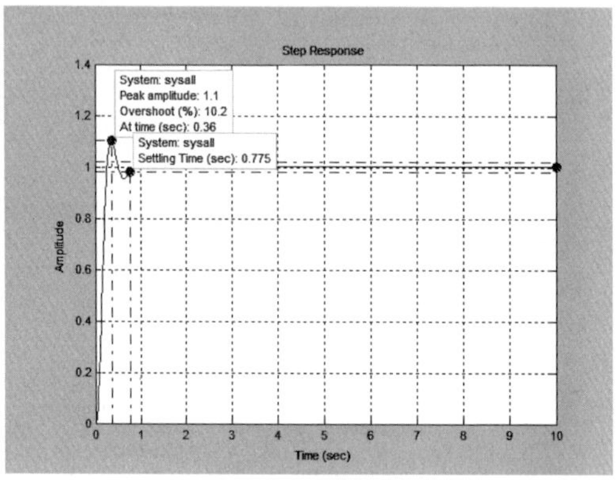

(d)

〈그림 5.26〉 진·지상보상기의 연산 결과

5.5 해석적 방법을 이용한 진 · 지상 보상기의 설계

Bode 선도의 해석적 방법을 이용하여 진상보상기 또는 지상보상기의 설계를 알아보자. 보상기의 전달함수는 식 (5.12)로 주어진다고 가정한다.

$$G_c(s) = \frac{1+\alpha\tau s}{1+\tau s} \tag{5.12}$$

여기서 $\alpha < 1$이면 지상보상기이고, $\alpha > 1$이면 진상보상기가 된다. 식 (5.12)에서 최대 위상이 발생하는 주파수 $\omega_m = \sqrt{zp} = 1/\tau\sqrt{\alpha}$을 새로운 이득교차주파수 $\omega_g{}'$로 설정하여 식 (5.5)와 식 (5.6)에 대입하면 식 (5.13)로 표현할 수 있다.

$$\tan(\Phi_m) = \frac{\alpha\,\omega_g{}'\tau - \omega_g{}'\tau}{1 + (\alpha\omega_g{}'\tau)(\omega_g{}'\tau)} = p \tag{5.13}$$

여기서 p는 극점이 아닌 임의의 상수이다.

비보상계 크기곡선에서 $\omega_g{}'$일 때의 크기는 $M = (-20\log_{10}c)/2[dB]$이므로 c는 식 (5.14)로 표현할 수 있다.

$$c = 10^{M/10} = [1 + (\alpha\,\omega_g{}'\tau)^2]/[1 + (\omega_g{}'\tau)^2] \tag{5.14}$$

식 (5.13)과 식 (5.14)에서 공통인자 $\omega_g{}'$를 소거하여 정리하면 식 (5.15)와 같다.

$$(p^2 - c + 1)\alpha^2 + 2p^2 c\,\alpha + p^2 c^2 + c^2 - c = 0 \tag{5.15}$$

식 (5.14)에서 $\omega_g{}'\tau$을 x로 치환하여 정리하면 $x^2 = (\omega_g{}'\tau)^2 = (1-c)/(c-\alpha^2)$이므로 시상수 τ는 식 (5.16)과 같이 표현된다.

$$\tau = \sqrt{(1-c)/(c-\alpha^2)}\,/\omega_g{}' \tag{5.16}$$

식 (5.15)에서 구한 보상기의 이득 α가 $\alpha < 1$이면 지상보상기이고 $\alpha > 1$이면 진상보상기가 된다.

Bode 선도의 해석적 방법을 이용한 보상기의 설계절차는 다음과 같다.

① 비보상계 크기선도에서 원하는 이득교차주파수 $\omega_g{}'$를 선정하여 감쇄해야 할 이득 M[dB]을 구한다.

② 감쇠해야 할 이득을 $c = 10^{M/10}$에 의해 계산한다.

③ 원하는 위상여유 Φ_m을 사용하여 $p = \tan\Phi_m$를 계산한다.

④ $\Phi_m > 0$, $M > 0$이면 진상보상기이고 $c > (p^2+1)$이면 1단이다.

⑤ $\Phi_m < 0$, $M < 0$이면 지상보상기이고 $c < 1/(p^2+1)$이면 1단이다.

⑥ $(p^2-c+1)\alpha^2 + 2p^2c\alpha + p^2c^2 + c^2 - c = 0$에서 보상기의 이득 α를 계산한다.

⑦ $\tau = \sqrt{(1-c)/(c-\alpha^2)}/\omega_g'$에서 시상수 τ를 계산한다.

실습예제 5.19

$GH(s) = K/s^2$에 대해 설계사양 $t_s \leq 4[\text{sec}]$, $\zeta \geq 0.45$을 만족하도록 보상기를 설계하시오.

풀이

비보상계 Bode 선도를 도시하기 위해 비보상계의 이득 K를 결정해야 한다. 그러나 설계사양으로 오차상수가 주어지지 않았으므로 폐루프 전달함수에서 이득 K를 결정한다. 폐루프 전달함수는 $T(s) = K/(s^2+K)$ 이므로 $K = \omega_n^2 = 4.93$이다.

적절한 위상여유를 만족하도록 이득교차주파수를 선택해야 하나, 주어진 제어대상의 위상은 전 주파수영역에서 -180[°]로 위상여유가 0이다. 따라서 임의로 새로운 이득교차주파수를 $\omega_g' = 3.5$로 선정할 때 감쇠해야 할 이득의 크기는 $M = 8.2839[dB]$이 된다. 따라서 $c = 6.7358$이고 보상기의 이득은 $\alpha = 5.8677$이며, 시상수는 $\tau = 0.13$이 된다. $p = \tan(45°)=1$이고, 부등식 $c > p^2+1$을 만족하므로 진상보상기가 된다. 진상보상기의 전달함수는 $G_c(s) = (1+0.763s)/(1+0.13s)$이고, 모의실험 결과 그림 5.27(a)와 같이 퍼센트 오버슈트는 48.7[%], 정착시간은 1.46[초]로 설계사양을 만족하지 않는다.

위에서 선정한 이득교차주파수가 대역폭을 너무 많이 증가시킨 것으로 판단하여 재설계를 위해 $\omega_g' = 2.7$를 감소한다. $\omega_g' = 2.7$로 선정하면 $M = 3.4719[dB]$이 된다. 따라서 $c = 2.2243$이고 보상기의 이득은 $\alpha = 21.4322$이며, 시상수는 $\tau = 0.0192$이 된다. $p = 1$이고, 부등식 $c > p^2+1$을 만족하므로 진상보상기가 된다. 진상보상기의 전달함수는 $G_c(s) = (1+0.41s)/(1+0.019s)$이고, 모의실험 결과 그림 5.27(b)와 같이 오버슈트는 15.7[%], 정착시간은 1.06[초]로 설계사양을 만족한다.

```
t=[0:0.01:10]; w=logspace(-1,3,400); ts=4; zeta=0.45; wn=4/(ts*zeta);
p=tan(100*zeta*pi/180), K=wn^2; ng=[K]; dg=[1 0 0]; sysg=tf(ng,dg);
[mag0,phase0]=bode(sysg,w); mag0dB=20*log10(mag0); index=1;
wc=input('wc=') % wc=3.5[rad/sec]
for i=1:length(w)-1,
if w(i) <= wc, index=index+1; else, break; end
end
M=-mag0dB(index)
c=10^(M/10), al=roots([p^2-c+1, 2*p^2*c, p^2*c^2+c^2-c]),
alpha=al(1)
tau=sqrt((1-c)/(c-alpha^2))/wc, nc=[alpha*tau 1]; dc=[tau 1];
sysc=tf(nc, dc)
sysgc=series(sysc, sysg), sys=feedback(K*sysgc, [1]); step(sys, t), grid
```

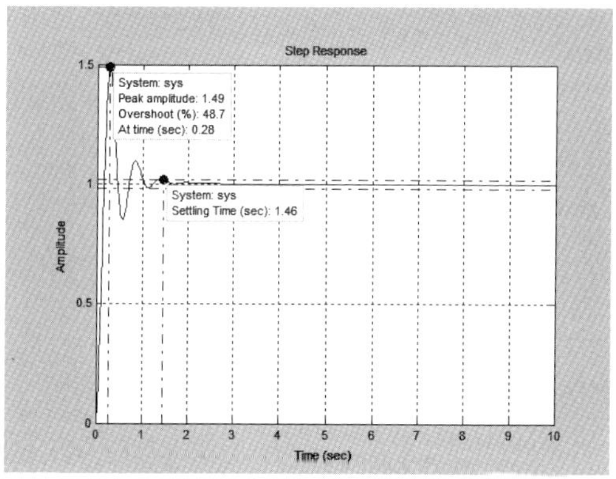

(a)

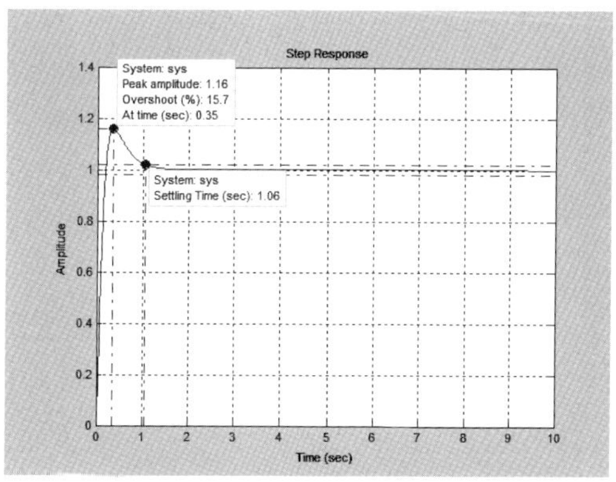

(b)

〈그림 5.27〉 실습 예제 5.19의 연산 결과

5.6 최적기법을 이용한 진 · 지상 보상기의 설계

성능지수(performance index)가 최소가 되도록 제어기의 매개변수가 조정된 시스템을 최적제어 시스템이라 한다. 성능지수란 시스템 성능을 나타내는 정량적인 지표로 최적제어, 적응제어 또는 매개변수 최적화 등에 필수적으로 사용된다.

대표적인 성능지수는 오차자승적분(ISE : Integral of the Square of the Error), 절대오차적분(IAE : Integral of the Absolute of the Error), 자승오차 시간곱 적분(ITSE : Integral of Time multiplied by the Square Error), 그리고 절대오차 시간곱 적분(ITAE : Integral of Time multiplied by the Absolute Error)으로 각각 식 (5.17)~(5.20)로 주어진다.

$$\text{ISE} = \int_0^T e^2(t)\,dt \tag{5.17}$$

$$\text{IAE} = \int_0^T |e(t)|\,dt \tag{5.18}$$

$$\text{ITSE} = \int_0^T t\,e^2(t)\,dt \tag{5.19}$$

$$\text{ITAE} = \int_0^T t|e(t)|\,dt \tag{5.20}$$

감쇠가 적당한 경우에 성능지수 ISE는 최소가 되며, 성능지수 ITSE는 가장 선별도가 높은 것으로 알려져 있다.

5.6.1 ITAE 최적기법에 의한 보상기의 설계

임의의 시스템에 대한 폐루프 전달함수를 식 (5.21)로 표준화(normalization)하면 계단입력에 대한 성능지수 ITAE에 근거한 최적화된 제어기를 설계할 수 있다.

$$T(s) = \frac{Y(s)}{R(s)} = \frac{b_o}{s^n + b_{n-1}s^{n-1} + \cdots + b_1 s + b_o} \tag{5.21}$$

식 (5.21)로 주어진 폐루프 전달함수에 계단입력이 인가될 때 ITAE 판별법에 근거한 최적계수는 표 5.1로 주어진다. 표 5.1에서 표준화된 $\omega_n T_s$ 는 $n=3$인 경우 $w_n T_s$=8로 주어지며, 자세한 것은 참고문헌[1]을 참조하기 바란다.

〈표 5.1〉 계단입력에 대한 ITAE 최적계수

구분	$T(s)$
1차	$s+\omega_n,$
2차	$s^2+1.4\omega_n s+\omega_n^2,$
3차	$s^3+1.75\omega_n s^2+2.15\omega_n^2 s+\omega_n^3,$
4차	$s^4+2.1\omega_n s^3+3.4\omega_n^2 s^2+2.7\omega_n^3 s+\omega_n^4,$
5차	$s^5+2.8\omega_n s^4+5.0\omega_n^2 s^3+5.5\omega_n^3 s^2+3.4\omega_n^4 s+\omega_n^5,$
6차	$s^6+3.25\omega_n s^5+6.6\omega_n^2 s^4+8.6\omega_n^3 s^3+7.45\omega_n^4 s^2+3.95\omega_n^4 s+\omega_n^5,$

임의의 시스템에 대한 폐루프 전달함수를 식 (5.22)로 표준화(normalization)하면, 경사입력에 대한 성능지수 ITAE에 근거한 최적화된 제어기를 설계할 수 있다.

$$T(s)=\frac{Y(s)}{R(s)}=\frac{b_1 s+b_o}{s^n+b_{n-1}s^{n-1}+\cdots+b_1 s+b_o} \tag{5.22}$$

식 (5.22)의 폐루프 전달함수에 경사입력이 인가될 때 ITAE 판별법에 근거한 최적계수는 표 5.2로 주어진다.

〈표 5.2〉 경사입력에 대한 ITAE 최적계수

구분	$T(s)$
2차	$s^2+3.2\omega_n s+\omega_n^2$
3차	$s^3+1.75\omega_n s^2+3.25\omega_n^2 s+\omega_n^3$
4차	$s^4+2.41\omega_n s^3+4.93\omega_n^2 s^2+5.14\omega_n^3 s+\omega_n^4$
5차	$s^5+2.19\omega_n s^4+6.50\omega_n^2 s^3+6.30\omega_n^3 s^2+5.24\omega_n^4 s+\omega_n^5$

실습예제 5.20

페루프전달함수 $T(s) = K_a K_m \omega_o^2 / (s^3 + 2\zeta\omega_o s^2 + \omega_o^2 s + K_a K_m \omega_o^2)$이다. 정착시간이 1[초] 이내가 되도록 계단입력에 대한 ITAE 최적 설계를 수행하라.

풀이

3차 시스템에 대한 정규화 시간 $\omega_n T_s = 8$이므로 설계사양이 $t_s = 1$[초]로 가정하면 $\omega_n = 8[rad/s]$이나, 정착시간을 1[초] 이내로 하기 위해 여유분을 고려하여 $\omega_n = 10[rad/s]$로 정한다. 따라서 $2\zeta\omega_o = 1.75\omega_n$, $\omega_o^2 = 2.15\omega_n^2$, 그리고 $K_a K_m \omega_o^2 = \omega_n^3$에 의해 $\omega_o = 14.67[rad/\sec]$, $\zeta = 0.597$, $K_a K_m = \omega_n^3/\omega_o^2 = 4.65$이다. 모의실험결과, 오버슈트는 1.97[%], 정착시간은 0.754[초], 상승시간은 0.232[초]로 설계사양을 만족한다.

```
t=[0:0.01:5]; wn=10;
wo=sqrt(2.15*wn^2), zeta=1.75*wn/(2*wo), K=wn^3/wo^2
nt=K*wo^2; dt=[1, 2*zeta*wo, wo^2, K*wo^2];
sys=tf(nt,dt), step(sys, t); grid
```

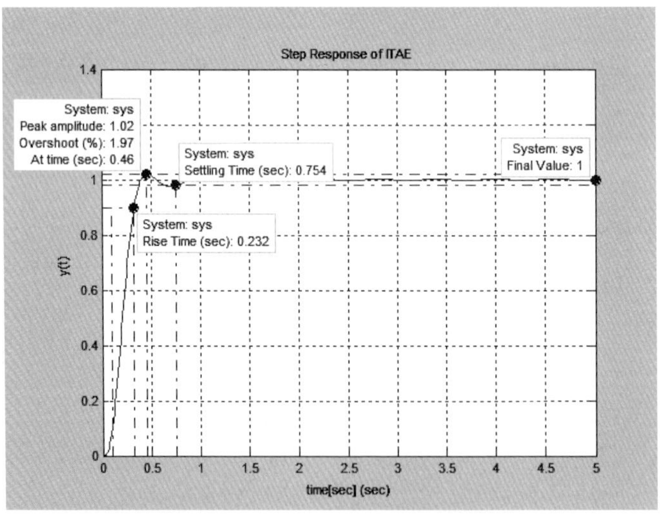

〈그림 5.28〉 실습예제 5.20의 연산 결과

5.6.2 Deadbeat 최적기법에 의한 보상기의 설계

Deadbeat 응답이란 원하는 값까지 급격히 증가하여 ±2%의 오버슈트 이내로 수렴하는 응답으로 정상상태오차는 0이고, 최소의 상승시간과 정착시간을 갖는다.

예를 들어, 3차 시스템의 폐루프 전달함수가 식 (5.23)로 표준화(normalization)되었다고 가정할 때 Deadbeat 제어기는 표 5.3으로 주어지는 매개변수에 근거하여 최적화된 제어기를 설계할 수 있다. 표 5.3에 6차 시스템까지의 최적화 계수가 제시되어 있다.

$$T(s) = \omega_n^3 / (s^3 + \alpha\,\omega_n s^2 + \beta\,\omega_n s + \omega_n^3) \tag{5.23}$$

〈표 5.3〉 Deadbeat 시스템의 표준화된 계수

구분	계수					정규화시간
	α	β	γ	δ	ϵ	$\omega_n T_s$
2차	1.82	–	–	–	–	4.82
3차	1.90	2.20	–	–	–	4.04
4차	2.20	3.50	2.80	–	–	4.81
5차	2.70	4.90	5.40	3.40	–	5.43
6차	3.15	6.50	8.70	7.55	4.05	6.04

실습예제 5.21

제어대상 $G_p(s) = K/s(s+1)$에 대해 $t_s = 2[\sec]$이 되도록 Deadbeat 응답에 의한 제어기 $G_c(s) = (s+z)/(s+p)$와 전치필터 $G_f(s) = z/(s+z)$를 설계하라.

풀이

폐루프 전달함수가 $T(s) = \dfrac{G_f(s)\,G_c(s)\,G_p(s)}{1+G_c(s)\,G_p(s)} = \dfrac{Kz}{s^3+(1+p)s^2+(K+p)s+Kz}$ 이므로 3차 시스템이다. 정규화 시간이 $\omega_n t_s = 4.04$이고 정착시간이 $t_s = 2[\sec]$이므로 $\omega_n = 2.02$이다.

따라서 Deadbeat 특성방정식은 $s^3+\alpha\,\omega_n s^2+\beta\omega_n^2 s+\omega_n^3 = s^3+3.84s^2+8.98s+8.24$이 되고 폐루프 특성방정식은 $s^3+(1+p)s^2+(K+p)s+Kz$이므로 계수를 서로 비교해보면 $p=2.84$, $z=1.34$, $K=6.14$이 된다. 즉 제어기는 $G_c(s)=(s+1.34)/(s+2.84)$이고, 전치필터는 $G_f(s)=1.34/(s+1.34)$이다.

모의실험을 실행한 결과, 오버슈트는 1.65[%], 정착시간은 2[초], 상승시간은 1.22[초]로 설계사양을 만족한다.

```
t=[0:0.01:5]; alpha=1.9; beta=2.2; ts=2; wn=4.04/ts;
p=alpha*wn-1, K=2.2*wn^2-p, z=wn^3/K
nt=K*z; dt=[1, 1+p, K+p, K*z]; sys=tf(nt,dt), step(sys, t); grid
```

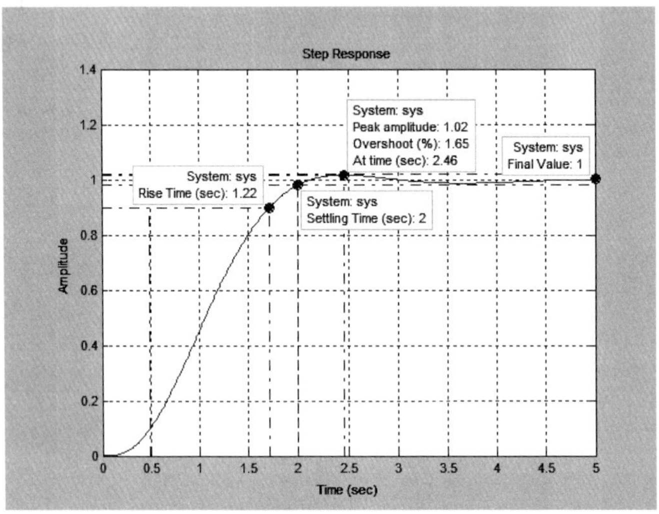

〈그림 5.29〉 실습예제 5.21의 연산 결과

실습문제

5-1 $G_p(s) = K/s(s+1)$에 대해 설계사양이 단위경사입력에 대한 정상상태 오차가 0.1보다 작고, 계단입력에 대한 오버슈트가 25[%] 이하일 때 물음에 답하라.

(1) 근궤적 기법에 의한 진상보상기를 설계하고, 설계사양이 만족하는지 검토하라.

(2) Bode 선도에 의한 진상보상기를 설계하고, 설계사양이 만족하는지 검토하라.

5-2 $G_p(s) = K/s(s+1)$에 대해 설계사양이 계단입력에 대한 오버슈트가 25[%] 이하이고 정착시간이 10[초]일 때 물음에 답하라.

(1) 근궤적 기법에 의한 진상보상기를 설계하고, 설계사양이 만족하는지 검토하라.

(2) Bode 선도에 의한 진상보상기를 설계하고, 설계사양이 만족하는지 검토하라.

5-3 $G_p(s) = K/s(s+2)(s+3)$에 대해 설계사양이 계단입력에 대한 오버슈트가 25[%] 이하이고 정착시간이 10[초]일 때 물음에 답하라.

(1) 근궤적 기법에 의한 진상보상기를 설계하고, 설계사양이 만족하는지 검토하라.

(2) Bode 선도에 의한 진상보상기를 설계하고, 설계사양이 만족하는지 검토하라.

5-4 $G_p(s) = K/s(s+5)^2$에 대해 물음에 답하라.

(1) 설계사양이 속도오차상수 $K_v = 10$, 정착시간이 $t_s = 2.5[\mathrm{sec}]$, 오버슈트가 10[%]가 되도록 근궤적 기법에 의한 진상보상기를 설계하고, 설계사양이 만족하는지를 검토하라.

(2) 위의 설계사양에 대해 Bode 선도에 의한 진상보상기를 설계하고, 설계사양이 만족하는지를 검토하라.

(3) 설계사양이 속도오차상수 $K_v = 10$, 정착시간이 $t_s = 2.5[\mathrm{sec}]$, 오버슈트가 10[%]가 되도록 근궤적 기법에 의한 지상보상기를 설계하고, 설계사양이 만족하는지를 검토하라.

(4) 위의 설계사양에 대해 Bode 선도에 의한 지상보상기를 설계하고, 설계사양이 만족하는지를 검토하라.

5-5 $G_p(s) = Ke^{-sT}/(s+1)(s+3)$에 대해 물음에 답하라. 여기서 지연시간은 $T = 0.5$이다.

(1) 계단입력에 대해 오버슈트가 30[%] 이하가 되도록 비례이득 K를 구하고, 정상상태 오차를 구하라.

(2) 계단입력에 대해 오버슈트가 10[%] 이하, 정착시간이 $t_s = 2[\mathrm{sec}]$가 되도록 Bode 선도에 의한 진상보상기를 설계하라.

5-6 $G_p(s) = K/(s+3)^2$에 대해 계단입력에 대한 정상상태 오차가 4[%] 이하이고, 위상여유가 50[°]가 되도록 지상보상기를 설계하라.

5-7 그림 p5.1에 대해 아래 설계사양을 만족하도록 매개변수 K_1과 K_2를 결정하라. 여기서 폐루프 시스템의 특성방정식은 $1 + GH(s) = s^2 + 2s + K_2K_1s + K_1 = s^2 + 2s + \beta s + \alpha = 0$이다.

설계사양 : ① 경사입력에 대한 $e_{ss} < 35[\%]$, ② 우세근의 감쇠비 $\zeta \geq 0.707$,
③ 정착시간 $t_s < 3[\mathrm{sec}]$

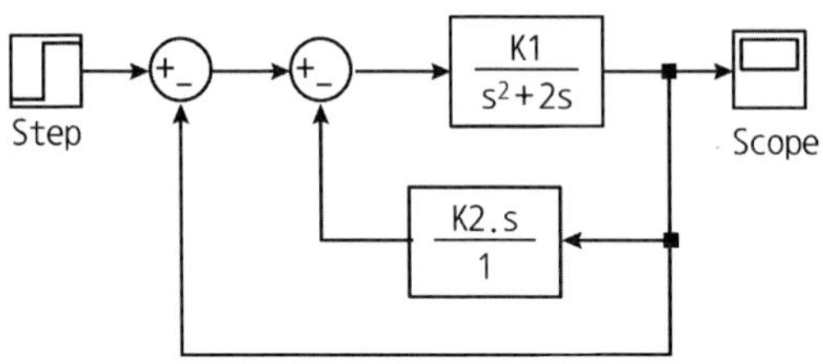

<그림 p5.1> 실습문제 5.7의 블록선도

(1) $\beta = 0$일 때의 근궤적을 도시하고, 매개변수 α를 적절히 선정하라.

(2) α를 안정한 영역에서 선정하면, β의 근궤적은 두 개의 복소근에서 출발하여 음의 실수축에서 만나서 하나는 원점으로, 다른 하나는 음의 무한대로 증가한다. 따라서 α를 선정할 때 β의 근궤적이 감쇠비와 정착시간을 만족하는 설계영역에 존재할 수 있도록 시행착오적으로 구해야 한다. $\alpha = 20$일 때 β의 근궤적을 도시하여 감쇠비와 정착시간을 만족하는 β를 결정하고, 모든 설계사양이 만족하는지를 확인하라.

5-8 그림 p5.2에 대해 아래 설계사양을 만족하도록 제어기를 설계하라.

설계사양 : 계단입력에 대해 ① 정상상태오차 0, ② 5[%]보다 작은 오버슈트, ③ 정착시간 $t_s < 1.5$[sec], ④ 경사입력에 대해 $e_{ss} < 0.25$

그림 p5.2의 제어대상은 0형이므로 계단입력에 대해 정상상태오차가 0이 되려면 PI 제어기를 사용해야 한다. 실습문제 5.7의 방법으로 PI 제어기의 매개변수 K_p와 K_i를 결정하라. 여기서 폐루프 전달함수는 $T(s) = \dfrac{K_p s + K_i}{s^3 + 10s^2 + (16 + K_p)s + K_i}$ 이므로 특성방정식은 $s^3 + 10s^2 + 16s + \beta s + \alpha = 0$이다.

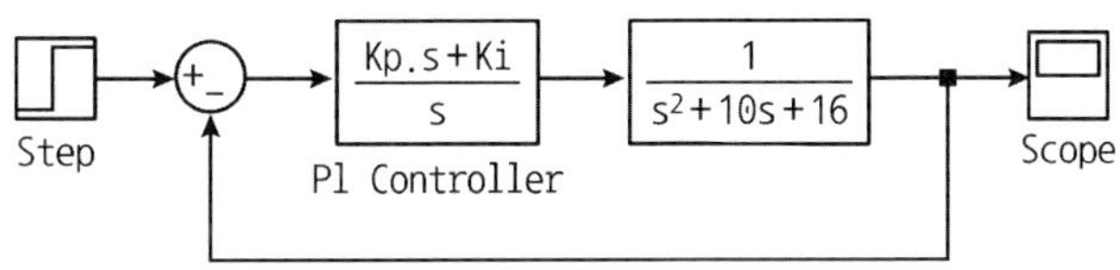

〈그림 p5.2〉 실습문제 5.8의 블록선도

(1) $\beta = 0$ 일 때의 근궤적을 도시하고, 매개변수 α를 적절히 선정하라.

(2) α를 안정한 영역에서 선정하면, β의 근궤적은 두 개의 복소근에서 출발하여 음의 실수축에서 만나서 하나는 원점으로, 다른 하나는 음의 실수축으로 증가하다가 다른 근에서 출발한 극점과 만나 $\pm 90[^\circ]$로 이탈하여 무한대로 증가한다. 따라서 α를 선정할 때 β의 근궤적이 감쇠비와 정착시간을 만족하는 설계영역에 존재할 수 있도록 시행착오적으로 구해야 한다. $\alpha = 70$ 일 때 β의 근궤적을 도시하여 감쇠비와 정착시간을 만족하는 β를 결정하고, 모든 설계사양이 만족하는지를 확인하라.

5-9 $G_p(s) = K/s(s+1)(s+4)$에 대해 오버슈트가 10[%]이고, 정착시간이 1[초]이고 속도오차상수가 10이 되도록 진 · 지상보상기를 설계하라.

5-10 DC모터 속도제어시스템의 전달함수와 설계사양이 아래와 같을 때, 물음에 답하라.

$J = 0.01[kg\ m^2/s^2]$, $b = 0.1[N ms]$, $K = K_e = K_t = 0.01[Nm/A]$,

$R = 1[\Omega]$, $L = 0.5[H]$

$$G(s) = \frac{\omega(s)}{V(s)} = \frac{K}{(Js+b)(Ls+R)+K^2} = \frac{0.01}{0.005s^2+0.06s+0.1001}$$

설계사양 : 단위계단입력에 대해 ① $t_s < 2[s]$, ② 오버슈트 $< 5[\%]$, ③ $e_{ss} < 1[\%]$

(1) 근궤적 기법에 의한 진상보상기, 지상보상기, 그리고 진 · 지상보상기를 설계하고, 폐루프 시스템의 단위계단응답을 도시하라.

(2) Bode 선도에 의한 진상보상기, 지상보상기, 그리고 진 · 지상보상기룰 설계하고, 폐루프 시스템의 단위계단응답을 도시하라.

5-11 DC모터 위치제어시스템의 전달함수와 설계사양이 아래와 같을 때, 물음에 답하라.

$J = 3.2284e-6[kg\ m^2/s^2]$, $b = 3.5077e-6[N\,ms]$,
$K = K_e = K_t = 0.0274[N\,m/A]$

$R = 4[\Omega]$, $L = 2.75e-6[H]$

$$G(s) = \frac{\Theta(s)}{V(s)} = \frac{K}{s[(Js+b)(Ls+R)+K^2]} = \frac{0.0274}{10^{-6}(0.0239s^2+0.7648s)}$$

설계사양 : 단위계단입력에 대해 ① $t_s < 0.04[s]$, ② 오버슈트 $< 16[\%]$,
③ $e_{ss} = 0[\%]$, ④ 외란에 대해 $e_{ss} = 0[\%]$

(1) 근궤적 기법에 의한 진상보상기, 지상보상기, 그리고 진 · 지상보상기를 설계하고, 설계사양을 검토하라.

(2) Bode 선도에 의한 진상보상기, 지상보상기, 그리고 진 · 지상보상기를 설계하고, 설계사양을 검토하라.

5-12 항공기 피치 제어시스템의 전달함수와 설계사양이 아래와 같을 때, 물음에 답하라.

$$G(s) = \frac{\theta(s)}{\delta_e(s)} = \frac{1.151s+0.1774}{s^3+0.739s^2+0.921s}$$

설계사양 : 계단입력 $\delta_e = 0.2[rad](=11[^\circ])$에 대해 ① $t_s < 10[s]$,
② 오버슈트 $< 10[\%]$, ③ $t_r < 2[s]$, ④ $e_{ss} < 2[\%]$

(1) 근궤적 기법에 의한 진상보상기, 지상보상기, 그리고 진 · 지상보상기를 설계하고, 설계사양을 도시하라.

(2) Bode 선도에 의한 진상보상기, 지상보상기, 그리고 진 · 지상보상기룰 설계하고, 설계사양을 도시하라.

5-13 Ball and Beam 제어시스템의 전달함수와 설계사양이 아래와 같을 때, 물음에 답하라.

$m=0.11[kg],\ r=0.015[m],\ d=0.03[m],\ g=9.8[m/s^2],$

$L=1[m],\ J=9.99e-6[kg\,m^2]$

$$G(s)=\frac{R(s)}{\theta(s)}=\frac{mgd}{L(m+J/R^2)}\frac{1}{s^2}=\frac{0.21}{s^2}$$

설계사양 : 계단입력 $\theta(s)=0.25[m]$에 대해 ① $t_s<3[s]$, ② 오버슈트 $<5[\%]$

(1) 근궤적 기법에 의한 진상보상기, 지상보상기, 그리고 진 · 지상보상기를 설계하고, 설계사양을 도시하라.

(2) Bode 선도에 의한 진상보상기, 지상보상기, 그리고 진 · 지상보상기룰 설계하고, 설계사양을 도시하라.

5-14 Inverted Pendulum 제어시스템의 전달함수와 설계사양이 아래와 같을 때, 물음에 답하라.

$$G(s)=\frac{\Phi(s)}{U(s)}=\frac{4.5455s^2}{s^4+0.1818s^3-31.1818s^2-4.4545s}$$

설계사양 : 초기조건이 0일 때 임펄스 입력 $1[N]$에 대해

① $t_s<5[s]$, ② 출력인 진자의 각도 $<0.05[rad]$

(1) 근궤적 기법에 의한 진상보상기, 지상보상기, 그리고 진 · 지상보상기를 설계하고, 설계사양을 도시하라.

(2) Bode 선도에 의한 진상보상기, 지상보상기, 그리고 진 · 지상보상기룰 설계하고, 설계사양을 도시하라.

CHAPTER

6

PID 제어기의 설계

PID 제어에 관한 이론은 1868년 Maxwell의 논문 "On Governor"에서 처음으로 소개되었다고 알려져 있으며, 1922년 Monorsky와 1936년 Callendar에 의해 PID 제어기의 알고리즘과 구조에 관한 초기연구가 수행되었다.

1942년 Ziegler와 Nichols는 PID 제어기의 동조(tuning)에 관한 체계적인 연구를 수행하여, 감도의 영향을 고려한 한계감도법을 제안하였다. 이 방법은 개루프 상태에서 계단응답 특성을 기초로 임계주기(ultimate oscillation)와 임계이득(ultimate gain)을 사용하여 PID 제어기의 매개변수를 산출하는 방법이므로 퍼센트 오버슈트가 매우 크고, 실제 플랜트에서 임계주기와 임계이득을 정확히 구하는 것이 매우 어렵다는 단점이 있다. 그러나 Ziegler-Nichols 동조법은 PID 제어기의 초기 동조방법으로 자주 사용되고 있다.

1952년에는 Chien, Hrone, 그리고 Reswick이 전달함수 표현기법에 의한 PID 매개변수 동조법을 제안하였다. 1963년 Horwitz는 외란에 대한 강인성과 제어성능을 동시에 만족하는 2자유도 PID 제어기를 제안하였고, 1985년에 미분 선행형 및 I-PD 제어기 등을 제안하였다. 1984년 Nishikawa 등은 시험신호에 대한 공정의 특성에 대한 데이터를 추출하여 가중 ISE 성능지수를 사용한 최적 PID 제어기를 설계하였다.

1988년에 Astrom과 Hagglund는 릴레이를 사용한 수정 Ziegler-Nichols 동조법을 제안하였고, 실제 플랜트에서 PID 제어기의 계수를 안정하게 동조하는 자기동조기(Self Tuner)를 설계하였다. 또한 Morris(1987)와 Gawthrop(1990)도 이와 유사한 방법을 제안하였다.

최근에는 적응제어, 퍼지제어, 그리고 신경망제어 등과 같은 다양한 제어 알고리즘이 제안되어 PID 제어기의 동조에 적용되고 있다. 새로운 제어이론의 사용과 더불어 초고속 칩을 이용한 계산속도의 개선, 그리고 MMI(Man Machine Interface)의 도입 등으로 PID 제어기의 활용도는 더욱 확대되고 있다고 할 수 있다. PLC에 내장된 PID 제어기능을 포함하면 '산업현장의 95% 이상이 PID 제어기이다'라는 연구조사가 발표된 바 있다.

PID 제어기는 오차(error) 신호에 대한 비례(proportional) 이득, 적분(integral) 이득, 그리고 미분(derivative) 이득의 조합으로 구성된 제어기이다. 비례제어기는 오차신호에 일정한 비례이득을 곱한 제어입력을 발생하는 증폭기로 가장 간단한 제어방식이나, 하나의 기준입력에 대해 비례이득을 조절하여 정상상태오차를 0으로 만들었다 하더라도 기준입력이 변화하면 다시 비례이득을 조절해야 하는 단점이 있다. 미분제어기는 오차신호의 변화율을 사용하므로 오차신호와 반대 부호의 제어입력을 발생한다. 즉, 폐루프 시스템의 감쇄를 빠르게 하는 기능이 있다. 그러나 단독으로 사용하면 계단입력의 인가 또는 기준입력의 변화와 같이 오차신호가 급격하게 변할 때 큰 제어입력이 발생하는 미분폭주(derivative kick) 현상이 발생하는 문제가 있다. 적분제어기는 시스템의 유형(type)을 증가시켜 정상상태오차 e_{ss}를 감소하는 기능이 있으나, 구동기(actuator)의 포화(saturation) 등의 요인으로 발생하는 와인드업(windup) 현상이 발생한다. 따라서 특수한 경우를 제외하고 PID 제어기는 P제어, PI 제어, PD 제어, 또는 PID 제어기의 형태로 사용한다.

PID 제어기 또는 정확하게 병렬형 PID 제어기는 식 (6.1)와 같이 모든 이득의 합으로 표현되며 전달함수는 식 (6.2)와 같다.

$$u(t) = K_p e(t) + K_i \int_0^t e(t)dt + K_d \frac{de(t)}{dt} \tag{6.1}$$

$$G_c(s) = \frac{U(s)}{E(s)} = (K_p + K_i \frac{1}{s} + K_d s) = K_p(1 + \frac{1}{T_i s} + T_d s) \tag{6.2}$$

여기서 K_p는 비례이득, K_i는 적분이득, 그리고 K_d는 미분이득이다. 또한, T_i를 적분시간, T_d를 미분시간이라 한다.

PID 제어기를 설계하는 일은 이들 매개변수의 값을 설계사양에 적합하게 결정하는 동조(tuning) 과정이다. 식 (6.1)에서 알 수 있듯이 PID 제어기의 입력은 오차신호 $e(t)$이고, PID 제어기의 출력은 제어입력 $u(t)$이다.

PID 제어기의 설계는 크게 제어대상의 전달함수를 모르는 경우와 아는 경우로 구분할 수 있다. 6.1절에서는 전달함수를 모르는 경우에 대한 PID 제어기의 설계에 대해 간략하게 서술한다. 그리고 제어대상의 전달함수가 주어진 경우에 대해서는 6.2절 이하에서 서술한다.

6.1 시행착오 동조방법을 이용한 PID 제어기의 설계

시행착오 동조법은 PID 매개변수를 조금씩 조정하면서 폐루프 시스템의 응답을 관찰하는 방식으로, PID 제어기의 개별 이득의 효과를 완전하게 이해하는 것이 필요하다.

먼저 PI 제어기를 사용한다. 적분이득 K_i를 최소로 조정하고 비례이득 K_p를 0에서 조금씩 크게 하면, 상승시간 t_r은 감소하고 정착시간 t_s는 증가하며 정상상태 오차는 점차 감소하는 경향을 보인다. 그러나 비례이득을 크게 할수록 과도응답 특성은 조금씩 진동이 증가하며 심하면 발산을 하기도 한다.

이번에는 비례이득을 작게 유지하고 적분이득을 점차 증가하면, 상승시간과 정착시간이 짧아지며 정상상태 오차도 0으로 된다. 그러나 적분이득이 증가할수록 과도상태 응답에서 오버슈트가 발생하고 불안정해지는 경향을 보인다.

PI 제어기에서 비례이득과 적분이득이 크면 모두 진동이 발생하나, 비례이득에 의한 진동은 적분시간에 의한 진동에 비해 상대적으로 높은 주파수와 낮은 진폭을 가진다. 따라서 비례이득이 증가하여 시스템이 불안정해지는 방향으로 이동하면, 적분이득을 감소하여 적분응답을 감소시킴으로써 적절한 보상을 수행할 수 있다.

비례이득이 크거나 적분이득이 크면 제어입력이 커지므로 시스템이 불안정해지는 경향이 발생한다. 이때, 미분이득을 추가하면 오차신호에 대한 미분이득은 부하변화를 억제하는 방향으로 동작하므로 최대 오버슈트와 정착시간을 감소시켜 안정화 효과를 보인다. 그러나 미분이득을 크게 설정하면 제어기는 공정의 출력변화를 억제하는 방향으로 작동하며, 미분이득이 커질수록 오히려 과도한 진동이 발생하기도 한다. 대부분의 PID 제어기에서는 비례이득과 적분이득을 먼저 동조한 후, 미분시간은 적분시간의 1/10 정

〈표 6.1〉 시행착오 동조방법

폐루프 응답	t_r	% overshoot	t_s	e_{ss}
K_p	Decrease	Increase	Small Change	Decrease
K_i	Decrease	Increase	Increase	Eliminate
K_d	Small Change	Decrease	Decrease	Small Change

도로 설정하고 조금씩 늘려가며 조정한다.

시행착오 동조법을 정리하면 표 6.1과 같다. 제어대상에 PID 제어기의 모든 매개변수를 반드시 사용해야 하는 것은 아니다. 대부분의 산업현장에서는 PI 제어기 또는 PD 제어기를 사용하고 있다.

6.2 Ziegler-Nichols 동조방법을 이용한 PID 제어기의 설계

6.2.1 개회로 계단응답에 기초한 PID 제어기의 설계

Ziegler와 Nichols는 제어대상이 저차이고 실근인 안정한 시스템의 경우에 개회로 상태에서 계단입력을 인가하면, 일반적으로 그림 6.1과 같은 S 자 모양의 곡선을 가지며 식 (6.3)의 지연시간을 포함한 1차 시스템(3개의 매개변수)으로 모델링할 수 있다는 것을 증명하였다. 또한, 그림 6.1에서 구한 세 가지 매개변수를 사용하여 표 6.2와 같은 PID 제어기를 설계하는 개회로 시험동조방법을 제시하였다. 여기서는 두 개의 매개변수 a와 L을 사용한 동조방법은 생략한다.

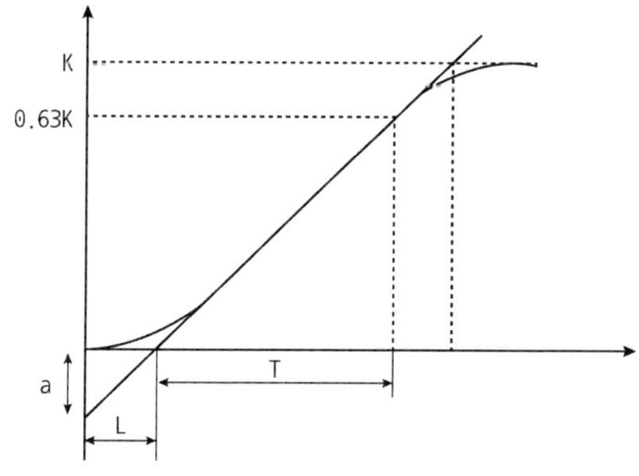

〈그림 6.1〉 S자형 계단응답

$$G_p(s) = \frac{K}{Ts+1}e^{-Ls} \tag{6.3}$$

여기서 K는 계단응답의 정상상태 값, T는 시상수, L은 지연시간, $R = K/L$은 S자 곡선의 기울기이다.

〈표 6.2〉 Ziegler-Nichols 계단응답 동조방법

제어기 \ 계수값	비례이득 K_P	적분시간 T_I	미분시간 T_D	첨두시간 T_p
P	$1/a$	-	-	$4L$
PI	$0.9/a$	$3L$	-	$5.7L$
PID	$1.2/a$	$2L$	$L/2$	$3.4L$

표 6.2에서 제시한 동조방법의 정확도는 식 (6.3)의 모델이 실제 제어대상의 응답과 얼마나 일치하는가에 달려있다. 계단입력의 변화는 측정 잡음과 외란을 고려하여 가능한 크게 하는 것이 바람직하다.

한편 Chien, Hrone, 그리고 Reswick는 Ziegler-Nichols의 계단응답 동조법을 개선하여 폐루프 시스템이 '오버슈트 없이 가능한 빠른 응답'과 '20[%]의 오버슈트를 갖는 가능한 빠른 응답'을 갖도록 PID 제어기의 매개변수를 동조하는 CHR 동조법을 제안하였다.

〈표 6.3〉 부하/외란에 대한 CHR 동조법

제어기 \ 계수값	오버슈트 0[%]			오버슈트 20[%]		
	K_P	T_I	T_D	K_P	T_I	T_D
P	$0.3/a$	-	-	$0.7/a$	-	-
PI	$0.6/a$	$4L$	-	$0.7/a$	$2.3L$	-
PID	$0.95/a$	$2.4L$	$0.42L$	$1.2/a$	$2L$	$0.42L$

〈표 6.4〉 기준입력에 대한 CHR 동조법

제어기 \ 계수값	오버슈트 0[%]			오버슈트 20[%]		
	K_P	T_I	T_D	K_P	T_I	T_D
P	$0.3/a$	-	-	$0.7/a$	-	-
PI	$0.35/a$	$1.2T$	-	$0.6/a$	T	-
PID	$0.6/a$	T	$L/2$	$0.95/a$	$1.4T$	$0.47L$

6.2.2 폐회로 주파수응답에 기초한 PID 제어기의 설계

폐회로 주파수응답에 의한 동조방법은 감쇠가 있는 2차 이상의 안정한 제어대상에 대해 매개변수 값을 모를 때 적용되는 동조방법으로, 일반적으로 임계감도법(또는 한계동조법)이라 알려져 있다. 임계동조법은 비례제어 K_p만을 사용하여 임계진동이 발생할 때까지 비례이득을 증가하여 임계진동이 발생하는 비례이득을 임계이득(ultimate gain) K_u, 임계진동이 발생하는 주파수에 의한 임계주기 T_u를 구한 후에 Ziegler와 Nichols가 제안한 표 6.5의 동조법칙을 적용하여 PID 제어기의 매개변수를 결정하는 방법이다.

〈표 6.5〉 임계동조법에 의한 PID 제어기 동조법칙

제어기 형태	비례이득	적분시간	미분시간
P	$0.5K_u$	–	–
PI	$0.45K_u$	$0.833\,T_u$	–
PID	$0.6K_u$	$0.5\,T_u$	$0.125\,T_u$

표 6.5의 P제어에서 이득이 $0.5K_u$로 설정한 것은 이득여유를 2로 설정한 것이다. PI제어에서는 적분제어가 추가되면 위상뒤짐(지상)이 발생하므로 P제어와 같은 이득여유를 유지하기 위해 더 작은 비례이득이 필요하다. 마지막으로 PID제어에서 미분제어가 추가되면 위상앞섬(진상)이 발생하므로 더 큰 비례이득이 되어도 폐루프 시스템은 안정하다.

임계이득의 크기는 측정값의 잡음대역에서 발생하는 진동과 구분할 수 있을 정도의 충분한 크기를 가져야 한다. 그러나 임계진동을 유지한다는 것은 제어대상의 안정도에 나쁜 영향을 줄 수도 있으며, 잡음 등의 영향으로 임계진동을 유지하는 일은 쉬운 일이 아니다.

임계동조법은 제어대상의 전달함수를 모르는 경우에 적용하는 방법이므로 실제 적용하기에는 어려운 점이 많다. 여기서는 제어대상의 전달함수를 안다고 가정하고 해석적으로 임계이득과 임계주기를 구해보자. 임계이득과 임계주기를 구하는 가장 간단한 방법은 근궤적에서 허수축을 교차하는 이득 K_u와 고유주파수 ω_u를 선정하여 임계주기 $T_u = 2\pi/\omega_u$를 계산하는 것이다. 다른 방법으로 Bode 선도에서 이득교차주파수 ω_{gc}와 이득여유 $\alpha[dB]$를 구하면 임계이득은 $K_u = 10^{\alpha/20}$이 되고, 임계주기는 $T_u = 2\pi/\omega_{gc}$이 된다.

실습예제 6.1

루프전달함수 $GH(s) = 200K/s(s^2+30s+200)$에 대해 근궤적을 이용한 임계동조법에 의한 PID 제어기를 설계하라.

풀이

근궤적이 허수축과 만나는 점에서 이득은 $K=30$, 고유주파수는 $\omega_u = 14.142$이므로 $K_u = 30$, $T_u = 2\pi/14.142 = 0.443$이고, $K_p = 18$, $K_i = 81.03$, $K_d = 1.0$이다. 그림 6.2(a)는 비례제어기만을 사용한 경우의 계단응답이고, 그림 6.2(b)는 PID 제어기를 사용한 경우의 계단응답으로 퍼센트 오버슈트는 80.7[%]이다.

```
t=[0:0.01:2]; Ku=input('K= '), wc=input('wc='), ng=Ku*[200]; dg=[1 30 200 0];
sysg=tf(ng,dg); sys1=feedback(sysg,1), figure(1), step(sys1,t), grid
Kp=0.6*Ku, Tu=(2*pi)/(wc); Ti=0.5*Tu; Ki=Kp/Ti, Td=0.125*Tu; Kd=Kp*Td
nc=[Kd Kp Ki]; dc=[1 0]; sysc=tf(nc,dc); sysgc=series(sysc,sysg);
sys=feedback(sysgc,1); figure(2), step(sys,t), grid
```

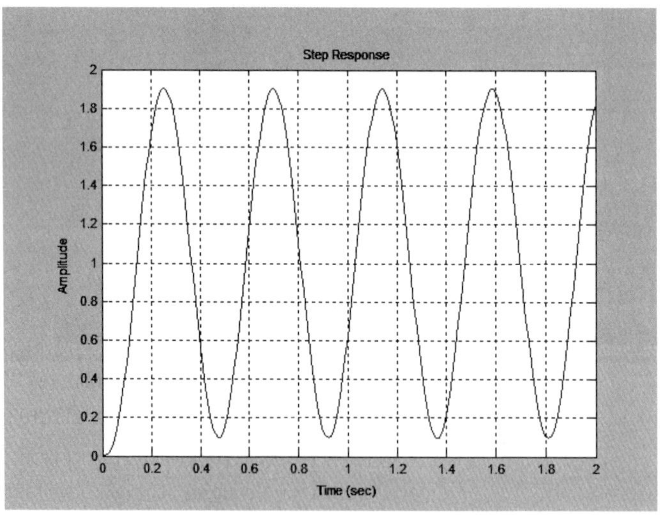

(a)

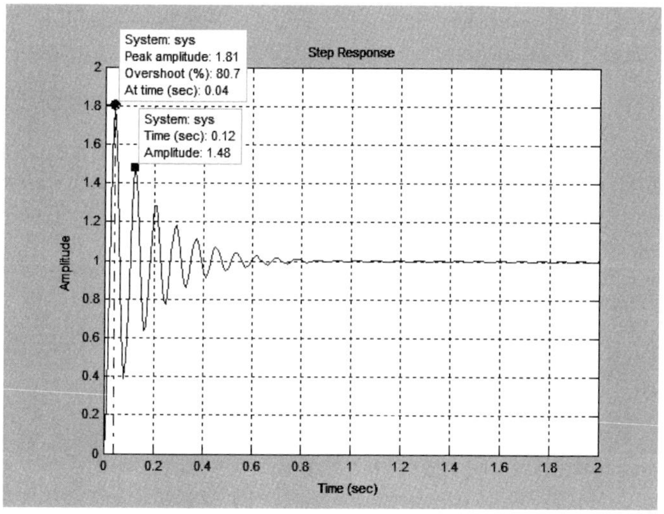

(b)

<그림 6.2> 실습예제 6.1의 연산 결과

실습예제 6.2

루프전달함수 $GH(s) = 200K/s(s^2 + 30s + 200)$에 대해 Bode 선도를 사용한 임계동조법에 의한 PID 제어기를 설계하라.

풀이

비보상계의 Bode 선노를 도시하기 위해 $K-1$을 입력하면 이득여유 $GM = 30$이고, 이득교차주파수는 $\omega_{gc} = 14.142[rad/\sec]$이다. 따라서 PID 제어기의계수와 모의실험 결과도 실습 예제 6.1과 동일하다.

```
t=[0:0.01:2]; w=logspace(-1,3,400); K=input('K= '),
ng=K*[200]; dg=[1 30 200 0];
sysg=tf(ng,dg); figure(1), bode(sysg), [gm,pm,wg,wp]=margin(sysg), grid
margin(sysg), Ku=10^(gm/20), Tu=2*pi/wg, Kp=0.6*Ku, Ti=0.5*Tu; Ki=Kp/Ti
Td=0.125*Tu; Kd=Kp*Td, nc=[Kd Kp Ki]; dc=[1 0]; sysc=tf(nc,dc)
sysgc=series(sysc,Ku*sysg); sys=feedback(sysgc,1); figure(2),
step(sys,t), grid
```

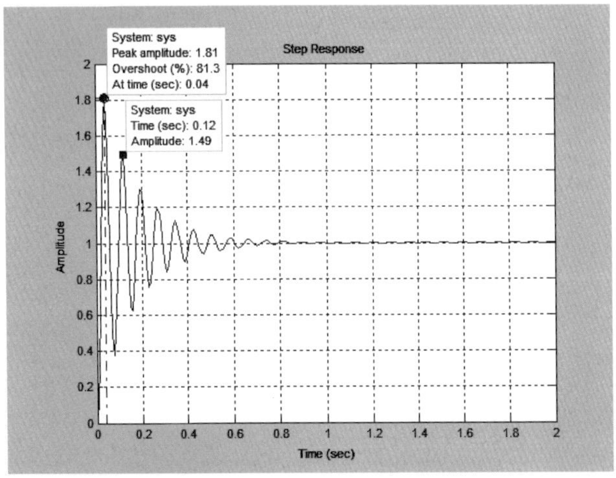

〈그림 6.3〉 실습예제 6.2의 연산 결과

임계동조법에 의한 PID 제어기를 사용한 폐루프 시스템은 불안정해질 가능성이 크므로, 1/4 감쇠(Quater Decay)동조법을 이용한다. 1/4 감쇠동조법은 첫 번째 오버슈트의 크기가 두 번째 오버슈트 크기의 1/4이 되도록 PID 제어기의 매개변수를 설정하는 방법이다. 임계진동 동조법에서 발생하는 임계진동의 문제점을 해소하기 위해 1/4감쇠를 이용한다. 동조절차는 임계진동 동조법과 비슷하며, 임계진동 대신 1/4 감쇠를 이용하는 부분만 다르다. 즉, 한 주기 내에서 1/4 감쇠가 발생하도록 비례이득을 조정한다. 적분동작이 없기 때문에 편차가 발생하므로, 1/4 감쇠의 기준이 반드시 설정점일 필요는 없으며 대략 진동의 중간점 정도면 된다. 1/4 감쇠가 발생할 때의 주기 T_q를 확인한다. 이 주기는 임계주기보다 조금 길어지는데, 경험적으로 식(6.4)의 관계가 있다.

$$T_u \cong 0.9T_q \tag{6.4}$$

또한 1/4 감쇠가 발생하는 이득 K_q를 확인한다. 이 이득은 임계이득보다 상당히 작은 값으로, 경험적으로 식(6.5)의 관계가 있다고 알려져 있다.

$$K_u \cong 1.67K_q \tag{6.5}$$

식(6.4)과 식(6.5)에 의해 추정한 K_u와 T_u를 표 6.3에 적용하여 PID 제어기의 동조값을 구한다.

다른 방법으로 $K_p = 0.6K_u$, $T_i = T_u/1.5$, 그리고 $T_d = T_u/6$을 사용하여 결정할 수도 있다. 1/4 감쇠 동조법에 의해 구해진 PID 제어기의 동조값은 임계진동 동조값에 비교하여 5% 정도의 오차만 발생하는 편이나, 응답의 진동이 1/4 감쇠진동에 그치기 때문에 임계진동 동조법에 비해 훨씬 안전하게 시스템을 운용할 수 있다.

실습예제 6.3

루프전달함수 $GH(s) = 200K/s(s^2 + 30s + 200)$에 대해 1/4 감쇠 동조법에 의한 PID 제어기를 설계하라.

풀이

비보상계의 Bode 선도를 도시하기 위해 $K=1$을 입력하면 이득여유 $GM = 30$이고, 이득교차주파수는 $\omega_{gc} = 14.142[rad/\sec]$이므로 $K_u = 30$, $T_u = 0.443$으로 동일하다. PID 제어기의 매개변수는 $K_p = 18$, $K_i = 60.77$, $K_d = 1.33$로 결정된다. 그림 6.4에서 첫 번째 퍼센트 오버슈트는 70.7[%]이고, 두 번째 오버슈트는 40[%]로 실습예제 6.1에 비해 많이 감소한다는 것을 알 수 있다.

```
t=[0:0.01:2]; w=logspace(-1,3,400); K=input('K= ') % K=1
ng=K*[200]; dg=[1 30 200 0]; sysg=tf(ng,dg);
figure(1), bode(sysg,w), [gm,pm,wg,wp]=margin(sysg), grid
margin(sysg), Ku=gm, Tu=2*pi/wg
Kp=0.6*Ku, Ti=Tu/1.5; Ki=Kp/Ti, Td=Tu/6; Kd=Kp*Td
nc=[Kd Kp Ki]; dc=[1 0]; sysc=tf(nc,dc)
sysgc=series(sysc,Ku*sysg); sys=feedback(sysgc,1);
figure(2), step(sys,t), grid
```

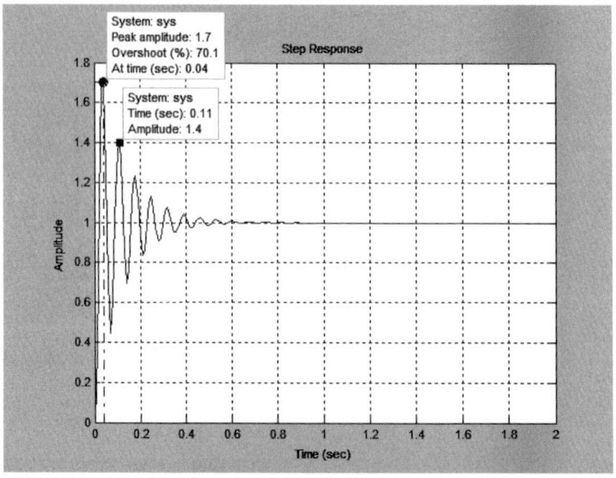

〈그림 6.4〉 실습예제 6.3의 연산 결과

6.2.3 계전기(relay) 동조법

임계동조법에서는 임계진동을 발생하기 위해 비례이득을 조정하였다. 그러나 시간지연이 없는 시스템에서는 제어대상의 특성상 비례이득을 조정하는 것만으로는 진동이 발생하지 않는 경우가 많다. 또한, 강제로 진동을 유발한다 하더라도 진동의 진폭을 조정하기가 어려우며 적당한 형태의 진동을 얻을 때까지 반복적인 시행착오를 거쳐야 하는 어려움이 발생한다. 이러한 한계를 극복하기 위한 방법의 하나로서 제시된 것이 계전기 동조법이다.

1988년에 Åstrom과 Hägglund는 그림 6.5와 같은 폐회로 시스템을 구성하고, 계전기를 사용한 PID 제어기의 동조법을 제안하였다. 그림 6.5에서 기준입력 $r(t)=0$ 으로 하거나 어떤 상수값을 갖도록 인가하고, 계전기에 의한 궤환에 의해 출력을 강제로 진동시켜서 출력이 임계 진동할 때의 임계이득과 임계주기를 결정한다. 이때 응답의 임계주기를 T_u, 응답의 진폭을 A, 계전기의 진폭을 h이라 하면 임계이득은 $K_u = 4h/(\pi A)$에 의해 결정되며, PID 제어기의 매개변수는 표 6.6에 의해 결정된다. 따라서 이 방법을 수정(Modified) Ziegler-Nichols 방법이라고 한다.

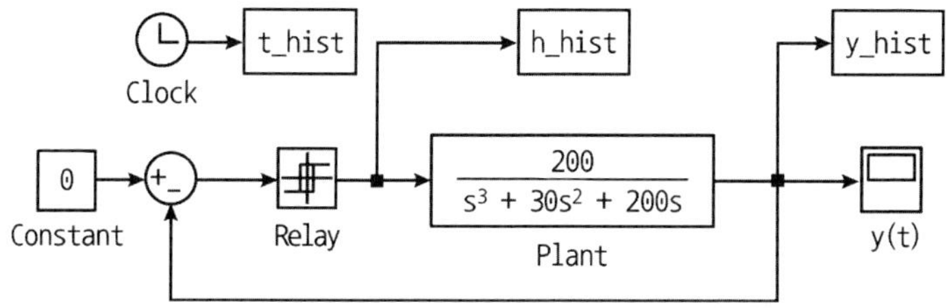

〈그림 6.5〉 계전기 궤환 블록선도

〈표 6.6〉 계전기 동조법(수정 Z-N 동조법)에 의한 PID 제어기 동조법칙

제어기 형태	비례이득	적분시간	미분시간
P	$0.5K_u$	–	–
PI	$0.45K_u$	$0.833\,T_u$	–
PID	$0.35K_u$	$0.77\,T_u$	$0.19\,T_u$

Åstrom과 Hägglund는 식 (6.4)와 같이 위상여유를 고려한 PID 제어기의 동조법도 제안하였다. 식 (6.4)에서 위상여유 ϕ_m은 설계자가 미리 정해주는 위상여유로서 보통 30°~60° 범위의 값을 사용한다.

$$K_p = \frac{4A}{\pi h} cos\phi_m, \; T_i = \frac{T_u}{4\pi}(\tan\phi_m + \frac{1}{\cos\phi_m}), \; T_d = \frac{T_i}{4} \tag{6.4}$$

만일 오버슈트가 크게 나오는 경우에는 위상여유를 증가시켜야 한다. 그러나 위상여유가 커질수록 응답속도가 느려지므로 오버슈트와 적절히 절충해야 한다. 동조과정이 끝난 후에 스위치를 PID 제어기로 절환하여 폐루프 시스템을 운전한다.

계전기 동조법은 상대안정성의 척도인 위상여유를 고려하여 PID 제어기의 계수를 조정하기 때문에 시스템의 상대안정성을 필요한 만큼 확보하거나 향상시킬 수 있을 뿐만 아니라 동조과정이 간단하여 구현이 쉽다는 장점을 가지고 있다. 계전기 동조법은 제어대상이 안정한 경우에는 모두 적용 가능하고, 극점이 원점에 존재하는 경우에도 적용할 수 있다. 그러나 불안정한 시스템인 경우에는 출력이 발산하기 때문에 적용할 수 없다.

실습예제 6.4

루프전달함수 $GH(s) = 200K/s(s^2 + 30s + 200)$에 대해 계전기 동조법에 의한 PID 제어기를 설계하라.

풀이

그림 6.5에서 제어대상에 대해 릴레이의 이득을 30으로 정하고, PID 제어기의 모든 매개변수를 0으로 설정하면 임계진동이 발생한다. 이때의 단위계단입력 $r(t) = u(t)$에 대한 Plant의 응답 $y(t)$는 그림 6.6(a)으로 최대값은 2.2863이므로 진폭은 $A = 1.2263$이다. 계전기의 출력은 그림 6.6(b)로 진폭은 $h = 30$이다. 따라서 $K_u = 4h/(\pi A) = 31.1483$이다. Plant 응답의 주기는 대략 $T_u = 0.45$이므로 PID 제어기의 매개변수는 각각 $K_p = 10.9$, $K_i = 31.46$, $K_d = 0.93$이다. 모의실험 결과는 그림 6.6(c)와 같으며, 퍼센트 오버슈트는 69.1[%], 정착시간은 0.389[초]로 앞의 예제에 비해 상당히 감소하는 것을 알 수 있다.

```
t=[0:0.01:2]; Ku=input('K= '), Tu=input('Tu='), ng=[200];
dg=[1 30 200 0]; sysg=tf(ng,dg); Kp=0.35*Ku, Ti=0.77*Tu; Ki=Kp/Ti
Td=0.19*Tu; Kd=Kp*Td, nc=[Kd Kp Ki]; dc=[1 0]; sysc=tf(nc,dc)
sysgc=series(sysc,Ku*sysg); sys=feedback(sysgc,1); step(sys,t), grid
```

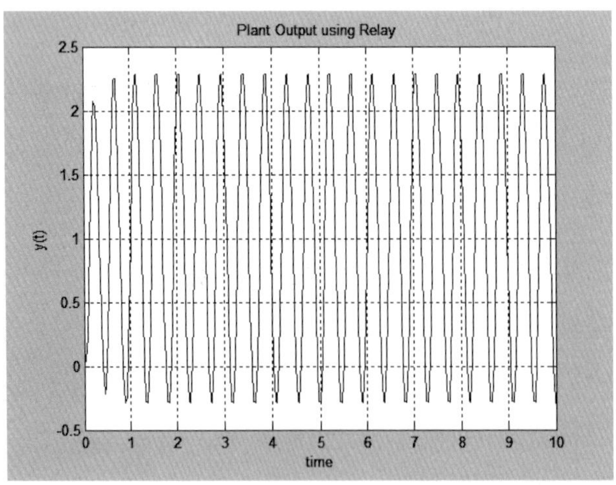

(a)

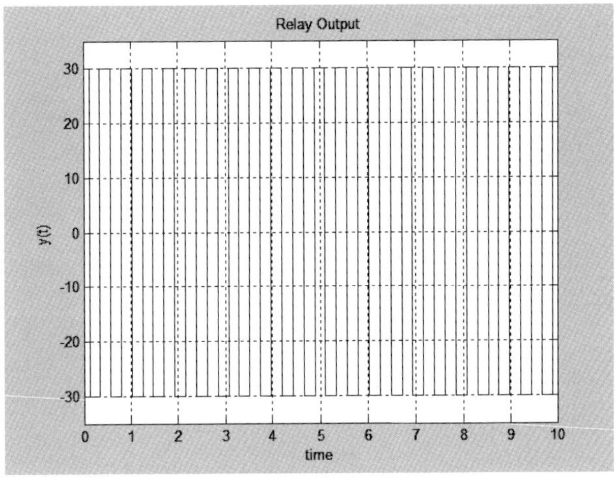

(b)

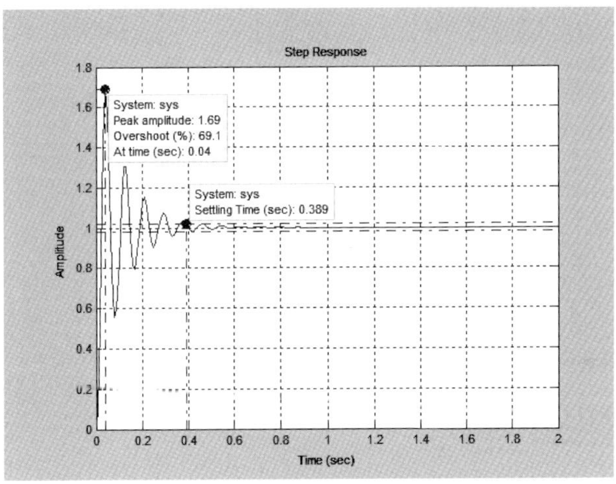

(c)

<그림 6.6> 실습예제 6.4의 연산 결과

6.3 PD 제어기의 설계

PD제어기의 전달함수는 식 (6.5)와 같으며, 세 개의 Op 증폭기로 구현된 PD 제어기의 전기회로는 그림 6.7과 같다.

$$G_c(s) = K_p + K_d s = K_d(s + K_p/K_d) = K_d(s + z) \tag{6.5}$$

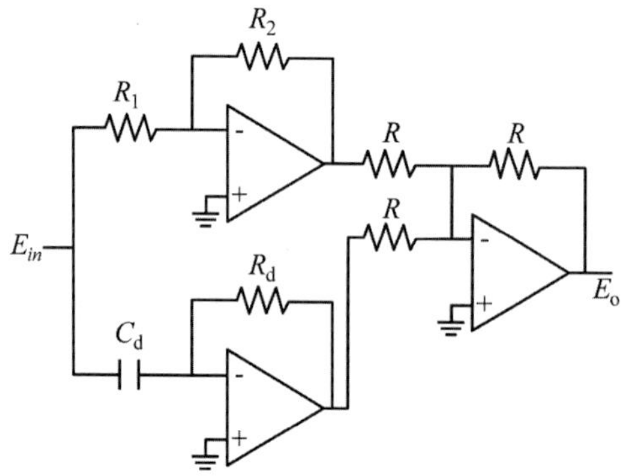

<그림 6.7> PD 제어기의 전기회로

그림 6.7에서 전달함수를 유도하면 식 (6.6)과 같다.

$$G_c(s) = R_2/R_1 + R_d C_d s \tag{6.6}$$

식 (6.5)와 식 (6.6)을 비교하면 비례이득 $K_p = R_2/R_1$, 적분이득 $K_d = C_d R_d$이며, 비례이득과 적분이득은 서로 독립적으로 선정이 가능한 것을 알 수 있다. 큰 값의 적분이득 K_d가 필요한 경우에는 C_d값을 현실적인 값인 $[\mu F]$ 단위로 선정한 후 저항 R_d 값을 선정해야 한다.

식 (6.5)에서 PD제어기는 한 개의 영점 $s = -K_p/K_d$을 가진 고역통과필터로, 진상보상기의 극점이 무한대에 위치한 특수한 형태라는 것 알 수 있다. 따라서 PD제어기는 진상보상기와 유사한 제어성능을 가진다.

제어대상의 전달함수가 식 (6.7)인 경우에 P 제어와 PD 제어의 효과를 비교해보자. P 제어를 사용하는 경우 폐루프 전달함수는 식 (6.8)이며, PD 제어를 사용하는 경우 폐루프 전달함수는 식 (6.9)로 주어진다.

$$G(s) = \frac{\omega_n^2}{s(s+2\zeta\omega_n)} \tag{6.7}$$

$$T(s) = \frac{K\omega_n^2}{s^2+2\zeta\omega_n s+K\omega_n^2} \tag{6.8}$$

$$T(s) = \frac{\omega_n^2(K_p+K_d s)}{s^2+(2\zeta\omega_n+K_d)\omega_n s+K_p\omega_n^2} \tag{6.9}$$

식 (6.9)를 식 (6.8)과 비교해보면, 폐루프 시스템에 한 개의 영점 $s=-K_p/K_d$이 추가되고, 감쇠항 $(2\zeta\omega_n+K_d)$이 증가한다는 사실을 알 수 있다. K_d항이 증가할수록 추가된 영점은 원점 근처로 이동하여 제어대상의 극점 $s=0$을 상쇄하는 효과가 있으므로 2차 계통은 1차 계통이 되고, 따라서 오버슈트가 사라지게 된다. 일반적으로 2차 이상의 계통에서는 오버슈트가 증가하는 경향이 있다. 또한, K_d항이 증가할수록 폐루프 시스템의 감쇠비는 증가하게 되어 상승시간과 정착시간은 감소한다.

또한, PD 제어기는 고역통과필터이므로 폐루프 시스템의 대역폭과 이득교차주파수가 증가하는 효과가 있다. 따라서 위상여유와 이득여유가 개선되고 첨두공진치가 개선되는 효과가 있다. 그러나 PD 제어기는 진상보상기와 마찬가지로 고역통과필터이므로 고주파수에서 잡음이 증폭될 가능성이 있으며 감쇠비가 작은 제어대상 또는 원래 불안정한 제어대상에는 효과가 없다.

6.3.1 근궤적 기법에 의한 PD 제어기의 설계

근궤적 기법에 의한 PD 제어기의 설계원리는 정상상태오차를 만족하도록 비례이득 K_p를 선정하고, 감쇠비를 만족하도록 미분이득 K_d을 선정하는 것이다. 즉, 근궤적에서 설계사양을 만족하도록 영점 $s=-K_p/K_d$을 선정하는 일이다. 설계원리에 적합한 설계절차는 진상보상기의 설계절차와 동일하다.

① 설계사양이 원하는 우세근 $q = -\zeta\omega_n \pm j\omega_n\sqrt{1-\zeta^2}$ 을 계산한다.

② s 평면에 비보상계의 근궤적을 도시한 후, 원하는 우세근의 위치에서 각도조건을 만족하도록 영점 $z = K_p/K_d$의 위치를 계산한다.

③ 원하는 우세근의 위치에서 제어기의 이득 K_d를 구하고, 영점을 사용하여 K_p를 계산한다.

④ 모의실험을 수행하여 설계사양을 검토한다.

실습예제 6.5

$GH(s) = 4500K/s(s+361.2)$에 대해 아래의 설계사양을 만족하도록 근궤적 기법에 의한 PD 제어기를 설계하라.

설계사양 : ① 경사입력에 대한 정상상태오차 $ess < 0.000443$,
② 계단입력에 대한 퍼센트 오버슈트 5[%]이하,
③ 상승시간과 정착시간 $t_r = t_s < 0.005[\text{sec}]$

풀이

설계사양에 의한 원하는 근은 $s = -800 + 838.95j$이다. 근궤적 기법에 의해 계산된 제어기는 $G_c(s) = 0.2753(s+1085)$이므로 $K_p = 3941.2$, $K_d = 0.2753$이다. 모의실험 결과, 퍼센트 오버슈트는 13.4[%]이고 정착시간은 0.00433[초]로 설계사양을 만족하지 않는다.

설계사양을 만족하기 위하여 영점을 원점 가깝게 배치해야 한다. 퍼센트 오버슈트에 대한 사양을 0.01[%]로 하면 원하는 근은 $s = -800 + 272.88j$이고 제어기는 $G_c(s) = 0.2753(s+567.7)$이므로 $K_p = 2062.1$, $K_d = 0.2753$이다. 모의실험 결과, 퍼센트 오버슈트는 4.56[%]이고 정착시간은 0.0054[초]이 되며, 속도오차상수 $K_v = 1947.1$이 되어 경사입력에 대한 정상상태오차 $ess = 0.00005$로 설계사양에 상당히 근접한다.

```
clear all, close all, t=[0:0.0001:0.5]; ts=0.005; po=0.01/100;
% po=5/100;
zeta=abs(sqrt(log(po)^2/(pi^2+log(po)^2))); wn=4/(ts*zeta);
d_p=-zeta*wn+j*wn*sqrt(1-zeta^2), red=real(d_p); imd=imag(d_p);
```

```
ng=[4500]; dg=[1 361.2 0]; sysg=tf(ng, dg); gp=roots(dg)
alltheta=DegRoot(d_p, gp); thetaz=-180+alltheta, x=imd/tan(abs(thetaz)*pi/180),
z=-x+red, nc=[1 -z]; dc=[1];
sysc=tf(nc, dc); sysgc=series(sysc, sysg);
figure(1), rlocus(sysgc), axis([-2500 500 -1000 1000])
sgrid(zeta, wn), sigrid(zeta*wn), [K, clpoles]=rlocfind(sysgc)
sys=feedback(K*sysgc, [1]); figure(2), step(sys, t), grid,
axis([0 0.1 0 1.4])
```

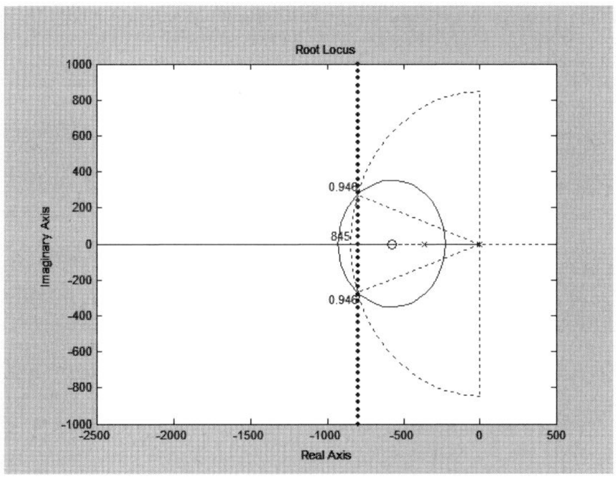

(a)

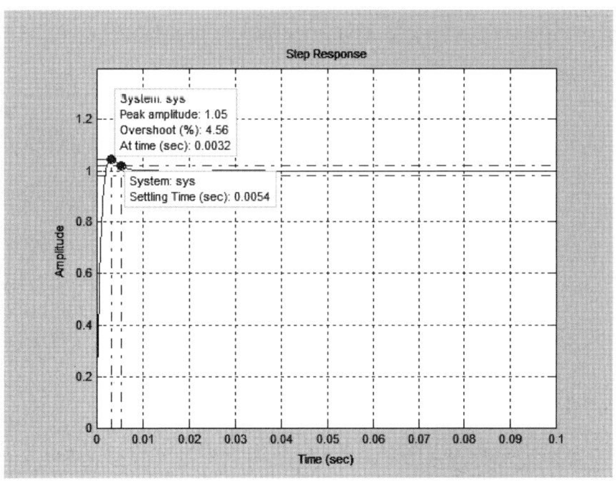

(b)

〈그림 6.8〉 실습예제 6.5의 연산 결과

실습예제 6.6

루프전달함수 $GH(s) = K/s^2$에 대해 정착시간이 $t_s \leq 4[\sec]$, 퍼센트 오버슈트가 35[%] 이하가 되도록 근궤적 기법에 의한 PD 제어기를 설계하라.

풀이

설계사양에 의한 원하는 근은 $s = -1 + 2.9925j$이다. 근궤적 기법에 의해 계산된 제어기는 $G_c(s) = 2(s + 4.978)$이므로 $K_p = 2.489$, $K_d = 2$이다. 모의실험 결과, 퍼센트 오버슈트는 43.4[%]이고 정착시간은 3.37[초]로 설계사양을 만족하지 않는다. 설계사양을 만족하기 위하여 재설계를 수행하자. 퍼센트 오버슈트에 대한 사양을 15[%]로 하면 원하는 근은 $s = -1 + 1.656j$이고 제어기는 $G_c(s) = 2(s + 1.871)$이므로 $K_p = 0.9355$, $K_d = 2$이다. 모의실험 결과, 퍼센트 오버슈트는 28.9[%]이고 정착시간은 3.85[초]가 되어 설계사양을 만족한다.

```
clear all, close all, t=[0:0.01:10]; ts=4; po=15/100; % po=35/100;
zeta=abs(sqrt(log(po)^2/(pi^2+log(po)^2))); wn=4/(ts*zeta);
d_p=-zeta*wn+j*wn*sqrt(1-zeta^2), red=real(d_p); imd=imag(d_p);
ng=[1]; dg=[1 0 0]; sysg=tf(ng, dg); gp=roots(dg)
alltheta=DegRoot(d_p, gp); thetaz=-180+alltheta
x=imd/tan(abs(thetaz)*pi/180), z=-x+red
nc=[1 -z]; dc=[1]; sysc=tf(nc, dc); sysgc=series(sysc, sysg);
figure(1), rlocus(sysgc), sgrid(zeta, wn), sigrid(zeta*wn)
[K, clpoles]=rlocfind(sysgc), sys=feedback(K*sysgc, [1]);
figure(2), step(sys, t), grid
```

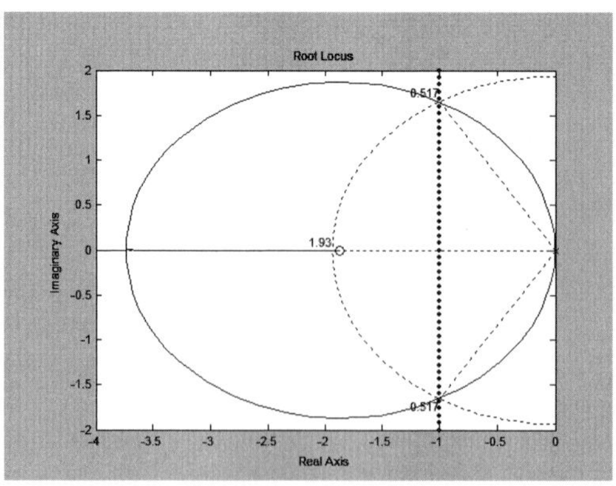

(a)

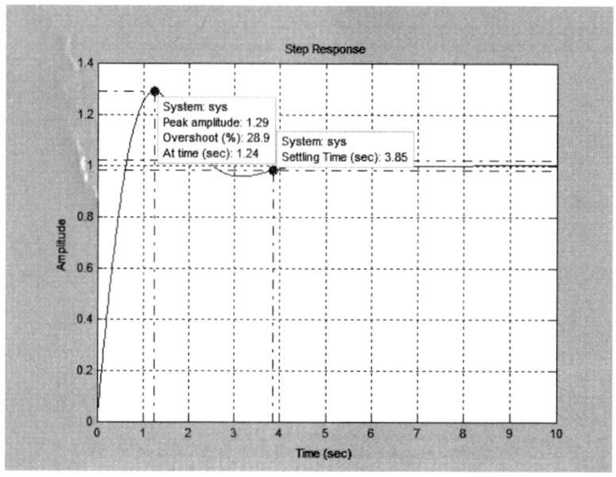

(b)

〈그림 6.9〉 실습예제 6.6의 연산 결과

실습예제 6.7

그림 6.10(a)로 주어진 폐루프 시스템에서 지연시간 요소가 e^{-s} 일 때 단위계단응답은 그림 6.10(b)와 같다. 정착시간이 $t_s \leq 4[\text{sec}]$, 퍼센트 오버슈트가 $35[\%]$ 이하가 되도록 근궤적 기법에 의한 PD 제어기를 설계하라.

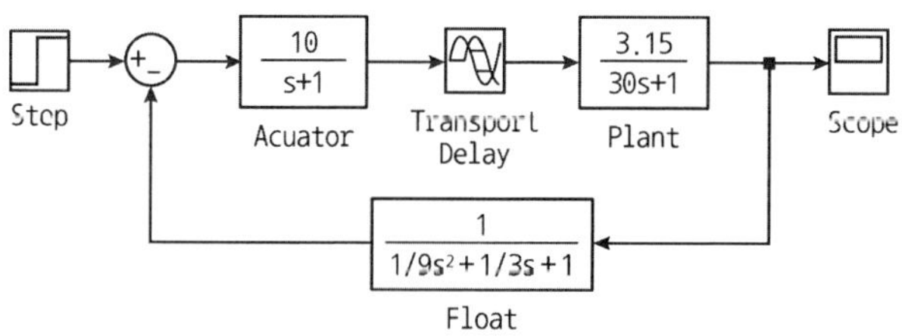

(a)

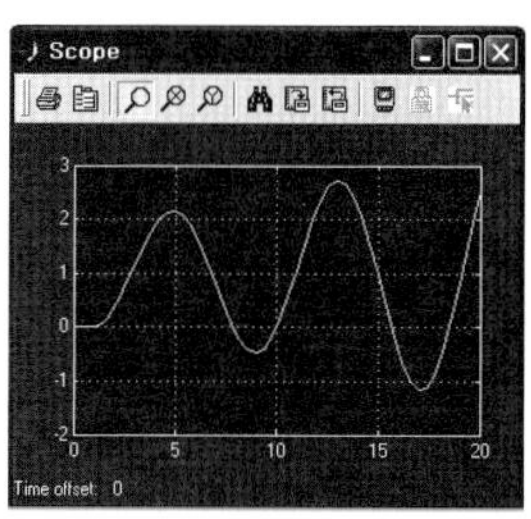

(b)

풀이

루프 전달함수(float)의 DC이득이 1이므로 단위궤환 시스템으로 가정할 수 있다. 따라서 직렬 연결된 구동기, 시간지연요소와 제어대상(plant)에 대해 근궤적 기법에 의한 PD 제어기를 설계하여 전체 폐루프 시스템의 계단응답를 조사하자.

2차 Pade 근사에 의한 e^{-s} 의 전달함수는 $G_f(s)=(s^2-6s+12)/(s^2+6s+12)$으로 근궤적은 그림 6.10(c)와 같다. 지연시간을 2차 Pade 근사하는 경우, 그림 6.10(a)로 주어지는 폐루프 시스템은 6차 시스템이 된다. 폐루프 시스템의 극점은 $s=-3.7302\pm j1.9862$, $-1.3365\pm j3.0268$, $0.05\pm j0.772$ 로 불안정한 근이 두 개 존재한다. 또한 영점은 $s=-1.5\pm j2.598$, $3\pm j1.732$로 시간지연요소에 의해 s 평면의 우반면에 두 개의 영점이 존재하는 불안정한 비최소 위상시스템이다. 따라서 제어기를 사용하지 않았을 때의 계단응답은 그림 6.10(b)과 같이 발산한다.

근궤적 기법에 의한 PD 제어기를 설계해보자.

(1) 설계사양($t_s \leq 4[\mathrm{sec}]$, $po<35[\%]$)를 만족하는 $\zeta=0.3169$ 이고, $\omega_n=3.1552$이므로 원하는 근의 위치는 $s=-1+j2.9925$가 된다. 직렬 연결된 PD 제어기, 구동기, 지연시간요소와 제어대상에 대한 근궤적과 원하는 설계영역을 도시한 그림은 6.10(d)와 같다. 그림 6.10(d)를 살펴보면 PD 제어기의 영점이 s평면의 우반면에 존재하는 불안정한 시스템이 된다.

(2) 몇 번의 시행착오 끝에 오버슈트 설계사양을 5[%]로 감소하면 PD 제어기의 영점은 $s=-0.7542$이 되어 그림 6.19(e)와 같이 근궤적이 원하는 설계영역에 포함된다. 그림 6.19(d)를 살펴보면, $s=-0.0333$에서 출발한 근궤적은 PD 제어기의 영점에서 끝나고, $s=-3\pm j1.7321$에서 출발한 근궤적은 이탈점 $s=-2.84$에서 만난 후 하나는 무한대로 하나는 원점을 향해 이동하다가 $s=-1$에서 출발한 근궤적과 만나 지연시간 요소의 영점 $s=3\pm j1.732$으로 이동한다.
설계된 제어기는 $G_c(s)=0.494(s+1.5267)$으로 모의실험 결과, 퍼센트 오버슈트는 3.1[%]이고 정착시간은 7.82[초]로 정착시간의 설계사양을 만족하지 않는다. 또한 정상상태오차는 0.079로, 정상상태오차가 존재하는 이유는 제어대상과 PD 제어기가 모두 0형이기 때문이다. 지연시간이 포함된 시스템은 Bode선도에 의한 제어기 설계가 보다 일반적이다.

```
ng=[31.5]; dg=conv([1 1],[30 1]); sysg=tf(ng,dg);
[np, dp]=pade(1,2); sysp=tf(np, dp), sysgp=series(sysg,sysp);
nf=[1]; df=[1/9 1/3 1]; sysf=tf(nf,df), sys=feedback(sysgp, sysf);
rlocus(sys), pole(sys), zero(sys)
```

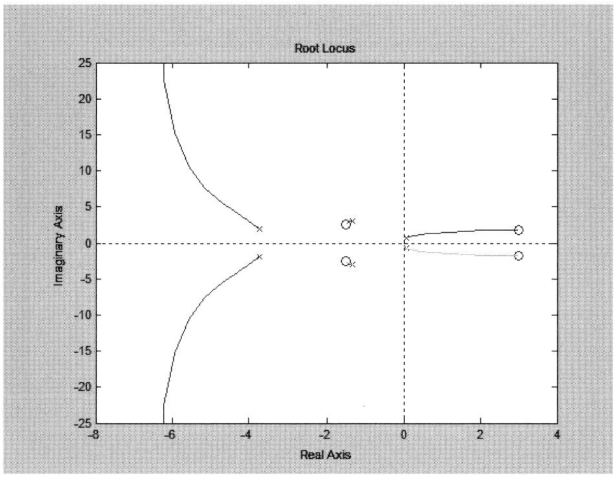

(c)

```
t=[0:0.01:20]; ts=4; po=5/100; % po=35/100
zeta=abs(sqrt(log(po)^2/(pi^2+log(po)^2))), wn=4/(ts*zeta)
d_p=-zeta*wn+j*wn*sqrt(1-zeta^2), red=real(d_p); imd=imag(d_p);
ng=[31.5]; dg=conv([1 1],[30 1]); sysg=tf(ng,dg);
[np, dp]=pade(1,2); sysp=tf(np, dp), sysgp=series(sysg,sysp);
gp=pole(sysgp), theta_p=DegRoot(d_p, gp);
gz=zero(sysgp), theta_z=DegRoot(d_p, gz);
thetaz=-180+theta_p-theta_z
x=imd/tan(abs(thetaz)*pi/180), z=-x+red
nc=[1 -z]; dc=[1]; sysc=tf(nc, dc), sysgc=series(sysc, sysgp)
figure(1), rlocus(sysgc), axis([-5 5 -5 5]),
hold on, x=[-5:0.1:0]; y=-(sqrt(1-zeta^2)/zeta)*x;
c=-zeta*wn; xc=[-5:0.1:5]; plot(x, y, ':', x, -y, ':', c, xc, ':'),
hold off
[K, clpoles]=rlocfind(sysgc), nf=[1]; df=[1/9 1/3 1]; sysf=tf(nf,df)
sys=feedback(K*sysgc, sysf); figure(2), step(sys, t), grid
```

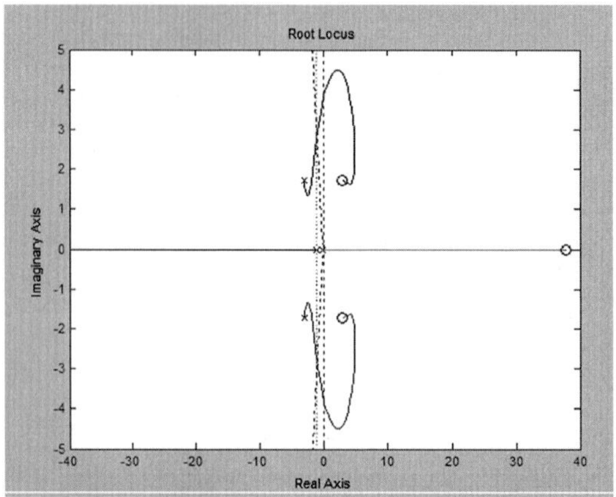

(d)

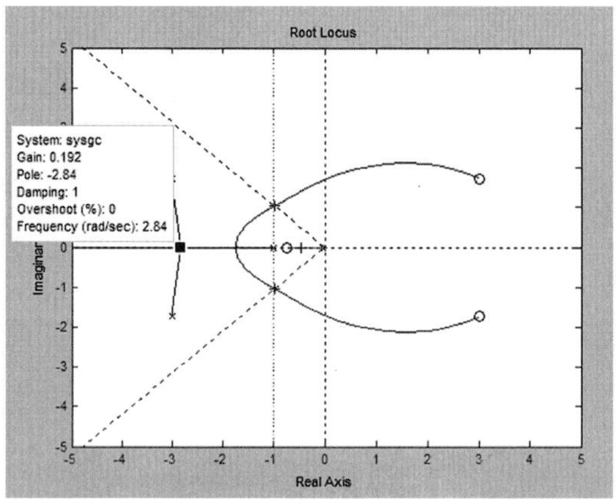

(e)

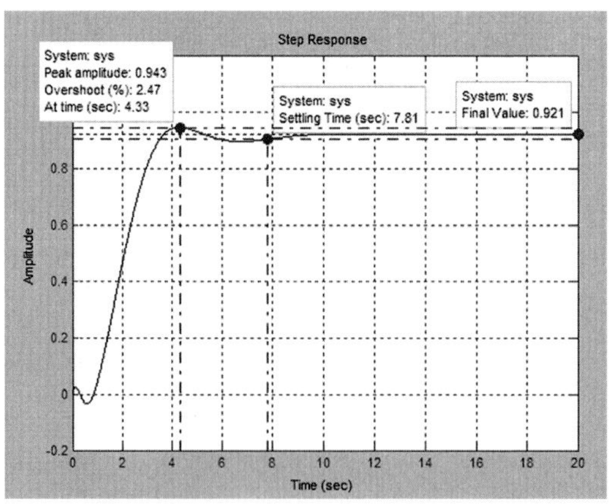

(f)

〈그림 6.10〉 실습예제 6.7의 연산 결과

6.3.2 Bode 선도에 의한 PD 제어기의 설계

Bode 선도에 의한 PD 제어기의 설계원리는 위상여유가 새로운 이득교차점주파수에서 실현되도록 제어기의 절점주파수 $\omega = K_p/K_d$을 결정하는 일이다. 설계원리에 적합한 설계절차는 아래와 같다.

① 정상상태오차를 만족하는 비례이득 $K = K_p$을 계산하여 비보상계의 Bode 선도를 도시한다.

② 보상계의 Bode 선도의 위상여유가 원하는 위상여유를 만족하도록 절점주파수를 선정하여 $K_d = K_p/\omega$를 사용하여 미분이득 K_d값을 선정한다.

③ 모의실험을 수행하여 설계사양이 만족하지 못하면, 위상여유을 증가하여 위의 과정을 반복한다.

실습예제 6.8

$GH(s) = 4500K/s(s+361.2)$에 대해 아래의 설계사양을 만족하도록 Bode 선도에 의한 PD 제어기를 설계하라.

설계사양 : ① 경사입력에 대한 정상상태오차 $ess < 0.000443$,
② 위상여유 80[°]이상,
③ 계난입력에 대한 퍼센트 오버슈트 5[%]이하,
④ 상승시간과 정착시간 $t_r = t_s < 0.005$[sec]

풀이

(1) $K_d = 0$일 때 속도오차상수는 $K_v = 4500K_p/361.2$이므로 $e_{ss} = 0.000443/K_v$에서 $K_p \geq 181.19$이다. 따라서 $K = K_p = 181.19$일 때의 그림 6.11(a)와 같은 비보상계의 Bode 선도를 도시하여 위상여유를 구한다.

그림 6.11(a)에서 위상여유를 만족하는 주파수는 135[rad/sec]이므로 $K_d = 1.3421$이다. 모의실험을 수행한 결과는 보상계의 Bode 선도는 그림 6.11(b)로 위상여유가 92.1[°]로 설계사양을 만족하다.

그림 6.11(c)는 계단응답으로 $K_p = 181.19$를 사용하였으므로 정상상태오차의 설계사양은 만족하고, 상승시간은 0.433[ms]이고 정착시간은 0.487[ms]로 설계사양을 만족한다.

```
clear all, close all
t=[0:0.0005:0.04]; w=logspace(1,4,300); po=5/100; ts=0.005;
zeta=abs(sqrt(log(po)^2/(pi^2+log(po)^2))); d_pm=100*zeta
Kp=181.19; ng=4500; dg=[1 361.2 0]; sysg=tf(ng,dg);
figure(1), bode(Kp*sysg,w), grid, w=input('w=') % w=135[rad/sec]
Kd=Kp/w; nc=[Kd Kp]; ncg=ng*nc; syscg1=tf(ncg,dg);
sys1=feedback(syscg1,[1]);
figure(2), bode(syscg1), margin(syscg1), grid
figure(3), step(sys1,t), grid, axis([0 0.04 0 1.2])
```

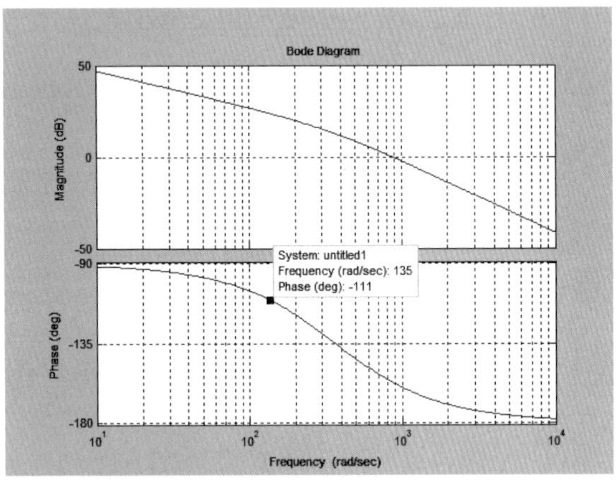

(a)

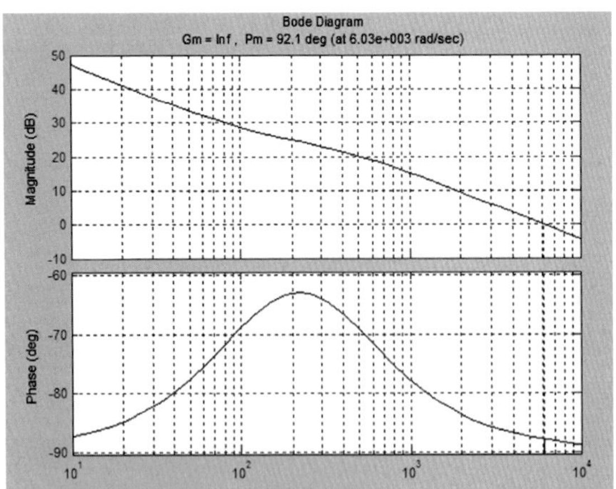

(b)

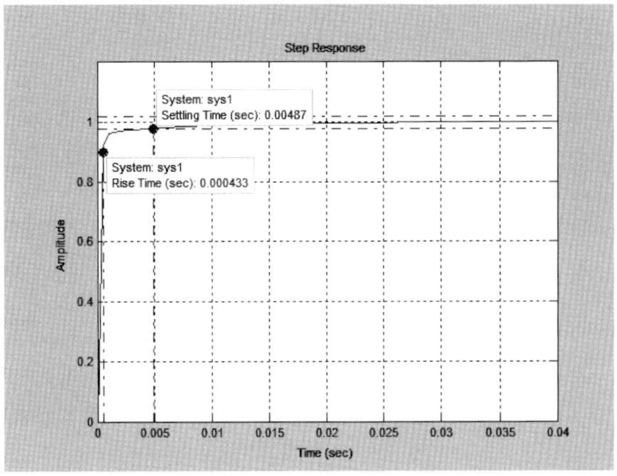

(c)

(2) 풀이 I과 다른 방법으로 원하는 위상여유가 될 때까지 적분이득 K_d를 증가하는 while 문을 실행하여 설계해보자.

비보상계의 위상여유를 초기값으로 제어기와 제어대상이 직렬연결된 보상계 *sysg*의 위상여유가 원하는 위상여유가 될 때까지 적분이득 K_d를 증가하는 while 문을 실행한다. 적분이득이 증가하는 크기를 작게 할수록 보다 정확한 설계를 실행할 수 있으나, 실행시간이 오래 걸리는 단점이 있다. Bode 선도에 의해 설계된 PD 제어기는 $G_c(s) = 181.19 + 0.29s$이다.

$K_p = 181.19$이므로 정상상태오차의 설계사양은 만족한다. 모의실험 결과 보상계의 Bode 선도인 그림 6.11(d)를 살펴보면, 위상여유는 80.3[°], 첨두공진값은 없으며, 대역폭은 1910[rad/sec]이므로 보는 설계사양을 만족한다. 계단응답을 도시한 그림 6.11(e)를 살펴보면, 오버슈트는 5.5[%]이고 정착시간은 5.28[ms]로 위상여유의 설계사양보다 조금 크게 나타난다.

```
t=[0:0.001:1]; w=logspace(0,4,400); d_pm=80; kp=181.19;
kd=0; ng=4500*kp*[1]; dg=[1 361.2 0]; sysg=tf(ng,dg);
figure(1), bode(sysg, w), [gm,pm,wg,wc]=margin(sysg), grid
while pm < d_pm,
 kd=kd+0.01;
 ngc=4500*kp*[kd/kp 1]; dgc=[1 361.2 0]; sysgc=tf(ngc, dgc);
 bode(sysgc, w), [gm,pm,wg,wc]=margin(sysgc), grid
end
kd, gc=kp*[kd/kp 1], figure(2), bode(sysgc, w), margin(sysgc), grid
sys=feedback(sysgc, [1]); figure(3), step(sys, t);
axis([0 0.1 0 1.1]), grid
```

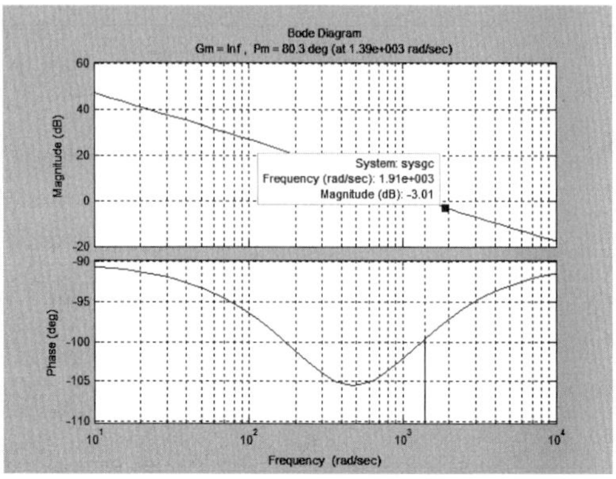

(d)

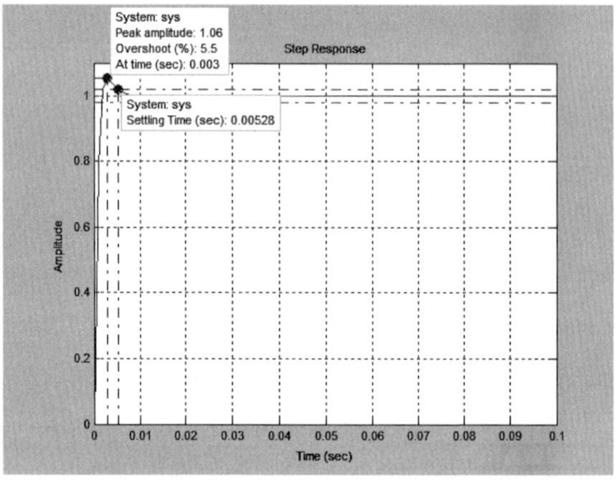

(e)

〈그림 6.11〉 실습예제 6.8의 연산 결과

실습예제 6.9

루프전달함수 $GH(s)= K/s^2$에 대해 정착시간이 $t_s \leq 4[\mathrm{sec}]$, 감쇠비가 $\zeta = 0.45$이 되도록 Bode 선도에 의한 PD 제어기를 설계하라.

풀이

속도오차상수 또는 정상상태오차로 주어진 설계사양이 없으므로 비보상계의 폐루프 전달함수를 구한 후 특성방정식 $q(s) = s^2 + K = s^2 + 2\zeta\omega_n s + \omega_n^2 = 0$에서 $K = K_p = \omega_n^2$로 근사하여 비보상계의 Bode 선도를 도시한다.

실습예제 6.8에 소개한 풀이 I의 방법으로는 비보상계의 Bode 선도에서 원하는 절점주파수를 선택할 수 없으므로 풀이 II의 방법을 사용한다.

Bode 선도에 의해 계산된 제어기는 $G_c(s)=4.9383+1.87s$로 모의실험 결과, 퍼센트 오버슈트는 34.8[%]이고 정착시간은 3.45[초]로 설계사양을 만족하지 않는다.

오버슈트를 감소하기 위해 감쇠비를 $\zeta=0.52$로 증가하면 $G_c(s)=3.6982+1.94s$로 퍼센트 오버슈트는 29.6[%]이고 정착시간은 3.9[초]로 설계사양을 만족한다.

```
t=[0:0.01:10]; w=logspace(-1,3,400); ts=4; zeta=0.52; % zeta=0.45;
wn=4/(ts*zeta); d_pm=100*zeta, kp=wn^2
ng=[kp]; dg=[1 0 0]; sysg=tf(ng,dg); figure(1), bode(sysg), grid
kd=0; [gm0,pm0,wg0,wc0]=margin(sysg); pm=pm0;
while pm < d_pm,
 kd=kd+0.01; ngc=kp*[kd/kp 1]; dgc=dg; sysgc=tf(ngc, dgc);
 bode(sysgc, w), [gm,pm,wg,wc]=margin(sysgc); grid
end
kd, gc=kp*[kd/kp 1], figure(2), bode(sysgc), margin(sysgc), grid
sys=feedback(sysgc, [1]); figure(3), step(sys, t); grid
```

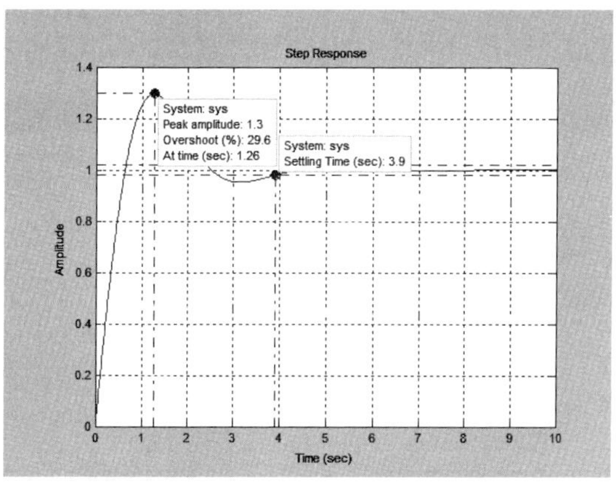

〈그림 6.12〉 실습예제 6.9의 연산 결과

실습예제 6.10

제이대상 $G_p(s)=400/s(s^2+30s+200)$에 대해 $\omega_{gc}=13.5[rad/\sec]$에서 위상여유 $PM=45^\circ$를 만족히도록 Bode 선도에 의한 PD 제어기를 설계하라.

풀이

비보상계의 Bode 선도에서 주파수 $\omega = 13.5[rad/\sec]$일 때 이득은 22.8[dB], 위상은 −178[°]이다. 따라서 $\omega = 13.5[rad/\sec]$가 새로운 이득교차점주파수가 되려면 이득이 $K = 10^{22.8/20} =$ 13.803배 만큼 증가해야 한다.

$K = K_p = 13.8$의 비보상계($sysg2$)의 Bode 선도에 대해 while 문을 작성하여 설계사양에 적합한 PD 제어기를 구하면 $G_c(s) = 13.8 + 1.31s$이 된다. 모의실험 결과 퍼센트 오버슈트는 23.5[%], 그리고 정착시간은 0.369[초]로 설계사양을 만족한다.

```
t=[0:0.01:10]; w=logspace(-1,3,400);
ng1=400*[1]; dg1=[1 30 200 0]; sysg1=tf(ng1,dg1);
figure(1), bode(sysg1), grid
kp=13.8; ng2=kp*400*[1]; dg2=[1 30 200 0]; sysg2=tf(ng2,dg2);
figure(2), bode(sysg2), grid
kd=0; [gm0,pm0,wg0,wc0]=margin(sysg2); pm=pm0, d_pm=45;
while pm < d_pm,
 kd=kd+0.01; ngc=kp*400*[kd/kp 1]; dgc=dg2; sysgc=tf(ngc, dgc);
 bode(sysgc, w), [gm,pm,wg,wc]=margin(sysgc); grid
end
kd, gc=kp*[kd/kp 1], figure(3), bode(sysgc), margin(sysgc), grid
sys=feedback(sysgc, [1]); figure(4), step(sys, t); grid
```

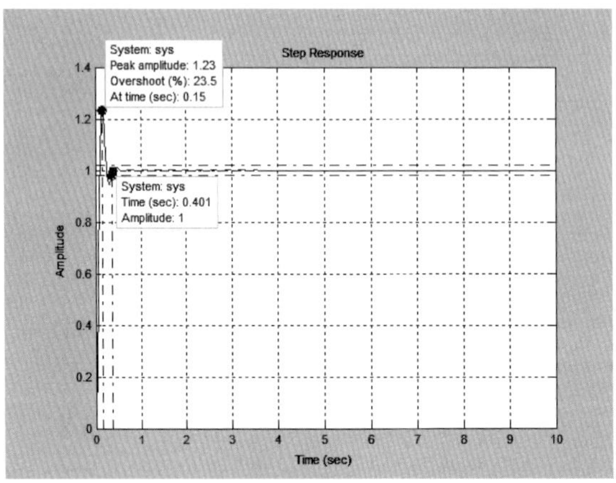

〈그림 6.13〉 실습예제 6.10의 연산 결과

실습예제 6.11

$GH(s) = 5000K/s(s+20)(s+1000)$에 대해 퍼센트 오버슈트가 5[%] 이하, 정착시간이 $t_s \leq 0.25[\mathrm{sec}]$, 단위외란에 대한 최대응답이 5×10^{-3} 미만이 되도록 PD 제어기를 Bode 선도에 의해 설계하라.

풀이

정상상태오차 또는 오차상수에 의한 설계사양이 없으므로 제어대상에서 이득 K를 구하여 비보상계의 Bode 선도를 도시해야 한다.

주어진 제어대상의 극점은 $s=0, -20, -1000$으로 $s=-1000$에 있는 극점이 비우세근이므로 2차 시스템으로 근사화가 가능하다. 따라서 비보상계의 Bode 선도를 도시하기 위해 $K_p = \omega_n^2$를 사용한다.

$K = K_p = \omega_n^2 = 537.5359$를 사용하여 비보상계의 Bode 선도를 그림 6.14(a)와 같이 도시하였다. 원하는 위상여유 $\Phi_{pm} = 69.01[°]$에서 절점주파수는 7.59[rad/sec]이므로 $K_d = 70.8216$이다.

모의실험을 수행한 결과, 보상계의 Bode 선도인 그림 6.14(b)에서 위상여유는 73.6[°]로 설계사양을 만족한다. 그림 6.14(c)의 계단응답에서 오버슈트는 없고 정착시간은 0.0764[초]로 설계사양을 만족한다.

그림 6.14(d)는 단위외란에 대한 응답으로 최대응답이 대략 3.75×10^{-7}으로 설계사양을 만족한다 PD 제어기는 진함수가 아니므로 아래 MATLAB 프로그램에 있는 것처럼 참진함수를 유도한 후 모의실험을 수행해야 한다.

```
clear all, close all
t=[0:0.01:1]; w=logspace(-1,3,400);
po=5/100; zeta=abs(sqrt(log(po)^2/(pi^2+log(po)^2)))
ts=0.25; wn=4/(ts*zeta); d_pm=100*zeta
% PD Control Design
Kp=wn^2; ng=5000; dg=conv([1 0], conv([1 20],[1 1000])); sysg=tf(ng,dg);
figure(1), bode(Kp*sysg,w), grid, w=input('w='), Kd=Kp/w
nc=[Kd Kp]; ncg=ng*nc; syscg1=tf(ncg,dg); sys1=feedback(syscg1,[1]);
figure(2), bode(syscg1,w), margin(syscg1)
figure(3), step(sys1,t), grid, axis([0 1 0 1.2])
% Disturbance Response
ng1=1; dg1=dg; nc1=5000*Kp*[Kd/Kp 1], dc1=[0 1];
[nn,dd]=feedback(ng1,dg1,nc1,dc1); sysd=tf(nn,dd), sysd=-sysd
figure(4), step(sysd,t), grid
```

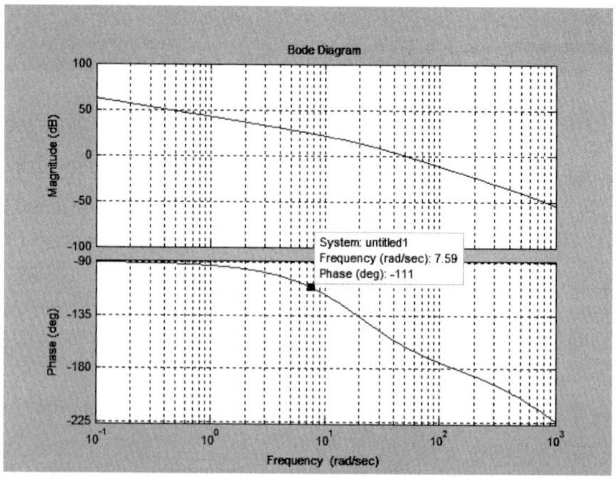
Bode Diagram
Magnitude (dB)
Phase (deg)
Frequency (rad/sec)
System: untitled1
Frequency (rad/sec): 7.59
Phase (deg): -111

(a)

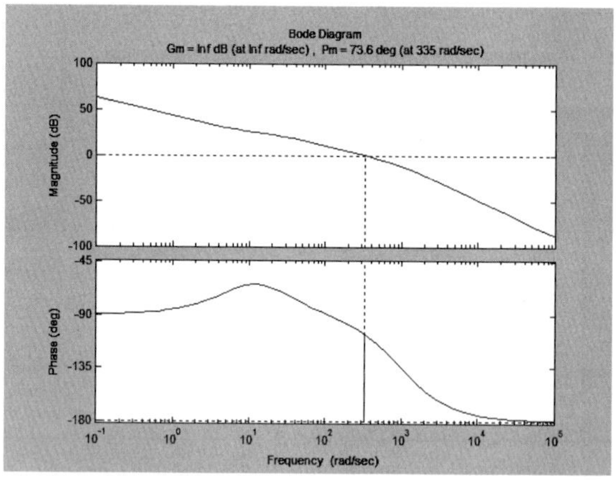
Bode Diagram
Gm = Inf dB (at Inf rad/sec) , Pm = 73.6 deg (at 335 rad/sec)
Magnitude (dB)
Phase (deg)
Frequency (rad/sec)

(b)

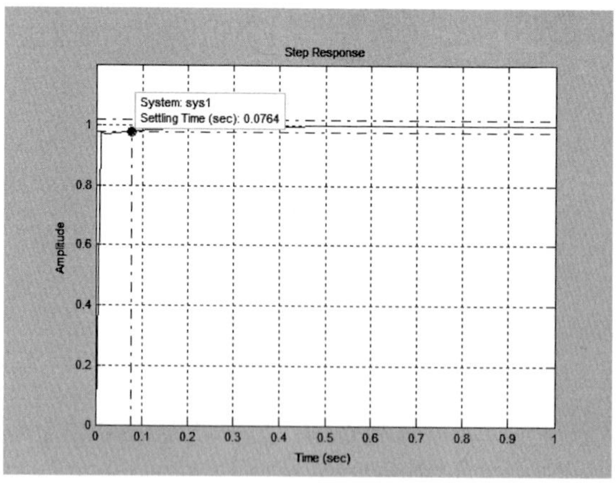
Step Response
System: sys1
Settling Time (sec): 0.0764
Amplitude
Time (sec)

(c)

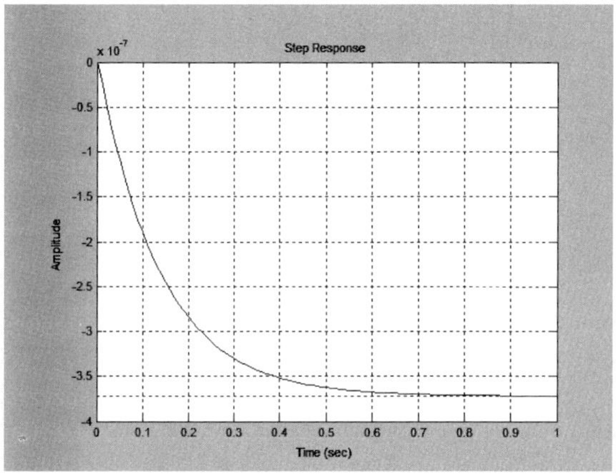

(d)

〈그림 6.14〉 실습예제 6.11의 연산 결과

6.4 PI 제어기의 설계

PI 제어기의 전달함수는 식 (6.10)과 같으며, 세 개의 Op 증폭기로 구현된 전기회로는 그림 6.15와 같다. 그림 6.15에서 전달함수를 유도하면 식 (6.11)과 같다.

$$G_c(s) = K_p + K_i/s = (K_p s + K_i)/s = R_2/R_1 + 1/(R_i C_i s) \tag{6.10}$$

$$G_c(s) = R_2/R_1 + 1/(R_i C_i s) \tag{6.11}$$

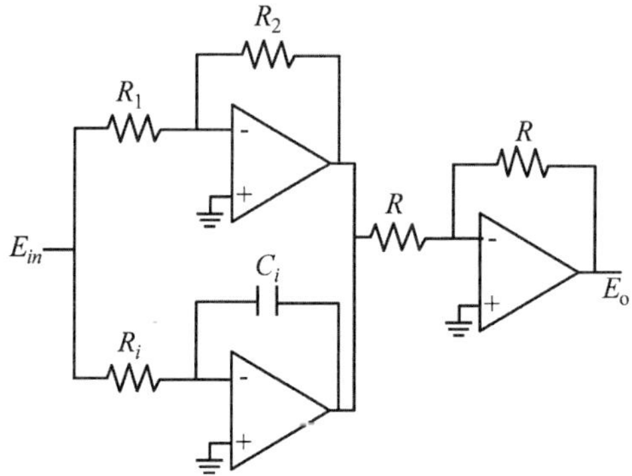

〈그림 6.15〉 세 개의 Op 증폭기로 구현된 PI 제어기

식 (6.10)에서 알 수 있듯이 PI 제어기의 제어대상에 직렬 연결하면 $s=0$ 에 극점이 하나 추가되어 계통의 형을 하나 증가되며, 하나의 영점 $s=-K_i/K_p$이 추가되어 저역통과 필터의 기능을 수행하므로 상승시간과 정착시간이 증가한다.

PI 제어기는 시스템의 유형을 증가시켜 정상상태오차를 감소시키려는 목적으로 도입되나, 원점에 추가되는 극점으로 시스템이 불안정하게 되는 경향이 있으므로 유의해야 한다.

PI 제어기의 효과는 제동을 개선하고, 퍼센트 오버슈트를 감소하며, 이득여유와 위상여유 및 첨두공진치를 개선한다. 또한, 대역폭이 감소하여 고주파수 잡음을 여과하는 효과가 있으나, 상승시간이 증가하는 단점이 있다. 또한, K_p와 K_i의 값을 적절히 조합하여 부품의 용량이 과도하게 않도록 주의해야 한다.

6.4.1 근궤적 기법에 의한 PI 제어기의 설계

PI 제어기의 설계원리는 제어기 영점 $s=-K_i/K_p$을 원점과 가깝고 복소우세근에 멀게 배치하며, K_p와 K_i 값은 모두 매우 작게 선정해야 한다는 것이다. 설계원리에 적합한 PI 제어기의 설계절차는 아래와 같다.

① 설계사양에 적합한 원하는 우세근 $q,\bar{q}=-\zeta\omega_n \pm j\omega_n\sqrt{1-\zeta^2}$ 을 결정한다.

② 비보상계의 근궤적을 도시한 후 제어기의 극점 p를 원점에 배치한다.

③ 원하는 극점의 위치에서 근궤적의 각도조건에 적합한 제어기의 영점 z를 계산한다.

④ 원하는 극점의 위치에서 제어대상과 제어기의 모든 극점과 영점에 대해 제어기의 이득 K를 계산하여 모의실험을 실행한다.

⑤ 설계사양이 만족하지 않으면 극점을 원점에 가깝게 이동하여 재설계를 수행하거나, 전치필터 $G_f(s)=z/(s+z)$를 사용한다. 여기서 z는 PI 제어기의 영점이다. PI 제어기의 영점은 원점에 가깝게 배치되기 때문에 폐루프 시스템의 영점이 되어 제어성능에 원하지 않는 영향을 미치기 때문에 전치필터를 사용하여 해결한다.

실습예제 6.12

$GH(s) = K/(s+2)(s+8)$에 대해 아래 설계사양을 만족하도록 근궤적 기법에 의한 PI 제어기를 설계하라.

설계사양 : ① 단위경사입력에 대한 정상상태오차 $ess < 0.25$,
단위계단입력에 대해
② 오버슈트 5[%] 이하,
③ 정상상태오차 $ess = 0$,
④ 정착시간 $t_s \leq 1.5[\text{sec}]$

풀이

(1) 제어대상이 0형이므로 PI 제어기 또는 PID 제어기를 사용해야 계단입력에 대한 정상상태오차 조건을 만족할 수 있다.
PI 제어기를 포함한 제어대상 $G_cG_p(s) = K_p(s+z)/s(s+2)(s+8)$에 대해 해석적으로 PI 제어기를 설계해보자.

① 경사입력에 대한 정상상태오차 조건 $K_v = \lim_{s \to 0} sG_cG_p(s) \geq 1/0.25 = 4$을 만족하는 PI 제어기의 적분이득은 $K_i > 64$이어야 한다.

② R-H 판별법에 의해 $K_p > K_i/10 - 16$을 만족해야 PI 제어기를 포함한 제어대상은 안정할 수 있다.

③ 오버슈트와 정착시간의 조건에 의한 원하는 근의 위치는 $s = -2.66 + j2.7973$이다. 따라서 근궤적의 점근선이 설계사양이 원하는 근의 위치에 포함되려면 점근선이 -2.66보다 원점에서 멀리 배치되어야 하므로 $z = K_i/K_p < 14/3 = 4.67$을 만족해야 한다.

④ 위의 조건을 만족하는 영점을 $z = -2.5$라고 가정하고, 그림 6.16(a)의 근궤적에 서 감쇠비 $\zeta = 0.69$와 교차하는 점을 클릭하면 $K_p = 30.89$이며, $K_i = 77.23$이 되며 위의 조건을 만족한다. 근궤적에서 영점을 $s = -2$보다 원점에 가깝게 배치하면 다른 형태의 근궤적이 발생한다. 설계된 PI 제어기를 사용하여 모의실험을 수행한 결과는 그림 6.16(b)로 오버슈트는 없고, 정착시간은 24.4[초]로 설계사양을 만족하지 못한다.

⑤ 영점을 $z = -2.5$보다 원점에 가깝게 배치하여도 오버슈트는 없고 정착시간은 설계사양을 만족하지 못하나, 오버슈트가 없으므로 전치필터를 사용하지 않는다.

```
clear all, close all, ts=1.5; zeta=0.69; wn=4/(ts*zeta);
ng=[1]; dg=[1 10 16]; z=2.5; nc=[1 z]; dc=[1 0];
[ngc,dgc]=series(ng,dg,nc,dc); sysgc=tf(ngc,dgc);
figure(1), rlocus(sysgc), axis([-10 0 -10 10]), sgrid(zeta, 2*wn),
sigrid(zeta*wn)
kp=rlocfind(sysgc), ki=kp*z, sys=feedback(sysgc,1); figure(2),
step(sys), grid
```

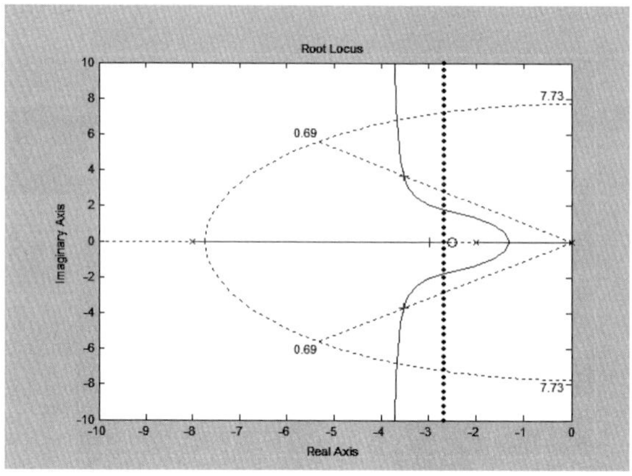

(a)

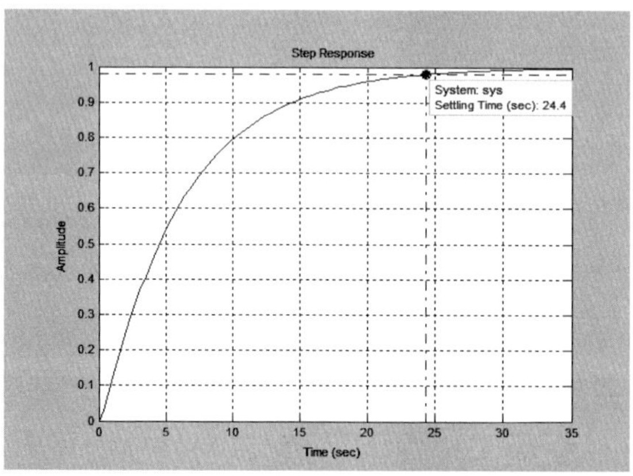

(b)

<그림 6.16> 실습예제 6.12에 대한 풀이 (1)의 연산 결과

(2) 아래의 MATLAB 코드에 의해 계산된 PI 제어기는 $G_c(s)=23.6(s+2.93)/s$이며, 오버슈트는 11.7[%]이고 정착시간은 1.54[초]로 설계사양을 만족하지 못한다. 재설계를 위해 오버슈트의 조건을 3[%]로 감소하는 경우 오버슈트는 8.95[%]로 조금 감소하고 정착시간은 1.64[초]로 증가하므로 설계사양을 만족하지 못한다. 이 경우에는 전치필터를 사용하면 오버슈트는 1.69[%], 정착시간은 1.29[초]로 설계사양을 만족한다.

```
clear all, close all, t=[0:0.01:10]; ts=1.5; po=5/100;
zeta=abs(sqrt(log(po)^2/(pi^2+log(po)^2))); wn=4/(ts*zeta);
d_p=-zeta*wn+j*wn*sqrt(1-zeta^2), re=real(d_p); im=imag(d_p);
ng=[1]; dg=[1 10 16]; sysg=tf(ng, dg); dg1=conv([1 0], dg);
gp=roots(dg1), alltheta=DegRoot(d_p, gp); thetaz=-180+alltheta
x=im/tan(abs(thetaz)*pi/180)
if abs(thetaz)>=90, z=x+re, else, z=-x+re, end
nc=[1 -z]; dc=[1 0]; sysc=tf(nc, dc); sysgc=series(sysc, sysg);
figure(1), rlocus(sysgc), sgrid(zeta, wn), sigrid(zeta*wn)
[K, clpoles]=rlocfind(sysgc), sys=feedback(K*sysgc, [1]);
figure(2), step(sys, t), grid, figur(3), nf=[-z]; df=[1 - z];
sysf=tf(nf,df);
sysall=series(sysf,sys); step(sysall, t), grid
```

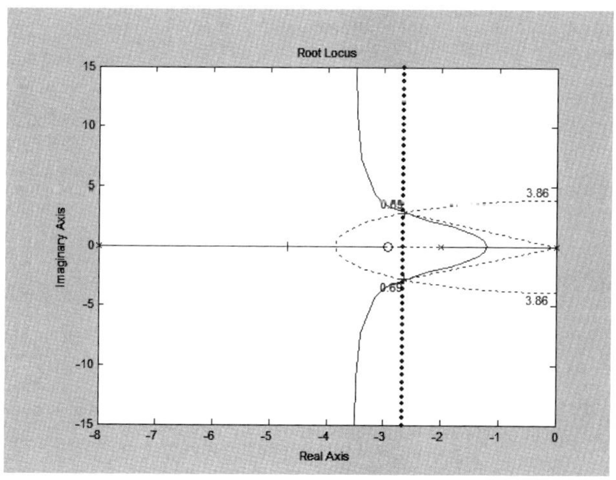

(a)

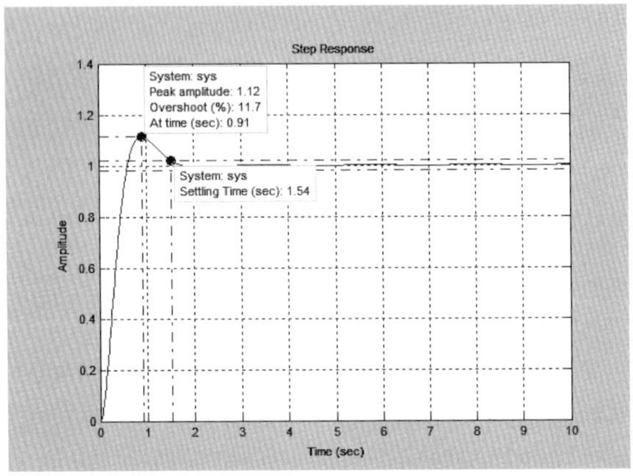

(b)

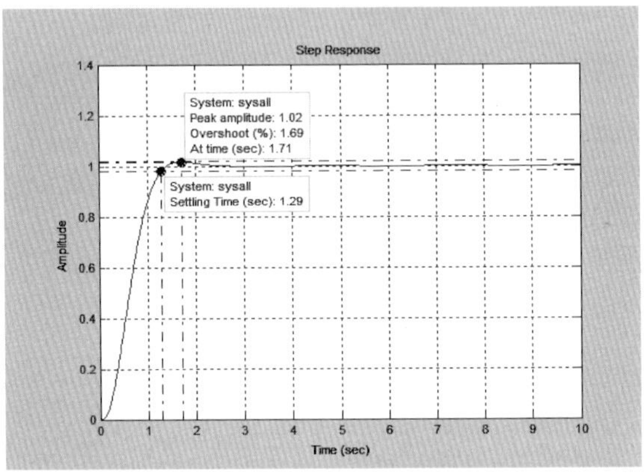

(c)

<그림 6.17> 실습예제 6.12 풀이 (2)의 연산 결과

실습예제 6.13

$GH(s) = K/(s+0.5)(s+2)$에 대해 퍼센트 오버슈트가 10[%] 이하, 정착시간 $t_s \leqq 16/3$ 이 되도록 근궤적 기법에 의한 PI 제어기를 설계하라.

풀이

설계사양을 만족하는 감쇠비는 $\zeta = 0.6$이다. 따라서 원하는 극점은 $q = -0.75 + j1$이 된다. 계산된 PI 제어기는 $G_c(s) = 2.0817(s+0.763)/s$이며, 퍼센트 오버슈트는 17.6[%]이고 정착시간은 4.72[초]로 설계사양을 만족한다.

```
clear all, close all, t=[0:0.01:10]; ts=16/3; po=10/100;
zeta=abs(sqrt(log(po)^2/(pi^2+log(po)^2))); wn=4/(ts*zeta);
d_p=-zeta*wn+j*wn*sqrt(1-zeta^2), red=real(d_p); imd=imag(d_p);
ng=[1]; dg=[1 2.5 1]; sysg=tf(ng, dg); dg1=conv([1 0], dg);
gp=roots(dg1), alltheta=DegRoot(d_p, gp); thetaz=-180+alltheta
x=imd/tan(abs(thetaz)*pi/180)
z=-x+red, nc=[1 -z]; dc=[1 0]; sysc=tf(nc, dc);
sysgc=series(sysc, sysg);
figure(1), rlocus(sysgc), sgrid(zeta, wn), sigrid(zeta*wn)
[K, clpoles]=rlocfind(sysgc), sys=feedback(K*sysgc, [1]);
figure(2), step(sys, t), grid
```

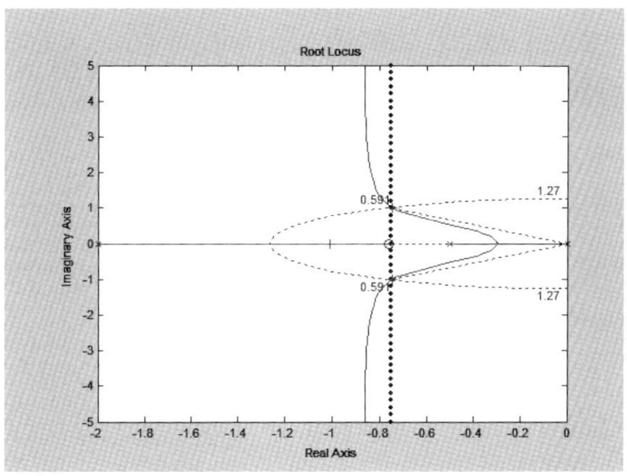

(a)

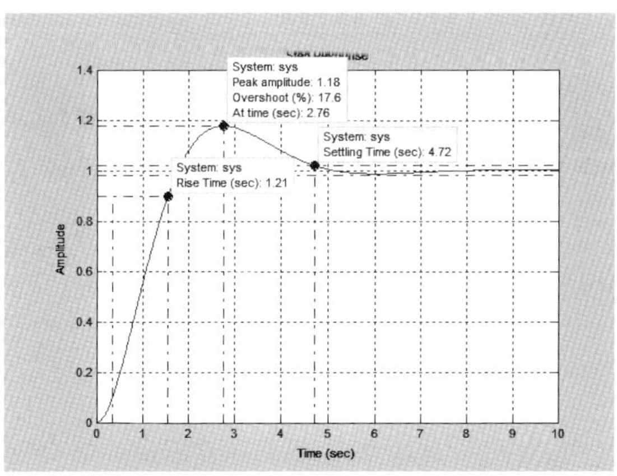

(b)

〈그림 6.18〉 실습예제 6.13의 연산 결과

실습예제 6.14

$GH(s)= K/s(s+10)^2$에 대해 경사입력에 대한 속도오차상수가 $K_{v보상}=20$이고, 감쇠비가 $\zeta=0.707$가 되도록 근궤적 기법에 의한 PI 제어기를 설계하라.

풀이

원하는 근을 얻기 위해 정착시간을 $t_s=4$[초]로 선정하였다. 정착시간이 1[초]보다 짧아지면 PI 제어기의 영점이 s 평면의 우반면에 존재하게 되어 폐루프 시스템이 불안정하다.

그림 6.19(a)는 $\zeta=0.707$이고 $t_s=4$[초]일 때의 루프전달함수의 근궤적이다. 원점에 존재하는 두 개의 극점(제어대상과 제어기의 극점)에서 출발한 근궤적은 원하는 설계영역에 포함되었다가 ±60[°]의 점근선을 따라 s 평면의 우반면으로 발산한다. 한편 $s=-10$에서 출발하는 두 개의 근궤적은 하나는 무한대로, 또 하나는 제어기의 영점으로 수렴한다.

그림 6.19(b)는 설계사양으로 $\zeta=0.707$와 $t_s=4$[초]를 사용한 경우의 PI 제어기에 의한 계단응답이다. PI 제어기는 $G_c(s)=160(s+0.07752)/s$이고, 모의실험 결과, 퍼센트 오버슈트는 32.1[%]이고 정착시간은 3.72[초]로 설계사양을 만족하지 않는다. 폐루프 시스템의 속도오차상수는 ∞로 경사입력에 대한 정상상태오차는 0이다.

정착시간을 증가하여도 설계사양을 만족하지 않으므로 전치필터를 사용하여 퍼센트 오버슈트의 설계사양을 만족시킨다. 폐루프 시스템의 앞 단에 사용한 전치필터는 $G_f(s)=0.07752/(s+0.07752)$으로, 전치필터를 사용하여 모의실험을 실행한 결과가 그림 6.19(c)이다. 그림 6.19(c)에서 퍼센트 오버슈트는 4.04[%]이므로 감쇠비 $\zeta=0.7146$이 되어 설계사양을 만족한다. 그러나 정착시간은 4.51[초]로 증가한다.

```
clear all, close all, t=[0:0.01:10]; ts=4; zeta=0.707; wn=4/(ts*zeta);
d_p=-zeta*wn+j*wn*sqrt(1-zeta^2), red=real(d_p); imd=imag(d_p);
ng=[1]; dg=[1 20 100 0]; sysg=tf(ng, dg);
dg1=conv([1 0], dg); gp=roots(dg1), alltheta=DegRoot(d_p, gp);
thetaz=-180+alltheta, x=imd/tan(abs(thetaz)*pi/180)
z=-x+red, nc=[1 -z]; dc=[1 0]; sysc=tf(nc, dc);
sysgc=series(sysc, sysg); figure(1), rlocus(sysgc),
axis([-15 0.5 -10 10])
sgrid(zeta, wn), sigrid(zeta*wn), [K, clpoles]=rlocfind(sysgc,d_p)
sys=feedback(K*sysgc, [1]); figure(2), step(sys, t), grid
nf=[-z]; df=[1 -z]; sysf=tf(nf,df); sysall=series(sysf,sys);
figure(3), step(sysall, t), grid
```

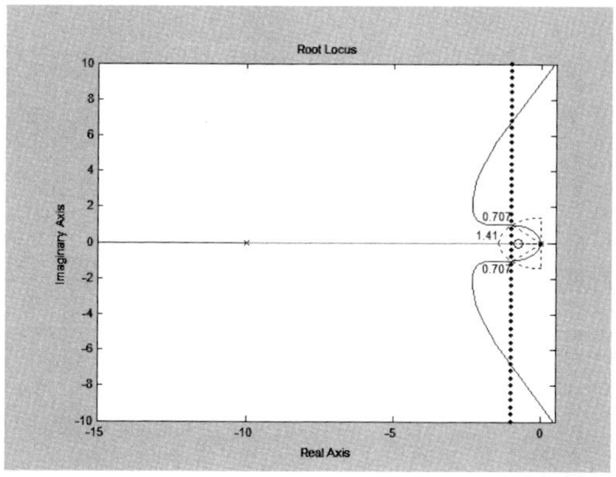

(a)

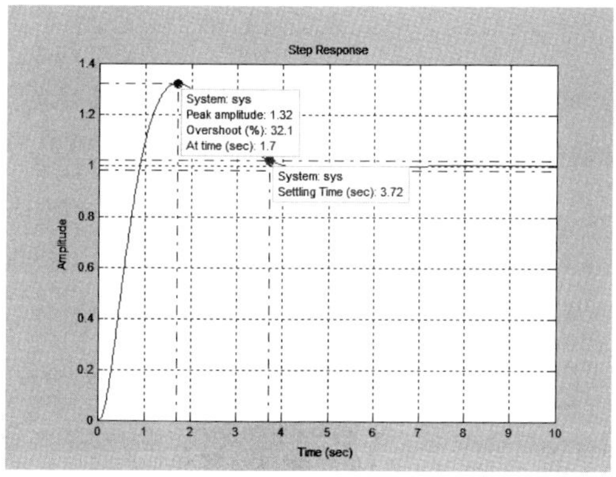

(b)

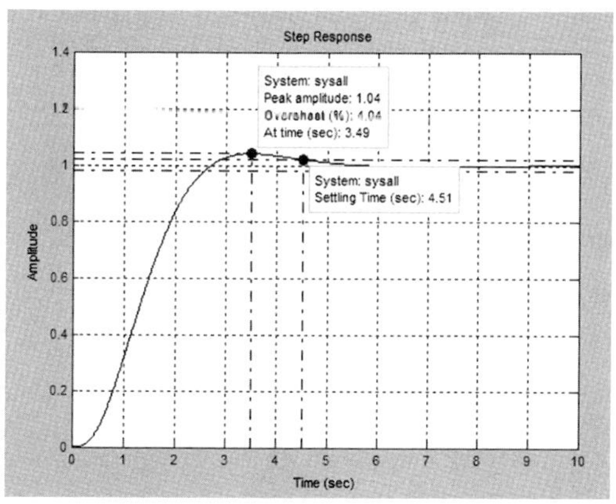

(c)

<그림 6.19> 실습 예제 6.14의 연산 결과

실습예제 6.15

$GH(s)=4500K/s(s+361.2)$에 대해 아래의 설계사양을 만족하도록 근궤적 기법에 의한 PI 제어기를 설계하라.

설계사양 : ① 포물선입력 $t^2u(t)/2$ 에 대한 정상상태오차 $ess<0.2$,

② 퍼센트 오버슈트 5[%] 이하,

③ 상승시간 $t_r \leqq 0.01[\text{sec}]$,

④ 정착시간 $t_s \leqq 0.02[\text{sec}]$

풀이

설계사양인 오버슈트와 정착시간을 사용하여 비보상계의 근궤적을 도시하면 그림 6.20(a)와 같다. 그림 6.20(a)의 근궤적에서 영점은 $s=-47.5947$ 로 원점에서 멀리 떨어져 있는 관계로 근궤적이 원하는 영역에 포함되지 않는다. 여기에서 원하는 영역은 원점에서 감쇠비 $\zeta=0.69$를 갖고 반원(점선)까지 그려진 점선의 안쪽과 sigrid가 그린 굵은 점선의 수직선 바깥쪽이다. 따라서 제어기 영점의 위치를 원점에 매우 가깝게 배치할 수 있도록 재설계해야 한다.

그러나 이 예제의 경우에는 퍼센트 오버슈트와 정착시간을 조정하여도 근궤적을 설계영역으로 이동시킬 수 없다. 따라서 전치필터를 사용하여 퍼센트 오버슈트에 대한 제어성능을 개선한다.

그림 6.20(a)의 근궤적에서 $\zeta=0.69$ 인 점을 클릭하여 계산된 제어기는 $G_c(s)=14.3372(s+49.5947)/s$ 이 되며, 모의실험의 결과는 그림 6.20(b)와 같다. 그림 6.20(b)에서 퍼센트 오버슈트는 27.7[%]이며 정착시간은 0.05[초], 상승시간은 0.007[초]이므로 설계사양을 만족하지 못한다.

그림 6.20(c)는 전치필터 $G_f(s)=49.5947/(s+49.5947)$을 폐루프 시스템의 앞단에 설치하여 모의실험을 수행한 결과로 퍼센트 오버슈트는 없고 정착시간은 0.06[초], 상승시간은 0.03[초]로 그림 6.20(b)에 비해 퍼센트 오버슈트는 개선되었고, 정착시간과 상승시간은 증가하였다. 그림 6.20(d)는 포물선 입력에 대한 시간응답을 도시한 것이다.

```
clear all, close all, t=[0:0.0001:0.3]; ts=0.02; po=5/100;
zeta=abs(sqrt(log(po)^2/(pi^2+log(po)^2))); wn=4/(ts*zeta)
d_p=-zeta*wn+j*wn*sqrt(1-zeta^2), red=real(d_p); imd=imag(d_p);
ng=[4500]; dg=[1 361.2 0]; sysg=tf(ng, dg);
dg1=conv([1 0], dg), gp=roots(dg1), alltheta=DegRoot(d_p, gp);
thetaz=-180+alltheta, x=imd/tan(abs(thetaz)*pi/180), z=-x+red
```

```
nc=[1 z]; dc=[1 0]; sysc=tf(nc, dc); sysgc=series(sysc, sysg);
figure(1), rlocus(sysgc), axis([-400 0 -300 300])
sgrid(zeta, wn), sigrid(zeta*wn), [K, clpoles]=rlocfind(sysgc)
sys=feedback(K*sysgc, [1]); figure(2), step(sys, t), grid
nf=[z]; df=[1 z]; sysf=tf(nf,df); sysall=series(sysf,sys);
figure(3), step(sysall, t), grid, u=t.^2/2; y=lsim(sysall,u,t)
figure(4), plot(t,u,t,y,'--'), grid, axis([0 0.3 0 0.045])
xlabel('time[sec]'), ylabel('y=t^2/2'),
title('Response for Parabola input')
```

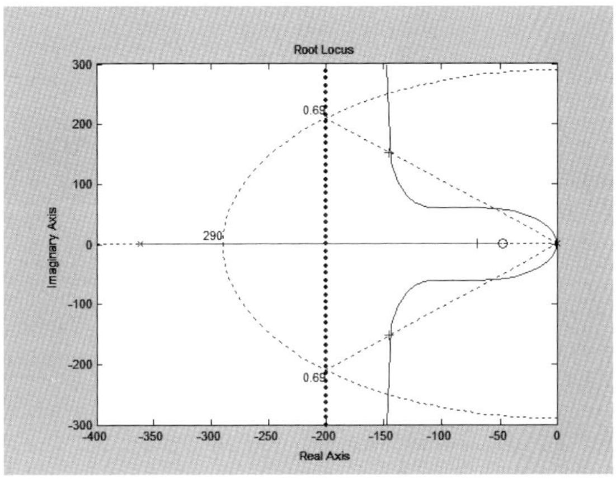

(a)

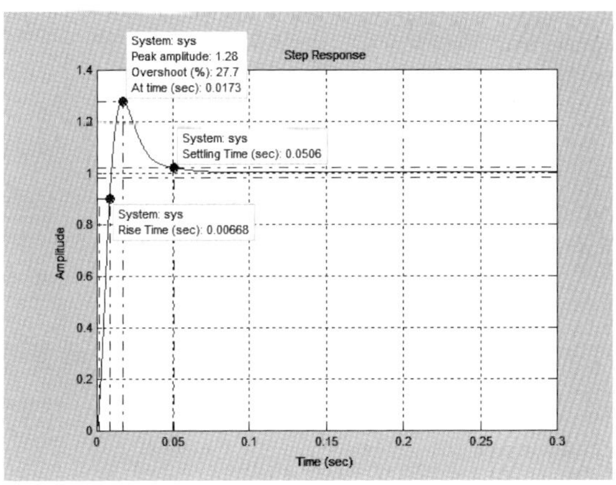

(b)

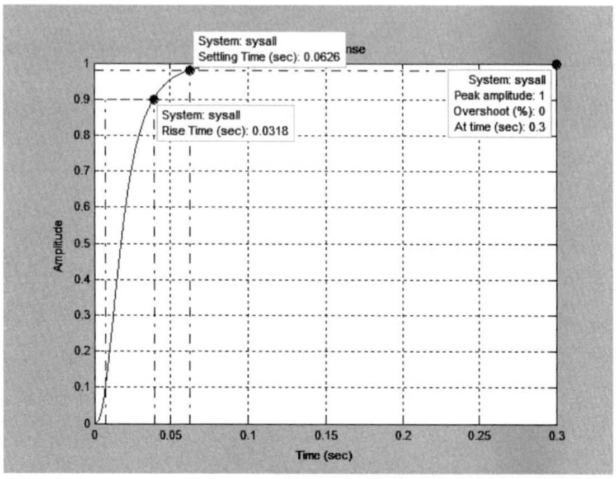

(c)

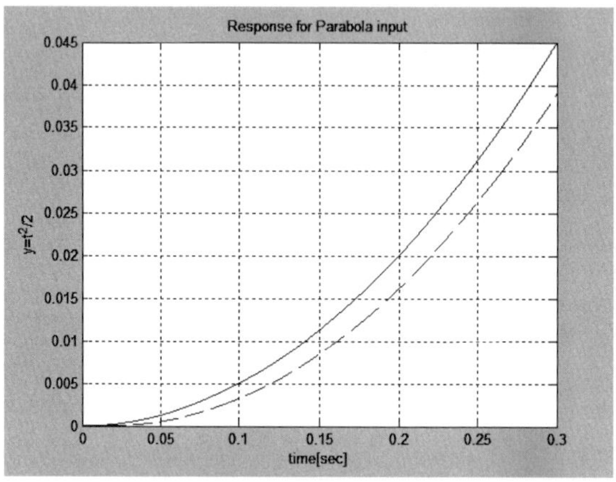

(d)

〈그림 6.20〉 실습예제 6.15의 연산 결과

실습예제 6.16

$GH(s) = e^{-s}/(s+1)$이 계단입력에 대해 5[%]의 오버슈트를 갖도록 근궤적을 이용한 PI 제어기를 설계하라.

풀이

지연시간이 큰 제어대상($T=-1$)으로 제어가 매우 어려운 시스템이다. 설계사양은 퍼센트 오버슈트만 주어졌으므로 임의로 정착시간을 4[초]로 정하였다. 정착시간이 4[초]보다 더욱 작아지면 보상기의 영점이 s 평면의 우반면에 존재하게 되어 불안한 시스템이 된다.

1차 Pade 근사식에 의해 $e^{-s}=(-s+2)/(s+2)$이 된다. 즉, 영점이 $s=2$인 비최소 위상시스템이다. 그림 6.21(a)에서 근궤적은 원하는 설계영역에 포함되지 않는다. 따라서 재설계를 수행해야 하나, 정착시간을 임의로 설정하였으므로 설계사양인 오버슈트를 만족하는 $\zeta=0.69$인 점선과 근궤적이 만나는 점을 선정하였다.

근궤적 기법에 의해 설계된 PD 제어기는 $G_c(s)=0.311(s+1.367)$이 되고 모의실험 결과 퍼센트 오버슈트는 4.93[%]이므로 설계사양을 만족한다.

```
clear all, close all, t=[0:0.01:10]; ts=4; po=5/100;
zeta=abs(sqrt(log(po)^2/(pi^2+log(po)^2))); wn=4/(ts*zeta)
d_p=-zeta*wn+j*wn*sqrt(1-zeta^2), red=real(d_p); imd=imag(d_p);
ng=[1]; dg=[1 1]; sys1=tf(ng,dg);
[np,dp]=pade(1,1); sysp=tf(np, dp), sysg=series(sys1,sysp);
dgp=conv(dg,dp); dg1=conv([1 0], dgp), gp=roots(dg1)
dgz=conv(ng,np); gz=roots(dgz)
alltheta=DegRoot(d_p, gp); alltheta_z=DegRoot(d_p, gz);
thetaz=-180+alltheta-alltheta_z
x=imd/tan(abs(thetaz)*pi/180), z=-x+red
nc=[1 -z]; dc=[1 0]; sysc=tf(nc, dc); sysgc=series(sysc, sysg);
figure(1), rlocus(sysgc), sgrid(zeta, wn), sigrid(zeta*wn),
axis([-2 6 -3 3])
[K, clpoles]=rlocfind(sysgc), sys=feedback(K*sysgc, [1]);
figure(2), step(sys, t), grid
```

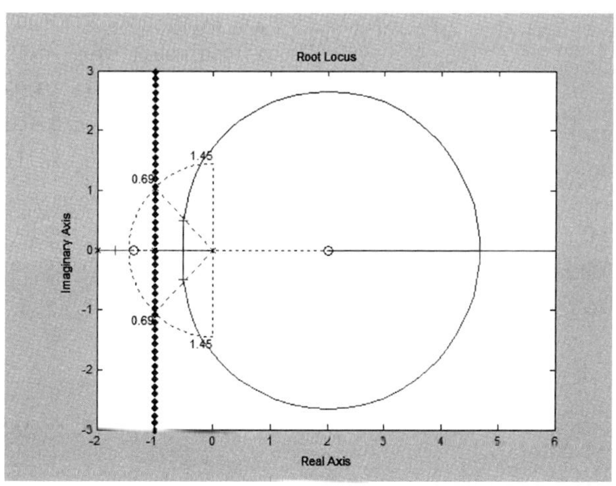

(a)

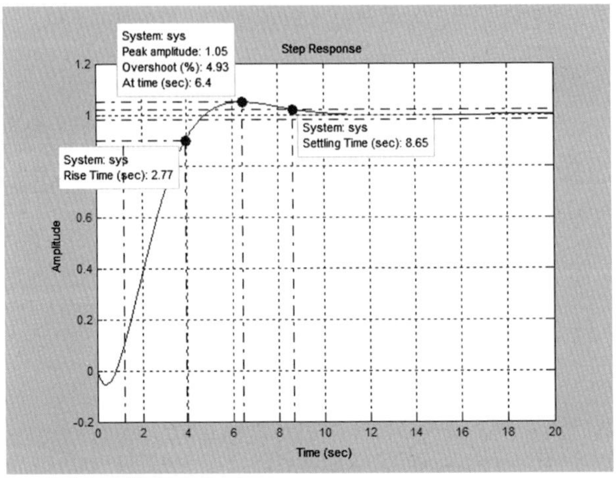

(b)

〈그림 6.21〉 실습예제 6.16의 연산 결과

6.4.2 Bode 선도에 의한 PI 제어기의 설계

PI 제어기의 설계원리는 제어기의 절점주파수 $\omega = K_i/K_p$를 대역폭의 요구조건이 허용하는 범위 내에서 가능한 작게 하여 PI 제어기의 지상특성이 폐루프 계통의 위상여유를 감소하지 않도록 배치하는 것이다. PI 제어기의 설계원리에 적합한 설계절차는 아래와 같다.

① 정상상태오차를 만족하는 비보상계의 이득을 선정하여 Bode 선도를 도시한다.

② 비보상계의 Bode 선도에서 위상여유를 만족하는 새로운 이득교차점주파수 ω_{gc}'를 탐색하여 필요한 감쇠 $\alpha[dB] = |G_p(j\omega'_{gc})|$를 찾아 비례이득 $K_p = 10^{-\alpha/20}$를 계산한다.

③ 적절한 대역폭을 보장하기 위하여 K_i/K_p를 ω'_{gc} 아래로 최소한 10배 또는 20배 정도의 주파수에 대응하도록 적분이득 $K_i = K_p \times \omega_g'/(10\text{~}20)$을 선정한다.

④ 보상계의 Bode 선도에서 설계사양을 검토한 후, 불만족하면 적분이득을 조정하여 재설계를 수행한다.

실습예제 6.17

$GH(s)=4500K/s(s+361.2)$에 대해 아래의 설계사양을 만족하도록 Bode 선도에 의한 PI 제어기를 설계하라.

설계사양 : ① 포물선입력 $t^2u(t)/2$ 에 대한 정상상태오차 $ess < 0.2$,
② 퍼센트 오버슈트 5[%] 이하,
③ 상승시간 $t_r \leq 0.01$,[sec]
④ 정착시간 $t_s \leq 0.02$[sec]

풀이

비보상계의 Bode 선도를 도시하기 위해 이득 K를 결정해야 한다. 주어진 제어대상은 1형 시스템으로 이득을 구하기 위해서는 설계사양으로 속도오차상수 또는 경사입력에 대한 정상상태오차가 주어져야 한다. 그러나 포물선입력에 대한 정상상태오차가 주어졌으므로 임의로 실습예제 6.9의 경사입력에 대한 정상상태오차 $ess < 0.000443$를 사용하자. 따라서 $K=K_p=181.19$일 때의 비보상계의 Bode 선도를 도시한다. 그림 6.22(a)에서 위상여유 -110[°]를 만족하는 주파수는 128[rad/sec]이고, 그때의 이득은 24.4[dB]이다.

설계된 PI 제어기는 $G_c(s)=0.0603+0.7713/s$로 모의실험 결과는 그림 6.22(c)로 오버슈트는 9.85[%]이고, 정착시간은 0.129[초]로 설계사양을 만족하지 못한다.

오버슈트를 감소하기 위해 $K_i=K_p\times\omega_g'/10$을 한계 범위인 $K_i=K_p\times\omega_g'/20$으로 증가하여 재설계를 수행하였다. 구해진 제어기는 $G_c(s)=0.0603+0.3856/s$이다. 모의실험 결과, 그림 6.22(d)에서 오버슈트는 5.71[%]로 감소하였고 정착시간은 0.147[초]로 증가하였다.

재설계를 위해 설계사양인 오버슈트를 감소하여도 별 효과가 없으므로 전치필터 $G_f(s)=6.4/(s+6.4)$을 사용한다. 전치필터를 사용하여 모의실험한 결과는 그림 6.22(e)와 같다. 그림 6.22(e)에서 오버슈트는 개선되었으나 정착시간은 0.589[초], 상승시간은 0.327[초]로 설계사양을 만족하지 못한다.

```
clear all, close all, t=[0:0.0001:1]; w=logspace(1,4,400);
po=5/100; zeta=abs(sqrt(log(po)^2/(pi^2+log(po)^2))); pm=100*zeta
ng=181.19*[4500]; dg=[1 361.2 0]; sysg=tf(ng, dg);
figure(1), bode(sysg, w), margin(sysg), grid
d_mag=input('desired_magnitude='); % d_mag=-24.4
wg=input('new_wg='); % wg=128[rad/sec]
kp=10^(-d_mag/20), ki=kp*wg/10 % ki=kp*wg/20
nc=[kp ki]; dc=[1 0]; sysc=tf(nc,dc); sysgc=series(sysc, sysg);
figure(2), bode(sysgc, w), margin(sysgc), grid, sys=feedback(sysgc, [1]);
figure(3), step(sys, t); axis([0 0.4 0 1.2]), grid, nf=ki/kp; df=[1 ki/kp];
sysf=tf(nf,df), sysall=series(sysf,sys); figure(4),
step(sysall,t), grid
```

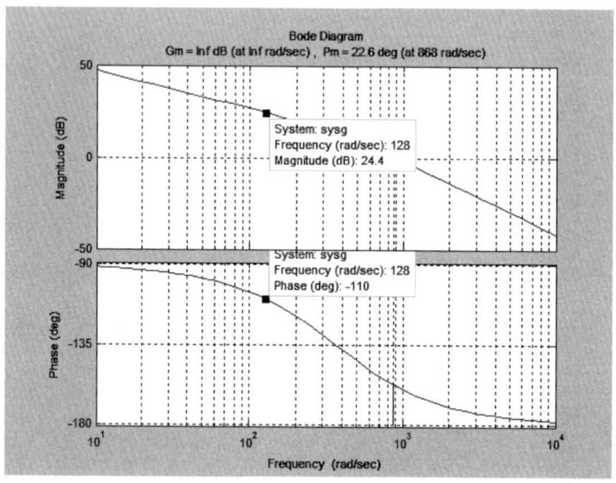

(a)

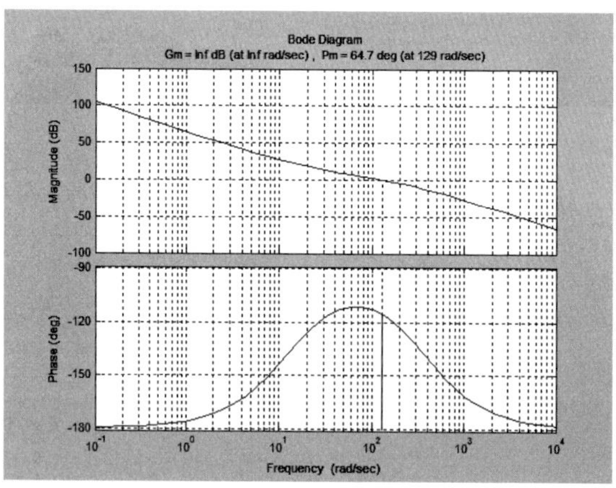

(b)

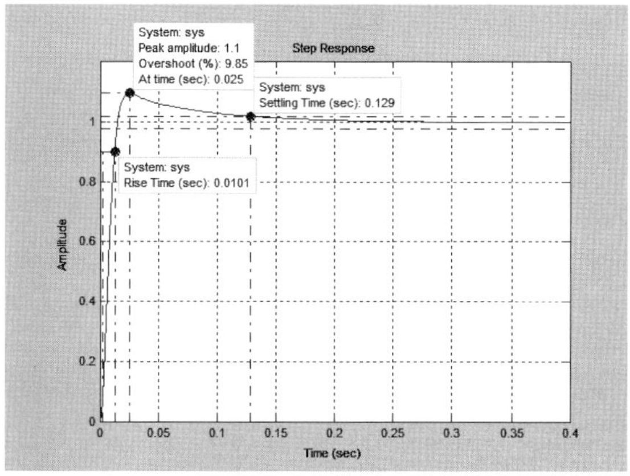

(c)

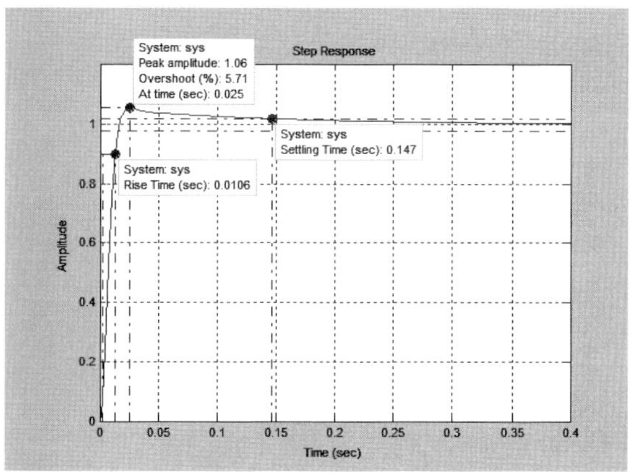

(d)

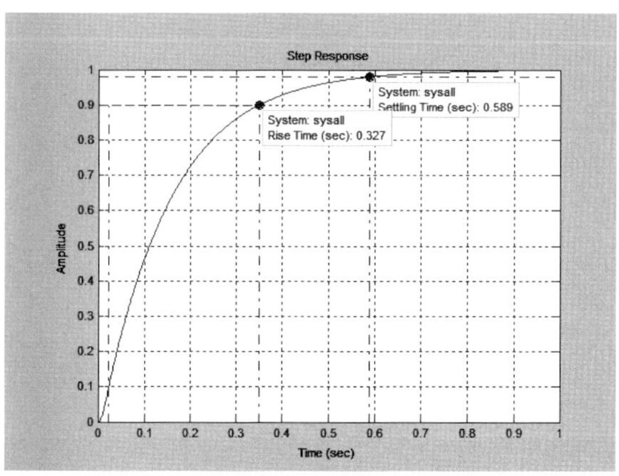

(e)

〈그림 6.22〉 실습예제 6.17의 연산 결과

실습예제 6.18

$GH(s)=K/s(s+2)$에 대해 속도오차상수가 $K_v=20$이고 감쇠비가 $\zeta=0.45$가 되도록 Bode 선도에 의한 PI 제어기를 설계하라.

풀이

속도오차상수가 $K_v=20$이므로 비보상계의 이득 $K=40$이다. $K=40$일 때의 비보상계의 Bode 선도는 그림 6.23(a)와 같다. 원하는 위상여유가 $100\zeta=45$[°]이므로 그림 6.23(a)의 위상곡선에서 -135[°]인 주파수 2.02[rad/sec]과 그때의 이득은 16.9[dB]을 찾는다.

설계된 PI 제어기는 $G_c(s)=0.1429+0.0289/s$이며, 보상계의 Bode 선도는 그림 6.23(b)로 위상여유가 39[°]로 설계사양을 만족하지 못한다. 그 결과 그림 6.23(c)에서 오버슈트는 34.5[%]이고 정착시간은 5.54[초]이다. $\zeta=0.45$일 때 원하는 퍼센트 오버슈트는 $100\exp(-\zeta\pi/\sqrt{1-\zeta^2})=$ 20.53[%]이다.

재설계를 위해 $K_i=K_p\times\omega_g'/20$를 사용한 모의실험의 결과는 그림 6.23(d)와 같다. 그림 6.23(d)에서 오버슈트는 29.2[%]이고 정착시간은 5.39[초]로 역시 설계사양을 만족하지 못한다.

이번에는 위상여유에 여유분 15[°]를 더해 재설계를 수행해보자. 비보상계 Bode 선도인 그림 6.23(e)에서 -120[°]일 때의 주파수는 1.14[rad/sec]이고 그 때의 이득은 23.6[dB]이다. 그림 6.23(f)는 보상계의 Bode 선도로 위상여유가 57.3[°]로 원하는 위상여유를 만족한다. 모의실험의 결과는 그림 6.23(g)와 같으며 오버슈트는 13.4[%]로 설계사양을 만족한다.

```
clear all, close all
zeta=0.45; pm=100*zeta, k=input('k=') % k=40
t=[0:0.01:10]; w=logspace(-1,3,400); ng=k*[1]; dg=[1 2 0]; sysg=tf(ng, dg);
figure(1), bode(sysg, w), margin(sysg), grid
d_mag=input('d_mag='); % d_mag=16.9[dB], d_mag2=23.6[dB]
wg=input('new_wg='); % wg=2.02[rad/sec], wg2=1.14[rad/sec]
kp=10^(-d_mag/20), ki=kp*wg/10 % ki=kp*wg/20
nc=[kp ki]; dc=[1 0]; sysc=tf(nc,dc);
sysgc=series(sysc, sysg); figure(2), bode(sysgc, w)
margin(sysgc), grid, sys=feedback(sysgc, [1]); figure(3), step(sys, t); grid
```

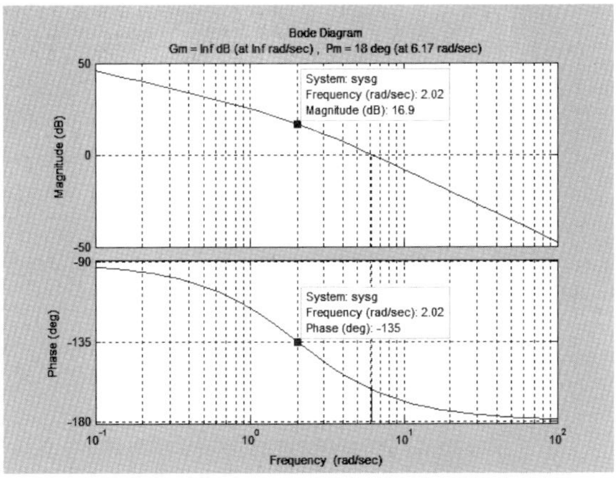
Bode Diagram
Gm = Inf dB (at Inf rad/sec) , Pm = 18 deg (at 6.17 rad/sec)
System: sysg
Frequency (rad/sec): 2.02
Magnitude (dB): 16.9
System: sysg
Frequency (rad/sec): 2.02
Phase (deg): -135
Magnitude (dB)
Phase (deg)
Frequency (rad/sec)

(a)

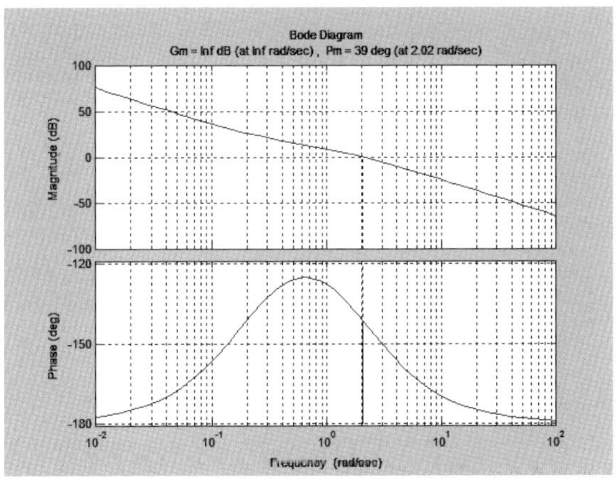
Bode Diagram
Gm = Inf dB (at Inf rad/sec) , Pm = 39 deg (at 2.02 rad/sec)
Magnitude (dB)
Phase (deg)

(b)

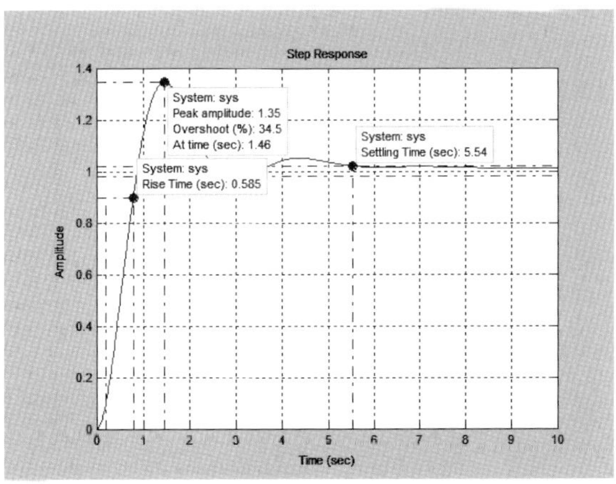
Step Response
System: sys
Peak amplitude: 1.35
Overshoot (%): 34.5
At time (sec): 1.46
System: sys
Settling Time (sec): 5.54
System: sys
Rise Time (sec): 0.585
Amplitude
Time (sec)

(c)

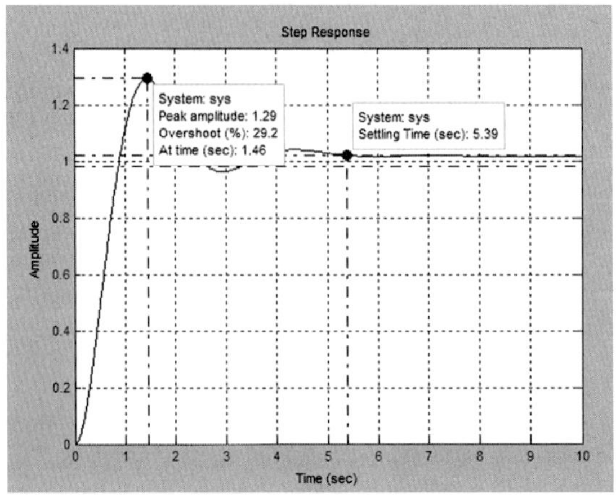
Step Response
System: sys
Peak amplitude: 1.29
Overshoot (%): 29.2
At time (sec): 1.46
System: sys
Settling Time (sec): 5.39
Amplitude
Time (sec)

(d)

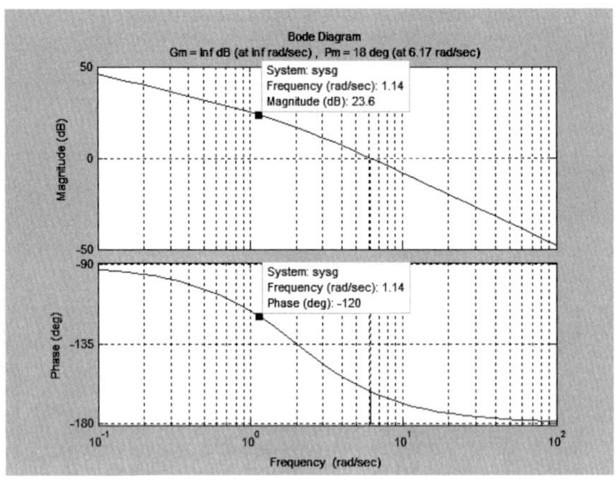
Bode Diagram
Gm = Inf dB (at Inf rad/sec) , Pm = 18 deg (at 6.17 rad/sec)
System: sysg
Frequency (rad/sec): 1.14
Magnitude (dB): 23.6
System: sysg
Frequency (rad/sec): 1.14
Phase (deg): -120
Magnitude (dB)
Phase (deg)
Frequency (rad/sec)

(e)

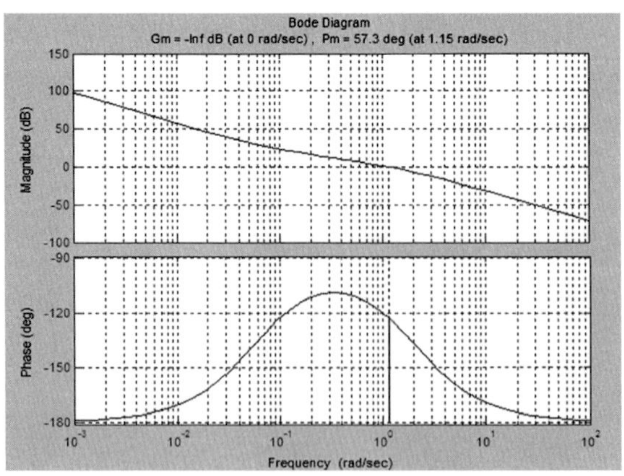
Bode Diagram
Gm = -Inf dB (at 0 rad/sec) , Pm = 57.3 deg (at 1.15 rad/sec)
Magnitude (dB)
Phase (deg)
Frequency (rad/sec)

(f)

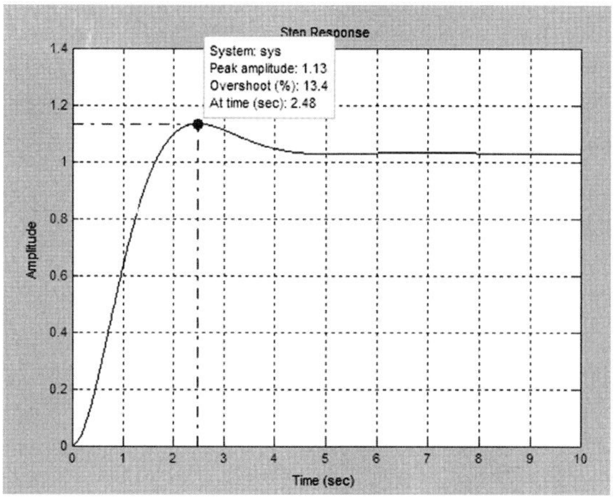

(g)

〈그림 6.23〉 실습예제 6.18의 연산 결과

실습예제 6.19

$GH(s) = Ke^{-Ts}/(s+1)^2$에 대해 아래의 설계사양을 만족하도록 Bode 선도에 의한 PI 제어기를 설계하라. 여기서 $T=-\pi/4$이다.

설계사양 : 계단입력에 대해

① 정상상태오차 $ess < 10$[%],

② 오버슈드 10[%] 미만

풀이

계단입력의 정상상태오차 조건을 만족하기 위해 $K \geqq 9$ 이상이어야 한다.

(1) $K=9$일 때의 비보상계의 Bode 선도는 그림 6.24(a)와 같다. 그림 6.24(a)에서 이득여유는 $-8.84[dB]$, 위상여유는 -85.2[°]이므로 $K=9$일 때 불안정한 시스템이다. -121[°] 일 때의 주파수는 16.8[rad/sec]이고 보상해야 할 이득은 30[dB]이다.

(2) 설계된 PI 제어기는 $G_c(s) = 0.0316 + 0.0531/s$이며, 보상계의 Bode 선도는 그림 6.24(b)와 같다. 보상계의 Bode 선도에서 위상여유는 58.5[°]로 설계사양을 조금 만족하지 못한다.

(3) 모의실험 결과인 그림 6.24(c)에서 단위계단응답의 오버슈드는 9.9[%]로 설계사양을 만족한다. 그러나 정착시간이 9.91[초]로 상당히 긴 것에 유의하라.

```
clear all, close all
t=[0:0.01:10]; w=logspace(-2,3,400);
po=10/100; zeta=abs(sqrt(log(po)^2/(pi^2+log(po)^2)));
pm=100*zeta, k=9; ng=k*[1]; dg=[1 2 1]; sysg=tf(ng, dg);
[np,dp]=pade(pi/4,2); sysp=tf(np, dp), syspg=series(sysp,sysg);
figure(1), bode(syspg, w), margin(syspg), grid
d_mag=input('d_mag='); % d_mag=30[dB]
wg=input('new_wg='); % wg=16.8[rad/sec]
kp=10^(-d_mag/20), ki=kp*wg/10, nc=[kp ki]; dc=[1 0]; sysc=tf(nc,dc);
sysgc=series(sysc, sysg); figure(2), bode(sysgc, w)
margin(sysgc), grid, sys=feedback(sysgc, [1]);
figure(3), step(sys); grid
```

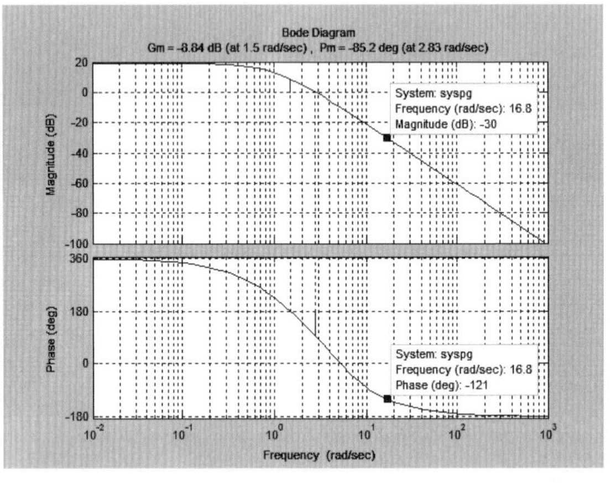

(a)

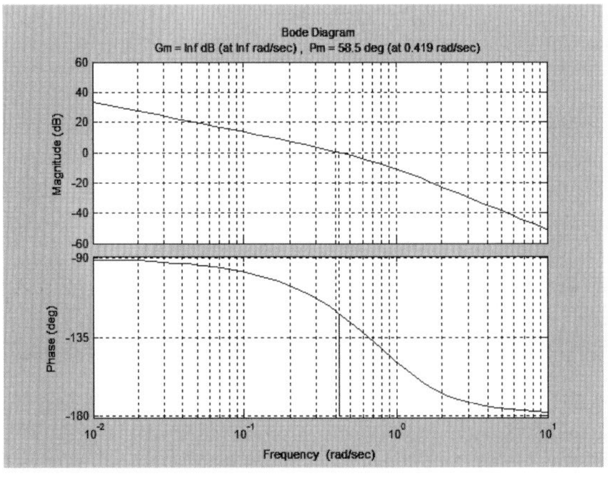

(b)

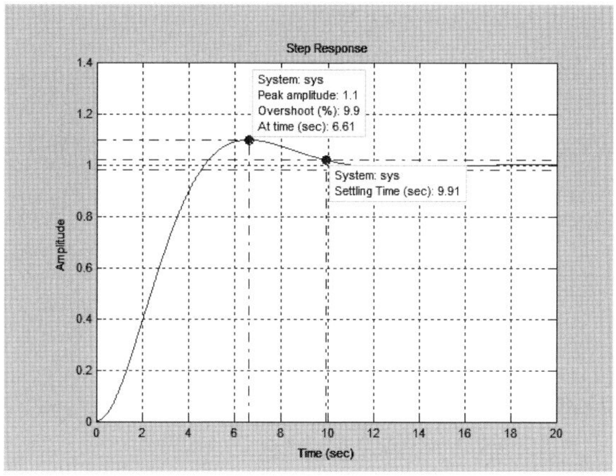

(c)

〈그림 6.24〉 실습예제 6.19의 연산결과

6.5 PID 제어기의 설계

PD 제어기는 계통에 감쇠를 증가하지만 정상상태응답에는 영향이 주지 않는다. 한편, PI 제어기는 상대안정도를 개선하고 정상상태오차를 개선하지만 상승시간이 증가하는 단점이 있다. 따라서 PID 제어기에서는 PD 제어기와 PI 제어기의 장점만을 이용할 수 있도록 매개변수를 설정해야 한다.

이 절에서는 근궤적 기법에 의한 PID 제어기의 설계와 근궤적 기법에 의한 PID 제어기의 설계에 대해 학습한다.

6.5.1 근궤적 기법에 의한 PID 제어기의 설계

근궤적 기법에 의한 PID 제어기의 설계는 크게 두 가지 방법으로 접근한다고 구분할 수 있다.

첫 번째 방법은 $G_c(s) = K_d(s+z)(s+\hat{z})/s$로 표현된 PID 제어기의 복소영점을 우세근에서 멀리 떨어진 s 평면에 배치하여 근궤적을 도시하고, 근궤적의 이득(PID 제어기의 미분이득)을 가능한 영점 가까이에서 클릭하여 폐루프 시스템의 극점으로 PID 제어기의 복소영점을 거의 상쇄하는 방법이다. 이 방법을 사용하면 계단입력에 대해 오버슈트가 2[%] 이내이고, 정착시간은 약 1[초] 이내로 정상상태오차는 영이 된다.

두 번째 방법은 PID 제어기를 식 (6.12)와 같이 PI 제어기와 PD 제어기가 병렬로 연결된 제어기로 해석하는 방법이다.

$$G_c(s) = K_p + K_d s + K_i/s = (K_{p1} + K_{i1}/s)(K_{p2} + K_{d2}s) \tag{6.12}$$

여기서 $K_p = K_{i1}K_{d2} + K_{p1}K_{p2}$이고 $K_d = K_{p1}K_{d2}$이고 $K_i = K_{i1}K_{p2}$이다. 식 (6.12)로 주어진 PID 제어기는 먼저 PD 제어기의 영점을 사용하여 제어대상의 원하지 않는 근을 소거(pole zero cancellation)하고, PI 제어기를 사용하여 설계사양을 만족하도록 설계한다. 또는 PI 제어기를 먼저 설계하고 PD 제어기를 설계하는 방법도 있다.

일반적으로 PID 제어기를 사용하여 3차 이상의 공정을 제어하는 경우에는 주어진 설계사양을 만족하기 어렵다. 제어대상이 3차 시스템인 경우 PID 제어기로 조정할 수 있는 영점은 세 개(PID 제어기의 두 영점과 무한 영점)이나, 폐루프 시스템의 극점은 모두 네 개이기 때문이다. 특히 2형인 3차 시스템에서는 폐루프 시스템의 안정도를 기대할 수 없다고 알려져 있다.

실습예제 6.20

제어대상 $G_p = 5/s(s+20)$에 대해 아래의 설계사양을 만족하는 PID 제어기를 근궤적 기법에 의해 설계하라.

설계사양 : 계단입력에 대해

① 오버슈트 5[%] 이내,

② 정착시간 50[ms] 이내

풀이

PID 제어기의 복소영점을 우세근에서 멀리 떨어진 s 평면에 배치하여 근궤적을 도시하고, PID 제어기의 미분이득을 가능한 영점 가까이에서 클릭하여 폐루프 시스템의 극점으로 PID 제어기의 복소영점을 거의 상쇄하는 방법을 사용해보자.

(1) PID 제어기의 영점을 제어대상의 극점인 $s=-20$보다 원점에서 멀리 배치하기위해 $s=-120+j40$으로 선정하여 근궤적을 도시하면 그림 6.25(a)와 같다.

(2) 그림 6.25(a)와 같이 제어기의 미분이득을 PID 제어기의 복소영점에 매우 가까운 점에서 클릭하면 $K_d=753.727$이 된다. 여유분을 고려하여 $K_d=800$으로 입력하면 계단응답은 그림 6.25(b)와 같으며, 오버슈트는 4.56[%]이고 정착시간은 6.11[ms]로 설계사양을 만족한다.

```
clear all, close all, t=[0:0.0001:0.05];
dz=input('desired_zero=') % desired_zero=-120+j40
nc=conv([1 -dz],[1 -conj(dz)]), dc=[1 0]; sysc=tf(nc, dc);
ngg=[5]; dgg=[1 20 0]; sysg=tf(ngg, dgg); sysgc=series(sysc, sysg);
figure(1), rlocus(sysgc), axis([-400 100 -200 200]), sgrid
[Kd, clpoles]=rlocfind(sysgc), Kd=input('desired_gain=') % Kd=800
sys1=feedback(Kd*sysgc, [1]); figure(2), step(sys1, t), grid,
axis([0 0.05 0 1.2])
```

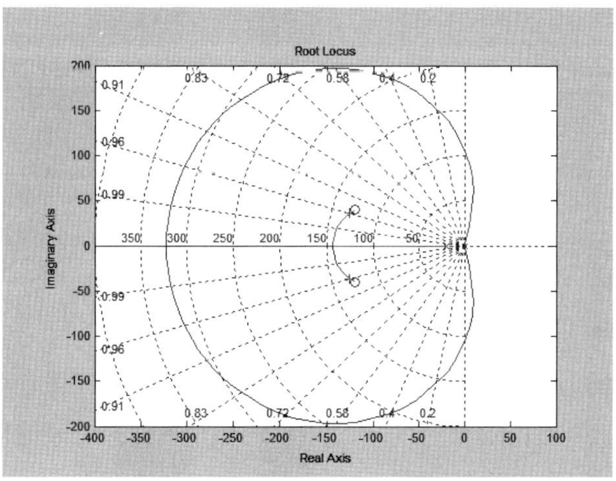

(a)

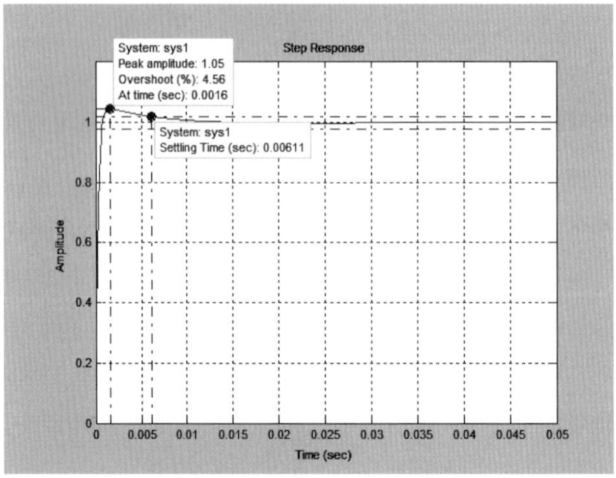

(b)

〈그림 6.25〉 실습예제 6.20의 연산 결과

실습예제 6.21

$GH(s)= K/s(s+5)(s+10)$에 대해 아래 설계사양을 만족하는 PID 제어기를 근궤적 기법에 의해 설계하라.

설계사양 : ① 속도오차상수 $K_v = 10$,

② 정착시간 $t_s \le$ 3[sec]

③ 퍼센트 오버슈트 10[%] 이하

풀이

먼저 PD 제어기의 영점으로 제어대상의 원하지 않는 근을 소거하고, PI 제어기를 사용하여 설계사양을 만족하도록 설계한다.

(1) 제어대상의 극점은 $s=0, -5, -10$으로 극점 $s=-5$가 과도응답에 제일 큰 영향을 미친다. 따라서 PD 제어기의 영점을 $s=-5$로 선정하고, MATLAB 명령어 minreal을 사용하여 최소실현(즉, 극영점 상쇄)을 수행하였다.

(2) PI 제어기를 설계하기 위해 그림 6.26(a)와 같이 설계사양을 만족하는 제어기의 이득 $K=18.3159$을 선정하면 제어기는 $G_c(s)=18.3159(s+1.1528)/s$가 된다.

따라서 PID 제어기는 $K_p = 112.6941$, $K_i = 105.5728$, 그리고 $K_d = 18.3159$이다. 모의실험을

수행한 결과, 그림 6.26(b)와 같이 오버슈트는 28.1[%]이고 정착시간은 2.66[초]로 설계사양을 만족하지 못한다.

(3) 설계사양을 만족하기 위해 전치필터를 사용하였다. 모의실험 결과, 오버슈트는 9.15[%]이고 정착시간은 3.8[초]이다.

```
clear all, close all, t=[0:0.01:10]; ts=3; po=10/100;
ng=1; dg=conv([1 0],conv([1 5],[1 10])); sysg=tf(ng,dg);
npd=[1 5]; dpd=[0 1]; syspd=tf(npd,dpd);
sys1=series(sysg,syspd); sysgc1=minreal(sys1)
zeta=abs(sqrt(log(po)^2/(pi^2+log(po)^2))); wn=4/(ts*zeta)
d_p=-zeta*wn+j*wn*sqrt(1-zeta^2), red=real(d_p); imd=imag(d_p);
dg=pole(sysgc1), gp=conv([1 0], dg)
alltheta=DegRoot(d_p, gp); thetaz=-180+alltheta,
x=imd/tan(abs(thetaz)*pi/180)
if abs(thetaz)>=90, z=-x+red, else, z=-x-red, end
nc=[1 z]; dc=[1 0]; sysc=tf(nc, dc); sysgc2=series(sysc, sysgc1);
figure(1), rlocus(sysgc2)
sgrid(zeta, wn), sigrid(zeta*wn), [K, clpoles]=rlocfind(sysgc2)
sys=feedback(K*sysgc2, [1]); figure(2), step(sys, t), grid
nf=z; df=[1 z]; sysf=tf(nf,df)
sysall=series(sysf,sys); figure(3), step(sysall,t), grid
```

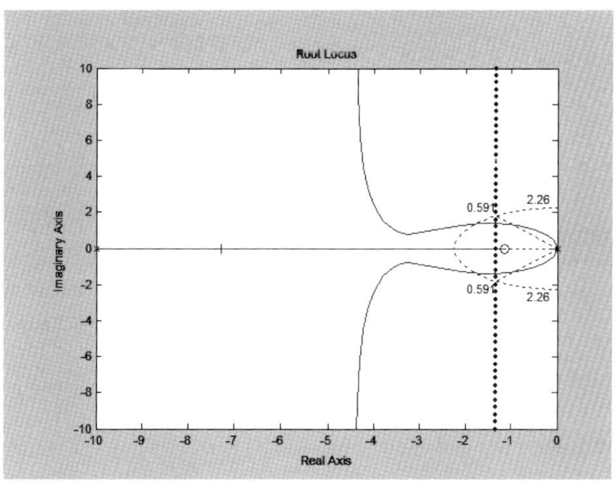

(a)

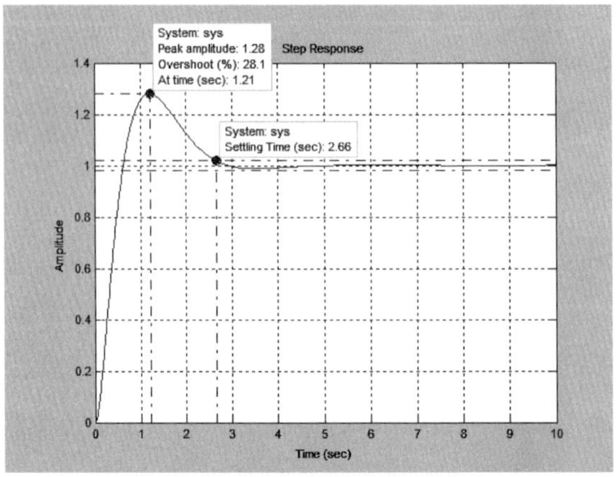

(b)

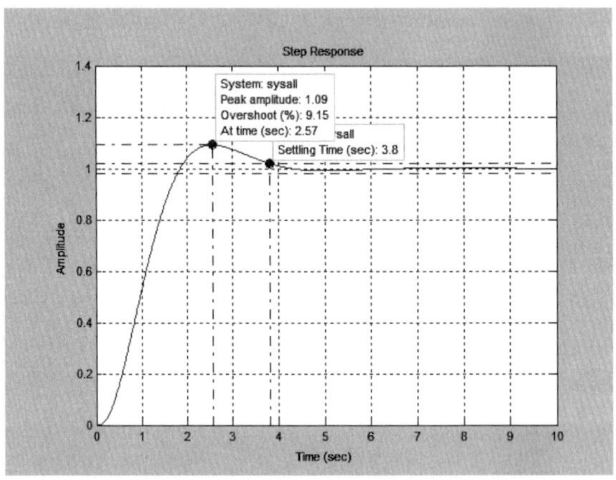

(c)

<그림 6.26> 실습예제 6.21의 연산 결과

실습예제 6.22

제어대상 $G_p(s) = 2.718 \times 10^9 / s(s+400.26)(s+3008)$에 대해 아래와 같은 설계사양을 만족하도록 근궤적 기법에 의한 PID 제어기를 설계하라.

설계사양 : 계단입력에 대해

① 오버슈트 5[%] 이하,

② 상승시간 및 정착시간 0.005[초] 이하,

③ 포물선입력 $t^2u(t)/2$에 대한 정상상태오차 0.2 이하

풀이

먼저 PD 제어기의 영점으로 제어대상의 원하지 않는 근을 소거하고, PI 제어기를 사용하여 설계사양을 만족하도록 설계한다.

(1) 제어대상의 극점 $s=0,\ -400.26,\ -3008$에서 극점 $s=-400.26$가 과도응답에 제일 큰 영향을 미친다. 따라서 PD 제어기의 영점을 $s=-400.26$로 선정하고, MATLAB 명령어 minreal을 사용하여 최소실현(즉, 극영점 상쇄)을 수행하였다.

(2) PI 제어기를 설계하기 위해 그림 6.27(a)와 같이 설계사양을 만족하는 제어기의 이득 $K=0.0013$을 선정하면 제어기는 $G_c(s)=0.0013(s+526.0817)/s$가 된다.

따라서 PID 제어기는 $K_p=273.7403$, $K_i=0.0013$, 그리고 $K_d=1.2042$이다. 모의실험을 수행한 결과, 그림 6.27(b)와 같이 오버슈트는 34.1[%]이고 정착시간은 5.01[ms], 상승시간은 0.893[ms]로 오버슈트의 설계사양을 만족하지 못한다.

(3) 설계사양을 만족하기 위해 전치필터를 사용하였다. 모의실험 결과, 그림 6.27(c)와 같이 오버슈트는 2.62[%]이고 정착시간은 5.63[ms], 그리고 상승시간은 2.33[ms]로 계단입력에 대한 설계사양을 만족한다.

(4) 포물선 입력에 대한 모의실험의 결과는 그림 6.27(d)와 같다. 포물선입력에 대한 정상상태오차는 가속도오차상수의 역수이므로 가속도오차상수가 5 이상이면 설계사양을 만족한다. 설계된 PID 제어기와 제어대상에 대한 가속도오차상수는 $K_a=(2.718\times10^9\times0.0013)/(400.26\times3008)=$ 2.93이므로 설계사양을 만족하지 못한다.

```
clear all, close all, t=[0:0.0001:0.01]; ts=0.005; po=5/100;
ng=2.718*10^9; dg=conv([1 0],conv([1 400.26],[1 3008]));
sysg=tf(ng,dg);
npd=[1 400.26]; dpd=[0 1]; syspd=tf(npd,dpd);
sys1=series(sysg,syspd); sysgc1=minreal(sys1)
zeta=abs(sqrt(log(po)^2/(pi^2+log(po)^2))); wn=4/(ts*zeta)
d_p=-zeta*wn+j*wn*sqrt(1-zeta^2), red=real(d_p); imd=imag(d_p);
dg=pole(sysgc1), gp=conv([1 0], dg)
alltheta=DegRoot(d_p, gp); thetaz=-180+alltheta,
x=imd/tan(abs(thetaz)*pi/180)
if abs(thetaz)>=90, z=-x+red, else, z=-x-red, end
nc=[1 -z]; dc=[1 0]; sysc=tf(nc, dc); sysgc2=series(sysc, sysgc1);
figure(1), rlocus(sysgc2), sgrid(zeta, wn), sigrid(zeta*wn),
[K, clpoles]=rlocfind(sysgc2), sys=feedback(K*sysgc2, [1]);
figure(2), step(sys, t), grid, nf=-z; df=[1 -z]; sysf=tf(nf,df)
sysall=series(sysf,sys); figure(3), step(sysall,t), grid
u=t.^2/2; figure(4), lsim(sysall,u,t), grid
```

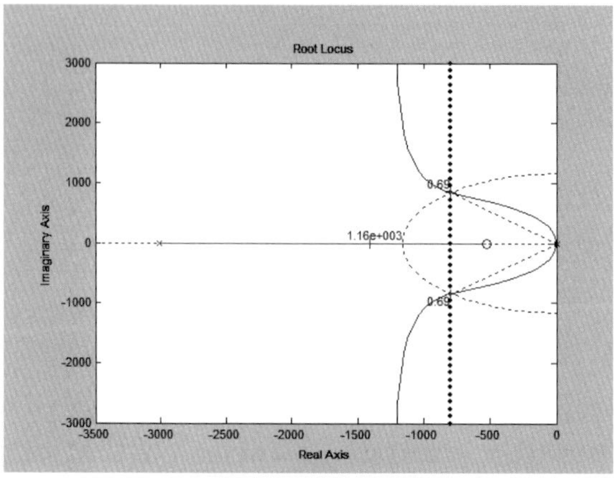
Root Locus
Imaginary Axis
Real Axis
0.69
1.16e+003
0.69

(a)

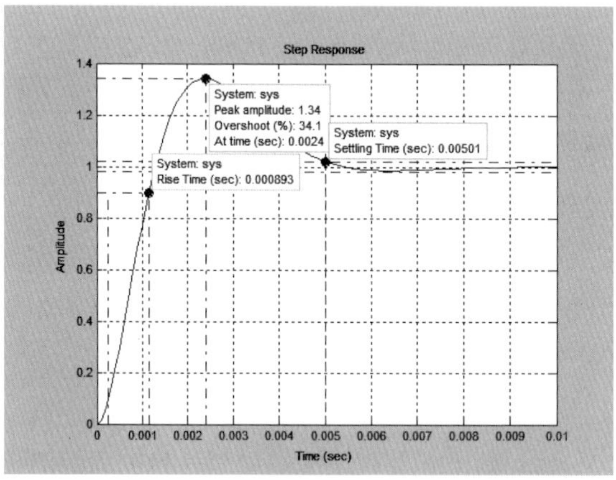
Step Response
System: sys
Peak amplitude: 1.34
Overshoot (%): 34.1
At time (sec): 0.0024
System: sys
Settling Time (sec): 0.00501
System: sys
Rise Time (sec): 0.000893
Amplitude
Time (sec)

(b)

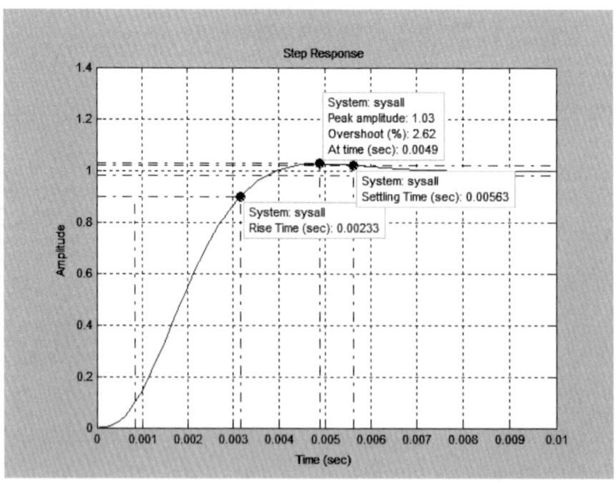
Step Response
System: sysall
Peak amplitude: 1.03
Overshoot (%): 2.62
At time (sec): 0.0049
System: sysall
Settling Time (sec): 0.00563
System: sysall
Rise Time (sec): 0.00233
Amplitude
Time (sec)

(c)

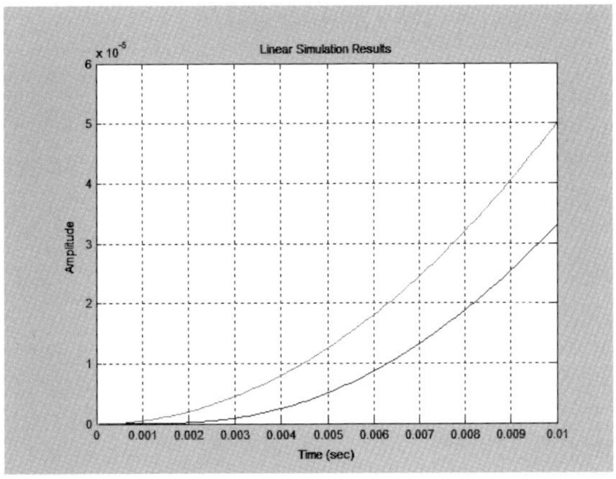

(d)

〈그림 6.27〉 실습예제 6.22의 연산 결과

6.5.2 Bode 선도에 의한 PID 제어기의 설계

식 (6.12)와 같이 PI 제어기와 PD 제어기가 병렬로 연결된 PID 제어기를 Bode 선도를 사용하여 설계해보자.

실습예제 6.23

$GH(s) = K/s(s+10)^2$에 대해 아래 설계사양을 만족하는 PID 제어기를 Bode 선도에 의해 설계해보자.

설계사양 : ① 속도오차상수 $K_v = 20$,
② 감쇠비 $\zeta = 0.707$,
③ 정착시간 5[초] 이내

풀이

P 제어, PD 제어, PI 제어, 그리고 PID 제어를 수행해보자. PID 제어기는 먼저 PD 제어기를 설계한 다음, PI 제어기를 설계한다.

(1) 비례제어기를 설계하자. 설계사양인 속도오차상수가 $K_v = 20$이므로 비례제어기는 $K = 2000$이다. $K = 2000$일 때의 Bode 선도를 그림 6.28(a)로 이득여유와 위상여유가 모두 0으로 임계

안정하다. 단위계단응답은 그림 6.28(b)와 같다.

```
clear all, close all
t=[0:0.01:10]; w=logspace(-1,3,400); zeta=0.707; pm=100*zeta
% P Controller Design Gc1(s)=kp
kp1=input('kp=') % kp=2000
nc1=kp1; dg=[1 20 100 0]; sysgc1=tf(nc1,dg);
figure(1), bode(sysgc1,w), margin(sysgc1), grid
sys1=feedback(sysgc1,[1]); figure(2), step(sys1,t), grid
```

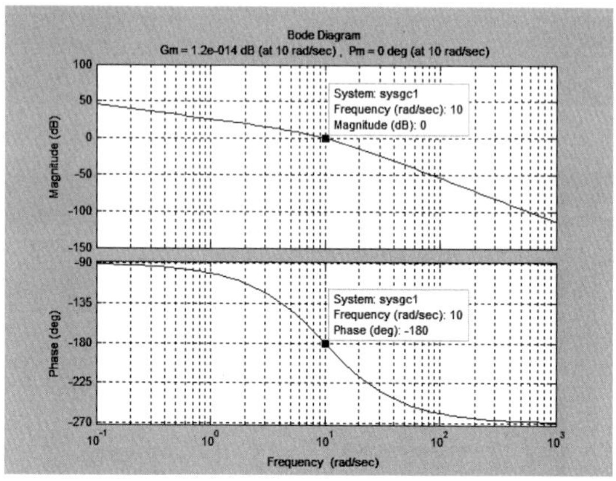

(a)

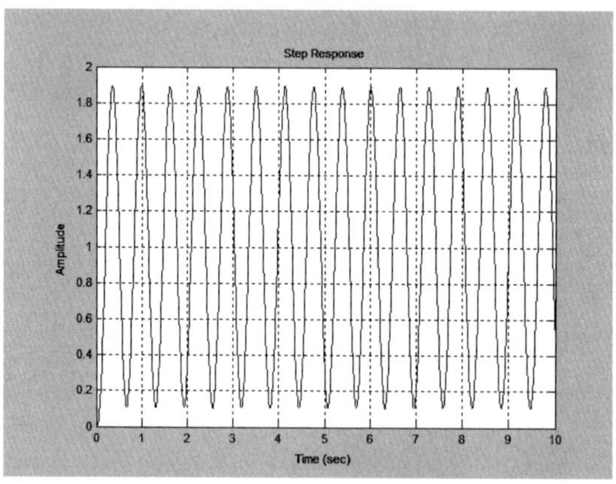

(b)

(2) PD 제어기를 설계해보자. PD 제어기 $G_c(s) = K_p + K_d s = K_d(s + K_p/K_d)$의 설계는 원하는 위상여유를 만족하는 절점주파수 $w = K_p/K_d$를 결정하는 일이다. 따라서 $K = K_d = 2000$일 때의

비보상계의 Bode 선도인 그림 6.28(c)를 도시하고, 원하는 위상여유 $100\zeta = 70.7$[°](-109[°])인 주파수를 확인하면 1.7[rad/sec]이다. 설계된 PD 제어기는 $G_c(s) = 1176.5 + 2000s$이다. 설계된 PD 제어기를 사용한 경우, 보상계의 Bode 선도는 그림 6.28(d)으로 위상여유가 30.9[°]로 설계사양을 만족하지 못한다. 그림 6.28(e)의 단위계단응답에서 오버슈트는 35.2[%]이고 정착시간은 0.62[초]로, 오버슈트 조건을 만족하지 못한다.

```
% PD Controller Design Gc2=kd(s+kp1/kd1)
kp2=kp1; ng2=kp2; sysg2=tf(ng2, dg);
figure(3), bode(sysg2, w), margin(sysg2), grid
wpd=input('wpd=') % wpd=1.7[rad/sec]
kd2=kp2/wpd; nc2=kd2*[1 kp2/kd2], sysgc2=tf(nc2,dg);
figure(4), bode(sysgc2,w), margin(sysgc2), grid
sys2=feedback(sysgc2,[1]); figure(5), step(sys2,t), grid
```

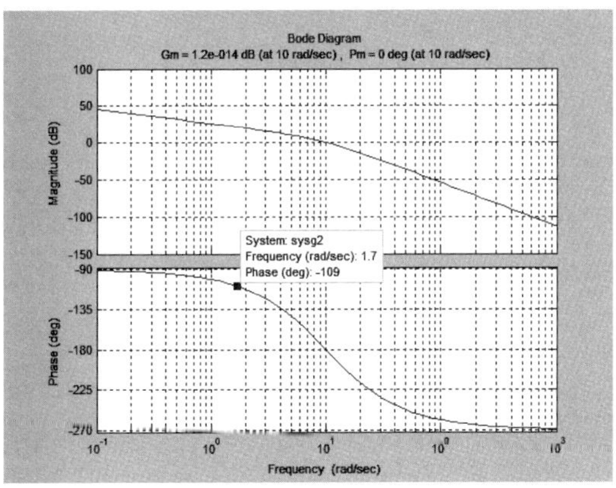

(c)

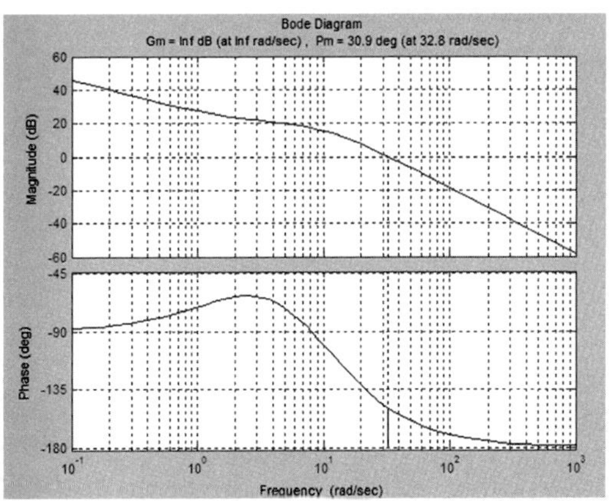

(d)

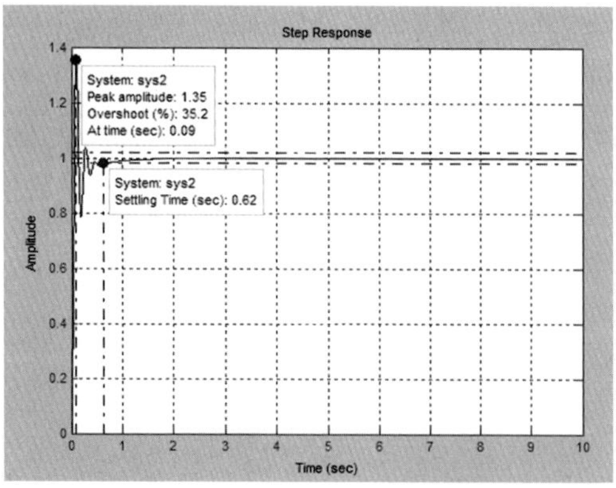

(e)

(3) 이번에는 PI 제어기 $G_c(s) = K_p + K_i/s = (K_p s + K_i)/s = K_p(s + K_i/K_p)/s$를 설계해보자. $K = 2000$일 때의 비보상계의 Bode 선도인 그림 6.28(f)에서 원하는 위상여유 70.7[°]인 주파수를 확인하면 1.7[rad/sec]이고, 보상해야 할 이득은 21.2[dB]이다. 두 값을 사용하여 설계된 PI 제어기는 $G_c(s) = 0.0871s + 0.0148/s$이 된다. 보상계의 Bode 선도는 그림 2.28(g)와 같으며 위상여유가 67.9[°] 이므로 설계사양을 만족하지 못한다. 마찬가지로 그림 2.28(h)의 단위계단응답에서 오버슈트는 8.88[%], 정착시간은 9.94[초]로 설계사양을 만족하지 못한다. 재설계를 하기 위해 미분이득을 $K_i = K_p \times \omega_g'/20$로 감소해보자. 설계된 PI 제어기는 $G_c(s) = 0.0817s + 0.0074/s$이며, 모의실험 결과는 그림 2.28(g)와 2.28(h)에 함께 도시하였다. 미분이득을 감소한 결과, 오버슈트는 4.74[%]로 설계사양을 만족하나 정착시간은 9.94[초]로 설계사양을 만족하지 못한다. 미분이득을 감소하여 재설계를 하여도 주파수영역과 시간영역에서 모두 설계사양을 만족하지 못한다.

```
% PI Controller Design Gc3=(kp2s+ki2)/s
kp3=kp1; ng3=kp3; sysg3=tf(ng3,dg);
figure(6), bode(sysg3, w), margin(sysg3), grid
mki=input('mki='); % mki=21.2[dB]
wpi=input('wpi='); % wpi=1.7[rad/sec]
kp3=10^(-mki/20); ki3=kp3*wpi/10; ki33=kp3*wpi/20;
nc3=[kp3 ki3], dc3=[1 0]; sysc3=tf(nc3,dc3);
nc33=[kp3 ki33], sysc33=tf(nc33,dc3);
sysgc3=series(sysc3, sysg3); sysgc33=series(sysc33,sysg3);
figure(7), bode(sysgc3, w), margin(sysgc3), hold on
bode(sysgc33,w), margin(sysgc33), grid, hold off
sys3=feedback(sysgc3, [1]); sys33=feedback(sysgc33,[1]);
figure(8), step(sys3, t); hold on, step(sys33,t), grid, hold off
```

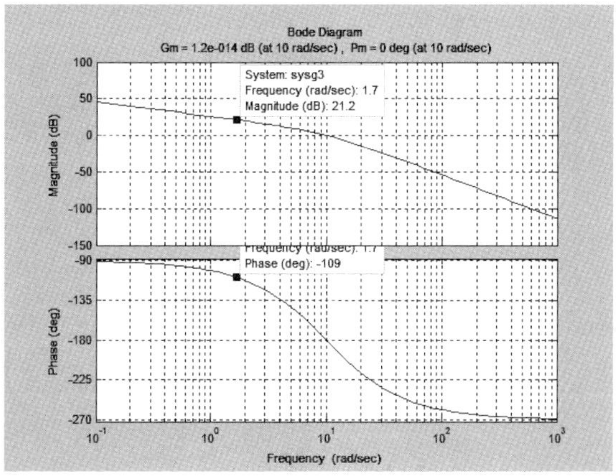
Bode Diagram
Gm = 1.2e-014 dB (at 10 rad/sec) , Pm = 0 deg (at 10 rad/sec)
System: sysg3
Frequency (rad/sec): 1.7
Magnitude (dB): 21.2
Phase (deg): -109
Magnitude (dB)
Phase (deg)
Frequency (rad/sec)

(f)

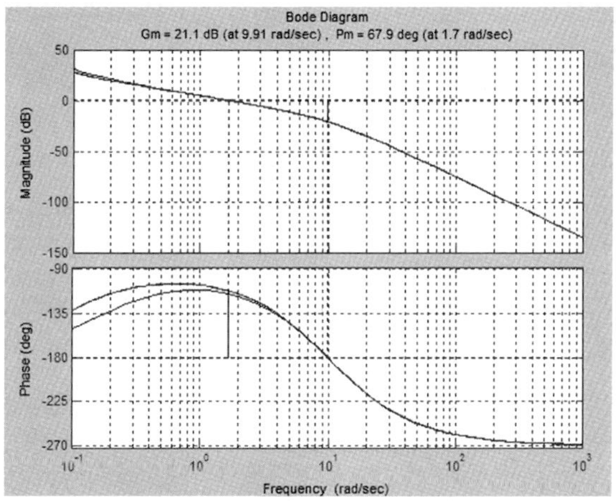
Bode Diagram
Gm = 21.1 dB (at 9.91 rad/sec) , Pm = 67.9 deg (at 1.7 rad/sec)
Magnitude (dB)
Phase (deg)
Frequency (rad/sec)

(g)

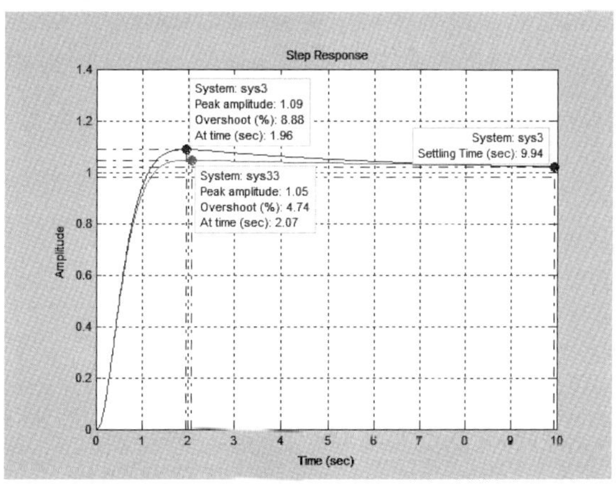
Step Response
System: sys3
Peak amplitude: 1.09
Overshoot (%): 8.88
At time (sec): 1.96
System: sys3
Settling Time (sec): 9.94
System: sys33
Peak amplitude: 1.05
Overshoot (%): 4.74
At time (sec): 2.07
Amplitude
Time (sec)

(h)

(4) 마지막으로 PID 제어기를 설계해보자. 먼저 PD 제어기를 설계하기 위해 미분이득을 $K=K_d=1$로 설정하고, 비보상계의 Bode 선도를 도시한다. 그림 6.28(i)에서 원하는 위상여유 100ζ=70.7[°] (-109[°])인 주파수를 확인하면 1.7[rad/sec]이다. 설계된 PD 제어기는 $G_c(s)=0.5882+s$이다. PD 제어기와 제어대상이 직렬 연결된 보상계의 Bode 선도는 그림 6.28(j)와 같다. 다음은 PI 제어기를 설계한다. $K=2000$일 때의 비보상계(PD 제어기와 제어대상의 직렬 연결)의 Bode 선도인 그림 6.28(j)에서 원하는 위상여유 70.7[°]인 주파수를 확인하면 12.0[rad/sec]이고, 보상해야 할 이득은 13.8[dB]이다. 두 값을 사용하여 설계된 PI 제어기는 $G_c(s)=0.2042s$+0.2450/s이 된다. 보상계의 Bode 선도는 그림 2.28(k)와 같으며 위상여유가 68.9[°]이므로 설계사양을 만족하지 못한다. 그림 2.28(l)의 단위계단응답에서 오버슈트는 5.53[%], 정착시간은 3.01[초]로 설계사양을 만족하지 못한다. 감쇠비가 $\zeta=0.707$일 때의 오버슈트는 4.3255[%]이다.

재설계를 하기 위해 미분이득을 $K_i=K_p\times\omega_g'/20$로 감소해보자. 설계된 PI 제어기는 $G_c(s)=0.2042s+0.1225/s$이며, 모의실험 결과인 Bode 선도는 그림 2.28(k)이고, 단위계단응답은 2.28(l)에 함께 도시하였다. 미분이득을 감소한 결과, 오버슈트는 4.57[%]이고 정착시간은 4.18[초]로 설계사양에 근접한 것을 볼 수 있다.

설계된 PID 제어기의 최종 매개변수는 $K_p=0.2762$, $K_i=0.1225$, $K_d=0.1201$이다.

```
% PID Controller Design Gc4(s)=k*(Kd1s+1)(Kp2s+Ki2)/s
%% Step1 : PD Controller Design
ng4=1; sysg4=tf(ng4, dg);
figure(9), bode(sysg4, w), margin(sysg4), grid
wpd=input('wpd=') % wpd=1.7
Kd1=1/wpd; nc4=Kd1*[1 1/Kd1]
%% Step2 : PI Controller Design
ng5=kp1*nc4; sysgc4=tf(ng5,dg);
figure(10), bode(sysgc4, w), margin(sysgc4), grid
mpid=input('mpid='); % mpid=13.8[dB]
wpid=input('wpid='); % wpid=12.0[rad/sec]
Kp2=10^(-mpid/20); Ki2=Kp2*wpid/10; Ki22=Kp2*wpid/20;
nc5=[Kp2 Ki2], dc5=[1 0]; sysc5=tf(nc5,dc5);
nc55=[Kp2 Ki22], sysc55=tf(nc55,dc5);
sysgc5=series(sysc5, sysgc4);
sysgc55=series(sysc55,sysgc4);
figure(11), bode(sysgc5, w), margin(sysgc5), grid, hold on
bode(sysgc55,w), margin(sysgc55), hold off
sys5=feedback(sysgc5, [1]); sys55=feedback(sysgc55,[1])
figure(12), step(sys5, t); hold on
step(sys55,t), grid, hold off
Kp=Kp2+Kd1*Ki22, Ki=Ki22, Kd=Kd1*Kp2
```

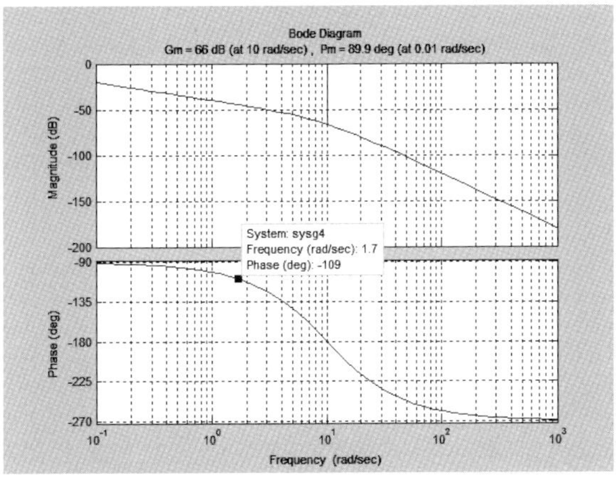
Bode Diagram
Gm = 66 dB (at 10 rad/sec) , Pm = 89.9 deg (at 0.01 rad/sec)
Magnitude (dB)
Phase (deg)
System: sysg4
Frequency (rad/sec): 1.7
Phase (deg): -109
Frequency (rad/sec)

(i)

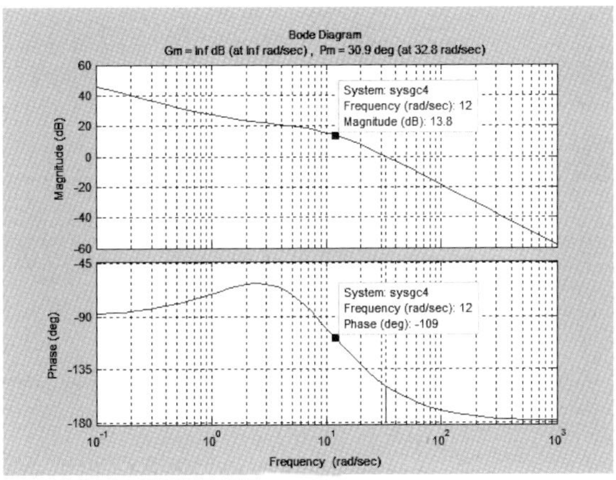
Bode Diagram
Gm = Inf dB (at Inf rad/sec) , Pm = 30.9 deg (at 32.8 rad/sec)
Magnitude (dB)
Phase (deg)
System: sysgc4
Frequency (rad/sec): 12
Magnitude (dB): 13.8
System: sysgc4
Frequency (rad/sec): 12
Phase (deg): -109
Frequency (rad/sec)

(j)

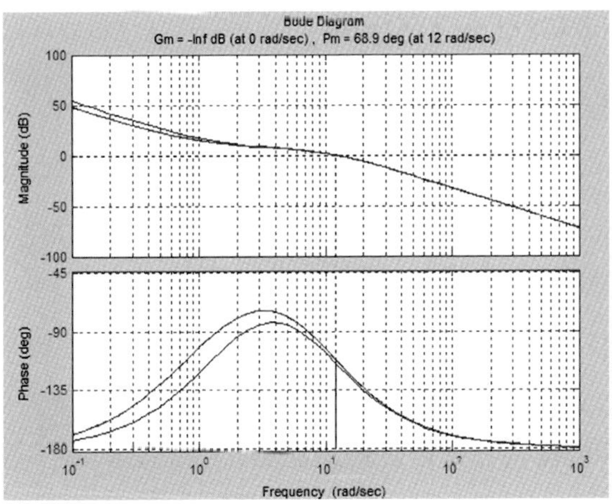
Bode Diagram
Gm = -Inf dB (at 0 rad/sec) , Pm = 68.9 deg (at 12 rad/sec)
Magnitude (dB)
Phase (deg)
Frequency (rad/sec)

(k)

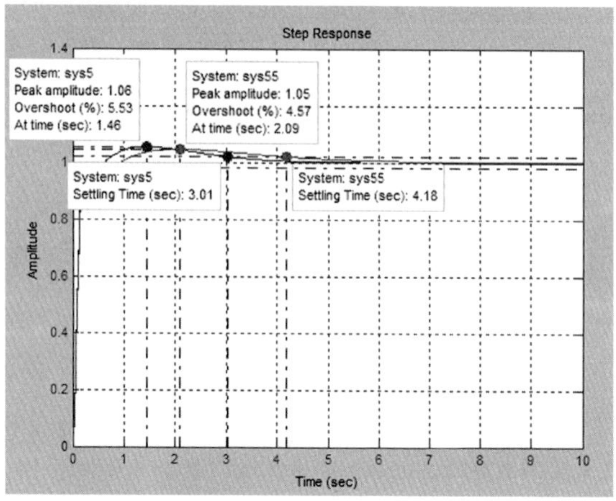

(l)

〈그림 6.28〉 실습예제 6.23의 연산 결과

실습예제 6.24

$GH(s) = 1.5 \times 10^7 K/s(s+400.26)(s+3008)$에 대해 아래의 설계사양을 만족하도록 Bode 선도에 의한 PID 제어기를 설계하라.

설계사양 : ① 포물선입력 $t^2u(t)/2$에 대한 정상상태오차 $ess < 0.2$,
단위 계단입력에 대해
② 퍼센트 오버슈트 5[%] 이하,
③ 상승시간 $t_r \leqq 50$[ms],
④ 정착시간 $t_s \leqq 50$[ms]

풀이

P 제어, PD 제어, PI 제어, 그리고 PID 제어를 수행해보자. PID 제어기는 먼저 PD 제어기를 설계한 다음, PI 제어기를 설계한다.

(1) 비례제어기를 설계하자. 설계사양인 속도오차상수가 $K_v = 20$이므로 비례제어기는 $K = 181.17$이다. $K = 181.17$일 때의 Bode 선도는 그림 6.29(a)로 이득여유는 3.58[dB]이고 위상여유는 7.78[°] 이므로 설계사양을 만족하지 못한다. 단위계단응답은 그림 6.29(b)와 같으며, 오버슈트는 78.8[%]이고 정착시간은 60.6[ms]이다.

```
clear all, close all, t=[0:0.0001:0.1]; w=logspace(1,5,300);
po=5/100; zeta=abs(sqrt(log(po)^2/(pi^2+log(po)^2))); pm=100*zeta
% P Controller Design Gc1(s)=kp
kp1=181.17; ng=1.5*10^7; ngc1=kp1*ng; dg=[1 3408.3 1204000 0];
sysgc1=tf(ngc1,dg); figure(1), bode(sysgc1,w), margin(sysgc1), grid
sys1=feedback(sysgc1,[1]); figure(2), step(sys1,t), grid
```

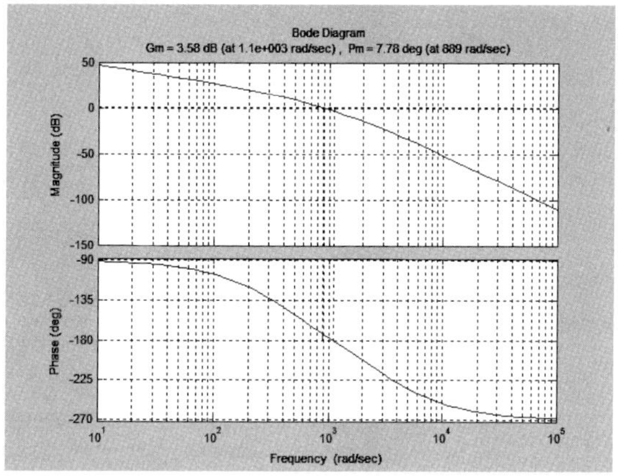

(a)

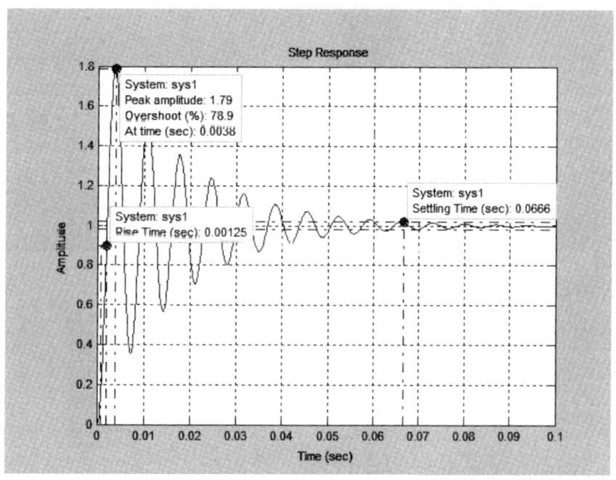

(b)

(2) PD 제어기를 설계해보자. $K = K_d = 181.17$일 때의 비보상계의 Bode 선도인 그림 6.29(c)에서 원하는 위상여유 100ζ=69.0[°](-111[°])인 주파수를 확인하면 135.0[rad/sec]이다. 설계된 PD 제어기는 $G_c(s) = 1.342 + 181.17s$이다. 설계된 PD 제어기를 사용한 경우, 보상계의 Bode 선도는 그림 6.29(d)에서 나타난 것과 같이 위상여유가 3.11[°]로 설계사양을 만족하지 못한다. 그림

6.29(e)의 단위계단응답에서 오버슈트는 15.4[%]이고 정착시간은 1.75[ms]로, 오버슈트 조건을 만족하지 못한다.

```
% PD Controller Design Gc2=kd(s+kp1/kd1)
kp2=kp1; ng2=kp2*ng; sysg2=tf(ng2, dg);
figure(3), bode(sysg2, w), margin(sysg2), grid
wpd=input('wpd=') % wpd=135[rad/sec]
kd2=kp2/wpd; nc2=kd2*[1 kp2/kd2], ngc2=nc2*ng2; sysgc2=tf(ngc2,dg);
figure(4), bode(sysgc2,w), margin(sysgc2), grid
sys2=feedback(sysgc2,[1]); figure(5), step(sys2,t), grid
```

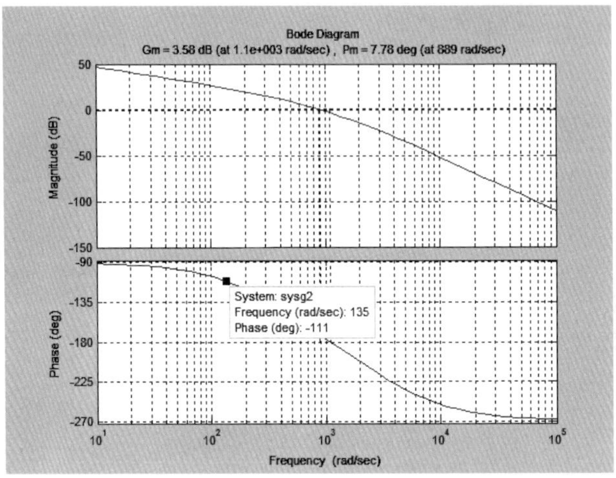

(c)

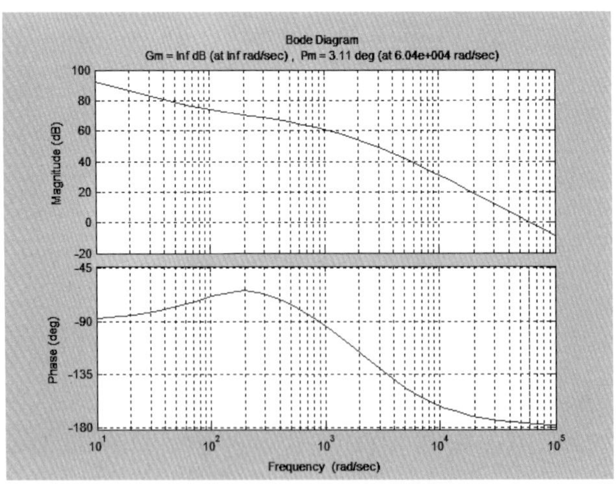

(d)

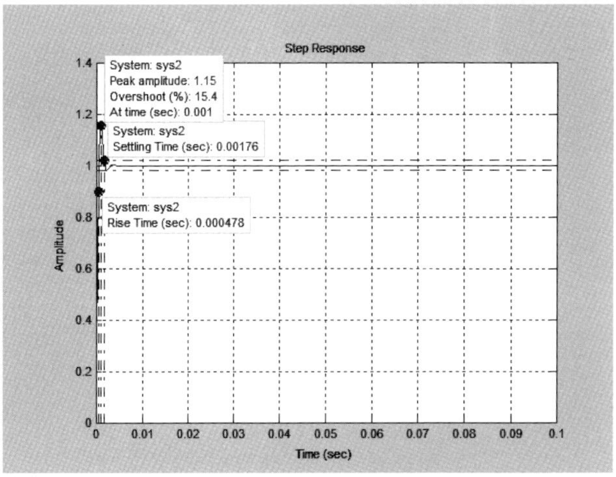

(e)

(3) 이번에는 PI 제어기를 설계해보자. $K = 181.17$일 때 비보상계 Bode 선도인 그림 6.29(f)에서 원하는 위상여유에서의 주파수를 확인하면 $134[rad/\sec]$이고, 보상해야 할 이득은 24.0[dB]이다. 설계된 PI 제어기는 $G_c(s) = 0.0631s + 0.8455/s$이다. 보상계의 Bode 선도는 그림 2.29(g)와 같으며 위상여유가 66[°]이므로 설계사양을 만족하지 못한다. 그림 2.29(h)의 단위계단응답에서 오버슈트는 10.4[%], 상승시간은 9.15[ms]로 설계사양을 만족하지 못한다. 이 그림에서 정착시간은 측정되지 않는다.

재설계를 하기 위해 미분이득을 $K_i = K_p \times \omega_g{}'/20$로 감소해보자. 설계된 PI 제어기는 $G_c(s) = 0.0631s + 0.4227/s$이며, 모의실험 결과는 그림 2.29(g)와 2290(h)에 함께 도시하였다. 미분이득을 감소한 결과, 오버슈트는 6.14[%], 상승시간은 9.66[ms]로 설계사양을 만족하지 못한다. 미분이득을 감소하여 재설계를 하여도 주파수영역과 시간영역에서 모두 설계사양을 만족하지 못한다 할 수 있다.

```
% PI Controller Design Gc3=(kp2s+ki2)/s
kp3=kp1; ng3=kp3*ng; sysg3=tf(ng3,dg);
figure(6), bode(sysg3, w), margin(sysg3), grid
mki=input('mki='); % mki=24[dB]
wpi=input('wpi='); % wpi=134[rad/sec]
kp3=10^(-mki/20); ki3=kp3*wpi/10; ki33=kp3*wpi/20;
nc3=[kp3 ki3], dc3=[1 0]; sysc3=tf(nc3,dc3);
nc33=[kp3 ki33], sysc33=tf(nc33,dc3);
sysgc3=series(sysc3, sysg3); sysgc33=series(sysc33,sysg3);
figure(7), bode(sysgc3, w), margin(sysgc3), hold on
```

```
bode(sysgc33,w), margin(sysgc33), grid, hold off
sys3=feedback(sysgc3, [1]); sys33=feedback(sysgc33,[1]);
figure(8), step(sys3, t); hold on, step(sys33,t), grid, hold off
```

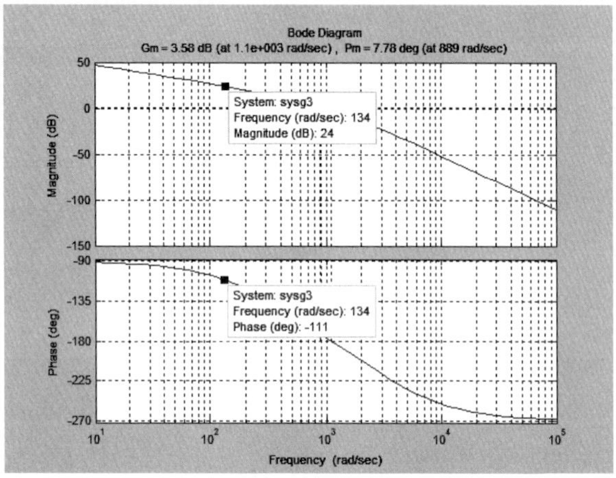

(f)

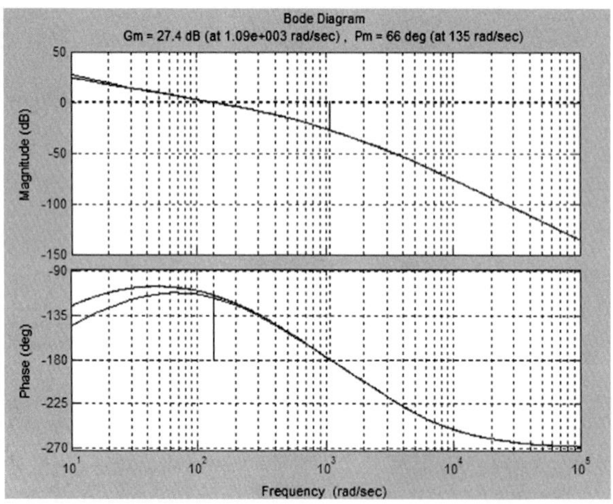

(g)

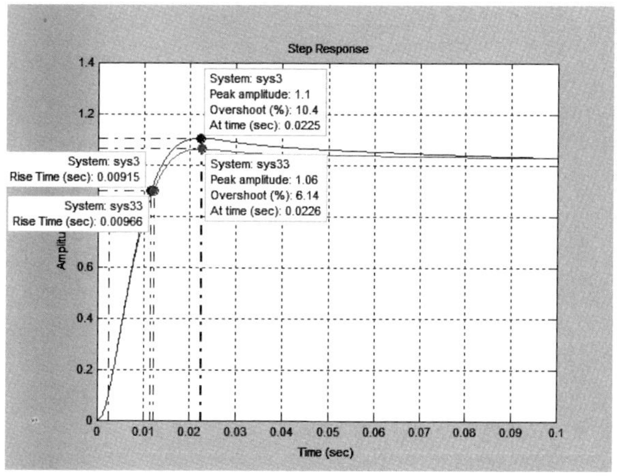

(h)

(4) 마지막으로 PID 제어기를 설계해보자. 먼저 PD 제어기를 설계하기 위해 미분이득을 $K = K_d = 1$로 설정하고, 비보상계의 Bode 선도를 도시한다. 그림 6.29(i)에서 원하는 위상여유에서의 주파수를 확인하면 135[rad/sec]이다. 설계된 PD 제어기는 $G_c(s) = 0.0074 + s$이다. PD 제어기와 제어대상이 직렬 연결된 보상계의 Bode 선도는 그림 6.29(j)와 같다.
다음은 PI 제어기를 설계한다. $K = 181.17$일 때의 비보상계(PD 제어기와 제어대상의 직렬 연결) Bode 선도인 그림 6.29(k)에서 원하는 위상여유의 주파수를 확인하면 1710[rad/sec]이고, 보상해야 할 이득은 10.4[dB]이다. 설계된 PI 제어기는 $G_c(s) = 0.302s + 51.6412/s$이 된다. 보상계의 Bode 선도는 그림 2.29(k)와 같으며 위상여유가 66.1[°] 이므로 설계사양을 만족하지 못한다. 그림 2.29(l)의 단위계단응답에서 오버슈트는 5.51[%], 성착시간은 18.3[ms]로 설계사양을 만족하지 못한다.
재설계를 하기 위해 미분이득을 $K_i = K_p \times \omega_g'/20$로 감소해보자. 설계된 PI 제어기는 $G_c(s) = 0.302s + 25.8206/s$으로, 모의실험 결과를 그림 2.29(k)과 그림 2.29(l)에 함께 도시하였다. 미분이득을 감소한 결과, 오버슈트는 2.73[%], 정착시간은 26.2[ms]로 설계사양을 만족한다.
설계된 PID 제어기의 최종 매개변수는 $K_p = 0.4933$, $K_i = 25.8206$, $K_d = 0.0022$이다.

```
% PID Controller Design Gc4(s)=k*(Kd1s+1)(Kp2s+Ki2)/s
%% Step1 : PD Controller Design
ng4=1.5*10^7; sysg4=tf(ng4, dg);
figure(9), bode(sysg4, w), margin(sysg4), grid
wpd=input('wpd=') % wpd=135
Kd1=1/wpd; nc4=Kd1*[1 1/Kd1]
%% Step2 : PI Controller Design
ng5=1.5*10^7*kp1*nc4; sysgc4=tf(ng5,dg);
```

```
figure(10), bode(sysgc4, w), margin(sysgc4), grid
mpid=input('mpid='); % mpid=10.4[dB]
wpid=input('wpid='); % wpid=1710[rad/sec]
Kp2=10^(-mpid/20); Ki2=Kp2*wpid/10; Ki22=Kp2*wpid/20;
nc5=[Kp2 Ki2], dc5=[1 0]; sysc5=tf(nc5,dc5);
nc55=[Kp2 Ki22], sysc55=tf(nc55,dc5);
sysgc5=series(sysc5, sysgc4); sysgc55=series(sysc55,sysgc4);
figure(11), bode(sysgc5, w), margin(sysgc5), grid, hold on
bode(sysgc55,w), margin(sysgc55), hold off
sys5=feedback(sysgc5, [1]); sys55=feedback(sysgc55,[1])
figure(12), step(sys5, t); hold on, step(sys55,t), grid, hold off
Kp=Kp2+Kd1*Ki22, Ki=Ki22, Kd=Kd1*Kp2
```

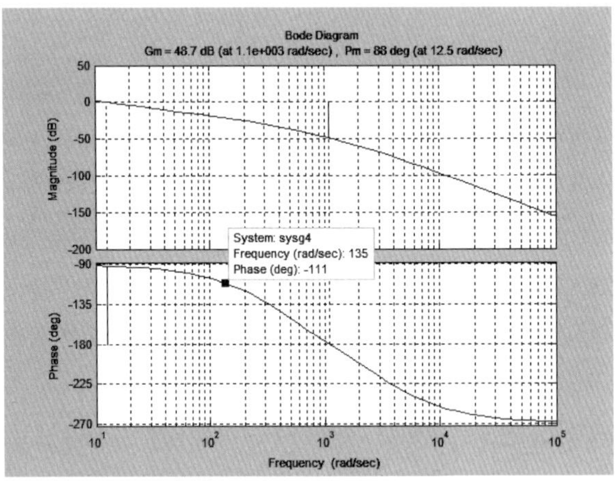

(i)

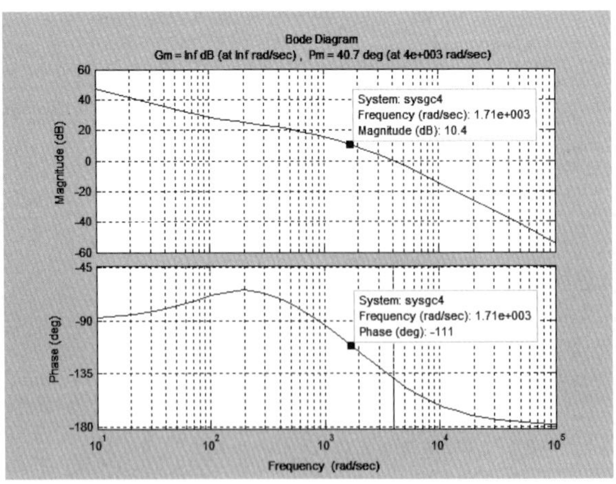

(j)

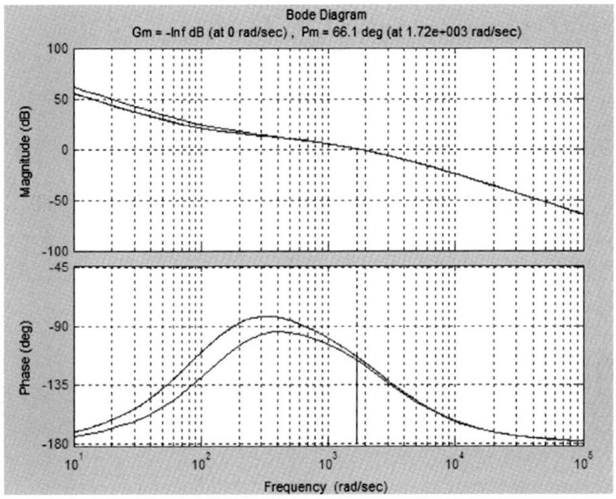

(k)

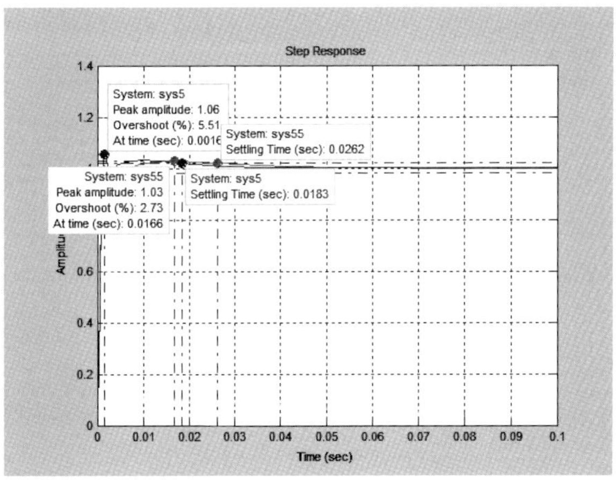

(l)

〈그림 6.29〉 실습예제 6.24의 연산 결과

6.6 상용(Commercial) PID 제어기의 설계

병렬형 PID 제어기를 산업현장에 적용하면 이상적인 미분기에 의한 set-point 폭주(set-point kick 또는 derivative kick) 현상과 구동기의 포화에 의한 적분이득 누적(integration windup) 현상이 발생한다. 이러한 현상으로 인해 제어시스템이 제어성능의 저하, 또는 불안정해질 가능성이 있으므로 산업현장에서는 다양한 방법을 사용하여 set-point 폭주현상과 적분누적 현상을 해결하고 있다.

6.6.1 Set-point 폭주현상에 대한 대책

Set-point 폭주현상이란 시스템의 운전(operating) 중에 계단상으로 변화하는 입력신호(set-point) 또는 고조파 잡음이 포함된 오차신호가 PID 제어기의 이상적인(ideal) 미분동작에 의해 임펄스 신호가 되거나 과도하게 증폭되어 폐루프 시스템을 불안정하게 하는 현상을 말한다.

Set-poin 폭주현상을 해결하는 가장 간단한 방법은 이상적인 미분시간 $T_d s$ 대신 1차 저역통과 필터가 포함된 $T_d s/(1+\eta T_d s)$를 사용하는 것이다. 저역통과 필터의 계수 η의 크기는 고조파 잡음을 효과적으로 차단하기 위해 일반적으로 0.1~0.125의 작은 값으로 사용한다.

Set-point 폭주현상을 해결하기 위해 식 (6.13)으로 주어진 미분 선행형 (PI-D) 제어법칙을 사용하는 방법도 있다. 여기서 $e_p(t)=br(t)-y(t)$로 정의되며, b는 Set-point 하중상수(weighting constant)로 0~1 사이의 값이다. 하중상수 b가 1에서 작아질수록 오버슈트가 감소한다. 식 (6.13)의 PI-D 제어시스템의 블록선도는 그림 6.30과 같다.

$$u(t)=K_p[e_p(t)+\frac{1}{T_i}\int_0^t e(\tau)d\tau - T_d\frac{dy(t)}{dt}] \tag{6.13}$$

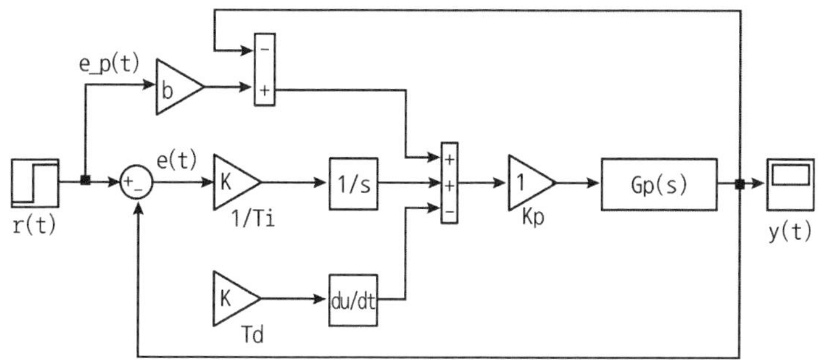

〈그림 6.30〉 PI-D 제어기의 블록선도

실습예제 6.25

실습예제 6.21에서 사용한 $GH(s) = K/s(s+5)(s+10)$에 대해 근궤적 기법에 의해 설계된 PID 제어기는 $K_p = 112.6941$, $K_i = 105.5728$, 그리고 $K_d = 18.3159$이다. 설계된 PID 제어기를 사용하여 PI-D 제어기를 구성하고 b의 변화에 대한 영향을 고찰하라.

풀이

그림 6.30의 PI-D 제어기의 매개변수는 $T_i = 112.69/105.57$, $T_d = 18.32/112.69$이다.

(1) $b=1$일 때는 비례이득과 적분이득은 오차신호에 대해 동작하고, 미분이득은 출력만을 궤환하므로 계단입력에 대한 영향은 없다. 모의실험의 결과는 그림 6.31(a)와 같다.

(2) 그림 6.31(b), (c), 그리고 (d)는 각각 $b=0.66$, $b=0.33$, 그리고 $b=0$일 때의 모의실험 결과이다. 비례이득은 기준입력과 하중상수가 곱해진 크기로만 오차신호에 대해 동작하므로, b가 작아질수록 오버슈트가 감소하는 것을 알 수 있다.

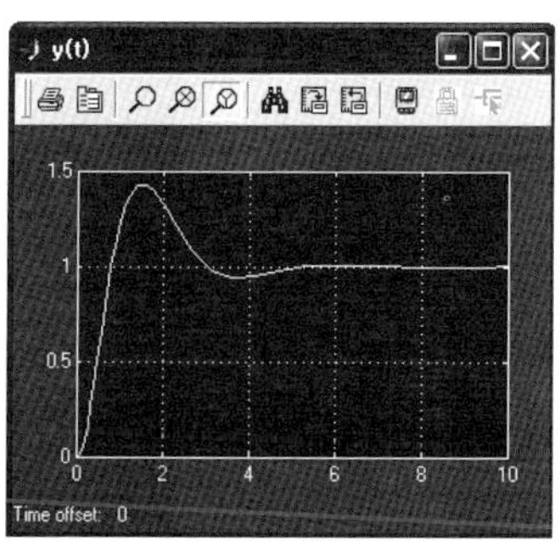

(a)

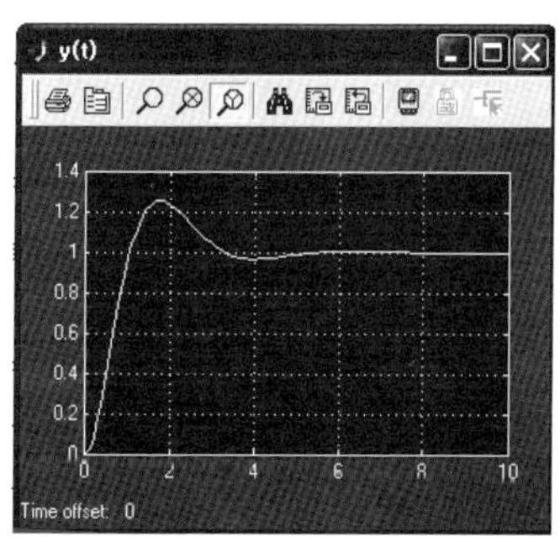

(b)

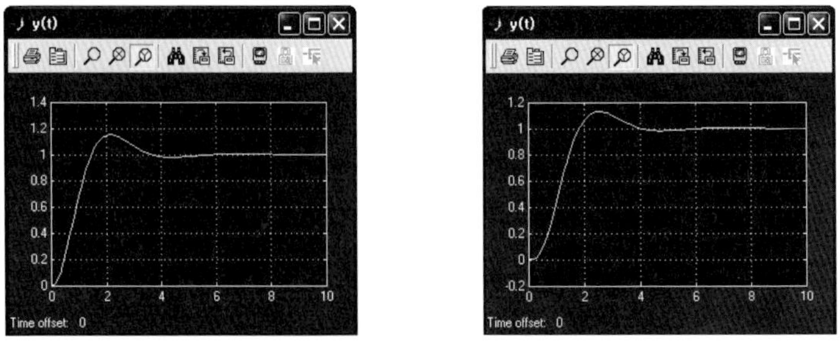

(c) (d)

〈그림 6.31〉 실습예제 6.25의 연산 결과

미분 선행형 PID 제어기의 단점을 해결하기 위해 비례-미분 선행형 (I-PD) 제어기가 사용된다. 비례-미분 선행형 PID 제어기의 제어법칙은 식 (6.14)로 주어진다. 식 (6.14)에서는 오차신호가 적분동작에만 적용된다. 식 (6.14)를 블록선도로 표현하면 그림 6.32와 같다.

$$u(t) = K_p\left[-y(t) + \frac{1}{T_i}\int_0^t e(\tau)d\tau - T_d\frac{dy(t)}{dt}\right] \tag{6.14}$$

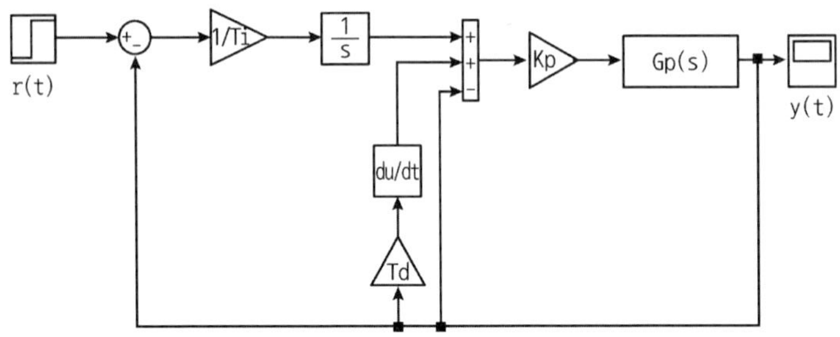

〈그림 6.32〉 I-PD 제어기의 블록선도

식 (6.14)와 그림 6.32에서 알 수 있듯이 I-PD 제어기의 경우, 기준입력의 변화가 제어입력으로 즉시 반영되지 않아 Set-point 폭주현상이 발생하지 않는다는 장점이 있다. I-PD 제어기를 사용하면 일반적으로 상승시간이 길어지는 경향이 있음으로 기준입력의 추적(tracking)을 중시하고자 하는 경우에는 I-PD 제어기에 적합한 동조방법을 참고해야 한다.

6.6.2 적분누적 현상에 대한 대책

적분누적 현상에 대한 대책을 일반적으로 anti-windup(또는 reset windup)이라 한다. 가장 일반적인 anti-windup 기법은 그림 6.33과 같이 구동기의 입력과 출력을 비교하여 적분누적 현상을 방지하는 Back-Calculation Anti-Windup 기법이다.

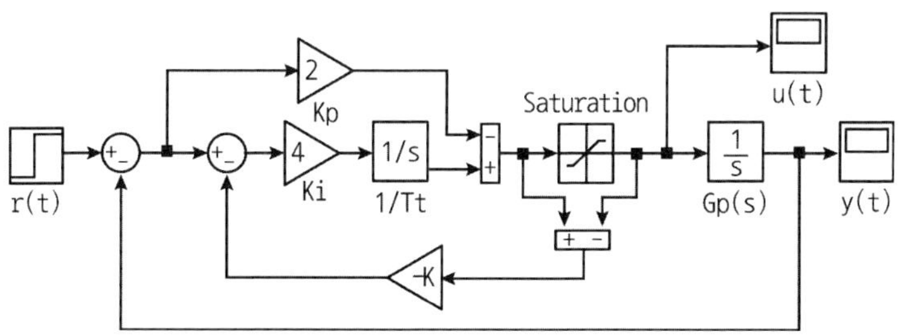

〈그림 6.33〉 Back-Calculation Anti-windup 블록선도

그림 6.33에서 구동기 전후의 신호의 오차를 $e_s = u_c - u_r$이라 정의하면 적분동작은 (6.15)로 주어진다.

$$u_i = K_i\int_0^t e(t)dt + \frac{1}{T_t}\int_0^t e_s(t)dt \tag{6.15}$$

식 (6.15)에서 T_t를 미분시간 t_i에 비해 작게 선정하면 구동기의 포화오차를 궤환루프에 의해 빠르게 소멸하여 적분누적현상을 방지할 수 있다.

이외에도 적분기 회로에 클램핑(clamping) 회로를 사용하는 Integrator Clamping 기법과 조건에 따라 적분을 수행하는 Conditional Integration 기법 등이 사용되고 있다.

실습예제 6.26

그림 6.33에서 제어대상이 $G_p(s) = 1/s$이고 PI 제어기가 $G_c(s) = 2 + 4/s$일 때, 적분누적현싱에 대헤 고찰해보자. 구동기(Saturation 블록)의 정격입력은 ±1.0이다.

풀이

T_t를 미분시간 $t_i = 1/4$에 비해 작게 선정해야 하므로 0.1과 0.01로 선정하여 모의실험을 수행해 보자. Saturation 블록의 Upper limit과 Lower limit을 각각 1과 −1로 입력한다.

(1) 적분누적방지기가 없는 경우 제어입력과 계단응답은 각각 그림 6.34(a)와 (b)와 같으며, 오버슈트는 50[%] 이상이고 제어입력의 최저값은 −0.5 이상이다.

(2) $T_t = 0.1$로 선정하였을 때 제어입력과 계단응답은 각각 그림 6.34(c)와 (d)와 같다. 오버슈트와 제어입력이 상당히 감소하는 것을 알 수 있다. $T_t = 0.01$로 선정하였을 때 제어입력과 계단응답은 각각 그림 6.34(e)와 (f)와 같으며 $T_t = 0.1$로 선정하였을 때와 동일한 결과를 보이고 있다. 따라서 T_t는 미분시간 t_i에 비해 작게 선정하면 된다.

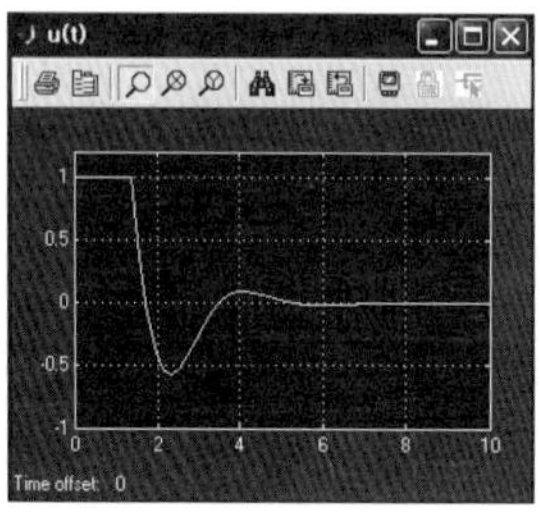

(a)

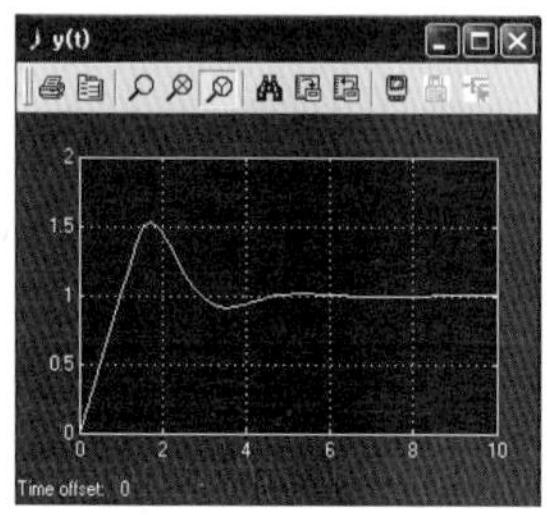

(b)

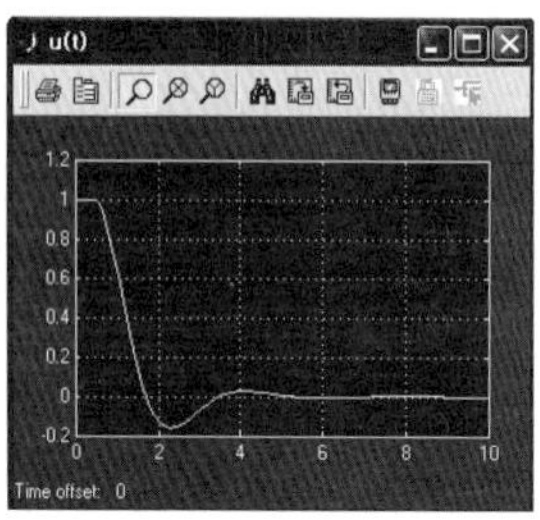

(c)

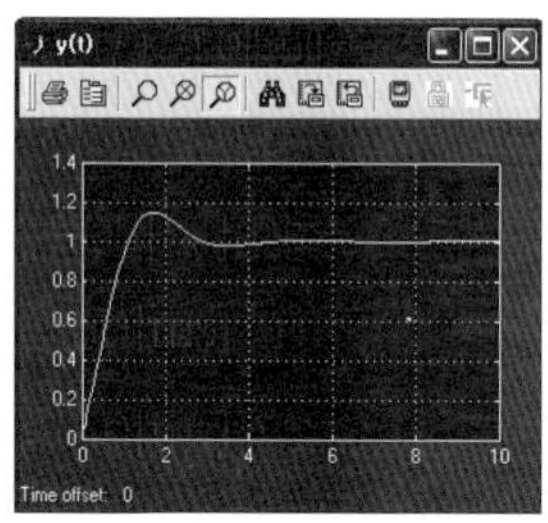

(d)

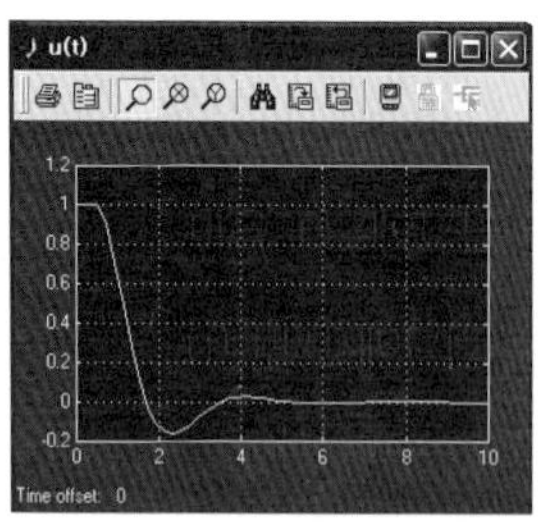

(e)

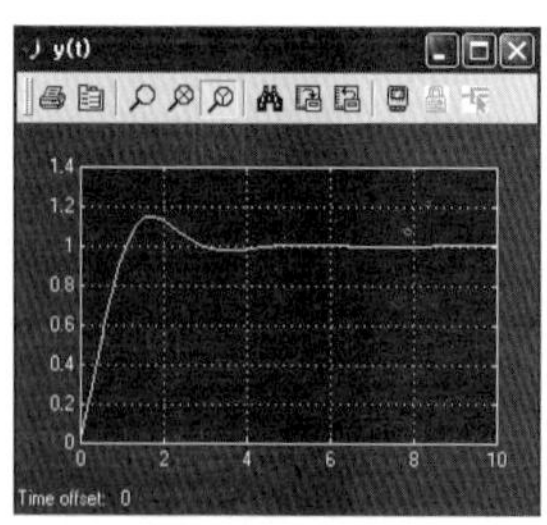

(f)

<그림 6.34> 실습예제 6.26의 연산 결과

6.7 기타 제어기법에 의한 PID 제어기의 설계

6.7.1 절에서는 5장에서 학습한 최적제어기법에 의한 PID 제어기의 설계를 학습하고, 6.7.2 절에서는 극점배치 또는 극점-영점상쇄 기법에 의한 PID 제어기의 설계에 대해 간략하게 학습한다.

6.7.1 최적제어기법에 의한 PID 제어기의 설계

5장에서 학습한 ITAE 및 Deadbeat 최적기법을 사용한 PID 제어기를 설계해보자.

실습예제 6.27

제어대상 $G_p(s)=1/(0.1s+1)(0.2s+1)$ 에 대해 정착시간이 $t_s=0.2$[초]가 되도록 ITAE 최적기법에 의한 PID 제어기를 설계하라.

풀이

폐루프 시스템의 특성방정식은 $s^3+50(0.3+K_d)s^2+50(1+K_p)s+50K_i=0$이다. 또한 ITAE 최적기법에서 3차 시스템에 대한 정규화 시간은 $\omega_n T_s=8$이고, 원하는 특성방정식은 $s^3+1.75\omega_n s^2+3.25\omega_n^2 s+\omega_n^3$이다. 원하는 정착시간은 $t_s=0.2$[초]이므로 고유주파수는 $\omega_n=40$이 된다. 따라서 $K_p=103$, $K_i=1280$, 그리고 $K_d=1.1$이다. 제어대상은 0형 시스템으로 계단입력에 대한 정상상태오차가 존재할 것으로 예정되며 시정수가 짧은 관계로 매우 빠른 상승시간을 가질 것으로 기대된다. 모의실험 결과, 상승시간과 정착시간은 모두 10^{-4} 수준이며, PID 제어기를 사용하여 계단입력에 대한 정상상태오차가 0이 된다.

```
clear all, close all, t=[0:0.0001:0.01];
nc=[103 1280 1.1], gc=[0 1 0];
ng=[1]; dg=conv([0.1 1],[0.2 1]);
[ngc,dgc]=series(nc,gc,ng,dg); sysgc=tf(ngc,dgc);
sys=feedback(sysgc, [1]);
figure(1), step(sys, t), axis([0 0.01 0 1.1]), grid
```

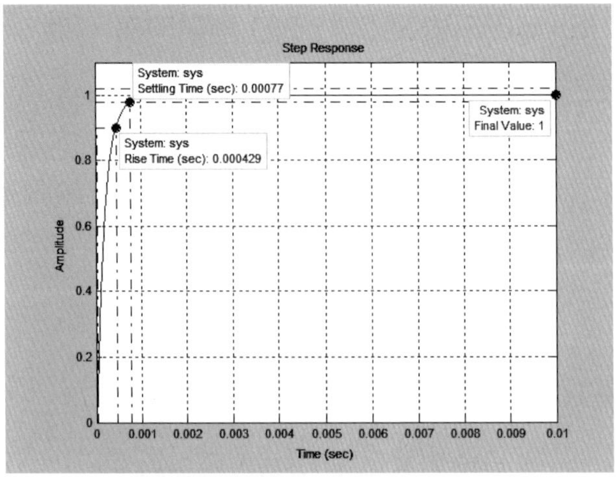

〈그림 6.35〉 실습예제 6.27의 연산 결과

실습예제 6.28

제어대상 $G_p(s) = 5/s(s+20)$와 PD 제어기 $G_c(s) = K_p + K_d s$가 종속 연결된 단위궤환시스템에 대해 정착시간이 $t_s = 0.15$[초]가 되도록 Deadbeat 최적기법에 의한 설계를 수행하라.

풀이

페루프 시스템의 특성방정식은 $s^2 + (20 + 5K_d)s + 5K_p = 0$이다. 또한 Deadbeat 최적기법에서 2차 시스템에 대한 정규화 시간은 $\omega_n T_s = 4.82$이고, 원하는 특성방정식은 $s^2 + 1.82\omega_n s + \omega_n^2 = 0$이다. 원하는 정착시간은 $t_s = 0.15$[초]이므로 고유주파수는 $\omega_n = 32.13$이 되고, 원하는 특성방정식은 $s^2 + 1.82\omega_n s + \omega_n^2 = s^2 + 58.48s + 1032.3 = 0$이 된다. 따라서 $K_p = 206.46$이고 $K_d = 7.7$이다.

```
clear all, close all, t=[0:0.01:10];
nc=[7.7 206.46], gc=[0 1];
ng=[1];  dg=[1  20  0];  [ngc,dgc]=series(nc,gc,ng,dg);  sysgc=tf(ngc,dgc);
sys=feedback(sysgc, [1]);
figure(1), step(sys, t), grid
```

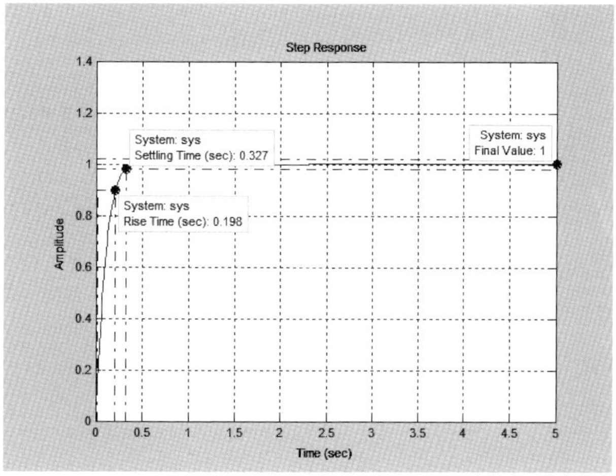

〈그림 6.36〉 실습예제 6.28의 연산 결과

6.7.2 극점-영점 배치(pole-zero placement)에 의한 동조법

극점-영점 배치 동조법은 크게 두 가지로 설계할 수 있다. 첫 번째는 PID 제어기를 다음의 식 (6.16)으로 표현하여 PID 제어기의 극점은 원점에, PID 제어기의 두 개의 복소영점을 복소우세근이 놓일 위치보다 약간 멀리 배치하는 것이다.

$$G_c(s) = K_p + \frac{K_i}{s} + K_d s = \frac{K_d(s^2 + as + b)}{s} = \frac{K_d(s+z_1)(s+z_2)}{s} \tag{6.16}$$

여기서 $a = K_p/K_d$, $b = K_i/K_d$이다. 설계원리에 적합한 설계절차는 다음과 같다.

① PID 제어기의 복소영점을 z_1, z_2를 보상계의 근궤적이 원하는 설계영역에 포함되도록 s 평면의 좌반부에 멀리 배치한다.

② 폐루프 시스템의 원하는 복소우세근 r_1, r_2이 z_1, z_2 근처에 위치하도록 PID 제어기의 이득 K_d를 선정한다.

③ 설계사양을 검토한 후, 만족하지 않으면 PID 제어기의 복소영점을 원점에서 더욱 멀리 배치하여 재설계를 수행한다.

실습예제 6.29

$GH(s) = K/(s+2)(s+3)$에 대해 아래 설계사양을 만족하도록 근궤적 기법에 의한 PID 제어기를 설계하라.

설계사양 : 계단입력에 대해

① 퍼센트 오버슈트는 2[%]이내,

② 정상상태오차 $ess = 0$,

③ 정착시간 $t_s = 1[\text{sec}]$ 이내

풀이

PID 제어기를 사용하면 계단입력에 대한 정상상태오차가 0이 된다. 따라서 오버슈트와 정착시간를 사용한 설계를 수행한다.

먼저 제어기의 영점을 제어대상의 근 중 원점에서 멀리 있는 근인 $s=-3$의 위치하도록 $z=-3+j$로 선정한다. 제어기와 제어대상에 대한 근궤적은 그림 6.36(a)와 같다. 그러나 그림 6.37(a)의 근궤적은 설계사양이 원하는 영역에 포함되지 않는다.

제어기의 영점을 $z=-3.5+j$로 재배치하면 근궤적은 그림 6.37(b)와 같다. 제어기영점의 실수부를 −4 이상으로 선정하는 경우 다른 형태의 근궤적이 되므로 주의해야 한다.

그림 6.37(c)는 그림 6.37(b)에서 결정된 제어기 이득 $K=7.1619$을 사용한 경우의 계단응답이다. 그림에서 오버슈트는 8.68[%]이고 정착시간은 0.953[초]로 설계사양을 만족하지 못한다. 재시도로 그림 6.37(b)에서 근궤적을 따라 설계사양이 원하는 영역 내에서 제어기의 영점에 가까운 점(sigrid에 의해 생성된 굵은 점과 만나는 점)을 선정하여도 오버슈트는 6.96[%]까지 감소할 뿐이다.

그림 6.37(d)와 같이 제어기의 영점에 가장 가까운 점으로 선정하면 $K=47.6715$이다. 모의실험 결과, 그림 6.36(e)와 같이 오버슈트는 2.95[%]이고 정착시간은 0.26[초]로 설계사양에 매우 근접한다.

```
clear all, close all, t=[0:0.01:10]; po=2/100; ts=1;
zeta=abs(sqrt(log(po)^2/(pi^2+log(po)^2))); wn=4/(ts*zeta);
z1=input('z1=') % z1=-3+j, z1=-3.5+j
z2=conj(z1), nc=conv([1 -z1],[1 -z2]), dc=[1 0]
ng=[1]; dg=[1 5 6]; ngc=conv(ng,nc); dgc=conv(dg,dc);
sysgc=tf(ngc,dgc); figure(1), rlocus(sysgc), axis([-6 0 -5 5])
sgrid(zeta, wn), sigrid(zeta*wn), [K, clpoles]=rlocfind(sysgc)
sys=feedback(K*sysgc, [1]); figure(2), step(sys, t), grid
```

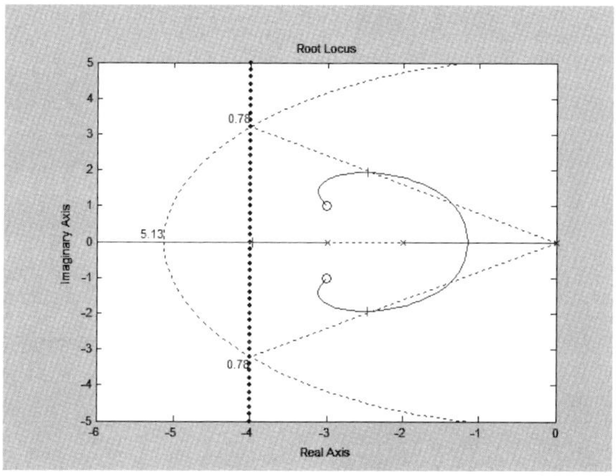
Root Locus
0.78
5.13
0.78
Imaginary Axis
Real Axis

(a)

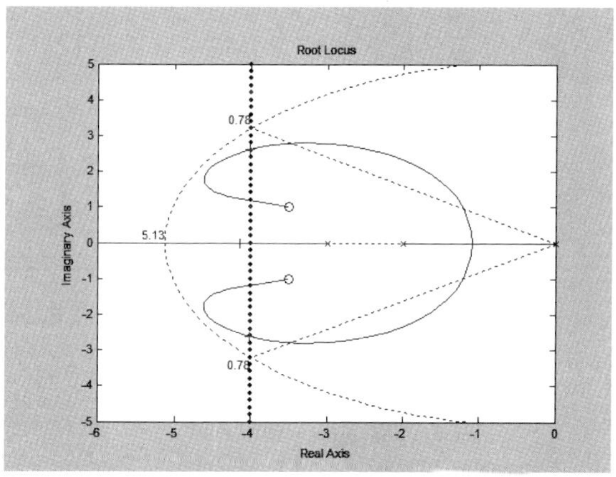
Root Locus
0.78
5.13
0.78
Imaginary Axis
Real Axis

(b)

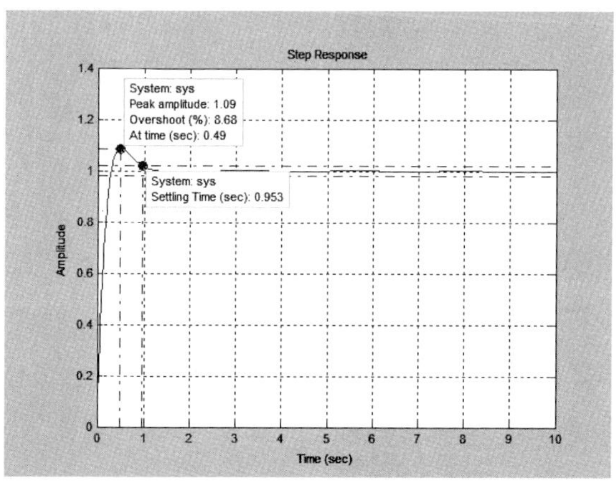
Step Response
System: sys
Peak amplitude: 1.09
Overshoot (%): 8.68
At time (sec): 0.49
System: sys
Settling Time (sec): 0.953
Amplitude
Time (sec)

(c)

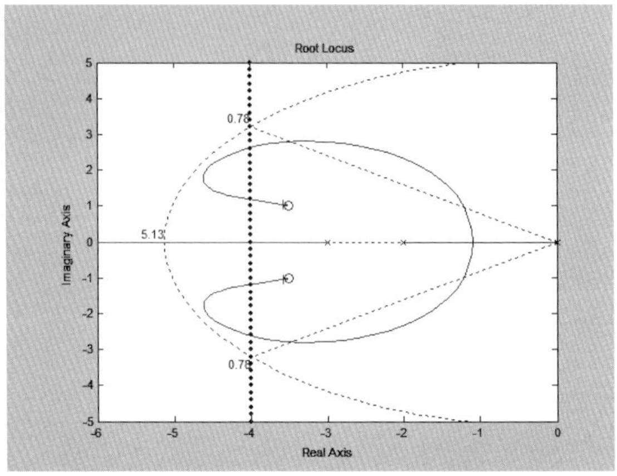

(d)

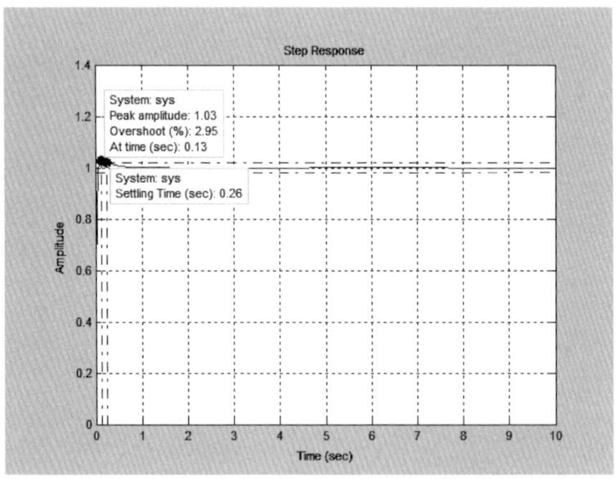

(e)

〈그림 6.37〉 실습예제 6.29의 연산 결과

극점-영점 배치에 의한 동조법에 의한 두 번째 방법은 제어대상이 제어 가능할 때 PID 제어기를 포함한 폐루프 전달함수의 특성방정식에 대해 복소우세근은 설계사양에 의해 배치하고, 나머지 근들은 원점에서 멀리 배치하여 우세하지 않은 근으로 임의로 지정하는 방법이다. 첫 번째 방법은 제어기의 극점과 영점을 배치하는 것이고, 두 번째 방법은 특성방정식의 근을 배치하는 것으로 극점배치에 의한 동조법이다. 제어대상이 2차일 때 PID 제어기를 사용하면 폐루프 전달함수는 3차 시스템이 된다. 극점 배치에 의한 PID 제어기의 설계절차는 다음과 같다.

① 설계사양에 의해 감쇠비 ζ와 고유주파수 ω_n을 결정하고, 복소우세근의 위치 $q, \hat{q}$을 결정한다.

② 실수근을 $-r \ll -\omega_n$이 되도록 원점에서 멀리 떨어져 있는 실수의 근으로 임의로 설정한다.

③ 원하는 특성방정식 $(s+q)(s+\hat{q})(s+r)=0$과 폐루프 특성방정식을 비교하여 제어기 매개변수를 정한다.

④ 모의실험을 수행하여 설계사양을 만족하지 못하면 이득 K의 값을 조정한다.

일반적으로 PID 제어기를 사용하여 3차 이상의 공정을 제어하는 경우에는 주어진 설계사양을 만족하기 어렵다. 제어대상이 3차 시스템인 경우 PID 제어기로 조정할 수 있는 영점은 세 개(PID 제어기의 두 영점과 무한 영점)이나, 폐루프 시스템의 극점은 모두 네 개이기 때문이다. 특히 2형인 3차 시스템에서는 폐루프 시스템의 안정도를 기대할 수 없다고 알려져 있다.

실습예제 6.30

제어대상 $G_p(s)=1/(s+1)(s+3)$에 대해 아래의 설계사양을 만족하는 PID 제어기를 극점배치 동조법에 의해 설계하라.

설계사양 : 계단입력에 대해

① 오버슈트 5[%] 이하,

② 정착시간 $t_s \leq 2$,

③ 정상상태오차 $e_{ss}=0$

풀이

극점배치 동조법을 사용하기 위해 먼저 가제어성을 조사한다. 주어진 제어대상은 제어가능하다. 가제어성에 대해 자세한 것은 7장에서 학습한다.

제어대상이 0형이므로 PID 제어기를 사용하면 정상상태오차 조건을 만족한다. 전체 시스템의 폐루프 특성방정식은 $q(s) = s^3 + (4 + K_d)s^2 + (3 + K_p)s + K_i = 0$이다.

오버슈트와 정착시간 조건에 의한 원하는 우세근은 $s = -2 + 2.0974j$ 이고, 비우세근을 원하는 우세근 실수부의 10배인 $s = -20$으로 선정하면 원하는 특성방정식은 $q(s) = s^3 + 24s^2 + 88.3991s + 167.9817 = 0$으로 $K_p = 85.3991$, $K_i = 167.9817$, $K_d = 20$이되며, 오버슈트는 4.19[%], 정착시간은 0.956[초]로 설계사양을 만족한다.

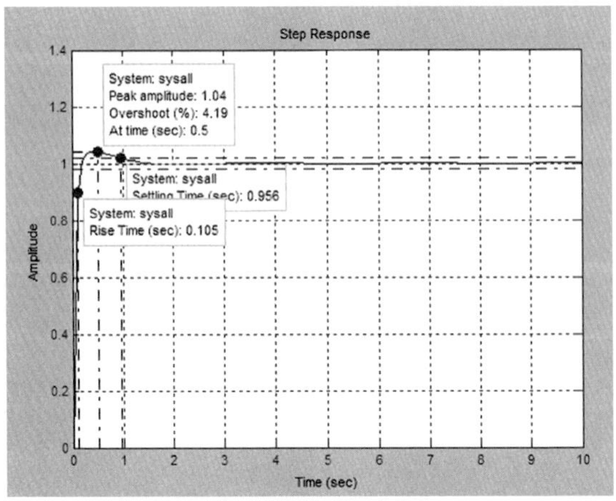

<그림 6.38> 실습예제 6.30의 연산결과

6.7.3 극점-영점 상쇄(pole-zero cancellation)에 의한 동조법

제어대상의 우세근은 원점에 가장 근접한 극점으로 시스템의 제어성능을 주도한다. 만약 우세근이 바람직하지 않을 경우, PID 제어기의 영점을 이용하여 상쇄할 수 있다. 이 기법은 매우 간단하여 종종 사용되고 있으나, 외란에 민감하다는 단점을 가지고 있으므로 사용할 때 세심한 주의가 필요하다.

실습예제 6.31

제어대상 $G_p(s) = K/(s+1)(s+4)$에서 비례이득 $K=1$일 때 폐루프 시스템의 단위계단응답은 0.2이고 정착시간은 3.18[초]이다. 극점-영점 상쇄법에 의해 단위계단 정상상태오차를 0, 정착시간을 2[초]로 개선하는 PI 제어기를 설계하라.

풀이

PI 제어기 $G_c(s) = K_p(s+K_i/K_p)/s = K_p(s+z)/s$에서 제어기의 영점을 $z=-1$로 선정한다. 따라서 폐루프 전달함수는 $T(s) = K_p/(s^2+4s+K_p)$이므로 $2\zeta\omega_n = 4$이고 $K_p = \omega_n^2$이다. $\zeta = 1$로 가정하면 $K_p \simeq 5$이다.

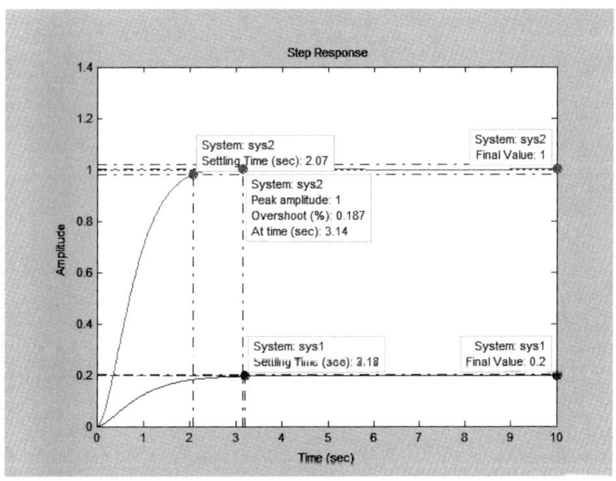

〈그림 6.39〉 실습예제 6.31의 연산 결과

실습예제 6.32

제어대상 $G_p(s) = 1/(s+3)(s^2+s+1)$에 대해 극점-영점 상쇄법을 사용하여 단위계단 응답이 오버슈트가 없고 정상상태오차가 0이 되도록 PID 제어기를 설계하라.

풀이

제어대상의 복소우세근은 $s = -0.5 \pm j0.867$으로 감쇠비는 $\zeta = 0.5$으로 계단응답은 진동성분이 크게 나타난다. PID 제어기 $G_c(s) = K_d(s^2 + K_p/K_d s + K_i/K_d)/s$에서 제어기의 영점을 $s^2 + K_p/K_d s + K_i/K_d = s^2 + s + 1$로 선정하면 원하지 않는 복소우세근을 상쇄할 수 있다. 따라서 폐루프 전달함수는 $T(s) = K_d/(s^2 + 3s + K_d)$이므로 $2\zeta\omega_n = 3$이고 $K_d = \omega_n^2$이다. $\zeta = 1$로 가정하면 $K_d = 2.25$이다. 따라서 PID 제어기의 매개변수는 모두 $K_p = K_i = K_d = 2.25$이다.

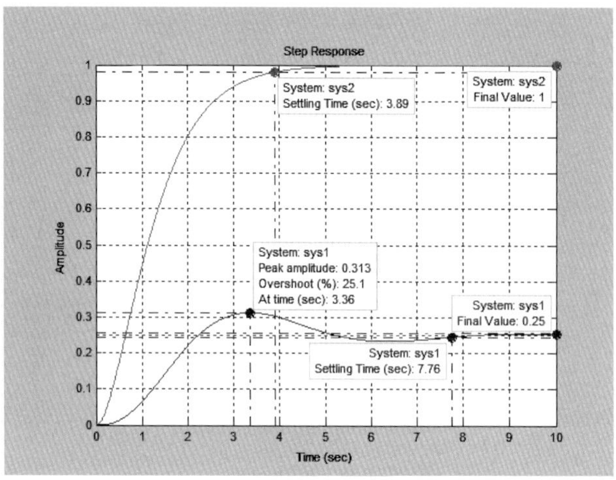

<그림 6.40> 실습예제 6.32의 연산 결과

6-1 $G_p(s) = K/s(s+1)$에 대해 설계사양이 단위경사입력에 대한 정상상태 오차가 0.1보다 작고, 계단입력에 대한 오버슈트가 25[%] 이하일 때 물음에 답하라.

(1) 근궤적 기법에 의한 PD 제어기를 설계하고, 설계사양이 만족하는지 검토하라.

(2) Bode 선도에 의한 PD 제어기를 설계하고, 설계사양이 만족하는지 검토하라.

6-2 $G_p(s) = K/s(s+1)$에 대해 설계사양이 계단입력에 대한 오버슈트가 25[%] 이하이고 정착시간이 10[초]일 때 물음에 답하라.

(1) 근궤적 기법에 의한 PD 제어기를 설계하고, 설계사양이 만족하는지 검토하라.

(2) Bode 선도에 의한 PD 제어기를 설계하고, 설계사양이 만족하는지 검토하라.

6-3 $G_p(s) = K/s(s+2)(s+3)$에 대해 설계사양이 계단입력에 대한 오버슈트가 25[%] 이하이고 정착시간이 10[초]일 때 물음에 답하라.

(1) 근궤적 기법에 의한 PD 제어기를 설계하고, 설계사양이 만족하는지 검토하라.

(2) Bode 선도에 의한 PD 제어기를 설계하고, 설계사양이 만족하는지 검토하라.

6-4 $G_p(s) = K/s(s+5)^2$에 대해 물음에 답하라.

(1) 설계사양이 속도오차상수 $K_v = 10$, 정착시간이 $t_s = 2.5$[sec], 오버슈트가 10[%]가 되도록 근궤적 기법에 의한 PD 제어기를 설계하고, 설계사양이 만족하는지를 검토하라.

(2) 위의 설계사양에 대해 Bode 선도에 의한 PD 제어기를 설계하고, 설계사양이 만족하는지를 검토하라.

(3) 설계사양이 속도오차상수 $K_v = 10$, 정착시간이 $t_s = 2.5$[sec], 오버슈트가 10[%]가 되도록 근궤적 기법에 의한 PI 제어기를 설계하고, 설계사양이 만족하는지를 검토하라.

(4) 위의 설계사양에 대해 Bode 선도에 의한 PI 제어기를 설계하고, 설계사양이 만족하는지를 검토하라.

6-5 $G_p(s) = Ke^{-sT}/(s+1)(s+3)$에 대해 물음에 답하라. 여기서 지연시간은 $T = 0.5$이다.

(1) 계단입력에 대해 오버슈트가 30[%] 이하가 되도록 비례이득 K를 구하고, 정상상태 오차를 구하라.

(2) 계단입력에 대해 오버슈트가 10[%] 이하, 정착시간이 $t_s = 2$[sec]가 되도록 Bode 선도에 의한 PD 제어기를 설계하라.

6-6 $G_p(s) = K/(s+3)^2$에 대해 계단입력에 대한 정상상태 오차가 4[%] 이하이고, 위상여유가 $50[^\circ]$가 되도록 PI 제어기를 설계하라.

6-7 $G_p(s) = K/s(s+1)(s+4)$에 대해 오버슈트가 10[%]이고, 정착시간이 1[초]이고 속도오차상수가 10이 되도록 PID 제어기를 설계하라.

6-8 DC모터의 속도제어시스템에 대한 전달함수와 설계사양이 아래와 같을 때, 물음에 답하라.

$J = 0.01[kg\, m^2/s^2]$, $b = 0.1[N ms]$, $K = K_e = K_t = 0.01[N m/A]$,

$R = 1[\Omega]$, $L = 0.5[H]$

$$G(s) = \frac{\omega(s)}{V(s)} = \frac{K}{(Js+b)(Ls+R)+K^2} = \frac{0.01}{0.005s^2 + 0.06s + 0.1001}$$

설계사양 : 단위계단입력에 대해

① $t_s < 2[s]$,

② 오버슈트 $< 5[\%]$,

③ $e_{ss} < 1[\%]$

(1) 설계사양을 만족하도록 근궤적 기법에 의한 P 제어기, PI 제어기, PD 제어기, 그리고 PID 제어기를 설계하고, 설계사양을 검토하라.

(2) 설계사양을 만족하도록 Bode 선도에 의한 P 제어기, PI 제어기, PD 제어기, 그리고 PID 제어기를 설계하고, 설계사양을 검토하라.

6-9 DC모터의 위치제어시스템에 대한 전달함수와 설계사양이 아래와 같을 때, 물음에 답하라.

$J = 3.2284E-6[kg\,m^2/s^2]$, $b = 3.5077E-6[N\,ms]$,

$K = K_e = K_t = 0.0274[N\,m/A]$

$R = 4[\Omega]$, $L = 2.75E-6[H]$

$$G(s) = \frac{\Theta(s)}{V(s)} = \frac{K}{s[(Js+b)(Ls+R)+K^2]} = \frac{0.0274}{10^{-6}(0.0239s^2 + 0.7648s)}$$

설계사양 : 단위계단입력에 대해

① $t_s < 0.04[s]$,

② 오버슈트 $< 16[\%]$,

③ $e_{ss} = 0[\%]$,

④ 외란에 대해 $e_{ss} = 0[\%]$

(1) 설계사양을 만족하도록 근궤적 기법에 의한 P 제어기, PI 제어기, PD 제어기, 그리고 PID 제어기를 설계하고, 설계사양을 검토하라.

(2) 설계사양을 만족하도록 Bode 선도에 의한 P 제어기, PI 제어기, PD 제어기, 그리고 PID 제어기를 설계하고, 설계사양을 검토하라.

6-10 항공기 피치 제어시스템의 전달함수와 설계사양이 아래와 같을 때, 물음에 답하라.

$$G(s) = \frac{\theta(s)}{\delta_e(s)} = \frac{1.151s + 0.1774}{s^3 + 0.739s^2 + 0.921s}$$

설계사양 : 계단입력 $\delta_e = 0.2[rad]$ (=11[°])에 대해

① $t_s < 10[s]$,

② 오버슈트 $< 10[\%]$,

③ $t_r < 2[s]$,

④ $e_{ss} < 2[\%]$

(1) 설계사양을 만족하도록 근궤적 기법에 의한 P 제어기, PI 제어기, PD 제어기, 그리고 PID 제어기를 설계하고, 설계사양을 검토하라.

(2) 설계사양을 만족하도록 Bode 선도에 의한 P 제어기, PI 제어기, PD 제어기, 그리고 PID 제어기를 설계하고, 설계사양을 검토하라.

6-11 Ball and Beam 제어시스템의 전달함수와 설계사양이 아래와 같을 때, 물음에 답하라.

$m = 0.11[kg],\ r = 0.015[m],\ d = 0.03[m],\ g = 9.8[m/s^2],$

$L = 1[m],\ J = 9.99E-6[kg\,m^2]$

$$G(s) = \frac{R(s)}{\theta(s)} = \frac{mgd}{L(m+J/R^2)}\frac{1}{s^2} = \frac{0.21}{s^2}$$

설계사양 : 계단입력 $\theta(s) = 0.25[m]$ 에 대해

① $t_s < 3[s]$,

② 오버슈트 $< 5[\%]$

(1) 설계사양을 만족하도록 근궤적 기법에 의한 P 제어기, PI 제어기, PD 제어기, 그리고 PID 제어기를 설계하고, 설계사양을 검토하라.

(2) 설계사양을 만족하도록 Bode 선도에 의한 P 제어기, PI 제어기, PD 제어기, 그리고 PID 제어기를 설계하고, 설계사양을 검토하라.

6-12 Inverted Pendulum 제어시스템의 전달함수와 설계사양이 아래와 같을 때, 물음에 답하라.

$$G(s) = \frac{\Phi(s)}{U(s)} = \frac{4.5455s^2}{s^4 + 0.1818s^3 - 31.1818s^2 - 4.4545s}$$

설계사양 : 초기조건이 0일 때 임펄스 입력 $1[N]$ 에 대해

① $t_s < 5[s]$,

② 출력인 진자의 각도 $< 0.05[rad]$

(1) 설계사양을 만족하도록 근궤적 기법에 의한 P 제어기, PI 제어기, PD 제어기, 그리고 PID 제어기를 설계하고, 설계사양을 검토하라.

(2) 설계사양을 만족하도록 Bode 선도에 의한 P 제어기, PI 제어기, PD 제어기, 그리고 PID 제어기를 설계하고, 설계사양을 검토하라.

CHAPTER

7

상태변수 궤환시스템의 설계

MATrix LABoratory MATLAB

수학적 모델링에 의해 구해지는 선형시스템은 일반적으로 고차의 선형 상미분방정식으로 표현된다. 고차 미분방정식의 모든 초기조건을 0으로 가정하고, 라플라스 변환을 적용하면 선형시스템의 입력과 출력의 관계를 나타내는 n차 전달함수를 유도할 수 있다. 그러나 전달함수 표현법은 선형 시불변 시스템에서만 정의되고, 시스템의 입출력간의 관계만을 기술하므로 시스템의 내부구조나 내부 상태에 관한 정보는 알 수가 없다는 단점이 있다.

선형시스템의 또 다른 표현법은 상태변수 표현법이다. n 차 미분방정식에 n 개의 상태변수를 지정하면 n개의 1차 미분방정식을 유도할 수 있다. n개의 1차 미분방정식을 행렬과 벡터로 표현하면 식 (7.1)과 같다. 식 (7.1)은 단일 입력 단일 출력(SISO : Single Input Single Output) 선형 시불변 시스템의 동적방정식이다.

$$\dot{x}(t) = Ax(t) + Bu(t) \tag{7.1.a}$$

$$y(t) = Cx(t) + Du(t) \tag{7.1.b}$$

여기서, A는 $n \times n$차 정방행렬로 시스템 행렬, x는 $n \times 1$차의 상태변수 벡터이다. SISO인 경우 B는 $n \times 1$차의 입력 벡터, C는 $1 \times n$차의 출력 벡터, D는 스칼라로 전향경로 이득이다.

식 (7.1.a)를 상태방정식, (7.1.b)는 출력방정식, 그리고 상태방정식과 출력방정식을 함께 동적방정식이라 부른다. 상태변수의 정의는 동적방정식에서 상태변수의 현재 상태와 입력이 주어질 때 시스템의 미래 상태와 출력을 유일하게 결정하는 최소개의 변수 집합이다. 따라서 동적방정식을 사용한 모의실험에서는 상태변수의 초기값을 미리 정해주어야 한다. 미분방정식에서 상태변수의 선정을 다르게 하면 다른 형태의 동적방정식이 유도된다.

상태변수 표현법인 동적방정식은 n개의 연립 1차 방정식이므로 개념적으로 이해하기 쉽고, 시스템의 내부 상태에 대한 컴퓨터 해를 구하기에 용이하다. 또한 다변수(multi-variable) 시스템으로 확장이 용이하며, 시변 및 비선형 시스템에 적용이 가능하다는 이점이 있어 현대제어에서 주로 이용되고 있다.

이 장에서는 7.1절에서 가제어성과 전-차수 상태궤환 제어기를 학습하고, 7.2절에서 가관측성과 상태관측기에 대해 학습한다. 7.3절에서는 상태변수 제어기와 상태관측기가 결합된 상태궤환 보상기, 그리고 7.4절에서는 기준입력을 갖는 상태궤환 보상기에 대해 학습한다. 7.5절에서는 최적제어기법을 이용한 상태궤환 보상기를 설계하고, 마지막으로 7.6절에서는 내부모델기법을 이용한 상태궤환 보상기에 대해 학습한다.

7.1 상태궤환 제어기의 설계

1967년 Luenberger가 제안한 극점배치이론(pole placement theory)에 의하면, 시스템이 완전 제어가능하고 관측가능하면 특성방정식의 모든 근들을 s 평면상의 원하는 위치로 이동 가능하다.

동적방정식에서 초기상태 $x(t_0)$를 유한 시간 $t_0 \le t \le T$ 내에 원하는 상태 $x(t)$로 이동시킬 수 있는 제어입력 $u(t)$가 존재하면 동적시스템은 제어가능(controllable) 또는 완전제어가능하다고 정의한다. 제어가능하다는 것은 모든 상태변수에 대한 것이므로, n개의 상태변수 중 하나라도 제어가능하지 못하면 제어가능하지 못하다고 한다.

SISO 시스템에서 가제어성은 식 (7.2)로 주어지는 가제어성(controllability) 행렬의 행렬식(determinant)이 0이 아니면, 시스템은 제어가능하다고 판별한다.

$$P_c = [B \;\; AB \;\; A^2B \cdots \; A^{n-1}B] \tag{7.2}$$

식 (7.3)으로 주어지는 전달함수의 위상변수 표준형(phase canonical form)은 식 (7.4)이다. 위상변수 표준형을 갖는 동적방정식은 항상 제어가능하다.

$$G(s) = \frac{b_{n-1}s^{n-1} + b_{n-2}s^{n-2} + \cdots + b_1 s + b_0}{s^n + a_{n-1}s^{n-1} + \cdots + a_1 s + a_0} \tag{7.3}$$

$$\dot{x} = \begin{bmatrix} 0 & 1 & 0 & \cdots & 0 \\ 0 & 0 & 1 & \cdots & 0 \\ \vdots & \vdots & \vdots & \ddots & \vdots \\ 0 & 0 & 0 & \cdots & 1 \\ -a_0 & -a_1 & -a_2 & \cdots & -a_{n-1} \end{bmatrix} x + \begin{bmatrix} 0 \\ 0 \\ \vdots \\ 0 \\ 1 \end{bmatrix} u \tag{7.4.a}$$

$$y = \begin{bmatrix} b_0 & b_1 & \cdots & b_{n-1} \end{bmatrix} x \tag{7.4.b}$$

동적방정식이 제어가능하면, 식 (7.5)의 제어입력을 갖는 전-차수(full order) 상태궤환(state feedback)이 가능하다. 여기서 전-차수라는 말은 모든 상태변수의 차수 n을 의미한다.

$$u(t) = -\begin{bmatrix} k_1 & k_2 & \cdots & k_n \end{bmatrix} x = -Kx \tag{7.5}$$

제어입력 (7.5)를 식 (7.1.a)의 상태방정식에 대입하면 폐루프 시스템은 식 (7.6)과 같다.

$$\dot{x}(t) = Ax(t) + Bu(t) = Ax - BKx = (A - BK)x = Hx \tag{7.6}$$

식 (7.6)에 대한 특성방정식은 식 (7.7)과 같다.

$$\det[\lambda I - (A - BK)] = 0 \tag{7.7}$$

극점배치이론을 사용하여 특성방정식 (7.7)의 모든 근이 s 평면의 좌반면에 존재하도록 제어입력 $u(t) = -Kx(t)$을 결정하면, 초기상태 $x(t_0)$를 유한 시간 $t_0 \le t \le T$내에 원하는 상태 $x(t)$로 이동시킬 수 있다. 즉, 폐루프 시스템은 점근 안정하다.

식 (7.5)에서 이득 K는 상태궤환 이득으로 폐루프 시스템의 특성방정식이 2차이면 식 (7.8)으로, 3차이면 식 (7.9)을 사용하여 쉽게 구할 수 있다.

$$q(s) = (s^2 + 2\zeta\omega_n s + \omega_n^2) \tag{7.8}$$

$$q(s) = (s^2 + 2\zeta\omega_n s + \omega_n^2)(s + \zeta\omega_n) \tag{7.9}$$

상태궤환 이득은 Ackermann의 공식에 의해서도 구할 수 있다. 원하는 특성방정식이 (7.10)으로 주어졌다고 가정하자.

$$q(\lambda) = \lambda^n + \alpha_{n-1}\lambda^{n-1} + \cdots + \alpha_1\lambda + \alpha_0 \tag{7.10}$$

Ackermann 공식을 사용하면 상태궤환 이득은 식 (7.11)과 같이 구해진다. 여기서 $q(A)$는 식 (7.12)이고 P_c 는 가제어성 행렬이다.

$$K=[0\ 0\ \cdots\ 0\ 1]P_c^{-1}q(A) \tag{7.11}$$

$$q(A)=A^n+\alpha_{n-1}A^{n-1}+\cdots+\alpha_1A+\alpha_0I \tag{7.12}$$

그러나 전-차수 상태궤환을 하기 위해 모든 상태를 감지해야 한다는 것은 물리적으로 불가능하며 또한 실제적이지 못하다. 예를 들어 DC 모터의 계자회로 또는 전기자회로에 흐르는 전류는 상태변수로 사용된다. 그러나 DC 모터에서 회전하는 계자권선 또는 전기자권선의 전류를 실시간으로 측정한다는 것은 어려운 일이다. 또한, 가속도 또는 각가속도와 같은 상태변수를 정확하게 측정하기 위해서는 고가의 센서가 필요하다. 전-차수 상태궤환의 이러한 문제점을 해결하기 위해 관측기(observer)에서 추정한 상태변수를 이용한 상태궤환을 사용한다.

실습예제 7.1

동적방정식 (7.13)을 갖는 시스템에 대해 감쇠비 $\zeta=0.8$과 고유주파수 $\omega_n=10$을 만족하도록 상태궤환 이득을 결정하라. 여기서 $g=9.8$는 중력가속도이고, $l=0.5$은 길이이다.

$$\dot{x}=\begin{bmatrix}0 & 1\\ g/l & 0\end{bmatrix}x+\begin{bmatrix}0\\ -1/l\end{bmatrix}u,\ y(t)=[1\ 0]x(t) \tag{7.13}$$

풀이

식 (7.13)의 특성방정식은 $s^2-g/l=0$로 우반면에 하나의 근을 가지는 불안정한 시스템이다. 따라서 폐루프 시스템을 안정하게 하기 위해 상태궤환을 사용한다. 제어입력을 식 (7.14)와 같이 정의하면 폐루프 동적방정식은 식 (7.15)와 같다.

$$u(t)=-Kx=-[k_1\ k_2]\begin{bmatrix}x_1\\ x_2\end{bmatrix}=-k_1x_1-k_2x_2 \tag{7.14}$$

$$\begin{bmatrix} \dot{x}_1 \\ \dot{x}_2 \end{bmatrix} = \begin{bmatrix} 0 & 1 \\ (g+k_1)/l & k_2/l \end{bmatrix} \begin{bmatrix} x_1 \\ x_2 \end{bmatrix} \tag{7.15}$$

여기서 g는 중력가속도이고 l은 길이이므로 모두 양수이다. 따라서 k_1, k_2 모두 음수여야 식 (7.15)가 점근 안정하다.

설계사양으로 감쇠비와 고유주파수가 주어지고, 2차 시스템이므로 식 (7.8)의 $q(s)=(s^2+2\zeta\omega_n s+\omega_n^2)$를 사용하여 원하는 근의 벡터 P를 구한다. 연산 결과 상태궤환의 이득 $K=[-59.8 \quad -8]$로 모두 음수인 것으로 확인된다. acker(A,B,P) 대신 **place**(A,B,P)를 사용해도 좋다. place는 극점배치(pole placement)에서 유래되었다.

```
g=9.8; L=0.5;
A=[0 1; g/L 0]; b=[0; -1/L];
zeta=0.8; wn=10; q=[1 2*zeta*wn wn^2]; P=roots(q);
K=acker(A, b, P)
```

실습예제 7.2

아래의 동적방정식 (7.16)을 갖는 시스템에 대해 감쇠비 $\zeta=0.8$과 정착시간 $t_s=1[\text{sec}]$를 만족하도록 상태궤환 이득을 결정하라.

$$\dot{x} = \begin{bmatrix} 0 & 1 & 0 \\ 0 & 0 & 1 \\ -2 & -3 & -5 \end{bmatrix} x + \begin{bmatrix} 0 \\ 0 \\ 1 \end{bmatrix} u \tag{7.16}$$

풀이

설계사양으로 감쇠비와 고유주파수가 주어지고, 3차 시스템이므로 식 (7.9)의 $q(s)=(s^2+2\zeta\omega_n s+\omega_n^2)(s+\zeta\omega_n)$를 사용하여 원하는 근의 벡터 P를 구한다. 연산을 수행한 결과 상태궤환 이득은 $K=[98 \;\; 54 \;\; 7]$이다.

```
A=[0 1 0;0 0 1;-2 -3 -5]; b=[0;0;1]; Pc=ctrb(A,b); n=det(Pc);
zeta=0.8; ts=1; wn=4/(zeta*ts);
q=conv([1 2*zeta*wn wn^2],[1 zeta*wn]);
P=roots(q); K=place(A,b,P)
```

실습예제 7.3

실습예제 7.1에서 상태변수의 초기조건이 $x(0) = [1 \ -1]$ 일 때 상태궤환 이득 $K = [-59.8 \quad -8]$ 을 사용한 모의실험을 Simulink 모델로 실행하라.

풀이

세 가지 방식의 Simulink 모델을 구성해보자.

(1) 첫 번째 방법은 그림 7.1(a)와 같이 **Math Operations/Matrix Gain** 블록을 사용한다.

① $r(t)$ 로 표현된 **Step** 블록에서 **Step time**을 0, **Intial value**를 0, **Final value**를 1, 그리고 **Sample time**을 0으로 설정한다.

② **State-Space** 블록에 행렬 A는 $[0,\ 1\ ;\ 9.8/0.5,\ 0]$, 벡터 B는 $[0\ ;-2]$, 벡터 C는 $eye(2)$, 그리고 D는 $[0\ ;\ 0]$, **Initial Conditions**에는 $[1;-1]$을 입력한다.

③ **Matrix Gain** 블록은 벡터 또는 행렬의 연산을 수행할 수 있다. 이 예제에서는 블록의 입력 u가 벡터이므로, **Matrix Gain** 블록의 **Multiplication** 버튼은 **Matrix(K*u)(u vector)**을 선택해야 한다. **Matrix Gain** 블록의 **Gain** 버튼에는 상태궤환 이득인 $[-59.8,\ -8]$을 입력한다.

④ 모델창의 **Simulation/Stop time**을 1.0으로 수정한 후 **Start**를 클릭하거나, 메뉴바에서 ▶를 클릭한다.

⑤ **Sink/Scope** 블록을 클릭, 쌍안경 를 클릭, 화면에 마우스를 대고 오른쪽 버튼을 클릭, **Axes properties**를 클릭하여 **Y-min**을 −5로 **Y-max**를 2로 입력하면 그림 7.1(b)와 같은 화면이 생성된다.

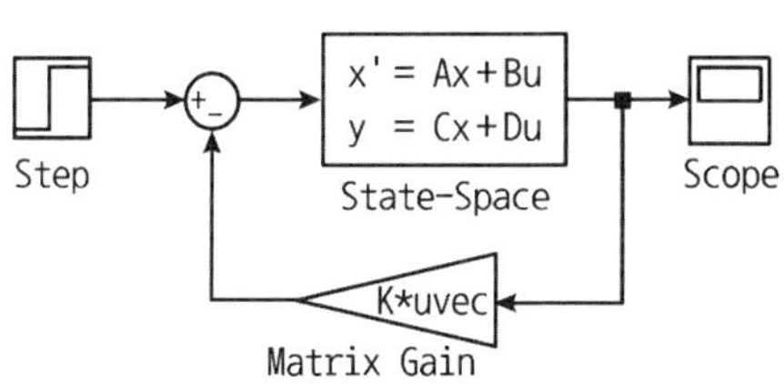

(a)

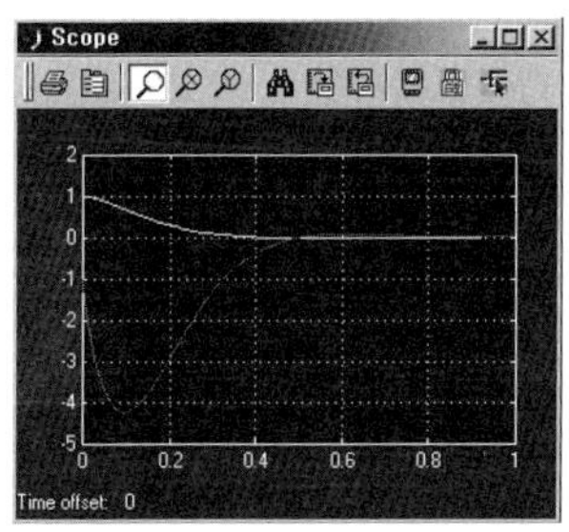

(b)

(2) 두 번째 방법에서는 **User-Defined Functions/Fcn**을 사용한다.

① 첫 번째 방법과 ①항, ②항, ④항, 그리고 ⑤항은 동일하다.

② **Fcn** 블록은 벡터 또는 행렬의 연산을 수행할 수 없으므로, 블록의 대화상자에 −59.8*u(1)−8*u(2)라고 벡터 K와 **Fcn**의 입력 벡터 u의 원소별로 연산을 수행해야 한다. 모의실험 결과는 그림 7.1(b)와 동일하다.

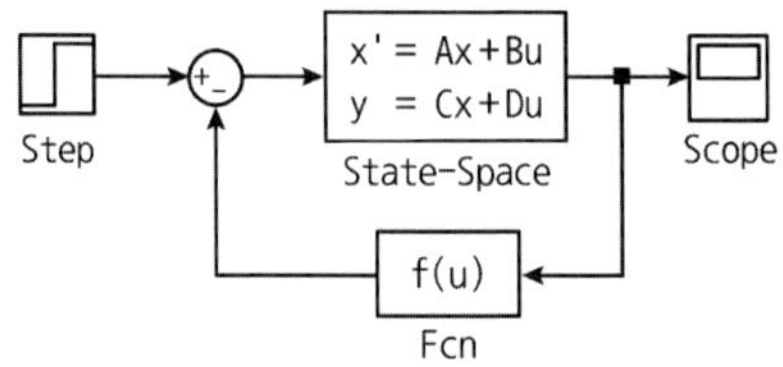

(c)

(3) 세 번째 방법은 **User-Defined Functions/MATLAB Fcn**을 사용하는 방법이다.

① 첫 번째 방법과 ①항, ②항, ④항, 그리고 ⑤항은 동일하다.

② **MATLAB Fcn** 블록은 벡터 또는 행렬의 연산을 수행할 수 있다.을 사용하는 방법은 두 가지이다. 첫 번째 방법은 MATLAB function 버튼에 $[-59.8, -8]*u$을 입력하고 **Output dimensions** 버튼은 1로 수정하여 모의실험을 실행하면 그림 7.1(b)와 같은 결과를 얻을 수 있다.
두 번째 방법은 **MATLAB function** 버튼에 함수명 SFCon을 입력하고, function SFCon을 아래와 같이 프로그래밍하여 Simulink 모델에 존재하는 같은 디렉토리에 저장한 후, **Output dimensions** 버튼은 1로 수정하여 모의실험을 실행하면 그림 7.1(b)와 같은 결과를 얻을 수 있다. 함수 **SFCon**을 살펴보면, 상태궤환 이득을 직접 입력하지 않고 명령어 **acker**에 의해 계산한 것을 알 수 있다. 즉, **MATLAB Fcn**은 Simulink 모델에서 복잡한 연산을 수행해야 할 필요가 있을 때 사용한다.

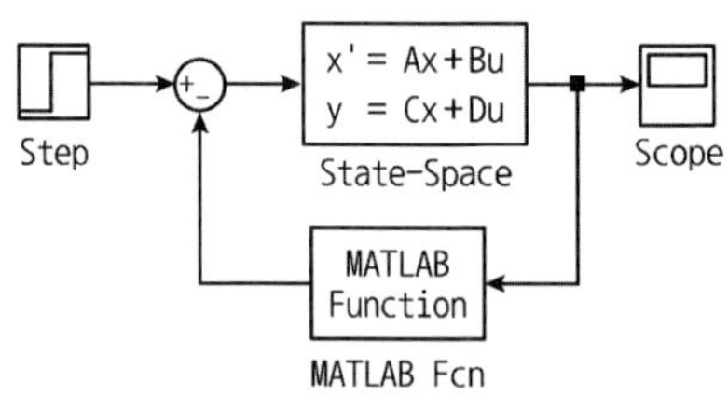


```
function y=SFCon(u)
A=[0 1;19.6 0]; B=[0;-2]; s=[1 16 100]; P=roots(s); K=acker(A,B,P);
y=K*u;
```

(d)

〈그림 7.1〉 실습예제 7.3의 연산 결과

실습예제 7.4

전달함수 $G(s)=\dfrac{Y(s)}{U(s)}=\dfrac{6}{s^3+6s^2+11s+6}$ 에 대해 물음에 답하라.

(1) 동적방정식을 구하고, 시스템의 가제어성을 조사하라.

(2) 시스템이 제어 가능하면 특성방정식의 근이 $s=-1\pm 2j,\ -10$이 되도록 상태궤환 이득 K을 구하라.

(3) 상태의 초기조건 $x(0)=[1\ \ -1\ \ 0]$에 대해 모의실험을 수행하라.

(4) Simulink 모델을 사용하여 위의 과정을 수행하라.

풀이

기존에 사용하던 매개변수와의 오류를 방지하기 위해 MATLAB 명령어 **close all**를 사용한다. 이 명령어는 작업공간창(workspace)에 저장된 모든 매개변수의 값을 clear하기 때문에 저장해야 할 매개변수가 있다면 사용에 주의해야 한다. 또한 **clf**(clear current figure)를 사용하여 MATLAB에서 생성된 화면상의 모든 그림을 지운다.

(1) 3행에서 동적방정식을 구하기 위해 **tf2ss**를 사용하였다. 연산의 결과는 다음의 식 (7.17)과 같다.

$$\dot{x}(t)=\begin{bmatrix}-6 & -11 & -6\\ 1 & 0 & 0\\ 0 & 1 & 0\end{bmatrix}x(t)+\begin{bmatrix}1\\0\\0\end{bmatrix}u(t),\ y(t)=[0\ 0\ 6]x(t) \tag{7.17}$$

(2) 4행에서 가제어성 행렬을 생성하기 위해 **ctrb**를 사용하였고, 가제어성 행렬의 행렬식 **det**를 구한다. 5행에서 9행까지 프로그램은 행렬식이 MATLAB의 허용오차 eps보다 작으면 '시스템이 제어 가능하지 못하다'라는 메시지를 명령어창에 생성한다. 아니면 ' 시스템이 제어 가능하다'라는 메시지를 보인다. 10행에서 원하는 근을 벡터 P로 표현하고, **place**를 사용하여 상태궤환 이득을 구하였다. 11행에서 상태궤환에 의한 새로운 동적방정식을 AT, BT, CT, DT로 정의한다.

(3) 12행에서 초기상태를 $x(0)$을 설정한 후, 2행의 시간 벡터 t와 입력 벡터 u를 사용하여 모의실험 **lsim**을 수행하였다. 이때 입력 벡터는 **zeros**(1, length(t))를 사용하여 시간 벡터와 차원이 동일한 0 벡터를 생성하였다.

(4) 식 (7.17)을 사용하여 Simulink 모델을 그림 7.2(b)와 같이 작성하였다. 그림 7.2(c)에서 부시스템의 출력인 상태변수가 $[x_1\ x_2\ x_3]$의 순서이므로 Matrix gain C의 대화상자에서 이득을 $C=[0\ 0\ 6]$으로, 상태궤환 이득은 $K=[6\ 14\ 44]$로 설정한다. 그림 7.2(d)에서 상태궤환에 의해 초기소건과 출력이 모두 0으로 수렴함을 알 수 있다.

```
clear all, clf
t=[0:0.01:10]; u=zeros(1,length(t));
num=[6]; den=[1 6 11 6]; [A, B, C, D]=tf2ss(num, den)
Pc=ctrb(A, B); n=det(Pc);
if abs(n) < eps
disp('The system is uncontrollable')
else
disp('The system is controllable')
end
P=[-1+j*2, -1-j*2, -10]; K=place(A,B,P);
At=A-B*K; Bt=B; Ct=C; Dt=D;
x0=[1 -1 0]; [y, x]=lsim(At, Bt, Ct, Dt, u, t, x0);
plot(t, x(:, 1), t, x(:, 2), '+', t, x(:, 3), '*'), grid
title('State Trajectories of Ex7.4'), legend('x1(t)','x2(t)','x3(t)')
xlabel('time [sec]'), ylabel('state trajectories')
```

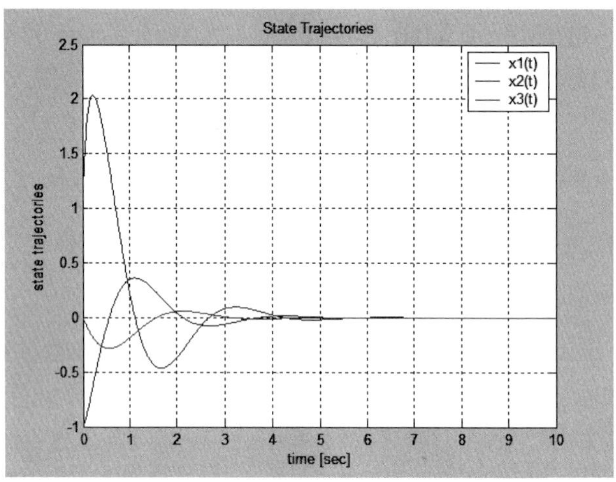

(a)

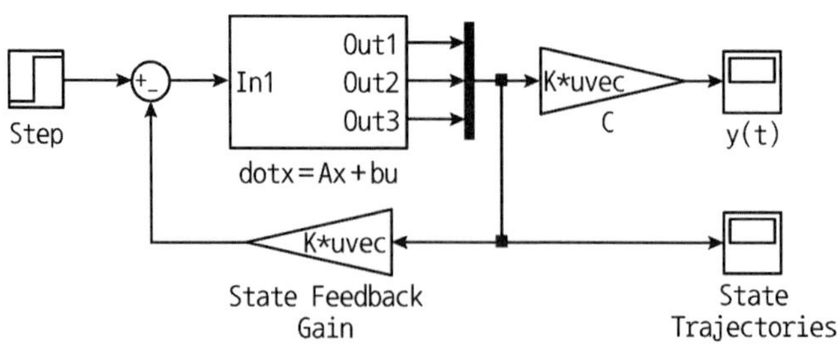

(b)

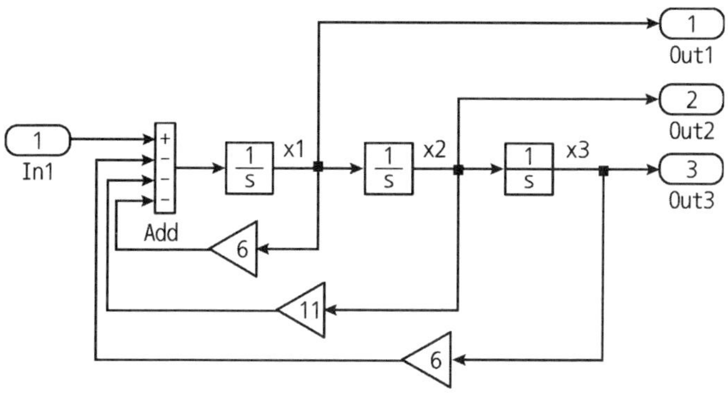

(c)

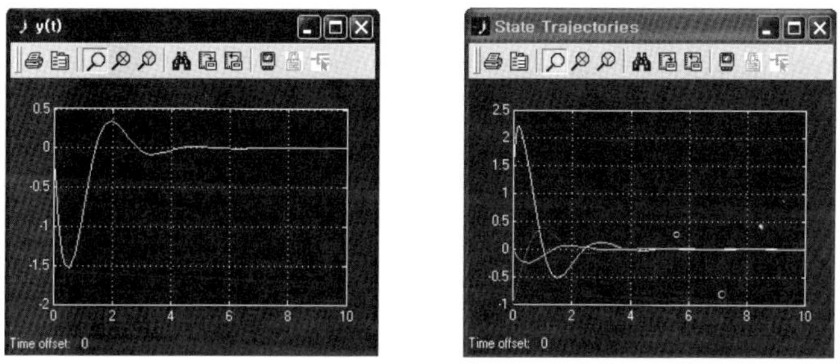

(d)

〈그림 7.2〉 실습예제 7.4의 결과

실습예제 7.5

실습예제 7.1을 ode45를 사용하여 설계해보자.

풀이

ode45는 상미분방정식을 풀기 위한 MATLAB 명령어이다.

(1) 3행의 global u는 main 프로그램과 function 프로그램에서 공통으로 사용하는 변수 u를 지정한 것이다. **ode45**는 function 문을 호출할 때 입력변수로 모델명(model7_4), 시간구간(Tspan), 그리고 초기값(x0)만을 사용한다. 그러나 function 문에서는 main 프로그램에서 계산한 제어입력 u를 필요로 하므로 **global** 변수로 선언해야 한다.

(2) 3행에서 5행까지는 상태궤환 이득 K를 구한 프로그램이다.

(3) 6행의 run_time은 0초(t0)부터 0.01초(ts)씩 증가하여 3초까지 실행하라는 실행 문이다. 그

리고 tf는 11행에서 사용한 ode45의 입력 변수 Tspan의 증분을 설정하기 위해 사용한다.

(4) 7행은 상태변수의 초기조건이고, 8행의 각 변수들은 18행과 20행의 그래프에 사용되는 변수들의 초기값이다.

(5) 9행부터 17행의 for 문은 동적방정식 'model7_4'의 적분을 수행하기 위한 프로그램이다. 10행에서 상태궤환에 의한 제어입력을 계산하였고, 11행에서 Tspan를 설정하였다. 이때 'model7_4'는 function 문으로 model의 동적방정식을 표현해야한다. 13행은 새로운 적분구간을 설정하기 위해 사용되고, 14행은 새로운 초기조건을 설정하기 위해 사용된다. 15행과 16행은 그래프에 사용되는 변수들의 각 구간의 값을 저장하기 위해 사용한다.

(6) 아래 m파일은 function 문 mode7_4로 주어진 제어대상의 상태방정식을 표현한 것이다. 주어진 상태방정식이 2차이므로 xdot을 zeros(2,1)으로 초기화하였다. for 문에서 호출될 때마다 초기화되어야 하므로 반드시 선언해야 한다.

```
clear all, clf % 1행
global u% 2행
g=9.8; L=0.5; A=[0, 1; g/L, 0]; b=[0; -1/L];% 3행
zeta=0.8; wn=10; q=[1, 2*zeta*wn, wn^2];% 4행
P=roots(q); K=place(A, b, P) % 5행
t0=0; ts=0.01; run_time=[t0:ts:3]; tf=t0+ts; % 6행
x=[-0.8, 0]; x0=x; % 7행
x1_hist=x(1); x2_hist=x(2); t_hist=t0; u_hist=0; % 8행
for i=1 : length(run_time)-1,% 9행
u=-K*x'; % 10행
Tspan=[t0, tf]; % 11행
[t, x]=ode45('model7_4', Tspan, x0); % 12행
[mt, nt]=size(t);t0=t(mt, :); tf=t0+ts; % 13행
[mx, nx]=size(x); x0=x(mx, :); x=x0;% 14행
x1_hist=[x1_hist; x(1)]; x2_hist=[x2_hist; x(2)]; % 15행
t_hist=[t_hist; t0]; u_hist=[u_hist; u]; % 16행
end% 17행
figure(1), plot(t_hist, u_hist), grid % 18행
title('Control Input'), xlabel('time[s]'), ylabel('u(t)') % 19행
figure(2), plot(t_hist, x1_hist, t_hist, x2_hist, '--'), grid % 20행
title('State Trajectory'), xlabel('time[s]'), ylabel('x(t)') % 21행
```

```
function xdot=model7_4(t,x)
global u
xdot=zeros(2, 1); xdot(1)=x(2); xdot(2)=9.8/0.5*x(1)-1/0.5*u;
```

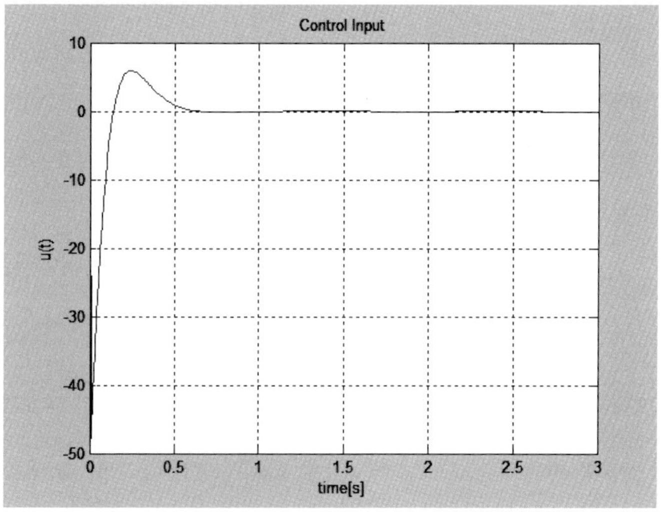

(a)

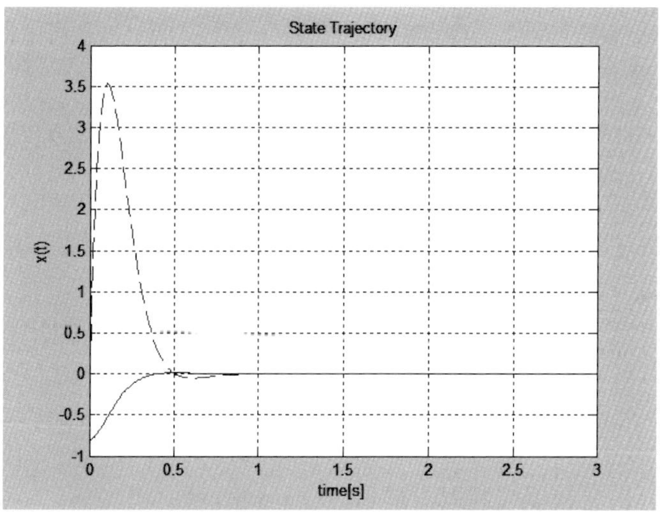

(b)

〈그림 7.3〉 실습예제 7.5의 연산 결과

실습예제 7.6

계자제어방식의 DC모터 블록선도에 대해 물음에 답하라.

(1) 그림 7.4(a)에서 출력부터 상태변수를 $x_1,\ x_2,\ x_3$으로 선정할 때 개루프 동적방정식을 유도하라.

(2) 그림 7.4(a)에 대해 상태궤환 제어기를 그림 7.4(b)와 같이 설계하려고 한다.

① 폐루프 동적방정식과 특성방정식을 유도하라.

② 유도된 특성방정식을 $1+\dfrac{Kk_3(s^2+as+b)}{s(s+1)(s+5)}$로 변형하여 근궤적 기법에 의한 상태궤환 제어기 $k=[k_1\ k_2\ k_3]$를 설계하려고 한다. 이때 정확한 출력의 위치를 얻기 위해 $k_1=1$로 설정한다. 설계방안을 제안하고 $k=[k_1\ k_2\ k_3]$를 결정하라.

③ 계단입력에 대해 2[초]보다 작은 정착시간과 4.0[%]보다 작은 오버슈트를 갖도록 Kk_3과 증폭기 이득 K를 결정하라.

④ 상태의 초기조건 $x(0)=[0\ 0\ 0]$일 때, 폐루프 시스템의 계단응답을 도시하고, 퍼센트 오버슈트와 정착시간을 계단응답에 표시하라.

풀이

상태궤환 제어기의 설계절차는 다음과 같다.

(1) 그림 7.4(a)에서 개루프 동적방정식은 식 (7.18)과 같다.

$$\dot{x}(t)=\begin{bmatrix}0&1&0\\0&-1&1\\0&0&-5\end{bmatrix}x(t)+\begin{bmatrix}0\\0\\K\end{bmatrix}u(t),\ y(t)=[1\ 0\ 0]x(t) \tag{7.18}$$

(2) 상태궤환 제어기의 설계 절차는 다음과 같다.

① 그림 7.4(b)에서 폐루프 동적방정식과 특성방정식은 각각 식 (7.19), (7.20)과 같다.

$$\dot{x}(t)=\begin{bmatrix}0&1&0\\0&-1&1\\-K&-Kk_2&-(5+Kk_3)\end{bmatrix}x(t)+\begin{bmatrix}0\\0\\K\end{bmatrix}r(t),\ y(t)=[1\ 0\ 0]x(t) \tag{7.19}$$

$$s^3+6s^2+5s+Kk_3s^2+Kk_3s+Kk_2s+K=0 \tag{7.20}$$

② 식 (7.20)의 특성방정식을 $1+\dfrac{Kk_3(s^2+as+b)}{s(s+1)(s+5)}$으로 변환하여 근궤적 기법의 설계를 수행하자. 설계 방안은 폐루프 시스템의 상대안정도 증가를 위해 복소영점 $s^2+as+b=0$을 비우세근인 $s=-5$에 가깝게 배치하여 근궤적을 s 평면의 좌반부로 밀어내는 것이다. 비우세근에 가깝게 복소영점을 배치하면, 설계사양을 만족하는 Kk_3의 값이 큰 값으로 결정된다. 큰 값의 Kk_3값이 필요한 이유는 폐루프 제어시스템은 개루프 제어시스템에 비해 이득이 감소하기 때문이다. 복소영점을 $s=-4\pm j2$로 선정할 때 $a=(k_2+k_3)/k_3=8$, $b=1/k_3=20$이 되고, 따라서 $k_2=0.35, k_3=0.05$이다.

③ 설계사양에 의한 감쇠비는 $\zeta>0.72$, 고유주파수는 $\omega_n>2.8$이다. 그림 7.4(c)의 근궤적에서 감쇠비 $\zeta=0.76$일 때 $Kk_3=11.1$이고, 따라서 $K=222$이다. 일반적으로 MATLAB 명령어 **sgrid**의 입력변수는 (zeta, wn)을 사용한다. 여기서는 감쇠비와 근궤적이 만나는 점을 wn이 지날 수 있도록 시행착오적으로 1.8을 곱하였다.

④ 그림 7.4(d)의 단위계단응답에서 퍼센트 오버슈트는 3[%]이고, 정착시간은 1.8[초]이다. 따라서 설계사양이 만족하는 것을 알 수 있다. 설계사양이 만족하지 않으면 복소영점을 원점에서 더 멀리 배치한 후 재설계를 수행한다. 그림 7.4(e)는 Simulink의 연산 결과이다.

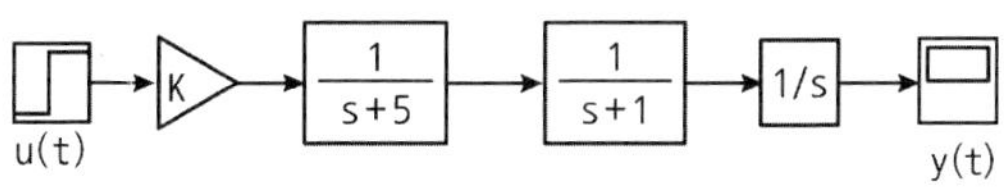

(a)

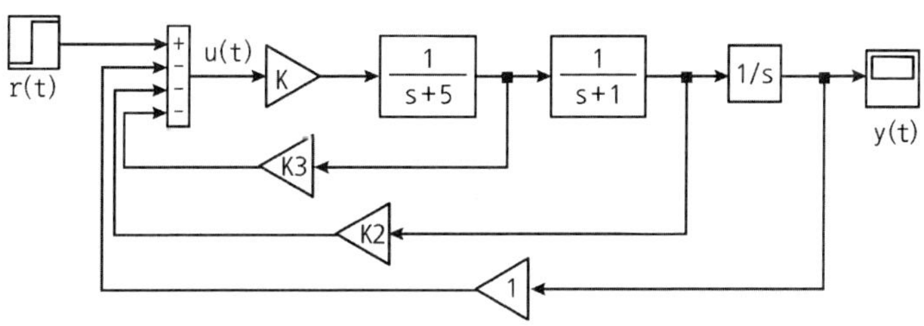

(b)

```
close all, clf, global u, global K
t=[0:0.01:8]; c_pole=[-4+j*2 -4-j*2]; num=poly(c_pole), k3=1/num(3),
k2=num(2)*k3-k3, zeta=0.76; ts=2; wn=4/(ts*zeta);
den=[1 6 5 0]; [A,B,C,D]=tf2ss(num,den); sys=ss(A,B,C,D)
figure(1), rlocus(sys), sgrid(zeta, 1.8*wn), axis([ 7 0 -5 5])
[Kk3, clpoles]=rlocfind(A,B,C,D), K=Kk3/k3, k=[1 k2 k3]
t0=0; ts=0.01; tf=t0+ts; x=[0 0 0]; x0=x; r=1; y_hist=x(1); t_hist=t0;
```

```
for i=1 : length(t)-1,
u=r-k*x'; Tspan=[t0, tf]; [t, x]=ode45('model7_6', Tspan, x0);
[mt, nt]=size(t);t0=t(mt, :); tf=t0+ts; [mx, nx]=size(x); x0=x(mx, :); x=x0;
y_hist=[y_hist; x(1)]; t_hist=[t_hist; t0];
end
figure(2), plot(t_hist,y_hist), grid
title('Step Response'), xlabel('time[s]'), ylabel('y(t)')
```

```
function xdot=model7_6(t,x)
global u, global K
xdot=zeros(3, 1); xdot(1)=x(2); xdot(2)=-x(2)+x(3);
xdot(3)=-5*x(3)+K*u;
```

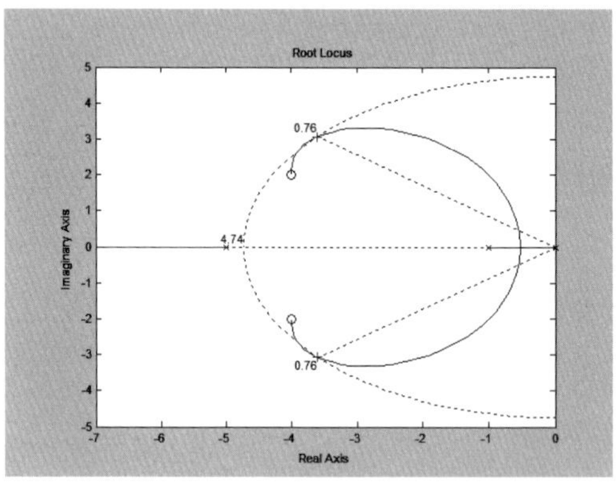

(c)

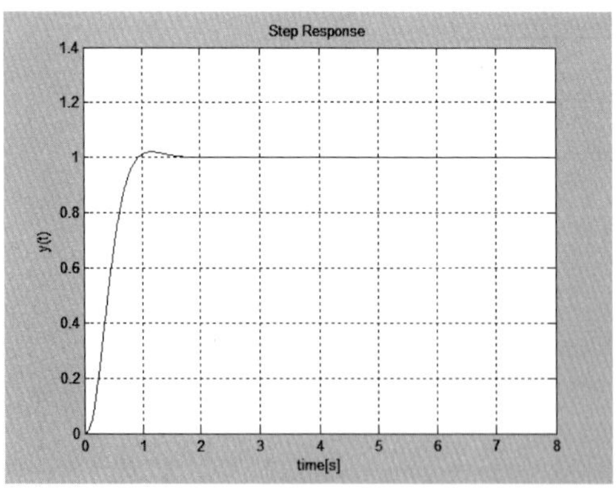

(d)

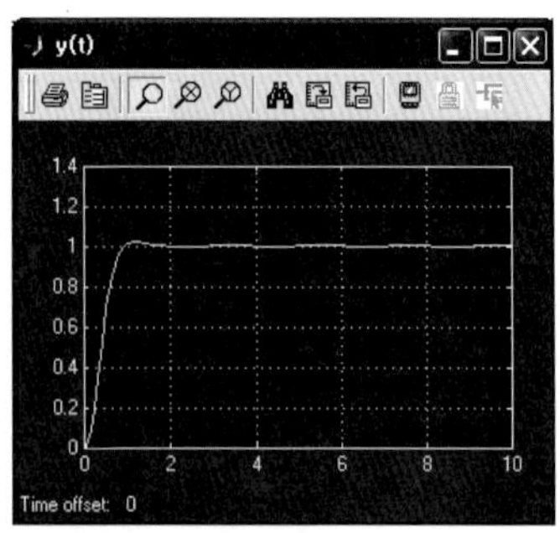

(e)

〈그림 7.4〉 실습예제 7.6의 연산 결과

7.2 상태변수 관측기의 설계

전차수 상태궤환은 모든 상태를 감지해야 한다는 문제점이 있으므로 관측기(observer)를 사용하여 전차수 상태궤환의 문제점을 해결한다. 관측기를 사용하여 시스템의 모든 상태변수를 추정하기 위해서는 시스템이 완전 관측가능(observable) 해야 한다는 전제조건이 만족해야 한다. 제어시스템이 관측가능하면 특성방정식의 모든 근들을 s 평면상의 원하는 위치로 배치할 수 있다.

가관측성(observability)은 가제어성과 쌍대(dual)의 관계에 있다. 출력이 모든 상태변수의 함수이면 관측가능 또는 완전 관측가능하다고 정의한다. 시스템이 관측가능하면 유한한 시간 $t_0 \le t \le T$ 내에 주어진 제어입력 $u(t)$와 출력 $y(t)$에서 초기상태 $x(t_0)$를 결정할 수 있다. 관측가능하다는 것은 모든 상태변수에 대한 것이므로, n 의 상태변수 중 하나라도 관측가능하지 못하면 관측가능하지 못하다고 한다. 위상변수표준형으로 표현된 동적방정식은 완전 관측가능하다.

SISO 시스템에서 가관측성은 식 (7.21)으로 주어지는 가관측성 행렬의 행렬식이 0이 아니면, 시스템은 관측가능하다고 판별한다.

$$P_o = [C,\ CA,\ CA^2,\ \cdots,\ CA^{n-1}]' \tag{7.21}$$

Luenberger 관측기라고도 불리는 상태관측기를 설계하자. 시스템의 동적방정식이 식 (7.1)로 주어졌다고 가정할 때 상태관측기는 식 (7.22)와 같다.

$$\dot{\hat{x}} = A\hat{x} + Bu + L(y - C\hat{x}) \tag{7.22}$$

여기서 $\hat{x}$은 상태변수 x 의 추정값(the estimate)이고, L은 관측기의 이득이다. 관측기의 설계 목표는 시간이 지남에 따라 추정값 $\hat{x}$가 상태변수 x 와 일치하도록 관측기 이득 L을 설계하는 것이다. 일반적으로 상태변수의 초기조건 $x(t_0)$는 미지의 값이므로 관측기의 초기 추정값 $\hat{x}(t_0)$도 반드시 선정해야 한다.

관측기 추정값 오차를 식 (7.23)과 같이 정의하면 추정값 오차의 미분방정식은 식 (7.24)와 같이 된다.

$$e(t) \equiv x(t) - \hat{x}(t) \tag{7.23}$$

$$\begin{aligned} \dot{e}(t) &= \dot{x} - \dot{\hat{x}} = Ax + Bu - A\hat{x} - Bu - L(y - C\hat{x}) \\ &= A(x - \hat{x}) - LCx + LC\hat{x} = (A - LC)e(t) \end{aligned} \tag{7.24}$$

식 (7.24)에서 특성방정식 $\det[\lambda I - (A - LC)] = 0$의 모든 근이 좌반면에 존재하면, 식 (7.24)는 점근 안정하며 임의의 초기 추정값 오차에 대해 시간이 지남에 따라 추정값 오차는 0으로 수렴한다.

따라서 관측기의 설계 문제는 특성방정식의 근을 좌반면에 존재하게 하는 관측기 이득 L을 설계하는 문제로 귀결된다. 시스템이 완전 관측 가능하면 관측기 이득 L은 항상 존재하며, 직접 측정할 수 없는 상태들도 상태관측기를 사용하여 측정할 수 있다.

관측기 이득 L을 설계하는 방법은 상태궤환 이득 K를 설계하는 방법과 같다. 그러나 관측기 추정값 오차는 빠르게 0으로 수렴하는 것이 바람직하므로 관측기 이득을 구할 때 설정하는 근은 상태궤환 이득을 구할 때 설정하는 근의 위치보다 2~10배 정도 원점에서 멀리 배치하는 것이 일반적이다.

관측기 이득도 Ackermann의 공식에 의해 구할 수 있다. 원하는 관측기 특성방정식이 (7.25)와 같다고 하자.

$$p(\lambda) = \lambda^n + \beta_1 \lambda^{n-1} + \cdots + \beta_{n-1}\lambda + \beta_n \tag{7.25}$$

Ackermann 공식을 사용하면 관측기 이득 L은 식 (7.26)과 같이 구해진다. 여기서 $p(A)$는 식 (7.27)이고 P_o는 가관측성 행렬이다.

$$L = p(A)P_o^{-1}[0, \cdots 0, 1]^T \tag{7.26}$$

$$p(A) = A^n + \beta_1 A^{n-1} + \cdots + \beta_{n-1}A + \beta_n I \tag{7.27}$$

대부분의 센서는 잡음에 취약하기 때문에, 잡음의 영향을 줄이기 위하여 직접 측정할 수 있는 상태변수라도 상태변수 추정기를 사용하여 추정하는 것이 일반적이다. 시변(time-varying) 최적 관측기로 널리 사용되고 있는 Kalman 필터는 측정 잡음이나 제어대상의 잡음 등을 해결할 수 있다고 알려져 있다.

실습예제 7.7

시스템의 동적방정식이 식 (7.28)일 때, 출력 $y(t)$는 상태변수 $x_1(t)$만의 함수이므로 상태변수 $x_2(t)$를 추정할 관측기가 필요하다. 물음에 답하라.

$$\dot{x}(t) = \begin{bmatrix} 2 & 3 \\ -1 & 4 \end{bmatrix} x(t) + \begin{bmatrix} 0 \\ 1 \end{bmatrix} u(t),\ y(t) = [\,1\ \ 0\,]\,x(t) \tag{7.28}$$

(1) 원하는 근이 감쇠비 $\zeta = 0.8$, 고유주파수 $\omega_n = 10$이 되도록 관측기 이득 L을 구하라.

(2) 추정값 오차의 초기조건이 $e = [-0.8\ \ 0]$일 때 추정값 오차의 추이를 도시하라.

풀이

연산 결과 관측기 이득은 $L = [22; 59]$이고, $A - L^{*}c = [-20, 3; -60, 4]$ 이다. function 문에서 추정값 오차에 대한 동적방정식은 식 (7.24)를 사용하였다.

```
clear all, clf, global ALC
A=[2 3; -1 4]; b=[0; 1]; c=[1 0];
zeta=0.8; wn=10; sigma=zeta*wn; w=wn*sqrt(1-zeta^2);
P=[-sigma+j*w; -sigma-j*w]; L=acker(A', c', P)'; ALC=A-L*c
t0=0; ts=0.01; run_time=[t0:ts:3]; tf=t0+ts;
e=[-0.8, 0]; e0=e;
e1_hist=e(1); e2_hist=e(2); t_hist=t0;
for i=1 : length(run_time)-1,
Tspan=[t0, tf]; [t, e]=ode45('model7_7', Tspan, e0);
[mt, nt]=size(t);t0=t(mt, :); tf=t0+ts;
[me, ne]=size(e); e0=e(me, :); e=e0;
e1_hist=[e1_hist; e(1)]; e2_hist=[e2_hist; e(2)];
t_hist=[t_hist; t0];
end
figure(1), plot(t_hist, e1_hist, t_hist, e2_hist, '--'), grid
title('Estimation Error'), xlabel('time[s]'), ylabel('e(t)')
```

```
function edot=model7_7(t, e)
global ALC
edot=zeros(2, 1); edot(1)=ALC(1,:)*e; edot(2)=ALC(2,:)*e;
```

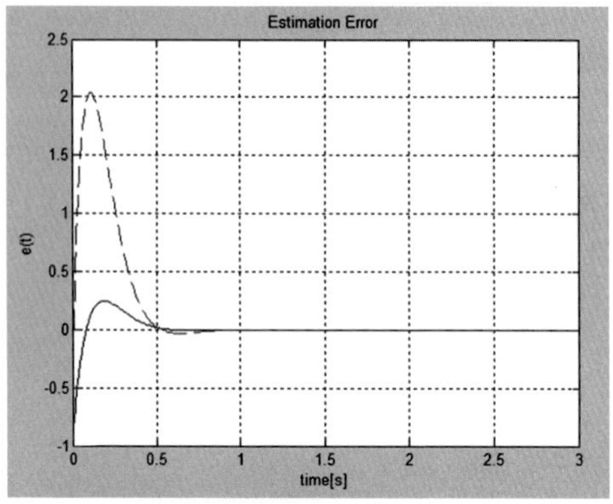

〈그림 7.5〉 실습 예제 7.7의 연산 결과

실습예제 7.8

시스템의 동적방정식이 식 (7.29)와 같다.

$$\dot{x}(t) = \begin{bmatrix} -2 & -2.5 & -0.5 \\ 1 & 0 & 0 \\ 0 & 1 & 0 \end{bmatrix} x(t) + \begin{bmatrix} 0 \\ 0 \\ 0 \end{bmatrix} u(t),\ y(t) = [\,1\ \ 4\ \ 3.5\,]\,x(t) \tag{7.29}$$

(1) 원하는 근이 $s = -3,\ -5,\ -7$이 되도록 관측기 이득 L을 구하라.

(2) 제어대상 상태변수의 초기조건이 $x(0) = [1; -0.75; 0.4]$이고, 관측기 상태변수의 초기조건이 $\hat{x}(0) = [0; 0; 0]$일 때 모든 상태변수의 궤적을 도시하고, 상태변수의 초기조건에 의한 제어대상의 출력과 관측기의 출력을 도시하라.

풀이

실습예제 7.7에 대한 풀이는 다음과 같다.

(1) 2행에서 B를 0벡터로 한 것은 제어입력이 0일 때, 상태변수의 초기조건에 의한 응답을 구하기 위해 임의로 설정하였다. 3행에서 관측기 이득을 구하였다. 관측기 이득은 $L = [\,35.23; -19.82;$

$16.30\,]'$ 이고, 관측기 이득이 궤환된 시스템 행렬 ALC는 3×3으로 아래의 식 (7.30)과 같다.

$$ALC = A - Lc = \begin{bmatrix} -37.23 & -143.43 & -123.81 \\ 20.82 & 79.27 & 69.36 \\ -16.30 & -64.18 & -57.04 \end{bmatrix} \tag{7.30}$$

(2) 4행에서 제어대상의 초기조건 $x0$, 관측기의 초기조건 $xhat0$, 모의실험의 실행 시간 t와 제어 입력 u를 지정하였다. 5행은 제어대상의 모의실험이고 6행은 관측기의 모의실험이다. 제어대상 **lsim**의 네 번째 입력변수는 제어입력이고, 관측기 **lsim**의 네 번째 입력변수는 제어대상의 출력이다. 제어대상과 관측기의 모든 상태변수와 출력은 약 25[초] 정도에서 0으로 수렴하나, 모든 상태 궤적과 출력을 비교하기 위해 모의실험의 실행시간을 5[초]로 제한하였다.

```
clear all, clf
A=[-2 -2.5 -0.5; 1 0 0; 0 1 0]; B=[0;0;0], C=[1 4 3.5]; D=[0];
p=[-3 -5 -7]; L=place(A', C', p)', ALC=A-L*C
x0=[1; -0.75; 0.4]; xhat0=[0;0;0]; t=[0:0.01:5]'; u=0*t;
[y, x]=lsim(A, B, C, D, u, t, x0);
[yhat, xhat]=lsim(ALC, L, C, D, y, t, xhat0);
figure(1), plot(t, x), grid,title('S-Trajectories of System')
xlabel('time[s]'), ylabel('x(t)'), figure(2), plot(t, xhat), grid
title('S-Trajectories of Observer'),xlabel('time[s]')
ylabel('xhat(t)'), figure(3), plot(t, y, t, yhat, '--'), grid
title('Transient Response')
xlabel('time[s]'), ylabel('y and yhat(t)')
```

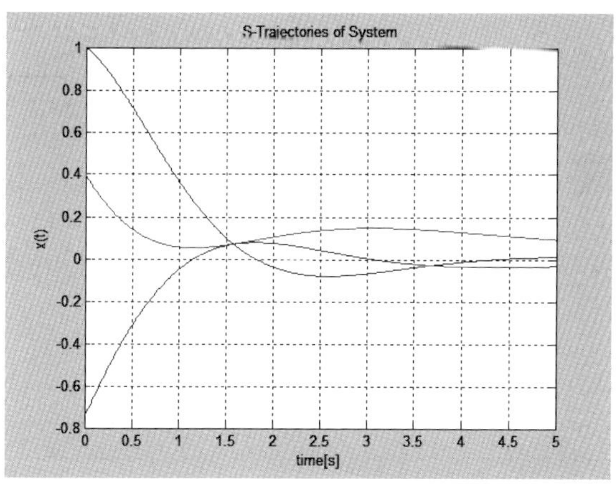

(a)

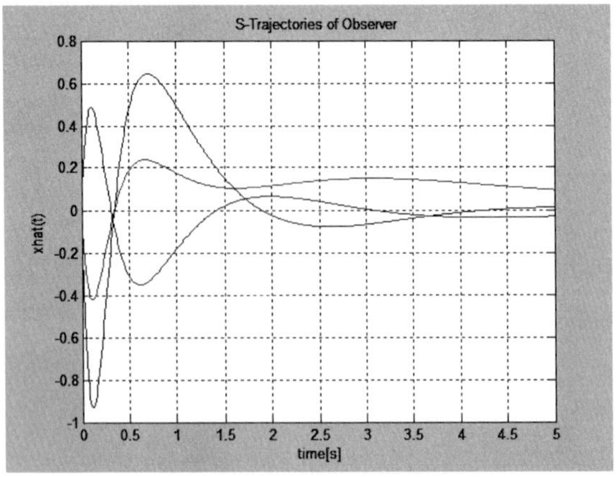

(b)

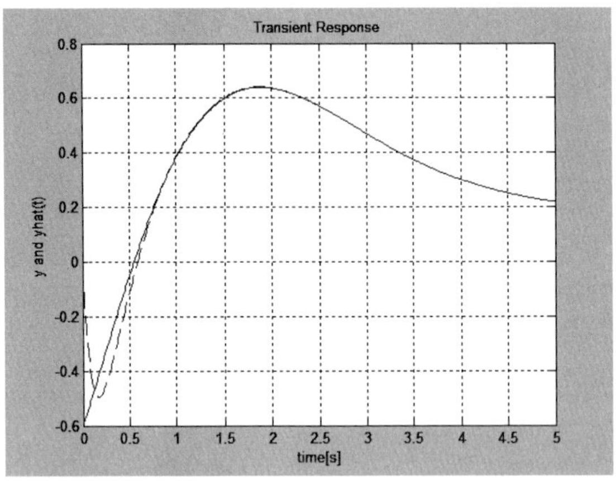

(c)

〈그림 7.6〉 실습예제 7.8의 연산 결과

실습예제 7.9

실습예제 7.7에 대해 Simulink 모델을 생성하고, 같은 조건을 사용하여 모의실험을 수행하라.

풀이

그림 7.7(a)는 동적방정식과 관측기의 Simulink 모델이다.

(1) 실습예제 7.7에서 제어입력 $u(t)=0$이므로 그림 7.7(a) 상단의 모델은 제어대상인 식 7.1의 동적방정식에서 $\dot{x}(t)=Ax(t)$, $y(t)=Cx(t)$만을 구성한 것이고, 하단의 모델은 식 7.22로 주어지는 관측기에서 $\dot{\hat{x}}=A\hat{x}+L(y-C\hat{x})$, $y(t)=C\hat{x}(t)$을 구성한 것이다.

(2) 그림 7.7(a)의 제어대상에서 Mux 블록의 첫 번째 입력은 x_2이고, 두 번째 입력은 x_1이므로 Matrix Gain 블록의 이득을 $[0\ 1]$로 설정하였으며, 관측기도 동일하다.

(3) 추정값 오차의 초기조건이 $e(0)=[-0.8\ \ 0]$이므로 제어대상의 각 적분기의 초기조건을 $x(0)=[-0.8,\ 0]$으로 설정하였고, 관측기의 각 적분기에 대해 초기조건을 $\hat{x}(0)=[0,\ 0]$으로 설정하였다.

(4) 관측기 이득은 실습 예제 7.7에서 계산된 $L=[22\,;59]$으로 관측기의 $\hat{x}_1$으로 Gain 블록의 이득을 22로 설정하여 Go to 2 블록을 거쳐 From 2으로 입력된다. 마찬가지로 $\hat{x}_2$으로 Gain 블록의 이득을 59로 설정하여 Go to 3 블록을 거쳐 From 3으로 입력된다.

(5) Simulink 모델이 복잡하여 **Go to** 블록과 **From** 블록을 4개 사용하였다. 한 세트의 **Go to** 블록과 **From** 블록을 사용할 때 마다 A, B,$\cdots$로 설정해야 한다. 연산 결과는 그림 7.7(b)로 실습예제 7.7과 동일함을 알 수 있다.

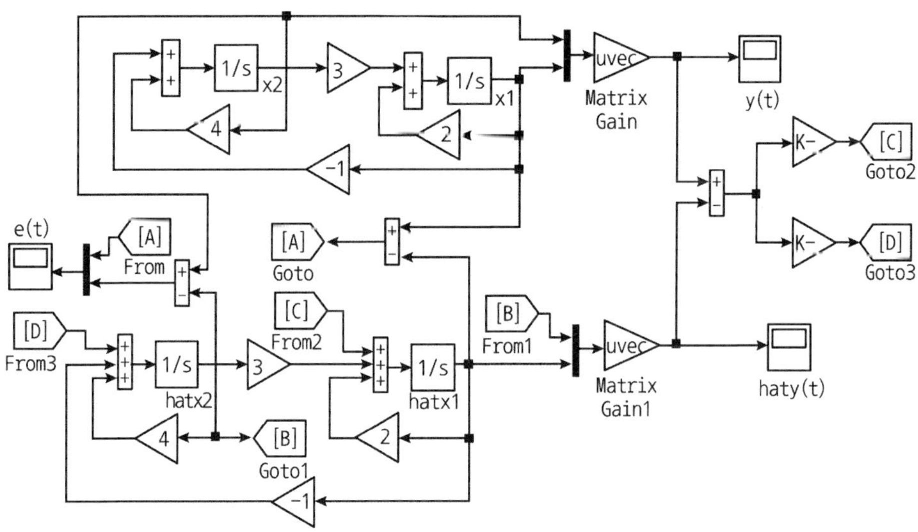

(a)

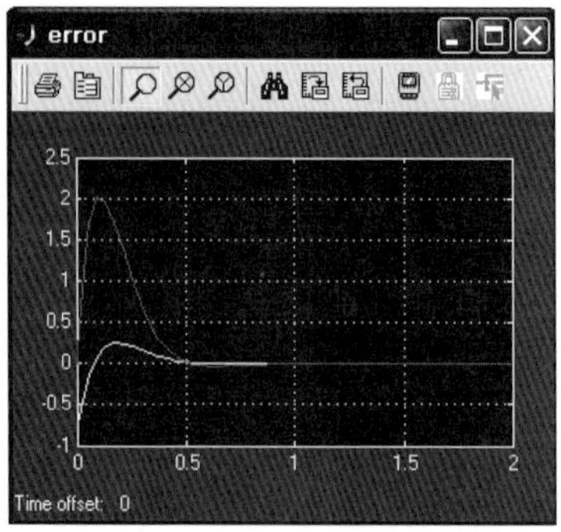

(b)

〈그림 7.7〉 실습예제 7.9의 연산 결과

7.3 상태궤환 보상기의 설계

상태관측기를 이용한 전차수 상태궤환 제어기를 상태궤환 보상기(compensator) 또는 Luenberger 보상기라 부른다. 상태변수 보상기는 상태변수의 초기조건에 대한 조정기(regulator)를 설계와 기준입력을 추적(tracking, command following)하는 설계로 구분된다. 즉, 기준입력 $r(t)=0$일 때 상태변수의 초기조건 $x(t_0)\neq 0$을 시간이 지남에 따라 평형상태인 $x(t)=0$로 보내는 점근 안정에 대한 설계 문제와 상태변수 제어기의 설계 문제로 구분할 수 있다.

기준입력이 없는 경우 상태궤환 보상기의 블록선도는 그림 7.8과 같다. 그림 7.8에서 관측기는 식 (7.31)과 같다.

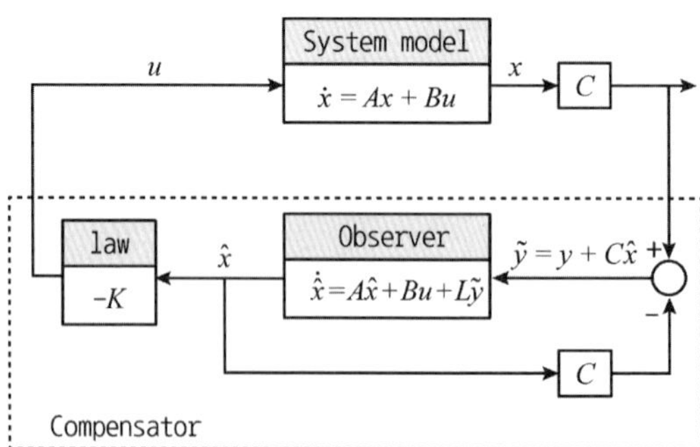

〈그림 7.8〉 기준입력이 없는 경우의 상태궤환보상기 블록선도

$$\dot{\hat{x}} = A\hat{x} + Bu + L(y - C\hat{x}) \tag{7.31}$$

식 (7.31)에 제어입력 $u(t) = -K\hat{x}(t)$을 대입하면 식 (7.32)로 된다.

$$\dot{\hat{x}} = (A - BK - LC)\hat{x} + Ly \tag{7.32}$$

관측기 추정값 오차를 $e(t) \equiv x(t) - \hat{x}(t)$으로 정의하고, 추정값 오차의 미분방정식을 구하면 식 (7.33)과 같다.

$$\begin{aligned} \dot{e}(t) &= \dot{x} - \dot{\hat{x}} = Ax + Bu - A\hat{x} - Bu - L(y - C\hat{x}) \\ &= A(x - \hat{x}) - LCx + LC\hat{x} = (A - LC)e(t) \end{aligned} \tag{7.33}$$

또한, 전차수 상태궤환 보상기에 제어입력 $u(t) = -K\hat{x}(t)$을 대입하면 식 (7.34)와 같다.

$$\begin{aligned} \dot{x} &= Ax + Bu = Ax - BK\hat{x} = Ax - BK(x - e) \\ &= (A - BK)x + BKe \end{aligned} \tag{7.34}$$

위에서 구한 식 (7.33)과 식 (7.34)를 행렬 형태로 표현하면 식 (7.35)와 같은 확장 행렬이 구해진다.

$$\begin{pmatrix} \dot{x} \\ \dot{e} \end{pmatrix} = \begin{bmatrix} A - BK & BK \\ 0 & A - LC \end{bmatrix} \begin{pmatrix} x \\ e \end{pmatrix} \tag{7.35}$$

식 (7.35)의 특성방정식은 $\det[\lambda I - (A - BK)]\det[\lambda I - (A - LC)] = 0$이 된다. 따라서 $\det[\lambda I - (A - BK)] = 0$과 $\det[\lambda I - (A - LC)] = 0$의 모든 근이 좌반면에 존재하도록 상태궤환 이득 K와 관측기 이득 L을 설계하면, 전체 시스템은 점근 안정하다. 따라서 상태궤환 보상기의 추정값 오차 $e(t_0)$와 상태조건 $x(t_0)$은 시간이 무한대로 진행함에 따라 0으로 수렴한다.

상태궤환 보상기의 설계는 분리원리(the principle of separation)를 적용하여 진행된다.

첫째, 전차수 상태궤환 보상기를 설계한다. 상태궤환 보상기의 이득 K는 $\det[\lambda I-(A-BK)]=0$의 모든 근이 좌반면에 존재하고, 제어기 설계사양을 만족하도록 선정되어야 한다. 둘째, 상태관측기를 설계한다. 상태관측기의 이득 L은 $\det[\lambda I-(A-LC)]=0$의 모든 근이 좌반면에 존재하고, 관측기 설계사양을 만족하도록 설계되어야 한다. 마지막으로 제어입력 $u(t)=-K\hat{x}(t)$을 관측기에 연결한다.

확장 시스템 (7.35)가 안정하더라도 전체 궤환시스템 (7.32)가 안정한 것은 아니다. 식 (7.32)와 제어입력을 라플라스 변환하면 각각 식 (7.37), (7.38)와 같다.

$$s\hat{X}(s)=(A-BK-LC)\hat{X}(s)+LY(s) \tag{7.36}$$

$$U(s)=-K\hat{X}(s) \tag{7.37}$$

식 (7.36)과 식 (7.37)을 사용하여 전체 폐루프 시스템의 전달함수를 구하면 식 (7.39)로 표현된다.

$$U(s)=[-K(sI-(A-BK-LC))^{-1}L]Y(s) \tag{7.39}$$

식 (7.39)에서 궤환시스템이 안정하기 위해서는 $\det[\lambda I-(A-BK-LC)]=0$의 모든 근이 s 평면의 좌반면에 존재해야 한다. 식 (7.39)의 조정기를 일반적으로 안정화 제어기(Stabilizing Controller)라고 부른다.

실습예제 7.10

실습 예제 7.7에서 사용한 식 (7.28)을 Plant로, 식 (7.32)와 제어입력 $u(t)=-K\hat{x}(t)$을 관측기로 궤환회로를 형성한 그림 7.9(a)의 Simulink 모델을 사용하여 모의실험을 수행해 보자.

$$\dot{x}(t)=\begin{bmatrix}2 & 3\\ -1 & 4\end{bmatrix}x(t)+\begin{bmatrix}0\\1\end{bmatrix}u(t),\ y(t)=[1\ \ 0]x(t) \tag{7.28}$$

(1) 원하는 근이 $P=[-0.8+j*0.6\ \ -0.8-j*0.6]$일 때 상태궤환 이득은 $K=[1.7333\ \ 7.6]$이다.

(2) 원하는 근 $Q=[-8+j*6\ \ -8-j*6]'$일 때 관측기 이득은 $L=[22\ 59]$이다.

(3) 추정값 오차의 초기조건이 $e=[1\ \ -2]$일 때 제어대상의 출력 $y(t)$와 관측기의 출력 $u(t)$를 도시하라.

풀이

그림 7.9(a)의 Simulink 모델에서 Plant 블록의 대화상자에 식 (7.28)의 매개변수를 입력하고, 초기조건에 $[1;-2]$을 입력한다. Observer 블록의 대화상자에서 A행렬에는 $A-BK-LC=[-20\ \ 3;]-61\ \ -3.6$, B 벡터에는 $L=[22\ 59]$, C 벡터에는 $K=[1.7333\ \ 7.6]$, 그리고 D에는 $[0]$을 입력하고 초기조건은 $[0;0]$으로 둔다. 입력 $r(t)$ 블록의 대화상자의 모든 입력은 0으로 설정한다. 즉, 기준입력은 0이다. 모의실험을 수행한 결과는 그림 7.9(b)과 그림 7.9(c)와 같다. 그림 7.9(b)는 제어대상 식 (7.28)의 출력이고 그림 7.9(c)는 관측기의 출력인 $u(t)$이다.

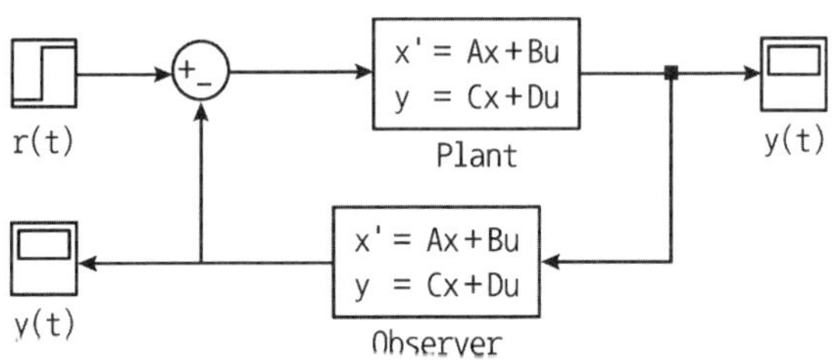

(a)

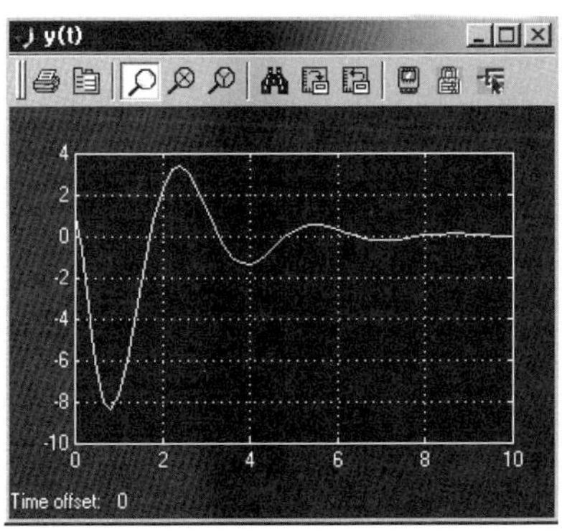

(b)

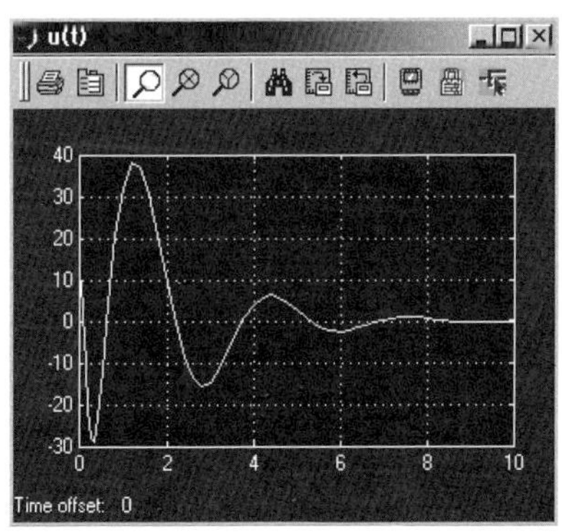

(c)

〈그림 7.9〉 실습예제 7.10의 연산 결과

실습예제 7.11

도립 단진자에 대한 동적방정식 (7.40)에 대해 상태궤환 보상기를 설계하라.

$$\dot{x}(t)=\begin{bmatrix}0 & 1 & 0 & 0\\ 0 & 0 & -1 & 0\\ 0 & 0 & 0 & 1\\ 0 & 0 & 100 & 0\end{bmatrix}x(t)+\begin{bmatrix}0\\ 0.1237\\ 0\\ -1.2621\end{bmatrix}u(t),\ y(t)=[1\ \ 0\ \ 0\ \ 0]x(t) \qquad (7.40)$$

여기서 x_1은 수레의 위치, x_2는 수레의 속도, x_3은 단진자의 각도, x_4는 단진자의 각속도, 그리고 u는 수레에 공급되는 입력이다.

풀이

1행과 2행에 동적방정식 (7.40)의 매개변수를 입력하였다.

(1) 3행에서 구한 개루프 시스템의 극점을 구한다. 연산 결과 개루프 시스템의 극점은 $\lambda=[0\ 0\ -10\ 10]$이므로 이 시스템은 불안정하다.

(2) 4행에서 감쇠비 $\zeta=0.8$, 고유주파수 $\omega_n=0.5$를 설계사양으로 갖는 원형 2차계의 폐루프 전달함수를 MATLAB 명령어 **ord2**를 사용하여 구한다.

(3) 4행에서 원형 2차계 폐루프 전달함수의 우세 복소근을 구한 후, 우세근과 우세근의 20배에 위치하는 복소근을 사용하여 상태궤환 이득을 구한다. 연산 결과 $k=[-2.25\ -7.56\ -169.03\ -14.05]$이다.

(4) 6행에서 k보다 원점에서 20배 정도 멀리 배치하여 관측기 이득을 구한다. 연산 결과 $l=[60\ 2540\ -5.18e04\ -7.58e05]'$이다.

(5) 7행은 관측기의 동적방정식으로 식 (7.32)=식 (7.36)과 식 (7.37)을 표현한 것이다. 여기서 acker에서 구한 k가 음의 벡터이므로 $ck=k$로 표현하였다. 8행에서 제어대상과 보상기를 feedback을 사용하여 연결한다.

(6) 9행에서 모의실험 시간 $t2=[0:0.01:2]'$을 설정하고 MATLAB 명령어 **augstate**를 사용하여 확장 동적방정식을 구한다. 확장 동적방정식 $[ata\ bta\ cta\ dta]$은 9행에서 구한 $[at\ bt\ ct\ dt]$와 cta만 상이하고 나머지는 동일하다. cta의 차원은 8×9로 첫 행은 ct 이고 나머지 모든 행은 8×8 차원의 단위행렬이다. 그리고 cta의 첫 행은 $[1\ 0\ 0\ 0\ 0\ 0\ 0\ 0]$로 처음의 네 원소는 출력 벡터 c이고, 나머지는 모두 0이다. cta의 나머지 행은 제어대상과 관측기의 상태변수를 의미한다.

(7) 10행에서 MATLAB 명령어 **initial**을 사용하여 기준입력이 0인 초기조건만의 상태궤적을 응답으로 구한다. 초기조건으로 단진자의 각도는 $x_3=5.72[^\circ]$, 나머지 모든 상태변수는 0으로 가정한다.

(8) 11행에서 상태 궤적을 initial의 2-5 열, 관측기의 상태 궤적을 6-9열에서 구하고, 그리고 관측기 추정값 오차를 계산한다.

(9) 12행에서 단진자 각도 x_3 와 추정값 $\hat{x}_3$ 을, 13행에서 추정값 오차 e 를 도시한다.

(10) 14행에서 수레의 위치 x_1 을 도시한다. 그림 7.10(c)에서 수레의 위치는 약 12[초]에서 원점에 수렴한다는 것을 알 수 있다.

```
a=[0 1 0 0; 0 0 -1 0; 0 0 0 1; 0 0 100 0];% 1행
b=[0; 0.1237; 0; -1.2621]; c=[1 0 0 0]; d=[0]; % 2행
sys=ss(a,b,c,d); open_poles=pole(sys) zeta=0.8; wn=0.5;% 3행

[num2,den2]=ord2(wn,zeta);% 4행
dominant=roots(den2); cp=[dominant' 20*dominant'], k=acker(a, b, cp) % 5행
op=[-16+j*21.3 -16-j*21.3 -16+j*21.3 -16-j*21.3], l=acker(a', c', op)'% 6행
ak=a-b*k-l*c-l*d*k; bk=l; ck=k; dk=d;% 7행
[at bt ct dt]=feedback(a, b, c, d, ak, bk, ck, dk)% 8행
t2=[0:0.01:20]'; [ata bta cta dta]=augstate(at, bt, ct, dt) % 9행
x_xh=initial(ata, bta, cta, dta, [0 0 5.72*pi/180 0 0 0 0 0], t2);% 10행
x=x_xh(:, 2:5); xh=x_xh(:, 6:9); e=x-xh;figure(1)% 11행
plot(t2, x(:, 3)*180/pi, t2, xh(:, 3)*180/pi, '--'), grid,
axis([0 2 -6 10]) % 12행
figure(2), plot(t2, e(:, 3)*180/pi), grid, axis([0 2 -4 6]) % 13행
figure(3), plot(t2, x_xh(:, 1)), grid % 14행
```

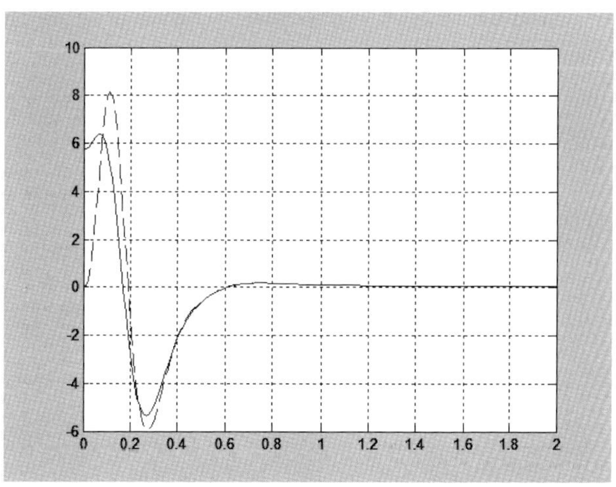

(a)

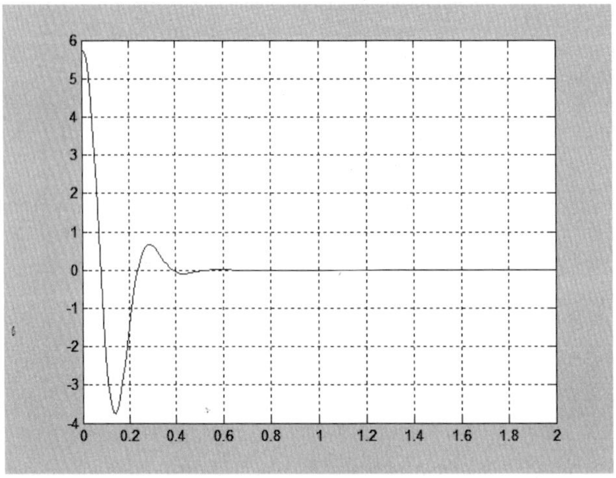

(b)

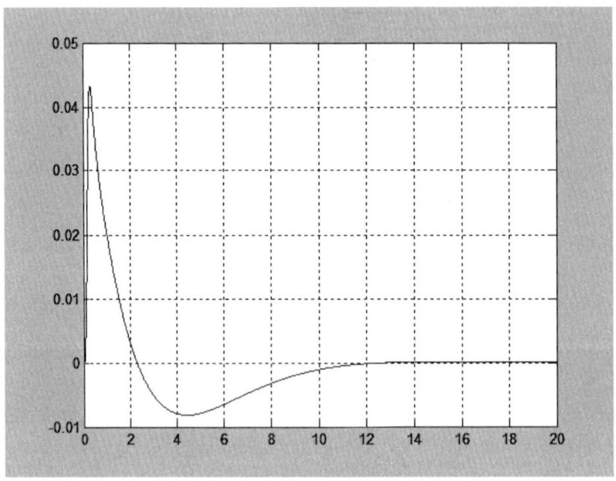

(c)

<그림 7.10> 실습예제 7.11의 연산 결과

실습예제 7.12

제어대상 $G(s) = 1/s(s+1)(0.2s+1)$에 대해 상태궤환 보상기를 설계하라.

풀이

상태궤환 보상기의 설계 순서는 다음과 같다.

(1) 1행에서 제어대상의 전달함수를 입력하고, 동적방정식을 유도한다.

(2) 2행에서 원형 2차 시스템의 폐루프 전달함수를 구한다.

(3) 3행에서 원형 2차계의 우세 복소근을 구한 후,우세근과 우세근 실수부의 10배 되는 두 개의 중근을 사용하여 상태궤환 이득의 원하는 근으로 선정한다.

(4) 4행에서 상태궤환의 이득을 계산하고, 상태궤환에 의한 궤환시스템의 동적방정식과 전달함수를 유도한다. 연산 결과 $k = [19.452 \;\; 93.9728 \;\; 190.89]$ 이다.

(5) 5행에서 관측기 이득의 원하는 근을 상태궤환 이득의 10배로 선정하여 관측기 이득을 계산한다. 연산 결과 $l = (1.0e+004) \times [2.7848 \;\; 0.1680 \;\; 0.0050]'$ 이다.

(6) 6행~8행에서 상태궤환 보상기(조정기)를 계산하고, 보상기의 전달함수를 구한다. 연산 결과 상태궤환 보상기의 매개변수는 다음과 같다.

$$ar = (1.0e+005) \times \begin{bmatrix} -0.0003 & -0.0010 & -0.0019 & 0.0002 & -0.0009 & 0.0019 \\ 0 & 0 & 0 & 0 & 0 & 0 \\ 0 & 0 & 0 & 0 & 0 & 0 \\ 0 & 0 & 0 & -0.0001 & -0.0001 & -1.3924 \\ 0 & 0 & 0 & 0 & 0 & -0.0840 \\ 0 & 0 & 0 & 0 & 0 & -0.0025 \end{bmatrix}$$

$br = [1 \;\; 0 \;\; 0 \;\; 0 \;\; 0 \;\; 0]'$, $cr = [0 \;\; 0 \;\; 5 \;\; 0 \;\; 0 \;\; 0]$, $dr = 0$

(7) 9행 이하에서 상태궤환 보상기의 DC 이득을 계산하여 단위계단응답을 도시하였다. 출력벡터를 DC 이득으로 나누어야 정상상태오차가 0인 응답을 구할 수 있다.

```
ng=1; dg=conv([1 0], conv([1 1], [0.2 1])); % 1행
[ag, bg, cg, dg]=tf2ss(ng, dg), zeta=0.707; wn=3;% 2행
[n2, d2]=ord2(wn, zeta); dominant=roots(d2);% 3행
d_poles=[dominant' 10*real(dominant(1))]; % 4행
k=acker(ag, bg, d_poles); ak=ag-bg*k; bk=bg; ck=cg; dk=0;% 5행
[nk, dk]=ss2tf(ak, bk, ck, dk); ob_poles=10*d_poles;% 6행
l=acker(ag', cg', ob_poles)' % 7행
ar=[(ag-bg*k) bg*k; zeros(size(ag)) (ag-l*cg)] % 8행
br=[bg; zeros(size(bg))], cr=[cg zeros(size(cg))], dr=0; % 9행
[nr, dr]=ss2tf(ar, br, cr, dr); dc_gain=dcgain(nr,dr), t=[0:0.01:10];% 10행
step(ar,br,cr/dc_gain,dr,1,t), grid, xlabel('time[sec]'), ylabel('y(t)') % 11행
title('Step Response for State-Space')% 12행
```

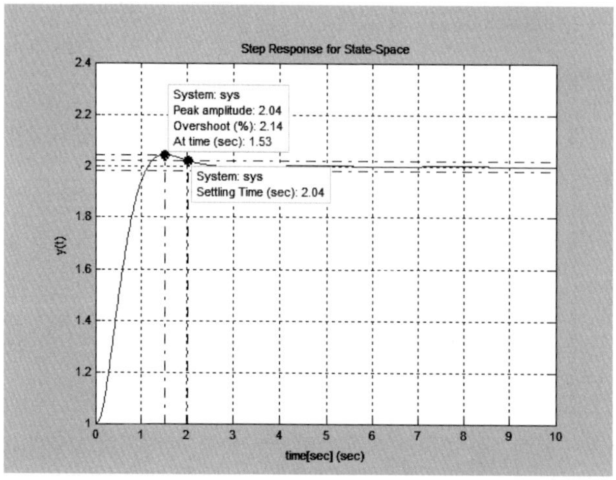

〈그림 7.11〉 실습예제 7.12의 연산 결과

7.4 기준입력을 갖는 상태궤환 보상기의 설계

앞 절에서는 동적시스템이 제어가능하면, 상태궤환 $u=-Kx$을 사용하여 모든 상태변수를 평형상태(equilibrium state, 즉 $x(t)=0$)로 이동시킬 수 있었다.

이 절에서는 전-차수 상태궤환 시스템의 출력이 기준입력을 추적(tracking)하도록 상태궤환에 의한 제어입력을 설계한다.

임의의 크기를 갖는 기준입력이 인가되었을 때, 정상상태 조건에서 상태변수와 제어입력이 각각 x_{ss}와 u_{ss}라고 가정하면 제어입력 $u=-Kx$은 식 (7.41)으로 표현할 수 있다. 식 (7.41)에서 상태변수 x가 최종값 x_{ss}일 때 제어입력 u도 최종값인 u_{ss}가 되는 것을 알 수 있다.

$$u=u_{ss}-K(x-x_{ss}) \tag{7.41}$$

전-차수 상태궤환 시스템의 정상상태 출력 y_{ss}가 임의의 크기를 갖는 기준입력 r을 추적하였을 때(즉, $y_{ss}=r$), 상태변수와 제어입력의 최종값을 각각 $x_{ss}=N_x r$과 $u_{ss}=N_u r$이라고 가정하면 식 (7.41)은 식 (7.42)가 된다.

$$u = u_{ss} - K(x - x_{ss}) = N_u r - K(x - N_x r) = -Kx + (N_u + KN_x)r \quad (7.42a)$$

$$= -Kx + \overline{N} r \quad (7.42b)$$

식 (7.1)의 동적방정식이 정상상태에 도달하면, 상태변수의 최종값은 상수이므로 1차 미분은 0이 되고, 따라서 식 (7.1)은 (7.43)으로 표현할 수 있다. 식 (7.43)에서 공통변수 r을 소거하면 매개변수 N_x와 N_u을 식 (7.44)에서 구할 수 있다.

$$0 = Ax_{ss} + Bu_{ss} = AN_x r + BN_u r \quad (7.43a)$$

$$y_{ss} = Cx_{ss} + Du_{ss} = r = CN_x r + DN_u r \quad (7.43b)$$

$$\begin{bmatrix} N_x \\ N_u \end{bmatrix} = \begin{bmatrix} A & B \\ C & D \end{bmatrix}^{-1} \begin{bmatrix} 0 \\ 1 \end{bmatrix} \quad (7.44)$$

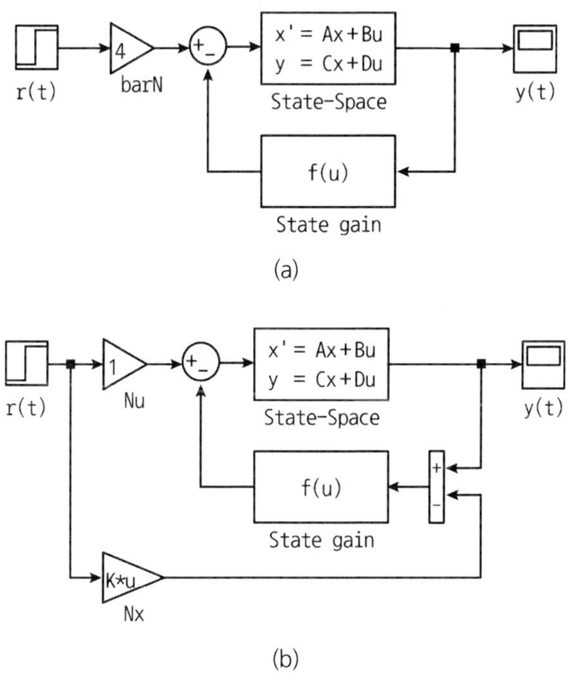

<그림 7.12> 기준입력을 갖는 상태궤환 제어기의 블록선도

식 (7.42)로 설계된 기준입력을 갖는 전-차수 상태궤환 시스템의 블록선도는 두 가지로 첫 번째는 $\overline{N}$를 사용한(7.42(b)) 그림 7.12(a)이며, 두 번째는 N_x와 N_u를 구별하여 사용

한(7.42(a)) 그림 7.12(b)이다. 그림 7.12(a)에서 이득 $\overline{N}$는 상태궤환 제어기 또는 관측기에 직접 입력되지 않으므로 상태궤환 제어기 또는 관측기의 오차에 대해 견실하다. 즉, 매개변수의 변화, 외란 또는 잡음의 영향으로 동적시스템이 변화할 때 발생하는 오차를 $\overline{N}$가 충분히 보상할 수 있다.

다음은 기준입력이 있는 경우의 상태궤환 보상기에 대해 알아보자. 시스템의 동적방정식 (7.1)에 대한 전차수 상태변수 보상기의 일반 형태는 식 (7.45)로 주어진다.

$$\dot{\hat{x}}(t) = A\hat{x}(t) + B\tilde{u}(t) + L\tilde{y}(t) + Mr(t) \tag{7.45a}$$

$$u(t) = \tilde{u}(t) + Nr(t) = -K\hat{x}(t) + Nr(t) \tag{7.45b}$$

여기서 $\tilde{y}(t) = y(t) - c\hat{x}(t)$, $\tilde{u}(t) = -K\hat{x}(t)$, M은 $n\times 1$차원의 열벡터, 그리고 N은 스칼라이다. $M = N = 0$이면 기준입력이 없는 경우의 상태변수 보상기가 된다.

기준입력을 갖는 상태변수 보상기를 설계하는 문제는 전체 폐루프 제어시스템이 기준입력을 추적하도록 M과 N을 결정하는 것이다. 일반적으로 M과 N을 결정하는 방법은 다양하나, 여기서는 두 가지 방법에 대해 학습한다.

첫 번째 방법은 추정오차 $e(t) = x(t) - \hat{x}(t)$가 기준입력과 무관하도록 $M = Nr$으로 결정하는 방법이다. 추정오차를 한 번 미분하여 구해진 추정오차방정식은 식 (7.46)과 같다. 즉, 상태궤환 보상기를 설계하는 문제는 설계사양을 만족하도록 관측기 이득 L을 결정하는 문제와 영의 정상상태오차를 갖도록 N을 결정하는 문제가 된다. 또한 $M = Nr$이므로 식 (7.45)는 식 (7.47)로 변환되며, 식 (7.47)의 블록선도는 그림 7.13과 같다. 그림 7.13에서 상태궤환 보상기가 궤환루프에 있는 것을 주목하라.

$$\begin{aligned}
\dot{e} &= \dot{x} - \dot{\hat{x}} = Ax + Bu - A\hat{x} - B\tilde{u} - L\tilde{y} - Mr \\
&= Ax + B(\tilde{u} + Nr) - A\hat{x} - B\tilde{u} - L(y - C\hat{x}) - Mr \\
&= A(x - \hat{x}) + (BN - M)r - LC(x - \hat{x}) = (A - LC)e + (BN - M)r \\
&= (A - LC)e
\end{aligned} \tag{7.46}$$

$$\begin{aligned}\dot{\hat{x}}(t) &= A\hat{x}(t) + B\tilde{u}(t) + L\tilde{y}(t) + Mr(t) \\ &= A\hat{x} + B(u - Nr) + L\tilde{y} + Mr \\ &= A\hat{x}(t) + Bu(t) + L\tilde{y}(t) \qquad (7.47a)\end{aligned}$$

$$u(t) = -K\hat{x}(t) + Nr(t) \qquad (7.47b)$$

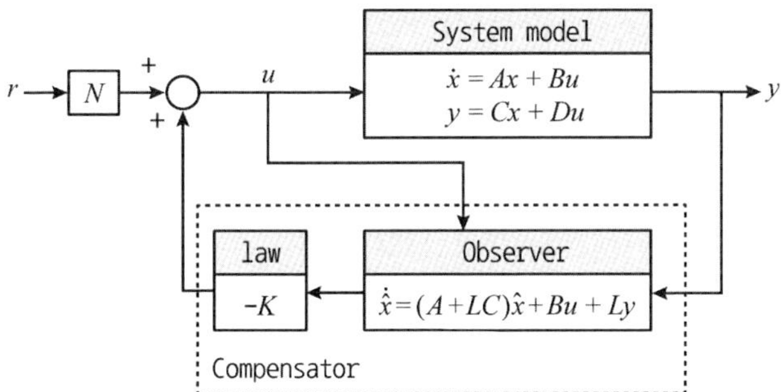

〈그림 7.13〉 $M = Nr$ 일 경우의 상태변수 제어기

두 번째 방법은 추적오차 $y(t) - r(t)$가 보상기의 입력으로 사용되도록 $N = 0$, 그리고 $M = -L$으로 결정하는 방법이다. 따라서 식 (7.45)는 식 (7.48)로 되고, 식 (7.48)의 블록선도는 그림 7.14와 같다. 그림 7.14에서 상태궤환 보상기가 전향경로에 있다는 사실에 주목하라.

$$\begin{aligned}\dot{\hat{x}}(t) &= A\hat{x}(t) + B\tilde{u}(t) + L\tilde{y}(t) + Mr(t) \\ &= A\hat{x}(t) - BK\hat{x}(t) + L(y(t) - C\hat{x}(t)) - Lr(t) \\ &= (A - BK - LC)\hat{x}(t) + L(y(t) - r(t)) \qquad (7.48a)\end{aligned}$$

$$u(t) = -K\hat{x}(t) \qquad (7.48b)$$

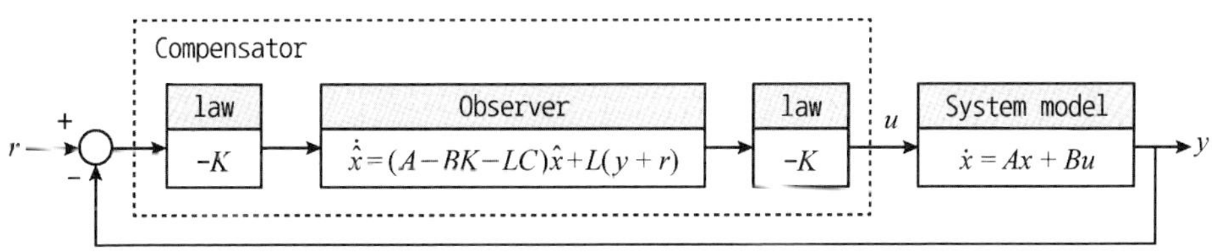

〈그림 7.14〉 $N = 0$, $M = -L$ 일 경우의 상태변수 제어기

실습예제 7.13

식 (7.49)로 주어지는 동적방정식에 대해 아래 조건을 만족하도록 상태궤환 이득 K를 계산하고, Simulink 모델에서 모의실험을 수행하라.

설계사양 : ① 두 개의 폐루프 극점을 $s=-2$에 배치
② 단위계단입력에 대해 정상상태오차 0
③ 초기조건 $x(0)=[0 -0.5]'$

$$\dot{x}=\begin{bmatrix} 0 & 1 \\ -1 & 0 \end{bmatrix}x+\begin{bmatrix} 0 \\ 1 \end{bmatrix}u, \quad y=[\,1 \;\; 0\,]x \tag{7.49}$$

풀이

설계순서는 아래와 같다.

(1) Ackermann의 공식을 사용하여 구한 상태궤환 이득은 $K=[3 \;\; 4]$가 되며, 식 (7.44)에서 구한 $N_x=[1 \;\; 0]'$, $N_u=1$이다.

```
clear all, close all
A=[0 1;-1 0]; B=[0;1]; C=[1 0]; D=[0];
s=[1 4 4]; P=roots(s); K=acker(A,B,P)
G=zeros(3); G(1:2,1:2)=A; G(1:2,3)=B; G(3,1:2)=C;
N=inv(G)*[0;0;1]; Nx=N(1:2,1), Nu=N(3,1)
```

(2) $\overline{N}$를 사용한 Simulink 모델은 그림 7.12(a)와 같다.

① Nbar 블록의 이득은 $\overline{N}=N_u+KN_x=1+[3\;4]\,[1\;0]'=4$를 입력한다.

② State-space 블록에 동적방정식의 A, B, $C=eye(2)$, $D=[0\;0]'$을 입력하고 Initial conditions 버튼에 $[0 \;\; -0.5]'$을 입력한다.

③ State Gain 블록은 **User-Defined Functions/Fcn** 블록을 사용한다. Fcn 블록에는 $3{*}u(1)+4{*}u(2)$ 을 입력한다.

④ 그림 7.15(a)는 제어입력을 도시한 것이고, 그림 7.15(b)는 상태변수를 도시한 것으로 상태변수 x_1이 출력 y로 기준입력을 추적하는 것을 알 수 있다.

(3) N_x와 N_u를 구별하여 사용한 Simulink 모델은 그림 7.12(b)와 같다.

① N_u 블록의 이득은 1을 입력하고, N_x 블록은 **Math Operations/Matrix Gain** 블록을 사용

하며 $[1\ 0]'$을 입력한다.

② 나머지 블록은 (2)의 경우와 같으며, 제어입력은 그림 7.15(a), 출력 y는 그림 7.15(b)와 동일하다.

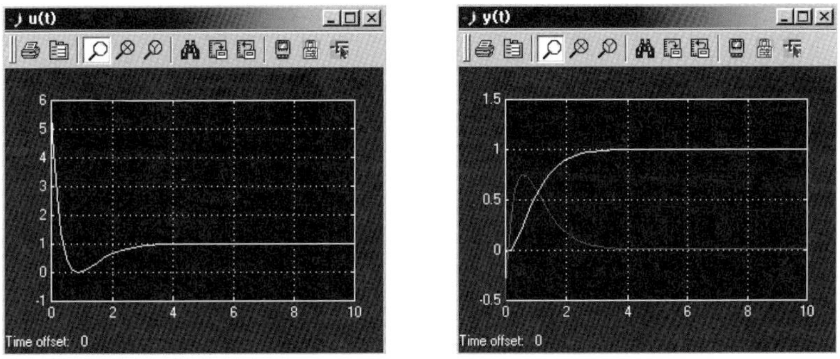

(a) (b)

〈그림 7.15〉 실습예제 7.13의 연산 결과

실습예제 7.14

식 (7.50)은 DC모터의 속도제어시스템이다. 아래 설계사양을 만족하도록 상태궤환에 의한 설계를 수행하라. DC모터의 제어시스템에서 각속도는 tachometer, 전류는 전류계(ammeter), 그리고 각변위는 potentiometer를 사용하여 쉽게 측정할 수 있으므로 관측기를 설계할 필요가 없다.

설계사양 : $1\,[rad/\sec]$ 의 계단입력에 대해

① 2[초]부다 작은 정착시간,

② 5[%]보다 작은 오버슈트,

③ 1[%]보다 작은 정상상태오차

$$\frac{d}{dt}\begin{bmatrix}\omega\\ i\end{bmatrix}=\begin{bmatrix}-b/J & K/J\\ -K/L & -R/L\end{bmatrix}\begin{bmatrix}\omega\\ i\end{bmatrix}+\begin{bmatrix}0\\ 1/L\end{bmatrix}v=\begin{bmatrix}-10 & 1\\ 0.02 & -2\end{bmatrix}\begin{bmatrix}\omega\\ i\end{bmatrix}+\begin{bmatrix}0\\ 2\end{bmatrix}v \tag{7.50a}$$

$$y=[1\ \ 0]\,[\omega\ \ i]' \tag{7.50b}$$

(1) $\overline{N}$를 사용하지 않을 때, 상태궤환에 의한 계단응답을 구하라.

(2) $\overline{N}$를 사용할 때, 상태궤환에 의한 계단응답을 구하라.

풀이

(1) 0.1[%]의 오버슈트를 갖도록 감쇠비를 $\zeta = 0.98$로 선정하고, 정착시간이 1[초]가 되도록 $\sigma = \zeta\omega_n = 5$로 선정하면 원하는 근은 $s = -5 \pm j$가 된다.

계산된 상태궤환 이득은 $K = [13.01 \ \ -1]$이고, 모의실험 결과 그림 7.16(a)와 같이 정상상태 응답이 0.0769로 기준입력을 추적하지 못한다.

```
clear all, close all
A=[-10 1;0.02 -2]; B=[0;2]; C=[1 0]; D=[0]; t=[0:0.01:3];
% CL Response to Unit Step Input using State Feedback
P=[-5+j -5-j]; K=place(A,B,P), figure(1), step(A-B*K,B,C,D,1,t); grid
title('Step Response using SF Controller without Nbar')
```

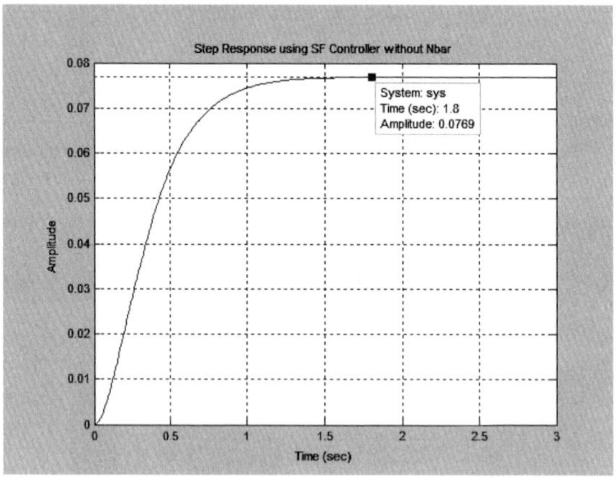

(a)

(2) 계산된 $\overline{N} = 13$으로 계단응답은 그림 7.16(b)으로 정착시간은 $t_s = 1.1[s]$이며, 정상상태오차가 0으로 기준입력을 잘 추적하는 것을 알 수 있다.

```
% CL Response to Unit Step Input using State Feedback with Nbar
[m,n]=size(A); G=zeros(m+1); G(1:m,1:m)=A; G(1:m,m+1)=B;
G(m+1,1:m)=C; q=zeros(m+1,1); q(m+1)=1;
N=inv(G)*q; Nx=N(1:m,1); Nu=N(m+1,1); Nbar=Nu+K*Nx
figure(2), step(A-B*K,B*Nbar,C,D,1,t); grid
title('Step Response using SF Controller with Nbar')
```

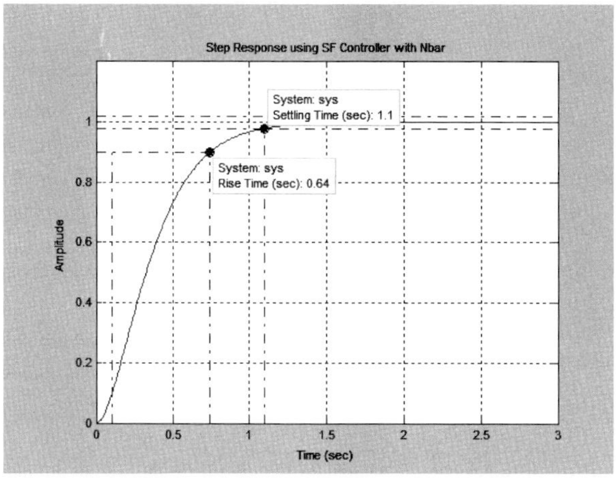

(b)

〈그림 7.16〉 실습예제 7.14의 연산 결과

실습예제 7.15

식 (7.51)은 DC모터의 위치제어시스템이다. 아래 설계사양을 만족하도록 상태궤환에 의한 설계를 수행하라.

설계사양 : $1[rad]$ 의 계단입력에 대해

① 0.04[초]보다 작은 정착시간,

② 16[%]보다 작은 오버슈트,

③ 정상상태오차 0,

④ 계단외란에 대해 정상상태오차 0

$$\frac{d}{dt}\begin{bmatrix}\theta \\ \omega \\ i\end{bmatrix} = \begin{bmatrix}0 & 1 & 0 \\ 0 & -b/J & K/J \\ 0 & -K/L & -R/L\end{bmatrix}\begin{bmatrix}\theta \\ \omega \\ i\end{bmatrix} + \begin{bmatrix}0 \\ 0 \\ 1/L\end{bmatrix}v \tag{7.51a}$$

$$y = [1\ 0\ 0]\,[\theta\ \omega\ i]' \tag{7.51b}$$

여기서 $J = 3.2284*10^{-6}$, $b = 3.5077*10^{-6}$, $K = 0.0274$, $R = 4$, $L = 2.75*10^{-6}$이다.

(1) $\overline{N}$를 사용하지 않을 때, 상태궤환에 의한 계단응답과 외란응답을 구하라.

(2) $\overline{N}$를 사용할 때, 상태궤환에 의한 계단응답을 구하라.

풀이

(1) 0.16[%]의 오버슈트를 갖도록 감쇠비를 $\zeta = 0.95$로 선정하고, 정착시간이 0.04[초]가 되도록 $\sigma = \zeta\omega_n = 100$로 선정하면 원하는 근은 $s = -100 \pm j100$가 된다. 위치제어시스템은 3차 시스템이므로 추가로 $s = -200$으로 선정하였다.

모터시스템에서 외란은 관성모멘트 $J = 3.2284*10^{-6}$에 작용하는 토크로, 외란항 $[0; 1/J; 0]d$은 식 (7.51a)에 더해진다. 따라서 제어입력이 0일 때, 단위 외란응답은 $step(A-B*Kt, [0;1/J;0], C, D, 1, t)$의 구문에서 구해진다.

계산된 상태궤환 이득은 $Kt = [0.0013 \ \ -0.0274 \ \ -3.9989]$ 이고, 모의실험 결과 그림 7.17(a)와 같이 정상상태응답이 773 로 기준입력을 추적하지 못한다. 또한 외란응답도 그림 7.17(b)와 같이 정상상태응답이 30.9 로 0으로 수렴하지 못한다.

```
clear all, close all
J=3.2284*10^-6; b=3.5077*10^-6; K=0.0274; R=4; L=2.75*10^-6;
A=[0 1 0;0 -b/J K/J;0 -K/L -R/L]; B=[0;0;1/L]; C=[1 0 0]; D=[0];
% CL Response to Unit Step Input using State Feedback
P=[-200  - 100+j*100  - 100-j*100]; Kt=place(A,B,P)
figure(1),t=[0:0.0001:0.1]; step(A-B*Kt,B,C,D,1,t); grid
title('Step Response using SF Controller without Nbar')
figure(2), d=[0;1/(3.2284*10^-6);1]; step(A-B*Kt,d,C,D,1,t)
```

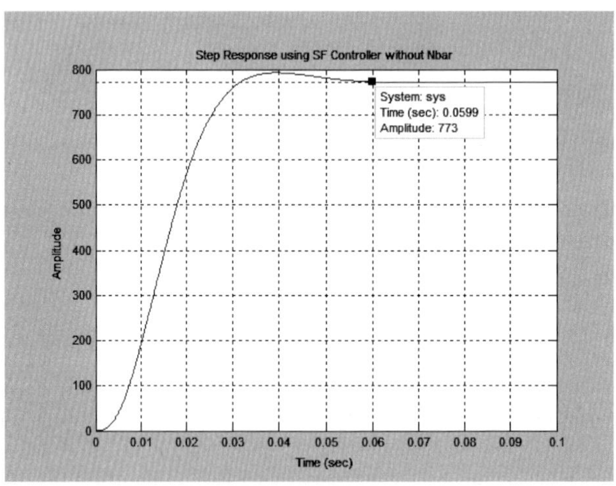

(a)

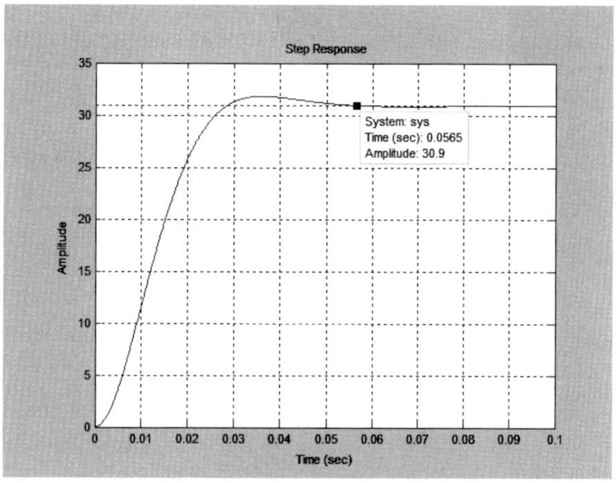

(b)

(2) 계산된 $\overline{N}=0.0013$으로 계단응답은 그림 7.17(c)와 같으며, 오버슈트는 $2.75[\%]$, 정착시간은 $t_s=0.0459[s]$, 그리고 정상상태오차가 0으로 기준입력을 잘 추적하는 것을 알 수 있다.

```
% CL Response to Unit Step Input using State Feedback with Nbar
[m,n]=size(A);
G=zeros(m+1); G(1:m,1:m)=A; G(1:m,m+1)=B; G(m+1,1:m)=C;
q=zeros(m+1,1); q(m+1)=1; N=inv(G)*q;
Nx=N(1:m,1); Nu=N(m+1,1); Nbar=Nu+Kt*Nx
figure(3), step(A-B*Kt,B*Nbar,C,D,1,t); grid
title('Step Response using SF Controller with Nbar'), axis([0 0.1 0 1.2])
```

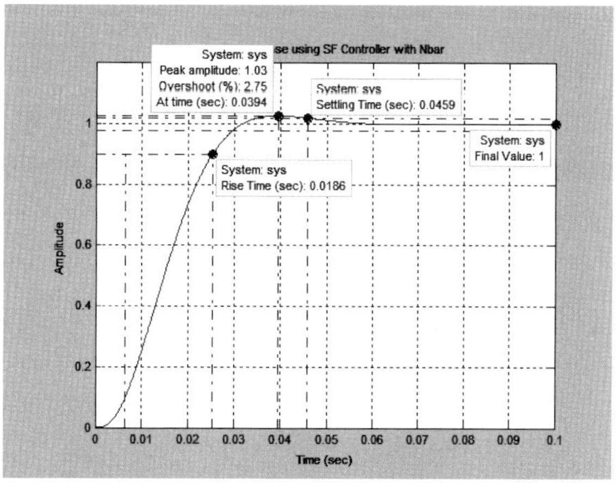

(c)

〈그림 7.17〉 실습예제 7.15의 연산 결과

실습예제 7.16

Ball & Beam 시스템의 동적방정식은 식 (7.52)로 주어진다. 식 (7.52)를 살펴보면 제어입력은 $\ddot{\alpha}$ 에만 인가된다. 제어입력을 $\ddot{\alpha}$ 에만 인가한다는 것은 Beam의 중간에 모터의 토크를 직접 인가하는 것으로 Gear와 Lever를 사용하지 않아도 되는 장점이 있다. 설계사양이 아래와 같을 때 물음에 답하라.

$$\begin{bmatrix} \dot{r} \\ \ddot{r} \\ \dot{\alpha} \\ \ddot{\alpha} \end{bmatrix} = \begin{bmatrix} 0 & 1 & 0 & 0 \\ 0 & 0 & H & 0 \\ 0 & 0 & 0 & 1 \\ 0 & 0 & 0 & 0 \end{bmatrix} \begin{bmatrix} r \\ \dot{r} \\ \alpha \\ \dot{\alpha} \end{bmatrix} + \begin{bmatrix} 0 \\ 0 \\ 0 \\ 1 \end{bmatrix} u, \ H = -\frac{mg}{(m + J/R^2)} \tag{7.52a}$$

$$y = [1 \ 0 \ 0 \ 0]x \tag{7.52b}$$

설계사양 : 계단입력에 대해

① 3[초]보다 작은 정착시간,

② 5[%]보다 작은 오버슈트

(1) $\overline{N}$를 사용하지 않을 때, 상태궤환에 의한 계단응답을 구하라.

(2) $\overline{N}$를 사용할 때, 상태궤환에 의한 계단응답을 구하라.

풀이

(1) 5[%]보다 작은 오버슈트를 만족하는 감쇠비는 $\zeta = 0.6901$이므로 3[초]보다 작은 정착시간을 만족하려면, 고유주파수는 $\omega_n = 1.9321$이 된다. 따라서 설계사양이 원하는 근은 $s = -1.3333 \pm j1.3983$이 된다. 4차 시스템이므로 세 번째 근을 원하는 근의 실수값의 10배인 $s = -13.3333$로 선정하고, 네 번째 근을 세 번째 근의 4배인 $s = -53.3333$으로 선정하였다. 계산된 상태궤환 이득은 $K = [379.214 \ \ 306.4508 \ \ 892.6218 \ \ 69.3333]$이고, 모의실험 결과 그림 7.18(a)와 같이 정상상태응답이 대략 0.65×10^{-3}으로 기준입력을 추적하지 못한다.

```
clear all, close all
m=0.111; R=0.015; g=-9.8; J=9.99e-6;
H=-m*g/(m+J/R^2), A=[0 1 0 0;0 0 H 0;0 0 0 1;0 0 0 0];
B=[0;0;0;1]; C=[1 0 0 0]; D=[0];
% CL Response to Unit Step Input using SF Gain without Nbar
ts=3; po=0.05; zeta=abs(sqrt(log(po)^2/(pi^2+log(po)^2))), wn=4/(ts*zeta)
p1=-zeta*wn+j*wn*sqrt(1-zeta^2); p2=conj(p1); p3=-10*zeta*wn; p4=4*p3;
P=[p1 p2 p3 p4], K=acker(A,B,P), t=[0:0.01:5]; u=0.25*ones(size(t));
figure(1), lsim(A-B*K,B,C,D,u,t); grid, axis([0 5 0 0.001])
title('Step Response using SF Controller without Nbar')
```

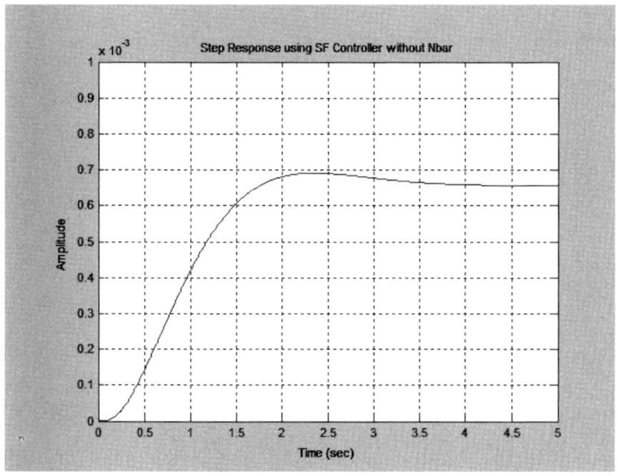

(a)

(2) 계산된 $\overline{N}=379.214$으로 계단응답은 그림 7.18(b)와 같다. 그림 7.18(b)에서 계단응답은 설계사양을 모두 만족하며 기준입력을 잘 추적하고 있다.

```
% CL Response to Unit Step Input using Optimal SF with Nbar
[m,n]=size(A); G=zeros(m+1); G(1:m,1:m)=A; G(1:m,m+1)=B;
G(m+1,1:m)=C; q=zeros(m+1,1); q(m+1)=1; N=inv(G)*q;
Nx=N(1:m,1); Nu=N(m+1,1); Nbar=Nu+K*Nx
figure(2), lsim(A-B*K,B*Nbar,C,D,u,t); grid
title('Step Response using Optimal SF Controller with Nbar')
```

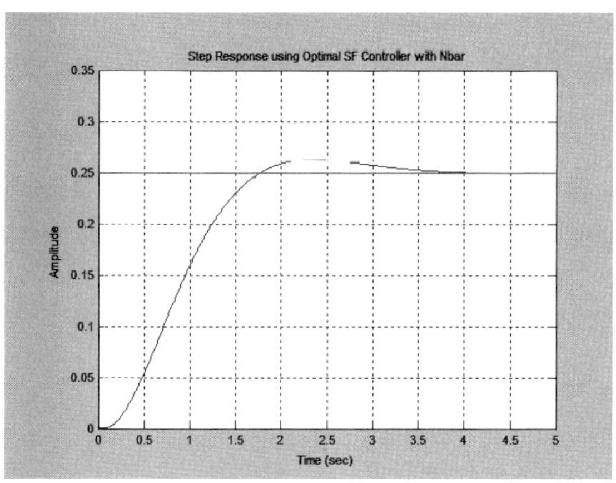

(b)

〈그림 7.18〉 실습예제 7.16의 연산 결과

실습예제 7.17

수레와 역진자의 동적방정식이 식 (7.53)으로 주어진다고 가정하자. 설계사양이 아래와 같이 주어질 때 물음에 답하라.

$$\begin{bmatrix} \dot{x} \\ \ddot{x} \\ \dot{\theta} \\ \ddot{\theta} \end{bmatrix} = \begin{bmatrix} 0 & 1 & 0 & 0 \\ 0 & -0.1818 & 2.6727 & 0 \\ 0 & 0 & 0 & 1 \\ 0 & -0.4545 & 31.1818 & 0 \end{bmatrix} \begin{bmatrix} x \\ \dot{x} \\ \theta \\ \dot{\theta} \end{bmatrix} + \begin{bmatrix} 0 \\ 1.8182 \\ 0 \\ 4.5455 \end{bmatrix} u,$$

$$y = \begin{bmatrix} 1\,0\,0\,0 \\ 0\,0\,1\,0 \end{bmatrix} \begin{bmatrix} x \\ \dot{x} \\ \theta \\ \dot{\theta} \end{bmatrix} + \begin{bmatrix} 0 \\ 0 \end{bmatrix} u \tag{7.53}$$

설계사양 : ① 수레의 위치 x와 역진자의 각도 θ에 대한 정착시간이 모두 5[초] 이내,
② x의 상승시간이 1[초] 이내,
③ θ의 오버슈트가 20[°](0.35[rad]) 이내,
④ 정상상태오차가 2[%] 이내

(1) 제어대상의 근을 조사하고, 상태변수의 초기조건 $x(0) = [0\ \ 0\ \ 0.35\ \ 0]'$에 대한 개루프 응답을 도시하라. 여기서 초기조건의 세 번째 원소는 역진자의 각도로 초기조건을 $0.35[rad]$로 가정하였다.

(2) 기준입력이 0일 때 설계사양을 만족하도록 상태궤환 이득을 선정하라. 즉, 이 경우의 제어목적은 역진자의 초기조건이 $x(0) = [0\ \ 0\ \ 0.35\ \ 0]'$일 때, 역진자를 평형상태인 수직으로 세우고 수레를 원점으로 복귀시키는 것이다.

(3) $\overline{N}$를 사용하지 않고, 상태궤환을 사용하여 크기 $0.2[m]$을 갖는 계단입력에 대한 출력을 구하라. 이 경우의 제어목적은 역진자의 초기조건이 0일 때 수레를 오른쪽으로 $0.2[m]$으로 이동하고 역진자를 평형상태로 유지하는 것이다.

(4) $\overline{N}$를 사용할 때, 상태궤환을 사용하여 크기 $0.2[m]$을 갖는 계단입력에 대한 출력을 구하라. 이 경우의 제어목적은 문제 (3)과 같다.

(5) 상태궤환에 의한 폐루프 시스템의 극점을 구하고, 원하는 관측기의 극점이 폐루프 극점의 가장 작은 값의 4~10배가 되도록 관측기 이득을 결정하여 문제 (4)를 반복하라.

풀이

(1) 제어대상의 근은 $s=0,\ 5.5651,\ -0.1428,\ -5.604$로 불안정한 근이 하나 존재하는 1형 시스템이다. 따라서 초기조건에 대한 개루프 응답(수레의 위치 x와 역진자의 각도 θ)은 그림 7.19(a)와 같이 무한대로 증가하는 불안정한 제어 특성을 보이고 있다.

```
clear all, close all
A=[0 1 0 0; 0 -0.1818 2.6727 0; 0 0 0 1; 0 -0.4545 31.1818 0];
B=[0;1.8182;0;4.5455]; C=[1 0 0 0;0 0 1 0]; D=[0; 0];
poles=eig(A), real_poles=real(poles);
if max(real_poles) > 0, disp('This system is unstable')
else, disp('This system is stable')
end
% Open-Loop Response to non-zero State Condition
t=[0:0.01:20]; u=0*t; x0=[0;0;0.35;0]; [y,x]=lsim(A,B,C,D,u,t,x0);x1=(:,1);
x2=x(:,2);
figure(1), plot(t, x1, '--', t, x2, ':'), grid, axis([0 5 0 2.5*10^11])
```

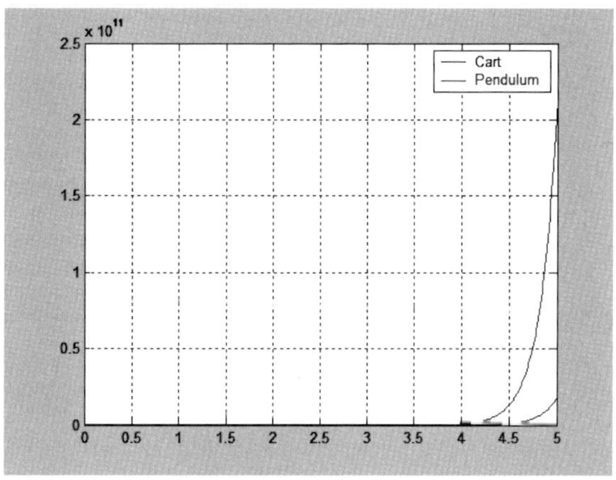

(a)

(2) x에 대한 설계사양은 정착시간이 5[초] 이내이고, 상승시간이 1[초] 이내이므로 원하는 근은 $s=-0.8\pm j2$이다.

θ에 대한 설계사양은 정착시간이 5[초] 이내이다. 그러나 θ에 대한 오버슈트는 $0[radians]$를 기준으로 $0.35[radians]$이므로 퍼센트로 표시하기에는 어려움이 있다. 따라서 오버슈트의 설계사양을 임의로 20[%]로 정하여 모의실험을 수행해보자. 오버슈트가 20[%]일 때 감쇠비는 $\zeta=0.4559$이므로 원하는 근은 $s=-0.8\pm j1.5616$이 된다.

설계된 상태궤환 이득 $K=[-0.1878,\ -0.3082,\ 8.7732,\ 0.7873]$으로 정해지며, 모의실험을 수행한 결과는 그림 7.19(b)와 같다. 그림 7.36(b)에서 역진자는 평형상태로 수렴하고 수레도 원점으로 복귀하는 것을 알 수 있다. 그러나 수레는 역진자가 기울어진 반대 방향으로 대략 1.8[초] 이내에 −1.5[m]까지 매우 빠른 속도로 이동할 수 있도록 제어입력이 커야 한다.

```
% CL Response to Initial Condition using State Feedback
ts=5; tr=1; z=min(abs(roots([2.16 0.6 -4*tr/ts])));
for i=1:length(z), if z(i) > 0, zeta1=z(i), else, end, end, wn1=4/(ts*zeta1);
p1=-zeta1*wn1+j*wn1*sqrt(1-zeta1^2), p2=conj(p1);
po=0.2; zeta2=abs(sqrt(log(po)^2/(pi^2+log(po)^2))); wn2=4/(ts*zeta2);
p3=-zeta2*wn2+j*wn2*sqrt(1-zeta2^2), p4=conj(p3);
P=[p1 p2 p3 p4]; K=place(A,B,P), y=lsim(A-B*K,B,C,D,u,t,x0);
figure(2), plot(t,y), grid, legend('Cart', 'Pendulum')
```

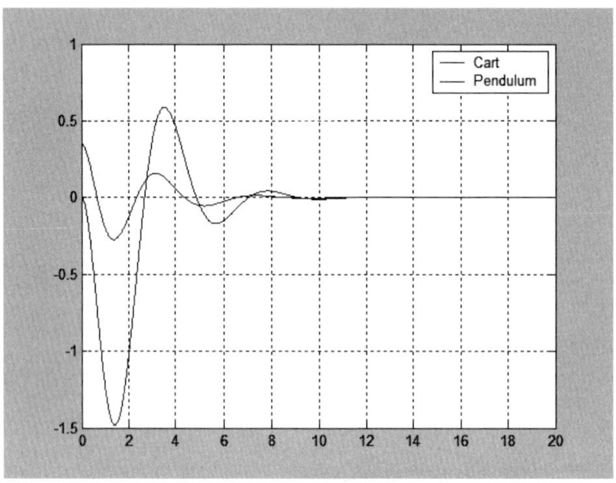

(b)

(3) $lsim$의 제어입력을 $u=0.2*ones(size(t))$로 변경하고, 초기조건 $x0$를 뺀 후 모의실험을 수행한다. 모의실험의 결과는 그림 7.19(c)로 역진자는 6[초] 이내에 정상상태에 도달하나, 카트는 기준입력과 반대 방향으로 1.2[m]까지 이동한 상태로 제어목적을 달성하지 못하였다.

```
% CL Response to Step Input using State Feedback without Nbar
u=0.2*ones(size(t)); y=lsim(A-B*K,B,C,D,u,t);
figure(3), plot(t,y), grid, legend('Cart', 'Pendulum')
```

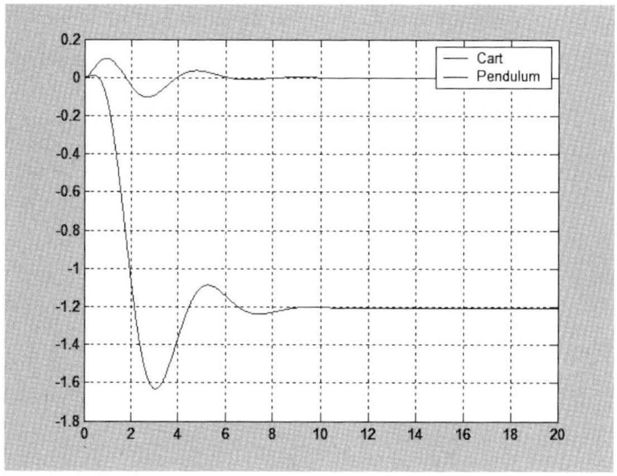

(c)

(4) 계산된 $\overline{N}=-0.1622$ 을 사용한 모의실험 결과는 그림 7.19(d)와 같다. 그림 7.19(d)에서 역진자는 대략 $4[s]$ 이내에 평형상태에 도달하나, 수레는 대략 $7[s]$ 정도에 $0.195[m]$의 위치로 이동한다. 따라서 $\overline{N}$를 사용하면, 거의 모든 설계사양을 만족하는 것을 알 수 있다.

```
% CL Response to Step Input using State Feedback with Nbar
[m,n]=size(A); [M,N]=size(C);
G=zeros(m+M,m+1); G(1:m,1:m)=A; G(1:m,m+1)=B; G(m+1:m+M,1:m)=C;
q=zeros(m+1,1); q(m+1)=1; N=inv(G'*G)*q;
Nx=N(1:m,1); Nu=N(m+1,1); Nbar=Nu+K*Nx
y=lsim(A-B*K,B*Nbar,C,D,u,t);
figure(4), plot(t,y), grid, legend('Cart', 'Pendulum')
```

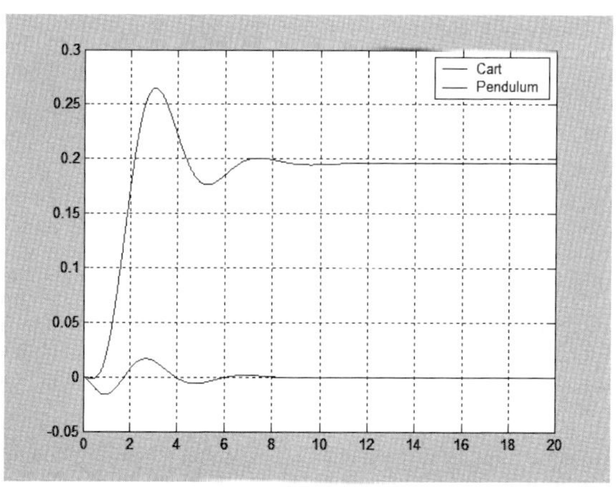

(d)

(5) 폐루프 시스템의 극점은 $s=-0.7516\pm j1.467,\ -0.8\pm j1.4412$이다.

따라서 원하는 관측기의 극점을 $Q=[-7,\ -8,\ -9,\ -10]$으로 선정하는 경우, 계산된 관측기 이득은 $L=\begin{bmatrix}16.5494 & 66.2237 & -1.4051 & -15.5955\\ -0.9756 & -5.4595 & 17.2688 & 105.3926\end{bmatrix}$이 된다. 상태궤환과 관측기를 도입한 매개변수 $At,\ Bt,\ Ct,\ Dt$를 계산하여 모의실험을 수행한다. 모의실험 결과는 그림 7.19(e)로 그림 7.19(d)와 동일하다.

```
% CL Response to Stp Input using State Compensator with Nbar
CLP=eig(A-B*K), Q=[-7 -8 -9 -10]; L=place(A',C',Q)'
At=[A-B*K B*K;zeros(size(A)) A-L*C]; Bt=[B*Nbar;zeros(size(B))];
Ct=[C zeros(size(C))]; Dt=[0;0]; y=lsim(At,Bt,Ct,Dt,u,t);
figure(5), plot(t,y) ,grid, legend( ' Cart ' , ' Pendulum ' )
```

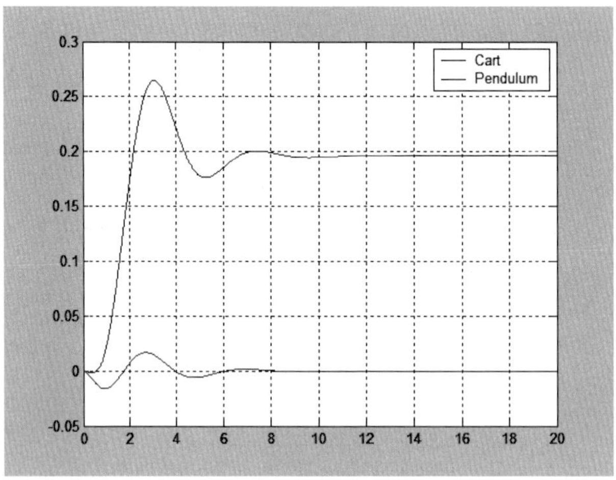

(e)

<그림 7.19> 실습예제 7.17의 연산 결과

실습예제 7.18

Magnetically Suspended Ball system의 미분방정식은 식 (7.54a)로 주어진다. 시스템은 $M=0.05[kg]$, $K=0.0001$, $L=0.01[H]$, $R=1[\Omega]$, $g=9.81[m/\sec^2]$ 이고, $h=Ki^2/Mg$ 에서 평형상태를 이룬다. 식 (7.54a)를 $h=0.01[m]$ 에서 선형화를 수행하면 식 (7.54b)와 같은 동적방정식을 구해진다. 식 (7.54b)에 대해 물음에 답하라.

$$M\frac{d^2h}{dt^2}=Mg-\frac{Ki^2}{h},\quad v=L\frac{di}{dt}+Ri \tag{7.54a}$$

$$\dot{x}=\begin{bmatrix}0 & 1 & 0\\ 980 & 0 & -2.8\\ 0 & 0 & -100\end{bmatrix}x+\begin{bmatrix}0\\0\\100\end{bmatrix}u,\quad y=[1\ \ 0\ \ 0]x \tag{7.54b}$$

(1) 제어대상의 근을 조사하고, 상태변수의 초기조건 $x(0)=[0.005\ \ 0\ \ 0]'$에 대한 개루프 응답을 도시하라.

(2) 원하는 근을 $P=[-20+j20\ \ -20-j20\ \ -100]$ 으로 선정한 경우, 상태궤환을 사용하여 초기응답에 대한 출력을 도시하라.

(3) $\overline{N}$를 사용하지 않고, 상태궤환을 사용하여 크기 0.001을 갖는 계단입력에 대한 출력을 구하라.

(4) $\overline{N}$를 사용할 때, 상태궤환을 사용하여 크기 0.001을 갖는 계단입력에 대한 의한 출력을 구하라.

(5) 관측기의 극점이 $Q=[-100\ \ -101\ \ -102]$ 이 되도록 관측기 이득을 구하고, 초기조건에 대한 폐루프 응답을 구하라. 관측기의 초기조건은 $\hat{x}0=[0\ \ 0\ \ 0]$ 으로 가정한다.

(6) $\overline{N}$를 사용할 때, 보상기(상태궤환과 관측기)를 사용하여 크기 0.001을 갖는 계단입력에 대한 출력을 구하라.

풀이

(1) 제어대상의 근은 $s=\pm 31.305,\ -100$으로 불안정한 시스템이다. 따라서 초기조건에 대한 개루프 응답(상태변수 x_2 의 출력)은 그림 7.20(a)와 같이 무한대로 증가하고 있다.

```
clear all, close all
A=[0 1 0;980 0 -2.8; 0 0 -100]; B=[0;0;100]; C=[1 0 0]; D=[0];
poles=eig(A), real_poles=real(poles);
if max(real_poles) > 0, disp('This system is unstable')
else, disp('This system is stable')
end
% Open-Loop Response to non-zero State Condition
t=[0:0.01:2]; u=0*t; x0=[0.005;0;0];
[y,x]=lsim(A,B,C,D,u,t,x0); x1=x(:,2); figure(1), plot(t, x1), grid
```

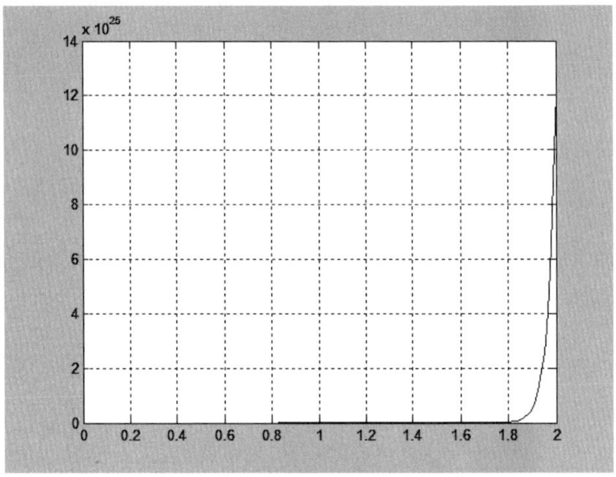

(a)

(2) 상태궤환 이득은 $K=[-775.7143\ \ -20.6429\ \ 0.4]$로 $lsim$에서 행렬 A를 $A-B*K$으로 치환하여 모의실험을 수행한 결과는 그림 7.20(b)로 출력이 0으로 수렴하는 점근 안정한 시스템이 된다.

```
% CL Response to Initial Condition using State Feedback
P=[-20+j*20 -20-j*20 -100]; K=place(A,B,P)
y=lsim(A-B*K,B,C,D,u,t,x0); figure(2), plot(t,y), grid
```

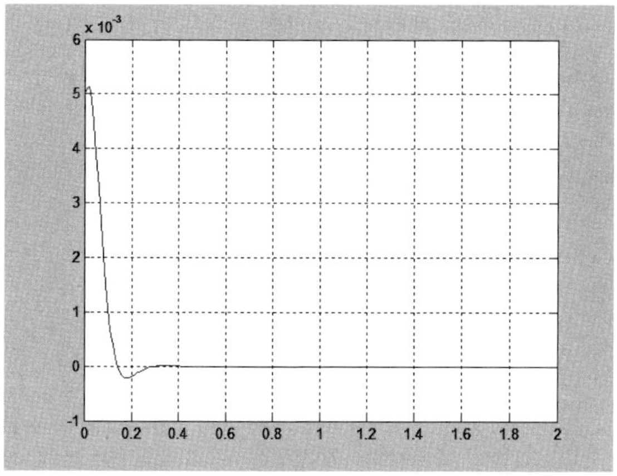

(b)

(3) $lsim$ 에 제어입력을 $u=0.001*ones(size(t))$로 변경하고, 초기조건 $x0$를 뺀 후 모의실험을 수행한다. 모의실험의 결과는 그림 7.20(c)로 폐루프 응답은 기준입력을 추적하지 못하며, 기준입력과 반대의 부호를 가진다.

```
% CL Response to Step Input using State Feedback without Nbar
u=0.001*ones(size(t)); y=lsim(A-B*K,B,C,D,u,t); figure(3), plot(t,y), grid
```

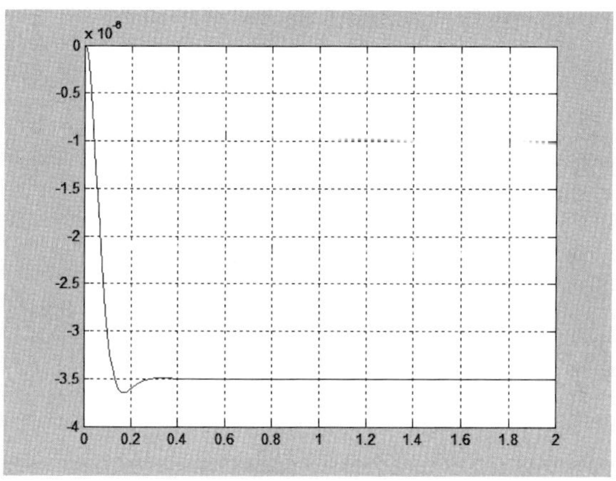

(c)

(4) 계산된 $\overline{N}=-285.7143$으로 계단입력에 대한 폐루프 응답은 그림 7.20(d)으로 짧은 상승시간 이내에 기준입력을 추적하는 것을 알 수 있다.

```
% CL Response to Step Input using State Feedback with Nbar
[m,n]=size(A); G=zeros(m+1); G(1:m,1:m)=A; G(1:m,m+1)=B;
G(m+1,1:m)=C; q=zeros(m+1,1); q(m+1)=1; N=inv(G)*q;
Nx=N(1:m,1); Nu=N(m+1,1); Nbar=Nu+K*Nx
y=lsim(A-B*K,B*Nbar,C,D,u,t); figure(4), plot(t,y), grid
```

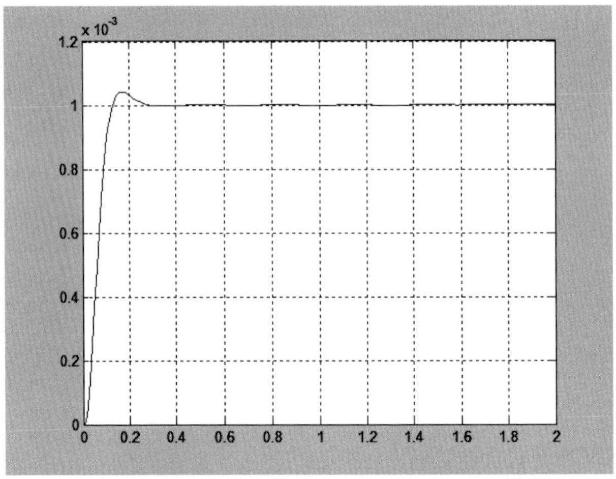

(d)

(5) 계산된 관측기 이득은 $L=[0.0203;1.1282;0]\times 10^4$이다. 상태궤환과 관측기를 도입한 매개변수 At, Bt, Ct, Dt를 계산하여 모의실험을 수행한다. 모의실험 결과, 폐루프 응답은 그림 7.20(e)로 그림 7.20(b)와 동일하다. 모든 상태변수를 그림 7.40(f)도시하였다. 상태변수 x_1에 비해 나머지 두 개의 상태변수의 변위가 너무 작아 구별하기 어려우나, 모두 0으로 수렴하는 것을 알 수 있다.

```
% CL Response to Initial Condition using State Feedback and Observer
Q=[-100 -101 -102]; L=place(A',C',Q)';
At=[A-B*K B*K; zeros(size(A)) A-L*C]; Bt=[B; zeros(size(B))];
Ct=[C zeros(size(C))]; Dt=D; hatx0=[0;0;0];
[y,x]=lsim(At,Bt,Ct,Dt,zeros(size(t)),t,[x0' hatx0]); figure(5),
plot(t,y), grid
figure(6), plot(t,x(:,1),t,x(:,2),'--',t,x(:,3),':'), grid
```

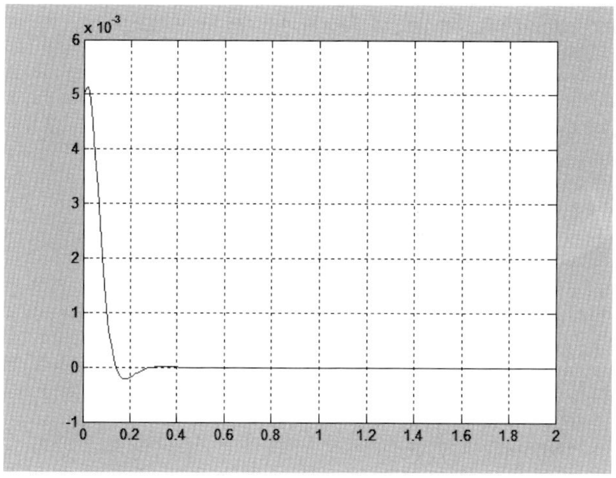

(e)

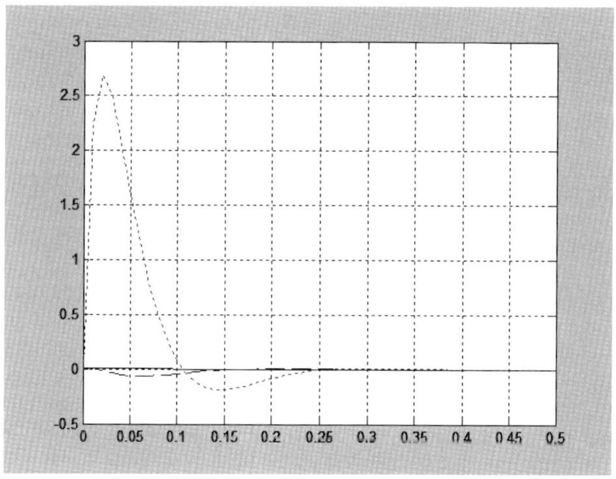

(f)

(6) $lsim$ 에 제어입력을 $u = 0.001 * ones(size(t))$, $Bt = [B * Nbar; zeros(size(B))]$ 로 변경 한 후 모의실험을 수행한다. 모의실험의 결과는 그림 7.20(g)로 그림 7.20(d)와 동일하다.

```
% CL Response to Step Input using State Feedback and Observer
u=0.001*ones(size(t)); Bt=[B*Nbar; zeros(size(B))];
y=lsim(At,Bt,Ct,Dt,u,t); figure(7), plot(t,y), grid
```

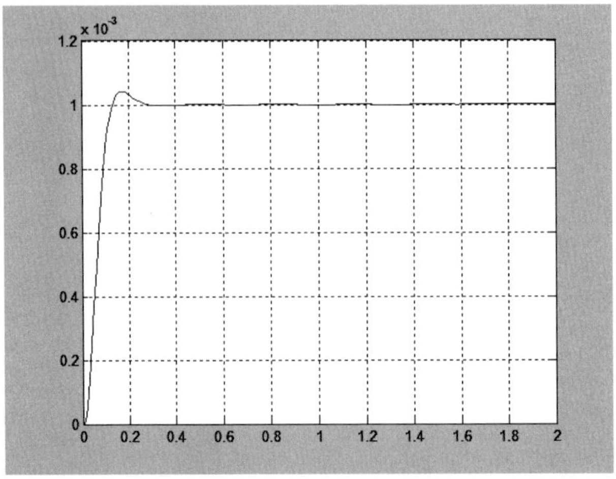

(g)

〈그림 7.20〉 실습예제 7.18의 연산 결과

7.5 최적제어 기법을 이용한 상태궤환 보상기의 설계

앞 절에서는 상태궤환 제어기 또는 관측기의 이득을 원하는 설계사양을 만족하도록 극점 배치이론 또는 근궤적 기법에 의해 결정하였다. 그러나 이와 같은 설계 방법은 추적오차의 크기(즉, 제어량 또는 에너지) 또는 평형상태에 도달하는 최소 시간 등의 성능지수를 고려하지 않은 것이다. 상태궤환 제어기 또는 관측기의 이득이 최소 성능지수를 갖도록 설계하는 방법이 최적제어(optimal control) 이론이다.

최적제어 이론은 대학원 과정이므로 여기에서는 몇 가지 예를 사용하여 최적제어 설계 방법을 소개한다. 최적제어시스템을 설계하기 가정하는 성능지수는 매우 다양하다. 대표적인 성능지수로 ISE(Integral of the Square of the Error), IAE(Integral of the Absolute magnitude of the Error), ITAE(Integral of Time multiplied by the Absolute Error), 그리고 ITSE(Integral of Time multiplied by the Square Error) 등이 있다.

선형 시불변 제어시스템 (7.55)에 대해 제어량의 크기가 최소가 되는 상태궤환 제어기 (7.56)을 설계하자. 식 (7.56)을 식 (7.55)에 대입하면 식 (7.57)이 유도된다.

$$\dot{x}(t) = Ax(t) + Bu(t) \tag{7.55}$$

$$u(t) = Kx(t) \tag{7.56}$$

$$\dot{x}(t) = Ax(t) + BKx(t) = [A + BK]x(t) \equiv Hx(t) \tag{7.57}$$

여기서 행렬 H 의 차원은 $n \times n$이다.

첫 번째 예로 자승오차 성능지수가 식 (7.58)로 주어진다고 가정하자.

$$J = \int_0^\infty (x^T x)dt \tag{7.58}$$

식 (7.58)로 주어진 성능지수 J의 최소값을 얻기 위해 적분인자가 식 (7.59)를 만족한다고 가정하자.

$$\frac{d}{dt}(x^T P x) \equiv -(x^T x) \tag{7.59}$$

여기서 행렬 P 는 성능지수 J 를 최소로 하는 $n \times n$ 대칭행렬이다. 따라서 식 (7.59)는 식 (7.60)과 같다.

$$\begin{aligned}\frac{d}{dt}(x^T P x) &= \dot{x}^T P x + x^T P \dot{x} = (Hx)^T P x + x^T P (Hx) \\ &= x^T H^T P x + x^T P H x = x^T (H^T P + PH) x\end{aligned} \tag{7.60}$$

식 (7.60)에서 $(H^T P + PH) = -I$이면, $\frac{d}{dt}(x^T P x) \equiv -(x^T x)$이 만족한다. 따라서 시스템이 안정하다고 가정하면 $x(\infty) = 0$ 이 되므로 식 (7.61)이 성립한다.

$$\begin{aligned}J &= \int_0^\infty (x^T x)dt = \int_0^\infty -\frac{d}{dt}(x^T P x)dt \\ &= -x^T P x \,|_0^\infty = x^T(0) P x(0)\end{aligned} \tag{7.61}$$

따라서 최적제어시스템의 설계문제는 주어진 시스템 행렬 H에 대해 행렬식 $(H^TP+PH)=-I$을 만족하는 행렬 P를 결정하고 성능지수 $J=x^T(0)Px(0)$가 최소가 되도록 상태궤환 이득 K를 결정하는 일이다. 최적제어시스템은 주어진 초기조건에 대해 설계되었으므로 초기조건이 바뀌면 재설계를 수행해야 한다.

두 번째 예로 에너지 제약조건을 갖는 성능지수 (7.62)에 대한 최적제어시스템을 설계해 보자.

$$
\begin{aligned}
J &= \int_0^\infty (x^TIx+\lambda u^Tu)dt = \int_0^\infty x^TIx+\lambda(Kx)^T(Kx)dt \\
&= \int_0^\infty x^T(I+\lambda K^TK)x\,dt = \int_0^\infty (x^TQx)\,dt
\end{aligned}
\tag{7.62}
$$

여기서 λ는 스칼라 하중요소(weighting factor)로 1보다 작은 양의 상수이고, I는 단위 행렬이며, 행렬 $Q=(I+\lambda K^TK)$의 차원은 $n\times n$이다.

성능지수 J의 최소값을 얻기 위해 $\frac{d}{dt}(x^TPx)\equiv-(x^TQx)$라고 가정하면 식 (7.63)이 성립한다. 여기서 행렬 P는 성능지수 J를 최소로 하는 대칭행렬이다.

$$
\begin{aligned}
\frac{d}{dt}(x^TPx) &= \dot{x}^TPx+x^TP\dot{x} = (Hx)^TPx+x^TP(Hx) \\
&= x^TH^TPx+x^TPHx = x^T(H^TP+PH)x
\end{aligned}
\tag{7.63}
$$

식 (7.63)에서 행렬식 $(H^TP+PH)=-Q$이 성립하면, $\frac{d}{dt}(x^TPx)\equiv-(x^TQx)$를 만족한다. 따라서 시스템이 안정하다고 가정하면 $x(\infty)=0$이 되므로 식 (7.64)가 성립한다. 행렬식 $(H^TP+PH)=-Q$을 Lyapunov 방정식이라 부른다.

$$
\begin{aligned}
J &= \int_0^\infty (x^TQx)dt = \int_0^\infty -\frac{d}{dt}(x^TPx)dt \\
&= -x^TPx\,|_0^\infty = x^T(0)Px(0)
\end{aligned}
\tag{7.64}
$$

마지막으로 식 (7.65)로 주어지는 일반화된 성능지수를 가지는 최적제어시스템의 경우, 최적제어는 $u(t) = -K^T x(t) = PBR^{-1}x(t)$로 주어진다. 여기서 행렬 R은 스칼라 하중요소이며, 행렬 P는 Riccati 방정식 (7.66)에서 구해진다. 이러한 최적제어시스템을 선형제곱조정기(LGR : linear quadratic regulator)라고 부른다.

$$J = \int_0^{\infty} (x^T Q x + u^T R u) dt \tag{7.65}$$

$$A^T P + PA - PBB^T P r^{-1} + Q = 0 \tag{7.66}$$

실습예제 7.19

쌍적분함수 $G(s) = 1/s^2$의 동적방정식은 $\dot{x}(t) = \begin{bmatrix} 0 & 1 \\ 0 & 0 \end{bmatrix} x(t) + \begin{bmatrix} 0 \\ 1 \end{bmatrix} u(t)$이다. 상태궤환 $K = [-k_1 - k_2]$에서 $k_1 = 1$로 가정할 때, 초기조건 $x^T(0) = [1 \ 1]$에 대해 성능지수 J가 최소가 되도록 궤환이득 k_2를 결정하라.

풀이

설계순서는 다음과 같다.

(1) 먼저 상태궤환에 의한 제어입력 $u(t) = -Kx(t) = -[k_1 \ k_2]\, x(t)$이라 가징하고 제이대상의 동적방정식에 대입하면 식 (7.67)과 같다.

$$\dot{x} = Ax + Bu = (A - BK)x = Hx = \begin{bmatrix} 0 & 1 \\ -k_1 & -k_2 \end{bmatrix} x \tag{7.67}$$

(2) 대칭행렬 $P = \begin{bmatrix} p_{11} & p_{12} \\ p_{12} & p_{22} \end{bmatrix}$이라 가정하고 Lyapunov 방정식에 대입하면 식 (7.68)과 같은 결과를 얻을 수 있다.

$$p_{12} = 1/2, \quad p_{22} = 1/k_2, \quad p_{11} = (k_2^2 + 2)/2k_2 \tag{7.68}$$

(3) 초기조건 $x^T(0) = [1 \ 1]$의 적분성능지수 $J = x^T(0) P x(0)$는 식 (7.65)가 된다.

$$J = [1\,1] \begin{bmatrix} p_{11} & p_{12} \\ p_{12} & p_{22} \end{bmatrix} \begin{bmatrix} 1 \\ 1 \end{bmatrix} = p_{11} + 2p_{12} + p_{22} \tag{7.69}$$

(4) 식 (7.69)에 식 (7.68)을 대입하여 정리하면 식 (7.70)과 같다.

$$J=(k_2^2+2k_2+4)/2k_2 \tag{7.70}$$

(5) 식 (7.61)을 k_2에 대해 최소값을 구하기 위해 $dJ/dk_2=0$을 수행하면 $k_2=2$가 된다. 따라서 주어진 초기조건에 대해 최적화된 상태궤환 이득 $K=[1\ \ 2]$가 된다. 이때 성능지수의 크기는 $J_{\min}=3$이다.

실습예제 7.20

실습 예제 7.19에서 $k_1=k_2=k$로 가정하고 $x^T(0)=[1\quad 0]$에 대해 최적제어시스템을 설계하라.

풀이

실습 예제 7.19의 식 (7.68)에서 $p_{12}=1/2k$, $p_{22}=(k+1)/2k^2$, $p_{11}=(1+2k)/2k$이므로 초기조건을 대입하면 $p_{11}=1+1/2k$이다. 따라서 $k\to\infty$일 때, 성능지수는 $J_{\min}=1$로 최소가 된다. 그러나 $k\to\infty$이면 $u(t)=-Kx=-k[x_1\ \ x_2]\to\infty$가 되므로 실현 불가능하다. 따라서 제어신호의 실현 가능한 크기는 제한되어야 한다.

만약 제어신호의 크기를 $|u(t)|\leqq 50$이라고 가정하면 $|u_{\max}|=K_{\max}x$이 된다. 따라서 $K_{\max}=|u_{\max}|/x$가 되고, $k_{\max}=|u_{\max}|/[x_1(0)+x_2(0)]=50$이므로 성능지수의 최소값은 $J_{\min}=1+1/2k_{\max}=1.01$이 된다.

실습예제 7.21

실습 예제 7.19의 동적방정식에 대해 성능지수 (7.62)를 사용하여 초기조건 $x^T(0)=[1\quad 0]$을 만족하는 최적제어시스템의 $K=[-k-k\ ]$을 설계하라.

풀이

$u(t)=Kx=kIx$이므로 $Q=(I+\lambda K^TK)=\begin{bmatrix}1+\lambda k^2 & \lambda k^2\\ \lambda k^2 & 1+\lambda k^2\end{bmatrix}$이 된다. 따라서 Lyapunov 방정

식 $H^TP+PH=-Q$에 행렬 H와 P를 대입하면 $p_{12}=-(1+\lambda k^2)/2k$, $p_{22}=-(1+\lambda k^2)(1+1/k)/2k$, $p_{11}=(1+\lambda k^2)(1+1/2k)-\lambda k^2$이 된다.

따라서 $x^T(0)=[1 \quad 0]$에 대한 $J=x^T(0)Px(0)=p_{11}$이므로 $dJ/dk=(\lambda-1/k^2)/2=0$이 되고, 성능지수의 최소값은 $k_{\min}=1/\sqrt{\lambda}$ 이 된다.

제어에너지와 제곱된 상태변수를 똑같이 중요하게 취급하는 경우($\lambda=1$), 상태변수 이득의 최소값은 $k_{\min}=0.555$이고, 성능지수의 최소값은 $J_{\min}=2.49$이 된다.

MATLAB 명령어 $[K, S, N]=lqr(A,B,Q,R,N)$ 사용하면 선형 제어시스템의 최적제어 이득 K를 쉽게 계산할 수 있다. 여기에서 A와 B는 각각 시스템 행렬과 입력 행렬(벡터)이고, 성능지수는 $J=\int(x'Qx+u'Ru+2x'Nu)dt$이다. 또한 S는 Riccati 방정식의 해이고, E는 폐루프 시스템의 고유값이다. 따라서 $Q=\begin{bmatrix}1.555 & 0.555\\ 0.555 & 1.555\end{bmatrix}$, $R=\lambda=1$, $N=0$로 입력하는 경우 구해진 최적제어 이득은 $K=[1.2470 \ \ 2.0122]$ 이 된다. 이 결과는 $k_1 \neq k_2$인 경우이다.

실습예제 7.22

항공기 Pitch 제어시스템이 식 (7.71)로 주어진다고 가정하자. 식 (7.71)에 대해 아래의 설계사양을 만족하도록 상태궤환에 의한 설계를 수행하라.

설계사양 : $\delta_e=0.2[rad]$의 계단입력에 대해

① 10[초]보다 작은 정착시간

② 10[%]보다 작은 오버슈트

③ 2[%]보다 작은 정상상태오차

④ 5[초]보다 작은 상승시간

$$\frac{d}{dt}\begin{bmatrix}\alpha\\ q\\ \theta\end{bmatrix}=\begin{bmatrix}-0.313 & 56.7 & 0\\ -0.0139 & -0.426 & 0\\ 0 & 56.7 & 0\end{bmatrix}\begin{bmatrix}\alpha\\ q\\ \theta\end{bmatrix}+\begin{bmatrix}0.232\\ 0.0203\\ 0\end{bmatrix}\delta_e \qquad (7.71a)$$

$$y=[0 \ \ 0 \ \ 1][\alpha \ \ q \ \ \theta]' \qquad (7.71b)$$

(1) 식 (7.71)로 주어지는 동적방정식에 대해 가제어성과 가관측성를 조사하라.

(2) $\overline{N}$를 사용하지 않을 때, 상태궤환에 의한 계단응답과 외란응답을 구하라.

(3) $\overline{N}$를 사용할 때, 상태궤환에 의한 계단응답과 외란응답을 구하라.

(4) 성능지수 행렬 $R=1$(상수), 상태비용(state-cost) 행렬 $Q=C'*C$, 하중계수 (weighting factor) $p=50$으로 설정하였을 때, LQR(Linear Quadratic Regulator) 기법에 의해 상태궤환 이득을 결정하고, 크기 $0.2[rad]$를 갖는 계단입력(elevator deflection angle, δ_e)에 대한 응답(pitch angle, θ)를 $\overline{N}$를 사용하지 않은 상태궤환에 사용하여 구하라.

(5) $\overline{N}$를 사용한 경우, LQR 기법에 의한 상태궤환을 사용하여 크기 $0.2[rad]$를 갖는 계단입력에 대한 응답을 구하라.

풀이

(1) 가제어성 행렬 Pc의 계수는 3, 가관측성 행렬 Po의 계수는 3이므로 가제어하고 가관측하다.

```
clear all, close all
A=[-0.313 56.7 0;-0.0139 -0.426 0;0 56.7 0]; B=[0.232;0.0203;0];
C=[0 0 1]; D=[0];
Pc=ctrb(A,B); Po=obsv(A,C); con=rank(Pc), obs=rank(Po)
```

(2) 계산된 상태궤환 이득은 $K=[-8.0478\ 292.0236\ 10.3223]$이고, 모의실험 결과 그림 7.21(a)와 같이 정상상태응답이 0.02로 기준입력을 추적하지 못한다.

```
% CL Response to Unit Step Input using SF Gain without Nbar
ts=10; po=0.1; zeta=abs(sqrt(log(po)^2/(pi^2+log(po)^2))), wn=4/(ts*zeta)
p1=-zeta*wn+j*wn*sqrt(1-zeta^2); p2=conj(p1); p3=-10*zeta*wn;
P=[p1 p2 p3], K=acker(A,B,P), t=[0:0.01:20]; de=0.2*ones(size(t));
y0=[0 0 0]; figure(1), lsim(A-B*K,B,C,D,de,t,y0); grid
title('Step Response using SF Controller without Nbar')
```

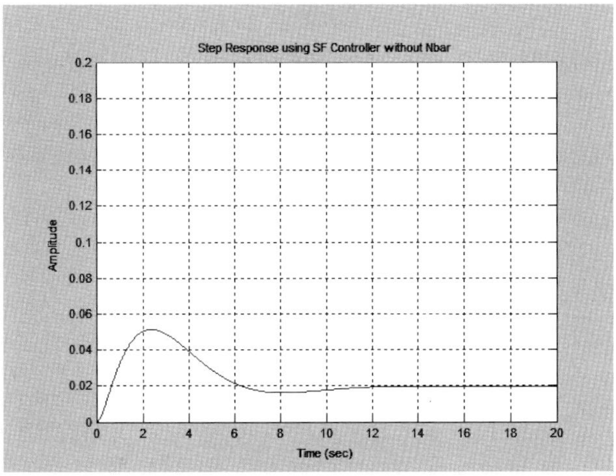

(a)

(3) 계산된 $\overline{N} = 10.3223$으로 계단응답은 그림 7.21(b)와 같다. 그림 7.21(b)에서 계단응답은 기준입력을 추적하고 있으나, 오버슈트와 정착시간 사양을 만족하지 못한다.

```
% CL Response to Unit Step Input using SF Gain with Nbar
[m,n]=size(A); G=zeros(m+1); G(1:m,1:m)=A; G(1:m,m+1)=B;
G(m+1,1:m)=C; q=zeros(m+1,1); q(m+1)=1; N=inv(G)*q;
Nx=N(1:m,1); Nu=N(m+1,1); Nbar=Nu+K*Nx
figure(2), lsim(A-B*K,B*Nbar,C,D,de,t,y0); grid
title('Step Response using SF Controller with Nbar')
```

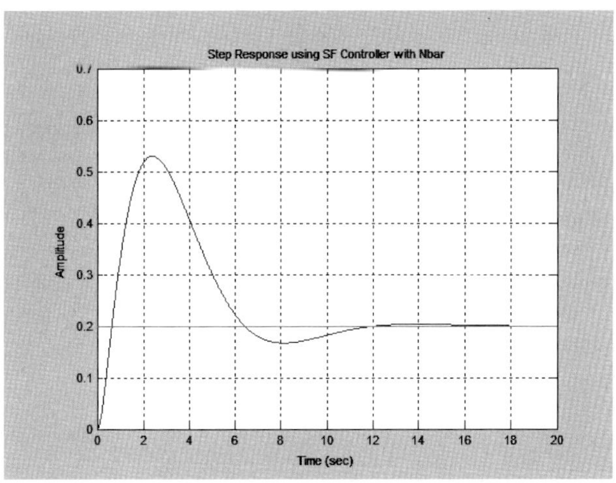

(b)

(4) LQR 기법에 의해 계산된 상태궤환 이득은 $K=[-0.6435\ \ 169.695\ \ 7.0711]$ 이다. 모의실험을 수행한 결과는 그림 7.21(c)로 정상상태응답이 0.0282로 기준입력 0.2를 추적하지 못한다.

```
% CL Response to Unit Step Input using Optimal State Feedback Gain
t=[0:0.01:10]; de=0.2*ones(size(t)); y0=[0 0 0];
p=50; Q=p*C'*C; R=1; K=lqr(A,B,Q,R)
figure(3),lsim(A-B*K,B,C,D,de,t,y0); grid, axis([0 10 0 0.04])
title('Step Response using Optimal SF Controller without Nbar')
```

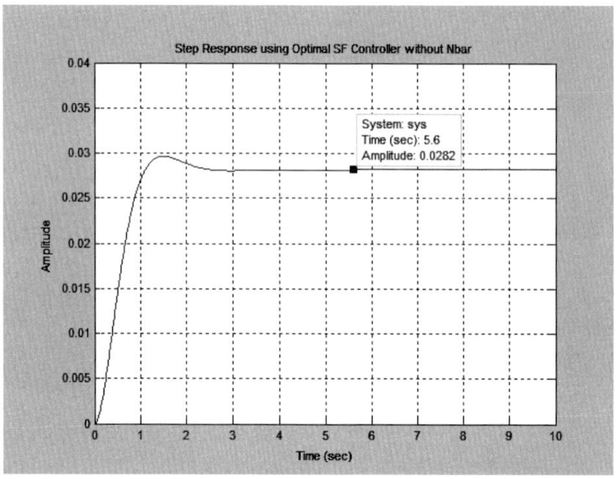

(c)

(5) 계산된 $\overline{N}=7.0711$으로 계단응답은 그림 7.21(d)와 같으며, 오버슈트는 $5[\%]$이고 정상상태오차가 0으로 기준입력을 잘 추적하는 것을 알 수 있다. 이러한 결과는 LQR 기법에 의한 최적화된 상태궤환 이득과 $\overline{N}$의 값이 주요 원인이다.

```
% CL Response to Unit Step Input using Optimal SF with Nbar
[m,n]=size(A); G=zeros(m+1); G(1:m,1:m)=A; G(1:m,m+1)=B;
G(m+1,1:m)=C; q=zeros(m+1,1); q(m+1)=1; N=inv(G)*q;
Nx=N(1:m,1); Nu=N(m+1,1); Nbar=Nu+K*Nx
figure(4), lsim(A-B*K,B*Nbar,C,D,de,t,y0); grid, axis([0 10 0 0.25])
title('Step Response using Optimal SF Controller with Nbar')
```

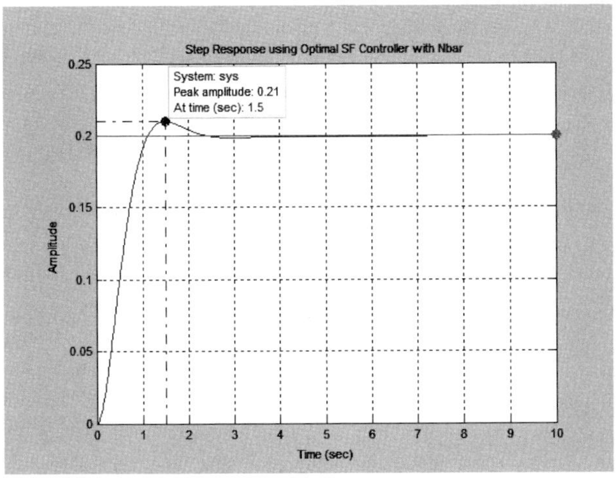

(d)

〈그림 7.21〉 실습예제 7.22의 연산 결과

7.6 내부모델 기법을 이용한 상태궤환 보상기의 설계

내부모델 설계는 정상상태오차 e_{ss}가 0이 되도록 제어기 $G_c(s)$에 기준입력 $R(s)$을 포함시키는 설계 방법이다. 즉, 제어시스템에 내부모델 설계를 수행하면 시간이 진행함에 따라 출력 $y(t)$이 기준입력 $r(t)$을 점근 추적하게 된다.

제어대상의 동적방정식이 식 (7.1)로 주어진다고 가정하자. 동적방정식 (7.1)에 대해 계단입력 $u(t)$이 인기된 내부모델 설계를 행하자. 오차신호를 $e(t)=y(t)-r(t)$로 정의하고 오차신호를 한 번 미분하면 식 (7.72)과 같다. 여기서 $y(t)$는 폐루프 응답이다.

$$\dot{e}(t)=\dot{y}(t)=C\dot{x}(t) \tag{7.72}$$

새로운 변수 $z(t)$와 $w(t)$를 각각 $z(t)=\dot{x}(t)$, $w(t)=\dot{u}(t)$라고 정의하면, 식 (7.72)과 식 (7.1.a)는 각각 식 (7.73)과 (7.74)로 표현할 수 있다.

$$\dot{e}(t) = C\dot{x}(t) = Cz(t) \tag{7.73}$$

$$\dot{z}(t) = \ddot{x}(t) = A\dot{x}(t) + B\dot{u}(t) = Az(t) + B\omega(t) \tag{7.74}$$

식 (7.73)과 (7.74)를 새로운 상태변수 $[e \ \ z]$를 사용하여 확장(augmented) 시스템으로 변환하면 식 (7.75)와 같다.

$$\begin{bmatrix} \dot{e} \\ \dot{z} \end{bmatrix} = \begin{bmatrix} 0 & C \\ 0 & A \end{bmatrix} \begin{bmatrix} e \\ z \end{bmatrix} + \begin{bmatrix} 0 \\ B \end{bmatrix} w \tag{7.75}$$

식 (7.75)의 확장시스템이 제어가능하면 식 (7.76)의 제어입력을 사용하여 상태궤환 (7.77)을 구성할 수 있다.

$$\dot{u} = w = -K_1 e - K_2 z \tag{7.76}$$

$$\begin{bmatrix} \dot{e} \\ \dot{z} \end{bmatrix} = \begin{bmatrix} 0 & C \\ 0 & A \end{bmatrix} \begin{bmatrix} e \\ z \end{bmatrix} + \begin{bmatrix} 0 \\ B \end{bmatrix} \omega = \begin{bmatrix} 0 & C \\ -K_1 & A - K_2 \end{bmatrix} \begin{bmatrix} e \\ z \end{bmatrix} \tag{7.77}$$

따라서 (7.77)의 특성방정식의 근을 s평면의 좌반면에 위치하도록 상태궤환 이득 $K = [K_1 \ \ K_2]$를 설계하면, 확장시스템은 점근 안정하다. 즉, 정상상태오차 e_{ss}가 0이 된다.

식 (7.76)에서 제어입력은 식 (7.78)로 표현할 수 있다. 제어입력 (7.78)에는 1개의 적분기가 포함되어 있다. 계단입력을 갖는 궤환시스템의 블록선도는 그림 7.22(a)와 같다. 그림 7.22(a)의 제어기 블록에 내부모델인 계단입력 $G_c(s) = K_1/s$의 적분기가 1개 포함되어 있다.

$$u(t) = -K_1 \int_0^t e(\tau)\,d\tau - K_2 x(t) \tag{7.78}$$

실습예제 7.23

식 (7.79)로 주어지는 동적방정식에 대해 원하는 특성방정식의 근 $s=[-1\pm j,\ 10]$ 을 갖도록 계단입력을 갖는 내부모델을 설계하라.

$$\dot{x}(t)=\begin{bmatrix}0 & 1\\ -2 & -2\end{bmatrix}x(t)+\begin{bmatrix}0\\1\end{bmatrix}u(t),\ y(t)=[\,1\ \ 0\,]\,x(t) \tag{7.79}$$

풀이

식 (7.79)의 시스템에 대해 계단입력을 갖는 내부모델의 확장 시스템은 식 (7.80)과 같다.

$$\begin{bmatrix}\dot{e}\\ \dot{z}_1\\ \dot{z}_2\end{bmatrix}=\begin{bmatrix}0 & 1 & 0\\ 0 & 0 & 1\\ 0 & -2 & -2\end{bmatrix}\begin{bmatrix}e\\ z\end{bmatrix}+\begin{bmatrix}0\\0\\1\end{bmatrix}w \tag{7.80}$$

식 (7.80)의 가제어성을 조사하면 완전 제어가능하다. $\dot{u}=\omega=-k_1e-[k_2\quad k_3]z$을 대입하면 식 (7.80)은 식 (7.81)이 되고, 행렬식은 (7.82)이다.

$$\begin{bmatrix}\dot{e}\\ \dot{z}\end{bmatrix}=\begin{bmatrix}0 & 1 & 0\\ 0 & 0 & 1\\ -k_1 & -k_2-2 & -k_3-2\end{bmatrix}\begin{bmatrix}e\\ z\end{bmatrix} \tag{7.81}$$

$$\det(sI-A')=\begin{vmatrix}s & -1 & 0\\ 0 & s & -1\\ k_1 & k_2+2 & s+k_3+2\end{vmatrix}=s\,[s^2+(k_3+2)s+(k_2+2)] \tag{7.82}$$

따라서 원하는 근 $(s+10)(s+1+j1)(s+1-j1)=s^3+12s^2+22s+20$과 계수 비교를 통해 $K_1=k_1=20,\ K_2=[\,k_2\ \ k_3]=[20\ \ 10]$을 구할 수 있다.

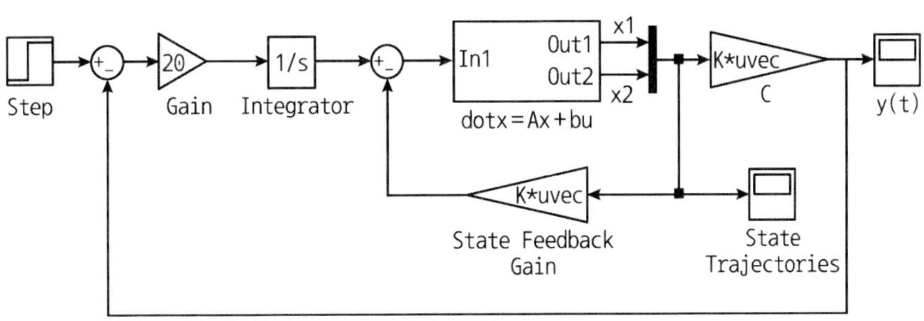

(a)

```
A=[0 1; -2 -2]; b=[0; 1]; c=[1 0]; d=[0]; aug_A=zeros(3,3);
aug_A(1, 2:3)=c; aug_A(2, 2:3)=A(1, 1:2); aug(3, 2:3)=A(2, 1:2);
aug_b=zeros(3,1); aug_b(2:3, 1)=b;
Pc=ctrb(aug_A, aug_b), n=rank(Pc);
if abs(n)<eps, disp('This system is uncontrollable')
else
cp=[-10 -1+j -1-j]; k=place(aug_A, aug_b, cp)
at=aug_A-aug_b*k; bt=aug_b; ct=[c 0]; dt=d;
dcg=dcgain(at, bt, ct, dt); t=[0:0.01:10];
yc=step(at, bt, ct, dt, 1, t);
yc1=yc/dcg; figure(1), plot(t, yc1), axis([0 10 0 1.2]), grid
 end
```

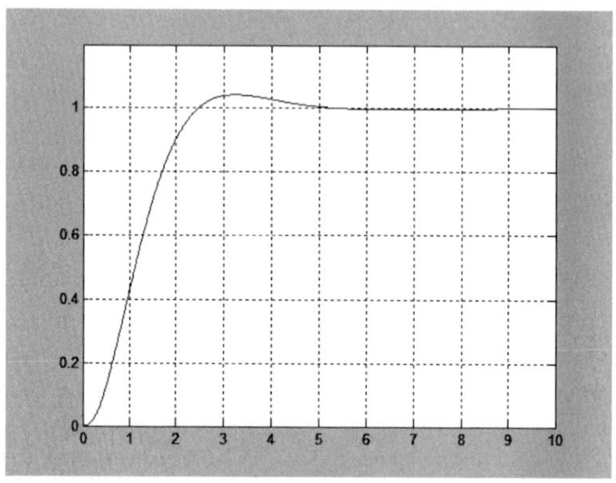

(b)

<그림 7.22> 실습 예제 7.23의 연산 결과

경사입력을 갖는 내부모델의 설계는 계단입력을 갖는 내부모델의 설계와 같은 방법으로 수행된다. 오차신호를 $e(t)=y(t)-r(t)$로 정의하고 오차신호를 두 번 미분하면 식 (7.83)과 같다.

$$\ddot{e}(t) = \ddot{y}(t) = C\,\ddot{x}(t) \tag{7.83}$$

새로운 변수 $z(t)$와 $w(t)$를 각각 $z(t)=\ddot{x}(t)$, $w(t)=\ddot{u}(t)$라고 정의하면, 식 (7.83)과 식 (7.1.a)는 아래의 3개의 식으로 표현할 수 있다.

$$\dot{e}(t) = \dot{e}(t) \tag{7.84}$$

$$\ddot{e}(t) = \ddot{y}(t) = C\ddot{x}(t) = Cz(t) \tag{7.85}$$

$$\dot{z}(t) = Az(t) + B\omega(t) \tag{7.86}$$

위에서 유도된 식을 새로운 상태변수 $[e \ \ \dot{e} \ \ z]$를 사용하여 확장 시스템으로 변환하면 식 (7.87)과 같다.

$$\begin{bmatrix} \dot{e} \\ \ddot{e} \\ \dot{z} \end{bmatrix} = \begin{bmatrix} 0 & 1 & 0 \\ 0 & 0 & C \\ 0 & 0 & A \end{bmatrix} \begin{bmatrix} e \\ \dot{e} \\ z \end{bmatrix} + \begin{bmatrix} 0 \\ 0 \\ B \end{bmatrix} \omega \tag{7.87}$$

식 (7.87)의 확장시스템이 제어가능하면 식 (7.88)의 제어입력을 사용하여 상태궤환 (7.89)를 구성할 수 있다.

$$\ddot{u} = \omega = [K_1 \quad K_2 \quad K_3] \begin{bmatrix} e \\ \dot{e} \\ z \end{bmatrix} \tag{7.88}$$

$$\begin{bmatrix} \dot{e} \\ \ddot{e} \\ \dot{z} \end{bmatrix} = \begin{bmatrix} 0 & 1 & 1 \\ 0 & 0 & C \\ -k_1 & -k_2 & A-k_3 \end{bmatrix} \begin{bmatrix} \dot{e} \\ \ddot{e} \\ z \end{bmatrix} \tag{7.89}$$

따라서 (7.89)의 특성방정식의 근을 s평면의 좌반면에 위치하도록 상태궤환 이득 $K = [K_1 \ K_2 \ K_3]$를 설계하면, 확장시스템은 점근 안정하다. 즉, 정상상태오차 e_{oo}가 0이 된다.

식 (7.88)의 제어입력은 식 (7.90)으로 표현할 수 있다. 제어입력 식 (7.90)에는 2개의 적분기가 포함되어 있다.

$$u(t) = -\int_0^t [k_2 e + k_1 \int_0^\tau e(\tau)\, d\tau]\, dt - k_3 x \tag{7.90}$$

7-1 동적방정식 (7p.1)을 갖는 시스템에 대해 물음에 답하라. 여기서 $g=9.8$는 중력가속도이고, $l=0.5$은 길이이다.

$$\dot{x}=\begin{bmatrix} 0 & 1 \\ g/l & 0 \end{bmatrix}x+\begin{bmatrix} 0 \\ -1/l \end{bmatrix}u,\ y(t)=[\,1\ \ 0\,]\,x(t) \tag{7p.1}$$

(1) 가제어성 행렬을 구성하여 가제어성을 판별하라.

(2) 감쇠비 $\zeta=0.8$, 고유주파수 $\omega_n=10$을 만족하도록 상태궤환 이득을 결정하라.

(3) Simulink 모델을 구성하여 단위계단응답을 도시하라.

(4) Simulink 모델에서 기준입력이 0일 때, 초기조건 $x(0)=[0.5;-0.5]$에 대한 응답을 도시하라.

7-2 아래의 동적방정식 (7p.2)을 갖는 시스템에 대해 .

$$\dot{x}=\begin{bmatrix} 0 & 1 & 0 \\ 0 & 0 & 1 \\ -2 & -3 & -5 \end{bmatrix}x+\begin{bmatrix} 0 \\ 0 \\ 1 \end{bmatrix}u \tag{7p.2}$$

(1) Ackermann의 공식을 사용하여 가제어성을 판별하라.

(2) 감쇠비 $\zeta=0.8$, $t_s=1[\sec]$를 만족하도록 상태궤환 이득을 결정하라.

(3) Simulink 모델에서 기준입력이 0일 때, 초기조건 $x(0)=[0.5;0;-0.5]$에 대한 응답을 도시하라.

7-3 전달함수 $G(s)=4/s(s+1)(s+4)$에 대해 물음에 답하라.

(1) 동적방정식을 구하고, 시스템의 가제어성을 조사하라.

(2) 시스템이 제어 가능하면 특성방정식의 근이 $s=-1\pm 2j,\ -10$이 되도록 상태궤환 이득 K 을 구하라.

(3) 상태의 초기조건 $x(0)=[0.5;-0.5;0]$에 대해 모의실험을 수행하라.

(4) Simulink 모델을 사용하여 위의 과정을 수행하라.

7-4 동적방정식 (7p.1)을 갖는 시스템에 대해 물음에 답하라.

(1) 가관측성 행렬을 구성하여 가관측성을 판별하라.

(2) 감쇠비 $\zeta = 0.8$, 고유주파수 $\omega_n = 10$을 만족하도록 관측기 이득 L을 결정하라.

(3) 추정값 오차의 초기조건이 $e = [-0.8 \ \ 0]$일 때 추정값 오차의 추이를 도시하라.

(4) Simulink 모델을 구성하여 모의실험을 반복하라.

7-5 아래의 동적방정식 (7p.3)을 갖는 시스템에 대해 물음에 답하라.

$$\dot{x} = \begin{bmatrix} 0 & 1 & 0 \\ 0 & 0 & 1 \\ -2 & -3 & -5 \end{bmatrix} x + \begin{bmatrix} 0 \\ 0 \\ 1 \end{bmatrix} u, \ y(t) = [1 \ 0 \ 0] x(t) \tag{7p.3}$$

(1) Ackermann의 공식을 사용하여 가관측성을 판별하라.

(2) 원하는 근이 $s = -3, -5, -7$이 되도록 관측기 이득 L을 구하라.

(3) 제어대상 상태변수의 초기조건이 $x(0) = [1; -0.75; 0.4]$이고, 관측기 상태변수의 초기조건이 $\hat{x}(0) = [0; 0; 0]$일 때 모든 상태변수의 궤적을 도시하고, 상태변수의 초기조건에 의한 제어대상의 출력과 관측기의 출력을 도시하라.

7-6 아래의 동적방정식 (7p.4)을 갖는 시스템에 대해 아래의 설계사양에 대해 물음에 답하라.

설계사양 : 계단입력에 대해

① 4[%]보다 작은 오버슈트

② 2[초]보다 작은 정착시간

$$\dot{x} = \begin{bmatrix} 0 & 1 & 0 \\ 0 & -1 & 1 \\ 0 & 0 & -5 \end{bmatrix} x + \begin{bmatrix} 0 \\ 0 \\ K \end{bmatrix} u, \ y(t) = [1 \ 0 \ 0] x(t) \tag{7p.4}$$

(1) 제어입력 $u = -[k_1, k_2, k_3] x + r$을 상태방정식에 대입하여 폐루프 특성방정식을 유도하라.

(2) PID 제어기의 설계를 수행하기 위해 원하는 PID 제어기의 영점을 $s=-4\pm j2$로 가정하고, 폐루프 특성방정식에서 $k_1=1$로 가정할 때, Kk_3에 대한 근궤적을 도시하고, 설계사양이 원하는 영역에서 Kk_3의 값을 결정하여 상태궤환 이득과 매개변수 K의 값을 결정하시오.

(3) 단위계단응답을 도시하고, 설계사양을 검토하시오.

(4) Simulink 모델을 구성하여 모의실험을 수행하시오.

7-7 제어대상 $G_p(s)=1/s^2$에 대해 물음에 답하라.

(1) 동적방정식을 유도하고, 가제어성을 조사하시오.

(2) 원하는 폐루프 극점이 $s=-0.707\pm j0.707$이 되도록 상태궤환 이득 K을 구하시오.

(3) 원하는 감쇠비가 $\zeta=0.5$, 고유주파수 $\omega_n=5$[rad/sec]가 되도록 관측기 이득 L을 구하시오.

(4) 관측기와 상태궤환이 결합된 Simulink 모델을 구성하여 상태변수의 초기조건이 $x(0)=[-0.5\,;\,0.5]$이고, 관측기의 초기조건이 $\hat{x}(0)=[0\,;\,0]$일 때 모의실험을 수행하시오.

7-8 식 (7p.5)로 주어지는 동적방정식에 대해 계단입력에 대한 오버슈트가 10[%], 정착시간이 0.5[초]가 되도록 내부모델 시스템을 설계하시오.

$$\dot{x}(t)=\begin{bmatrix}0 & 1\\ -3 & -5\end{bmatrix}x(t)+\begin{bmatrix}0\\1\end{bmatrix}u(t),\ y(t)=[\,1\ \ 0\,]\,x(t) \qquad (7p.5)$$

CHAPTER

8

견실한 제어시스템의 설계

7장까지 해석하고 설계한 제어시스템은 제어대상의 정확한 매개변수를 알고 있다고 가정하였다. 그러나 모델링되지 않은 동역학, 동작점이나 매개변수의 변화 등과 같은 모델의 불확실성(uncertainty)과 센서잡음과 외란 등의 영향으로 원하는 제어성능을 유지하도록 제어시스템을 설계하는 일은 매우 어려운 일이다.

모델의 불확실성이나 외부 환경의 변화에도 불구하고 원하는 제어목적을 달성하는 것이 견실 제어시스템의 목적이다.

8.1 견실성 해석

제어시스템이 낮은 감도를 가지며, 매개변수의 변화에도 안정하면 견실(robust)하다고 정의한다. 매개변수의 변화가 작을 경우, 견실성의 척도로 식 (8.1)로 주어지는 시스템 감도와 식 (8.2)로 주어지는 근감도를 사용할 수 있다.

$$S_\alpha^T = \frac{\partial T/T}{\partial \alpha/\alpha} \tag{8.1}$$

$$S_\alpha^{r_i} = \frac{\partial r_i}{\partial \alpha/\alpha} \tag{8.2}$$

여기서 T는 폐루프 전달함수, α는 폐루프 전달함수의 특정한 변수, 그리고 r_i는 i번 째 근이다.

n차 시스템에서 $T(s)$의 영점이 α에 무관하면 시스템 감도와 근감도는 식 (8.3)의 관계가 있다고 알려져 있다.

$$S_\alpha^T = -\sum_{i=1}^{n} S_\alpha^{r_i} \frac{1}{(s+r_i)} \tag{8.3}$$

실습예제 8.1

그림 8.1로 주어지는 블록선도에 대해 $\zeta = 1$, $\omega_n = \sqrt{b_1}$ 일 때, 이득과 시스템 감도를 대수크기로 도시해보자.

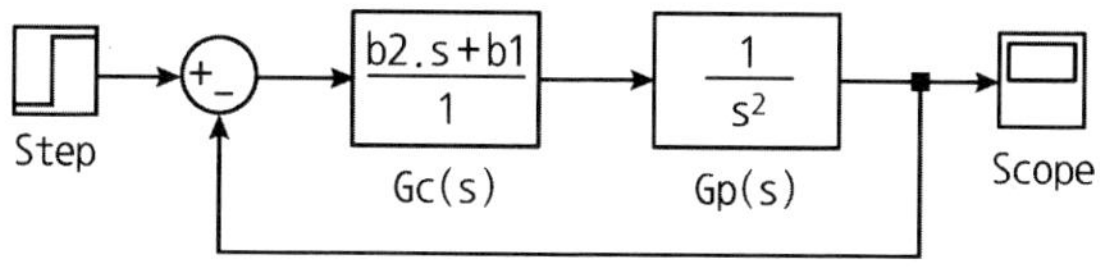

〈그림 8.1〉 실습예제 8.1의 블록선도

풀이

그림 8.1의 폐루프 전달함수는 식 (8.4)이며, $G_p(s)$에 대한 시스템 감도는 식 (8.5)와 같다. $\zeta = 1$, $\omega_n = \sqrt{b_1}$ 일 때, 이득과 시스템 감도를 대수크기로 도시한 결과는 그림 8.2와 같다.

$$T(s) = \frac{b_2 s + b_1}{(s^2 + b_2 s + b_1)} \tag{8.4}$$

$$S_G^T = 1/(1 + G_c G_p(s)) = s^2/(s^2 + b_2 s + b_1) \tag{8.5}$$

```
clear all, close all
zeta=1; wn=1; Kd=2*wn; Kp=wn^2; numG=[Kd Kp]; denG=[1 0 0];
margin(numG, denG); [numT, denT]=cloop(numG, denG);
figure(1), [magT, phT, w]=bode(numT, denT), grid
magT_db=20*log10(magT); gain=dcgain(numT, denT);
gain_db=20*log10(gain)
[Mp, i]=max(magT_db); wp=w(i);
[numS, denS]=feedback(1, 1, numG, denG)
[magS, phS]=bode(numS, denS, w); magS_db=20*log10(magS);
figure(2), semilogx(w, magT_db, w, magS_db, '--'), grid
gtext('20log|T|'), gtext('20log|S|')
```

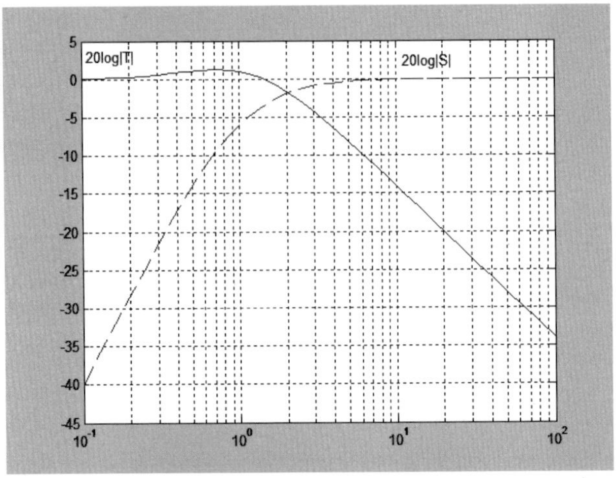

〈그림 8.2〉 실습예제 8.1의 연산 결과

실습예제 8.2

그림 8.3로 주어진 블록선도에 대해 비례이득 K가 $0.25,\ 0.5,\ 0.75$일 때 정착시간과 정상상태응답을 도시하고 K의 변화에 대해 주어진 제어시스템이 견실한지를 판별하라.

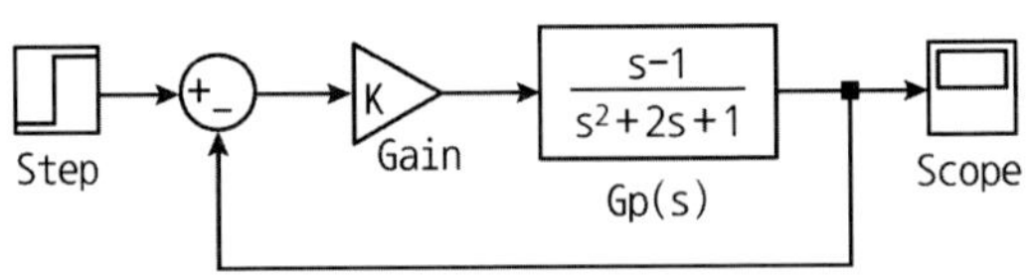

〈그림 8.3〉 실습예제 8.2의 블록선도

풀이

그림 8.3의 $T(s)=\dfrac{K(s-1)}{(s^2+(2+K)s+(1-K))}$ 이며, $-2<K<1$ 에서 안정하다. 또한 정상상태 오차는 $ess=(1-2K)/(1-K)$로 $K=0.5$에서 $e_{ss}=0$이다. 모의실험 결과는 그림 8.4와 같으며, 시스템의 제어성능이 K의 변화에 매우 민감한 것을 알 수 있다. 따라서 견실한 시스템이라고 판단할 수는 없다.

```
clear all, close all
K=[1/4 1/2 3/4]; t=[0:0.01:30]; ng=[1,-1]; dg=[1,2,1]; sysg=tf(ng,dg);
for i=1:length(K)
sys=feedback(K(i)*sysg, [1]); [y, t]=step(sys, t);
plot(t, -y), grid, hold on
end
hold off, xlabel('Time[sec]'), ylabel('y(t)')
gtext('K=1/4]'), gtext('K=1/2'), gtext('K=3/4')
```

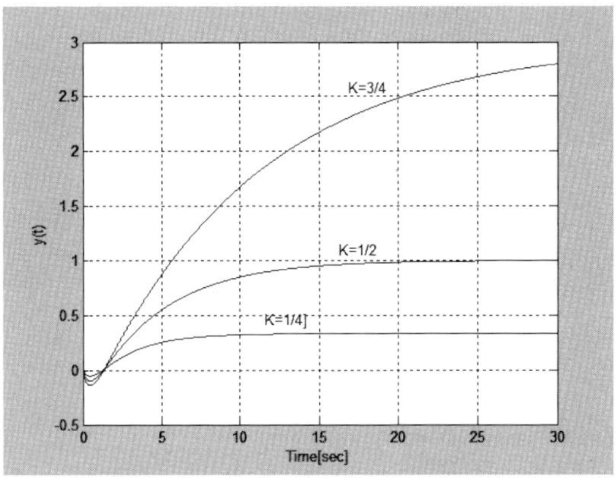

〈그림 8.4〉 실습예제 8.2의 연산 결과

그림 8.5와 같은 폐루프 시스템에서 견실한 제어시스템의 목적은 기준입력 $r(t)$에 대한 작은 추적오차 $e(t)$와 외란 $d(t)$에 대한 출력 $y(t)$를 작게 유지하는 것이다. 또한, 센서잡음 $n(t)$의 영향을 작게 하기 위해 잡음의 크기가 기준입력의 크기에 비해 매우 작아지도록(즉, $|r| \gg |n|$), 가능한 성능이 좋은 센서를 사용해야 한다.

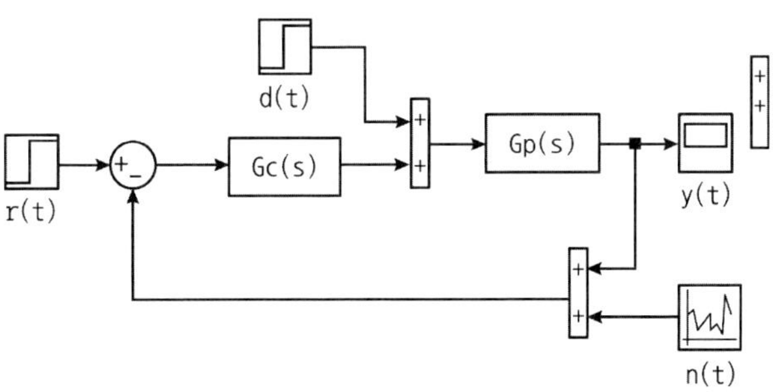

〈그림 8.5〉 제어시스템의 블록선도

그림 8.5에서 폐루프 전달함수는 식 (8.6)이고 감도함수는 식 (8.7)이므로, 폐루프 전달함수와 감도함수는 식 (8.8)의 관계가 있다.

$$T(s) = \frac{G_c G_p(s)}{1 + G_c G_p(s)} \tag{8.6}$$

$$S(s) = [1 + G_c G_p(s)]^{-1} \tag{8.7}$$

$$S(s) + T(s) = 1 \tag{8.8}$$

따라서 감도함수를 작게 하려면 루프이득 $L(s) = G_c G_p(s)$을 작게 하는 것이 중요하다. 즉, 높은 주파수에서 루프이득은 작게, 감도함수는 크게 해야 한다.

동작점이나 매개변수의 변화 등과 같은 모델의 불확실성을 섭동(pertubation)이라고 하는데, 섭동은 크게 식 (8.9)로 표현되는 가산(additive) 섭동과 식 (8.10)으로 표현되는 승산(multiplicative) 섭동으로 구분할 수 있다.

$$G_a(s) = G(s) + A(s) \tag{8.9}$$

$$G_m(s) = G(s)[1 + M(s)] \tag{8.10}$$

여기서 $G(s)$는 공칭(nominal) 모델, $A(s)$와 $M(s)$는 크기가 유한한 섭동이다. 식 (8.9)와 식 (8.10)이 모든 주파수 범위에서 견실안정성 판별법으로 정의되는 식 (8.11)과 식 (8.12)가 성립하면 시스템의 안정성은 변하지 않는다고 알려져 있다.

$$|A(j\omega)| < |1 + G(j\omega)| \tag{8.11}$$

$$|M(j\omega)| < |1 + 1/G(j\omega)| \tag{8.12}$$

가산섭동과 승산섭동은 공칭모델이 정확한 경우에 낮은 주파수에서는 작고, 부정확한 경우에는 높은 주파수에서 크다.

실습예제 8.3

루프 전달함수가 $G_cG_p(s) = 170000K(s+0.1)/s(s+3)(s^2+10s+10000)$인 제어시스템에서 $\omega = 50[rad/\sec]$에서 모델링되지 않은 극점이 있다고 가정하자.

(1) 승산섭동에 대한 견실안정성을 판별해보자.

(2) 비례이득 K 대신 지상보상기 $G_c(s) = 0.15(s+25)/(s+2.5)$를 사용할 때 견실안정성을 판별해보자.

풀이

주어진 제어시스템은 $K=0.5$ 이하이면 안정한 시스템이다.

(1) 모델링되지 않은 극점에 의한 영향은 $1+M(s) = 50/(s+50)$이므로 승산섭동은 $M(s) = -s/(s+50)$이 되고, 크기는 $|M(j\omega)| = |(-j\omega)/(j\omega+50)|$이다. 따라서 모든 주파수 범위에서 견실안정성을 판별하기 위해 $|M(j\omega)|$곡선과 $|1+1/(KG(j\omega)|$곡선을 도시하여 식 (8.12)가 만족 여부를 판단한 결과, 그림 8.6(a)과 같이 안정하지 않다.

(2) 지상보상기를 사용하는 경우 $|M(j\omega)|$곡선과 $|1+1/(G_cG(j\omega)|$곡선을 도시하면 그림 8.6(b)와 같다. 지상보상기를 사용하면 그림 8.6(b)와 같이 안정하다.

```
clear all, close all, w=logspace(-2, 3, 500); ng=170000*[1,0.1];
dg=conv([1 0],conv([1 3],[1 10 10000])); nM=[-1 0]; dM=[1 50];
[magM,phT,w]=bode(nM,dM,w); magM_db=20*log10(magM);
nkg=dg+[0 0 0 ng]; dkg=ng; [mag1, ph1]=bode(nkg, dkg, w);
mag1_db=20*log10(mag1); figure(1), semilogx(w, magM_db, w, mag1_db, '--')
axis([0.01 1000 -40 40]), grid, nc=0.15*[1 25]; dc=[1 2.5];
[ncg,dcg]=series(nc,dc,ng,dg), ngcg=dcg+ncg; dgcg=ncg;
[mag2, ph2]=bode(ngcg, dgcg, w); mag2_db=20*log10(mag2); figure(2),
semilogx(w, magM_db, w, mag2_db, '--'), axis([0.01 1000 -40 40]), grid
```

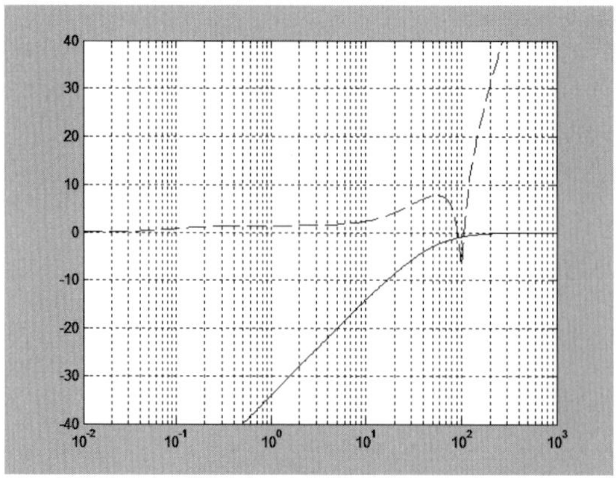

(a)

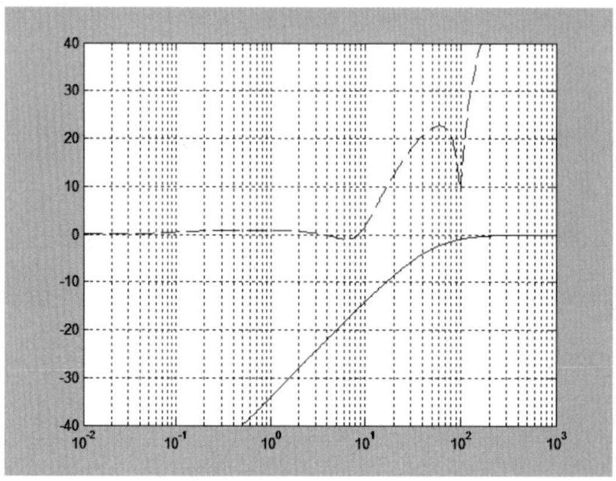

(b)

〈그림 8.6〉 실습예제 8.3의 연산 결과

8.2 견실한 제어시스템의 설계

견실한 제어시스템의 설계목적은 시간영역에서의 과도상태와 정상상태, 그리고 주파수 영역에서의 모든 설계사양을 만족하는 보상기를 설계하는 것이다. 설계된 보상기의 대역폭에 의해 측정된 궤환의 대가(cost)가 충분히 작아야 하며, 측정잡음의 영향에 의한 대역폭 제한조건도 고려해야 한다. 이 절에서는 다양한 예제를 사용하여 견실한 제어시스템의 설계에 대해 학습해보자.

8.2.1 불확실한 시스템의 안정성 판별

특성방정식이 식 (8.13)으로 주어지는 폐루프 시스템에서 매개변수는 식 (8.14)와 같은 범위를 갖는다고 가정하자.

$$s^n + a_{n-1}s^{n-1} + a_{n-2}s^{n-2} + \cdots + a_0 = 0 \tag{8.13}$$

$$\alpha_i \leqq a_i \leqq \beta_i,\ i = 0,\ \cdots,\ n \tag{8.14}$$

여기서 상하한 값인 α_i, β_i는 알고 있다고 가정한다.

시스템의 안정성 판별을 위해 모든 가능한 조합들의 매개변수를 사용하여 안정성 판별을 시도해야 하나, 매개변수 변화가 가장 큰 네 개의 다항식만 조사하면 모든 조합을 대신할 수 있다는 연구가 알려져 있다.

매개변수 변화가 가장 큰 네 개의 다항식이 아래의 식 (8.15)와 같다고 가정하자.

$$q_1(s) = s^3 + \alpha_2 s^2 + \beta_1 s + \beta_0 \tag{8.15.a}$$

$$q_2(s) = s^3 + \beta_2 s^2 + \alpha_1 s + \alpha_0 \tag{8.15.b}$$

$$q_3(s) = s^3 + \beta_2 s^2 + \beta_1 s + \alpha_0 \tag{8.15.c}$$

$$q_4(s) = s^3 + \alpha_2 s^2 + \alpha_1 s + \beta_0 \tag{8.15.d}$$

네 개의 다항식 중 가장 불안정하거나 최악의 성능을 보이는 다항식을 최악의 경우(worst case)라고 부른다.

실습예제 8.4

공칭 제어대상 $G_p(s) = 4.5/s(s+1)(s+2)$의 단위 궤환시스템의 특성방정식은 $q(s) = s^3 + 3s^2 + 2s + 4.5 = 0$이다. 특성방정식의 매개변수의 변화가 각각 $4 \leqq a_0 \leqq 5$, $1 \leqq a_1 \leqq 3$, $2 \leqq a_2 \leqq 4$라고 가정할 때 안정성을 판별하라.

풀이

매개변수의 변화에 대해 구해진 네 개의 다항식은 아래와 같다.

$q_1(s) = s^3 + 2s^2 + 3s + 5$, $q_2(s) = s^3 + 4s^2 + s + 4$

$q_3(s) = s^3 + 4s^2 + 3s + 4$, $q_4(s) = s^3 + 2s^2 + s + 5$

각 다항식에 Routh–Hurwitz 판별법을 적용해보면 q_1 와 q_3 는 안정하고, q_2는 임계안정하다. 그러나 q_4에는 불안정한 폐루프 근이 두 개 존재하여 불안정한 시스템이 된다. 이때의 제어대상은 $G_p(s) = 5/s(s+1)(s+1)$이 되어 근궤적을 도시하여 이득이 $K = 5$일 때를 조사하면 불안정한 복소극점이 $s = 0.218 \pm j1.42$이 존재한다.

```
clear all, close all, ng=1; dg=[1 2 1 0]; sysg=tf(ng,dg); rlocus(sysg);
```

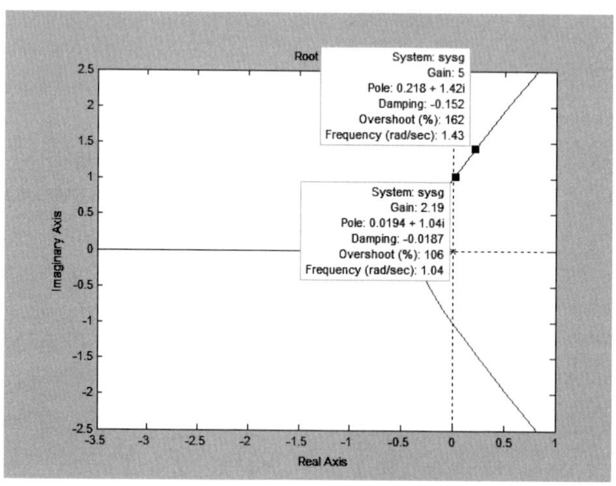

〈그림 8.7〉 실습예제 8.4의 근궤적

8.2.2 견실한 제어시스템의 설계

기준입력과 외란을 갖는 폐루프 시스템의 블록선도는 그림 8.8과 같다. 여기서 제어대상은 $G_p(s) = G_1(s)G_2(s)$이다. 그림 8.8의 블록선도에서 기준입력에 의한 전달함수는 식 (8.16)으로 구해지고, 외란에 의한 전달함수는 식 (8.17)과 같이 구해진다. 또한 $G_p(s)$에 대한 $T(s)$의 시스템 감도는 식 (8.18)과 같다.

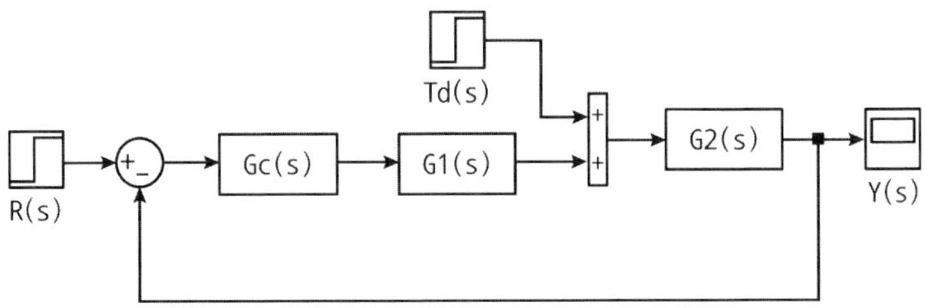

〈그림 8.8〉 외란을 갖는 시스템

$$T(s) = \frac{Y(s)}{R(s)} = \frac{G_c(s)G_1(s)G_2(s)}{1 + G_c(s)G_1(s)G_2(s)} \tag{8.16}$$

$$\frac{Y(s)}{T_d(s)} = \frac{G_2(s)}{1 + G_c(s)G_1(s)G_2(s)} \tag{8.17}$$

$$S_{G_p}^{T} = \frac{G_2(s)}{1 + G_c(s)G_1(s)G_2(s)} \tag{8.18}$$

식 (8.16) ~ (8.18)을 살펴보면, 모든 전달함수의 분모는 동일한 폐루프 시스템의 특성방정식이 된다. 따라서 시스템이 낮은 감도를 얻으려면 루프이득을 크게 해야 하지만, 루프이득이 커지면 시스템이 불안정해지거나 원하지 않는 제어성능을 보이게 될 것이다. 즉, 견실한 제어시스템은 기준입력을 충실하게 따라갈 수 있는 큰 대역폭을 유지하며, 외란과 감도를 최소화하기 위해 가능한 큰 루프이득을 갖는 보상기를 설계하는 일이다.

이와 같은 사실을 $20\log|G_c(j\omega)G_p(j\omega)|$의 Bode 선도의 이득곡선으로 도시하면 그림 8.9와 같다. 그림 8.9에서 A는 좋은 성능을 위한 높은 이득을 의미하고, B는 측정잡음과 감도의 최소화를 위한 낮은 이득을 의미한다.

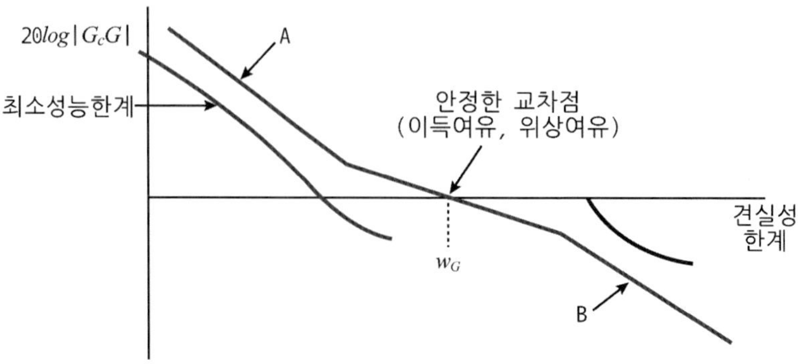

〈그림 8.9〉 $20\log|G_c(j\omega)G_p(j\omega)|$의 Bode 선도

그림 8.9가 의미하는 것은 주파수영역에서의 견실한 제어시스템은 낮은 주파수에서는 정상상태오차의 감소와 원하는 제어성능을 갖기 위해 큰 이득을, 높은 주파수에서는 잡음과 감도를 최소화하기 위해 낮은 이득을 가져야 하며, 이득교차점은 반드시 -20[dB/decade]의 기울기를 갖는 이득곡선에 위치해야 하고, 기준입력을 충실하게 따라갈 수 있도록 큰 대역폭을 유지해야 한다는 점이다.

실습예제 8.5

그림 8.10에서 제어대상이 $G_p(s) = 1/(s+1)^2$일 때, 원하는 정착시간을 $T_s = 0.8$이라고 가정할 때 ITAE 성능지수에 의한 PID 제어기를 설계해보자. 필요하면 전치필터 $G_f(s) = z/(s+z)$를 사용한다.

풀이

제어대상과 PID 제어기가 직렬연결된 폐루프 시스템은 3차 시스템이다. ITAE 성능지수에 의한 3차 특성방정식의 최적계수는 $s^3 + 1.75\omega_n s^2 + 2.15\omega_n^2 s + \omega_n^3$이고 표준화 정착시간은 $\omega_n T_s = 8$이다. 설계사양에 의해 $\omega_n = 8/T_s = 10$이고, 설계된 PID 제어기는 $K_p = 214$, $K_d = 15.5$, 그리고 $K_i = 1000$이다.

(1) 전치필터를 사용하지 않았을 때의 계단응답은 그림 8.11(a)와 같으며, 오버슈트는 33.8[%]이고 정착시간은 0.616[초]이다.

(2) PID 제어기에 의해 도입된 폐루프 영점의 영향을 상쇄하기 위해 도입된 전치필터의 전달함수는 $G_f(s) = 64.5/(s^2 + 13.8s + 64.5)$이다. 전치필터를 사용한 경우의 계단응답은 그림 8.11(b)로, 오버슈트는 1.97[%]이고 정착시간은 0.754[초]이다.

(3) 단위외란 $T_d(s)$에 대한 응답은 그림 8.11(c)와 같으며, 외란의 크기는 단위외란의 0.4[%]에 불과하다.

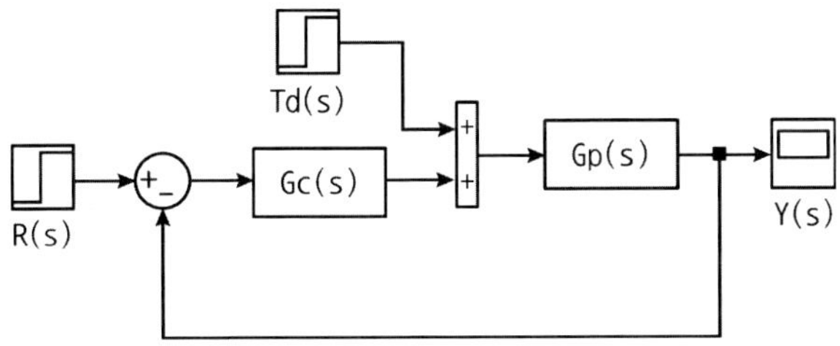

〈그림 8.10〉 실습예제 8.5의 블록선도

```
clear all, close all, t=[0:0.01:5];
ts=0.8; wn=8/ts; Ki=wn^3, Kp=2.15*wn^2-1, Kd=1.75*wn-2
nc=[Kd Kp Ki]; dc=[1 0]; sysc=tf(nc, dc); ng=[1]; dg=[1 2 1]; sysg=tf(ng, dg);
sysgc=series(sysc, sysg); sys1=feedback(sysgc,[1]);
figure(1), step(sys1,t), grid, nf=Ki/Kd; df=[1 Kp/Kd Ki/Kd]; sysf=tf(nf,df)
sysfgc=series(sysf,sys1), figure(2), step(sysfgc,t), grid
```

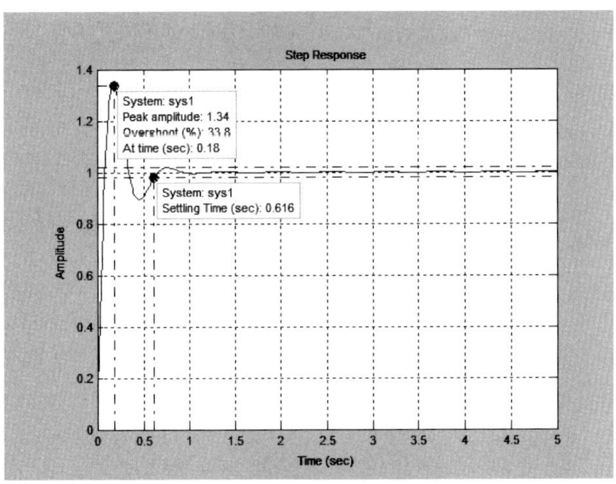

(a)

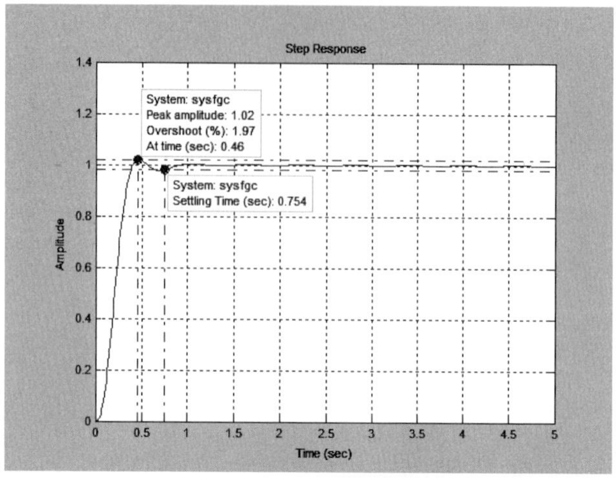

(b)

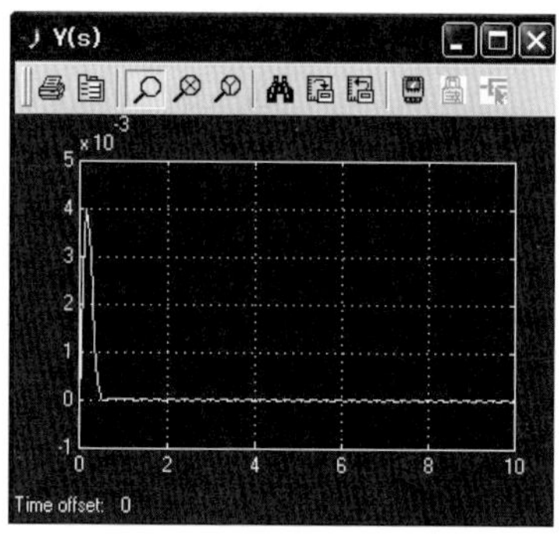

(c)

〈그림 8.11〉 실습예제 8.5의 연산 결과

실습예제 8.6

그림 8.10에서 제어대상이 $G_p(s) = K/(\tau s+1)^2$ 일 때, 아래의 설계사양을 만족하도록 ITAE에 의한 PID 제어기를 설계하라. 여기서 제어대상 매개변수는 $0.5 \leqq \tau \leqq 1$, $1 \leqq K \leqq 2$ 으로 변화한다.

설계사양 : ① 4[%]보다 작은 오버슈트,

② 정착시간 $t_s \leqq 2$[초]

풀이

먼저 전치필터를 사용하지 않는 경우에 대해 설계를 수행한 후, 네 가지 경우에 대해 모의실험을 수행하여 설계사양을 검토한다.

여유분을 고려하여 $\omega_n = 8$로 선정하면 ITAE에 의한 PID 제어기는 $K_p = 137.6$, $K_d = 14$, 그리고 $K_i = 512$이다. 네 가지 경우에 대해 모의실험을 수행한 결과는 그림 8.12와 같다. 그림 8.12에서 네 가지 경우 모두 오버슈트의 설계사양을 만족하며, 정착사양은 최악의 경우에도 0.743[초]로 설계사양을 만족한다.

```
clear all, close all
wn=8; Ki=wn^3, Kp=2.15*wn^2, Kd=1.75*wn
nc=[Kd Kp Ki]; dc=[1 0]; sysc=tf(nc, dc);
nf=[Ki/Kd]; df=[1 Kp/Kd Ki/Kd]; sysf=tf(nf, df);
tau1=1; tau2=0.5; K1=1; K2=2;
ng1=[K1]; dg1=[tau1^2 2*tau1 1]; sysg1=tf(ng1, dg1);
sysgc1=series(sysc, sysg1); sys1=feedback(sysgc1, [1]);
sysa1=series(sysp, sys1); step(sysa1), hold on
ng2=[K1]; dg2=[tau2^2 2*tau2 1]; sysg2=tf(ng2, dg2);
sysgc2=series(sysc, sysg2); sys2=feedback(sysgc2, [1]);
sysa2=series(sysp, sys2); step(sysa2), hold on
ng3=[K2]; dg3=[tau1^1 2*tau1 1]; sysg3=tf(ng3, dg3);
sysgc3=series(sysc, sysg3); sys3=feedback(sysgc3, [1]);
sysa3=series(sysp, sys3); step(sysa3), hold on
ng4=[K2]; dg4=[tau2^2 2*tau2 1]; sysg4=tf(ng4, dg4);
sysgc4=series(sysc, sysg4); sys4=feedback(sysgc4, [1]);
sysa4=series(sysp, sys4); step(sysa4), hold off, grid
```

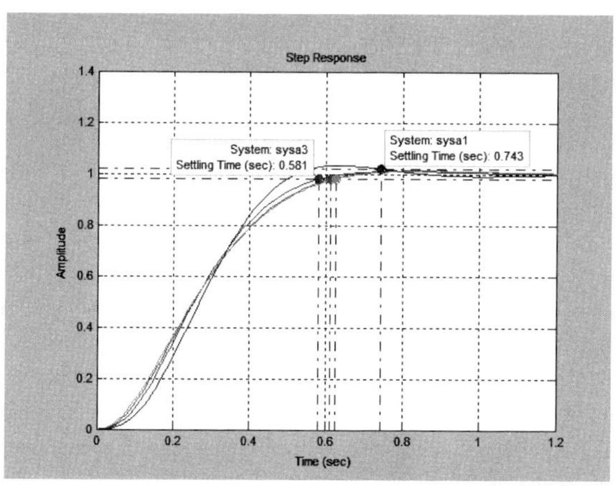

〈그림 8.12〉 실습예제 8.6의 연산 결과

실습예제 8.7

그림 8.10에서 제어대상이 $G_p(s) = Ke^{-0.1s}/(0.1s+1)$일 때, 아래 설계사양을 만족하도록 Bode 선도에 의한 PID 제어기를 설계해보자.

설계사양 : 계단입력에 대해

① 작은 정상상태오차($K=20$),

② 오버슈트 5[%] 이내

풀이

$K=20$일 때의 비보상계의 Bode 선도에서 오버슈트 설계사양이 원하는 위상여유인 70[°]인 주파수는 10.9[rad/sec]이고, 필요한 이득의 크기는 22.6[dB]이다.

설계된 PID 제어기는 $G_c(s) = (0.0006239s^2 + 0.0136s + 0.0741)/s$ 이고, 모의실험을 수행한 결과 그림 8.13과 같으며 오버슈트는 0[%], 정착시간은 2.57[초]로 설계사양을 만족한다.

```
clear all, close all, t=[0:0.01:5]; w=logspace(-1,2,400);
K=20; n=[K]; d=[0.1 1]; T=0.1; [np,dp]=pade(T,2);
[ng,dg]=series(np,dp,n,d); sysg=tf(ng,dg); figure(1), bode(ng,dg,w), grid, hold on
semilogx([0.1 10^2],[-180 -180],'--'), hold off, wc=10.9; c_db=22.6;
Kd=10^(-22.6/20), tau=1/wc; nc=Kd*conv([tau 1],[tau 1]); dc=[1 0];
sysc=tf(nc,dc), sysgc=series(sysc,sysg); sys=feedback(sysgc,[1])
figure(2), step(sys,t), grid
```

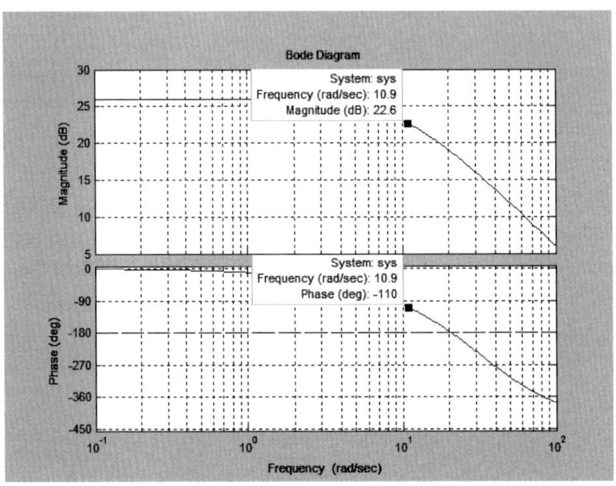

(a)

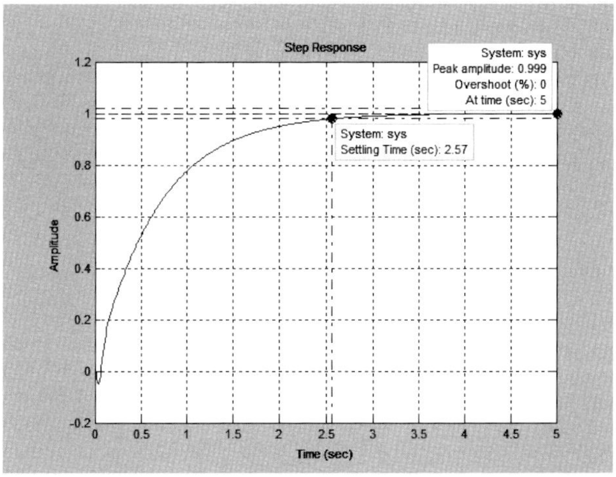

(b)

〈그림 8.13〉 실습예제 8.7의 연산 결과

실습예제 8.8

그림 8.14는 상태변수 궤환과 PID 제어기로 구성된 내부모델 제어시스템의 블록선도이다. Deadbeat 성능지수에 의해 정착시간이 $t_s = 0.5$가 되도록 PID 제어기를 설계해보자.

풀이

제어대상과 PID 제어기가 직렬 연결된 폐루프 시스템은 3차 시스템이다. 따라서, Deadbeat 최적 계수는 $s^3 + 1.9\omega_n s^2 + 2.2\omega_n^2 s + \omega_n^3$이고 $\omega_n T_s = 4.04$이다. 설계사양에 의해 $\omega_n = 8.08$이고, 설계된 PID 제어기는 $K_p = 154.368$, $K_d = 10.84$, 그리고 $K_i = 681.472$이다. 설계된 PID 제어기를 사용하여 모의 실험한 결과는 그림 8.15(a)와 같으며, 오버슈트는 0.885[%]이고 정착시간은 0.819[초]이다.

최악의 경우로 $G_p(s) = 1/(s+0.5)(s+1)$을 선택하여 같은 PID 제어기를 사용하여 모의 실험한 결과는 그림 8.15(b)와 같으며, 오버슈트는 1.11[%]이고 정착시간은 0.872[초]로 공칭 제어대상에 비해 제어성능의 변화가 적당한 견실한 제어시스템으로 설계되었다.

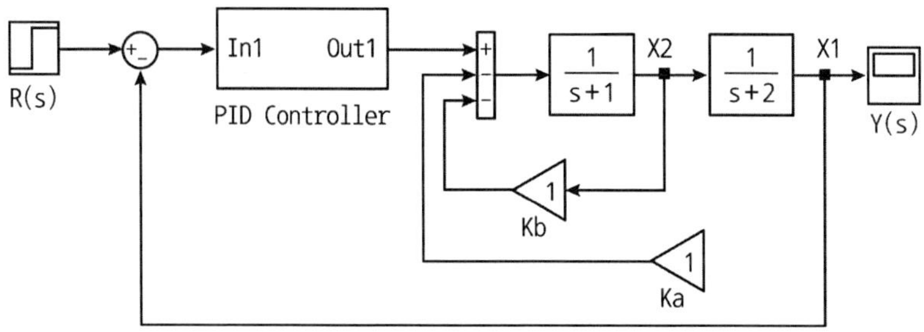

<그림 8.14> 실습예제 8.8의 블록선도

```
clear all, close all
t=[0:0.005:2]; ts=0.5; wn=4.4/ts; Ka=10; Kb=2;
Kd=1.8*wn-3-Kb; Kp=2.2*wn^2-2-Ka-2*Kb; Ki=wn^3;
nt=[Kd Kp Ki]; dt=[1 3+Kd+Kb 2+Kp+Ka+2*Kb Ki]; syst=tf(nt, dt);
nf=[Ki/Kd]; df=[1 Kp/Kd Ki/Kd]; sysf=tf(nf, df);
sysall=series(sysf, syst); figure(1), step(sysall, t), grid
% the worst-case condition G(s)=1/(s+0.5)(s+1)
ntw=[Kd Kp Ki]; dtw=[1 1.5+Kd+Kb 0.5+Kp+Ka+Kb Ki]; systw=tf(ntw, dtw);
sysallw=series(sysf, systw); figure(2), step(sysallw, t), grid
```

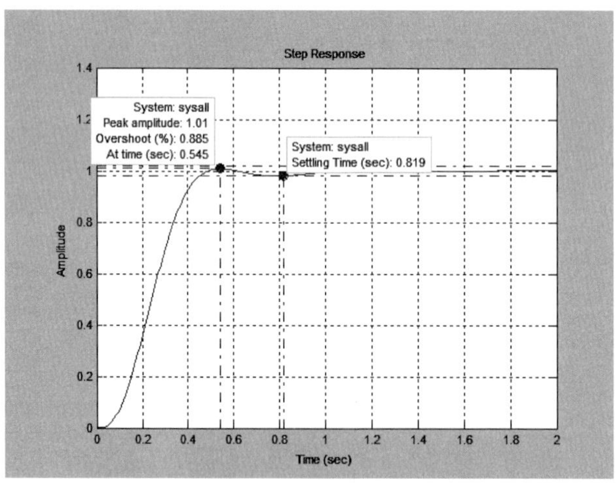

(a)

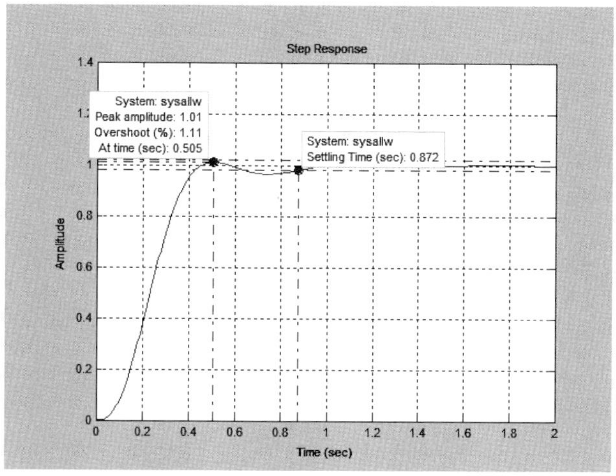

(b)

〈그림 8.15〉 실습예제 8.8의 연산 결과

실습예제 8.9

제어대상이 $G_p(s) = K/s(s+1/\tau)(s^2 + 2\zeta_1\omega_1 s + \omega_1^2)$일 때, 감쇠비가 $\zeta = 0.707$이 되도록 근궤적 기법에 의한 PID 제어기를 설계하라. 여기서 시상수 $\tau = 1/4$, $\omega_1 = 2$, 그리고 $\zeta_1 = 0.5$이다.

풀이

제어대상의 우세근이 $s = -1 \pm j1.732$이므로 PID 제어기의 영점을 $s = -1.1 \pm j1.732$로 선정하고 제어내상과 PID 제어기에 대해 근궤적을 도시히면 그림 8.16(a)와 같다. 그림 8.16(a)에서 $\zeta = 0.707$일 때 결정된 이득은 $K = 8.6112$로 계단응답은 그림 8.16(b)와 같다. 그림 8.16(b)에서 오버슈트는 8.19[%]이고 정착시간은 2.63[초]이다.

오버슈트를 감소하기 위해 $\zeta = 0.8$로 증가하여 새롭게 결정된 이득은 $K = 6.8733$으로 계단응답은 그림 8.16(c)와 같다. 그림 8.16(c)에서 오버슈트는 4.36[%]이고 정착시간은 2.08[초]이므로 설계사양을 만족한다.

```
clear all, close all, t=[0:0.01:10];
tau=1/4; w1=2; zeta1=0.5; zeta1=0.707;
ng=[1]; dg=conv([1 1/tau],[1 2*zeta1*w1 w1^2]);
sysg=tf(ng, dg); dominant=roots([1 2*zeta*w1 w1^2])
z1=-1.3+j*2; z2=-1.3-j*2;
nc=conv([1 -z1],[1 -z2]); dc=[1 0]; sysc=tf(nc, dc);
sysgc=series(sysc, sysg);
figure(1), rlocus(sysgc), axis([-5 0 -5 5]), sgrid(zeta1, 3)
[K, clpoles]=rlocfind(sysgc, zeta1), K=input('K=')% K=3
sys=feedback(K*sysgc,[1]); figure(2), step(sys, t), grid
```

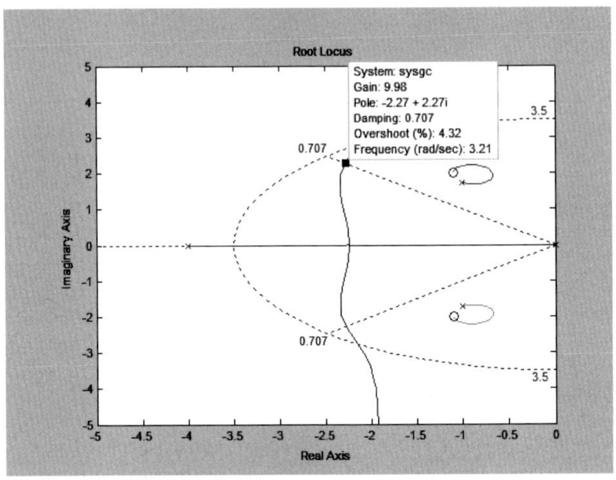

(a)

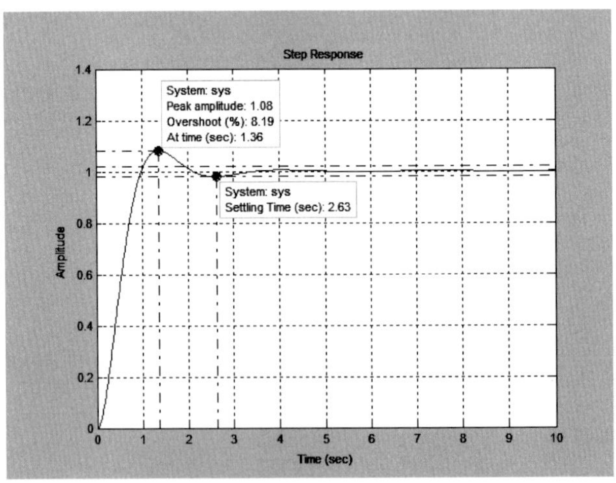

(b)

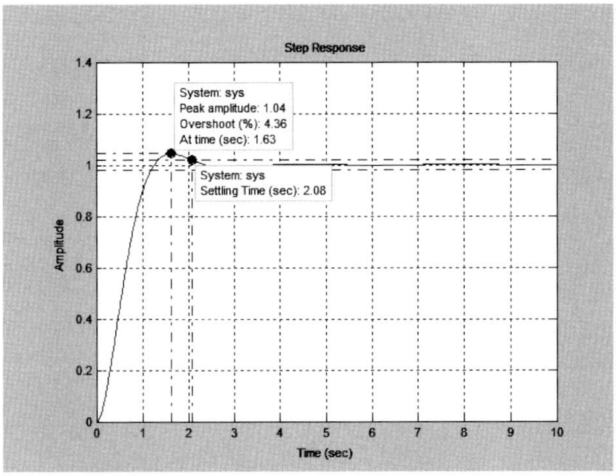

(c)

〈그림 8.16〉 실습예제 8.9의 연산 결과

실습예제 8.10

그림 8.17로 주어지는 제어시스템에 대해 아래의 설계사양을 만족하도록 PI 제어기와 PID 제어기를 설계하라. 여기서 지연시간은 모두 $\exp(-\pi s/16)$이다.

설계사양 : 계단입력에 대해

① 오버슈트 5[%] 이내,

② 빠른 상승시간

③ 정상상태응답 0

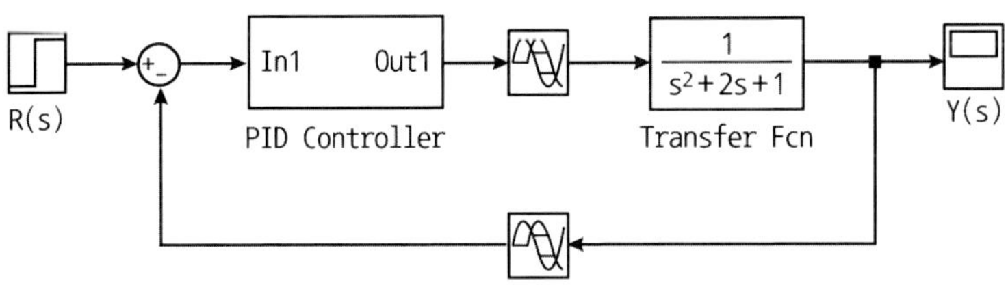

〈그림 8.17〉 실습예제 8.10의 블록선도

풀이

제어대상이 지연시간이 존재하므로 Bode 선도에 의한 설계가 적당하다.

(1) 오버슈트 설계사양 5[%]를 만족하는 감쇠비는 $\zeta = 0.69$이므로 원하는 위상여유를 70[°]로 선정하자. 그림 8.18(a)에서 위상이 -110[°]일 때의 주파수는 1.14 [rad/sec]이고 이득의 크기는 7.26[dB]이다. Bode 선도에 의한 PI 제어기를 설계하면 $K_p = 0.3803$이고, $K_i = 0.4335$이다. 그림 8.18(b)의 계단응답에서 오버슈트는 6.73[%]이고, 정착시간은 9.87[초]로 설계사양을 만족하지 않는다.
보상계의 Bode 선도는 그림 8.18(c)과 같으며, 위상여유는 131[°]로 설계사양을 만족한다.

(2) PID 제어기의 전달함수를 $G_c(s) = K_d(\tau s + 1)^2/s$라고 가정하고, PI 제어기에서 구한 주파수 1.14 [rad/sec]와 이득의 크기 7.26[dB]를 그대로 사용한다. 설계된 PID 제어기는 $K_p = 0.7625$, $K_d = 0.3336$, 그리고 $K_i = 0.4335$로 모의실험을 실행한 결과는 그림 8.18(d)와 같으며 오버슈트는 0[%]이고 정착시간은 7.3[초], 그리고 상승시간은 4.3[초]이다.
그림 8.18(e)는 PID 제어기로 보상된 Bode 선도로 위상여유가 180[°]이다.

```
clear all, close all, t=[0:0.01:20]; w=logspace(-3,2,400);
po=5/100; zeta=abs(sqrt(log(po)^2/(pi^2+log(po)^2)))
zeta=0.7; dpm=100*zeta; n=[1]; d=[1 2 1]; [np,dp]=pade(pi/16, 2);
[ng,dg]=series(np,dp,n,d); sysg=tf(ng,dg); figure(1), bode(ng,dg,w), grid,
hold on
semilogx([0.1 10^2],[-180+dpm -180+dpm],'--'), hold off,
wc=1.14; c_db=7.26;
% PI Control
kp=10^(-c_db/20), tau=1/wc; nc=kp*[tau 1], dc=[1 0]; sysc=tf(nc,dc);
KP=kp*tau, KI=kp, sysgc=series(sysc,sysg); sys=feedback(sysgc,[1])
figure(2), step(sys,t), grid
figure(3), bode(sys,w), grid, [gm,pm,wg,wp]=margin(sys)
% PID Control
kd1=10^(-c_db/20), tau1=1/wc; nc1=kd1*conv([tau1 1],[tau1 1]), dc1=[1 0];
sysc1=tf(nc1,dc1); KD1=kd1*tau1^2, KP1=kd1*2*tau1, KI1=kd1
sysgc1=series(sysc1,sysg); sys1=feedback(sysgc1,[1])
figure(4), step(sys1,t), grid, figure(5), bode(sys1,w), grid, margin(sys1)
```

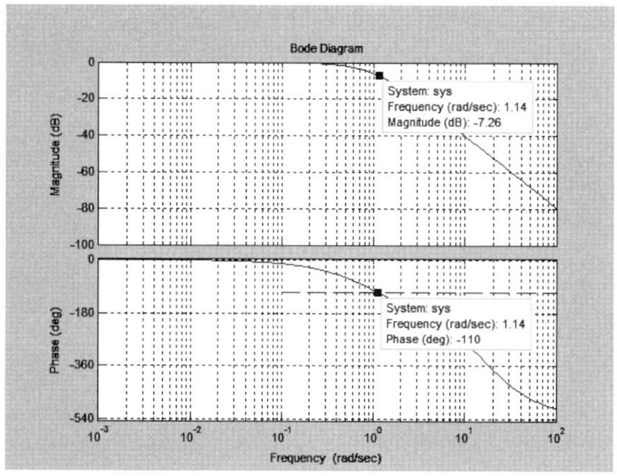
Bode Diagram
System: sys
Frequency (rad/sec): 1.14
Magnitude (dB): -7.26
System: sys
Frequency (rad/sec): 1.14
Phase (deg): -110
Magnitude (dB)
Phase (deg)
Frequency (rad/sec)

(a)

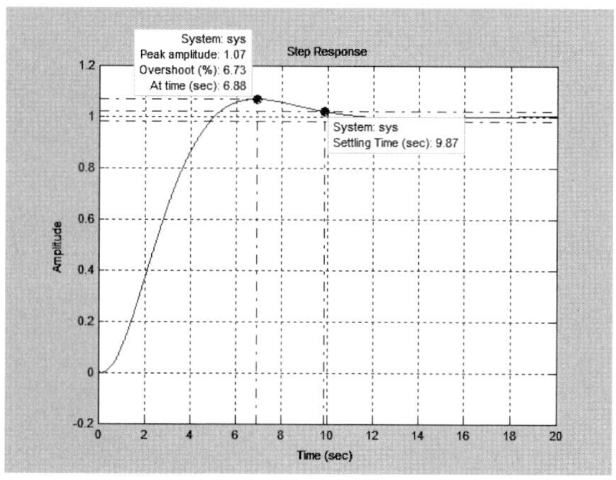
System: sys
Peak amplitude: 1.07
Overshoot (%): 6.73
At time (sec): 6.88
Step Response
System: sys
Settling Time (sec): 9.87
Amplitude
Time (sec)

(b)

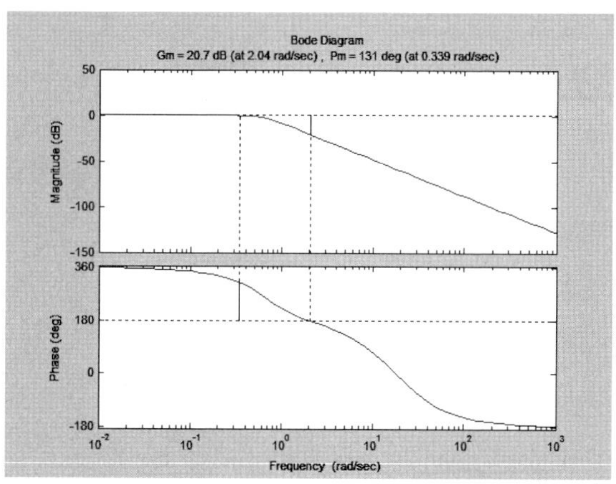
Bode Diagram
Gm = 20.7 dB (at 2.04 rad/sec) , Pm = 131 deg (at 0.339 rad/sec)
Magnitude (dB)
Phase (deg)
Frequency (rad/sec)

(c)

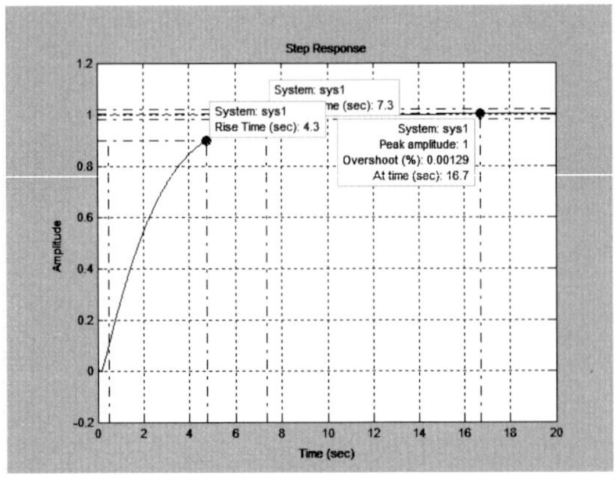

(d)

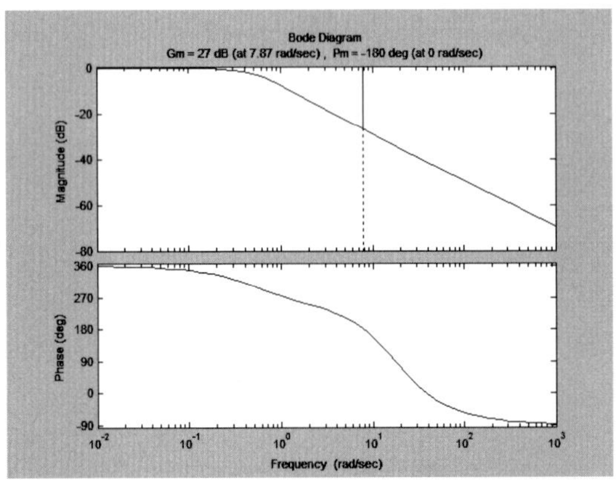

(e)

〈그림 8.18〉 실습예제 8.10의 연산 결과

실습예제 8.11

제어대상 $G_p(s) = K_m / s(s+p)$에 대해 아래의 설계사양을 만족하도록 ITAE 성능지수에 의한 PID 제어기를 설계하라. 제어대상의 매개변수는 $1.5 \leqq K_m \leqq 2.5$, $3 \leqq p \leqq 5$의 범위에서 변화한다. 필요하면 전치필터를 사용하라.

설계사양 : 계단입력에 대해

① 오버슈트 2.5[%] 이내,

② 정착시간 $t_s < 0.4$ [초],

③ 제어입력의 크기는 $|u(t)| < 100$

풀이

오버슈트와 정착시간을 만족하는 감쇠비는 $\zeta = 0.7613$이고, 고유주파수는 $\omega_n = 13.135$이나 $|u(t)| < 100$에 대해 최대 허용 가능한 $\omega_n = 23$을 선택한다. 계산된 PID 제어기는 $K_p = 568.675$, $K_d = 18.125$, 그리고 $K_i = 6083.5$이다.

(1) 공칭 매개변수인 $K_m = 2$, $p = 4$일 때의 근궤적은 그림 8.19(a)와 같다. PID 제어기를 사용한 모의실험의 결과는 그림 8.19(b)로 오버슈트는 1.98[%]이고 정착시간은 0.328[초]로 설계사양을 만족한다.

(2) 최악의 경우인 $K_m = 1.5$, $p = 3$일 때 동일한 PID 제어기를 사용한 경우의 계단응답은 그림 8.19(c)와 같으며 오버슈트는 7.55[%]이고 정착시간은 0.377[초]로 설계사양을 만족하지 못한다.

(3) 모델링되지 않는 극점인 $s = -50$을 고려한 경우의 계단응답은 그림 8.19(d)와 같다. 그림 8.19(d)에서 오버슈트는 9.85[%]이고 정착시간은 0.739[초]로 설계사양을 만족하지 못한다.

```
clear all, close all
po=2.5/100; zeta=abs(sqrt(log(po)^2/(pi^2+log(po)^2)))
ts=0.4; wn=4/(zeta*ts), wn=23; % Maximum allowabel for |u|<100.
Ki=wn^3/2, Kp=(2.15*wn^2)/2, Kd=(1.75*wn-4)/2, nc=[Kd Kp Ki];
dc=[1 0]; sysc=tf(nc, dc); np=[Ki]; dp=[Kd Kp Ki]; sysp=tf(np, dp);
% Nominal Case Km=2, p=4
ng=[2]; dg=[1 4 0]; sysg=tf(ng, dg); sysgc=series(sysc, sysg);
figure(1), rlocus(sysgc), sgrid(zeta, 35), sys=feedback(sysgc, [1]);
sysa=series(sysp, sys); figure(2), step(sysa), grid
% Worst Case Km=1.5, p=3
ng1=[1.5]; dg1=[1 3 0]; sysg1=tf(ng1, dg1); sysgc1=series(sysc, sysg1);
sys1=feedback(sysgc1, [1]); sysa1=series(sysp, sys1);
figure(3), step(sysa1), grid
% Nominal parameters and added third pole
ng2=[100]; dg2=conv([1 4 0],[1 50]); sysg2=tf(ng2, dg2);
sysgc2=series(sysc, sysg2); sys2=feedback(sysgc2, [1]);
sysa2=series(sysp, sys2); figure(4), step(sysa2), grid
```

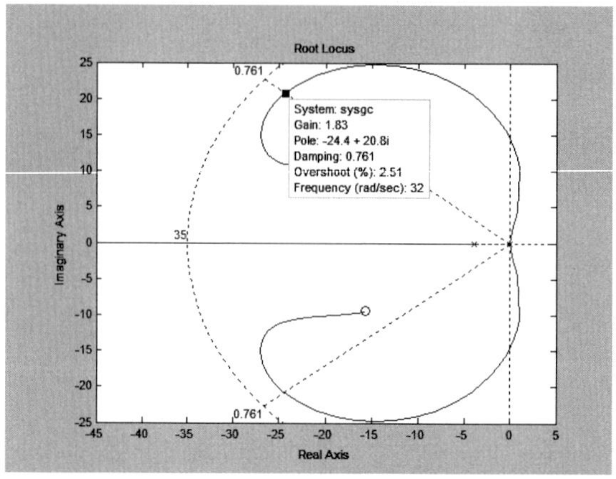
Root Locus
System: sysgc
Gain: 1.83
Pole: -24.4 + 20.8i
Damping: 0.761
Overshoot (%): 2.51
Frequency (rad/sec): 32
0.761
35
Imaginary Axis
Real Axis

(a)

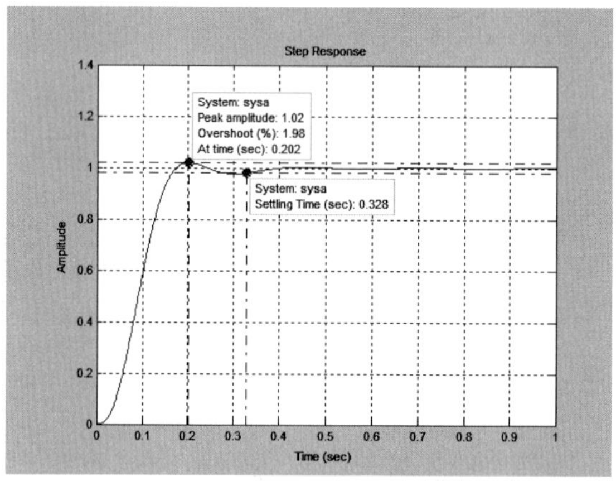
Step Response
System: sysa
Peak amplitude: 1.02
Overshoot (%): 1.98
At time (sec): 0.202
System: sysa
Settling Time (sec): 0.328
Amplitude
Time (sec)

(b)

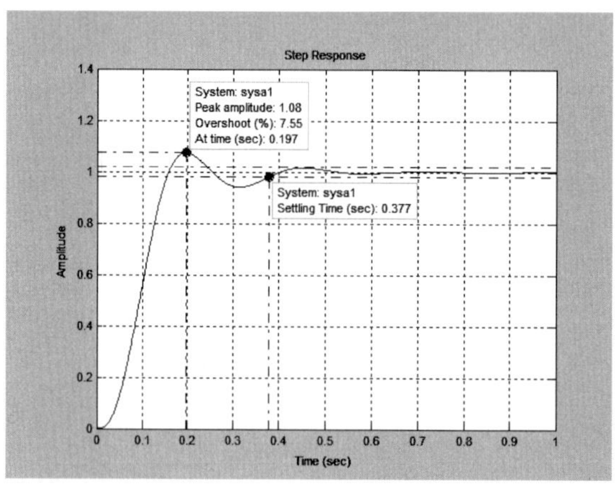
Step Response
System: sysa1
Peak amplitude: 1.08
Overshoot (%): 7.55
At time (sec): 0.197
System: sysa1
Settling Time (sec): 0.377
Amplitude
Time (sec)

(c)

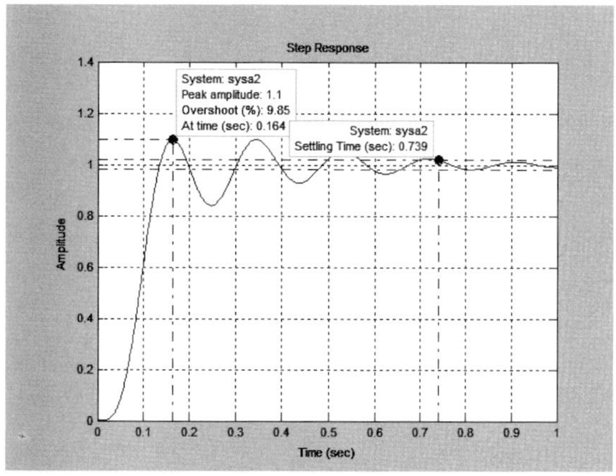

(d)

〈그림 8.19〉 실습예제 8.11의 연산 결과

실습예제 8.12

제어대상 $G_p(s) = K_m/(s+p_1)(s+p_2)$의 매개변수가 $3 \leqq K_m \leqq 5$, $0.5 \leqq p_1 \leqq 1.5$, $3.5 \leqq p_2 \leqq 4.5$ 범위에서 변화할 때 아래의 설계사양을 만족하도록PID 제어기를 설계하라. 단, $K_m = 4$ 일 때 $K_m K_d \leqq 20$이어야 한다.

설계사양 : 계단입력에 대해

① 오버슈트 13[%] 이내,

② 정착시간 $t_s < 2$[초],

③ 제어대상의 입력에 지연시간 $0 \leqq T \leqq 0.1$이 존재할 때 견실안정성

풀이

공칭 매개변수에 대해 PID 제어기를 설계한 후, 견실성을 검토하자.

(1) 공칭 전달함수 $G_p(s) = 4/(s+1)(s+4)$에 대한 폐루프 전달함수는 식 (8.19)와 같다. $K_m = 4$ 일 때 $K_m K_d \leqq 20$이어야 하므로 $K_d = 5$로 선택하면 식 (8.19)의 특성방정식은 식 (8.20)과 같다.

$$T(s) = (4K_d s^2 + 4K_p s + 4K_i)/(s^3 + (5+4K_d)s^2 + (4+4K_p)s + 4K_i) \qquad (8.19)$$

$$s^3 + 25s^2 + 4s + 4(K_p s + K_i) = 0 \qquad (8.20)$$

식 (8.20)의 근궤적은 그림 8.20(a)과 같다. 설계사양이 원하는 영역 내에서 근궤적을 클릭하면 94.3309이므로 $K_p = 94.3309/4$로 입력한다. 설계된 PID 제어기를 사용하여 모의실험을 수행한 결과는 그림 8.20(b)와 같다. 그림 8.20(b)에서 오버슈트는 6.65[%]이고 정착시간은 0.927[초]로 설계사양을 만족한다.

(2) 네 가지 경우에 대해 모의실험을 수행한 결과는 그림 8.20(c)와 같으며 최대 11.1[%], 최소 4.29[%]의 오버슈트를 가지므로 견실한 제어시스템이 되었다.

(3) 불확실한 크기의 시간지연에 대해 견실안정성을 그림 8.20(d)에 도시하였다. 모든 주파수 범위에서 견실안정성 조건 $|W(j\omega)| < |1 + 1/G_c(j\omega)G(j\omega)|$을 만족하고 있으므로 0.1[초]의 지연시간이 존재하더라도 공칭시스템의 견실성이 유지된다고 판단할 수 있다.

```
clear all, close all, t=[0:0.005:3];
% Design the PID Controller
ts=2; po=13/100;
zeta=abs(sqrt(log(po)^2/(pi^2+log(po)^2))); wn=4/(ts*zeta);
d_p1=-zeta*wn+j*wn*sqrt(1-zeta^2);
tau=3; % tau is chosen by trial and error
ng=[1 tau]; dg=[1 25 4 0]; sysg=tf(ng, dg); figure(1), rlocus(sysg)
axis([-15 0 -15 15]), sgrid(zeta, wn), sigrid(zeta*wn)
[K, clpoles]=rlocfind(sysg)
KD=5; KP=input('KP='); KI=tau*KP;
% Check the Design Goal for the nominal system
nng=[4]; dng=[1 5 4]; sysng=tf(nng, dng); nc=[KD KP KI]; dc=[1 0];
sysc=tf(nc, dc); syscg=series(sysc, sysng); sysall=feedback(syscg, [1]);
figure(2), step(sysall, t), axis([0 3 0 1.4]), grid
```

```
% Check the Stability Robustness Property
KmL=3; KmH=5; p1L=0.5; p1H=1.5; p2L=3.5; p2H=4.5;
ng1=[KmL]; dg1=conv([1 p1L],[1 p2L]); sysg1=tf(ng1, dg1);
sysgc1=series(sysc, sysg1); sys1=feedback(sysgc1, [1]);
figure(3), step(sys1), grid, axis([0 3 0 1.4]), hold on
ng2=[KmL]; dg2=conv([1 p1H],[1 p2H]); sysg2=tf(ng2, dg2);
sysgc2=series(sysc, sysg2); sys2=feedback(sysgc2, [1]);
step(sys2), hold on
ng3=[KmH]; dg3=conv([1 p1L],[1 p2L]); sysg3=tf(ng3, dg3);
sysgc3=series(sysc, sysg3); sys3=feedback(sysgc3, [1]);
step(sys3), hold on
ng4=[KmH]; dg4=conv([1 p1H],[1 p2H]); sysg4=tf(ng4, dg4);
sysgc4=series(sysc, sysg4); sys4=feedback(sysgc4, [1]);
step(sys4), hold off
```

```
% Check the Stability Robustness Property
w=logspace(-2,2,500); n=[0.29 0]; d=[0.28 1]; % W by trial and error.
[magW,phaseW]=bode(n,d,w); ngc=conv(nc,nng); dgc=conv(dc,dng);
ngcg=dgc+[0 ngc]; dgcg=ngc; [mag, phase]=bode(ngcg, dgcg, w);
figure(4), semilogx(w, magW, w, mag, '--'), grid, axis([0.01 100 0 6])
xlabel('Frequency[rad/s]'), ylabel('Magnitude'), legend('¦W¦','¦1+1/GcG¦')
```

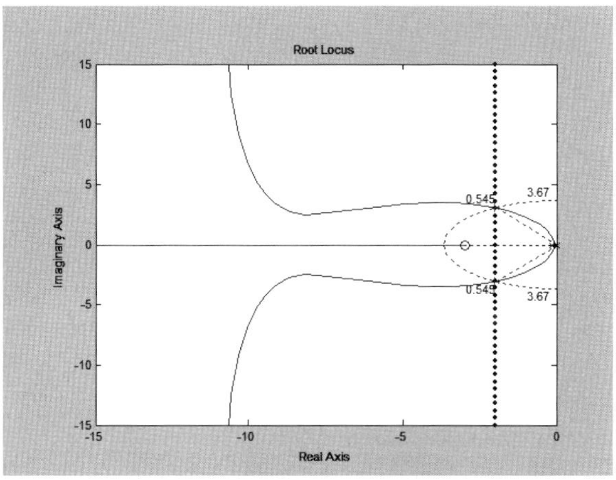

(a)

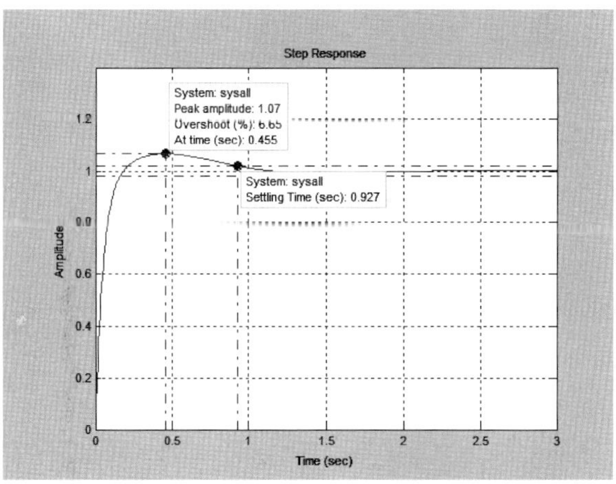

(b)

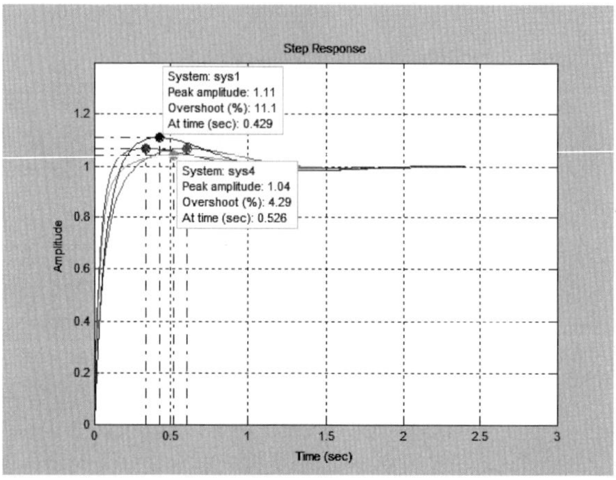

(c)

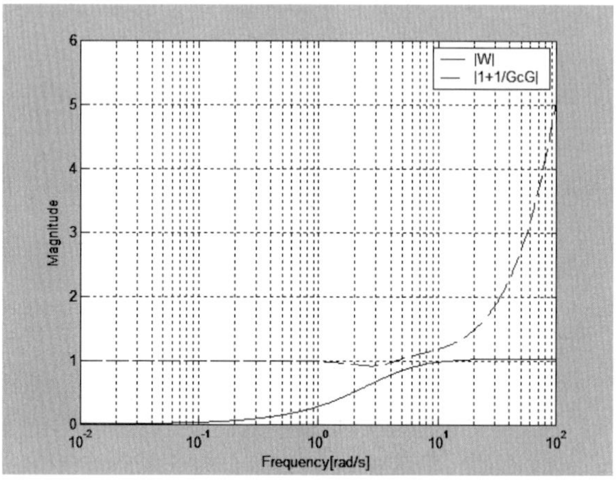

(d)

〈그림 8.20〉 실습예제 8.12의 연산 결과

8-1 제어대상 $G_p(s) = K/s(s+a_1)(s+a_2)$에 대해 물음에 답하라.

(1) 단위 부궤환 시스템의 특성방정식을 구하라.

(2) 특성방정식에서 매개변수의 변화가 각각 $4 \leqq K \leqq 5$, $1 \leqq a_1 \leqq 3$, $2 \leqq a_2 \leqq 4$ 라고 가정일 때, 네 가지 경우에 대한 안정성을 판별하라.

8-2 제어대상이 $G_p(s) = K/(\tau s+1)^2$일 때, 아래 물음에 답하라. 설계사양을 만족하도록 ITAE에 의한 PID 제어기를 설계하라.

설계사양 : ① 4[%] 보다 작은 오버슈트,
② 정착시간 $t_s \leqq 2$[초]

(1) 단위 부궤환 시스템의 특성방정식을 구하라.

(2) 특성방정식에서 매개변수의 변화가 각각 $1 \leqq \tau \leqq 2$, $5 \leqq K \leqq 6$으로 변화할 때, 네 가지 경우에 대한 안정성을 판별하라.

(3) 주어진 설계사양을 만족하도록 ITAE에 의한 PID 제어기를 설계하여, 네 가지경우에 대해 모의실험을 실행하여 견실안정성을 판별하라.

8-3 그림 8.10에서 제어대상이 $G_p(s) = Ke^{-0.1s}/(0.1s+1)$일 때, 물음에 답하라.

실계사양 : 게단입력에 대해
① 작은 정상상태오차($K=20$),
② 오버슈트 5[%] 이내

(1) 주어진 설계사양을 만족하도록 Bode 선도에 의한 PID 제어기를 설계하라.

(2) 지연시간이 $0.05 \leqq T \leqq 0.15$의 범위에서 변화한다고 가정할 때, (1)에서 설계한 PID 제어기의 견실성를 판별하라.

(3) 지연시간과 더불어 시상수가 $0.05 \leqq \tau \leqq 0.15$의 범위에서 변화한다고 가정할 때, (1)에서 설계한 PID 제어기의 견실성를 판별하라.

8-4 실습문제 8.3에 대해 Deadbeat 성능지수에 의해 정착시간이 $t_s = 0.5$가 되도록 설계한 PID 제어기에 대해 물음에 답하라.

(1) 지연시간이 $0.05 \leq T \leq 0.15$의 범위에서 변화한다고 가정할 때, PID 제어기의 견실성를 판별하라.

(2) 지연시간과 더불어 시상수가 $0.05 \leq \tau \leq 0.15$의 범위에서 변화한다고 가정할 때, PID 제어기의 견실성를 판별하라.

8-5 제어대상이 $G_p(s) = K/s(s+1/\tau)(s^2 + 2\zeta_1\omega_1 s + \omega_1^2)$일 때, 감쇠비가 $\zeta = 0.707$이 되도록 근궤적 기법에 의한 PID 제어기를 설계하고, 아래 물음에 답하라. 여기서 시상수 $\tau = 1/4$, $\omega_1 = 2$, 그리고 $\zeta_1 = 0.5$이다.

(1) 시상수가 $0.05 \leq \tau \leq 0.15$의 범위에서 변화한다고 가정할 때, PID 제어기의 견실성를 판별하라.

(2) 시상수와 더불어 매개변수 $0.4 \leq \zeta \leq 0.6$의 범위에서 변화한다고 가정할 때, PID 제어기의 견실성를 판별하라.

(3) 시상수, 감쇠비와 더불어 매개변수 $1.8 \leq \omega_1 \leq 2.2$의 범위에서 변화한다고 가정할 때, PID 제어기의 견실성를 판별하라.

INDEX

D

E

F

G

M

N

O

S

T

U

ㅅ

ㅇ

참고문헌

1. 박홍배외 1인, 최신제어시스템, 제11판, 교보문고, 2009
2. 김도현외 5인, 제어시스템공학, 3판, 홍릉과학출판사, 2003
3. 강철구외 3인, 현대제어공학, 사이텍미디어, 1999
4. 김수중외 3인, 자동제어, 9판, 청문각, 2009
5. 변증남, 선형시스템 이론, 교보문고, 1999
6. 정슬, 제어시스템의 분석과 Matlab의 활용, 청문각, 1997
7. 정슬, Simulink 기초 사용법과 응용기술, 도서출판 아진, 2002
8. 임종수, Simulink Power, 도서출판 아진, 2007
9. Simulink, The Mathworks, 1997
10. A. Cavallo, R. Setola, and F. Vasca, Using Matlab, Simulink and Control System Toolbox, Prentice Hall, 1996
11. M. Mokhtari and M. Marie, Engineering Applications of Matlab and Simulink, Springer, 2000